Hans-Joachim Lauth (Hrsg.)
**Politische Systeme im Vergleich**

D1672463

# Lehr- und Handbücher der Politikwissenschaft

Herausgegeben von Dr. Arno Mohr

Bisher erschienene Titel:

# Politische Systeme im Vergleich

Formale und informelle Institutionen
im politischen Prozess

Herausgegeben von Hans-Joachim Lauth

DE GRUYTER
OLDENBOURG

ISBN 978-3-486-71919-2
e-ISBN (PDF) 978-3-486-77906-6
e-ISBN (EPUB) 978-3-11-039852-6

Library of Congress Cataloging-in-Publication Data
A CIP catalog record for this book has been applied for at the Library of Congress.

Bibliografische Information der Deutschen Nationalbibliothek
Die Deutsche Nationalbibliothek verzeichnet diese Publikation in der Deutschen Nationalbibliografie;
detaillierte bibliografische Daten sind im Internet über http://dnb.dnb.de abrufbar.

© 2014 Oldenbourg Wissenschaftsverlag GmbH, München
Ein Unternehmen von Walter De Gruyter GmbH, Berlin/Boston
Lektorat: Dr. Stefan Giesen, Annette Huppertz
Herstellung: Cornelia Horn
Titelbild: thinkstockphotos.de
Druck und Bindung: CPI books GmbH, Leck
♾ Gedruckt auf säurefreiem Papier
Printed in Germany

www.degruyter.com

# Inhalt

# Vorwort

In Zeiten von Internet und Suchmaschinen scheint es überflüssig zu sein, einen Band zu politischen Systemen einzelner Länder zu erstellen. Sind nicht alle Informationen detaillierter und aktueller im Netz zu finden? Dies wäre der Fall, wenn es nur um die Sammlung von Fakten ginge. Doch Politikwissenschaft interessiert sich in erster Linie um das Verstehen, Erklären und Interpretieren der empirischen Befunde. Denn die soziale und politische Welt bildet einen Sinnzusammenhang, den es zu rekonstruieren gilt. Diese Aufgabe zeigt sich vor allem dann, wenn es um größere und komplexere Zusammenhänge geht. Genau dies ist der Fall, wenn es um das Verständnis von politischen Systemen in ihren vielfältigen Bezügen geht. Um die große Vielfalt der empirischen Befunde angemessen erfassen zu können, ist zunächst deren Strukturierung anhand von grundlegenden Kategorien erforderlich. Für den internationalen Vergleich ist dazu ein Konzept notwendig, das erstens komparativ einsetzbar ist und mithin mit gleichen Kategorien arbeitet, das aber zweitens eine interkulturelle Sensibilität aufweist. Beiden Anforderungen möchte der vorliegende Band Rechnung tragen. Dazu werden nicht nur die offiziellen formalen Institutionen eines politischen Systems behandelt, sondern ebenso informelle Regeln, Praktiken und Strukturen systematisch erfasst. Mit der Untersuchung von formalen und informellen Institutionen gelingt es besser, die realen Funktionsweisen und Interaktionen in das Blickfeld zu bekommen und somit ein angemessenes Verständnis zu entwickeln. Eine Analyse nur der formalen Institutionenwelt ist hierfür oftmals nicht ausreichend. In vielen Ländern prägen informelle Strukturen und Regeln im signifikanten Maße das politische Verhalten.

Gerade in einem Zeitalter der Globalisierung sind Kenntnisse über andere politische Systeme im weltweiten Maßstab dringlich, um Missverständnisse zu vermeiden. Es ist erstaunlich, wie wenig diese Aufgabe auch in komparativen Lehrbüchern berücksichtigt wird. Der vorliegende Band möchte zum Schließen dieser Lücke beitragen, in dem Kenntnisse über sehr verschiedene politische Systeme vermittelt werden. Die getroffene Auswahl ließe sich sicherlich mit weiteren wünschbaren Länderstudien mühelos fortsetzen, doch das würde die Dimensionen des Bandes sprengen. Zum angemessen Verständnis ‚fremder‘ politischer Systeme sind reichhaltige Kenntnisse notwendig, die es ermöglichen, die empirische Befunde zu strukturieren und zu interpretieren. Daher ist es sehr erfreulich, dass ausgewiesene Expertinnen und Experten für den Band gewonnen werden konnten, die das Anfertigen der Fallstudien übernommen haben. Ihnen sei für die Mitwirkung, die sie trotz knappen Zeitressourcen übernommen haben, herzlich gedankt. Dank gebührt auch Lisa Vogt, die die Layoutgestaltung des Bandes übernommen hat und sich auch für das Register verantwortlich zeigt; ebenso Simon Bein, der den Anhang erstellt hat. Nicht zuletzt möchte ich Arno Mohr danken, der die Publikation in dieser Reihe maßgeblich angeregt hat.

Schließlich hoffe ich, dass es gelungen ist, den skizzierten Zielen gerecht zu werden, und dass mit dem Band ein bleibender Anreiz für das Weiterführen komparativer Studien auch in anderen Regionen geschaffen wurde.

Würzburg, im Sommer 2014                                    Hans-Joachim Lauth

# I Konzeption

Hans-Joachim Lauth

# Analytische Konzeption für den Vergleich politischer Systeme

## 1 Einleitung

Der Vergleich politischer Systeme steht im Zentrum der Vergleichenden Politikwissenschaft, auch wenn dieser explizit nur in begrenztem Umfang erfolgt. Vielmehr werden bei Vergleichen oftmals Einzelaspekte des politischen Systems – das Handeln von Regierungen, Wahlen und Beteiligung, Policy-Entscheidungen – detailliert untersucht. Diese Fokussierung ist nicht nur dem jeweiligen Interesse geschuldet, sondern auch methodischen Überlegungen, die Erklärungen und Wirkungen betreffen. Weder können alle Aspekte eines politischen Systems angemessen in einer empirischen Untersuchung berücksichtigt werden, noch können unabhängige und abhängige Variablen stringent kontrolliert werden. Dem weitgehenden Verzicht auf systematisch vergleichende Länderstudien mit Blick auf das gesamte politische System stehen Einzelfallstudien gegenüber, die eine umfassende Einsicht in die Entwicklung und Funktionsweise eines politischen Systems geben und dabei auch chronologische Vergleiche einschließen können. Bei unabhängigen Fallstudien kommen jedoch meist unterschiedliche theoretische Konzeptionen und methodische Ansätze zum Einsatz, die es schwierig machen, die Ergebnisse verschiedener Fallstudien einer systematischen Sekundäranalyse zu unterziehen. Sinnvoll für solch einen Vergleich, der zumindest die Gemeinsamkeiten und Unterschiede systematisch zum Ausdruck bringen kann, ist eine kohärente Analysekonzeption, die zu einer gemeinsamen Orientierung der Fallstudien führt.

Zu diesem Thema gibt es mit „Comparative Politics Today" (CPT) – inzwischen in der zehnten Auflage von G. Bingham Powell Jr., Russell J. Dalton und Kaare Strom herausgegeben – eine prominente Vorlage. Dieser Band basiert weitestgehend auf dem von den Herausgebern und ihren Vorgängern selbst entwickelten systemtheoretischen Ansatz.[1] Zentrale Kategorien dieses Ansatzes sind heute überwiegend etabliert und werden auch in unserem Vorschlag aufgegriffen. Doch der Ansatz hat auch Lücken und bedarf der Erweiterung. Ein zentrales Element, das in den Fallstudien kaum noch berücksichtigt wird, wenngleich es konzeptionell erfassbar wäre, ist das weite Feld der *Informalität*, welches nicht nur im Bereich der Wirtschaft relevant ist. Dort sind Begriffe wie ‚informelle Wirtschaft', ‚Schattenwirtschaft' oder ‚Subsistenzproduktion' fest etabliert. Dies ist auch angesichts des hohen Anteils der

---

[1] Almond, Gabriel A./Powell, Bingham G. Jr., Comparative Politics. System, Process, and Politics, Boston/Toronto, Second Edition 1978.

informellen Wirtschaft von zuweilen über 50 % an der Wirtschaftsleistung in einigen Ländern nicht verwunderlich.[2] Doch es wird oftmals übersehen, dass informelle Strukturen, Praktiken und Muster auch im politischen System relevant sind. Deren Bedeutung wird zwar immer wieder betont und sie werden auch innovativ in einzelnen Studien berücksichtigt (exemplarisch Mols 1985; Helmke/Levitsky 2006; Ledeneva 2006; Meyer 2008; Hayoz 2013; Klumpp 2014), doch anderen Studien fehlt oftmals ein systematischer Zugang – zumal in vielen komparativen Lehrbüchern.[3] In diesem Lehrbuch bildet Informalität eine zentrale Untersuchungskategorie, die in jeder Fallstudie systematisch aufgegriffen wird.

Ein anderer Aspekt betrifft den *Prozesscharakter* der Analysen. Um ein politisches System angemessen verstehen zu können, ist der Einbezug von Strukturen, Funktionen und institutionellen Kompetenzen von Akteuren nicht ausreichend. Notwendig sind die Berücksichtigung der Interaktionen zwischen den Akteuren und die Dynamik, die sich innerhalb von *Akteurskonstellationen* ergibt. Auch dieser Anforderung soll in diesem Band Rechnung getragen werden. Mit dieser Ausrichtung werden auch *Interessen und Perzeptionen von Akteuren* erfasst. Wahrnehmungen von Akteuren sind stark mit kollektiven Interpretationsmustern verbunden und verweisen auf die gesellschaftliche Konstruktion von Werten und Normen. Es ist für den Vergleich nicht ausreichend, sich nur auf Strukturdaten zu beziehen, wie folgendes Beispiel illustrieren kann.

Mit dem Gini-Index wird die Verteilung von Einkommen innerhalb eines Landes erfasst. Es ließe sich nun behaupten, dass mit der Zunahme von Ungleichheit die sozialen Proteste steigen. Doch dies ist oftmals nicht der Fall. Erst wenn die Ungleichheit als solche wahrgenommen und negativ bewertet wird, erhöht sich die Protestneigung, die zudem steigen kann, wenn auch die Erfolgsaussichten des Protests positiv eingeschätzt werden (Lauth/Kneip 2012; Kestler 2012; Merkel/Weiffen 2012). Aufgrund dieser Perzeptionsdifferenz können soziale Proteste sogar in Ländern mit einer niedrigeren Ungleichheit (aber entgegengesetzten Erwartungen) stärker ausgeprägt sein als in Ländern mit einer höheren Ungleichheit. Bereits dieses Beispiel verweist auf die Notwendigkeit, konstruktivistische Überlegungen auch in der Vergleichenden Politikwissenschaft aufzugreifen. Dies geschieht in einem doppelten Sinn. Neben der gesellschaftlichen Konstruktion von Überzeugungen und kollektiven Interpretationsmuster stellt die Bereitstellung eines wissenschaftlichen Analysekonzepts gleichfalls einer Konstruktion der Wirklichkeit dar. Trotz unterschiedlicher Ausrichtungen konstruktivistischer Ansätze ist folgende Überzeugung grundlegend: „construction-ism', the idea that most sociopolitical phenomena are constructed by human social

---

2 Eine entsprechend große Bedeutung hat die Kategorie des Informalen in der Debatte um Entwicklungstheorien. Vgl. OECD Overview Paper: Informal Institutions and Development (by Indra de Soysa und Johannes Jütting), Paris 2006. http://www.oecd.org/dac/governance-development/37790393.pdf

3 Aufgegriffen wird diese Kategorie beispielsweise im Lehrbuch von Lauth/Pickel/Pickel 2014. Auch der Band von Gabriel/Kropp 2008 greift viele der Kategorien auf, wendet sie jedoch separat in komparativen Analysen an.

interaction and the resultant shared understandings of their value and meaning, as opposed of naturally occurring" (Green 2002: 7).

Mit den genannten Kategorien ergibt sich eine Analysematrix, die bei der Untersuchung der ausgewählten Länder umgesetzt wird. Hierbei wird der Blick vermehrt auf den politischen Prozess gerichtet und dessen Dynamik stärker erfasst. Einbezogen werden somit nicht nur die prägenden Institutionen – formale und informelle – sondern auch die relevanten Akteurskonstellation und kulturellen Rahmenbedingungen. Zu klären ist, in welchen institutionellen und kulturellen Bahnen der politische Entscheidungsprozess verläuft und welche Akteurskonstellationen hierbei relevant sind. Von besonderem Interesse sind Situationen oder Phasen, in denen eine Änderung oder gar ein Umbruch zu beobachten ist. Der historische Rückblick beginnt nach 1945 und die Analyse beschäftigt sich maßgeblich mit den letzten zwei bis drei Dekaden. Neben dem Einbezug von formalen und informellen Institutionen liegt somit ein besonderer Reiz des Bandes in seiner Prozessorientierung, der den Wandel der politischen Systeme einschließt.

Wenn es erklärtes Ziel ist, die Funktionsweise eines politischen Systems angemessen zu verstehen und es von anderen politischen Systemen abgrenzen zu können, müssen verschiedene Ebenen erfasst werden. Dabei lassen sich zunächst drei Ebenen mit unterschiedlichem Abstraktionsgrad unterscheiden: *Staat*, *Regime* und *Regierungssystem*. Innerhalb der zuletzt genannten Ebene des Regierungssystems erfolgt dann eine weitere Differenzierung für den Bereich der formalen Ordnung und ebenfalls für die informelle Welt.

# 2 Staat und *Stateness*

Die Relevanz des Staats für das Verständnis der Funktionsweise politischer Systeme wurde in den letzten Jahren erneut bekräftigt. Dabei geht es nicht um die Ersetzung des Begriffs des politischen Systems durch den des Staates. Vielmehr ist damit eine Idee verbunden, die zwar auch mit dem politischen System gedacht ist, aber mit dem Staatsbegriff deutlicher zum Ausdruck kommt. Es geht um die basale Bestimmung politischer Herrschaft anhand des Gewaltmonopols des Staats. Staat ist daher eine zentrale Kategorie der klassischen politikwissenschaftlichen Reflexion. Der *Mainstream* des heutigen Verständnisses folgt einer Definition von Max Weber (1976: 29). Demnach ist der Staat ein „politischer Anstaltsbetrieb [...] wenn und insoweit sein Verwaltungsstab erfolgreich das Monopol legitimen physischen Zwanges für die Durchführung der Ordnungen in Anspruch nimmt". Die staatliche Herrschaftsordnung bezieht sich auf ein klar umrissenes Territorium und erstreckt sich maßgeblich auf diejenigen Menschen, die als Staatsbürgerinnen und Staatsbürger Mitglied des Herrschaftsverbands sind. Mit Weber geht die Staatsforschung konform, dass die Stabilität eines Staates nur dann nachhaltig gesichert ist, wenn die überwiegende Anzahl seiner Mitglieder diesen als legitim betrachtet. Angesprochen ist damit die deskriptive Kategorie des Legitimitätsglaubens, die offen lässt, auf welchen Grundlagen dieser Glauben basiert.

Die Existenz eines Staats ist notwendige Voraussetzung für die Ausübung politischer Herrschaft jeglicher Ausprägung – sei sie demokratisch oder autokratisch strukturiert. Neben dem Vorhandensein der entsprechenden Sicherheitsorgane (Militär und Polizei) ist auch eine Verwaltung notwendig, die für die Durchführung der elementaren Funktionen sorgt. Dazu gehören auch die Rechtserzeugung und die Rechtsdurchsetzung. Die spezifische Ausformung der Funktionen reflektiert gesellschaftliche Konflikte und Machtverhältnisse (Benz 2008: 98). Um all die Herrschaftsordnungen, welche den genannten Definitionskriterien entsprechen, als Staat kennzeichnen zu können, sollten die Funktionen normativ nicht zu stark aufgeladen werden. Ein Staat ist nicht notwendigerweise bereits ein Rechtsstaat oder Sozialstaat. Dies sind spezifische Ausprägungen der staatlichen Grundform und werden daher auch mit Attributen benannt. Diese spezifischen Ausprägungen werden, wie generell die grundlegenden Ordnungsstrukturen des Staates, in der Verfassung festgelegt. Mit diesen entscheidenden Prägungen, deren Kategorien in den folgenden Kapiteln erläutert werden, erhält der Staat wie auch das politische System seine spezifische Identität.

Auch wenn sich ein Grundtypus des Staats als Idealtypus klar definieren lässt, so können die empirischen Befunde deutlich divergieren. Selten entspricht die Wirklichkeit umfassend den Kriterien eines Idealtypus. So ist auch die Staatlichkeit nicht immer voll gegeben, ihr Grad variiert. So unterscheidet Schneckener (2004) zwischen konsolidierter bzw. sich konsolidierender Staatlichkeit (Typ 1), schwacher Staatlichkeit (Typ 2), versagender oder verfallender Staatlichkeit analog zu *failing state* (Typ 3) und gescheiterter bzw. zerfallener Staatlichkeit im Sinne von *failed state* (Typ 4).

Diese Befunde werden auf unterschiedliche Weise gemessen. Einen Überblick über die jeweiligen Messkonzepte und Ergebnisse, um den Grad an Staatlichkeit beziehungsweise die Stabilität und Leistungsfähigkeit von Staaten zu erfassen, bietet die Studie *User's Guide on Measuring Fragility* (GDI/UNDP 2009).[4] Um die Daten angemessen interpretieren zu können, ist zu prüfen, auf welchem konkreten Staatsverständnis die einzelnen Messansätze beruhen. Die folgende Tabelle illustriert exemplarisch signifikante Befunde anhand des *State Fragility Index*.

---

**4** Debatten zur Messbarkeit, ihren Problemen und der Definition fragiler Staatlichkeit finden sich im zweiten Sonderheft der Zeitschrift für Vergleichende Politikwissenschaft (ZfVP) zu „Indizes in der Vergleichenden Politikwissenschaft" (Pickel/Pickel 2013).

**Tab. 1:** Ausprägung der Staatlichkeit/State Fragility Index 2010 (Monty G. Marshall/Benjamin R. Cole, Center for Systemic Peace)

| Somalia | 25 | Indien | 13 | Russland | 7 |
|---|---|---|---|---|---|
| Sudan | 24 | Usbekistan | 13 | Brasilien | 6 |
| Afghanistan | 22 | Kolumbien | 12 | Libanon | 6 |
| Myanmar | 22 | Iran | 12 | Ukraine | 6 |
| Sierra Leone | 19 | Venezuela | 11 | Mexiko | 4 |
| Haiti | 18 | Nordkorea | 10 | USA | 3 |
| Irak | 17 | Türkei | 10 | Australien | 2 |
| Nigeria | 17 | China | 9 | Frankreich | 1 |
| Algerien | 15 | Israel | 8 | Griechenland | 1 |
| Pakistan | 15 | Kuba | 7 | Deutschland | 0 |
| Ägypten | 13 | Libyen | 7 | Großbritannien | 0 |

Legende: Ausmaß der Gefährdung: extrem (20–25), hoch (16–19), ernsthaft (12–15), gemäßigt (8–11), niedrig (4–7), kaum/keine (0–3)
Quelle: http://www.systemicpeace.org/

Die Validität einzelner Befunde kann durchaus diskutiert werden. Beispielsweise überraschen die niedrigen Fragilitätswerte und somit hohen Staatlichkeitsgrade von Libanon und Mexiko; der niedrige Fragilitätswert von Libyen ist dagegen noch eine Referenz zur ‚stabilen‘ Herrschaft von Gaddafi und zeigt, wie rasch sich die Befunde ändern können. Doch ungeachtet der Kritik verdeutlichen die Daten, dass die volle Ausprägung der Staatlichkeit beziehungsweise die Existenz eines funktionsfähigen Staates nicht die Regel ist. Maßgeblich liegen diese Befunde in den OECD-Staaten vor. In einzelnen Regionen häufen sich dagegen die Ausprägungen begrenzter Staatlichkeit. Insgesamt ist eine größere Gruppe von Ländern davon betroffen, sodass die Annahme der Existenz unterschiedlicher Ausprägungen von Staatlichkeit realistisch ist.

Die Gründe für niedrige Grade von Staatlichkeit liegen in internen Problemen der Gewaltenkontrolle und reflektieren Verluste des staatlichen Gewaltmonopols aufgrund starker terroristischer oder separatistischer Aktivitäten beziehungsweise bürgerkriegsähnlicher Zustände. Nicht erfasst ist hierbei der Verlust staatlicher Regulierungskapazität, der sich maßgeblich im Zuge der Globalisierung ergeben hat, und auch die OECD-Staaten betrifft. Gleichfalls nicht berücksichtigt wird die Transformation der Staatlichkeit, die sich durch freiwillige Integration – wie im Rahmen der EU – ergibt. Der Aspekt der Staatlichkeit im Sinne der Gewaltenkontrolle wird in den folgenden Länderstudien nicht in einem expliziten Kapitel behandelt, jedoch anhand verschiedener Stichworte und Kategorien erfasst, die es erlauben, ein Urteil über den Grad der Staatlichkeit des politischen Systems zu gewinnen.

Abgesehen von den generellen Merkmalen des Staates, deren unterschiedliche graduellen Ausprägungen bereits Hinweise auf verschiedene Typen von Staatlichkeit geben, lassen sich Staaten auch aufgrund ihrer administrativ-territorialen Gliederung unterscheiden. Unterschieden werden zentralistische und föderalistische Staatsstrukturen. Während in zentralistischen Staaten die letztverbindlichen Entscheidungen durch die zuständigen nationalen Organe getroffen werden, bleiben in föderalistischen Staaten einzelne Politikbereiche in der staatsrechtlichen Kompetenz der Gliedstaaten. Diese treffen – wie in Deutschland die Bundesländer im Bildungsbereich – die letztverbindlichen Entscheidungen, die auch vom Nationalstaat nicht mehr verändert werden können. Dies unterscheidet Föderalismus von Dezentralisierung (oder Devolution). Letztere meint weitgehend eine Kompetenzaufteilung der Verwaltungstätigkeit, die aber letztlich in der Verfügungsgewalt des Zentralstaats bleibt. In der Praxis können sich jedoch beide Bereiche durchaus überlappen beziehungsweise nicht intendierte Folgen bedingen. So zeigt der Prozess der *Devolution* in Großbritannien faktisch durchaus auch Elemente der Föderalisierung (speziell mit Blick auf Schottland), auch wenn sich die rechtliche Grundlage der Entscheidungsmacht weiterhin auf den Zentralstaat bezieht.

Im Bereich der föderalen Ordnung lassen sich zwei Versionen beobachten, die beachtliche Unterschiede bedeuten. Schultze (1998: 187) führt zwei Modelle an und trennt den *intra*staatlichen vom *inter*staatlichen Föderalismus. Andere unterscheiden analog einen Verbundföderalismus und einen dualen Föderalismus. Die Unterschiede berücksichtigen getrennte oder verbundene Kompetenzen und Ressourcen sowie den Grad der Verbindlichkeit der intergouvernementalen Beziehungen zwischen National- und Gliedstaat. Im Modell des *intrastaatlichen Föderalismus* (Gewaltenverschränkung) bzw. Verbundföderalismus (Deutschland, Österreich) erfolgt die Funktions- und Arbeitsteilung der staatlichen Aufgaben weitgehend nach einer funktionalen Differenzierung der Kompetenzarten (Gesetzgebung, Administration). Dieser Typus weist eine starke innerstaatliche Kooperation und eine vielfältige Politikverflechtung auf. Die Länder sind über eigenständige Organe partiell an der nationalen Gesetzgebung beteiligt und im vertikalen und horizontalen Finanzausgleich eng miteinander verbunden. Dagegen kennt das Modell des *interstaatlichen Föderalismus* (Gewaltenteilung) oder dualen Föderalismus (Kanada, Schweiz, USA) eine weitgehende Autonomie der verschiedenen staatlichen Einheiten, die auf einer strikten vertikalen Gewaltenteilung und einem Dualismus der staatlichen Strukturelemente beruht. Die Kompetenzverteilung nach Politikfeldern erfolgt auf verfassungsrechtlichen Zuordnungen. Die Gliedstaaten sind nicht an dem nationalen Gesetzgebungsprozess beteiligt. Dafür haben sie eine größere Regelkompetenz in ihrem Kompetenzbereich (wie Steuerpolitik, Strafrecht).

Föderalismus dient zur Erhöhung der Gewaltenteilung und -kontrolle. Zugleich schützt er Minderheiten und erlaubt die Beibehaltung der kulturellen Vielfalt und fördert somit die Integration auf dem gesamten staatlichen Territorium. In Gestalt des Verbundföderalismus bietet er zudem Ausgleichmöglichkeiten zur Reduktion von sozialen und wirtschaftlichen Disparitäten. Die damit gegebene enge Verflechtung verringert jedoch die Transparenz des politischen Entscheidungsprozesses und analog dessen Flexibilität (s. Politikverflechtungsfalle – Scharpf 1985). Die Bedeutung dieser Funktionen und die Dynamik der empirischen Befunde verdeutlicht seine Relevanz für die aktuelle Forschung (Benz/Broschek 2013). Eine weitere Differenzierung des Staatshandelns führt zur Untersuchung seiner Verwaltungstätigkeit und damit zur vergleichenden Verwaltungswissenschaft (Kuhlmann 2010).

# 3 Regimezuordnung

Auf der Grundlage staatlicher Herrschaft können verschiedene Regime existieren. Mit dem *Regimebegriff* werden spezifischen Herrschaftsformen wie Demokratie und Diktatur erfasst, wobei der jeweils charakteristische Zugang zur politischen Herrschaft als zentrales Merkmal der Unterscheidung verwendet wird. Die Existenz eines Staates – und damit seiner wesentlichen Erscheinungsmerkmale (Gewaltmonopol und die damit verbundenen Institutionen wie Polizei, Militär, Justiz und Bürokratie) – wird als notwendige Voraussetzung eines jeden Regimes verstanden. Der Zugang zur politischen Herrschaft kann geschlossen, begrenzt oder offen sein. Im ersten Fall sprechen wir von einem totalitären Regime, im zweiten von einem autoritären Regime und im dritten Fall von einer Demokratie, die durch freie und gleiche Wahlen gekennzeichnet ist. Richtungsweisende Überlegungen zu dieser Aufteilung finden sich bei Juan Linz (1975). Mit dem Herrschaftszugang ist zwar ein zentrales definitorisches Kriterium zur Regimeerkennung genannt, doch sind zur Präzisierung weitere definitorische Merkmale notwendig.

Merkel spricht von sechs Kriterien, anhand deren Merkmalsausprägung die drei Regimetypen zu unterscheiden sind (vgl. Tabelle 2). Mit dem Kriterium der Herrschaftslegitimation wird zwischen drei Legitimationsquellen unterschieden. Volkssouveränität greift den Gedanken auf, dass die Herrschaft vom Volke ausgeht und sich dadurch legitimiert. Dagegen wird mit Mentalitäten der Bezug auf übergreifende Ordnungs- und Identitätsmuster – wie Staat, Ordnung und Sicherheit, Nation – gewählt, deren Verteidigung zur Rechtfertigung der Herrschaft angeführt wird. Totalitäre Regime gehen noch einen Schritt weiter und begründen ihre Herrschaft auf einer ideologischen Grundlage, die eine weitreichende Vorstellung der Prägung und Entwicklung von Gesellschaft enthält. Mit solchen Ideologien, die auf verschiedenen (wie nationalsozialistischen oder kommunistischen) Weltanschauungen beruhen, wird der Anspruch erhoben, nicht nur die Herrschaft zu legitimieren, sondern Gesellschaft und Staat umfassend in ihrem Sinne zu gestalten. Entsprechend unterschiedlich gestaltet sich der Herrschaftsanspruch je nach Regime. Während er bei totalitärer Herrschaft unbegrenzt ist, stößt er in Demokratien an die Garantie der Menschenrechte. Diese Grenzen korrespondieren mit unterschiedlichen Vorstellungen in der Herrschaftsweise. Diese ist in Demokratien rechtsstaatlich eingehegt und geprägt. Die rechtsstaatlichen Begrenzungen werden in autoritären Regimen nicht umfassend geachtet, sondern, wenn es für die Herrschaftserhaltung notwendig erscheint, durch repressive Maßnahmen ersetzt. In totalitären Regimen geht der rechtsstaatliche Schutz vollends verloren. In der Kategorie des Herrschaftsmonopols werden die Regime anhand unterschiedlicher Träger-

schaft des staatlichen Gewaltmonopols unterschieden. Analog zeigt sich bei der Herrschaftsstruktur die Konzentration der staatlichen Herrschaft in totalitären Regimen,
während Demokratien durch Gewaltenteilung charakterisiert sind.

**Tab. 2:** Demokratie, autoritäres und totalitäres Regime

| Merkmale von demokratischem, autoritärem und totalitärem Regime | | | |
|---|---|---|---|
| | **Demokratie** | **Autoritäres Regime** | **Totalitäres Regime** |
| **Herrschafts-legitimation** | Volkssouveränität | Mentalitäten | geschlossene Weltanschauung |
| **Herrschafts-zugang** | offen (universales Wahlrecht) | eingeschränkt (eingeschränktes Wahl-recht) | geschlossen (kein Wahlrecht) |
| **Herrschafts-monopol** | bei demokratisch legitimierten Institutionen | bei Führern/Oligarchien über Mentalitäten ,legiti-miert' und über Repressi-on abgesichert | bei weltanschaulich legitimierten und durch Repression ab-gesicherten Führer(n) |
| **Herrschafts-struktur** | pluralistisch (Gewaltenteilung, Ge-waltenhemmung, Gewal-tenkontrolle) | semipluralistisch (weitgehend einge-schränkte Gewaltentei-lung, Gewaltenhemmung, Gewaltenkontrolle) | monistisch (keine Gewaltentei-lung, Gewaltenhem-mung, Gewaltenkon-trolle) |
| **Herrschafts-anspruch** | eng begrenzt | umfangreich | unbegrenzt |
| **Herrschafts-weise** | rechtsstaatlich | rechtsstaatlich bis nicht-rechtsstaatlich, repressiv | nicht rechtsstaatlich, systematisch repres-siv, terroristisch |

Quelle: Merkel 1999: 28, Tabelle 1

Entsprechend der erweiterten Kriterienliste lassen sich die Regimetypen präzisier
definieren.

> Demokratie ist eine rechtsstaatliche Herrschaftsform, die eine Selbstbestimmung für alle
> Staatsbürgerinnen und Staatsbürger im Sinne der Volkssouveränität ermöglicht, indem sie die
> maßgebliche Beteiligung von jenen an der Besetzung der politischen Entscheidungspositionen
> (und/oder an der Entscheidung selbst) in freien, kompetitiven und fairen Verfahren (z. B. Wah-
> len) und die Chancen einer kontinuierlichen Einflussnahme auf den politischen Prozess sichert
> und generell eine Kontrolle der politischen Herrschaft garantiert (Lauth 2004: 105).

Demokratische Partizipation an der politischen Herrschaft findet somit ihren Ausdruck in den Dimensionen der politischen *Freiheit*, der politischen *Gleichheit* und der
politischen und rechtlichen *Kontrolle*. Demokratie ist in diesem Verständnis stets auch
eine Form begrenzter Herrschaft. Dies ist bei Autokratien nicht gegeben. In Anlehnung und Abwandlung der Demokratiedefinition von Sartori (1992: 210) lassen sich
Autokratien wie folgt definieren: Autokratien sind ein Regimetypus, in dem jemand
(Einzelner oder Gruppe) sich selbst für die politische Führung auswählen kann, sich

die Macht zum Regieren mit Bezug auf Mentalitäten oder Ideologien selbst verleiht und sich weitgehend unbedingte und unbeschränkte Macht anmaßen kann.[5]

Diskutiert wird in der Forschung, ob totalitäre und autoritäre Regime jeweils ein Basiskonzept beziehungsweise einen Grundtypus angeben oder ob sie lediglich einen Subtypus autokratischer Herrschaft darstellen. Aufgrund des singulären Herrschaftsanspruchs von totalitären Regimen, die in der ideologischen Grundierung totalitärer Herrschaft deutlich wird (Arendt 1955), erscheint es plausibler, von drei Grundtypen auszugehen, wobei totalitäre und demokratische Herrschaft die beiden Endpole eines Kontinuums markieren, das sich auf Regimeebene klar typologisch unterscheiden lässt (Abb. 1). In vielen Studien werden Länder jedoch anhand der übergeordneten Kategorie jeweils nach Autokratie oder Demokratie eingeteilt und in der Analyse gegenübergestellt (Kailitz/Köllner 2013).

Neben den drei Grundtypen politischer Herrschaft lassen sich zahlreiche Unterformen oder Subtypen anführen. Die Bildung solcher Subtypen folgt dabei zwei methodischen Grundregeln. Im Falle von *regulären* Subtypen wird der Untertypus durch die Addition weiterer Merkmale gebildet; z. B. bei autoritären Regimen durch den Träger der Herrschaft (Militärdiktatur, Einparteiensystem, Feudalherrschaft/Monarchie etc.) oder Zielsetzung der Herrschaft (z. B. Modernisierung beim autoritären Modernisierungsregime).[6] Im Falle von *verminderten* Subtypen wird kein weiteres Merkmal hinzugefügt, vielmehr ist die Ausprägung des Basiskonzepts nicht vollständig (vgl. defizitäre oder defekte Demokratie). Es muss allerdings in bestimmtem Mindestumfang realisiert sein, kein definitorisches Element darf zu schwach ausgeprägt sein.

Beide Grundregeln werden in Abb. 1 angewendet. Bei dem verminderten Subtypus ‚defizitäre Demokratie' finden sich gängige Beispiele, wie delegative oder illiberale Demokratie. Im Bereich der autokratischen Regime sind reguläre Subtypen angeführt; dies ist auch bei Demokratien der Fall. Ebenso könnten bei autokratischen Regimen verminderte Subtypen gebildet werden (analog zu defizitärer Demokratie nun defizitäres totalitäres Regime). Dies ist allerdings bislang nicht üblich. Wichtig für die Entscheidung, welche Typologie gewählt wird, ist die Plausibilität, mit der diese die reale Funktionslogik des politischen Systems erfasst. Der Bündelung der empirischen Befunde in bestimmte Regimetypen liegt die Überzeugung zugrunde, dass sich die graduellen empirischen Befunde bedeutsam abgrenzen lassen.

---

5  Eine andere Definition stammt von Juan Linz. Demnach sind autoritäre Regime politische Systeme, „die einen begrenzten, nicht verantwortlichen politischen Pluralismus haben; die keine ausgearbeitete und leitende Ideologie, dafür aber ausgeprägte Mentalitäten besitzen und in denen keine extensive oder intensive politische Mobilisierung, von einigen Momenten in ihrer Entwicklung abgesehen, stattfindet und in denen ein Führer oder manchmal eine kleine Gruppe die Macht innerhalb formal kaum definierter, aber tatsächlich recht vorhersagbarer Grenzen ausübt" (Linz 2000: 129).

6  Auch Begriffe wie *electoral autoritarian regimes* bzw. *electoral authoritarism* (Schedler 2006) sind zu nennen. In diesem Falle werden autoritäre Regime mit einem Adjektiv spezifiziert, die zur Sicherung ihrer Herrschaft eingeschränkt Aspekte der Demokratie, wie begrenzt freie und faire Wahlen, in ihr Prozedere aufnehmen.

| Demokratie | | Autokratie | | |
|---|---|---|---|---|
| **Demokratisches Regime** | | **Autoritäres Regime** | | **Totalitäres Regime** |
| funktionierende Demokratie | defizitäre Demokratie | schwach autoritäres Regime | stark autoritäres Regime | totalitäres Regime |
| direkte Demokratie und repräsentative Demokratie | delegative oder illiberale Demokratie | beschränkte Mehrparteienregime oder Einparteiensysteme | Militärregime, absolute Monarchie | in faschistischer, kommunistischer, theokratischer Ausprägung |

**Abb. 1:** Systeme zwischen Demokratie und Totalitarismus
Quelle: nach Lauth/Pickel/Pickel 2014 (Abb. 4.1)

*Hybride Regime* sind solche, die Merkmale verschiedener Regimetypen aufweisen – beispielsweise autoritäre und demokratische Züge besitzen (Lauth 2010: 104).[7] Ein politisches Regime ist nicht als hybrid zu bezeichnen, wenn die Grundmerkmale eines Regimetypus vorhanden, aber nicht deutlich ausgeprägt sind. Hier wäre es plausibel, von defizitären Regimen zu sprechen. Hybride Regime sollten nicht mit dem Subtypus der defizitären Demokratie oder eines soften autoritären Regimes verwechselt werden, auch wenn die empirischen Befunde ähnlich sein können. Doch während eine defizitäre Demokratie stets ein Subtypus der Demokratie ist, kann dies von einem hybriden Regime als einem Zwitter nicht behauptet werden.

Die Regimeausprägung wird inzwischen von zahlreichen, unterschiedlich gelagerten Messanlagen erfasst (Müller/Pickel 2009; Lauth 2011 und 2012). Auf diese Weise soll sowohl die Regimeklassifikation (Demokratie oder Autokratie) als auch die Qualität des jeweiligen Regimetypus gemessen werden. Ausgangspunkt vieler folgender Demokratiemessungen ist das Polyarchy-Modell von Dahl (1971), das bereits in dem Band selbst zu einer ersten Messung geführt hat (einmalige Messung in den 1960er-Jahren). Eckkoordinaten dieser Messung bilden die beiden Dimensionen ‚Wettbewerb' und ‚Partizipation', die sich in ihrer Beschreibung als Ausdruck der Dimensionen von Freiheit und Gleichheit verstehen lassen. Ein anderer Ansatz, der in der komparativen Forschung auch aufgrund seines umfassenden Datensatzes besondere Aufmerksamkeit erfahren

---

7 In dem Sinne von hybriden Regimen verwendet Polity IV den Begriff „anocracy". Hierzu werden alle Befunde zugeordnet, die sowohl demokratische als auch autokratische Ausprägungen haben (Befunde zwischen –5 und +5 auf der Regime-Skala, die von –10 bis +10 reicht). Diese Begrifflichkeit ist nicht ganz überzeugend und entspricht auch nur bedingt früheren Überlegungen zu *anocratic systems*, deren zentrales Merkmal in der unzureichenden Institutionalisierung besteht (Gurr/Jaggers/Moore 1991:81). Damit wird eine Dimension eingeführt, die bislang in der Demokratiemessung noch nicht theoretisch diskutiert wurde und die quer zu den beiden Regimetypen liegt und letztlich das Ausmaß von Staatlichkeit misst. In diesem Sinne kennzeichnet eine *anocracy* einen Regimezustand, der nicht durch stabile staatliche Institutionen gekennzeichnet ist, sondern durch einen Konkurrenzkampf zwischen bewaffneten Eliten, die die Macht besitzen.

hat, ist das *Polity*-Projekt. Die Messungen im Rahmen des *Polity*-Projekts haben inzwischen vier Aktualisierungen und Erweiterungen des Messzeitraums erfahren, wobei die grundlegende Methodik nur unwesentlich verändert wurde.[8] Die bis heute reichenden jährlichen Messungen umfassen mehr als 150 historische und noch bestehende Regime seit 1800. Die dortige Regimemessung beruft sich auf jeweils 10 Kriterien für Demokratie oder Autokratie und setzte entsprechende Schwellenwerte.

Ein weiteres verbreitetes Instrument der Demokratiemessung bietet *Freedom House* (FH). Es misst jedoch nicht explizit die Qualität der Demokratie, sondern den Grad politischer Rechte und bürgerlicher Freiheiten anhand von zwei Checklisten zu *Political Rights* (PR) und *Civil Liberties* (CL). Trotz bestehender Unterschiede sind die Überlappungen mit einem prozeduralen Demokratiemodell so groß, dass die Messungen oftmals ‚demokratieanalog‘ verstanden werden. Die Beliebtheit dieses Instrumentes erklärt sich – neben der guten Verfügbarkeit im Internet und seiner hohen Aktualität jährlicher Bewertungen – aus seiner Ausrichtung auf die ‚Verfassungsrealität‘, die über die Einschätzung von Experten zu erfassen versucht wird. Dies unterscheidet *Freedom House* auch von der Polity-Messung, die zumindest in der historischen Perspektive stärker auf der Analyse von Verfassungstexten und institutionellen Regularien beruht. Allerdings bleibt unklar, welchen Maßstab bei den einzelnen Indikatoren *Freedom House* in der Zuordnung der empirischen Befunde verwendet.

Der *Democracy Index* (DI) ist eines der jüngeren Instrumente, die zur Regimemessung vorgelegt wurden. Verantwortlich zeigt sich die *Economist Intelligence Unit*/EIU.[9] Das Demokratieverständnis ist weiter als bei *Freedom House* gefasst und schließt neben den politischen Rechten und bürgerlichen Freiheiten auch die faktische politische Partizipation und politische Kultur ein. Die unpräzise Demokratiedefinition und einige Operationalisierungen werfen kritische Anfragen auf, die durch die begrenzte Transparenz des Messverfahrens verstärkt werden. Auch die *Governance*-Indikatoren der Weltbank bieten mit den Daten zu *Voice and Accountability* eine Möglichkeit der Demokratiemessung. Erfasst werden inzwischen 212 Länder und Territorien, seit 1996 – zunächst im zweijährigen Rhythmus, ab 2002 dann jährlich.[10] Die Angaben basieren auf verschiedenen Datenquellen (DI, BTI, FH), die zu einem Superindex aggregiert werden. Ein zentrales Problem ist, dass keine Definition der Demokratie vorliegt und das Verständnis von *Voice and Accountability* auch nicht näher erläutert wird. Die Validität der Messung ist begrenzt. Gleichfalls fehlen Angaben zu Schwellenwerten, die eine Demokratie von einer Autokratie unterscheiden lassen.

---

**8** Vgl. http://www.bsos.umd.edu/cidcm/inscr/index.htm#polity

**9** http://www.eiu.com/public/

**10** Die methodischen Grundlagen für die Erhebung der Governance-Indikatoren wurden Ende des letzten Jahrzehnts gelegt und haben sich bis heute nicht geändert (Kaufmann, D./Kraay, A./ Mastruzzi, M.: Governance Matters VIII: Aggregate and Individual Governance Indicators, 1996–2008, in: World Bank Policy Research Working Paper No. 4978, 2009).

Eine weitere Möglichkeit, quantitative Angaben zur Bestimmung der Qualität einer Demokratie zu verwenden, bietet der *Bertelsmann Transformation Index* (BTI), dessen Daten jedoch auf ‚Transformationsländer' begrenzt sind. Etablierte Demokratien werden im *Sustainable Government Index* (SGI) zu bewerten versucht. Der NCCR-Demokratiebarometer steht in einem ähnlichen theoretischen Kontext wie BTI und SGI, die ihren Ursprung im Konzept der *embedded democracy* haben (Bühlmann et al. 2012; Merkel 2010). Er ist am *National Center of Competence in Research* (NCCR) im Modul 5 (Qualität der Demokratie) angesiedelt. Untersucht werden neben der Qualität einer Demokratie auch die Wirkungen unterschiedlicher Demokratiegrade sowie Möglichkeiten, die Qualität zu verbessern. Die Untersuchungen möchten 70 etablierte Demokratien möglichst differenziert erfassen.[11]

Auch die beiden Meta-Indizes des *Kombinierten Index der Demokratie* (KID) und des *Kombiniertern Index der Demokratie 3 Dimensionen* (KID3D) bieten eine differenzierte Datenerfassung.[12] KID und KID3D messen die Regimequalität von aktuell 165 Ländern im Abstand von zwei Jahren über den Zeitraum von 1996 bis 2012. Dabei werden die Datenreihen von *Freedom House*, *Polity* und den *Governance Indicators* der Weltbank gezielt zu zwei Meta-Indizes kombiniert, um die Defizite der Ausgangsdaten zu kompensieren. Dies erlaubt, neben den Demokratiedimensionen der Freiheit und Gleichheit auch die Dimension der Kontrolle hinsichtlich eines funktionierenden Rechtsstaats in die Messung einzubeziehen (KID3D). Zudem wird auch der Aspekt der Staatlichkeit berücksichtigt (KID). Schließlich unterscheidet der KID vier Typen von Regimen: funktionierende Demokratien, defizitäre Demokratien, hybride Regime und Autokratien.

Eine Möglichkeit, Profile der Demokratie anhand einer Messstrategie zu unterscheiden, bietet die Demokratiematrix (Lauth 2004). Diese erlaubt nicht nur die Bestimmung von defizitären und funktionierenden Demokratien, sowie von hybriden und autoritären Regimen, sondern dient auch zur Identifizierung von spezifischen Profilen von etablierten Demokratien. Möglich ist dabei eine Orientierung an den drei Dimensionen ‚politische Freiheit', ‚politische Gleichheit' und ‚politische und rechtliche Kontrolle'. Es geht dabei nicht um die Charakteristika des Regierungssystems, die im folgenden Kapitel erläutert werden. Festgehalten werden kann an dieser Stelle, dass die verschiedenen Messanlage erlauben, die realen Tendenzen in der Entwicklung der Qualität der Demokratie und der Demokratisierung insgesamt zu erfassen. Dabei zeigt sich, dass nicht von automatischen Prozessen hin zu einer hohen Qualität der Demokratie oder einer weiteren Verbreitung der Demokratie auszugehen ist. Stagnationen und sogar Rückfälle sind gleichfalls zu verzeichnen (Erdmann/Kneuer 2011).

---

11 http://www.democracybarometer.org/Data/Codebook_all%20countries_1990-2007.pdf
12 Die Daten und weitere Angaben zur Messung finden sich unter: http://www.politikwissenschaft.uni-wuerzburg.de/lehrbereiche/vergleichende/forschung/kombinierter_index_der_demokratie_kid/

# 4 Institutionenbegriff und Regierungssystem

## 4.1 Zum Begriff der Institution

Mit den Überlegungen zu Staat und Regimen ist implizit bereits eine zentrale politik-wissenschaftliche Kategorie eingeführt worden: Institutionen. Was ist damit gemeint und welche Bedeutung haben diese? Institutionen werden analog dem neoinstitutio-nalistischen Denken als Regel verstanden (North 1990; Peters 1999). Doch ist dieser Begriff weiter zu präzisieren. Zunächst gilt es, daran zu erinnern, dass es sich um sanktionsbewährte Regeln handelt. Die Regeln sind einzuhalten und eine unzulässige Abweichung wird bestraft. Entsprechend dem Vorschriftscharakter von Normen, de-ren Missachtung gleichfalls sanktioniert wird, lassen sich Institutionen auch als Nor-mensysteme verstehen (Waldmann 2002), die das Verhalten prägen. Wenn wir von Institutionen sprechen, sollte der Permissionsgrad der Regeln deutlich sein, der an-gibt, welche Handlungen erlaubt, gestattet oder verboten sind, und der die Sankti-onsmöglichkeiten aufzeigt. Hiermit ist die Ausprägung von klar identifizier- und zu-ordnenbaren Handlungsmustern verbunden.

Institutionen sind somit zentraler Ausdruck von Staaten und Regimeformen. Als solche gelten sie als formale Institutionen, mit denen die Ausübung und Beteiligung an der Herrschaft geregelt wird. Institutionen sind Bestandteil der Verfassung oder lassen sie sich daraus ableiten – wie Gesetze, Verordnungen und Verträge. Generell lassen sich Institutionen wie folgt definieren: Institutionen sind verbindliche Regeln und oftmals Ausdruck eines umfassenderen Regelwerks. Dies impliziert Rechte und Verantwortlichkeiten. Zugleich prägen Institutionen eine soziale Ordnung in der Wei-se, dass das Verhalten aller beteiligten Akteure vorhersehbar erscheint. Die Regeln werden entweder freiwillig befolgt – sei es aus rationalen Gründen oder aufgrund der Akzeptanz der Tradition – oder sie werden erzwungen, wobei die Androhung von Sanktionen oftmals ausreicht. Institutionen werden als politische Institutionen ver-standen, wenn sie am Entstehungsprozess oder Durchsetzung verbindlicher Ent-scheidungen beteiligt sind.

Mit dem Hinweis auf die Wirkungsträchtigkeit oder empirische Prägekraft von Regeln wird ein zentrales Merkmal von Institutionen genannt. Verlieren sie diese Fähigkeit, hören sie auf, als Institution zu existieren. Damit unterscheidet sich der Begriff von einer Sichtweise, wie sie in der juristischen oder auch in der politikwissen-schaftlichen Diskussion zum Ausdruck kommt. Während im rechtswissenschaftlichen Verständnis Normen oder Normsysteme als Institutionen betrachtet werden können, auch wenn sie keine unmittelbare Prägekraft haben, so oszilliert das Verständnis von Institutionen in der Politikwissenschaft auch noch heute zwischen beiden Polen. In der aktuellen Debatte finden sich beide Sichtweisen.

So wird speziell in der Transformationsforschung oftmals darauf hingewiesen, dass staatliche Institutionen nicht genügend Beachtung finden und dass es daher notwendig sei, die Institutionen zu institutionalisieren – also wirksam werden zu lassen. Letzterer Hinweis wäre aus der soziologischen oder neoinstitutionalistischen Perspektive unsinnig. Die Plausibilität solcher Überlegungen wird jedoch verständlich, wenn die unterschiedlichen Sichtweisen berücksichtigt werden. So lässt sich das deutsche Grundgesetz im Jahre 1949 durchaus als grundlegende Institution begreifen, auch wenn seine Wirksamkeit noch offen ist. Zudem werden politische Organisationen wie Parlament und Parteien auch als Institutionen bezeichnet (Lane 2014). Die politikwissenschaftliche Diskussion möchte hierbei sowohl das Anliegen und die Tradition der juristischen Staatslehre bewahren als auch den Anspruch der empirischen Forschung ernst nehmen. Indem sie auf der einen Seite Normen, Einrichtungen und Organisationen, und auf der anderen Seite die real prägenden Normsysteme als Institutionen begreift (Göhler 1994; Mayntz/Scharpf 1995a), versucht sie, beide Elemente der historischen bifurkalen Entwicklung zu integrieren, die sie selbst widerspiegelt. Doch um eine unpräzise Begriffsverwendung zu vermeiden, werden Institutionen nicht als kollektiver Akteur gefasst, sondern als generierende Norm von Handlungsstrukturen für Individuen und korporative Akteure. Bestimmte Organisationsformen (Gericht, Parlament) können hierbei lediglich in dem Sinne als Institution verstanden werden, indem ihnen erkennbare und von anderen unterscheidbare verhaltensorientierende Regeln zugrunde liegen. Sie offerieren durch ihre Funktionsweise den Basiscode oder die Funktionslogik der mit ihnen verbundenen Institutionen. Zentrale politische Organisationen (Parlamente, Parteien etc.) und Regelwerke (Verfassung) lassen sich zugleich als symbolischer Ausdruck von Institutionen begreifen, die das Gemeinwesen als politische Einheit sichtbar machen.

## 4.2 Typus des Regierungssystems als formale Institution

Innerhalb der grundlegenden Folien von Staat und Regimetypus erfolgt eine weitere Differenzierung des formalen Institutionendesigns auf der Ebene des Regierungssystems. Im Wesentlichen betreffen diese institutionellen Formen die Aufteilung der drei Gewalten Exekutive, Legislative und Judikative auf Grundlage der Verfassung. Diese legt die jeweiligen Kompetenzen fest und regelt die Interaktionsbeziehungen (Mitwirkung- und Kontrollrechte). Näher bestimmt werden die Rekrutierungsmechanismen und die Amtsdauer der Funktionsträger. Regierungssysteme spezifizieren somit die rechtsstaatlich gebundene Demokratie.

Auch wenn die Anzahl von Demokratien in den letzten Jahrzehnten signifikant gestiegen ist, sind die gängigen Typologien von Regierungssystemen in der Vergleichenden Politikwissenschaft überschaubar geblieben. Im Wesentlichen bestimmen zwei Vorschläge die Debatte.

(1) Auf der einen Seite sind es parlamentarische und präsidentielle Regierungssysteme mit diversen Unterformen oder Mischtypen.

(2) Auf der anderen Seite ist es maßgeblich die Unterscheidung zwischen Konsensund Mehrheitsdemokratie, die von Arend Lijphart eingeführt wurde.

Wenn dieser Vorschlag auf die Grundidee einer ungebremsten Exekutive einerseits und Blockademöglichkeiten der Exekutive anderseits verdichtet wird, dann lässt sich auch das Vetospieler-Theorem (Tsebelis 2002) in diese Tradition einordnen.[13] In eine ähnliche Richtung geht auch die Idee einer Kontrolle der Exekutiven im Rahmen einer *horizontal accountability* (O'Donnell 1999), die ein umfassendes Netz der Kontrollmöglichkeiten bietet (Lauth 2007), das harte (Veto points) und weiche Blockaden vereinigt. Alle genannten Typen bewegen sich in ihrer institutionellen Anlage auf der Ebene von Regierungssystemen und beruhen auf der Idee der Gewaltenteilung, die jedoch in unterschiedlicher Hinsicht variiert wird.

Trotz vorhandener Unterschiede ist allen Vorschläge folgende Annahme gemeinsam: Die grundlegenden Institutionen prägen eine je eigene spezifische Funktionslogik der verschiedenen Regierungssysteme. In Verbindung mit Akteurskonstellationen, deren zentrale Merkmale (als kollektive Akteure) oftmals den Institutionen selbst entstammen, prägen sie den Handlungskorridor des Regierens. Dessen Ausprägung wird wiederum verantwortlich gesehen für die Effektivität oder Performanz des Regierungssystems, die meist anhand makroökonomischer Daten geprüft wird (Birchfield/Crepez 1999; Foweraker/Landman 2002; Cheibub 2006; Gerring et al. 2009, Schmidt 2009). Ein anderes Prüfkriterium ist die Stabilität des Regierungssystems selbst (Riggs 1988; Linz 1994; Cheibub/Limongi 2002; Nolte 2004).

Die unterschiedlichen Funktionslogiken von parlamentarischen und präsidentiellen Regierungssystemen wurden exemplarisch von Steffani 1979 (original 1962) untersucht. Ausgang seiner Überlegungen bildet das zentrale Unterscheidungsmerkmal der Abberufbarkeit der Regierung, die nur in parlamentarischen Regierungssystemen möglich ist (ebd.: 113). Die aufgrund fehlender Abberufungsmöglichkeit verbundene Stabilität der Exekutive in präsidentiellen Regierungssystemen ermöglicht ein stark ungebundenes Fraktionsverhalten im Parlament und bedingt keine programmatisch disziplinierte und organisierte Parteien, die jedoch in parlamentarischen Regierungssystemen auch als Unterbau einer relativ strengen Fraktionsdisziplin erforderlich sind. Die Abhängigkeit der Exekutive in parlamentarischen Regierungssystemen ist mit dem Recht der Parlamentsauflösung verbunden, das einem Präsidenten nicht zur Verfügung steht. Während somit das präsidentielle Regierungssystem auf der Separation von Exekutive und Legislative beruht, sind diese beiden Gewalten im parlamentarischen Regierungssystem stark verschränkt, das dagegen den Dualismus von Regierungs- und Oppositionsparteien betont.

Die Besonderheiten beider Regierungssysteme und ihre Auswirkungen wurden kontrovers diskutiert. Bestätigung fand die Annahme, dass die Fraktionsdisziplin in parlamentarischen Regierungssystemen hoch sei; allerdings konnte der angenommene gegenteilige Befund für präsidentielle Regierungssysteme weitaus weniger beobachtet werden (Kailitz 2007 und 2008). Auch dort kann eine starke Fraktionsdisziplin

---

13 Gleichfalls ist hier der Vorschlag der Vetopunkte zu nennen (Kaiser 1998).

vorhanden sein. Generell kritisch kommentiert wurde dabei vor allem das präsidentielle Regierungssystem (Linz 1994; Stepan/ Skach 1994), dem folgende Eigenschaften zugeschrieben werden:

Präsidentielle Systeme haben in der Regel weniger Parteien als parlamentarische Systeme. Dies erschwert eine inklusive Repräsentation in Gesellschaften mit komplexen Konfliktlinien. Gleichfalls verfügen Regierungen in parlamentarischen Systemen häufiger über stabile parlamentarische Mehrheiten als die präsidentielle Exekutive. Dort sind bei einer oppositionellen Mehrheit gegenseitige Blockaden möglich, die die Effektivität des Regierens gefährden. Ein Präsident ist dann leicht geneigt, die parlamentarische Mehrheit zu übergehen und mit Dekreten zu regieren. Im Unterschied zu präsidentiellen Systemen bieten parlamentarische Systeme konstitutionelle Verfahrensweisen, um lähmende wechselseitige Blockaden aufzulösen, bevor sie sich verschärfen. Aber auch bei eigenen Mehrheiten gestaltet sich das Regieren aufgrund schwacher Fraktionsdisziplin in präsidentiellen Regierungssystemen schwierig. Schließlich fördern diese die politische Polarisierung, da das Amt durch The-Winner-takes-it-all-Regel vergeben wird. Die Argumente lassen sich weitgehend auch auf semipräsidentielle Systeme beziehen (Duverger 1980), wobei dort erschwerend die oftmals unklare Kompetenzverteilung hinzu kommt (Merkel 2010: 116f.).

Gegen diese Kritik wird eingewandt (Nohlen/Thibaut 1994; Thibaut 1998), dass nicht der Präsidentialismus an sich analysiert wird, sondern Komponenten, die nicht mit diesem notwendigerweise verbunden sind, wie das relative Mehrheitsrecht und die oft damit einhergehenden Polarisierung. Beide Elemente sind auch in parlamentarischen Systemen anzutreffen (vgl. idealtypisch das Westminster-Modell); gleichfalls bestehen zahlreiche präsidentielle Regierungssysteme zusammen mit Mehrparteiensystemen. Zudem könne ein Präsident stärker für die gesamte Nation sprechen als ein Premierminister oder Kanzler, der den eigenen Parteienkoalitionen eng verpflichtet ist. Ein Präsident ermöglicht so eine bessere Integration und Repräsentation der Gesellschaft, wie die oftmals hohen Zustimmungswerte zu diesem Amt nahelegen. Schließlich sollte die Effizienz und Effektivität eines Regierungssystems nicht maßgeblich durch die Zuordnung von nur zwei Gewalten (Exekutive und Legislative) bestimmt sein, da damit die Komplexität des Regierens nicht angemessen erfasst würde. Die Perspektive legt nahe in der Bewertung eines Regierungssystems auch dessen institutionelle Einbettung gleichfalls zu berücksichtigen.

Der Vorschlag von Arend Lijphart ist gegenüber der Unterscheidung von parlamentarischen und präsidentiellen Regierungssystemen umfassender gestaltet. Seine Unterscheidung von Konsens- und Mehrheitsdemokratie beruht auf unterschiedlichen Institutionen, strukturellen Bedingungen und Akteurskonstellationen. Lijphart (1999 und 2012) unterscheidet anhand von zehn Merkmalen zwei Demokratietypen (Croissant 2010). Gebündelt werden die Befunde durch zwei induktiv gewonnene Dimensionen: die Föderalismus-Unitarismus-Dimension und die Exekutive-Parteien-Dimension. Neben der Klärung der Entstehung der Demokratietypen konzentriert sich die Studie auf deren Auswirkungen. Zum Leistungsprofil gehören sowohl wirtschaftliche und soziale Faktoren als auch Aspekte der Demokratiezufriedenheit. Seiner Studie zufolge ist die Konsensdemokratie die zu bevorzugende Demokratievariante (Lijphart 1999: 301f.).

Wenn wir die zehn Kriterien der Demokratiemodelle unter Einbezug der verwendeten Indikatoren näher betrachten, dann ist festzustellen, dass diese im unterschiedlichen Maße institutionell geprägt sind, wobei dies für die zweite Dimension deutlich stärker gilt als für die Exekutiv-Parteien-Dimension, die auch bedeutsam durch Akteurshandeln geprägt ist.[14]

**Tab. 3:** Kategorien der Kriterien der Mehrheits- und Konsensdemokratie

| Kriterien der Mehrheits- und Konsensdemokratie nach Lijphart (1999) | Kategorie |
|---|---|
| Konzentration exekutiver Macht vs. exekutive Machtteilung | Akteurshandeln (Regierung) |
| Kabinettsdominanz gegenüber dem Parlament und Machtfusion vs. Machtbalance und Gewaltenteilung | Akteurshandeln (Regierung) und Regel |
| Zweiparteien vs. Mehrparteiensystem | Akteurshandeln (Bürger) und Regel |
| Pluralistische vs. korporatistische Interessengruppen | Struktur, Akteurshandeln und Regel |
| Verhältniswahlsystem vs. Mehrheitswahlsystem | Regel |
| Einkammersystem vs. symmetrisches Zweikammersystem | Regel |
| Unitarischer vs. föderaler Staat | Regel |
| Flexible vs. rigide Verfassung | Regel |
| Keine richterliche Überprüfung politischer Entscheidungen vs. *judicial review* | Regel |
| Regierungsabhängige vs. autonome Zentralbank | Regel |

Quelle: eigene Zusammenstellung nach Lijphart 1999: 9–47; Schmidt 2006: 341 und Croissant 2006: 122f.

Beide Vorschläge – (1) parlamentarische und präsidentielle Regierungssysteme, (2) Konsens- und Mehrheitsdemokratien – beruhen also auf der gemeinsamen Annahme, dass die damit gegebenen institutionellen Regelungen spezifische Regierungspraktiken bedingen, die letztlich auch ihre Stabilität und Leistungsfähigkeit beeinträchtigt. Im ersten Falle lassen sich aus den Modellannahmen durchaus Hypothesen zur Stabilität gewinnen. Für Policy-Leistungen ist dies bereits deutlich schwieriger. Dies gilt generell für die Performanz der Typen bei Lijphart. So entwickelt er auch keine Hypothesen deduktiv, sondern prüft induktiv gewonnene Zusammenhänge, ohne diese letztlich befriedigend erklären zu können (Roller 2005; Müller-Rommel 2008).

---

**14** Deswegen hat Ganghof (2005) kritisiert, dass Lijphart (1999) formale Institutionen und Verhaltensmuster in problematischer Weise vermischt. Er schlägt vor, die typologische Diskussion auf formale Institutionen zu konzentrieren. Damit unterstützt er die Interpretation einer auf Institutionen basierten Typologie.

# 5 Informalität in verschiedenen Formen

Bislang haben wir mit Staat, Regime und Regierungssystem die formalen Strukturen politischer Ordnung behandelt. Doch es wurde bereits in der Einleitung die Relevanz des Informellen betont. In einem allgemeinen Verständnis bezeichnen informelle Handlungen solche Handlungen, die nicht formal geregelt sind. Sie existieren im wirtschaftlichen Kontext,[15] in kulturellen Zusammenhängen oder im politischen System. Doch wie ist diese Vielfalt zu fassen? In der soziologischen Diskussion wird darauf hingewiesen, dass die Ausdifferenzierungen des gesellschaftlichen Lebens sowohl das Ausmaß als auch die Unbestimmtheit informellen Verhaltens erhöht (Misztal 2000: 46). Dem soll hier nicht widersprochen werden. Doch ist dieses weite Spektrum möglicher Verhaltensweisen für unsere Diskussion wenig weiterführend. Uns interessieren vielmehr diejenigen im informellen Bereich, die wiederum eine eigene Ordnung erkennen lassen und nicht die spontanen Aktionen. Wir suchen nach informellen Regeln und Mustern (informelle Verfassung), informelle Praktiken beziehungsweise kulturellen Traditionen, die gesellschaftliches und politisches Handeln systematisch formieren. Dieses Kapitel versucht, diese informelle Regelwelt zu erfassen, die für das Verständnis des politischen Systems und dessen Funktionsweise relevant ist. Ausgegangen wird dabei von der These, dass informelle Regeln und Praktiken unabdingbar für das Funktionieren eines jeglichen politischen Systems und somit konstitutiv für dieses sind (Helmke/Levitsky 2003).

Zwei Differenzierungen sind zu beachten: Zu unterscheiden sind hierbei (1) informelle Rechtsnormen und informelle Institutionen von (2) eingeübten Routinen und Praktiken, die im politischen Prozess angewendet werden. Wir sprechen von *informellen Institutionen*, wenn sie sanktionsfähige Regeln sind, aber nicht staatlich kodifiziert, beziehungsweise staatlichen Sanktionen unterworfen, und somit vor Gericht einklagbar sind. Informelle Institutionen sind in der Politikwissenschaft von Relevanz, da sie das Funktionieren von formalen Institutionen beeinflussen und generell auf den politischen Prozess einwirken können; in diesem Sinne werden sie als politische Institutionen betrachtet. Informelle Institutionen bieten eine alternative Handlungsorientierung, die die Handlungslogik der formalen Institutionen unterstützen, aber auch unterminieren können.

Beispiele für institutionelle Ausprägungen sind vielfältig. Klientelismus, Gewohnheitsrecht und Korruption sind allgemeine Formen, die aber auch landesspezifische Formen annehmen können. Kulturelle oder religiöse Regeln können sowohl als Institution oder als Routinen angelegt sein. Auch gewaltsam agierende Akteure (organisierte Kriminalität) können eine institutionelle Gegenwalt aufbauen, wobei Gewaltdrohungen (z. B. gegenüber Richtern oder Journalisten) gleichfalls eine informelle Institution

---

15 Beispielsweise kennzeichnet der Begriff ‚informeller Sektor' oder ‚informelle Wirtschaft' Aktivitäten, die nicht von staatlicher Seite registriert und kontrolliert werden.

bilden können (Lauth 2004). Informelle politische Institutionen finden sich in allen Ländern. Großbritannien ist ein oft genanntes Beispiel für die Relevanz informeller Institutionen, die mit den formalen Institutionen – den britischen Gesetzen – weitestgehend in Einklang stehen und diese unterstützen. In Deutschland lässt sich ein Koalitionsvertrag zwischen den Regierungsparteien analog verstehen. Dieser ist vor keinem Gericht einklagbar, wird er jedoch gebrochen, kann die Höchstsanktion den Verlust der Macht bedeuten. Bedeutende informelle Institutionen sind Korruption und Klientelismus, wenn sie tief und fest in der Gesellschaft verankert sind und somit ein sanktionsfähiges Regelwerk darstellen.[16]

In welchem Zusammenhang stehen informelle Institutionen mit informeller Politik und informelle politischen Praktiken sowie informelle Netzwerke? Informelle Politik unterscheidet sich von formaler Politik, diese – so von Beyme (1991: 31) – „hat eine Basis in Rechtsnormen, ist institutionalisiert und unterliegt öffentlicher Kontrolle". Informelle Politik erfasst nun – analog des Verständnisses von Informalität – alle nicht formalen Handlungen, unabhängig davon, ob diese nun ungebunden und spontan oder wiederum nach Regeln verlaufen.[17] Dagegen handelt es sich bei politischen Praktiken um routinisierte Handlungsmuster, die zum Ziel haben, institutionelles Handeln zu beeinflussen (Rüb 2014: 65).[18] Praktiken sind formloser als politische Institutionen und es fehlt der Sanktionscharakter; dies unterscheidet beispielsweise Klientelismus von informellen Netzwerken. Damit erfassen sie den Teil der informellen Politik, der geregeltes und erwartbares Verhalten induziert, aber keine institutionelle Prägung besitzt.

Beispiele informeller politischer Praktiken sind Koalitionstreffen, die Nutzung korporatistischer Netzwerke oder routinisierte Verwaltungsabsprachen im nicht-öffentlichen Raum, gleichfalls akzeptierte Kommunikationswege, die den Dienstweg umgehen beziehungsweise abkürzen. Diese Beispiele zeigen, dass informelle politische Praktiken (ebenso wie informelle Institutionen) nicht per se illegal sein müssen, vielmehr können

---

16 Eine Messung informeller Institutionen ist nicht einfach. Die am weitesten entwickelnden Messanlagen betreffen die Korruption, wobei verschiedene Ansätze vorliegen, die wiederum kritisch kommentiert werden (Søreide 2006). Zu den Messergebnissen des Corruption Perception Index CPI, der von Transparency International erhoben wird, siehe den Anhang und http://www.transparency.de/.

17 Dieses Verständnis unterscheidet sich vom Vorschlag von Köllner (2005:15), der mit informeller Politik formloses Handeln ausschließt und damit „informelle Strukturen und Prozesse bezeichnet, die in den politischen Raum hineinwirken und über individuelles Vorteilsstreben materieller und nichtmaterieller Art hinausgehen" (entsprechend Betz/Köllner/Mattes 1999). Dieses Verständnis von informeller Politik ist weitgehend deckungsgleich mit dem von politischen Praktiken.

18 Rüb (2014: 65) definiert politische Praktiken wie folgt: „Praktiken sind (a) kollektive Denkstile bzw. kognitive Handlungsmuster, die (b) aktivistisch eine eingetretene Situation oder einen Sachverhalt mit einer bestimmten Handlung(skette) verbinden, die etwas bewirken will und (c) auf Wiederholbarkeit setzende Handlungsketten, die routinisiert vollzogen werden und durch ihre erwartbare Wiederholung Sicherheit und Dauerhaftigkeit für die sie ausführenden Akteure gewährleisten und Handlungsmuster konfirmieren".

sie dazu dienen, die Unhandlichkeit formaler Regeln zu überwinden. Auf diese Weise verlaufen sie auch in deren Sinne und können ihre Funktionsweise verbessern. Es kann allerdings auch sein, dass informelle Praktiken genutzt werden, um die verfassungsmäßige Ordnung zu umgehen und damit die Geltungskraft formaler Regeln zu schwächen. Es ist daher im Einzelfall die konkrete Wirkung zu untersuchen.

Informelle Institutionen gelten oftmals auch als ein Teil von kulturellen Mustern. Sie sind jedoch nicht identisch mit ihnen. Obwohl es schwierig ist, eine allgemein akzeptierte Definition von Kultur zu finden, so sind doch oft zwei definitorische Komponenten vorhanden (Pickel/Pickel 2006). Erstens umfasst das Kulturverständnis ein breites Konzept, das Regeln, Werte, Traditionen und Gebräuche einschließt. In einem holistischen Verständnis stehen die einzelnen Aspekte in einer bestimmten Beziehung und drücken eine kollektive Identität aus, die zu einer spezifischen Interpretation und Konstruktion der Welt führt und zur Annahme typischer Lebensweise motiviert. Zweitens verfügen kulturelle Muster – solange sie nicht institutionell gelagert sind – nicht über eine Sanktionsmacht. Im Aufgreifen der Unterscheidung von Erwartungen und Werten machen Helmke/Levitsky (2002: 38) auf einen dritten Unterschied aufmerksam: „Informal institutions reflect shared expectations, but not necessarily shared values". In diesem Sinne zeigen informelle Institutionen die kognitive Seite von Kultur an.

Informelle Institutionen sind nur ein, wenngleich auch ein wichtiger Bestandteil der informellen Welt. Die Überlegungen zu anderen Formen des Informellen haben zwar deutliche Unterschiede, aber auch Gemeinsamkeiten aufgezeigt. So können sich die einzelnen Konzepte teilweise überlappen, beziehungsweise gibt es mögliche Übergänge. Beispielsweise können sich informelle Praktiken oder Routinen zu informellen Institutionen verdichten. Daher werden die Analysen zwar auf den Bereich der informellen Institutionen konzentriert, ignorieren aber auch nicht die anderen Ausdruckformen.

# 6 Interaktionsmuster formaler und informeller Institutionen

In der Analyse dieser informellen Regelwelt gilt es, sowohl die Befunde zu ordnen als auch ihre Wirkungen auf die formale Regelwelt zu analysieren. Dabei sind zwei Wirkungsbeziehungen von zentraler Bedeutung: Sind die informellen Regeln (oder Institutionen) mit den legalen Institutionen kompatibel und unterstützen sie diese oder stehen sie zu ihnen in einem Widerspruch und unterminieren sie?

Wie oben bereits angesprochen, sind diese Fragen nicht pauschal zu beantworten. Zum einen kann das empirisch vorgefundene Regelwerk als Referenz genommen werden, zum anderen Rechtsstaat und Demokratie als normativer Maßstab. Während der erste Vergleich Aussagen zur Stabilität und Dynamik des politischen Prozesses in allen Regimetypen erlaubt, sind mit dem zweiten normative Wertungen verbunden. Oftmals hängt die spezifische Wirkung vom korrespondierenden Regimetypus ab. Während Klientelismus oder Korruption aufgrund exklusiver und diskriminierender Wirkungen mit demokratischen Verfahren in Widerspruch stehen und deren Geltung unterminieren, können sie für autoritäre Regime (s. Neopatrimonialismus) konstitutiv sein. In Großbritannien sind viele traditionelle Regeln mit der Demokratie kompatibel und wären schwierig mit autoritärer Herrschaft zu verbinden. Die Etablierung konkurrierender Rechtssysteme kann sowohl autokratische als auch demokratische Regime unterminieren. Bei Demokratie ist dies evident, aber auch bei Diktaturen ist ein Konflikt zwischen beiden Normensystemen möglich. Beispielsweise kann die Wirkung von informell anerkannten Scharia-Regeln die formalen Regeln eines Militärregimes beeinträchtigen. Die Spannungen zwischen beiden Regelwelten lassen sich in etlichen arabischen Staaten beobachten. Die Wirkung der informellen Institutionen hängt somit von zwei Aspekten ab: (1) von der Kompatibilität beziehungsweise der Vereinbarkeit mit formalen Regeln und (2) der Stärke der informellen Institutionen.[19]

| Wirkung von | auf formale Institutionen | |
|---|---|---|
| informellen Institutionen | stark positiv | stark negativ |
| | schwach positiv | schwach negativ |

**Abb. 2:** Verhältnis von informellen und formalen Institutionen
Quelle: eigene Darstellung

Die politische Relevanz informeller Institutionen zeigt sich vor allem, wenn diese miteinander verflochten sind und sich dabei gegenseitig verstärken. Die negative Wirkung der Verflechtung von Klientelismus, Patronage und Korruption auf die Demokratie wurde in verschiedenen konzeptionellen Überlegungen erfasst. Dazu gehört das Theorem der ‚brown areas' O'Donnell (1993: 1359f.), in dem die territorialen Grenzen formaler staatlicher Regeln thematisiert werden. Gleichfalls zu nennen sind die Überlegungen zum „delegative code" (O'Donnell 1996) und zum „illiberal code" (Croissant/Merkel 2004); im russischen Kontext wird hier von „Blat" gesprochen (Ledeneva 2001). In diesen Konzepten wird die Schwächung formaler Regeln im Kernbereich von Demokratie und Rechtsstaat durch die Kombination verschiedener Typen informeller Institutionen erfasst. Organisierte Kriminalität oder Mafia sind ein weiteres Beispiel für solche Verflechtungen, in denen nun auch die Gewaltdrohung wirksam ist. Rent seeking, in dem die systematisch private Aneignung öffentlicher Ressourcen behandelt wird, ist in diesem Zusammenhang gleichfalls zu nennen. Im Zusammenspiel informeller Institutionen kann somit eine wirkungsträchtige Deutungsfolie entstehen, die den Rang einer zweiten oder eigentlichen Verfassung annehmen kann (hidden constitution). Die Problematik solch einer Konstellation ist offenkundig,

---

**19** Die Stärke oder Schwäche einer informellen Institution kann sich auf ein ganzes Land gleichmäßig erstrecken oder auch territorial verschieden ausgeprägt sein.

wenn damit die Funktionslogik der demokratischen Institutionen unterminiert wird. Dies gilt jedoch nicht, wenn damit komplementäre Prozesse verbunden sind, wie im Falle informaler Verfassungsregeln (Schulze-Fielitz 1984).

Die herausragende Bedeutung informeller Regeln hat sich auch auf andere Ebene konzeptionell niedergeschlagen. Im Konzept des Neo-Patrimonialismus sind formale und informelle Institutionen und Praktiken eng miteinander verknüpft, die das gesamte Staatshandeln betreffen:

> Neopatrimonialism is a mixture of two co-existing, partly interwoven, types of domination: namely, patrimonial and legal-rational bureaucratic domination. (...) Formal structures and rules do exist, although in practice the separation of the private and public sphere is not always observed. In other words, two role systems or logics exist next to each other, the patrimonial of the personal relations, and the legal-rational of the bureaucracy. (...) The patrimonial penetrates the legal-rational system and twists its logic, functions, and output, but does not take exclusive control over the legal-rational logic. That is, informal politics invades formal institutions. Informality and formality are intimately linked to each other in various ways and by varying degrees; and this mix becomes institutionalized (Erdmann/ Engel 2007: 105).

Die Zuordnung einer neopatrimonialen Herrschaftsstruktur zu dem Regimetypus „Demokratie" oder „Autokratie" ist nicht einfach möglich, da die damit verbundenen Kategorien nicht ganz zusammenpassen. Problemlos lässt sich neopatrimoniale Herrschaft in autoritären Regimen finden. Solange die informelle Logik jedoch nicht die formalen Institutionen dominiert, könnte auch eine defizitäre Demokratie bestehen, die gekennzeichnet ist von einer prekären Verbindung der formalen Institutionen und kontrastierenden informellen Institutionen. Die konkrete Zuordnung hängt somit vom jeweiligen empirischen Fall ab.

Das Zusammenspiel zwischen formalen und informellen Regeln hat nicht nur auf der Ebene der Regime konzeptionelle Auswirkungen, sondern auch auf der von Regierungssystemen, wo jedoch traditionell der Bereich informeller Institutionen und Praktiken weitgehend ignoriert wurde. Dies ist aber nur solange überzeugend, wenn diese mit den formalen Institutionen kompatibel sind. Problematischer gestaltet sich hingegen der Fall, wenn die informellen Institutionen nicht mit dem formalen Regelwerk kompatibel sind, sondern diese in ihrer Funktionsweise unterminieren (Helmke/ Levitsky 2006). Zur Problematisierung der oben skizzierten klassischen Typologien ist der Nachweis einer allgemeinen Verzerrung staatlicher Institutionen durch informelle Regeln wie Korruption ausreichend (Lauth 2010). Dabei zeigt sich die Begrenztheit der behaupteten Prägekraft formaler Regeln. Nur in Kontexten mit einer geringen Intensität gegenläufiger informeller Institutionen – wie in den skandinavischen Ländern – kommen die formalen Regeln unbeschränkt zur Geltung. Die mit diesen Überlegungen einhergehende Überzeugung zielt auch auf die kontextabhängige Wirkung von formalen Institutionen. So kann das gleiche konstitutionelle Gerüst je nach informeller Einbettung deutlich unterschiedlich funktionieren (vgl. Präsidentialismus in Nord- und Südamerika). Um die Funktionsweise eines politischen Systems angemessen verstehen zu können, gilt es daher, neben den formalen Regeln auch die informellen Regeln zu rekonstruieren.

Die Ausprägungen können dabei von Land zu Land stark divergieren. Stellen sie in einem politischen System weitgehend ‚nur' systemfunktionale Mechanismen zur Verfügung, um die Härten (und Lücken) formaler Regeln zu glätten, können sie in anderen politischen Systemen in ihrer vielfältigen Kombination den Rang einer zweiten und ‚eigentlichen' Verfassung einnehmen, die maßgeblich den politischen Prozess prägt (wie für einige lateinamerikanische Länder beschrieben). Wie bei der Konstruktion von neo-patrimonialen Formen können auch auf der Ebene der Regierungssysteme Typen gebildet werden, die informelle Bestandteile integrieren. Anhand von zwei Fällen soll dies gezeigt werden. Ein illustratives Beispiel für diesen Sachverhalt bieten neuere Entwicklungen in präsidentiellen Regierungssystemen, die sich speziell in Lateinamerika zeigen. Ein anderes betrifft eine besondere Ausprägung präsidentieller Systeme, die beispielsweise in Osteuropa beobachtet wird.

Ad 1: Im Unterschied zum US-amerikanischen Präsidentialsystem existieren in den lateinamerikanischen Präsidentialsystemen Mehrparteiensysteme, sodass der Präsident oftmals nicht über eine eigene Mehrheit im Parlament verfügt. Daher konstatieren einige Autoren eine prinzipielle Spannung zwischen Mehrparteiensystemen und funktionsfähigen Präsidialdemokratien (Mainwaring 1993). Doch um diese Schwierigkeit zu minimieren, die Regierungsfähigkeit ständig über Ad-hoc-Mehrheiten zu erreichen, versuchten lateinamerikanische Präsidenten in verschiedenen Ländern – wie in Bolivien, Brasilien, Chile oder Uruguay – andere Parteien kontinuierlich in die Regierungsarbeit einzubinden (Nolte 2007). Praktiziert wird die Aufnahme der Mitglieder anderer Parteien in die Regierung, programmatische Absprachen oder sogar die Bildung von Allianzen beziehungsweise Koalitionen. Letztere Kooperationsform ist wohl in Chile am stärksten ausgeprägt, in der die Mitgliedsparteien der sogenannten „Concertación" eine langjährige Koalition vereinbaren und mit gemeinsamen alternierenden Präsidentschaftskandidaten in den Wahlkampf ziehen.

Die damit gegebene Praxis führt zu einem neuen Subtypus des *Koalitionspräsidentialismus*, der durchaus in der Lage ist, die faktischen Prozesse angemessen zu erfassen (Nolte 2007). Dieser zeichnet sich maßgeblich dadurch aus, dass sich das Verhältnis zwischen Exekutive und Legislative an der parlamentarischen Praxis orientiert. Diese Konfiguration findet zugleich ihren Ausdruck in der Aufwertung des Kabinetts und des Parlaments (Lanzaro 2003). Die damit gegebenen formalen Rechte und informellen Praktiken führen zu einer Annäherung der Funktionslogik von Präsidialdemokratien an die von parlamentarischen Demokratien (Nolte 2007; Kailitz 2007). Wenn hierbei der Präsident zudem aus spezifischen politischen (nicht nur aufgrund von strafrechtlichen) Gründen vom Amt enthoben werden kann (Kailitz 2007: Tabelle 4), verschwimmen die Grenzen zwischen parlamentarischen und präsidentiellen Regierungssystemen, denn dieser Tatbestand hebt das anscheinend dichotomische Merkmal der Abwahl der Exekutive tendenziell auf.

Ad 2: Eine ganz andere Entwicklung hat sich während der letzten Jahre in einigen osteuropäischen Staaten vollzogen. Hier wurden die präsidentiellen Kompetenzen zunächst auf verfassungsrechtlicher Grundlage stark ausgeweitet, sodass die Legislative keine ernsthafte Gegenkraft mehr bilden kann (Rüb 2007: 247ff.). Besonders signifikant sind die Befunde für Russland, Weißrussland und die Ukraine (bis 2005). Wenn alle formal bestehenden Befugnisse berücksichtigt werden, so kann nach Rüb nicht mehr von demokratischen Regierungssystemen gesprochen werden. „Solche Regierungssysteme sind *superpräsidentiell* und gehen über demokratisch-präsidentielle hinaus. Sie stellen eine autoritäre Form des exzessiven Exekutionalismus dar" (Rüb 2007: 250).

Noch gravierender werden die Auswirkungen allerdings, wenn deren Einbettung in informelle Kontexte beachtet wird. So ist bereits nach der Verfassung der russische Präsident aufgrund der Kompetenzausstattung des Amts eindeutig der dominante Akteur. Solange Putin dieses Amt innehatte und hat, wurde und wird dies auch nicht bezweifelt. Doch in seiner Phase als Ministerpräsident zeigte sich, dass er auch dann in der Lage ist, von dieser Position die Machtfülle des Präsidenten zu erreichen. Die Grundlagen bilden ein informelles Regelwerk, das die formalrechtlichen Kompetenzen überstrahlt (Gelman 2003; Ledeneva 2006, 2013). Die partielle Relativierung der formalrechtlichen Kompetenzen des Präsidenten (unter Medvedev) bedeutet nicht, dass damit die demokratische Qualität steigt, da die informellen Regeln diese nicht unterstützt. Mit Russland ist ein Fall angesprochen, dem viele Beobachter inzwischen die demokratische Qualität absprechen (Patze 2011). Festzuhalten bleibt trotzdem, dass sich hier die Relevanz informeller Regeln sehr deutlich zeigt, die auch in Phasen weitgehend demokratischer Herrschaft (Jelzin) vorhanden war, wenngleich in anderer Ausprägung, wie der Hinweis auf den großen Einfluss der Oligarchen verdeutlichen kann.

Dieser Befund eines die anderen Gewalten dominierenden Präsidenten ist nicht regionenspezifisch. Ähnliche Beobachtungen wurden in den 1990er-Jahren zu etlichen lateinamerikanischen Ländern vorgelegt (z. B. Argentinien, Peru und Venezuela). Auch hier wurden starke proaktive Kompetenzen der Präsidenten im legislativen Bereich festgestellt, die eigenständige Dekretrechte (mit dem Status einer Gesetzgebung) oder legislative Initiativrechte (partiell auch ausschließliche) einschließen (Nolte 2004 und 2007). Verschiedene Begriffe – Hyperpräsidentialismus (Nino 1992: 524–528) oder delegative Demokratie (O'Donnell 1994) – wurden auch dort vorgeschlagen, um die Befunde angemessen zu erfassen.

Der Blick auf beide Entwicklungen – den Koalitionspräsidentialismus und den Super- oder Hyperpräsidentialismus – macht deutlich, dass sich ähnliche Regierungstypen aufgrund informeller Praktiken in unterschiedliche, teils divergierende Richtungen entwickeln. Gleichfalls zeigt sich, dass sich die informell bestimmte Praxis des Regierens zu Institutionen verdichten kann (Koalitionsbildung) oder auf solchen basiert (Klientelismus). Sie verändern dabei die Logik der grundlegenden Regierungstypen signifikant. Dies kann wie im Falle des Koalitionspräsidentialismus zu einer verbesserten Regierungseffizienz in Demokratien führen oder im Falle des Super- oder Hyperpräsidentialismus auch zu einem Verlassen des demokratischen Pfads.

# 7 Akteure und Akteurskonstellationen – Interessen und Machtverhältnisse

Institutionen sind somit eine wirkungsmächtige Grundlage politischen Handels, sie determinieren das Verhalten von Akteuren jedoch nicht. Kleinere Abweichungen von den Regeln können sehr unterschiedlich motiviert sein. Dazu gehört, dass formale Regeln sich in manchen Situationen als unhandlich erweisen, aber auch Bequemlichkeit oder abweichende Interessen (z. B. bei der Abfassung der Steuererklärung) können einer vollen Erfüllung entgegenstehen. Problematisch wird die Konstellation jedoch, wenn die abweichenden Interessen gleichfalls systematisch fundiert sind und mit informellen Institutionen verbunden sind. Die vielfältigen Probleme für die Funktionsweise demokratischer Regierungsformen und deren Legitimation wurden bereits beschrieben. Aber auch die informellen Institutionen können das politische Handeln ebenso wenig determinieren. Neben den angeführten Gründen zum abweichenden Verhalten bei formalen Regeln sind zwei Konstellationen zu nennen, die regelhaftes Verhalten erschweren.

(1) Die eine Konstellation betrifft das kompetitive Verhältnis von formalen und informellen Institutionen selbst. Befinden sich diese in einem Kräftegleichgewicht, so verfügt der Einzelne über einen gewissen Freiheitsgrad sich zu entscheiden, welchem Regelwerk er folgen möchte. Zwar dürfte in einer konkreten Situation diese Wahlfreiheit durchaus begrenzt sein, aber sie ist deutlich größer als bei der Dominanz eines von beiden Regelsystemen. (2) Die andere Konstellation ergibt sich im Transformationsprozess im Wechsel vom Ancién Regime zur Demokratie. In dieser Übergangsphase haben die alten Gesetze ihre Kraft verloren und die neuen Regeln sind noch nicht etabliert (Merkel 2010). In diesem Zeitraum ist die Bindung an Regeln unsicher. Je länger diese Periode der Unsicherheit dauert, umso größer ist die Wahrscheinlichkeit, dass die Akteure nach noch bestehenden informellen Regeln greifen und diese somit stärken oder an die neue Situation anpassen. Solch ein Transitionsverlauf kann somit neue formale Institutionen in Geltung setzen und zugleich das informelle Regelwerk stärken. Je sperriger diese gegenüber den demokratischen Normen sind, umso schwieriger gestaltet sich der weitere Demokratisierungsprozess.

Aufgrund dieser Bedeutung ist es für die Transformationsforschung unerlässlich, die Veränderungen der formalen und informellen Institutionen zu untersuchen. Allerdings haben sich viele Transformationsstudien bislang auf die formalen Veränderungen konzentriert. Erst die stockende Transformation, und zuweilen auch die Regression im Demokratisierungsverlauf, haben die Bedeutung informeller Regelwelten zu größerer Aufmerksamkeit in der Forschung verholfen.

Diese Überlegungen zeigen, dass die Dynamik und Stabilität von informellen Institutionen sowie ihre Bedeutung in den diversen Kontexten variiert, die auch Pfadabhängigkeiten einschließen können.[20] Um die jeweiligen Interaktionsaktionsbeziehungen angemessen verstehen zu können, ist es daher notwendig, die Einzelfälle detailliert zu erfassen und zu analysieren. Da das Zusammenspiel zwischen formalen und informellen Institutionen vom Handeln der Akteure abhängig ist, steht die Betrachtung von Akteuren und Akteurskonstellationen im Zentrum des Interesses. Welche Interessen werden verfolgt, welche Machtpotenziale eingesetzt? Hierbei lassen sich vier Handlungsformen im politischen System unterscheiden: Partizipation, Entscheidungsfindung, Entscheidungsumsetzung und Rechtsanwendung.

Die Frage der Veränderung dieser Handlungsformen betrifft dabei nicht nur den Transformationsprozess. In etablierten Demokratien gilt es zu klären, wo innerhalb des bestehenden Regimetypus signifikante Veränderungen und Wechsel im politischen Prozess und hinsichtlich der Behandlung von Politikfeldern deutlich werden und welche Faktoren dazu beigetragen haben.

## 7.1 Partizipation

Bei dem Thema der politischen Partizipation stehen folgende Fragen im Zentrum: Welche Wege und Verfahren der effektiven Einflussmöglichkeit gibt es für die Bürgerinnen und Bürger? Sind diese rechtlich gegeben oder werden sie gewährt? In welchem Umfang werden sie genutzt? Gibt es Diskriminierungen und Exklusionen (‚low intensive citizenship')? Welche Rechte werden Frauen zugesprochen und welche können sie auch faktisch ausüben (z. B. Anteil von Frauen im Parlament)? Angesprochen ist der Bereich der Wahlen und Plebiszite und der Mitgestaltung der Öffentlichkeit. Welche Rolle spielen dabei welche Parteien, Verbände bzw. die Zivilgesellschaft? Wie offen oder vermachtet (privat oder staatlich) ist die Medienlandschaft?

Oftmals werden auch bei der Diskussion der Partizipationsmöglichkeit nur die formalen Beteiligungsformen aufgegriffen. Die folgenden Überlegungen zum Begriff der Partizipation zeigen jedoch, dass es auch hier erforderlich ist, informelle Handlungsweisen mit einzubeziehen. Beginnen wir mit dem Vorschlag von Verba/Nie/Kim (1978: 46), die Partizipation im klassischen Verständnis definieren als „those legal activities by private citizens that are more or less directly aimed at influencing the selection of governmental personal and/or the actions they take". Ähnlich werden bei Kaase (1992: 339) unter politischer Beteiligung „alle Tätigkeiten verstanden, die Bürger freiwillig mit dem Ziel unternehmen, Entscheidungen auf den verschiedensten

---

[20] Das Theorem der Pfadabhängigkeit bezieht sich auf die bleibende Prägekraft von Institutionen. Demnach bestimmt die erste Festlegung einer Regel den weiteren Verlauf der Institutionen aufgrund selbstverstärkender Mechanismen prägend mit.

Ebenen des politischen Systems zu beeinflussen." Kaase ignoriert zu Recht das Attribut 'legal', da dadurch ein wichtiges Segment politischer Beteiligung – wie beispielsweise ziviler Ungehorsam – per definitionem ausgeschlossen wäre. Nicht ganz überzeugend ist es hingegen, Freiwilligkeit als Definitionsbestand hinzuzufügen, da die Grenzen zwischen Freiwilligkeit und Zwang, der auch auf strukturellen Bedingungen beruhen kann, in der Realität kaum klar zu identifizieren sind. Zugleich würden genuine Betätigungsfelder der politischen Partizipation wegfallen, nur weil sie mit einem Zwangsstatus verbunden sind.[21] Abgesehen von den genannten Einschränkungen – legal und freiwillig – umfasst politische Partizipation eine umfangreiche Palette von Aktivitäten, die sowohl die Beteiligung an als auch die Beeinflussung von politischen Entscheidungen beinhalten.

In beiden vorgestellten Definitionen werden Aktivitäten von privaten Bürgern, die auf die Entscheidungen des politischen Systems zielen, als Ausgangspunkt politischer Partizipation gewählt. Letztere wird somit als die prinzipielle Verbindung von gesellschaftlicher und politischer Sphäre im Sinne von *inputs* betrachtet. Damit werden solche *inputs*, die innerhalb des politischen Systems – z. B. durch Mitglieder des Parlaments oder der Regierung – gestartet werden, nicht mehr als Akte politischer Partizipation gesehen.

Aufgrund dieser Überlegungen wird politische Partizipation wie folgt definiert: Politische Partizipation ist die (legale oder illegale) Beteiligung an oder die Beeinflussung von politischen Entscheidungen durch einzelne oder Gruppen, die mit dieser Aktivität (Rolle) mit dem politischen System verbunden werden.

Dieser Vorschlag passt zu verschiedenen Typen von Partizipationsformen. So unterscheidet Kaase (1992: 340) verfasste und nicht verfasste (*hier* als institutionell amorph bezeichnet), legale und illegale (daneben auch legitime und illegitime) sowie konventionelle und unkonventionelle Formen der Partizipation. Die Unterscheidung zwischen konventionellen und unkonventionellen Formen ist allerdings für den interkulturellen Vergleich nicht besonders angemessen, da sich unterschiedliche Konventionen herausgebildet haben können, und der Bezugspunkt dann willkürlich gesetzt wird. Außerdem bleibt offen, wann eine unkonventionelle Form in eine konventionelle Form übergeht. So waren vor nicht langer Zeit Formen der E-Partizipation oder *social media* noch unbekannt. Heute gelten sie noch als unkonventionell. Bald werden sie bereits zu konventionellen Partizipationsformen zählen.

Die Unterscheidung „legal – illegal" gibt mehr Information über den Regimetypus als über die Partizipationsform. So können Demonstrationen je nach Regimetypus verboten oder erlaubt sein. Das Begriffspaar „verfasst – nicht verfasst" lässt sich synonym mit „formal – informell" verstehen. So ist es für die Bestimmung von politischen

---

21 Ein Beispiel ist die Wahlpflicht, die in mehreren demokratischen Ländern existiert (vgl. die Auflistung bei Sturm (1992: 492), wenngleich der Pflichtcharakter in der faktischen Bedeutung zu relativieren ist (Westle 1992).

Beteiligungsformen ausreichend, zwischen formaler und informeller politischer Partizipation zu unterscheiden. Notwendig ist dann die Klärung der Bedeutung, welche die einzelnen Typen informeller Beteiligung haben.

Einen anderen Zugang der Klassifizierung wählt Almond (1960: 33), der zwischen folgenden vier Typen von Interessenartikulation unterscheidet: 1. *Institutional interest groups*, 2. *Non-associational interest groups*, 3. *Anomic interest groups*, 4. *Associational interest groups*. Auch wenn er hiermit von Strukturen des politischen Systems ausgeht, verbindet Almond verschiedene Formen der Partizipation, wobei der erste Typ nur begrenzt der politischen Partizipation zuzurechnen ist, da die Akteure weitgehend Funktionsträger in staatlichen Institutionen (Parlament, Bürokratie, Armee) sind. Zwei grundlegende Formen, die wir bereits unterschieden haben, lassen sich mit seinem Vorschlag verbinden. Während Typ 1 und Typ 4 der formalen Partizipation zugeordnet werden können, sind die Typen 2 und 3 als Modi informeller Beteiligung zu betrachten. Mit dem zweiten Typ werden u. a. Strukturvariationen klientelistischer, ethnischer, religiöser und klassenspezifischer Organisationen und Gruppen erfasst, während im dritten Typ *riots* und Demonstrationen enthalten sind, die sporadisch und spontan Interessenartikulationen vermitteln. Hier ließe sich heute auch der weite Bereich der *social media* verorten. Zu ergänzen wären u. a. Korruptionspraktiken oder auch Gewaltdrohungen, die auch als informelle Form politischer Partizipation zu verstehen sind, wenn damit politische Entscheidungen beeinflusst werden sollen.

Das Aufgreifen der Klassifikation von Almond verdeutlicht nochmals die Notwendigkeit, die konzeptionelle Erfassung von Partizipationsformen umfassend anzulegen, wobei als zentrale Unterscheidung der Strukturierung die Disjunktion zwischen formalen und informellen Formen dienen soll. Der eigene Vorschlag konzentriert sich somit auf die Identifizierung der formalen und der informellen Institutionen politischer Partizipation, die in der bisherigen Diskussion bereits kursorisch auftraten, und analysiert deren demokratietheoretisches Potential.

Hier ist auch der systematische Ort, um die Zivilgesellschaft in das institutionelle Geflecht einzubeziehen. In der Zivilgesellschaft bestehen neben Verbänden eine Vielzahl unterschiedlicher, auch konkurrierender kollektiver Akteure, die für die Repräsentation individueller Interessen offener und sensibler sind als die oftmals etwas starren Verbändesysteme. Einbezogen werden Vereine, Gruppen und Organisationen ebenso wie soziale Bewegungen, solange sie den normativen Basiskonsens teilen (Merkel/Lauth 1998). Die empirischen Grenzen zwischen formalen und informellen Strukturen sind hierbei oftmals fließend. Die Vielfältigkeit einer vitalen Zivilgesellschaft ist ein aussagekräftiger Indikator dafür, dass die relevanten gesellschaftlichen Interessen in der Öffentlichkeit artikuliert werden können und sogar die Chance haben, auf die politische Agenda zu gelangen. Auf diesem Wege bietet die Zivilgesellschaft eine mögliche Form intermediärer Vermittlung, die (abhängig von ihrer typologischen Ausprägung – Lauth 1999) die funktionalen Aufgaben dieser institutionellen ‚Ebene' im Sinne funktionaler Äquivalente ausfüllen kann.

Formale politische Partizipation wird durch Parteien und Parteiensysteme strukturiert. „Der Wirkungszusammenhang von Beziehungen zwischen allen Parteien wird als Parteiensystem bezeichnet" (Schmid 2000: 451). Diese Definition betont die Vielzahl von Parteien, die in einem Konkurrenzverhältnis stehen. Parteiensysteme können nach verschiedenen Kriterien klassifiziert werden (Sartori 1976, von Beyme 1992): der Anzahl der relevanten bzw. effektiven Parteien beziehungsweise des Fragmentierungsgrads, der Stärke von Partei(lagern) und das Stärkeverhältnis zwischen den beiden größten Parteien (Asymmetrie), der Ideologischen Distanz und der Art des Wettbewerbs (zentrifugal vs. zentripetal), weiterhin anhand der Intensität des Wettbewerb, der Verteilung des Wählerpotentials, der Anzahl der Konfliktlinien (*Cleavages*), der Kooperationsbereitschaft und Koalitionsfähigkeit von Parteien (‚Segmentierung') sowie der gesellschaftliche Verankerung der Parteien (‚*Linkages*').

Der letzte Aspekt zielt auch auf die Stabilität von Parteiensystemen. Besteht eine hohe Volatilität im Wahlverhalten – liegt also eine hohe Bereitschaft zum Wechsel vor – sind Parteiensysteme instabil, die Anzahl der Parteien kann sich rasch ändern. Diese Entwicklung ist in etlichen neuen Demokratien in Mittel-Ost-Europa zu beobachten. Dort zeigt sich aber auch ein weiterer Aspekt, der in der Untersuchung von Parteiensystemen zu berücksichtigen ist. Parteien sind dort oftmals stark auf Personen zentriert, wobei dies auch begrenzt in Westeuropa zu beobachten ist (Manow 2002). Wechseln die Leit- und Identifikationsfiguren die Partei oder gründen eine neue, um die eigenen Chancen zu erhöhen, folgen ihnen viele Wähler. Solch eine Bindung kann aufgrund einer charismatischen Ausstrahlung der Kandidatinnen und Kandidaten bestehen, sie kann aber auch aufgrund einer Einbettung in klientelistische Netzwerkstrukturen vorliegen. Parteien fungieren dann als Klientelparteien, die auf dem klassischen *klientelistischen Tausch* beruhen: Politische Unterstützung gegen die Gewährung von sozialen und materiellen Vergünstigungen.

Diese Praxis lässt sich auch in Südeuropa – vor allem in Griechenland – beobachten; in noch stärkerem Maße gilt dies für den lateinamerikanischen Kontext (Schröter 2011). Somit können informelle Muster auch in diesem Bereich relevant sein. Dies gilt noch weitaus stärker, wenn es um Parteien in autoritären Regimen geht. Hier haben sich umfangreiche informelle Praktiken eingespielt, die es zu analysieren gilt (Kailitz/Köllner 2013).

Eine weitere formale Strukturierung von Partizipation erfolgt durch Wahlsysteme (Nohlen 2013). Diese lassen sich in Verhältniswahlsysteme und relative Mehrheitswahlsysteme mit diversen Zwischen- und Mischformen unterscheiden. Auch hier kann eine formale Regel mit informellen Mechanismen verbunden sein. Das romanische Mehrheitswahlrecht beispielsweise begünstigt die Herausbildung informeller Koalitionen und führt letztlich zu zwei konkurrierenden Wahlblöcken. Es können sich aber auch informelle Praktiken etablieren, die demokratische Verzerrungen erbringen. Ein klassisches Beispiel dafür, das in den USA zu beobachten ist, ist das strategische Zuschneiden von Wahlkreisen, um strukturelle Mehrheiten zu gewinnen (*Gerrymandering*). Ein anderes Beispiel einer informellen Praxis ist ein gruppenbezogenes

Wahlverhalten, wie es bei Kasten in Indien zuweilen üblich ist. In autoritären Regimen dienen sowohl formale Regeln (wie unfaire Registrierungsverfahren von Parteien und Kandidaten) als auch informelle Praktiken (Manipulationen in der Berichterstattung u. a.) zu einer Beeinflussung der Wahlen zugunsten der Regierenden.

Auch in vielen repräsentativen Demokratien erfolgt die Beteiligung an politischen Entscheidungen nicht nur bei der Wahl von Personen, sondern auch in direktdemokratischen Verfahren, in der die Entscheidungen selbst von den Bürgerinnen und Bürgern getroffen und nicht delegiert werden. Direktdemokratische Beteiligung hat in den letzten Jahrzehnten an Bedeutung gewonnen. Sie verdrängt dabei nicht repräsentative Strukturen, ergänzt sie jedoch in vielfältiger Weise. In einigen Staaten – wie in der Schweiz – bildet sie ein äußerst einflussreiches Instrument, ohne dass die politischen Prozesse nicht verstanden werden können. Auch andere europäische Länder – wie Italien, Frankreich oder die skandinavischen Staaten – kennen direktdemokratische Beteiligungsverfahren in unterschiedlicher Intensität auf nationaler Ebene (Freitag/Wagschal 2007; Schiller/Mittendorf 2002).

Ebenso auf subnationaler Ebene gibt es eine Vielfalt direktdemokratischer Verfahren. Am Bedeutendsten sind die Regelungen in Kalifornien, die oftmals Gegenstand kontroverser Untersuchungen waren (Heußner 2012). In einigen deutschen Ländern wie in Bayern bestehen seit 1949 direktdemokratische Verfahren. In anderen Bundesländern wurden solche Beteiligungsmöglichkeiten später eingeführt oder schrittweise erweitert, sodass heute eine durchaus beachtliche Verbreitung dieses Instruments festzustellen ist; umso mehr, wenn noch die kommunale Ebene berücksichtigt wird (APuZ 10/2006; Kost 2008). Typische Verfahren der direkten Demokratie sind Volksbegehren und Volksentscheide sowie Volksinitiativen und Referenden.

In der Beurteilung der Wirkungsmächtigkeit direktdemokratischer Beteiligung sind verschiedene Kriterien zu beachten. Diese betreffen den Umfang möglicher Entscheidungen – es können alle oder nur bestimmte Politikbereiche direktdemokratisch entschieden werden – und deren Bindungsfähigkeit (nur Empfehlung oder dauerhafter bzw. temporal verbindliche Entscheidung). Wichtig ist weiterhin, wer die Verfahren in Gang setzen kann (Bürger – Regierung) beziehungsweise ob sie in bestimmten Bereichen obligatorisch starten. Schließlich sind noch eine Reihe technischer Regeln zu beachten, die die Handhabung erleichtern oder erschweren; dies gilt maßgeblich für die Bestimmung der Beteiligungsquoten in den unterschiedlichen Phasen des Entscheidungsprozesses (Agenda-Setzung, eigentliche Entscheidung).[22]

Die Wirkung direktdemokratischer Verfahren ist nicht einfach zu bestimmen, da neben den direkten Resultaten (Annahmen von Volksentscheidungen) auch indirekte Ergebnisse erzielt werden, wie sich beispielsweise in der Schweiz gut beobachten lässt. So können einige Ideen eines Referendums trotz Ablehnung in der weiteren

---

[22] Eine Übersicht über die entsprechenden unterschiedlichen Regelungen bietet: http://www.mehrdemokratie.de/. Hier finden sich auch die jährlich erscheinenden Volksbegehrensberichte.

Gesetzgebung aufgegriffen werden. Noch stärker ist der Effekt bei der Entstehung von parlamentarischen Gesetzesvorhaben. Um eine mögliche Ablehnung von Gesetzen durch Volksentscheide zu verhindern, werden die Gesetzesentwürfe im Vorfeld mit vielen gesellschaftlichen Gruppierungen diskutiert. Auch die seit Jahrzehnten bestehende übergroße Regierungskoalition spiegelt diese Suche nach breitem Konsens wider. Auf diese Weise hat die direkte Demokratie markant zur Entstehung informeller Praktiken beigetragen, die den politischen Prozess prägen.

Partizipation in Demokratien beruht auf dem Recht der freien Meinungsäußerung. Dies beinhaltet Meinungs- und Religionsfreiheit, Informationsfreiheit und Pressefreiheit (alle Medien). Ermöglicht wird durch die Artikulation von Präferenzen eine Einflussnahme auf allen politischen Entscheidungsebenen. In der Messung gilt es zu prüfen, inwieweit diese Rechte formal gegeben und auch faktisch wirksam sind. Zwei Perspektiven sind in der Untersuchung zu berücksichtigen: Zum einen werden die Restriktionen auf der *aktiven Seite* (wie Zensurmaßnahmen oder Betätigungsverbote) betrachtet, welche alle Aktivitäten der Artikulation betreffen. Zu denken ist gleichfalls an die vielfach gegebenen Begrenzungen der Kommunikationsfreiheiten durch informelle Institutionen. Zum anderen gerät mit der Informationsfreiheit die *passive Seite* von Restriktionen in das Blickfeld. Zu fragen ist nach der Verfügbarkeit unabhängiger Informationsquellen, die angemessen über das Regierungshandeln und seine Folgen berichten. Dies schließt die Transparenz des staatlichen Bereichs, speziell Regierung und Parlament, ein. Zu berücksichtigen ist die Transparenz der Entscheidungsverfahren und der Akteure gleichermaßen. Letzteres bedeutet, dass alle Entscheidungsbefugte (Abgeordnete, Regierungsmitglieder) die Bereiche ihrer Aktivitäten öffentlich machen, die mit ihrer Funktion in Verbindung stehen (z. B. Aufsichtsratsposten). Eine Phase, in der die Wirksamkeit der genannten Freiheiten am besten zu beobachten ist, ist diejenige des Wahlkampfs, da sich dieser als Arena der öffentlichen Auseinandersetzung für mögliche Restriktion als sensibel erweist.

Zensur oder Kontrolle der Medien (oder die Manipulation der Öffentlichkeit) sind aufgrund der Vielfalt der einsetzbaren Mechanismen nicht leicht zu beobachten. Klare gesetzliche Restriktionen sind eher die selten eingesetzten Mittel. Auf zwei sehr unterschiedliche Möglichkeiten der Restriktion soll hingewiesen werden, ohne damit andere in der Untersuchung zurückzustellen. Die erste betrifft die Verschränkung von politischer Herrschaft und Medienmacht: „Perhaps the most prevalent form of government control of the communications media is achieved through patterns of mutual assistance of government and media that ensure that, at worst, reports are presented in a bland, noncontroversial manner" (Gastil 1991: 34 mit Hinweis auf Mexiko; mit Bezug auf den Ministerpräsident Berlusconi ließe sich Italien nennen). Die andere Möglichkeit, die auf der informellen Institution der ‚Individualdrohung' beruht, spricht eine drastische Maßnahme an: „Die Zensur durch Mord oder Morddrohung nimmt in verschiedenen Formen zu. Mord hat zwei Effekte: Er bringt den recherchierenden Journalisten zum Schweigen (...). Der zweite Effekt ist, dass ein Klima der Angst erzeugt wird, in dem auch andere Journalisten lieber schweigen" (Freimut Duve, Medienbeauftragte der OSZE, FR 03.01.2001). Für den Effekt ist es sekundär, ob die Täter Teil von Staatsorganen, parastaatliche oder paramilitärische Organisationen oder private Gruppen (Mafia) sind. Andere gängige Formen der Medienmanipulation beruhen auf Korruption. Insgesamt zeigt sich, dass die Untersuchung der Kommunikationsfreiheiten eng mit der Analyse informeller Praktiken und Institutionen verbunden ist.

## 7.2 Entscheidungsfindung

Sowohl *input* als auch *output*-Institutionen sind im politischen Prozess inbegriffen. Allerdings sind auch die Vermittlungsstellen zwischen beiden von zentraler Bedeutung. Wie und wo werden die zentralen verbindlichen Entscheidungen (Gesetze, Dekrete) getroffen? Wie offen oder geschlossen ist der Entscheidungsprozess? Gibt es Vetospieler und spielen informelle Akteure eine Rolle?

In Demokratien steht das Gesetzgebungsverfahren im Parlament und dessen Umfeld im Zentrum. Wie ist das Gesetzgebungsverfahren strukturiert und welches sind die entscheidenden Gruppen und Organe? Zu prüfen ist, inwieweit die Exekutive das Parlament dominiert oder dieses sogar anhand von Dekreten übergeht. Hier sind Überlegungen zu bedenken, die von einer Aushöhlung dieses parlamentarischen Rechts im Rahmen einer Postdemokratie oder im Zuge der Europäisierung sprechen.[23] In Deutschland sind diese Überlegungen auch im Rahmen der Euro-Rettungsentscheidungen thematisiert worden, in welche die Reaktion des BVerfG einzubeziehen ist. Im Rahmen der Beeinflussung des Parlaments sind ebenfalls Fragen des Lobbyings und der öffentlichen Agenda-Macht zu berücksichtigen; gleichfalls nicht zu vernachlässigen ist der Einfluss der Verwaltung (Patzelt 2009). So entfaltet das organisatorische Eigenleben innerhalb von Ministerien durchaus erkennbare spezifische Handlungsmuster, das von Praktiken und Routinen gekennzeichnet ist. Angesprochen wird mit dieser Thematik neben der Parlamentarismusforschung das Feld der Regierungsforschung, das sich auf die Analyse von Regierungszentralen fokussiert (Florack/Grunden 2011; Korte/Grunden 2013).

In der Analyse von Blockademöglichkeit ist der Vetospieler-Ansatz, der von Tsebelis (1995 und 2002) entwickelt wurde, hilfreich, da er die Funktionsweise von Regierungssystemen speziell unter dem Aspekt der Blockademöglichkeiten betrachtet.[24] Genauer fragt Tsebelis nach der *Policy*-Stabilität oder nach der Möglichkeit der Verän-

---

**23** Crouch (2008) bündelt diverse Krisenphänomene in seinem Konzept der ‚Postdemokratie‘, das die eigentlichen Entscheidungsprozesse, die letztlich von wirtschaftlichen Interessen dominiert werden, als weitgehend intransparent darstellt.

**24** Eine ausführlichere Darstellung und eine umfangreiche modifizierte empirische Anwendung des Vetospieler-Ansatzes bieten Abromeit/Stoiber 2006.

derung des Status Quo in bestimmten Politikfeldern. Das Potenzial eines demokratischen Systems für Politikwechsel hängt nach Tsebelis von drei Faktoren ab:
- Der Anzahl der Vetospieler,
- ihrer Kongruenz (die programmatische Nähe oder Distanz zwischen den Spielern),
- ihrer internen Kohärenz (die programmatischen Differenzen innerhalb kollektiver Spieler).

Vetospieler sind diejenigen individuellen oder kollektiven Akteure, deren Zustimmung Bedingung für einen Politikwechsel ist (Tsebelis 1995: 305; 2002: 37). Tsebelis unterscheidet drei Arten von Akteuren beziehungsweise Vetospieler: institutionelle, parteipolitische sowie ‚sonstige‘ Spieler:
- *Institutionelle Vetospieler* sind Akteure, die in der Gesetzgebung formal institutionalisierte, durch die Verfassung gesicherte Vetorechte besitzen (z. B. Parlamentskammern, Verfassungsgerichte oder Oberste Gerichte sowie Staatsoberhäupter).
- *Parteipolitische Vetospieler* sind politischen Parteien und parteiähnlichen Gruppierungen (z. B. auch Parteikoalitionen), die in der Lage sind, die Entscheidungen zu blockieren.
- *Sonstige Spieler* können gesellschaftliche Machtgruppen, Verbände oder auch das Militär sein. Vertreter dieser Gruppe beziehen ihr Vetopotenzial auch durch entsprechende Kompetenzzuweisungen in der Verfassung (wie eine Zentralbank oder Referenden) oder aufgrund ihrer faktischen Blockademacht (Militär) oder ihrer strategischen Einbindung mit anderen Vetospielern.

Anhand dieser Überlegungen ist es möglich, die Policy-Kapazitäten von politischen Systemen systematisch auszuwerten und zu vergleichen (Abromeit/Stoiber 2006). Dabei wird auch deutlich, dass die Motive von Vetospielern unterschiedlich gelagert sind und dass sie über verschiedene Aktivierungsmechanismen verfügen. So bedürfen beispielsweise Gerichte der Aktivierung durch andere Akteure.

Auch wenn der Vetospieleransatz in der Kategorie der ‚sonstigen Spieler‘ den Einbezug informeller Akteure erlaubt, wird dort, wie bei den bisherigen Ausführungen zur Entscheidungsfindung, der Blick stark auf die formalen, hierarchisch ablaufenden Entscheidungsstrukturen gerichtet. Doch dies trifft nur begrenzt die realen Entscheidungsprozesse, bei denen auch andere, nicht-staatliche Akteure beteiligt sind. Die Verlagerung von Entscheidungsprozessen aus der Regierung hin zu komplexen Akteurskonstellationen wird mit dem Begriff „Governance", der eine integrale Forschungsperspektive ermöglicht, erfasst. „Analytisch ist es zweckmäßiger, *Governance* als Oberbegriff für sämtliche vorkommenden Muster der Interdependenzbewältigung zwischen Staaten sowie zwischen staatlichen und gesellschaftlichen Akteuren zu setzen und Hierarchie im Sinne von Government als ein solches Muster neben anderen zu verstehen" (Benz et al. 2007: 13).

Mit der Erweiterung der Perspektive rücken auch informelle Prozesse und Strukturen in den Fokus der Betrachtung, die auch als *informale Governance* gefasst werden. Darunter werden Handlungen oder Praktiken verstanden, die nicht durch formale Regeln strukturiert werden. Das heißt nicht, dass formale Regeln obsolet sind oder nicht funktionieren, sie lassen jedoch Handlungen neben ihnen zu. Dabei kann es sein, dass die formalen Regeln nicht vollständig befolgt werden oder nur begrenzt zur Anwendung kommen. Meist sind sie jedoch von den informellen Handlungen kaum tangiert; genutzt wird oftmals der von den formalen Regeln nicht erfasste und somit unbestimmte Handlungsraum. Ein zweites Verständnis von informaler Governance basiert auf der Annahme, dass Governance sowohl auf formalen als auch auf informalen institutionellen Regeln beruht. Beide Regelsysteme konstituieren den gemeinsamen Funktions- und Handlungsraum des Regierens. Diese Interpretation stellt gewissermaßen eine Variante des ersten Verständnisses von informaler Governance dar. Der entscheidende Unterschied ist, dass die Handlungen, die neben den formalen Regeln stattfinden, nicht unverbindlich oder weitgehend unbestimmt sind, sondern gleichfalls signifikant auf Regeln beruhen, die nun informal gegeben sind. Aus dieser zweiten Perspektive lässt sich informale Governance als Form der Steuerung und Koordination durch staatliche und private Akteure verstehen, die auf formalen und informalen Institutionen basiert. Informale Governance umschließt in diesem Verständnis auch die formalen Institutionen, da deren Wirkung im Zusammenspiel mit informellen Institutionen konstitutiv geprägt wird. In jüngster Zeit lenkt die vergleichende Regierungslehre ihr Interesse verstärkt auf das Thema „informelles Regieren" als Synonym von informaler Governance (Bröchler/Grunden 2014; Grunden 2011). Besonders die Fragen, welche Bedeutung informalem Regieren für die Funktion politischer Systeme zukommt und welche Wirkungen sie entfalten, sind noch verstärkt zu bearbeiten. Allerdings ist der empirische Zugang zu diesem Forschungsgegenstand nicht einfach.

## 7.3 Implementierung und Umsetzung von Regierungsentscheidungen

Im Zentrum von Umsetzungen von politischen Entscheidungen steht die Frage nach der Effektivität und Effizienz der Regierung bzw. allgemein der Exekutive. Ist diese in der Lage, die politischen Entscheidungen angemessen zu realisieren oder sind erhebliche Reibungsverluste und Verzerrungen zu beobachten? Worin sind diese begründet? Zu bedenken ist sowohl die Einnahme- als auch die Ausgabeseite. Gelingt es, die Steuern in geplanter Weise zu erheben (s. Steuerkultur)? Werden die Ausgaben wie geplant verwendet oder durch begrenzte administrative Kompetenzen und/oder Korruption verschwendet?

Die Untersuchung der Implementierung von Gesetzen und Erlassen beschäftigt sich mit den Ressourcen, die dazu zur Verfügung stehen. Neben den extrahierten Kapazitäten (Steuern, Gebühren) betrifft dies maßgeblich die administrative Infrastruktur, die sehr unterschiedlich ausgestaltet sein kann (Kuhlmann 2010). Welche Organisationskapazitäten mit welchen Kompetenzen stehen zur Verfügung und nach welcher Logik wird gearbeitet? Die strikte und kompetente Umsetzung der Entscheidungen ist nur eine Möglichkeit, die zudem eher unwahrscheinlich ist, wie die Implementierungsforschung bereits früh deutlich gemacht hat (Héritier 1993; Mayntz/Scharpf 1995b). Neben unterschiedlich bedingten internen Organisationsblockaden sind externe Widerstände von Bedeutung. Auch hier besteht eine Vielzahl von Hindernissen. In dem Kontext informeller Einbettung ist an die Existenz gegenläufiger Regelwelten zu erinnern, die die Funktionslogik von Verwaltungen verändern. Vetternwirtschaft, Korruption und Klientelismus sind Schlagworte, die diesen Sachverhalt verdeutlichen. Eine systematische Auswertung der Implementierungskapazitäten und -probleme ist anhand der Anwendung des Konzepts des Policy-Zyklus möglich (Lauth/Thiery 2012).

Die Beachtung der Regierungsperformanz ist wichtig, da sie neben der demokratischen Partizipation eine zweite maßgebliche Quelle der Legitimation politischer Systeme darstellt, die zudem auch für autoritäre Regime wichtig ist. Ohne Legitimation ist die Stabilität politischer Systeme nachhaltig gefährdet. Allerdings ist die Bedeutung der Outputleistung nicht einfach zu erfassen, da objektive Maßstäbe nicht plausibel sind. So können selbst gute Performanzdaten (Wirtschaft, soziale Sicherung u. a.) nur einen begrenzten Beitrag zur Legitimation leisten, wenn die Erwartungen in der Bevölkerung größer waren. Umgekehrt können auch schlechte Performanzdaten zur Schaffung von Legitimation beitragen, wenn die Erwartungen (beispielsweise im Kontext einer Krise) noch niedriger waren. Diese Beobachtungen machen deutlich, dass subjektive Perzeption der Bürgerinnen und Bürger entscheidend ist. Diese kann wiederum nun von vielen Faktoren abhängen und variiert von Land zu Land. Unabhängig vom schwankenden Maßstab kann die Bewertung der Leistungsfähigkeit von Regierung, Parlament und anderen politischen Akteuren durch Befragung festgestellt werden (vgl. Anhang). Der Grad der Zufriedenheit mit den Leistungen entspricht der damit verbundenen Legitimationszufuhr.

## 7.4 Rechtsstaatlichkeit

Als zentrale Grundlage für die Funktionsweise aller Bereiche des politischen Systems hat sich die Institution des Rechtsstaats erwiesen. Zu klären ist, inwieweit die gegebenen Rechte der Bürgerinnen und Bürger auch eingeklagt werden können und somit auch faktisch garantiert sind. Welche Erfahrungen mit dem Rechtssystem existieren, ist dieses unabhängig oder von exekutiven Bereichen abhängig, welche Rolle spielt die Korruption oder die Gewalt? Generell steht der Grad der Rechtsstaatlichkeit zur Debatte.

Ein Rechtsstaat beruht auf einem funktionsfähigen Staat und der Allgemeinheit des Rechts, das ein personenbezogenes Gesetz und damit auch rückwirkende Gesetze untersagt. Das Rechtsstaatsprinzip bedingt die Gleichheit vor dem Gesetz, die allgemeine Anwendung des Gesetzes unabhängig vom sozialen Status der Betroffenen

(Fairnessgebot) und schließt hierbei staatliche Institutionen ausdrücklich ein. Die rechtliche Bindung des Staates bezieht sich auf die Übereinstimmung von Verfassung und Gesetzgebung, das von Gesetzen begrenzte und geregelte Handeln von Regierung und Verwaltung ('Gesetzmäßigkeit der Verwaltung') sowie die Verhältnismäßigkeit staatlicher Intervention.

Damit sind formale justiziable Garantien (Rechtswegegarantien) für den einzelnen Bürger verbunden, der seine durch die Verfassung gewährten Rechte auch gegen die Regierung einklagen kann (Gerichtsschutz). Notwendig hierzu sind Transparenz, Klarheit und Widerspruchsfreiheit der Gesetze. Zugleich erfordern die Rechtswegegarantien die öffentliche Bekanntheit und eine gewisse Stabilität der Gesetze, um eine Vertrautheit mit ihnen zu erlangen und rationale Kalkulationen zu ermöglichen (Rechtssicherheit). Eine wesentliche Voraussetzung für den Klageweg ist ein ausgebildetes Prozessrecht, das neben zahlreichen anderen Merkmalen die Existenz einer unabhängigen und professionellen Justiz einschließt, die für alle Bürger zugänglich ist, und letztlich auch Kontrollmöglichkeiten über das Handeln der Exekutive besitzt. Die einzelnen Kriterien kulminieren in der Zielsetzung der Verwirklichung des Rechtsgedankens, der das Verbot staatlicher Willkür umfasst und als basaler Beitrag zur Gerechtigkeit zu verstehen ist.

Die Gewaltenteilung zwischen der Judikative und den anderen Gewalten ist ein zentrales Kriterium zur Bestimmung des Rechtsstaats, wenngleich Umfang und inhaltliche Füllung unterschiedlich bestimmt werden, wie allein die historischen Entwicklungsstränge in Frankreich, Großbritannien und Deutschland verdeutlichen (Böckenförde 1976: 65–92; Grimm 1994: 31–66). Im Verständnis der Gewaltenteilung ist zunächst der Vorrang der demokratischen Gesetzgebung gegenüber den anderen Gewalten enthalten. Weder Justiz noch Exekutive und Verwaltung können eigenes Recht generieren. Administrative Erlasse stehen im Prinzip unter Gesetzesvorbehalt. Der Rechtsstaat ist mit der Bereitstellung von Institutionen, Normen und Verfahren der markanteste Ausdruck der horizontalen *accountability*, die sich in unterschiedlichen institutionellen Formen ausdifferenzieren kann (O'Donnell 1999).

Die legal gesicherte Gestaltung des öffentlichen Raumes und der politischen Sphäre bedeutet nicht nur einen Schutz vor staatlicher Willkür, sondern zugleich vor gesellschaftlichen Akteuren, die entweder Gesetze missachten oder versuchen, sie verfassungswidrig zu manipulieren (z. B. mittels Korruption oder Gewaltdrohung). Die Qualität des Rechtsstaats wird in dem Maße eingeschränkt, in dem es ihm nicht gelingt, diese Akteure zu bändigen. Im Falle der staatlichen Überschreitung von rechtlichen Normen bedeutet ein Eingreifen des Rechtsstaats nicht nur das Unterbinden und strafrechtliche Verfolgen solcher Übertritte, sondern auch, soweit möglich, die Wiedergutmachung des eingetretenen Schadens bei Dritten. Der Rechtsstaat setzt somit Rechte und Pflichten sowohl für den Staat als auch für den Bürger und begrenzt beide. In der folgenden Tabelle 4 werden die Prinzipien des formellen Rechtsstaats angeführt, die sich maßgeblich auf den Charakter und die Geltung der Gesetze, auf Verfahrensgarantien und die Zielsetzung des Rechts beziehen.

**Tab. 4:** Prinzipien des formalen Rechtsstaats

| | |
|---|---|
| 1. | Die Allgemeinheit des Gesetzes (Gesetzesformulierung in Unkenntnis der konkreten Anwendungsfälle, nicht *ad personam*). |
| 2. | Die Bekanntheit des Gesetzes bei den Betroffenen. |
| 3. | Das Verbot rückwirkender Gesetze. |
| 4. | Die klare und verständliche Fassung von Gesetzen. |
| 5. | Keine widersprüchlichen Gesetze (in sich, gegenüber anderen und hinsichtlich der Verfassungsnormen). |
| 6. | Keine Verhaltensanforderungen, die unmöglich zu erfüllen sind (unfaire Gesetze). |
| 7. | Die relative Stabilität der Gesetze (keine allzu häufigen Änderungen) – Rechtssicherheit. |
| 8. | Übermaßverbot (Verhältnismäßigkeit des Zweck-Mittel-Einsatzes). |
| 9. | Gleichheit vor dem Gesetz, allgemeine Anwendung des Gesetzes unabhängig vom sozialen Status der Betroffenen (Fairnessgebot, Unparteilichkeit des Rechts). |
| 10. | Die Anwendung des Gesetzes auf den Staat und all seiner Institutionen: Rechtsbindung der staatlichen Herrschaft („Alle sind dem Gesetz unterworfen") und Klärung der Bereiche gesetzlicher Handlungsgrundlage (Vorrang des Gesetzes, Gesetzesvorbehalt). |
| 11. | Unabhängigkeit und effektive Kontrollkompetenz der Gerichte (effektiver Rechtsschutz gegen den Staat; Gerichtsschutz). |
| 12. | Angemessene Verfahren/Prozessrechte (kein Urteil und Verhaftung ohne Verfahren, begrenzte zeitliche Prozessdauer, Offenheit für alle (Zugänglichkeit), Rechtsbeistand, professionelle Richter, angemessenes Strafmaß, Revisionsmöglichkeiten, Fairness, Transparenz und Öffentlichkeit des Verfahrens, gleiche Behandlung gleicher Fälle). |
| 13. | Recht auf Schadensersatzleistungen, wenn und soweit möglich; Staatshaftung. |
| 14. | Verwirklichung des Rechtsgedankens (Willkürverzicht und Beitrag zur Gerechtigkeit) |

Quelle: Lauth 2004: 149

Alle bislang vorgestellten Merkmale des Rechtsstaats betreffen den *formalen* Rechtsstaat. Eine geschichtliche Betrachtung der Entwicklung des Rechtsstaatsdenkens in Deutschland (Kaiserreich, Weimarer Republik und BRD) zeigt den wechselnden Normbezug der damit verbundenen Rechte, wobei deutlich wird, dass inzwischen zum Rechtsstaatprinzip ein für alle Staatsbürger geltender Grundbestand bürgerlicher Freiheitsrechte gezählt wird. Die Behauptung von Grundrechten ist auch logisch notwendig, wenn die Institution des Rechtswegs sinnvoll sein soll. Sie ist gleichfalls zwingend, wenn die mit ihr unauflöslich verbundene Idee der Begrenzung staatlichen Handelns ernst genommen werden soll. Die Begrenzung ausschließlich auf die Rechtsförmigkeit staatlichen Handelns zu beziehen, hieße letztlich, keinerlei Begrenzung für das zukünftige Handeln der Mehrheit zu akzeptieren, da die Rechtsetzung sich entsprechend verändern ließe.

Aus den genannten Gründen ist es durchaus plausibel, Grundrechte – neben den anderen formalen prozeduralen Garantien des Rechtsstaats – als materielle Komponente konstitutiv für den Rechtsstaat zu begreifen, wenngleich in der Konkretisierung der abstrakten Rechte ein nicht unerheblicher Interpretationsspielraum besteht. Generell ist zu klären, welche Regeln und Normen zum unveränderlichen Grundbestand des Rechtsstaats gehören. Der Hinweis auf Menschenrechte allein genügt nicht, da diese, abgesehen von ihrer strittigen Identifikation, auch in Kollision geraten können.[25] Doch zunächst können wir festhalten: Wenn ein formaler Rechtsstaat mit Grundrechten elementar verknüpft wird – wie im Falle des GG in der Bundesrepublik Deutschland – sprechen wird von einem materiellen Rechtsstaat. Für unsere komparative Analyse ist relevant, welche Ausformung der Rechtsstaat hat.

Bei der Bestimmung von Ausprägungen des Rechtsstaats ist wie bei den Regimetypen zu prüfen, inwieweit die genannten Kriterien des Rechtsstaats umfassend ausgeprägt sind. Denn auch hier ist davon auszugehen, dass dies nicht immer der Fall ist, wie der doch heterogene Befund im globalen Maßstab nahelegt (Schulze-Fielitz 2011). Gerade in vielen jungen Demokratien zeigen sich etliche Defekte im Bereich des Rechtssystems (O'Donnell 1999; Zakaria 1997). Bemängelt werden ein wenig kohärentes, gering transparentes und nicht für alle zugängliches Rechtssystem, die ungenügende Respektierung von Gesetzen – auch von staatlicher Seite –, das Agieren staatlicher Akteure ohne ausreichende gesetzliche Handlungsgrundlage, eine mangelhafte Ausprägung des Gerichtsschutzes und ein oftmals unfaires Prozessrecht beziehungsweise eine unfaire Prozesspraxis zulasten schwacher sozialer Schichten.

Wenn solche Defekte zu erkennen sind, aber weiterhin die Dominanz des Rechtsstaats besteht, kann von einem defizitären Rechtsstaat gesprochen werden (Lauth/Sehring 2009). Ist diese Dominanz nicht mehr gegeben, liegt ein hybrides Rechtssystem vor, in dem der Rechtsstaat nur noch einen Rechtsbaustein unter anderen darstellt. Die anderen ‚Bausteine' sind oftmals informelle Rechtssysteme, die mit den Normen des Rechtsstaats kontrastieren. So können in verschiedenen Staaten einige Rechtsbereiche (wie Familienrecht, Eigentumsrecht oder Strafrecht) nach eigenen Regeln funktionieren, die auf Traditionen autochthoner Regelsysteme beruhen (Clan- und Stammesrecht) oder größeren Rechtskreisen (wie islamisches Recht) entstammen. In den genannten Bereichen wird das offizielle Recht vernachlässigt oder lediglich als eine potenzielle konkurrierende Alternative betrachtet.

Die Zweifel an der Vereinbarkeit mit dem Rechtsstaat wachsen erheblich, wenn andere gewaltsam etablierte Rechtssysteme betrachtet werden, die nicht auf gewachsenen Rechtstraditionen beruhen. Angesprochen sind informelle Institutionen, in denen die Regelsetzung aufgrund privater Macht erfolgt. Zu denken ist an lokale Kaziken – sei es auf dem Land oder in urbanen Slumbezirken – oder an regionale Patrone oder Warlords, die eine eigene Regelsetzung, Regelüberwachung und Regeldurchsetzung praktizieren. Zu solchen Systemen gehören gleichfalls Mafiaorganisationen in

---

**25** Im Anschluss an T. H. Marshall (1950) lassen sich bürgerliche Freiheitsrechte, politische Rechte und schließlich soziale Grundrechte unterscheiden. Während die bürgerlichen Freiheitsrechte den Schutz der individuellen Privatsphäre, und damit den Schutz von zentralen Lebensbereichen des Bürgers (Eigentum, Glaubens- und Meinungsfreiheit etc.) vor staatlichen Souveränitätsanmaßungen betreffen, erfassen die politischen Grundrechte die demokratischen Partizipationsrechte. Mit dem Einbezug sozialer Rechte wird schließlich die Freiheitsdefinition um eine materielle Dimension erweitert, die jedem Mensch das Recht zugesteht, frei von elementarer Not zu leben.

ihren unterschiedlichen Formen oder auch Guerillaverbände, die ihr erobertes Gebiet verwalten. Viele dieser Phänomene lassen sich im Theorem der ‚brown areas' bündeln, das die partielle Staatsfreiheit beziehungsweise informelle Gegenstaatlichkeit thematisiert (O'Donnell 1993: 1359f.). Brisanz gewinnt die Konstellation für den Rechtsstaat dann, wenn – wie in den letzten Fällen – konkurrierende inkompatible (informelle) Rechts- und Regelsysteme vorliegen. Solche hybriden Rechtssysteme sind, auch wenn sie gleichfalls ein nicht rechtsstaatliches Rechtssystem darstellen, nicht identisch mit einem Rechtssystem, das ebenfalls rechtsstaatliche Grundlagen ignoriert, aber kohärent gestaltet zur Absicherung autokratischer Herrschaft dient. Letzteres lässt sich in Unterscheidung von ‚Rule of Law' als ‚Rule by Law' verstehen. Auch die Überlegungen zu Rechtssystemen verdeutlichen insgesamt die Notwendigkeit, informelle Regelwerke im rechtlichen Raum in die Analyse einzubeziehen (Schuppert 2011)

# 8 Fazit und Forschungsperspektiven

Der vorliegende Band ist aus konstruktivistischer Perspektive im doppelten Sinne angelegt. Neben der wissenschaftlichen Konstruktion der Kategorien und Typologien, die die wissenschaftliche Wahrnehmung (Datensammlung) strukturiert und fokussiert, betrifft es den Einbezug der informellen Institutionen, die stets auch gesellschaftliche Konstruktionen sind. Die methodische Erfassung informeller Institutionen und Praktiken ist nicht einfach und bedarf spezifischer Forschungspraktiken, die sich weitgehend im Rahmen einer dichten Beschreibung bewegen. Hierbei lässt sich auch die mögliche Diskrepanz zwischen formal gestatteten Handlungen und tatsächlicher Vorgehensweise erkennen. Auch wenn wir wissen, dass Regeln und Praktiken nicht vollkommen das Handeln dominieren und auch eine Handlungsvarianz ermöglichen, so erlaubt ein solches kontrafaktisches Vorgehen – welches Verhalten wäre zu erwarten, wenn keine informellen Regelungen vorlägen – erste Einblicke in die Verbreitung und Intensität informaler Governance.

Generell ist eine große Vertrautheit mit dem Forschungsgegenstand notwendig, der zwangsläufig zu einer qualitativen Ausrichtung des methodischen Vorgehens führt. Dazu gehört auch die Kenntnis der jeweiligen Sprachen, die eine Analyse der Dokumente und vor allem das Durchführen von Interviews erlaubt. Erfasst werden können sowohl beteiligte Zeitzeugen, die eventuell in zeitlicher Distanz unbefangener über informeller Regelungen Auskunft geben, als auch kompetente Beobachter vor Ort, die sich systematisch über einen längeren Zeitraum mit der Materie auseinandergesetzt haben. Zugleich sind längere Aufenthalte vor Ort notwendig, um weiteres Material zu sichten (z. B. in Zeitschriftenarchiven) und die informellen Kontexte im

Sinne einer politikwissenschaftlichen Anthropologie angemessen zu erfassen und zu entschlüsseln.[26] Dabei hilft ein theoretisch vorgeschultes Denken, das die relevante Fachliteratur, und damit die gängige informelle Regelwelt, kennt (Lauth 2004; Giordano/Hayoz 2013). Der enge Kontakt mit dem Forschungskontext vor Ort darf jedoch nicht dazu führen, dass nur eine Sichtweise wahrgenommen wird. Es gilt vielmehr, die verschiedenen Konstruktionen der Informalität differenziert zu identifizieren, wozu ein systematisch ausgewählter Personenkreis notwendig ist, der verschiedene Bereiche repräsentiert. Auch die qualitative Forschung, die konstruktivistische Annahmen aufgreift, ist entsprechend zu objektivieren.

Eine konstruktivistische Perspektive hat auch Auswirkung auf die Interpretation der Befunde. Es wird nicht die Existenz objektiver Fakten bestritten, aber im sozialen und politischen Leben ist oftmals das subjektive Verständnis dieser Fakten relevanter, das sich in kollektiven kognitiven Mustern ausdrückt (Green 2002). Wir haben dies bereits in Bezug zur Wirkung von Ungleichheit und Heterogenität angemerkt, ebenso in Bezug zur Legitimation. Es sind oftmals nicht die harten Fakten, die relevant sind, sondern deren Interpretation durch die Beteiligten. Gefordert ist ein kontextsensibler Blick auf den Forschungsgestand. Es gilt dabei, die Eigeninterpretationen von Gesellschaften und politischen Prozessen zu erfassen, die es dann ermöglichen, die Bedeutung von einzelnen Faktoren adäquat einschätzen zu können.

Bislang wurden die zentralen konzeptionellen Überlegungen zur Funktionsweise des politischen Systems dargestellt. Die Analysen der folgenden Fallstudien untersuchen nun, inwieweit sich die jeweiligen Fälle überwiegend nach den formalen Regeln ausrichten, oder ob sie stärker durch informelle Regeln geprägt sind. Welchen Handlungsspielraum haben die Akteure und wie nutzen sie ihn? Gibt es Entwicklungstendenzen – in welche Richtung? Inwieweit tangieren die informellen Regeln und/oder das Akteursverhalten die Qualität der Demokratie; sind dies kurzfristige oder dauerhafte Effekte? Analog lässt sich bei autokratischen Regimen diskutieren, inwieweit deren Herrschaftspraxis durch informelle Praktiken und Institutionen beeinflusst wird.

Nicht Thema dieser Fallstudien ist der explizite Vergleich zwischen den politischen Systemen (am ehesten noch in den beiden Studien zu den skandinavischen und südeuropäischen Ländern). Doch die Unterschiede und Gemeinsamkeiten zwischen den ausgewählten Fällen lassen sich anhand der gleichbleibenden Kategorien bestimmen. Schwieriger ist zu klären, was fallspezifische Befunde sind, beziehungsweise inwieweit repräsentative Befunde vorliegen, auch wenn das zweite Merkmal eine Intention der Fallauswahl ist.

---

**26** Studierende können nicht jedes komparative Untersuchungsfeld vor Ort erforschen. Allerdings haben sie vielfache Möglichkeiten, während ihres Studiums andere Länder und Kontexte kennenzulernen. Diese Chancen – sei es im Rahmen von Erasmusangeboten, anderen Austauschprogrammen oder Stipendien – sollten genutzt werden, um sowohl neue Kenntnisse zu erwerben, aber auch, um eine größere Sensibilität für Differenzen und Verständigung zu erlangen.

Es erscheint in einer globalen Welt sinnvoll, einige Weltregionen mit ihren wichtigsten Repräsentanten zu berücksichtigen, und zugleich Länder aufzugreifen, die Deutschland nahe liegen. Ausgewählt sind: USA, Russland, Indien, China, Japan, Brasilien, Kenia, Türkei, Frankreich, Polen und Großbritannien. Aufgegriffen werden gleichfalls Vertreter der skandinavischen Ländergruppe (Norwegen, Schweden, Dänemark, Island und Finnland) sowie der südeuropäischen Länder (Portugal, Spanien, Griechenland). Beide Ländergruppen werden zudem unter einem spezifischen Policy-Aspekt diskutiert. Vorgestellt werden die Grundzüge dieser politischen Systeme, um auf dieser Grundlage die Entstehung, Bearbeitung und Folgen der Finanzkrise zu erörtern. Hierbei werden signifikante Unterschiede deutlich, welche die Relevanz des informellen Bereichs verdeutlichen. Es ist offensichtlich, dass insgesamt sehr verschiedene politische Systeme vorliegen. Dies ermöglicht das Aufzeigen einer weiten Varianz der Ausprägungen und Funktionsweisen.

Die Fallstudien selbst strukturieren die empirischen Befunde anhand der gegebenen Kategorien und klassifizieren sie – soweit angemessen und plausibel – mithilfe der vorgestellten Typologien auf den Ebenen der Regime und Regierungssysteme. Darüber hinaus analysieren sie interne Dynamiken und Gründe für Stabilität und Veränderungen. Dies geschieht im Verfahren dichter Beschreibung und unter Einbeziehung vorliegender Forschungsergebnisse. Nicht möglich im Rahmen eines Lehrbuchs ist der systematische Test von deduktiv entwickelten Hypothesen, in denen die Gründe für die jeweiligen Ergebnisse behandelt werden. Zum einen müssten theoretische Zusammenhänge breiter diskutiert werden und dabei vor allem zunächst die abhängige Variable präzisiert werden. Die gesamten Facetten eines spezifischen politischen Systems können nicht als solche Variable konzeptualisiert werden. Es müssten einzelne Aspekte (wie Regimequalität, Typus des Regierungssystems, Partizipationsformen) ausgewählt werden, um dann Wirkungszusammenhänge zu diskutieren. Zum anderen müsste die Fallauswahl theoriegesteuert erfolgen, um die ausgewählten Variablen kontrollieren zu können. Beide Hinweise verdeutlichen, dass die Ursachen- und Wirkungsanalyse spezifischer zugeschnitten werden müssen und entsprechender Untersuchungsanlagen bedürfen. Dabei geht dann wiederum der Blick auf das Gesamtsystem verloren, der in diesem Band vorliegt, der spannende Einsichten vermittelt und viele Ansatzpunkte für den eigenen Vergleich und weitere Forschungen bietet.

Die Befunde der Länderstudien verdeutlichen, dass formale Institutionen weiterhin von großer Relevanz für die Analyse der politischen Prozesse und Strukturen sind. Sie machen zugleich auf die Bedeutung informeller Muster und Praktiken aufmerksam, die in allen Fällen vorhanden sind. Allerdings differieren Umfang und Intensität der informellen Institutionen beachtlich. Diese Varianz betrifft gleichfalls die Interaktionen zwischen formaler und informeller Sphäre. So lassen sich gegenseitige Unterstützungen ebenso feststellen wie wechselseitige Beeinträchtigungen und Unterminierungen; oftmals finden sich beide Tendenzen – wenngleich in unterschiedlichem Mischverhältnis – in einem Land. Dies gilt für alte und junge Demokratien sowie für autokratische Regime. In einer historischen Perspektive werden die institutionellen Beharrungskräfte sichtbar, die gewisse Handlungskorridore skizzieren. Die Analyse von Transformationsprozessen ist vor diesem Hintergrund spannend, da es die Bedingungen zu untersuchen gilt, die Wechsel und Wandel ermöglichen.

Wichtig ist es hier, festzuhalten, dass sich die Forschung dieser Zusammenhänge nicht allein auf die Transformation formaler Institutionen beschränken darf, sondern im Sinne einer doppelten Transformation auch die informellen Strukturen und Regelungen erfassen soll. Dies ist aber nur eine Aufgabe, die sich in der Bearbeitung der Thematik ‚formal – informell' stellt. Eine andere Aufgabe betrifft die Frage der Steuerung informeller Regeln, deren Relevanz aufgrund ihrer Bedeutung für das Funktionieren formaler Institutionen leicht ersichtlich ist. Somit eröffnet der Band weitere Forschungsperspektiven. Doch zunächst und vor allem unterstreicht er die Bedeutung, der Aussage, dass ein umfassendes Verständnis politischer Systeme, ihrer Akteure und Handlungsmuster, stets eine Beachtung formaler und informeller Institutionen erfordert. Ansonsten ist oftmals ein angemessenes Verständnis der realen Prozesse nicht möglich. Der vorliegende Band hat dieses Anliegen umfassend aufgegriffen und präsentiert dabei auch ‚bekannte' Fälle in einer neuen Perspektive, die interessante und zuweilen überraschende Ergebnisse zeitigt und zum weiteren Entdecken einlädt.

# Bibliographie

Abromeit, Heidrun/Stoiber, Michael, 2006: Demokratien im Vergleich: Einführung in die Vergleichende Analyse Politischer Systeme, Wiesbaden.

Almond, Gabriel A., 1960: Introduction: A Functional Approach to Comparative Politics, in: ders.; Coleman, James S. (Hrsg.): The Politics of Developing Areas, Princeton: S. 3–64.

Almond, Gabriel A./Powell, G. Bingham 1978: Comparative Politics: System, Process and Policy. 2. Aufl., Boston.

Almond, Gabriel/Powell, Bingham G. 1966: Comparative Politics: System, Process and Politics. Boston.

Benz, Arthur, 2004: Einleitung: Governance – Modebegriff oder nützliches sozialwissenschaftliches Konzept, in: ders. (Hrsg.): Governance – Regieren in komplexen Regelsystemen. Eine Einführung, Wiesbaden: VS-Verlag, S. 11–28.

Benz, Arthur, 2008: Der moderne Staat. Grundlagen der politologischen Analyse, 2. Aufl. München.

Benz, Arthur/Broschek, Jörg, 2013: Federal Dynamics: Continuity, Change, and the Varieties of Federalism. Oxford.

Betz, Joachim/Köllner, Patrick/Mattes, Hanspeter. Informelle Politik im internationalen Vergleich. In: Nord-Süd aktuell 13, no. 2 (1999): S. 217–228.

Beyme, Klaus von, 1991: Informelle Komponenten des Regierens, in: Wewer, Göttrik/Hartwich, Hans-Hermann (Hrsg.), Regieren in der Bundesrepublik 2, Opladen: Leske + Budrich, S. 31–50.

Beyme, Klaus v. ,1992: Parteiensystem, in: Schmidt, Manfred G. (Hrsg.): Lexikon der Politik Bd. 3: Die westlichen Länder, München: S. 326–332.

Birchfield, Vicki/Crepez, Markus M. L. 1999: The Impact of Constitutional Structures and Collective and Competitive Veto Points on Income Inequality in Industrialized Democracies, in: EJPR 34, S. 175–200.

Böckenförde, Ernst-Wolfgang 1976: Staat, Gesellschaft, Freiheit: Studien zur Staatstheorie und zum Verfassungsrecht. Frankfurt/Main.

Brie, Michael, 1996: Transformationsgesellschaften zwischen Institutionenbildung und Wandel des Informellen. Arbeitspapiere der AG TRAP, Nr. 96/9.

Bröchler, Stephan/Grunden Timo (Hrsg.) (2014): Informelle Politik. Konzepte, Akteure und Prozesse, Wiesbaden.

Bueger, Christian/Gadinger, Frank 2014: Die Formalisierung der Informalität: Praxistheoretische Überlegungen, in: Bröchler, Stephan/Grunden, Timo (Hrsg.): Informelle Politik. Konzepte, Akteure und Prozesse, Wiesbaden: S. 81–98.

Bühlmann, Marc/Merkel, Wolfgang/Müller, Lisa/Giebler, Heiko /Weßels, Bernhard, 2012: Demokratiebarometer: ein neues Instrument zur Messung von Demokratiequalität, in: Zeitschrift für Vergleichende Politikwissenschaft (ZfVP) 6 (1): S. 115–159.

Cheibub, José Antonio/Limongi, Fernando 2002: Democratic Institutions and Regime Survival: Parliamentary and Presidential Democracies Reconsidered, in: Annual Review of Political Science 5, 2002, S. 151–179.

Cheibub, José Antonio, 2006: Presidentialism, Electoral Identifiability, and Budget Balances in Democratic Systems, in: American Political Science Review Vol. 100, No. 3 August: S. 353–368.

Croissant, Aurel/Merkel, Wolfgang (Hrsg.) 2004: Consolidated or Defective Democracy? Problems of Regime Change, in: Democratization 11 (5), S. 1–9.

Crouch, Colin, 2008: Postdemokratie, Frankfurt/Main.

Dahl, Robert A., 1971: Polyarchy. Participation and Opposition, New Haven/London.

Diamond, Larry/Morlino, Leonardo (Hrsg.) 2005: Assessing the Quality of Democracy, Baltimore.

Duverger, Maurice 1980: A New Political System Model: Semi-Presidential Government, in: EJPR 8, S.165–187.

Erdmann, Gero/Engel, Ulf 2007: Neopatrimonialism Reconsidered: Critical Review and Elaboration of an Elusive Concept, in: Commonwealth & Comparative Politics Vol. 45, No. 1, S. 95–119.

Erdmann, Gero/Kneuer, Marianne (Hrsg.) 2011: Regression of Democracy?, Sonderheft 1 der ZfVP, Wiesbaden.

Faust, Jörg 2006: Die Dividende der Demokratie: Politische Herrschaft und gesamtwirtschaftliche Produktivität, in: Politische Vierteljahresschrift, 47. Jg. (2006), Heft 1, S. 62–83.

Florack, Martin/Grunden, Timo (Hrsg.) 2011: Regierungszentralen. Organisation, Steuerung und Politikformulierung zwischen Formalität und Informalität. Wiesbaden.

Foweraker, Joe/Landman, Todd, 2002: Constitutional Design and Democratic Performance, in: Democratization 9 (2): S. 43–66.

Freitag, Markus/Wagschal, Uwe, 2007: Direkte Demokratie: Bestandaufnahmen und Wirkungen im internationalen Vergleich. Münster u. a.

Gabriel, Oscar W. /Kropp, Sabine, (Hrsg.) 2008: Die EU-Staaten im Vergleich. Strukturen, Prozesse, Politikinhalte, 3., aktualisierte und erweiterte Aufl., Wiesbaden.

Ganghof, Steffen, 2005: Normative Modelle, institutionelle Typen und beobachtbare Verhaltensmuster. Ein Vorschlag zum Vergleich parlamentarischer Demokratien. In: Politische Vierteljahresschrift 46, S. 406–431.

Gastil, Raymond Duncan, 1991: The Comparative Survey of Freedom: Experiences and Suggestions, in: Inkeles, Alex (Hrsg.): On Measuring Democracy. Its Consequences and Concomitants, New Brunswick: S. 21–36.

Gelman, Vladimir, 2003: Problems and Judgements: Institutional Construction and Informal Institutions in Modern Russian Politics, in: Političeskie issledovanija (4), S. 6–25.

Gerring, John/Thacker, Strom C./Moreno, Carola, 2009: Are Parliamentary Systems Better?. In: Comparative Political Studies (42): S. 327–359.

Giordano, Christian, 2013: The Social Organization of Informality: The Rationale Underlying Person-alized Relationships and Coalitions, in: der.; Hayoz, Nicolas (Hrsg.)(2013): Informality in East-ern Europe. Structures, Political Cultures and Social Practices, Bern, S. 27–45.

Göbel, Christian , 2001: Towards a Consolidated Democracy? Informal and Formal Institutions in Taiwan's Political Process. Paper at the APSA Annual Meeting 2001, San Francisco, http://www.soas.ac.uk/taiwanstudies/publications/workingpapers/file24471.pdf

Göhler, Gerhard, 1994: Politische Institutionen und ihr Kontext. Begriffliche und konzeptionelle Überlegungen zur Theorie politischer Institutionen, in: ders. (Hrsg.): Die Eigenart der Instituti-onen. Zum Profil politischer Institutionentheorie, Baden-Baden: S. 19–46.

Görlitz, Axel/Burth, Hans-Peter (Hrsg.) 1998: Informale Verfassung, Baden-Baden.

Green, Daniel M., 2002 (Hrsg.): Constructivism and Comparative Politics, M.E. Sharpe, Armonk. New York, London, England.

Grimm, Dieter, 1994: Entstehungs- und Wirkungsbedingungen des modernen Konstitutionalismus, in: ders. (Hrsg.): Die Zukunft der Verfassung, 2. Aufl. Frankfurt/Main: S. 31–66.

Grunden, Timo, 2011: Informelles Regieren. Untersuchungsgegenstände, Analysezugänge und Forschungsperspektiven. In: Zeitschrift für Politikwissenschaft 21, 1, S. 153–185.

Gurr, Ted Robert/Jaggers, Keith/Moore, Will H., 1991: The Transformation of the Western State: The Growth of Democracy, Autocracy, and State Power since 1800, in: Inkeles, Alex (Hrsg.): On Measuring Democracy, New Brunswick and London: S. 69–104.

Helmke, Gretchen/Levitsky, Steven, 2002: Informal Institutions and Comparative Politics: a Re-search Agenda, paper presented at the APSA Annual Meeting, Boston, MA, August 28–31.

Helmke, Gretchen/Levitsky, Steven, 2003: Informal Institutions and Comparative Politics: A Re-search Agenda. Kellogg Institute for International Studies at the University of Notre Dame, Working Paper #307.

Helmke, Gretchen/Levitsky, Steven (Hrsg.), 2006: Informal Institutions and Democracy: Lessons from Latin America, Baltimore.

Helms, Ludger, 2004: Einleitung: Politikwissenschaftliche Institutionenforschung am Schnittpunkt von Politischer Theorie und Regierungslehre, in: Helms, Ludger/Jun, Uwe (Hrsg.): Politische Theorie und Regierungslehre, Frankfurt/ Main: S. 13–44.

Héritier, Adrienne (Hrsg.), 1993: Policy-Analyse. Kritik und Neuorientierung, PVS-Sonderheft 24, Opladen.

Heußner, Hermann K., 2012: Die Krise Kaliforniens – Die Schuld der direkten Demokratie?, in: Feld, Lars P./Huber, Peter M./Jung, Otmar/Lauth, Hans-Joachim/Wittreck, Fabian (Hrsg.): Jahrbuch für direkte Demokratie. Baden-Baden, S. 175–234.

Kaase, Max, 1992: Politische Beteiligung, in: Schmidt, Manfred G. (Hrsg.): Die westlichen Länder (Lexikon der Politik Bd. 3), München: S. 339–346.

Kailitz, Steffen, 2007: Der stille Abschied von der „seperation of powers". Über die „Parlamentari-sierung" präsidentieller Demokratien, in: Kropp, Sabine/Lauth, Hans-Joachim (Hrsg.), Gewal-tenteilung und Demokratie. Konzepte und Probleme der „Horizontal Accountability" im inter-regionalen Vergleich, Baden-Baden, S. 168–190.

Kailitz, Steffen, 2008: Ein Unterschied wie Tag und Nacht? Fraktionsgeschlossenheit in Parlamenta-rismus und Präsidentialismus, in: ZPol 18, S. 291–324.

Kailitz, Steffen/Köllner, Patrick (Hrsg.), 2013: Autokratien im Vergleich, Politische Vierteljahres-schrift, Sonderheft 47, Baden-Baden.

Kaiser, André, 1998: Vetopunkte der Demokratie. Eine Kritik neuerer Ansätze der Demokratietypo-logie und ein Alternativvorschlag, in: Zeitschrift für Parlamentsfragen 29: S. 525–541.

Kastning, Lars, 1991: Informelles Regieren – Annäherungen an Begrifflichkeit und Bedeutungsge-halt, in: Wewer, Göttrik/Hartwich, Hans-Hermann (Hrsg.), Regieren in der Bundesrepublik 2, Opladen: Leske + Budrich, S. 69–78.

Kestler, Thomas, 2012: Die venezolanische Demokratie im Spannungsfeld von Rohstoff-Fluch und sozialer Ungleichheit, in: Muno, Wolfgang/Lauth, Hans-Joachim/Kestler, Thomas (Hrsg.): Demokratie und soziale Entwicklung in Lateinamerika, Baden-Baden: 199–230.

Klumpp, Dietmar, 2014: Transformation von Rechtssystemen in Brasilien. Alternative Normensysteme und Rechtssystemwechsel in den Favelas von Rio de Janeiro, Wiesbaden.

Köllner, Patrick, 2005: Formale und informelle Politik aus institutioneller Perspektive: Ein Analyseansatz für die vergleichenden Area Studies, GOI-WP-06/2005, GIGA Hamburg.

Kost, Andreas 2008: Direkte Demokratie, Wiesbaden.

Korte, Karl-Rudolf/Fröhlich, Manuel,2009: Politik und Regieren in Deutschland. Strukturen, Prozesse, Entscheidungen, 3. Aufl. Paderborn u. a.

Korte, Karl-Rudolf/Grunden, Timo (Hrsg.) 2013: Handbuch Regierungsforschung, Wiesbaden.

Kuhlmann, Sabine, 2010: Vergleichende Verwaltungswissenschaft: Verwaltungssysteme, Verwaltungskulturen und Verwaltungsreformen in internationaler Perspektive, in: Lauth, Hans-Joachim (Hrsg.): Vergleichende Regierungslehre. 3. Aufl., Wiesbaden, S.140–160.

Lane, Jan-Erik, 2014: Institutionality: „Institution" and „Institution Matter", in: Open Journal of Political Science Vol. 4 (1); S. 23–30.

Lanzaro, Jorge (Hrsg.), 2003: Tipos de Presidencialismo y Coaliciones en América Latina, 2. Aufl., Buenos Aires.

Lauth, Hans-Joachim, 1999: Strategische, reflexive und ambivalente Zivilgesellschaften: Ein Vorschlag zur Typologie von Zivilgesellschaften im Systemwechsel, in: Zinecker, Heidrun (Hrsg.): Unvollendete Demokratisierung in Nichtmarktökonomien, Amsterdam: S. 95–120.

Lauth, Hans-Joachim, 2000: Informal Institutions and Democracy, in: Democratization 7 (4), S. 21–50.

Lauth, Hans-Joachim, 2004: Demokratie und Demokratiemessung. Eine konzeptionelle Grundlegung für den interkulturellen Vergleich, Wiesbaden.

Lauth, Hans-Joachim, 2007: „Horizontal accountability". Aktuelle Aspekte der Gewaltenteilung: Ein Vorschlag zur Systematisierung der Kontrollfunktion der Gewaltenteilung, in: Kropp, Sabine/Lauth, Hans-Joachim (Hrsg.): Gewaltenteilung und Demokratie. Konzepte und Probleme der „Horizontal Accountability" im interregionalen Vergleich, Baden-Baden 2007, S. 45–71.

Lauth, Hans-Joachim, 2010: Demokratietypen auf dem Prüfstand: Zur Reichweite von Lijpharts Mehrheits- und Konsensusdemokratie in der Vergleichenden Politikwissenschaft, in: Schrenk, Klemens H./Soldner, Markus (Hrsg.): Analyse demokratischer Regierungssysteme, Wiesbaden, S. 47–60.

Lauth, Hans-Joachim, 2012: Informal Governance and Democratic Theory, in: Christansen, Thomas/Neuhold, Christine (Hrsg.): International Handbook on Informal Governance, Cheltenham, UK, Edward Elgar Publishing, S. 40–64.

Lauth, Hans-Joachim/Kneip, Sascha, 2012: Heterogenity and Democracy Reconsidered, in: Comparative Sociology 11 (3), S. 291–303.

Lauth, Hans-Joachim/Pickel, Gert/Pickel, Susanne, 2014: Vergleich politischer Systeme, Paderborn.

Lauth, Hans-Joachim/Sehring, Jenniver, 2009: Putting Deficient Rechtsstaat on the Research Agenda: Reflections on Diminished Subtypes, in: Comparative Sociology Volume 8, Number 2, S. 165–201.

Lauth, Hans-Joachim/Thiery, Peter, 2012: Politikfeldanalyse, in: Lauth, Hans-Joachim/ Wagner, Christian (Hrsg.): Politikwissenschaft: Eine Einführung, Paderborn, S. 263–293.

Ledeneva, Alena, 2001: Unwritten Rules: How Russia Really Works, London.

Ledeneva, Alena, 2006: How Russia Really Works: The Informal Practices That Shaped Post-Soviet Politics and Bussiness: The Informal Practices That Shaped Post-soviet, Cornell Univ Press

Ledeneva, Alena, 2013: Can Russia Modernise? Sistema, Power Networks and Informal Governance, Cambridge University Press.

Lijphart, Arend, 1984: Democracies: Patterns of Majoritarian and Consensus Government in Twenty-one Countries, New Haven/London.

Lijphart, Arend, 1999: Patterns of Democracy: Government Forms and Performance in Thirty-Six Countries, New Haven/London; 2., aktualisierte Aufl. 2012.

Linz, Juan J., 1975: Totalitarian and Authoritarian Regimes, in: Greenstein, F.J./Polsby, N.W. (Hrsg.): Handbook of Political Science, Reading: S.175–411.

Linz, Juan J., 1994: Presidential or Parliamentary Democracy: Does it Make a Difference?, in: Linz, Juan J./Valenzuela, Arturo (Hrsg.): The Failure of Presidential Democracy, Baltimore/London, S. 3–87.

Linz, Juan J., 2000: Totalitäre und autoritäre Regime, in: Krämer, Raimund (Hrsg.), Berlin.

Mainwaring, Scott, 1993. „Presidentialism, Multipartism, and Democracy: The Difficult Combination." Comparative Political Studies 26 (2): S. 198–228.

Manow, Philip, 2002: Was erklärt politische Patronage in den Parteiensystemen Westeuropas – Defizite politischen Wettbewerbs oder formative Phasen demokratischer Massenmobilisierung?, in: Politische Vierteljahresschrift, 43, S. 20–45.

Marshall, T.H., 1992: Bürgerrechte und soziale Klassen, Frankfurt/Main und New York (Engl. Original 1950).

Mayntz, Renate/Scharpf, Fritz W., 1995a: Der Ansatz des akteurszentrierten Institutionalismus, in: dies. (Hrsg.): Gesellschaftliche Selbstregelung und politische Steuerung. Frankfurt/M./New York, S. 39–65.

Mayntz, Renate/Scharpf, Fritz W. (Hrsg) 1995b: Gesellschaftliche Selbstregelung und politische Steuerung. Frankfurt/Main.

Merkel, Wolfgang 2010: Systemtransformation, Wiesbaden (1. Aufl. 1999).

Merkel, Wolfgang, Lauth, Hans-Joachim (1998): Systemwechsel und Zivilgesellschaft: Welche Zivilgesellschaft braucht die Demokratie?, in: APuZ B 6–7: S. 3–12.

Merkel, Wolfgang/Puhle, Hans-Jürgen/Croissant, Aurel/Eicher, Claudia/Thierry, Peter 2003: Defekte Demokratien: Theorien und Probleme, Bd. 1, Opladen.

Merkel, Wolfgang/Weiffen, Brigitte, 2012: Does Heterogeneity Hinder Democracy?, in: Comparative Sociology 11 (2012) S. 387–421.

Meyer, Gerd (Hrsg.), 2008: Formal Institutions and Informal Politics in Central and Eastern Europe. Hungary, Poland, Russia and Ukraine, 2nd edition, Opladen & Farmington Hills.

Misztal, B., 2000: Informality: Social Theory and Contemporary Practice, London, Routledge

Mols, Manfred, 1985: Demokratie in Lateinamerika, Stuttgart u. a.

Müller, T./Pickel, Susanne: Wie lässt sich Demokratie am besten messen? Zur Konzeptqualität von Demokratie-Indizes, in PVS, 3 (2007), S. 511–539.

Müller-Rommel, Ferdinand, 2008: Demokratiemuster und Leistungsbilanz von Regierungen: Kritische Anmerkungen zu Arend Lijphart's „Patterns of Democracy", in: Zeitschrift für Vergleichende Politikwissenschaft 2 (1), S. 1–17.

Nino, Carlos, 1992: Fundamentos de Derecho constitucional. Análisis filosófico, jurídico y politológico de la práctica constitucional, Editorial Astrea, Buenos Aires.

Nohlen, Dieter 2013: Wahlrecht und Parteiensystem: Zur Theorie der Wahlsysteme. 7. Aufl., Wiesbaden.

Nohlen, Dieter/Thibaut, Bernhard, 1994: Transitionsforschung zu Lateinamerika: Ansätze, Konzepte, Thesen, in: Merkel, Wolfgang (Hrsg.): Systemwechsel 1. Theorien, Ansätze und Konzeptionen, S. 195–228.

Nolte, Detlef 2004: Presidentialism revisited: Gewaltentrennung und Gewaltenverschränkung in den lateinamerikanischen Präsidialdemokratien, in: Lateinamerika Analysen 7, S. 55–88.

Nolte, Detlef, 2007: Gewaltentrennung und Gewaltenverschränkung in den lateinamerikanischen Präsidialdemokratien: Alte und neue Forschungsfragen, in: Kropp/Lauth, (Hrsg.): Gewaltenteilung und Demokratie, Baden-Baden, S. 213–236.

North, Douglass C., 1990: Institutions, Institutional Change and Economic Performance, Cambridge.

O'Donnell, Guillermo, 1993: „On the State, Democratization and some Conceptual Problems: A Latin American View with Glances at some Post-communist Countries", in: World Development 21: S. 1355–1370.

O'Donnell, Guillermo, 1994: Delegative Democracy, in: Journal of Democracy (1): 55–69.

O'Donnell, Guillermo, 1995: Another Institutionalization: Latin America and Elsewhere. Revised version of a paper presented to the Conference „Consolidating Third Wave Democracies: Trends and Challenges", Taipei, August 26–30 (mimeo).

O'Donnell, Guillermo, 1999: Horizontal Accountability in New Polyarchies, in: Schedler, Andreas/ Diamond, Larry/Plattner, Mark (Hrsg.): Institutionalizing Accountability, Boulder: S. 29–51.

Patzelt, Werner J., 2009: Neue Wege der historisch-vergleichenden Parlamentarismusforschung, in: Schöne, Helmar/Blumenthal von, Julia (Hrsg.): Parlamentarismusforschung in Deutschland, Baden-Baden.

Peters, Guy B., 1999: Institutional Theory in Political Science. The New Institutionalism. London/ New York.

Pickel, Gert/Pickel, Susanne, (Hrsg.) 2012: Indizes in der vergleichenden Politikwissenschaft, Sonderheft 2 der ZfVP, Wiesbaden.

Pickel, Susanne/Pickel, Gert, 2006: Politische Kultur- und Demokratieforschung: Grundbegriffe, Theorien, Methoden. Eine Einführung, Wiesbaden.

Powell Jr., G. Bingham; Dalton, Russell J. und Kaare Strom: Comparative Politics Today. A World View, (Persons Education), Harlow, Essex 2013.

Riggs, Fred W., 1988: The Survival of Presidentialism in America: Paraconstitutional Practices, in: International Political Science Review 9, S. 247–278.

Roller, Edeltraud, 2005: The Performance of Democracies: Political Institutions and Public Policy, Oxford.

Rüb, Friedbert W., 2007: Gewaltenteilung in Mittel- und Osteuropa – Gelungener Konstitutionalismus oder exzessiver Exekutionalismus, in: Kropp, Sabine/Lauth, Hans-Joachim (Hrsg.): Gewaltenteilung und Demokratie, Baden-Baden, S. 237–260.

Rüb, Friedbert, 2014: Informelles Regieren – oder: Vergeblicher Versuch, die Farbe eines Chamäleons zu bestimmen, in: Bröchler, Stephan/Grunden, Timo (Hrsg.): Informelle Politik. Konzepte, Akteure und Prozesse, Wiesbaden: S. 51–80.

Sartori, Giovanni, 1976: Parties and Party Systems: A Framework for Analysis, Cambridge/ New York.

Sartori, Giovanni, 1992: Demokratietheorie, Darmstadt.

Scharpf, Fritz W., 1985: Die „Politikverflechtungsfalle": Europäische Integration und deutscher Föderalismus im Vergleich, in: PVS 26 (4): S. 323–356.

Schedler, Andreas, 2006: Electoral Authoritarianism: The Dynamics of Unfree Competition. Boulder/London.

Schiller, Theo/Mittendorf, Volker (Hrsg.) 2002: Direkte Demokratie. Forschung und Perspektiven. Wiesbaden.

Schmid, Josef, 2000: Parteiensystem, in: Andersen, Uwe et al. (Hrsg.): Handwörterbuch des politischen Systems der Bundesrepublik Deutschland, Wiesbaden: S. 451–455.

Schmidt, Manfred G., 2006: Demokratietheorien. Eine Einführung, 4. Aufl., Wiesbaden.

Schmidt, Manfred G., 2009: Zur Leistungsfähigkeit von Demokratien — Befunde neuerer vergleichender Analysen, in: Brodocz, Andre/Llanque, Marcus/Schaal, Gary S. (Hrsg.): Bedrohung der Demokratie. Wiesbaden, S. 29–41.

Schröter, Barbara, 2011: Klientelismus in der Politik Mexikos: Parteien im Vergleich, Wiesbaden.

Schultze, Rainer-Olaf, 1998: Föderalismus, in: Nohlen, Dieter/Schultze, Rainer-Olaf/Schüttemeyer, Suzanne S. (Hrsg.): Lexikon der Politik Bd. 7: Politische Begriffe. München, S. 186–188.

Schulze-Fielitz, Helmuth, 1984: Der informale Verfassungsstaat. Aktuelle Beobachtungen des Verfassungslebens der Bundesrepublik Deutschland im Lichte der Verfassungstheorie. Berlin.

Schulze-Fielitz, Helmuth, 2011: Zur Geltung des Rechtsstaates: Zwischen Kulturangemessenheit und universellem Anspruch, in: ZfVP Jg. 5, 1/2011, S. 1–23.

Schuppert, Gunnar Folke, 2011: Der Rechtsstaat unter den Bedingungen informaler Staatlichkeit. Beobachtungen und Überlegungen zum Verhältnis formeller und informeller Institutionen. Schriften zur Governance-Forschung, Bd. 23. Baden-Baden.

Shugart, Matthew S./Carey, John M., 1992: Presidents and Assemblies. Constitutional Design and Electoral Dynamics. Cambridge.

Søreide, Tina, 2006: Is it Wrong to Rank? A Critical Assessment of Corruption Indices. CMI Working Papers 2006: 1, Bergen.

Steffani, Winfried, 1979: Strukturtypen parlamentarischer und präsidentieller Regierungssysteme, in: Steffani, Winfried (Hrsg.): Parlamentarische und präsidentielle Demokratie: Strukturelle Aspekte westlicher Demokratien, Opladen, S. 37–60.

Stepan, Alfred/Skach, Cindy, 1994: Presidentialism and Parliamentarism in Comparative Perspective, in: Linz, Juan/Valenzuela, Arturo (Hrsg.): The Failure of Presidential Democracy, Baltimore/London, S. 119–136.

Sturm, Roland, 1992: Wahlbeteiligung, in: Manfred G. Schmidt (Hrsg.): Lexikon der Politik Bd. 3: Die westlichen Länder, München, S. 488–494.

Thibaut, Bernhard, 1998: Präsidentielle, parlamentarische oder hybride Regierungssysteme? Institutionen und Demokratieentwicklung in der Dritten Welt und in den Transformationsstaaten Osteuropas, in: ZPol 8, S. 5–37.

Tsebelis, George, 1995: Decision Making in Political Systems: Veto Players in Presidentialism, Parliamentarism, Multicameralism and Mulitpartyism, in: British Journal of Political Science 25 (3), S. 289–325.

Tsebelis, George, 2002: Veto Players: How Political Institutions Work, Princeton.

Verba, Sidney et al., 1978: Participation and Political Equality. A Seven Nation Comparison, Cambridge.

Waldmann, Peter, 2002: Der anomische Staat, Opladen.

Weber, Max, 1976: Die rationale Staatsanstalt und die modernen politischen Parteien und Parlamente, in: ders.: Wirtschaft und Gesellschaft, Tübingen 5. Aufl.: S. 815–824.

Westle, Bettina, 1992: Politische Partizipation, in: Gabriel, Oscar W. (Hrsg.): Die EG-Staaten im Vergleich. Opladen, S. 135–171.

Zakaria, Fareed, 1997: „The Rise of Illiberal Democracy", in: Foreign Affairs 76: S. 22–43.

## II   Fallstudien politischer Systeme

Thomas Kestler und Silvana Krause
# Brasilien

## 1 Einleitung

Die demokratische Entwicklung Brasiliens ist relativ jung. Eine erste demokratische Periode wurde im Jahr 1964 von einem Militärputsch beendet, die nachfolgende Diktatur dauerte bis zum Jahr 1985. Die demokratische Transition, die mit ersten Liberalisierungsschritten Mitte der 1970er-Jahre begann, folgte dem für Lateinamerika typischen Muster eines Elitenpaktes (Hagopian 1990), nahm jedoch in Brasilien einen ungewöhnlich langen Zeitraum in Anspruch und gelangte erst mit der Verabschiedung einer neuen Verfassung im Jahr 1988 zu einem Abschluss (Linz/Stepan 1996). Das Ergebnis dieser Transition war ein demokratisches System, das sich zwar zunehmend stabilisierte, das aber bis heute Defizite aufweist, die ihm einen ambivalenten Charakter verleihen und eine kritische Beurteilung der demokratischen Qualität nahelegen. Einerseits hat seit 1988 ein tief greifender politisch-institutioneller, wirtschaftlicher und sozialer Wandel stattgefunden, andererseits sind die Nachwirkungen der über weite Strecken undemokratischen Vergangenheit, die sich bis in die oligarchische „alte" Republik (1889–1930) zurückverfolgen lassen, sichtbar geblieben (Hagopian/Mainwaring 1987).

Um den ambivalenten Charakter dieses Systems greifbar zu machen, konzentriert sich dieser Beitrag auf das Zusammenspiel formaler und informeller Institutionen im politischen Prozess. Das Konzept der informellen Institution verweist auf einen Aspekt politischer Systeme, der vielfach unberücksichtigt bleibt, da er sich einer unmittelbaren Beobachtung entzieht und schwer abzugrenzen ist (Helmke/Levitsky 2004; Lauth 2012). Um von einer Institution sprechen zu können, bedarf es einerseits einer gewissen Routinisierung und Stabilität der damit verbundenen Interaktion, andererseits auch einer das Akteurshandeln strukturierenden Eigendynamik, die eine Institution von bloßen Routinen oder Gewohnheiten unterscheidet. Auf diesen Punkt wird im dritten Abschnitt dieses Beitrags näher eingegangen, wenn von den informellen Institutionen in Brasilien die Rede sein wird. Zunächst soll eine vorläufige klassifikatorische Einordnung des politischen Systems erfolgen. Danach werden die verfassungsmäßigen Strukturen, also die formale Seite des politischen Systems, in allgemeinen Zügen dargestellt. Die informellen Institutionen, die auf den politischen Prozess einwirken, und ihre Interaktion mit formalen Strukturen werden anhand dreier aktueller Fallbeispiele aus unterschiedlichen Policy-Bereichen herausgearbeitet, die exemplarisch für die Funktionsweise des politischen Prozesses in den Phasen der Partizipation, der Entscheidung und der Implementierung stehen. Auf diese Weise kann ein differenziertes Bild der demokratischen Entwicklung in Brasilien jenseits schematischer Typisierungen und starrer Kriterienkataloge gezeichnet werden.

## 2 Eine defizitäre oder eine konsolidierte Demokratie?

Auf der Regimeskala zwischen Autokratie und liberaler Demokratie besteht viel Raum für Sub- und Mischtypen. Da allerdings eindeutige Kriterien fehlen, ist die Verortung von Regimen in dieser Grauzone nicht immer einfach. Dies gilt auch für den Fall Brasilien, der abhängig von den zugrunde gelegten Kriterien sowohl als konsolidierte, wie auch als defizitäre Demokratie eingestuft werden kann. Für eine erfolgreiche Konsolidierung sprechen die zahlreichen als frei und fair zu bewertenden Wahlgänge seit 1985 und die damit herbeigeführten Machtwechsel, die Abwesenheit von Vetomächten sowie die Stabilität der institutionellen Ordnung, die sich zuletzt erwies, als Präsident „Lula" da Silva im Jahr 2010 trotz seiner außerordentlichen Popularität keinen Versuch unternahm, eine nach der geltenden Verfassung nicht erlaubte dritte Amtszeit anzustreben. Auch die Aufarbeitung des unter dem Begriff *mensalão* bekannt gewordenen Korruptionsskandals aus dem Jahr 2005 und die Verurteilung höchster Regierungsmitglieder können als Beleg für die Funktionsfähigkeit des Institutionensystems gelten (Frauendorfer/Llanos 2012). Andererseits weist die brasilianische Demokratie nach wie vor Defizite auf. Hierzu zählen die Fragmentierung und die schwache Institutionalisierung des Parteiensystems, die vergleichsweise geringe Akzeptanz demokratischer Institutionen in der Bevölkerung sowie die trotz einiger Fortschritte noch immer extreme sozio-ökonomische Ungleichheit, die die effektive Wahrnehmung demokratischer Rechte durch einen Großteil der Bevölkerung infrage stellt.[1] Zudem stand die Demokratisierung insofern unter keinem guten Stern, als das Militär starken Einfluss auf die Gestaltung der Transition nahm (Hagopian und Mainwaring 1987; Linz und Stepan 1996).

Unabhängig davon, welche Kriterien einer Klassifikation zugrunde gelegt werden, ist der Befund unbestritten, dass Brasilien in den vergangenen 20 Jahren substanzielle demokratische Fortschritte verzeichnen konnte. Seit der ökonomischen Stabilisierung durch den *Real*-Plan im Jahr 1994 weist auch die Kurve der demokratischen Entwicklung nach oben. Vor allem nach der historischen Wahl des Jahres 2002, die nicht nur einen Macht-, sondern auch einen Elitenwechsel herbeiführte, zeigte sich dieser Aufwärtstrend, abzulesen etwa am *Bertelsmann Transformation Index*, der für die Demokratiequalität in Brasilien zwischen 2003 und 2012 eine Verbesserung von 7,03 auf 8,15 Punkte (von maximal zehn) ausweist.[2] *Polity IV* vergibt 8 von 10 Punkten für

---

1 Für die Akzeptanz demokratischer Institutionen siehe *Latinobarómetro*: http://www.latinobarometro.org/latino/LATContenidos.jsp (zuletzt aufgerufen 5.8.2013); für die Entwicklung der ökonomischen Ungleichheit anhand des Gini-Koeffizienten siehe *World Bank Indicators*: http://databank.worldbank.org/data/home.aspx (zuletzt aufgerufen 12.08.2013).
2 Siehe *BTI 2003–2012*: http://www.bti-project.org/uploads/tx_jpdownloads/BTI_2012_2010_2008_ 2006_2003_Scores_01.xls (zuletzt aufgerufen 08.08.2013).

2010.[3] Dennoch bleibt das Bild gemischt, da die Defizite insbesondere des Parteiensystems fortbestehen. Inwiefern sich diese Mängel auf die Funktionsweise und die Qualität des demokratischen Systems auswirken, ist auf der Grundlage der verfügbaren klassifikatorischen Instrumentarien schwer einzuschätzen. Notwendig ist ein Blick auf das Akteurshandeln innerhalb des formalen und des informellen Regelsystems.

# 3 Das brasilianische Regierungssystem zwischen Machtkonzentration und Blockade

Die formalen Strukturen des demokratischen Systems sind in der Verfassung von 1988 grundgelegt.[4] Um deren Grundprinzipien zu verstehen, müssen zwei Aspekte berücksichtigt werden. Der erste Aspekt betrifft die traditionelle Rolle der Exekutive in Brasilien, der zweite die konkreten Entstehungsbedingungen der Verfassung.

Trotz einer hohen konstitutionellen Instabilität mit sieben unterschiedlichen Verfassungen seit dem Ende der Monarchie lassen sich einige Elemente identifizieren, die in allen Verfassungen wiederkehren. An erster Stelle ist dabei die Tendenz zur Machtkonzentration zu nennen, die Ausdruck einer spezifischen politischen und institutionellen Kultur ist. Die erste republikanische Verfassung von 1891 übernahm die zentralistischen Elemente der vorangegangenen Monarchie, wobei sich die Macht auf zwei südliche Gliedstaaten, Minas Gerais und São Paulo, konzentrierte (Love 2000). Mit der Einführung eines präsidentiellen Regierungssystems erhielt die Exekutive das Recht, neben Dekreten und Richtlinien auch Gesetze zu erlassen, was sie zu einem zentralen Akteur und zum Initiator wichtiger Reformprojekte machte. Besonders dominant war die Exekutive unter der Diktatur von Getulio Vargas (1937–1945), aber auch die nachfolgende demokratische Verfassung von 1946 behielt dieses Muster bei. Obwohl die Exekutive nicht mehr über formale Gesetzgebungsbefugnisse verfügte, besaß sie das ausschließliche Initiativrecht bei der Erstellung des Budgets sowie das Recht, Gesetze zu bestätigen und in Kraft zu setzen sowie Dekrete und Verwaltungsvorschriften zu erlassen. Bekannt sind aus dieser Zeit auch informelle Formen der Übertragung von Gesetzgebungskompetenzen, etwa indem die Legislative den Präsidenten ermächtigte, verabschiedete Gesetze zu ergänzen, was in der Literatur als getarnte Vollmacht beschrieben wird (Castro 1986). Der Präsident berief auch Kommissionen und Beratungsorgane, die als „Mikrolegislativen" fungierten und keiner demokratischen Verantwortlichkeit unterlagen (Santos 1985).

---

**3** http://www.systemicpeace.org/polity/polity06.htm (zuletzt aufgerufen 18.11.2013)
**4** Der teilweise ins Deutsche übersetzte Verfassungstext findet sich unter http://www.verfassungen.net/br/verf88-i.htm (zuletzt aufgerufen 05.04.2013).

Im Verlauf der demokratischen Transition der 1980er-Jahre bildete das präsidentielle Modell mit der Direktwahl des Präsidenten (die mit dem Schlachtruf „diretas já" eingefordert wurde) einerseits einen Kristallisationspunkt der Demokratiebewegung, andererseits bestanden in der Verfassunggebenden Versammlung zunächst Vorbehalte gegenüber einer allzu dominanten Rolle des Präsidenten und Sympathien für ein stärker parlamentarisch geprägtes System.[5] Im Hintergrund stand die Erfahrung der Militärregierung, unter der die Exekutive mittels Dekreten die Gesetzgebung maßgeblich beeinflusste. Die Delegierten waren in der Frage des Regierungssystems gespalten und vermieden eine definitive Festlegung. Die Beibehaltung des präsidentiellen Systems wurde schließlich in einem Plebiszit im Jahr 1993 beschlossen (Cintra 2007). Als institutionelles Gegengewicht etablierte die Verfassung von 1988 ein föderales System, das einer allzu starken Machtkonzentration entgegenwirken sollte (Souza 1997). Dabei erhielten erstmals auch die Kommunen den Status einer eigenständigen föderalen Ebene mit voller politischer und administrativer Autonomie. Der brasilianische Staatsaufbau umfasst damit drei Ebenen, Bund, Gliedstaaten und Kommunen, und entspricht dem Typus des dualen oder Trennföderalismus. Das präsidentielle Institutionensystem mit einer direkt gewählten Exekutive wurde auf Ebene der Gliedstaaten und der Kommunen repliziert. Allerdings ist die Kompetenzverteilung zwischen den föderalen Ebenen in der Verfassung nicht eindeutig geregelt, weshalb es häufig zu Konflikten und Überlappungen kam (Samuels/Mainwaring 2004). Die föderalen Ebenen verfügen jeweils über eigene Verwaltungsorgane und autonom erhobene Steuern, die durch vertikale und horizontale Transfers ergänzt werden, um die starken regionalen Disparitäten auszugleichen (Arretche 2012).

Dreh- und Angelpunkt des politischen Systems ist auch unter der aktuellen Verfassung der Staatspräsident, dessen umfangreiche Kompetenzen ihn zu einem der formal mächtigsten Präsidenten der Welt machen (Shugart/Carey 1992). Wie in allen präsidentiellen Systemen besteht keine Verantwortlichkeit des Präsidenten gegenüber der Legislative – seine vierjährige Amtszeit ist fixiert und nur durch ein *Impeachment* vorzeitig zu beenden.[6] Zu den Befugnissen des Präsidenten zählen die Ernennung und Entlassung von Staatsministern, Ernennungen an den Spitzen von Justiz und Verwaltung, der Abschluss internationaler Verträge und die Erklärung des Notstands (Verf. Art. 84). Seinen besonderen Einfluss verdankt der brasilianische Präsident jedoch den sehr weitreichenden Kompetenzen und Einflussmöglichkeiten im Bereich der Gesetz-

---

5 Die Verfassunggebende Versammlung setzte sich aus den Mitgliedern beider Häuser des Kongresses zusammen, die in ihrer Mehrzahl im Jahr 1986 neu gewählt worden waren.
6 Laut Art. 86 der Verfassung muss eine Anklage gegen den Staatspräsidenten durch eine Zwei-Drittel-Mehrheit im Abgeordnetenhaus zugelassen werden. Im Falle von Straftaten erfolgt das Verfahren dann vor dem Obersten Bundesgerichtshof, im Falle sogenannter Verantwortlichkeitsvergehen, die in einem Gesetz von 1950 weiter spezifiziert sind (siehe http://www.planalto.gov.br/ccivil_03/leis/L1079.htm [zuletzt aufgerufen 07.05.2013]), ergeht das Urteil durch den Senat. Letztere Variante wurde im Jahr 1992 bei der Absetzung von Präsident Collor de Mello angewandt (Weyland 1993).

gebung (Birle 2013). Mainwaring (1997) unterscheidet hierbei zwischen reaktiven und proaktiven Kompetenzen sowie der Fähigkeit des Präsidenten, die legislative Agenda zu bestimmen.

Reaktiven Charakter hat zunächst einmal das präsidentielle Veto, das zwar von einer absoluten Mehrheit des Kongresses (also beider Kammern gemeinsam) überstimmt werden kann (Verf. Art. 66), das jedoch vor allem deshalb sehr wirkungsvoll ist, weil es nicht nur gegen ganze Gesetze, sondern auch gegen einzelne Bestandteile davon eingelegt werden kann. Die besondere Macht, die sich aus einem solchen partiellen Veto ergibt, erklären Shugart und Carey (1992) mit den damit verbundenen Gestaltungsmöglichkeiten: „While it is still technically a negative power, the partial veto allows the president to pull legislation apart and so to craft final packages that are more acceptable to the executive" (134). Die Verfassung (Art. 61) gewährt dem Präsidenten zudem das ausschließliche Initiativrecht in Bereichen, die die Mannstärke des Militärs und die Organisation der öffentlichen Verwaltung betreffen, womit Eingriffe der Legislative in diese Bereiche ausgeschlossen sind. Ein weitreichendes Initiativrecht besitzt der Präsident auch bei der Gestaltung des Budgets, das die Legislative nicht um zusätzliche Ausgabenposten erweitern kann (Verf. Art. 63 u. 166).

Unter den proaktiven Kompetenzen des Präsidenten sind an erster Stelle die sogenannten Provisorischen Maßnahmen zu nennen, die ohne Zustimmung des Kongresses für 30 Tage Gesetzeskraft besitzen und bis zu einer Verfassungsänderung im Jahr 2001 nach ihrem Ablauf immer wieder verlängert werden konnten (Verf. Art. 62). Dieses Instrument wurde intensiv genutzt und entwickelte sich – entgegen der ursprünglichen Intention – zu einem regulären Bestandteil der Gesetzgebung, da die Provisorischen Maßnahmen als wirksam betrachtet wurden, solange der Kongress nicht aktiv wurde und sie außer Kraft setzte (Power 1994). Seit 2001 können Provisorische Maßnahmen nach 60 Tagen einmal verlängert werden, verlieren dann aber ihre Wirksamkeit, sofern sie nicht durch den Kongress in ein reguläres Gesetz überführt werden. Zwar war in der zweiten Amtszeit von Präsident Lula da Silva eine rückläufige Tendenz bei der Anwendung Provisorischer Maßnahmen zu verzeichnen, sie blieben aber ein wichtiges Einflussinstrument, zumal die Möglichkeit besteht, ausgelaufene Provisorische Maßnahmen mit geringfügigen Modifikationen wiedervorzulegen (Trindade de Sousa 2009).

Ein Initiativrecht besitzt der Präsident auch im Bereich der regulären Gesetzgebung, wobei er laut Artikel 64 der Verfassung seine eigenen Gesetzesinitiativen als „dringend" deklarieren und damit eine vorrangige Behandlung durch den Kongress erwirken kann. Mithilfe dieses Instruments ist es möglich, einerseits die Erfolgsrate präsidentieller Initiativen zu erhöhen und andererseits die legislative Agenda zu beeinflussen (Pereira/Mueller 2000). Zuletzt ist auf Artikel 57, §6 und §7 zu verweisen, die dem Präsidenten das Recht geben, den Kongress zu Sondersitzungen einzuberufen und dabei auf die Behandlung präsidentieller Initiativen zu beschränken. Mit diesem umfassenden Instrumentarium ausgestattet, ist es dem Präsidenten möglich, die Gesetzgebung maßgeblich zu beeinflussen, was daran abzulesen ist, dass der überwiegende Teil der erfolgreichen Gesetzesvorlagen von der Exekutive stammt (Figueiredo/Limongi 2000; Moisés 2011).

Die brasilianische Legislative besteht aus zwei Kammern. Die zweite Kammer, der Senat, dient entsprechend dem föderalen Staatsaufbau als Vertretung der Gliedstaaten mit je drei, nach dem Mehrheitsverfahren gewählten Senatoren aus jedem der 27 Gliedstaaten sowie dem Bundesdistrikt. Die Amtszeit der Senatoren beträgt acht Jahre. Die große Kammer (*Câmara dos Deputados*) zählt maximal 513 Abgeordnete, die im Verhältnis zur Einwohnerzahl auf Ebene der Gliedstaaten im vierjährigen Turnus gewählt werden.[7] Auf die Bundesstaaten entfallen zwischen acht und 70 Mandate, womit die dünn besiedelten Regionen im Nord-Westen deutlich über- und die bevölkerungsreichen Staaten im Südosten unterrepräsentiert sind (Nicolau/Stadler 2012). An der Gesetzgebung sind beide Kammern gleichberechtigt beteiligt. Die ausschließliche Zuständigkeit des Abgeordnetenhauses beschränkt sich auf wenige, in Artikel 51 der Verfassung aufgelistete Punkte, darunter die Einleitung einer Anklage gegen den Präsidenten und den Vizepräsidenten der Republik sowie gegen die Staatsminister. Auf Seiten des Senats betreffen die ausschließlichen Zuständigkeiten u. a. die Zustimmung zu Personalentscheidungen an der Spitze bundesstaatlicher Institutionen und zur Kreditaufnahme des Bundesstaats (Verf. Art. 52).

Die interne Organisation des Parlaments und das legislative Verfahren sind in der Verfassung in allgemeinen Zügen festgelegt und in den parlamentarischen Geschäftsordnungen (dem *Regimento Interno da Câmara dos Deputados* und dem *Regimento Interno do Senado Federal*) konkretisiert.[8] Die wichtigsten parlamentarischen Organe sind das Präsidium (*Mesa Diretora*), das Kollegium der Fraktionsführer (*Colégio de Líderes*) sowie die ständigen und nicht-ständigen Ausschüsse. Der Parlamentspräsident nimmt eine herausragende Stellung ein. Ihm obliegen nicht nur die Leitung der *Mesa* und der Plenarsitzungen sowie die Festlegung der Tagesordnung, sondern laut Verfassung, Artikel 80, auch die Vertretung des Staatspräsidenten im Falle einer Vakanz des Präsidenten- und des Vizepräsidentenamts. Neben der *Mesa* spielt auch das *Colégio de Líderes* eine zentrale Rolle im legislativen Verfahren. Diese Rolle wird jedoch in der Geschäftsordnung nicht spezifiziert, sondern sie ergibt sich aus den informellen Strukturen innerhalb der Legislative (siehe unten). Die Geschäftsordnung des Abgeordnetenhauses benennt 20 ständige Ausschüsse für unterschiedliche Themen- und Aufgabenbereiche. Ihre Zusammensetzung entspricht der Sitzverteilung im Parlament. Die Verfassung von 1988 stärkt in Artikel 58 §2 die Ausschüsse ausdrück-

---

7 Laut Artikel 77 der Verfassung werden der Präsident und die Mitglieder des Abgeordnetenhauses immer am ersten Sonntag im Oktober gewählt. Ein eventueller zweiter Wahlgang findet am letzten Sonntag im Oktober statt. Bei der Wahl zum Abgeordnetenhaus kommt ein proportionales Wahlverfahren mit offenen Listen zur Anwendung (Nicolau/Stadler 2012).
8 Die Geschäftsordnungen beider Häuser sind abrufbar unter: http://bd.camara.gov.br/bd/bitstream/handle/bdcamara/1926/regimento_interno_9ed.pdf und http://www.senado.gov.br/legislacao/regsf/RegSFVolI.pdf (zuletzt aufgerufen 05.04.2013).

lich, indem sie ihnen die Kompetenz zuschreibt, Vorlagen nicht nur zu modifizieren, sondern diese unter bestimmten Bedingungen auch direkt zu verabschieden, ohne Beteiligung des Plenums (Amorim Neto et al. 2003).

Die Rollenverteilung im Gesetzgebungsverfahren ist aus den formalen Verfassungsnormen nur schwer zu erschließen. Das Initiativrecht ist in der Verfassung (Art. 61) und der Geschäftsordnung des Abgeordnetenhauses (Art. 109) formal sehr weit gefasst und lässt keine Festlegung auf ein spezifisches Repräsentationsmodell erkennen. Die Parteien erhalten bei der Gesetzesinitiative keine bevorzugte Behandlung, sie sind aber bei der Bestellung der Ausschüsse und der parlamentarischen Gremien maßgeblich. Damit zeigt die Legislative, ebenso wie das Wahlrecht, einen Doppelcharakter zwischen personaler und parteienstaatlicher Repräsentation. Tatsächlich spielen die Parteien im Parlament jedoch ein zentrale Rolle, indem sie die notwendigen Mehrheiten organisieren – angesichts der Zersplitterung des Parteiensystems ein schwieriges Unterfangen, das permanente Verhandlungen zwischen den parlamentarischen Fraktionen und der Regierung erfordert (Figueiredo/Limongi 2000). Eine solche Konstellation – institutionelle Gewaltenteilung einerseits und ein Mehrparteiensystem mit vielen Vetospielern andererseits – wirkt der präsidentiellen Machkonzentration diametral entgegen und fördert laut Mainwaring (1993) Blockaden und Instabilität. Das brasilianische Institutionensystem wurde deshalb, insbesondere in den ersten Jahren nach 1988, vielfach als dysfunktional beschrieben (Ames 2001; Mainwaring 1999).[9] Erst allmählich entwickelten sich Routinen im Verhältnis zwischen Exekutive und Legislative, die dem System eine gewisse Berechenbarkeit verliehen. Die resultierenden Interaktionsformen und Arrangements zur Herstellung parlamentarischer Mehrheiten werden unter dem Schlagwort „Koalitionspräsidentialismus" zusammengefasst und zunehmend als brasilianische Gegebenheit akzeptiert (Abranches 1988; Power 2010).

Nach der klassischen Regierungslehre stellt der Begriff „Koalitionspräsidentialismus" eigentlich einen Widerspruch bzw. ein *concept stretching* dar, da Regierungskoalitionen als Merkmal parlamentarischer Systeme gelten. Allerdings ist die Verbindung von parlamentarischen Koalitionen mit einem präsidentiellen Regierungssystem in Lateinamerika weit verbreitet. In Brasilien, wo die Fragmentierung der Legislative besonders ausgeprägt ist, resultierte daraus ein höchst widersprüchlicher Mischtypus, der abhängig von der Art und der Stabilität der Regierungskoalition stärker in Richtung Parlamentarismus oder stärker in Richtung Präsidentialismus tendieren kann: „Brazil's assembly has the potential to oscillate between parliamentary and shifting-coalition modes, depending on presidential strategy" (Amorim Neto et al. 2003: 551). Widersprüche und Spannungen sind somit im institutionellen Design angelegt, weshalb Blockaden und interinstitutionelle Konflikte nicht zu vermeiden sind und der Judikative eine besondere Bedeutung als Schiedsrichter im Institutionensystem zukommt.

---

9 Inzwischen scheint das Pendel in die andere Richtung auszuschlagen, indem vermehrt die Funktionsfähigkeit des brasilianischen Regierungssystems betont wird (Armijo et al. 2006).

Das Rechtssystem Brasiliens gliedert sich in vier Ebenen, die dem Bundesstaat und den Gliedstaaten zugeordnet sind. Auf den einzelnen Ebenen bestehen neben der normalen Gerichtsbarkeit spezielle Arbeits-, Wahl- und Militärgerichtshöfe. An der Spitze des Rechtssystems stehen der Oberste Justizhof (*Superior Tribunal de Justiça*), der als höchste Revisionsinstanz in nicht-politischen Angelegenheiten fungiert, und der für politische Fälle zuständige Oberste Bundesgerichtshof (*Supremo Tribunal Federal*), bestehend aus elf Richtern, die vom Staatspräsidenten nach Bestätigung durch den Senat ernannt werden.[10] Der Oberste Bundesgerichtshof entscheidet in Konfliktfällen zwischen Exekutive und Legislative, zwischen Gliedstaaten sowie zwischen der Bundesregierung und einzelstaatlichen Regierungen. In seine Zuständigkeit fallen außerdem Verfahren gegen Amts- und Mandatsträger sowie die Verfassungsgerichtsbarkeit.[11] Letztere Funktion umfasst eine weitreichende Normenkontrolle, die mehrere Verfahrens- bzw. Klageformen beinhaltet und damit einen breiten Gegenstandsbereich abdeckt.[12] Die Berechtigung, ein Normenkontrollverfahren vor dem Obersten Bundesgerichtshof anzustrengen, wurde mit der Verfassung von 1988 (Art. 103) auf eine vergleichsweise große Zahl von Akteuren ausgedehnt, was eine deutliche Zunahme solcher Klagen zur Folge hatte (Arantes 2007; Kapiszewski 2011; Mendes 1991). Zudem kann auch jedes untergeordnete Gericht einen Rechts- oder Verwaltungsakt als nicht verfassungskonform erklären. Das verfassungsrechtliche Instrumentarium ist damit so umfassend, dass die Gerichte unweigerlich in die politische Arena gezogen werden, was die Zahl der Vetospieler weiter erhöht und die Blockadeneigung im politischen System verstärkt (Lamounier 2003). Um die Justiz transparenter und effektiver zu gestalten, wurde im Jahr 2004 im Zuge einer Justizreform mit dem Nationalen Justizrat (*Conselho Nacional de Justiça*) eine Kontrollinstanz geschaffen, bestehend aus 15 Mitgliedern, die alle Teile und Ebenen des Rechtssystems repräsentieren (Zimmermann 2008).

Resümierend kann also festgehalten werden, dass das brasilianische Institutionensystem als Ergebnis historischer Legate, des Transformationskonflikts der 1980er-Jahre und zahlreicher gradueller Anpassungen nach 1988 von Widersprüchen und Ambivalenzen geprägt ist, die seine Funktionsfähigkeit beeinträchtigen. Diese institutionelle Mehrdeutigkeit kann aber auch so interpretiert werden: Indem eindeutige institutionelle Festlegungen vermieden wurden, hielt man sich alle Optionen offen,

---

10 Da der Senat bisher fast nie einen Kandidaten abgelehnt hat, besitzt der Präsident großen Einfluss auf die Ernennung der Richter, er kann diese allerdings nicht entlassen (Frauendorfer/Llanos 2012).

11 Ins Zentrum des öffentlichen Interesses rückte der Oberste Bundesgerichtshof durch die juristische Aufarbeitung des *mensalão*-Skandals und die Verurteilung prominenter Angeklagter im Jahr 2012, durch die das Gericht seine politische Unabhängigkeit demonstrierte und in den Augen der Öffentlichkeit einen deutlichen Prestigegewinn verbuchte (Frauendorfer/Llanos 2012).

12 Diese Verfahrensarten sind in einem Gesetz aus dem Jahr 1999 spezifiziert (siehe http://www.planalto.gov.br/ccivil_03/leis/l9868.htm [zuletzt aufgerufen 05.04.2013]).

weshalb das brasilianische Regierungssystem in seiner Funktionsweise stärker noch als andere Systeme von den Interessen, Machtressourcen und informellen Interaktionsmustern der beteiligten Akteure geprägt ist.

**Abb. 1:** Das brasilianische Regierungssystem
Quelle: eigene Darstellung

# 4 Informelle Strukturen, Regeln und Interaktionsmuster

Konkrete Politikinhalte erklären sich nicht aus dem institutionellen Rahmen allein. Sie sind das Ergebnis der Interaktion von Akteuren, die das formale Institutionensystem den eigenen Bedürfnissen anpassen, es selektiv nutzen oder phasenweise auch umgehen. Das Verfassungssystem ist nicht in der Lage, alle politischen Prozesse und Beziehungen zu strukturieren, umso weniger wenn ältere, konkurrierende Handlungsroutinen und informelle Institutionen existieren oder das formale Regelsystem noch wenig gefestigt ist, wie dies in jungen Demokratien häufig der Fall ist.

Handlungsroutinen, Verhaltenserwartungen und stabile Interaktionsmuster durchziehen die gesamte Gesellschaft, ja sie konstituieren diese erst. In einem soziologischen Verständnis sind Institutionen somit allgegenwärtig. Um das Konzept handhabbar zu machen, muss der Institutionenbegriff jedoch auf solche Phänomene eingegrenzt werden, die für politische Entscheidungen relevant sind und die typische Muster im politischen Prozess darstellen. Hierzu zählen insbesondere Klientelismus, Korruption, mobilisierte und direkte Partizipationsformen sowie Gewaltanwendung (Lauth 1999). Ein weiteres Phänomen, das in diesem Zusammenhang zu betrachten sein wird, ist die in Brasilien sehr ausgeprägte sozio-ökonomische Ungleichheit und die daraus resultierende Machtverteilung.

Ob es sich bei den genannten Phänomenen tatsächlich um Institutionen handelt oder lediglich um Routinen oder reaktive Verhaltensweisen hängt davon ab, ob sie (1) eine reproduktive Eigendynamik entfalten, die sie resistent gegen Veränderungen macht und adaptives Verhalten in angrenzenden sozialen und politischen Bereichen bedingt, und ob (2) ein Mechanismus existiert, der von der Norm der informellen Institution abweichendes Verhalten sanktioniert und damit die Handlungsoptionen der beteiligten Akteure beschränkt (Helmke/Levitsky 2004; Lauth 2012; Pierson 2004). Eine für die Funktionsweise eines politischen Systems entscheidende Differenzierung ergibt sich aus dem Verhältnis zwischen formalen und informellen Institutionen, wobei Helmke und Levitsky (2004) zwischen vier Varianten unterscheiden, abhängig davon, ob letztere die formalen Institutionen in ihrer Funktionsfähigkeit beeinträchtigen und wie sie die Politikergebnisse beeinflussen.[13]

Gemäß den genannten Kriterien handelt es sich bei Klientelismus eindeutig um eine informelle Institution. Klientelismus beruht auf stabilen, personalen Beziehungen zwischen zwei Akteuren von unterschiedlichem Status, einem Klienten und einem Patron, die von unterschiedlichen Graden der Abhängigkeit geprägt sind, die jedoch in jedem Fall mit gegenseitigen Verhaltenserwartungen und Sanktionsmechanismen im Falle abweichenden Verhaltens einhergehen (Hicken 2011). Die Auswirkungen des Klientelismus auf die Funktionsweise des demokratischen Prozesses sind in aller Regel negativ. Die Asymmetrie der Klientelbeziehung, der Partikularismus und die damit verbundene Abhängigkeit und Atomisierung der Bürger widersprechen demokratischen Prinzipien von Universalismus und Inklusion (O'Donnell 1992).[14] In Brasilien war Klientelismus über weite Strecken ein zentraler Bestandteil der Politik. Bis in die zweite Hälfte des 20. Jahrhunderts hinein herrschte insbesondere in ländlichen Gebieten der sogenannte *Coronelismo*[15] vor, wobei lokale Patrone (die *Coronéis*) gegenüber den Bürgern als Vermittler von Leistungen und gegenüber den regionalen Zentren als Vermittler von Wählerstimmen auftraten (Leal/Lima Sobrinho 1975). Im Zuge der Demokratisierung und mit dem Aufkommen neuer horizontaler Organisationsformen in Gestalt sozialer Bewegungen hat sich der Klientelismus in seinen Erscheinungsformen geändert, ausdifferenziert und insgesamt an Bedeutung verloren. Bei der Bewertung dieser Entwicklung gehen die Meinungen auseinander. Eine Sichtweise besagt, dass sich die traditionellen Abhängigkeitsmuster zugunsten der Bürger

---

**13** Abhängig von der Qualität der formalen Institutionen und der Wirkung informeller Institutionen entwerfen Helmke und Levitsky (2004: 728) eine Matrix mit vier Typen: *complementary, accommodating, substitutive* und *competing* informal institutions.

**14** Allerdings verweisen manche Autoren darauf, dass eine klientelistische Form der Integration, wie sie in weiten Teilen Lateinamerikas in der Mitte des 20. Jahrhunderts erfolgte, einem rein oligarchischen System immer noch vorzuziehen sei (z. B. Paulus 2012).

**15** Zur Herkunft des Begriffs siehe Roninger 1987.

verschoben hätten, da mit dem modernen Wahlsystem, der Verbreitung von Informationsmedien und der größeren Mobilität eine Kontrolle von oben nicht mehr zu gewährleisten sei. Klientelistische Strategien der Mobilisierung seien unter diesen Bedingungen nicht mehr lohnend, weshalb der politische Wettbewerb sich zunehmend hin zu universalistischen, programmatischen Angeboten verlagere. Auf der anderen Seite wird darauf verwiesen, dass sich der Klientelismus zwar gewandelt habe, aber keineswegs verschwunden sei. Die Patronagenetzwerke seien lediglich komplexer geworden und hätten sich in den Staat hinein verlagert, indem staatliche Leistungen und Posten gegen politische Gefolgschaft getauscht würden.[16] Zu klären wäre in letzterem Fall allerdings, ob trotz dieses Wandels der definitorische Kern des Klientelismus-Konzepts, nämlich der personale, asymmetrische Charakter der Wechselbeziehung, noch gegeben ist. Für Sozialprogramme, die einer bestimmten Wählerschicht zugute kommen, wie das unter Punkt 4.3 beschriebene *Bolsa-Familia*-Programm der Regierung Lula da Silva, trifft dies sicherlich nicht zu, obwohl manche Autoren auch in diesem Zusammenhang von Klientelismus sprechen (Hunter/Power 2007). Demgegenüber kann die Art und Weise, wie die meisten politischen Parteien in Brasilien insbesondere in ländlichen Regionen ihre Mitglieder rekrutieren und größere Teile ihrer Wähler mobilisieren, nach wie vor als klientelistisch bezeichnet werden (Ames 1994; Diniz 1982; Mainwaring 1999).

Während Klientelismus eindeutig als informelle Institution zu klassifizieren ist, fällt die Einordnung von Korruption schwerer. Es handelt sich dabei um illegale materielle Zuwendungen an Politiker mit dem Ziel, deren Entscheidungen zu beeinflussen (Weyland 1998). Eine solche Einflussnahme kann punktuell oder systematisch erfolgen. Nur in letzterem Fall kann man von einer informellen Institution sprechen, die mit Handlungserwartungen und Sanktionen verbunden ist. Die Sanktion besteht in diesem Fall in ökonomischen oder politischen Wettbewerbsnachteilen. Gemäß der Typologie nach Helmke und Levitsky fällt systematische Korruption in die Kategorie der *competing informal institutions*, da sie in Konkurrenz zu rechtsstaatlichen demokratischen Normen steht und mit einer Schwäche der formalen Institutionen einhergeht. Zwei Punkte sprechen dafür, dass in Brasilien tatsächlich von systematischer Korruption ausgegangen werden kann: Zum einen sind das die Häufigkeit und das Ausmaß der aufgedeckten Korruptionsfälle, zum anderen lassen sich strukturelle Faktoren identifizieren, die als korruptionsfördernd gelten können. Zudem spricht auch der niedrige Wert des *Corruption Perception Index* (42 von 100 im Jahr 2013) für den endemischen Charakter der Korruption.[17]

Ein spektakulärer Korruptionsfall führte bereits im Jahr 1992 zum *Impeachment* und zum Rücktritt des ersten unter der neuen Verfassung gewählten Präsidenten

---

16 Eine Gegenüberstellung beider Sichtweisen findet sich bei Gay 1998.

17 Siehe *Transparency International*: http://cpi.transparency.org/cpi2013/results/#myAnchor1 (zuletzt aufgerufen 02.01.2014).

Fernando Collor de Mello (Weyland 1993). In jüngster Zeit erregte vor allem der bereits erwähnte *mensalão*-Skandal Aufsehen (Frauendorfer/Llanos 2012). Darüber hinaus gelangten zuletzt zahlreiche weitere Fälle von Korruption ans Licht, bei denen es in der Regel um die Vergabe von öffentlichen Aufträgen ging. Ein Drittel der Kongress-mitglieder ist entweder von strafrechtlichen Ermittlungen betroffen oder wurde bereits verurteilt (*The Economist*, 14.02.2013). Teilweise liegt die Ursache für diese Häufung in der verstärkten Korruptionsbekämpfung unter der aktuellen Präsidentin Dilma Rous-seff, wobei sich zugleich auch die Hartnäckigkeit des Phänomens offenbart.[18] Die Schwierigkeiten bei der Korruptionsbekämpfung belegen, dass es sich tatsächlich um eine Institution handelt, die das Kosten-Nutzen-Kalkül und die Handlungsdispositio-nen der Akteure prägt und deshalb nicht zu eliminieren ist, solange keine äquivalen-ten formalen Institution verfügbar sind bzw. die Missachtung formaler Institutionen nicht hinreichend sanktioniert wird.

Der endemische Charakter der Korruption lässt sich nur schwer empirisch nach-weisen. Die strukturellen Faktoren, die begünstigend auf die Korruption wirken, kön-nen aber identifiziert werden. Ein häufig genannter Faktor ist das Anwachsen des öffentlichen Sektors (Goel/Nelson 1998). In dem Maß, in dem das Gewicht des Staates zunimmt, steigen auch die Gewinne, die durch unlautere Einflussnahme zu erzielen sind. In dieser Hinsicht sind die Befunde für Brasilien allerdings unauffällig: Im regio-nalen und internationalen Vergleich ist der Anteil der Staatsangestellten an der Ge-samtzahl aller Beschäftigten nicht hoch, eine überdurchschnittliche Zunahme war während der demokratischen Ära nicht zu beobachten.[19] Die Staatsausgaben liegen mit etwa 26 % des BIP zwar über dem regionalen Durchschnitt, bewegen sich aber trotz eines Anstiegs in den letzten zehn Jahren noch immer deutlich unter dem Niveau der 1980er-Jahre.[20] Die Größe des staatlichen Sektors allein liefert somit noch keine eindeutigen Hinweise auf endemische Korruption.[21]

Möglicherweise stellt aber der föderale Staatsaufbau in Verbindung mit dem komplexen, teilweise dysfunktionalen System der *Checks and Balances* einen begüns-tigenden Faktor dar. Die horizontale und vertikale Gewaltenteilung bringt zahlreich

---

**18** Siehe hierzu die Beiträge im *Economist* vom 15.11.2012, vom 22.12.2012 und vom 14.02.2013 (http://www.economist.com/node/21554217; http://www.economist.com/news/americas/21568722-historic-trial-those-guilty-legislative-votes-cash-scheme-draws-close;
http://www.economist.com/news/americas/21571896-despite-serial-corruption-allegations-old-guard-just-keeps-coming-back-unstoppable [zuletzt aufgerufen 05.04.2013]).
**19** Siehe *Instituto de Pesquisa Econômica Aplicada*: http://www.sinagencias.org.br/conteudo_arquivo/121109_E94922.PDF (zuletzt aufgerufen 20.05.2013).
**20** Siehe *World Bank Indicators*: http://data.worldbank.org/indicator/GC.XPN.TOTL.GD.ZS?page=1 (zuletzt aufgerufen 20.05.2013).
**21** Auch im *Crony-Capitalism Index* des *Economist*, der den Anteil der besonders für Renteneinkommen anfälligen Sektoren der Wirtschaft in den Blick nimmt, findet sich Brasilien auf einem mittleren Rang (http://www.economist.com/news/international/21599041-countries-where-politically-connected-businessmen-are-most-likely-prosper-planet [zuletzt aufgerufen 21.05.2014]).

Vetospieler hervor, die eine Einflussnahme innerhalb des formalen institutionellen Rahmens erschweren, was wiederum einen Anreiz für Korruption bietet. Geddes und Ribeiro Neto (1992: 643) verweisen auf weitere institutionelle Faktoren, die das Ausweichen auf informelle und illegale Praktiken[22] fördern: „[C]hanges in electoral rules and in the Constitution have increased the likelihood of corruption, by decreasing the ability of the executive to (i) build coalitions, and (ii) assure the loyalty of his or her supporters in Congress."

Das Wahlsystem und die Regeln der Wahlkampffinanzierung laden zu unlauteren Beeinflussungsversuchen geradezu ein. Zum einen sind Wahlkampagnen aufgrund der offenen Listenwahl sehr teuer, da nicht nur für Parteien, sondern für jeden einzelnen Abgeordneten auf einer Liste Werbung gemacht werden muss. Zum anderen wurden die Regeln für Spenden an Kandidaten deutlich gelockert. Einzelne Bürger können bis zu zehn Prozent ihres jährlichen Einkommens spenden, für Unternehmen gilt eine Grenze von zwei Prozent des jährlichen Umsatzes (Samuels 2001: 28). Damit sind selbst sehr hohe Spenden an Kandidaten formal erlaubt, die erwarteten Gegenleistungen hingegen sind es nicht immer, womit der Tatbestand der Korruption auch hier erfüllt sein kann. Reformen der Wahlkampffinanzierung, die nach dem Impeachment von Präsident Collor de Mello im Jahr 1992 erfolgten, bewirkten wenig, da sie den Einfluss privater Akteure nicht ausreichend berücksichtigten. Weitere Initiativen blieben bis vor kurzem im Kongress blockiert (Krause 2008). Gemäß den *World Bank Governance Indicators* sind bei der Korruptionsverfolgung seit Mitte der 1990er-Jahre kaum nennenswerte Fortschritte zu verzeichnen.[23] Erst eine massive Protestwelle im Juni 2013 brachte Bewegung in die Reformbemühungen, die jedoch von der Komplexität der Materie und der Frage der Prioritätensetzung erschwert werden.

Noch schwieriger als Korruption ist das Phänomen der Gewalt einzuordnen. Tritt diese punktuell auf, als Reaktion auf die Schwäche des Rechtsstaats in manchen Landesteilen, oder handelt es sich um eine Institution, die eine reproduktive Eigendynamik entfaltet und auf andere soziale und politische Bereiche ausstrahlt? Zunächst muss zwischen Alltagsgewalt, organisierter Kriminalität, Gewalt durch staatliche Organe und politisch motivierter Gewalt unterschieden werden, da nur die beiden letzteren Formen im vorliegenden Zusammenhang relevant sind (wenngleich auch Alltagsgewalt und organisierte Kriminalität die Form einer Institution annehmen können). Gewalt geht in Brasilien häufig von staatlichen Organen aus, speziell von den Sicherheitskräften. Polizeigewalt ist weit verbreitet und nimmt einen festen Platz im Gefüge des Justiz- und Strafverfolgungssystems ein, bis hin zu einer regelrechten formalen Institutionalisierung in Form der sogenannten *autos de resistência*, einem Verfahren das der Vertuschung bzw. „Legalisierung" von Tötungen durch die Polizei

---

22 Während illegale Praktiken immer auch informellen Charakter haben, gilt der umgekehrte Zusammenhang nicht in jedem Fall.

23 Siehe http://info.worldbank.org/governance/wgi/sc_chart.asp (zuletzt aufgerufen 05.04.2013).

dient (Mandach 2000; Meyer 2005).[24] Diese Art von Gewalt ist nicht primär politisch motiviert, sondern sie ist eine Folge rechtsstaatlicher Defizite und sozialer Ungleichheit, von der weiter unten noch die Rede sein wird. Sie untergräbt jedoch die demokratische Ordnung, indem Teile des Staates sich nicht nur der Kontrolle durch die Bürger entziehen, sondern sich gegen diese richten.

Genuin politische Gewalt spielt in Brasilien vor allem im Zusammenhang mit der Landfrage eine Rolle. Indigene und Kleinbauern, die sich gegen Viehzüchter und die Holzindustrie zur Wehr setzen, sind seit Beginn der Demokratisierung, mit der auch eine Agrarreform auf die Agenda gelangte, Ziel von Drohungen und Mordanschlägen. Für internationales Aufsehen sorgte die Ermordung des Führers der Kautschukzapfer im Gliedstaat Acre, „Chico" Mendes, im Jahr 1988 (Keck 1995). Einen weiteren Höhepunkt erreichte die Gewalt im Amazonas-Gebiet mit dem sogenannten Corumbiara-Massaker im Gliedstaat Rondonia im Jahr 1995, bei dem zehn Aktivisten und zwei Militärpolizisten ums Leben kamen. Auch in jüngster Zeit wurden Aktivisten, die sich gegen das Vordringen illegaler Goldsucher, Holzfäller und Viehzüchter eingesetzt hatten, ermordet.[25] Die Gesamtzahl der Opfer dieser Landkonflikte zwischen 1985 und 2006 beziffert Carter (2010) auf 1.465.

Im Zusammenhang mit politischer Gewalt ist auch auf mobilisierte, informelle Partizipationsformen zu verweisen, bei denen es mitunter zu Gewaltanwendung kommt, wenn auch nicht in erster Linie gegen Personen. Neben sozialen Bewegungen und zivilgesellschaftlichen Organisationen, die von ihren verfassungsmäßigen politischen Rechten Gebrauch machen und einen regulären Platz im politischen System einnehmen, gibt es eine Reihe von Gruppen und Aktivisten, die zu illegalen Mitteln greifen. Dass die Grenze zwischen beiden Kategorien fließend ist, zeigt sich am Beispiel der im Jahr 1984 gegründeten Landlosenbewegung MST, die sich von Beginn an legaler wie auch illegaler Mittel bediente, mit der Zeit jedoch einen sehr militanten Charakter angenommen hat. Während inzwischen einige Beobachter von einer Terrororganisation sprechen, sehen andere den MST noch immer als eine soziale Bewegung (Carter 2010). In jedem Fall verweist das Beispiel des MST auf eine tiefer liegende Problematik, die allen Aspekten informeller Politik in Brasilien zugrunde liegt: die extreme sozio-ökonomische Ungleichheit sowohl in Bezug auf Einkommen und Vermögen, als auch in Bezug auf die Landverteilung.

Ungleichheit ist ein strukturelles und auch ein soziales Phänomen, das aufgrund seiner komplexen Struktur und seiner vielfältigen Reproduktionsmechanismen viele Merkmale einer Institution aufweist (Wehr/Burchardt 2011; Zilla 2013). Umstritten

---

24 *Amnesty International* berichtet von 150 Morden in Rio de Janeiro zwischen 2006 und 2010, die auf das Konto von Todesschwadronen, mutmaßlich mit Verbindungen zur Polizei, gehen. Ermittler, Menschenrechtsbeauftragte und Richter, die mit diesen Fällen befasst sind, erhalten Drohungen, eine Richterin wurde im August 2011 ermordet (http://www.amnesty.de/jahresbericht/2012/brasilien [zuletzt aufgerufen 07.06.2013]).

25 Siehe *Latin American Regional Report. Brazil & Southern Cone* (09/2011).

bleibt die politische Dimension dieses Phänomens (Kaufman 2009). Während demokratische Systeme auf dem Gleichheitsprinzip begründet sind und demokratische
Verfahren dazu dienen sollen, allen gesellschaftlichen Gruppen gleichermaßen Einfluss auf politische Entscheidungen zu sichern, deutet gerade in Brasilien vieles darauf hin, dass sich Ungleichheit auch in demokratischen Prozessen spiegelt und durch
diese reproduziert wird: „Brazil's sharp class asymmetries condition the balance of
forces in its society and shape much of its political process" (Carter 2010: 190).

Ungleichheitsmuster übertragen sich vor allem über die beschriebenen informellen
Institutionen, die bei der Rekrutierung der politischen Elite, der Wählermobilisierung,
der Mehrheitsbeschaffung und im Rechtssystem wirksam sind. Aus einer spieltheoreti-
schen Perspektive kann man darüber hinaus davon ausgehen, dass Ungleichheit das
formale Regelsystems insofern schwächt, als dessen Akzeptanz vor allem von der Einsicht der Akteure abhängt, ihre Interessen nicht einseitig durchsetzen zu können. Dies
ist dann der Fall, wenn Machtressourcen breit gestreut und ausgeglichen verteilt sind.
Disproportionale Machtmittel einzelner Gruppen oder Schichten hingegen verleiten
dazu, formale Regeln nur unter Vorbehalt und fallweise zu akzeptieren, sie entsprechend den eigenen Bedürfnissen zu manipulieren und nach Bedarf auf informelle Praktiken zurückzugreifen (Acemoglu/ Robinson 2008). Insofern kann Ungleichheit als der
eigentlich entscheidende Faktor für die Funktionsweise informeller Institutionen betrachtet werden, indem sie den formalen politischen Prozess auf vielfältige Weise konterkariert und unterminiert.

# 5 Regelsysteme und Akteure im politischen Prozess

In den folgenden Abschnitten soll der politische Prozess in Brasilien, also das Inein-
andergreifen formaler und informeller Regeln mit ihren teilweise gegenläufigen Hand-
lungslogiken, näher betrachtet werden. Institutionelle Widersprüche, ein fragmentiertes, klientelistisch geprägtes Parteiensystem, starker Regionalismus, soziale Ungleich-
gewichte und gesellschaftliche Dynamiken wirken in komplexer Weise zusammen.
Deshalb wollen wir versuchen, die wesentlichen Strukturelemente und Interaktionsmuster anhand aktueller Beispiele aus unterschiedlichen Politikbereichen und unterschiedlichen Phasen des politischen Prozesses herauszuarbeiten. Im Bereich der Wirtschaftspolitik ist dies die seit Jahrzehnten geführte Auseinandersetzung um den
Ausbau der Wasserkraftkapazitäten am Rio Xingu im Amazonas-Gebiet, da sich anhand dieses Beispiels eine größere Bandbreite an partizipatorischen Mustern beobachten lässt. Die kontroverse Revision des Waldgesetzes im Jahr 2012 durch den
Kongress, die eine vor allem umweltpolitische Dimension besitzt, dient der Darstellung des Entscheidungsprozesses auf der institutionellen Ebene. Die Phase der Implementierung wird anhand eines Beispiels aus der Sozialpolitik, dem Programm Bolsa
Familia, behandelt. Zuletzt wird in Bezug auf alle diese Beispiele zu fragen sein, in-

wieweit politische Entscheidungen rechtsstaatlich abgesichert sind, ob also die getroffenen Regelungen auch einklagbar und staatlicherseits garantiert sind. Auf diese Weise soll exemplarisch gezeigt werden, wie ein Thema auf die politische Agenda gelangt, welche Akteure den politischen Entscheidungsprozess bestimmen und wie die Implementierung erfolgt. Dabei darf jedoch nicht vergessen werden, dass dieser sichtbare Bereich des politischen Prozesses nicht die gesamte politische Realität abbildet. Gerade in einer so ungleichen Gesellschaft wie der brasilianischen muss die von Bachrach und Baratz (1963) beschriebene Problematik sogenannter Nicht-Entscheidungen in Rechnung gestellt werden, die allerdings empirisch kaum greifbar sind, und deshalb auch hier nicht weiter berücksichtigt werden können.

## 5.1 Instrumente und Muster politischer Partizipation

Politische Partizipation umfasst ein breites Spektrum an Aktivitäten, von deren Art und Qualität die Politikergebnisse ganz wesentlich abhängen. Auf der Input-Seite entscheidet sich, welche Gegenstände auf die Agenda gelangen und welche Interessen in den Entscheidungsprozess einfließen. Demokratische Rechte sind deshalb in erster Linie Partizipationsrechte, die möglichst allen Bürgern in gleicher Weise offenstehen müssen.

### Partizipationsformen und partizipatorische Defizite

Der demokratische Gleichheitsgrundsatz ist in Brasilien mit allgemeinen und freien Wahlen annäherungsweise verwirklicht. Das allgemeine Wahlrecht ist stark verwurzelt und hatte selbst unter der Militärdiktatur Bestand – mit der Einschränkung, dass Analphabeten vor 1985 das Wahlrecht verwehrt wurde. Die Verhältnisse unter der Militärdiktatur belegen aber auch, dass Wahlen allein nicht ausreichen, um eine effektive Kontrolle der Regierenden durch die Regierten und eine angemessene demokratische Beteiligung zu gewährleisten (German 1983). Das Wahlverfahren wurde nach dem Ende der Diktatur inklusiver, fairer und durch die Direktwahl des Präsidenten auch unmittelbarer. Zudem sind die Wähler gebildeter und sensibler für programmatische Fragen als noch vor 35 Jahren (Ames et al. 2008). Dennoch ist das Wahlverfahren auch heute nicht frei von Verzerrungen und Ungleichgewichten.

Zum einen macht allein schon die große Zahl der Parteien und deren mangelnde programmatische Identifizierbarkeit eine informierte Wahlentscheidung schwierig; zum anderen wird der Wahlprozess nach wie vor durch Korruption und Klientelismus bei der Mobilisierung der Wähler beeinträchtigt. Obwohl alle Parteien über gesetzlich garantierte (und sehr großzügig bemessene) Werbezeit im Rundfunk verfügen, beeinflussen finanzielle Ressourcen die Wahlchancen entscheidend, was die konservativen Kräfte insofern begünstigt, als diese den überwiegenden Teil der Parteispenden erhalten. Zudem konzentrieren sich die privaten Spenden auf wenige Parteien, was diesen einen bedeutenden Wettbewerbsvorteil verschafft. Nicht nur Responsivität gegenüber den Bürgern, sondern auch der Zugriff auf finanzielle Mittel bedingen den Wahlerfolg, weshalb insbesondere bei Parlamentswahlen mit ihrer unüberschaubaren Zahl an Kandidaten häufig Unternehmer als Financiers der Kampagnen auftreten, um im Gegenzug von Infrastrukturprojekten zu profitieren (Samuels 2001). Die Abgeordneten sind, um ihren Part des Deals erfüllen zu können und wiedergewählt zu werden, auf den Zugang zu Patronage („pork") angewiesen, was wiederum auf die interinstitutionellen Beziehungen und den parlamentarischen Entscheidungsprozess rückwirkt (siehe Kap. 4.2). Ähnliche Mechanismen greifen auch bei den Wahlen zu Exekutivämtern, die insgesamt jedoch transparenter verlaufen und entsprechend einen höheren Stellenwert in der Wahrnehmung der Wähler einnehmen, abzulesen an einem höheren Informationsstand über Kandidaten und Programme (Ames et al. 2008).

Außer Wahlen steht den Brasilianern ein breites Spektrum an direktdemokratischen Instrumenten zur Verfügung. Besonders auf der lokalen Ebene hat sich Brasilien zu einem Vorreiter partizipatorischer Innovation entwickelt.[26] Die rege zivilgesellschaftliche Organisation im Zuge der Transition einerseits und der Einsatz der Weltbank andererseits trugen dazu bei, dass neue Formen der Bürgerbeteiligung Fuß fassen konnten. Die Wirkung dieser Beteiligungsinstrumente auf die demokratische Kultur wurde überwiegend als positiv beschrieben, vor allem mit Blick auf das sehr erfolgreiche Beispiel des *Partizipatorischen Budgets* in Porto Alegre. In anderen Städten, etwa São Paulo, blieb der Einfluss der Bürger auf das Budget hingegen begrenzt, da die Beteiligungsverfahren teilweise von den etablierten Parteipolitikern instrumentalisiert wurden (Wampler 2008). Auf der bundesstaatlichen Ebene sieht die Verfassung (Art. 14) Plebiszite, Referenden und Volksinitiativen vor,[27] die bisher allerdings kaum zur Anwendung kamen. Ausnahmen sind zwei Gesetze, eines gegen Stimmenkauf und Korruption im Wahlprozess im Jahr 1999 sowie eines, das juristisch belangten Personen die Kandidatur für öffentliche Ämter verbietet im Jahr 2010, die jeweils auf eine Volksinitiative zurückgingen. Während also direktdemokratische Verfahren auf lokaler Ebene durchaus erfolgreich sind, gelingt es damit offenbar kaum, die durch das dysfunktionale Parteiensystem bedingte Kluft zwischen der zentralstaatlichen Entscheidungsebene und den Bürgern zu überbrücken.

Das fragmentierte, schwach institutionalisierte Parteiensystem wird vielfach als das schwerwiegendste Defizit der brasilianischen Demokratie beschrieben. Aufgrund historischer Diskontinuitäten konnten die Parteien vor der Demokratisierung keine gesellschaftlichen Wurzeln ausbilden. Auch nach 1988 erfolgte mangels institutioneller Anreize keine Konsolidierung – im Gegenteil: Die Zahl der Parteianhänger und

---

26 Die wichtigsten partizipatorischen Instrumente auf lokaler Ebene sind das *Partizipatorische Budget*, *Gesundheitsräte* und *Stadtentwicklungspläne* (Avritzer 2009).

27 Die konkreten Bestimmungen betreffend Plebiszite, Referenden und Volksinitiativen wurden erst im Jahr 1998 in einem Gesetz fixiert (http://www.planalto.gov.br/ccivil_03/leis/l9709.htm [zuletzt aufgerufen 07.06.2013]).

Sympathisanten hat seit dem Jahr 1992 sogar kontinuierlich abgenommen und die effektive Zahl der Parteien lag nach der Parlamentswahl im Jahr 2010 mit über 10,8 auf einem weltweit nahezu unerreichten Niveau (Bornschier 2008).[28] Anstelle eines *Linkage* aus Mandat und *Accountability* besteht eine tiefe Kluft zwischen Bürgern und Parteien. Der Wahlerfolg der Parteien hängt nicht von gesellschaftlichen Interessen und Cleavagestrukturen ab, sondern von politischen Netzwerken und persönlichen bzw. familiären Beziehungen.

Besonders eindrucksvoll zeigt sich der Charakter der Parteien anhand des *Partido Social Democrático* (PSD), der im Jahr 2011 auf Initiative des Bürgermeisters von São Paulo gegründet wurde, indem Parlamentarier anderer Parteien abgeworben wurden. Auf diese Weise verwandelte sich der PSD innerhalb kurzer Zeit zur viertstärksten politischen Kraft und erreichte eine Beteiligung an der Regierung, ohne je eine Wahl bestritten zu haben.[29] Weitere Belege für die Defizite des Parteiensystems und die mangelnde Responsivität der Parteien sind das geringe Vertrauen der Bürger in die Parteien und häufige Fraktionswechsel im Parlament (Mainwaring 1999; Melo 2000).[30] Damit fehlen elementare demokratische Mechanismen der Interessenaggregation und Arenen der Konfliktaustragung. Konflikte verlagern sich in informelle Arenen und werden justizialisiert, wie sich am Beispiel des kontroversen Staudammprojekts am Rio Xingu zeigt, ein Fall einseitiger *Top-Down*-Entscheidungen ohne angemessene Einbeziehung der betroffenen Gruppen (Hall/Branford 2012).

### Das Beispiel des Staudammprojekts am Rio Xingu

Bereits in den 1970er-Jahren wurden durch das Staatsunternehmen *Eletronorte* Studien zur Erschließung des hydroelektrischen Potenzials am Rio Xingu, einem Zufluss des Amazonas, durchgeführt. Konkrete Pläne für eines der weltgrößten Wasserkraftwerke wurden in den 1980er-Jahren entwickelt, stießen aber auf massiven Widerstand der lokalen indigenen Bevölkerung, dem sich nationale und internationale Aktivisten anschlossen. Der notwendige Kredit der Weltbank für das Projekt wurde daraufhin zurückgezogen. In den 1990er-Jahren wurden die Pläne überarbeitet, um die zu flutende Fläche und die damit verbundenen Auswirkungen auf die indigene Bevölkerung zu reduzieren. Ein neues Gelegenheitsfenster für die Realisierung des Projekts öffnete sich

---

**28** Eigene Berechnung anhand der Zahlen der obersten Wahlbehörde (*Tribunal Superior Eleitoral*).
**29** Siehe *Estadão.com.br* vom 06.05.2013: http://www.estadao.com.br/noticias/nacional,guilherme-afif-e-o-novo-ministro-do-governo-dilma,1029102,0.htm (zuletzt aufgerufen 24.06.2013).
**30** Im Jahr 2007 entschied der Oberste Bundesgerichtshof, dass parlamentarische Mandate an die Parteizugehörigkeit geknüpft sind und ein Fraktionswechsel somit zum Verlust des Mandats führt. An der gängigen Praxis hat dieses Urteil aber wenig geändert, da die Parlamentarier Lücken in der Gesetzgebung fanden, die Fraktionswechsel weiterhin möglich machen (siehe *Veja* vom 27.05.2013: http://veja.abril.com.br/noticia/brasil/tse-analisa-nova-brecha-contra-a-fidelidade-partidaria [zuletzt aufgerufen 08.08.2013]).

mit einem großen *Blackout* im Jahr 2001, dem zahlreiche kleinere Stromausfälle folgten. Die prekäre Situation im Bereich der Energieversorgung wurde damit offensichtlich und entsprechend stieg die Zustimmung in der Bevölkerung zu einem Ausbau der Versorgungskapazitäten (Carvalho 2006; *The Economist*, 11.02.2011). Das Bewilligungsverfahren wurde bereits im Jahr 2000 eingeleitet, die notwendige Autorisierung durch den Kongress erfolgte im Jahr 2005.[31] Nach der Erteilung einer vorläufigen Bewilligung für das Projekt im Februar 2010 erfolgte die Ausschreibung für den Bau.

Ab dem Jahr 2000 formierte sich der Widerstand gegen das nun als *Belo-Monte* bezeichnete Projekt, bestehend aus indigenen Gruppen, NGO und zivilgesellschaftlichen Gruppen, die sich unter dem Dach des *Movimento Xingu Vivo para Sempre* (MXVPS) organisierten (Peters 2011). Die Ablehnung des Projekts wurde mit den Auswirkungen auf die indigenen Gemeinschaften, den zu erwartenden Umweltschäden und der in Anbetracht des stark schwankenden Wasserstands im Rio Xingu fragwürdigen ökonomischen Rentabilität begründet. Auf der Seite der Befürworter befanden sich die Regierungen Cardoso und Lula da Silva, die dem Ausbau der Energieversorgung strategische Bedeutung beimaßen, die Staatsunternehmen *Eletronorte* und *Eletrobrás*, die von Beginn an die Planung des Projekts geleitet hatten sowie Baufirmen, internationale Konzerne und die brasilianische Industrie, insbesondere im energieintensiven Aluminiumsektor, die entweder direkt vom Bau des Kraftwerks oder aber von der verbesserten Energieversorgung zu profitieren hofften. Die Argumentation der Befürworter beruhte vor allem auf den Prognosen eines steigenden Energiebedarfs und der daraus resultierenden ökonomischen Notwendigkeit einer verstärkten Nutzung der Wasserkraft (Carvalho 2006).

Während die Befürworter des Projekts über direkten Zugang zur institutionellen Entscheidungsebene verfügten und sowohl im Kongress, als auch in der Exekutive überwiegend Unterstützer besaßen, fehlte ein solcher Zugang aufseiten der Projektgegner weitgehend, weshalb alternative Strategien verfolgt werden mussten.[32] Diese bestanden einerseits in einer Mobilisierung in den betroffenen Gemeinden, mit zahlreichen Informationsveranstaltungen und Demonstrationen, die für öffentliche Aufmerksamkeit sorgen und den eigenen Argumenten Resonanz verschaffen sollten, und andererseits in einer gerichtlichen Anfechtung des Bewilligungsverfahrens.

Beide Strategien blieben letztlich erfolglos. Das Projekt konnte zwar durch mehrere Gerichtsurteile verzögert werden, diese Urteile wurden aber von anderen Gerichten jeweils wieder aufgehoben. Es gelang den Projektkritikern nicht, in der Öffentlichkeit oder auf der Gegenseite mit den eigenen, durchaus stichhaltigen Argumenten durchzudringen. Allerdings gelang es auch den Befürwortern des Projekts nicht, ihre Wider-

---

**31** Artikel 231 der Verfassung, der die Rechte der indigenen Bevölkerung beinhaltet, schreibt unter §3 für jede Nutzung der Wasserläufe in Siedlungsgebieten von Indigenen eine Autorisierung durch den Kongress nach vorheriger Anhörung der betroffenen Gemeinschaften vor.
**32** Die Umweltministerin der Regierung Lula da Silva, Marina Silva, stand aufseiten der Projektgegner, sie konnte sich aber innerhalb der Regierung nicht durchsetzen und trat im Mai 2008 zurück.

sacher zu überzeugen. Das Konfliktniveau blieb während des gesamten Entscheidungsprozesses und auch noch nach Beginn der Bauarbeiten hoch und verursachte Zusatzkosten, die von der Allgemeinheit getragen werden müssen.

Die Geschichte dieses Konflikts zeigt zum einen, dass mangels institutionalisierter Arenen der Interessenvermittlung kein systematischer Austausch von Argumenten stattfinden konnte, weshalb sich die Positionen beider Seiten im Verlauf der Auseinandersetzung kaum annäherten. Zwar fehlte es nicht an *Ad-hoc*-Foren wie Seminaren, Kongressen oder Anhörungen. Diese waren aber nicht hinreichend institutionalisiert, um einen stabilen Verhandlungsrahmen (und eine entsprechende Vertrauensbasis zwischen den Beteiligten) zu schaffen, und sie waren meist ungleichmäßig besetzt, entweder von den Gegnern oder den Befürwortern, die diese Arenen vor allem zur Bestärkung der eigenen Position nutzten. Zum anderen zeigte sich, dass Partizipation in einem schwach institutionalisierten Rahmen die stärkere Seite mit der besseren Ressourcenausstattung und dem besseren Zugang zu den maßgeblichen Entscheidungsorganen begünstigt. Informelle, spontane und unmittelbare Partizipation erwies sich als ungeeignet, um komplexe Zusammenhänge angemessen zu vermitteln und bereits auf einer frühen Stufe des Entscheidungsprozesses effektiv Einfluss zu nehmen.

Angesichts der divergierenden *Policy*-Paradigmen, die beiden Positionen zugrunde lagen, ist es allerdings fraglich, ob in einem formalen institutionellen Rahmen eine Annäherung gelungen wäre (Hall/Branford 2012). Für einen partizipatorischen, inklusiven Entscheidungsprozess bedarf es offenbar einer weiteren, essenziellen Institution, nämlich eines tragfähigen Grundkonsenses über die normativen Leitlinien der Politik.

## 5.2 Der politische Prozess auf der Entscheidungsebene

Auf der politischen Entscheidungsebene fällt zunächst ein Widerspruch ins Auge: Trotz einer Institutionenordnung, die eine deutliche Tendenz zu Blockade und Instabilität erwarten lässt – ein fragmentiertes Parteiensystem, starker Föderalismus und somit eine Vielzahl institutioneller Vetospieler – zeigt die brasilianische Demokratie ein beachtliches Maß an *Governance*-Qualität (Armijo et al. 2006). Zu verweisen wäre beispielsweise auf die erfolgreiche makroökonomische Stabilisierung unter Fernando H. Cardoso oder die Sozialpolitik unter Lula da Silva. Ist diese Diskrepanz möglicherweise auf die Wirkung informeller Mechanismen zurückzuführen? Falls dem so sein sollte, müsste es sich um *substitutive informal institutions* handeln, solche also, die der Kompensation von Defiziten im formalen Institutionensystem dienen (Helmke/Levitsky 2004). Um diese Frage zu beantworten, muss noch einmal ein genauerer Blick auf die Funktionsweise des bereits angesprochenen Koalitionspräsidentialismus geworfen werden.

### Entscheidungsprozesse im Koalitionspräsidentialismus

Der Begriff Koalitionspräsidentialismus beschreibt weit mehr als die Bildung parlamentarischer Koalitionen:

> [The term refers to] a much broader way of understanding the institutional architecture of Brazilian democracy and its attendant political practices. Presidencialismo de coalizão is now often used as a shorthand for the totality of ways in which macropolitics has adapted to the Constitution of 1988, including executive-led alliance strategies, party responses to executive inducements, ancillary institutional variables that affect these relationships (presidential agenda power, internal legislative rules), clientelism and exchange politics, intergovernmental relations, and numerous spillover effects in electoral behaviour and political recruitment (Power 2010: 25f.).

Den Ausgangspunkt des Konzepts bildet die Verbindung von institutioneller Gewaltenteilung mit einem extrem fragmentierten, schwach institutionalisierten Parteiensystem. Um die Regierungsagenda umsetzen zu können, muss der Präsident breite und damit heterogene Koalitionen bilden, deren Mitglieder nicht in erster Linie durch programmatische Zugeständnisse, sondern vor allem durch Kabinettsposten und den Zugriff auf Budgets überzeugt werden müssen. Die Zusammenarbeit zwischen Exekutive und Legislative beruht somit auf einem Tauschverhältnis: Beide Seiten verfügen über Ressourcen, auf die die jeweils andere Seite angewiesen ist. Aufseiten der Abgeordneten sind das die notwendigen Stimmen, aufseiten der Exekutive ist es die Kontrolle über das Budget, und damit über Patronage, von der wiederum die Wiederwahlchancen der Abgeordneten abhängen (Ames 1995; 2001). Die in der *Mesa Diretora* und im *Colégio de Líderes* vertretenen Parteiführer kontrollieren die parlamentarische Agenda und organisieren die notwendigen Mehrheiten mithilfe der von der Exekutive bereitgestellten materiellen Anreize.

Die Ausschüsse hingegen spielen im legislativen Verfahren eine untergeordnete Rolle (Amorim Neto et al. 2003; Figueiredo und Limongi 2000; Pereira/Mueller 2000). Die Effektivität dieser Austauschmechanismen lässt sich daran ablesen, dass die Erfolgsrate von Gesetzesinitiativen der Exekutive mit fast 80 % außerordentlich hoch liegt (Figueiredo/Limongi 2000: 162). Den oppositionellen Parteien stehen keine Patronagemöglichkeiten zur Verfügung, womit es nahezu unmöglich ist, einen handlungsfähigen oppositionellen Block zu organisieren, der in der Lage wäre, gegen Gesetzesinitiativen, Provisorische Maßnahmen, Ernennungen oder ein Veto des Präsidenten vorzugehen.

Wie stark der institutionelle Zwang einerseits und die Erwartungshaltung aufseiten der Parlamentarier andererseits auf die inter-institutionellen Beziehungen wirken, zeigte sich nach der Regierungsübernahme des *Partido dos Trabalhadores* (PT), der jahrelang das Image einer moralischen Autorität gepflegt und korrupte Praktiken angeprangert hatte. Mangels einer eigenen Mehrheit im Kongress sicherte sich die PT-Regierung die notwendigen Stimmen durch monatliche Zahlungen an Abgeordnete, was den inzwischen sprichwörtlichen *mensalão*-Skandal nach sich zog.

Ursache hierfür war der Umstand, dass die neue Regierungspartei von den bis dahin praktizierten Gepflogenheiten des Koalitionspräsidentialismus abwich und die Unterstützung im Parlament nicht durch Beteiligung an der Regierung sicherstellte, sondern aufgrund des innerparteilichen Proporzes die PT-Kader bei der Vergabe der Kabinettsposten deutlich bevorzugte. Um die Koalitionspartner dennoch zufriedenzustellen, musste auf das Mittel der Bestechung zurückgegriffen werden, was die Regierung nach Aufdeckung des Skandals an den Rand des Zusammenbruchs brachte (Pereira et al. 2008). Diese Episode zeigt, dass die informellen Interaktionsformen zwischen Exekutive und Legislative, insbesondere der Tausch von Ministerposten gegen Unterstützung im Parlament, einen hohen Grad an Institutionalisierung erreicht haben, und dass nicht ohne politische Kosten und Risiken davon abgewichen werden kann.

Durch die Funktionslogik des Koalitionspräsidentialismus verschieben sich die institutionellen Gewichte zugunsten der Legislative, die formale Dominanz der Exekutive wird dadurch relativiert. Umstritten ist allerdings, wie weit das politische System sich damit einem parlamentarischen Muster annähert (Amorim Neto et al. 2003). Die hohe Rate an erfolgreichen Exekutivvorlagen und die Bildung dauerhafter Koalitionen sprechen für eine Tendenz zum Parlamentarismus. Andererseits traten immer wieder auch die institutionellen *Checks and Balances* zutage, als Präsidenten mit wichtigen Vorlagen in der Legislative scheiterten, vor allem dann, wenn eine starke Lobby auf das legislative Verfahren einwirkte. Während das Gesetzgebungsverfahren meist von den Parteien dominiert wird, treten in Fällen, die die Interessen einer im Parlament vertretenen Lobby berühren, informelle, parteiübergreifende Blöcke von Parlamentariern, die einer solchen Lobby nahestehen, in den Vordergrund. Die wichtigsten dieser Blöcke sind die *bancada empresarial* (Vertretung der Unternehmer), die *bancada evangelica* (Vertretung der evangelikalen Religionsgemeinschaften) und die *bancada ruralista* (Vertretung der Agrarinteressen). Der Einfluss letzterer Lobby zeigte sich beispielsweise bei der Reform des Waldgesetzes in den Jahren 2011 und 2012.[33]

### Der parlamentarische Entscheidungsprozess am Beispiel des Agrargesetzes aus dem Jahr 2012

Zumindest auf dem Papier besaß der Schutz des Regenwalds in Brasilien lange einen hohen Stellenwert. Ein erstes Waldgesetz stammte aus den 1930er-Jahren, die bis vor kurzem gültige Version datierte aus dem Jahr 1965. Darin wurde die Nutzung von Land im Amazonasgebiet geregelt, indem Schutzzonen definiert und der Erhalt von 80 % der natürlichen Vegetation auf privatem Agrarland sowie Aufforstungsquoten

---

[33] Eine detaillierte Aufstellung der Mitglieder dieser parlamentarischen Gruppe findet sich auf der Seite des *Departamento Intersindical de Assessoria Parlamentar* (DIAP): http://www.diap.org.br/ index.php?option=com_content&view=article&id=15500&Itemid=291 (zuletzt aufgerufen 05.04.2013).

vorgeschrieben wurden. Über die Notwendigkeit einer Reform dieses Gesetzes herrschte seit langem Konsens.

Im Jahr 1999 wurde von einem Abgeordneten der damaligen Regierungspartei *Partido da Social Democracia Brasileira* (PSDB), der zugleich Mitglied der *bancada ruralista* war, eine Vorlage für ein neues Gesetz ausgearbeitet, die allerdings zunächst blockiert wurde und erst wieder im Jahr 2009 auf die Agenda kam, als die *Mesa Diretora* einen Sonderausschuss mit einer Stellungnahme beauftragte. Bis 2011 hatten sich die Regierung und die *bancada ruralista* auf eine Vorlage verständigt, die eine Verkleinerung der besonderen Schutzzonen an Flussufern und der zu erhaltenden Vegetation im Amazonasgebiet vorsah. Umstritten blieben eine Amnestieregelung bei illegalen Abholzungen und die Übertragung von Regelungsbefugnissen auf die Gliedstaaten. Nach Änderung dieses Passus wurde das neue Gesetz im Mai 2011 mit großer Mehrheit verabschiedet, wobei allerdings fast die Hälfte der Fraktion des regierenden PT gegen das Gesetz stimmte.[34] Ein vollständiger Bruch zwischen dem PT und seinem wichtigsten Koalitionspartner, dem *Partido do Movimento Democrático Brasileiro* (PMDB), erfolgte, als die *bancada ruralista* den umstrittenen Passus kurzfristig wieder einfügte und zur Abstimmung brachte. Der Änderungsantrag wurde mit 273 zu 182 Stimmen angenommen, wobei der PT geschlossen mit Nein, der PMDB geschlossen mit Ja stimmte.[35]

Im Dezember wurde die Vorlage vom Senat mit weiteren Änderungen verabschiedet. Unter anderem sollte die geplante Amnestie für Abholzungen nicht wie vorgesehen nur für Kleinbauern, sondern für alle Agrarbetriebe gelten. Die geänderte Vorlage gelangte daraufhin erneut ins Abgeordnetenhaus, wo die Regierung, um die Angelegenheit noch vor der Veranstaltung des internationalen Umweltgipfels *Rio+20* abzuschließen, die Version des Senats unterstützte.[36] Verabschiedet wurde jedoch im April 2012 eine Version, die weitere Änderungen zugunsten der Agrarlobby beinhaltete. Daraufhin legte Präsidentin Rousseff ihr Veto gegen einzelne Artikel des Gesetzes ein und setzte ihre Version dieser Artikel in Form einer Provisorischen Maßnahme in Kraft (Garcia 2012). Die öffentliche Meinung stand dabei auf Seiten der Präsidentin, die sich vor allem entschieden gegen eine Amnestie für Rodungen aussprach. Über die Provisorische Maßnahme hatte ein gemischter Ausschuss zu beraten, dessen Vorlage im September 2012 in beiden Kammern angenommen wurde. Erneut legte Präsidentin Rousseff ihr Veto gegen neun Artikel ein und setzte am 17. Oktober die Provisorische Maßnahme per Dekret als Änderungsgesetz in Kraft. Damit wurden die wichtigsten

---

**34** Siehe *Latin American Regional Report. Brazil & Southern Cone* (05/2011): „POLITICS: PMDB breaks ranks on forestry code" sowie *BBC Brasil*: http://www.bbc.co.uk/portuguese/noticias/2012/04/120423_codigo_florestal_atualiza_lk.shtml (zuletzt aufgerufen 05.04.2013).
**35** Die Abstimmung wie auch der gesamte Gesetzgebungsprozess sind auf der Website des Abgeordnetenhauses dokumentiert: http://www2.camara.leg.br/atividade-legislativa/plenario/resultadoVotacao (zuletzt aufgerufen 05.04.2013).
**36** Siehe *Estadão.com.br* vom 04.03.2012: http://www.estadao.com.br/noticias/impresso,ministra-fraca-leva-codigo-a-um-desastre-,843788,0.htm (zuletzt aufgerufen 05.04.2013).

Forderungen von Umweltgruppen letztlich doch noch berücksichtigt, insbesondere die Eliminierung eines Passus, wonach Aufforstungen auch mit Nutzpflanzen möglich gewesen wären, sowie die Festlegung breiterer Schutzzonen an Flussufern.

Anders als im regulären Modus des Koalitionspräsidentialismus verhandelte die Regierung bei diesem Gesetzgebungsverfahren nicht mit den parlamentarischen Fraktionen, sondern mit der parteiübergreifenden *bancada ruralista*. Die *Ruralistas* dominierten eindeutig das legislative Verfahren, insbesondere im Abgeordnetenhaus: Die zuständigen Berichterstatter entstammten ihren Reihen, und da sie sowohl auf die Oppositionsparteien, als auch auf zahlreiche Mitglieder der Regierungskoalition zählen konnten, verfügten sie über eine klare Mehrheit. Bereits der Kompromissentwurf vom Mai 2011 trug deutlich die Handschrift der Agrarlobby und mit den weiteren Änderungen wurden zusätzliche Agrarinteressen bedient. Demgegenüber traten die Vertreter von Umweltgruppen im Parlament kaum in Erscheinung – der Protest gegen das Gesetz artikulierte sich außerhalb des Parlaments.[37] Nicht der Interessenwettbewerb im Parlament, sondern die institutionellen *Checks and Balances* setzten der Macht der Agrarlobby Grenzen. Das partielle Veto, das Instrument der Provisorischen Maßnahme und die Möglichkeit, sich mit einem Anliegen direkt an die Öffentlichkeit zu wenden, stärkten die Position der Präsidentin und verhinderten die vollständige Durchsetzung der Agrarinteressen.

Der institutionelle Entscheidungsprozess entsprach in diesem Fall stärker dem präsidentiellen Modus. Als besonders konfliktträchtig erwies sich dieses Gesetzgebungsverfahren deshalb, weil sowohl von der Exekutive, als auch seitens der Legislative programmatische Standpunkte bezogen wurden, und damit der übliche Tausch von *Policy* gegen Patronage nicht funktionierte. Die Fraktionsführer fungierten nicht als *Broker* und an die Stelle eines pragmatischen Tauschgeschäfts trat ein Interessenwettbewerb mit instabilen Mehrheiten. Allerdings machte sich bei den Abstimmungen über das Waldgesetz der parteiübergreifende Charakter der *bancada ruralista* nur kurzzeitig bemerkbar und die Parteiblöcke fanden rasch wieder zu ihrer Geschlossenheit. Der Koalitionspräsidentialismus bildet nach wie vor den Normalfall einer stabilen *substitutive informal institution*.

---

37 So wurden beispielsweise zwei Millionen Unterschriften gegen das Gesetz gesammelt (siehe *Estadão. com.br* vom 24.05.2012: http://www.estadao.com.br/noticias/nacional,2-milhoes-de-pessoas-contra-o-texto-do-codigo-florestal,877362,0.htm [zuletzt aufgerufen 05.04.2013]).

## 5.3 Politikimplementierung im föderalen System: Das Beispiel des Sozialprogramms Bolsa Familia

Politische Entscheidungen führen nicht automatisch zu den gewünschten Resultaten. Die Effektivität politischer Maßnahmen hängt einerseits von den administrativen Kapazitäten ab, diese auch um- und durchzusetzen, und andererseits davon, ob die Auswirkungen korrekt antizipiert wurden. Klarstes Indiz für Erfolg oder Misserfolg ist das Ergebnis, abzulesen an sozio-ökonomischen Makroindikatoren. In dieser Hinsicht ist in Brasilien die Bilanz der letzten Jahre in einigen zentralen Politikbereichen positiv. Armut und Ungleichheit haben abgenommen, die Inflation ist weitgehend unter Kontrolle, das Wirtschaftswachstum verlief lange Zeit sehr positiv (wenngleich in den letzten Jahren eine Abkühlung eintrat) und die Lebensbedingungen der Bürger haben sich insgesamt signifikant verbessert.[38] Entsprechend zeigt sich auch im *Bertelsmann Transformation Index* zwischen 2003 und 2012 eine Verbesserung in der Kategorie „Steuerungskapazität" von 7,0 auf 8,3 Punkte (von maximal zehn).[39] In einem Report der *Inter-American Development Bank* von 2006 wird Brasilien eine im regionalen Vergleich hohe Effektivität und Implementierungsfähigkeit bescheinigt (Inter-American Development Bank 2005). Gleichzeitig sind jedoch in vielen Bereichen Defizite zu verzeichnen. Das Steuerniveau in Brasilien steht in keinem angemessenen Verhältnis zur Qualität staatlicher Leistungen. Das Bildungssystem ist ineffektiv und die Infrastruktur ist in vielerlei Hinsicht mangelhaft.[40] Hinsichtlich Umweltschutz oder öffentlicher Sicherheit bestehen gravierende Probleme und zwischen den einzelnen Regionen herrscht ein extremes Entwicklungsgefälle.

Zu den Faktoren, die einer erfolgreichen Politikimplementierung entgegenstehen, gehört sicherlich das bereits angesprochene Problem der Korruption. Trotz einer in den 1990er-Jahren reformierten, professionalisierten Verwaltung hat die Korruption in den Augen der Bürger nicht abgenommen, abzulesen an einer kaum veränderten Bewertung im *Corruption Perception Index* zwischen 2001 und 2013.[41] Deutlich wurde die Unzufriedenheit im Juni 2013, als sich eine breite Protestbewegung formierte und ein Ende der Korruption forderte. Ein weiterer Faktor ist der komplexe Staatsaufbau aus drei föderalen Ebenen, der Reibungsverluste und Koordinationsprobleme mit sich bringt. Die Zentralregierung als der wichtigste Reformmotor ist vielfach auf die Koope-

---

**38** Siehe *World Bank Indicators* (http://data.worldbank.org/indicator/all [zuletzt aufgerufen 05.04.2013]) und *Human Development Indicators* (http://hdrstats.undp.org/en/countries/profiles/BRA.html [zuletzt aufgerufen 05.04.2013]).

**39** Siehe *BTI 2003-2012*: http://www.bti-project.org/uploads/tx_jpdownloads/BTI_2012_2010_2008_2006_2003_Scores_01.xls (zuletzt aufgerufen 08.08.2013).

**40** Siehe *The Economist* vom 20.08.2012: http://www.economist.com/blogs/americasview/2012/08/electricity-taxes-brazil (zuletzt aufgerufen 05.04.2013).

**41** Siehe *The Economist* vom 20.08.2012: http://www.economist.com/blogs/americasview/2012/08/electricity-taxes-brazil (zuletzt aufgerufen 05.04.2013).

ration bzw. die Folgebereitschaft der Regionen und Kommunen angewiesen, die frei über ihre administrativen Ressourcen verfügen können (Abrucio 2005). Andererseits bietet der Föderalismus aber auch Vorteile wie die Möglichkeit, Maßnahmen auf subnationaler Ebene zu erproben.

Im Verhältnis zwischen den drei föderalen Ebenen in Brasilien haben sich seit Mitte der 1990er-Jahre die Gewichte verschoben. Lange Zeit spielten die Gouverneure der Gliedstaaten eine zentrale Rolle als *Broker* zwischen Zentralregierung und lokaler Ebene. Mit dem Stabilisierungsplan von 1994 und dem damit verbundenen Rückgang der Einnahmen sowie einem Gesetz aus dem Jahr 2000, das Gliedstaaten und Gemeinden zu mehr fiskalischer Verantwortlichkeit zwang, reduzierte sich der Einfluss der Gouverneure. Von einer Re-Zentralisierung kann deshalb aber noch keine Rede sein (Eaton/Dickovick 2004), denn zugenommen hat seit Beginn der 1990er-Jahre vor allem das relative Gewicht der Gemeinden. Ihr Anteil an den staatlichen Gesamteinnahmen stieg von 15,2 % im Zeitraum 1990–1993 auf 17,2 % im Zeitraum 1999–2005 während der Anteil der Gliedstaaten von 28,2 % auf 25,8 % sank (Rezende 2010: 76). Der Anteil der Staatsangestellten auf der Ebene der Gemeinden stieg von etwa 35 % zu Beginn der 1990er-Jahre auf etwa 50 % im Jahr 2005.[42] Diese Verschiebung wirkte sich auf die Politikimplementierung aus, wie sich bei der Umsetzung des Programms *Bolsa Família* der Regierung Lula da Silva zeigte. Dieses Programm zur Bekämpfung der strukturellen Armut kann als Beispiel für ein gelungenes Reformprojekt und erfolgreiches *policy learning* in einem Politikfeld dienen, das sich bis dahin als besonders resistent gegenüber Reformen gezeigt hatte.

Das Programm, das inzwischen weltweit als Modell für *conditional cash transfers* (CCTs) gilt, ist keine Erfindung der Regierung Lula da Silva, sondern das Ergebnis längerfristiger Erfahrungen und einer in der gesamten Region geführten Debatte. Ein erster Schritt zu einer universellen Form sozialer Absicherung wurde in Brasilien mit der Definition umfangreicher sozialer Rechte in Artikel 6 der Verfassung von 1988 getan. Im Jahr 2001 wurde mit *Bolsa Escola* ein erster Anlauf für ein Programm von nationaler Reichweite unternommen. Dieses wurde ergänzt durch die Programme *Bolsa Alimentação* und *Auxílio Gás*, die auch Bedürftigen ohne schulpflichtige Kinder zugute kommen sollten. Die Umsetzung dieser Programme lag jedoch in der Verantwortlichkeit der Gemeinden, was eine effektive Umsetzung und Kontrolle erschwerte, zumal auch keine zentrale Datenbank der Bezugsberechtigten existierte. Zudem litt die Implementierung daran, dass drei von verschiedenen Parteien kontrollierte Ministerien an den Programmen beteiligt waren (Fenwick 2009).

Mit dem Amtsantritt der Regierung Lula da Silva im Jahr 2003 erhielt die Sozialpolitik neuen Schwung, zum einen aufgrund des verbesserten ökonomischen Umfelds, zum anderen aufgrund des klaren Mandats Lulas, der die Armutsbekämpfung zu

---

42 Siehe *Instituto de Pesquisa Econômica Aplicada*: http://www.sinagencias.org.br/conteudo_arquivo/ 121109_E94922.PDF (zuletzt aufgerufen 28.06.2013).

einem Eckpfeiler seiner Kampagne gemacht hatte. Die neue Regierung rief zunächst mit *Fome Zero* eine neue sozialpolitische Initiative ins Leben, die ein breites Spektrum an Maßnahmen umfasste, unter anderem eine wenig effektive Verteilung von Essenspaketen, die aber auch die vier wichtigsten bestehenden Programme *Bolsa Escola*, *Bolsa Alimentação*, *Cartão Alimentação* und *Auxílio Gás* unter dem Namen *Bolsa Família* administrativ zusammenführte. Dadurch konnten Synergien erzielt und die Zielgenauigkeit der Programme erhöht werden, was wiederum die Implementierung auf der Ebene der Gemeinden erleichterte (Hall 2006).

Dass die Zahl der begünstigten Familien von 3,6 Millionen im Jahr 2003 auf fast 13 Millionen im Jahr 2011 stieg (Krause/Madeira 2012: 171), verdankt sich vor allem der erfolgreichen Implementierung durch die Gemeinden, die gemäß dem *Lei organica de assistência social* für die Umsetzung aller Maßnahmen im Bereich der Sozialpolitik zuständig sind (Fenwick 2009). Die Kooperation der Gemeinden ist nicht selbstverständlich, da die Zentralregierung über keine Möglichkeit verfügt, eine Beteiligung an ihren Programmen zu erzwingen. Dennoch schlossen sich bis zum Jahr 2006 alle Gemeinden dem Programm an.

Der Erfolg des Programms und die Kooperation der Gemeinden sind laut Fenwick auf folgende drei Faktoren zurückzuführen: Erstens hätten aufgrund des untergeordneten Stellenwerts der Parteien in den Augen der Wähler parteipolitische Motive für die Entscheidung der Akteure auf Gemeindeebene keine wesentliche Rolle gespielt. In Anbetracht der Tatsache, dass im Jahr 2004 nur knapp acht Prozent der Gemeinden von einem PT-Bürgermeister regiert wurden, erwies sich die Schwäche der Parteien in diesem Fall als entscheidender Vorteil, da kein Motiv für parteipolitisch motivierte Obstruktion bestand. Zweitens hätte das deutliche Wahlergebnis des Jahres 2002 die Autorität von Präsident Lula da Silva gestärkt und die Erwartung sozialer Reformen seitens der Bürger gefördert. Drittens schließlich sei es der Regierung gelungen, die *Power-Broker* auf der Ebene der Gliedstaaten zu umgehen und eine direkte vertragliche Zusammenarbeit zwischen Gemeinden und Zentralregierung zu etablieren. Ein weiterer wesentlicher Faktor war wohl die Tatsache, dass über die Notwendigkeit und die Ausgestaltung der Sozialpolitik weitgehender Konsens herrschte und CCT-Programme auch aufgrund der Unterstützung durch internationale Institutionen wie der Weltbank weithin als geeignetes Instrument betrachtet wurden.

Die erfolgreiche Implementierung des *Bolsa-Família*-Programms verdankt sich somit der Verbindung eines günstigen politischen und wirtschaftlichen Umfelds mit strukturellen Verschiebungen innerhalb des föderalen Systems und einem längerfristigen Prozess des politischen Lernens im Bereich der Sozialpolitik. Durch die direkte Kooperation zwischen zentralstaatlicher und lokaler Ebene wurden die traditionellen Klientelnetze umgangen, während auf der horizontalen Ebene politische und administrative Reibungsverluste durch die Zusammenlegung der CCT-Programme in einem Ministerium vermieden wurden. Mechanismen der Statuserhaltung und Abhängigkeitsmuster konnten auf diese Weise durchbrochen werden:

In a very real sense, these policy reforms of the Partido da Social Democracia Brasileira and PT governments were quintessentially political reforms that disjoined the social rights of citizenship in Brazil from urban residence, employment in the formal economy, and even political connections, privilege, and patronage and have made them increasingly universal (Hagopian 2011: 227).

Ob damit an die Stelle traditioneller Klientelnetze eine Form von Massenklientelismus bzw. ein direkter, populistischer *Linkage* getreten ist, wie dies von manchen Autoren gemutmaßt wird, ist zweifelhaft. Der universalistische Charakter der Sozialpolitik und die Kontinuität der Programme über Regierungszyklen hinweg sprechen gegen eine solche Annahme.

## 5.4 Rechtsstaatlichkeit

Rechtsstaatlichkeit als abstrakte Norm umfasst eine größere Zahl an Regeln und Praktiken, die in ihrer Gesamtheit vor allem dazu dienen, staatliches Handeln einzuhegen, die aber auch das Handeln der politischen Akteure berechenbar, und damit den politischen Prozess effektiver machen.[43] Dass das Rechtssystem in Brasilien nicht immer politische und individuelle Rechte für alle Bürger garantierte, belegt der ominöse Ausspruch von Getúlio Vargas „Für meine Freunde alles, für meine Feinde das Gesetz." Seitdem schien sich dieses Motto immer wieder zu bestätigen, wenn Korruptionsfälle versandeten und Gesetzesbrüche von Sicherheitskräften gedeckt wurden. Auch die augenfällige Diskrepanz zwischen den in der Verfassung verbürgten sozialen und bürgerlichen Rechten einerseits und der verbreiteten Armut, Unsicherheit und Ungleichheit andererseits belegen den geringen Stellenwert des formalen Rechtssystems. Zwar hat die Justiz nach der Redemokratisierung durch ein transparentes *Concours*-Verfahren an Professionalität und Unabhängigkeit gewonnen, doch bestehen noch immer schwerwiegende Defizite, vor allem hinsichtlich Reichweite und Durchsetzung rechtsstaatlicher Prinzipien.

Die Qualität des Justizsystems variiert regional stark und wird generell durch Ineffizienz und eine chronische Überlastung beeinträchtigt.[44] Umfangreiche Berufungsmöglichkeiten, ein inkonsistenter Rechtskorpus und die fehlende Bindewirkung von Präzedenzurteilen („stare decisis") verkomplizieren die Rechtsprechung und ermöglichen es denjenigen, die sich einen Anwalt leisten können, ein Verfahren zu verzögern, während die weniger Vermögenden vor den Kosten eines Prozesses und den stark formalisierten Verfahren zurückschrecken.[45] Dies führt zu der paradoxen Situation,

---

[43] Zu den Komponenten von Rechtsstaatlichkeit im Einzelnen siehe Lauth (2001).

[44] Die Zahl der jährlichen Verfahren in der ersten Instanz hat sich zwischen 1990 und 2002 von 3,6 Mio. auf knapp 9,8 Mio. erhöht (Sadek 2004, S. 87).

[45] Siehe *The Economist* vom 20.02.2003: http://www.economist.com/node/1588218 (zuletzt aufgerufen 08.08.2013).

dass das Rechtssystem einerseits von Verfahren überrollt wird, während es andererseits für Teile der Bevölkerung faktisch unzugänglich ist (Sadek 2004). Reformversuche scheiterten lange an institutionellen Blockaden und am Widerstand des Richter-
stands, der seine verfassungsmäßige Autonomie und die damit verbundenen
Privilegien wie Kündigungsschutz, autonom verwaltete Budgets und weite Ermes-
sensspielräume verteidigte. Sadek (2004) beschreibt eine aristokratische Mentalität
und einen politischen Gestaltungsanspruch in den Reihen der Richterschaft, somit
also ein institutionelles Eigenleben, das sich innerhalb der geschützten Sphäre der
Judikative entwickelt habe und Reformversuche erschwerte.

Ein Reformprojekt, das die Transparenz, Zugänglichkeit und Effektivität der Judikative verbessern sollte, brauchte zehn Jahre um schließlich im Jahr 2004 verabschiedet zu werden. Inzwischen bekunden laut *World Values Survey* immerhin etwa 50 %
der Brasilianer Vertrauen in die Justiz, doch ist dieses Vertrauen bei den unteren Be-
völkerungsschichten, die besonders unter Kriminalität und Polizeigewalt leiden, deutlich geringer. Das Rechtssystem ist nicht nur begrenzt in seiner Kapazität und Reichweite, sondern es ist teilweise auch direkt von Korruption und Gewaltdrohungen
betroffen. Besonders die Gerichte auf der Ebene der Gliedstaaten leiden unter organisatorischen Mängeln, Korruption und Nepotismus (Zimmermann 2008). Richter, die
gegen Drogenbanden oder kriminelle Polizisten ermitteln, werden selbst zum Ziel von
Drohungen und Anschlägen.

Besonders schwer wiegen die rechtsstaatlichen Defizite im Bereich der Strafverfolgung und die daraus resultierende Straflosigkeit (*impunidade*). Die Aufklärungsrate
bei Mordfällen liegt unter zehn Prozent und bei Polizeigewalt sogar noch deutlich
niedriger. Der Mangel an Ausrüstung und Personal spielen dabei ebenso eine Rolle
wie die institutionalisierte Gewalt innerhalb der Sicherheitsorgane (Brinks 2003).[46]
Das Amazonasgebiet ist in weiten Teilen ein rechtsfreier Raum, wo es immer wieder zu
Übergriffen gegen die indigene Bevölkerung kommt. Hinzu kommen Probleme im
Bereich des Strafvollzugs, wie überfüllte Gefängnisse und unangemessene Haftbedin-
gungen.[47]

Rechtsstaatliche Defizite beeinträchtigen den demokratischen Prozess in allen
seinen Phasen. Das Beispiel des Staudammprojekts hat gezeigt, dass die Justiz als
Waffe in politischen Konflikten eingesetzt werden kann, was in diesem Fall zwar phasenweise der schwächeren Seite zugute kam, was aber auch Kosten und Unsicherheit
produzierte, ohne die Qualität der Beteiligung und der Interessenvermittlung zu
verbessern. Im Fall des Waldschutzes wiederum zeigt sich besonders deutlich die
Diskrepanz zwischen formalen Rechtsnormen und Wirklichkeit, und damit ein demokratisches Defizit im Bereich der effektiven Herrschaftsgewalt: Trotz des vergleichs-

---

**46** Siehe *O Globo* vom 08.05.2011: http://oglobo.globo.com/politica/apenas-quatro-mil-dos-cerca-de-
50-mil-homicidios-cometidos-por-ano-no-pais-sao-resolvidos-2773316 (zuletzt aufgerufen 08.08.2013).
**47** Siehe *Amnesty International, Report 2012*: http://www.amnesty.de/jahresbericht/2012/brasilien
(zuletzt aufgerufen 08.08.2013).

weise restriktiven Gesetzes aus dem Jahr 1965 wurden in den vergangenen 40 Jahren etwa 20 % des Amazonasregenwalds abgeholzt, Umweltschützer und lokale Aktivisten müssen um Leib und Leben fürchten. Solange aber im Amazonasgebiet und in den *Favelas* das Gesetz des Dschungels herrscht, bleibt die demokratische Verfassung von 1988 für viele Brasilianer ein toter Buchstabe.

# 6 Fazit

Das politische System Brasiliens ist geprägt von Ambivalenzen und Widersprüchen, deren Ursachen sich in der sozio-ökonomischen Ungleichheit und in einem fehlenden gesamtgesellschaftlichen Grundkonsens verorten lassen. Bereits das Verfassungssystem vereint in sich widersprüchliche Elemente, die eine Verortung nach den klassischen Typologien schwer machen. Darüber hinaus ist der politische Prozess geprägt von informellen Interaktionsmustern, die einerseits die konstitutionellen Widersprüche kompensieren, andererseits aber auch der Logik und der Funktionsweise der Verfassungsnormen zuwiderlaufen, diese überlagern oder sie ersetzen. Vor allem im Bereich der politischen Partizipation hat sich gezeigt, dass die Universalität und Gleichheit der demokratischen Beteiligung vielfach nicht gewährleistet ist, weil informelle Netzwerke und ökonomische Interessen so stark auf den Wahlprozess Einfluss nehmen, dass die demokratische Kontrolle weitgehend unterlaufen wird. Insofern muss Brasilien nach wie vor als eine defizitäre Demokratie bezeichnet werden.

Allerdings werden die üblichen Subkategorien defizitärer oder defekter Demokratien weder der Komplexität des politischen Prozesses, noch der gerade in den letzten Jahren beobachteten Dynamik und Wandlungsfähigkeit des politischen Systems in Brasilien gerecht. Die demokratischen Mechanismen ermöglichen trotz ihrer vielfältigen Defizite Anpassungsprozesse wie den Aufstieg des PT, die Reform der Justiz oder die Weiterentwicklung des Föderalismus. Auch die Protestbewegung, die im Juni 2013 vor allem als Reaktion auf die ausufernden Kosten und die Korruption im Zusammenhang mit der Fußball Weltmeisterschaft im Jahr 2014 auftrat, ist Beleg dafür, das demokratische Freiräume bestehen und eine zunehmend breite und kritische Öffentlichkeit gewillt ist, diese zu nutzen. Die informellen Mechanismen der Statuserhaltung und der Zementierung politischer und sozialer Ungleichheiten werden so Stück für Stück zurückgedrängt. Was hier beschrieben wurde ist also ein politisches System im Umbruch, dessen weitere Entwicklung nur schwer zu prognostizieren ist, da sehr viele, vor allem auch ökonomische Unwägbarkeiten damit verbunden sind. Die bisherige Entwicklung zeigt aber, dass sich gerade auch aufgrund der Ambivalenz des politischen Systems in Brasilien Chancen für eine weitere Konsolidierung der demokratischen Strukturen bieten.

# Bibliographie

Abranches, Sérgio Henrique Hudson de, 1988: Presidencialismo de Coalição: O Dilema Institutional Brasileiro. In: DADOS – Revista de Ciências Sociais 31 (1), S. 5–34.

Abrucio, Fernando Luiz, 2005: A Coordenação federativa no Brasil. In: Revista Sociología Política 24 (Jun.), S. 41–67.

Acemoglu, Daron/Robinson, James A., 2008: Persistence of Power, Elites, and Institutions. In: American Economic Review 98 (1), S. 267–293.

Ames, Barry, 1994: The Reverse Coattails Effect: Local Party Organization in the 1989 Brazilian Presidential Election. In: American Political Science Review 88 (1), S. 95–111.

Ames, Barry, 1995: Electoral Rules. Constituency Pressures, and Pork Barrel: Bases of Voting in the Brazilian Congress. In: Journal of Politics 57 (2), S. 324–343.

Ames, Barry, 2001: The Deadlock of Democracy in Brazil. Ann Arbor: Univ. of Michigan Press.

Ames, Barry/Baker, Andy/Rennó, Lucio R., 2008: The Quality of Elections in Brazil: Policy, Performance, Pageantry or Pork? In: Kingstone, Peter R./Power, Timothy J. (Hrsg.): Democratic Brazil revisited. Pittsburgh: Univ. of Pittsburgh Press, S. 107–133.

Amorim Neto, Octavio/Cox, Gary W./McCubbins, Mathew D., 2003: Agenda Power in Brazil's Câmara dos Deputados, 1989–98. In: World Politics 55 (July), S. 550–578.

Arantes, Rogério Bastos, 2007: Judiciário: entre a Justiça e a Política. In: Avelar, Lúcia/Octávio Cintra, Antônio (Hrsg.): Sistema político brasileiro. Uma introdução. 2. Aufl. Rio de Janeiro, São Paulo: Konrad-Adenauer-Stiftung; Ed. Unesp, S. 79–108.

Armijo, Leslie Elliott/Faucher, Philippe/Dembinska, Magdalena, 2006: Compared to What? Assessing Brazil's Political Institutions. In: Comparative Political Studies 39 (6), S. 759–786.

Arretche, Marta, 2012: Föderalismus in Brasilien. In: de La Fontaine, Dana/Stehnken, Thomas (Hrsg.): Das politische System Brasiliens. Wiesbaden: VS Verlag für Sozialwissenschaften, S. 138–154.

Avritzer, Leonardo, 2009: Participatory institutions in democratic Brazil. Washington, D.C, Baltimore: Woodrow Wilson Center Press; Johns Hopkins Univ. Press.

Bachrach, Peter/Baratz, Morton S., 1963: Decisions and Nondecisions: An Analytical Framework. In: American Political Science Review 57 (3), S. 632–642.

Birle, Peter, 2013: Das politische System. Strukturen und Akteure. In: Birle, Peter (Hrsg.): Brasilien. Eine Einführung. Frankfurt am Main, Madrid: Vervuert; Iberoamericana (Bibliotheca Ibero-Americana, 151), S. 43–64.

Bornschier, Simon, 2008: Demokratie, Sozialstruktur und Parteiensysteme in Lateinamerika. Brasilien in vergleichender Perspektive. Saarbrücken: VDM Verlag Dr. Müller.

Brinks, Daniel M., 2003: Informal Institutions and the Rule of Law: The Judicial Response to State Killings in Buenos Aires and São Paulo in the 1990s. In: Comparative Politics 36 (1), S. 1–19.

Carter, Miguel, 2010: The Landless Rural Workers Movement and Democracy in Brazil. In: Latin America Research Review 45 (Special Issue), S. 186–217.

Carvalho, Georgia O., 2006: Environmental Resistance and the Politics of Energy Development in the Brazilian Amazon. In: Journal of Environment & Development 15 (3), S. 245–268.

Castro, Carlos Roberto Siqueira, 1986: O Congresso e as delegações legislativas. Rio de Janeiro: Forense.

Cintra, Antônio Octávio, 2007: O sistema de governo no Brasil. In: Avelar, Lúcia/Octávio Cintra, Antônio (Hrsg.): Sistema político brasileiro. Uma introdução. 2. Aufl. Rio de Janeiro, São Paulo: Konrad-Adenauer-Stiftung; Ed. Unesp.

Diniz, Eli, 1982: Voto e máquina política. Patronagem e clientelismo no Rio de Janeiro. Rio de Janeiro: Paz e Terra (Estudios brasileiros, 59).

Eaton, Kent/Dickovick, J. Tyler, 2004: The Politics of Re-Centralization in Argentina and Brazil. In: Latin America Research Review 39 (1), S. 90–122.

Fenwick, Tracy Beck, 2009: Avoiding Governers. The Success of Bolsa Família. In: Latin American Research Review 44 (1), S. 102–131.

Figueiredo, Argelina/Limongi, Fernando, 2000: Presidential Power, Legislative Organization, and Party Behavior in Brazil. In: Comparative Politics 32 (2), S. 151–170.

Frauendorfer, Markus/Llanos, Mariana, 2012: Der Mensalão-Korruptionsskandal mit weitreichenden Folgen für Brasiliens Demokratie. In: GIGA Focus (12), S. 1–7.

Garcia, Yara Manfrin, 2012: O Código Florestal brasileiro e suas alterações no Congresso Nacional. In: GeoAtos - Revista Geografia em Atos 12 (1), S. 54–74.

Gay, Robert, 1998: Rethinking Clientelism: Demands, Discourses and Practices in Contemporary Brazil. In: Revista Europea de Estudios Latinoamericanos y del Caribe 65, S. 7–24.

Geddes, Barbara/Ribeiro Neto, Artur, 1992: Institutional Sources of Corruption in Brazil. In: Third World Quarterly 13 (4), S. 641–661.

German, Christiano, 1983: Brasilien: Autoritarismus und Wahlen. Zugl.: Freiburg (Brg.), Univ., Diss., 1981. München: Weltforum-Verlag.

Goel, Rajeev K./Nelson, Michael A., 1998: Corruption and Government Size: A Disaggregated Analysis. In: Public Choice (97), S. 107–120.

Hagopian, Frances, 1990: Democracy by Undemocratc Means? Elites, Political Pacts, and Regime Transition in Brazil. In: Comparative Political Studies 23 (3), S. 147–170.

Hagopian, Frances, 2011: Paradoxes of Democracy and Citizenship in Brazil. In: Latin American Research Review 46 (3), S. 216–227.

Hagopian, Frances/Mainwaring, Scott, 1987: Democracy in Brazil: Problems and Prospects. In: World Policy Journal 4 (3), S. 485–514.

Hall, Anthony, 2006: From Fome Zero to Bolsa Família: Social Policies and Poverty Alleviation under Lula. In: Journal of Latin American Studies 38 (4), S. 689–709.

Hall, Anthony/Branford, Sue, 2012: Development, Dams and Dilma: The Saga of Belo Monte. In: Critical Sociology 38 (6), S. 851–862.

Helmke, Gretchen/Levitsky, Steven, 2004: Informal Institutions and Comparative Politics. A Research Agenda. In: Perspectives on Politics 2 (4), S. 725–740.

Hicken, Allen, 2011: Clientelism. In: Annual Review of Political Science 14, S. 289–310.

Hunter, Wendy/Power, Timothy J., 2007: Rewarding Lula: Executive Power, Social Policy, and the Brazilian Elections of 2006. In: Latin American Politics and Society 49 (1), S. 1–30.

Inter-American Development Bank, 2005: The politics of policies. Economic and social progress in Latin America and the Caribbean, 2006 report. Washington, D.C, Cambridge, MA: Inter American Development Bank; Harvard Univ.

Kapiszewski, Diana, 2011: Power Broker, Policy Maker, or Rights Protector? The Brazilian Supremo Tribunal Federal in Transition. In: Helmke, Gretchen (Hrsg.): Courts in Latin America. 1. Aufl. Cambridge: Cambridge Univ. Press, S. 154–185.

Kaufman, Robert R., 2009: The Political Effects of Inequality in Latin America: Some Inconvenient Facts. In: Comparative Politics 41 (3), S. 359–379.

Keck, Margaret E., 1995: Social Equity and Environmental Politics in Brazil: Lessons from the Rubber Tappers of Acre. In: Comparative Politics 27 (4), S. 409–424.

Krause, Silvana, 2008: Reforma política no Brasil: uma „velha" questão com „novos" desafios. In: Sociedade e Cultura 11, S. 123–130.

Krause, Silvana/Madeira, Ligia, 2012: Brasilien zwischen einer formalen und substanziellen Demokratie? Traditionen, Wandlungen und Begrenzungen. In: Muno,Wolfgang/Lauth, Hans-Joachim/Kestler, Thomas (Hrsg.): Demokratie und soziale Entwicklung in Lateinamerika. Baden-Baden: Nomos (Studien zu Lateinamerika, 19), S. 157–195.

Lamounier, Bolívar, 2003: Brazil. An Assessment of the Cardoso Administration. In: Domínguez, Jorge I./Shifter, Michael (Hrsg.): Constructing democratic governance in Latin America. Unter Mitarbeit von Lowenthal, Abraham F., 2. Aufl. Baltimore, MD: Johns Hopkins Univ. Press, S. 269–291.

Lauth, Hans-Joachim, 1999: Informelle Institutionen politischer Partizipation und ihre demokratie-theoretische Bedeutung. Klientelismus, Korruption, Putschdrohung und ziviler Widerstand. In: Lauth, Hans-Joachim/Liebert, Ulrike (Hrsg.): Im Schatten demokratischer Legitimität. Informelle Institutionen und politische Partizipation im interkulturellen Demokratienvergleich. Opladen: Westdt. Verl., S. 61–84.

Lauth, Hans-Joachim, 2001: Rechtsstaat, Rechtssysteme und Demokratie. In: Becker, Michael (Hrsg.): Rechtsstaat und Demokratie. Theoretische und empirische Studien zum Recht in der Demokratie. Wiesbaden: Westdt. Verl., S. 21–44.

Lauth, Hans-Joachim, 2012: Informal Governance and Democratic Theory. In: Christiansen, Thomas/Neuhold, Christine (Hrsg.): International Handbook on Informal Governance. Cheltenham: Edward Elgar Publishing, S. 40–64.

Leal, Victor Nunes/Lima Sobrinho, Alexandre José Barbosa Lima, 1975: Coronelismo, enxada e voto. (o município e o regime representativo no Brasil). São Paulo: Ed. Alfa Omega (Biblioteca Alfa-Omega de ciências sociais, 2).

Linz, Juan J./Stepan, Alfred, 1996: Problems of Democratic Transition and Consolidation. Southern Europe, South America, and Post-Communist Europe. Baltimore, Md: Johns Hopkins Univ. Press.

Love, Joseph L., 2000: A república brasileira: federalismo e gegionalismo (1889–1937). In: Mota, Carlos Guilherme (Hrsg.): Viagem incompleta. A experiênca brasileira: 1500–2000. São Paulo: Editora SENAC, S. 121–160.

Mainwaring, Scott, 1993: Presidentialism, Multipartism, and Democracy. The Difficult Combination. In: Comparative Political Studies 26 (2), S. 198–228.

Mainwaring, Scott, 1997: Multipartism, Robust Federalism, and Presidentialism in Brazil. In: Mainwaring, Scott P./Shugart, Matthew S. (Hrsg.): Presidentialism and Democracy in Latin America. Cambridge: Cambridge Univ. Press, S. 55–109.

Mainwaring, Scott P., 1999: Rethinking Party Systems in the Third Wave of Democratization. The Case of Brazil. Stanford, Calif.: Stanford Univ. Press.

Mandach, Laura D. von, 2000: Recht und Gewalt. Eine empirische Untersuchung zur Strafverfolgung in Brasilien. Zugl.: Zürich, Univ., Diss., 1999. Saarbrücken: Verl. für Entwicklungspolitik (Forschungen zu Lateinamerika, 37).

Melo, Carlos R. De, 2000: Partidos e Migração Partidária na Câmara dos Deputados. In: DADOS - Revista de Ciências Sociais 43 (2), S. 207–239.

Mendes, Gilmar Ferreira, 1991: Die abstrakte Normenkontrolle vor dem Bundesverfassungsgericht und vor dem brasilianischen Supremo Tribunal Federal. Berlin: Duncker & Humblot (607).

Meyer, Gunda, 2005: Polizeigewalt in Brasilien. In: MRM – MenschenRechtsMagazin (3), S. 282–294.

Moisés, José Álvaro, 2011 (Hrsg.). O Congresso e o Presidencialismo de Coalizão. Editora Konrad Adenauer Stiftung.

Nicolau, Jairo/Stadler, Julia, 2012: Das brasilianische Wahlsystem. In: de La Fontaine, Dana/Stehnken, Thomas (Hrsg.): Das politische System Brasiliens. 1. Aufl. Wiesbaden: VS Verlag für Sozialwissenschaften, S. 103–120.

O'Donnell, Guillermo, 1992: Transitions, Continuities, and Paradoxes. In: O'Donnell, Guillermo/Valenzuela, Arturo (Hrsg.): Issues in Democratic Consolidation: The New South American Democracies in Comparative Perspective. Notre Dame, Ind.: Univ. of Notre Dame Press, S. 17–56.

Paulus, Manuel, 2012: Politische Inklusion durch Klientelismus. In: Muno, Wolfgang, Lauth, Hans-Joachim/Kestler, Thomas (Hrsg.): Demokratie und soziale Entwicklung in Lateinamerika. 1. Aufl. Baden-Baden: Nomos (Studien zu Lateinamerika, 19), S. 91–110.

Pereira, Carlos/Mueller, Bernardo, 2000: Preponderância do poder executivo. O sistema de comissões no Legislativo brasileiro. In: Revista Brasileira de Ciências Sociais 15 (43), S. 45–67.

Pereira, Carlos/Power, Timothy J./Reille, Eric, 2008: Coalitional Presidentialism and Side Payments: Explaining the Mensalão Scandal in Brazil. Oxford (BSP Occasional Papers, 3). Online verfügbar unter http://www.lac.ox.ac.uk/sites/sias/files/documents/BSP-03-08%20Pereira%20C.pdf (zuletzt aufgerufen 08.08.2013).

Peters, Ina, 2011: Der Belo Monte Staudamm: Paradebeispiel für eine erfolgreiche Zivilgesellschaft in Brasilien? In: GIGA Focus (9), S. 1–9.

Pierson, Paul, 2004: Politics in Time. History, institutions, and social analysis. Princeton: Princeton Univ. Press.

Power, Timothy J., 2010: Optimism, Pessimism, and Coalitional Presidentialism: Debating the Institutional Design of Brazilian Democracy. In: Bulletin of Latin American Research 29 (1), S. 18–33.

Rezende, Fernando, 2010: Federalismo fiscal: em busca de um novo modelo. In: Portela de Oliveira, Romualdo/Santana, Wagner (Hrsg.): Educação e federalismo no Brasil. Combater as desigualdades, garantir a diversidade. Brasília: Representação no Brasil, UNESCO, S. 71–88.

Roninger, Luis, 1987: Caciquismo and Coronelismo: Contextual Dimensions of Patron Brokerage in Mexico and Brazil. In: Latin American Research Review 22 (2), S. 71–99.

Sadek, Maria Tereza, 2004: Judiciário: mudanças e reformas. In: Estudos Avançados 18 (51), S. 79–101.

Samuels, David J., 2001: Money, Elections, and Democracy in Brazil. In: Latin American Politcs ans Society 43 (2), S. 27–48.

Samuels, David J./Mainwaring, Scott, 2004: Strong Federalism, Constraints on the Central Government, and Economic Reform in Brazil. In: Gibson, Edward L. (Hrsg.): Federalism and Democracy in Latin America. Baltimore: Johns Hopkins Univ. Press, S. 85–130.

Santos, Wanderley Guilherme dos, 1985: O século de Michels. In: DADOS – Revista de Ciências Sociais 28 (3), S. 283–310.

Shugart, Matthew S./Carey, John, 1992: Presidents and Assemblies: Constitutional Design and Electoral Dynamics. New York: Cambridge Univ. Press.

Souza, Celina Maria de, 1997: Constitutional engineering in Brazil. The politics of federalism and decentralization. Basingstoke [u. a.]: Macmillan [u. a.].

Trindade de Sousa, Alexandre, 2009: A dependência presidencial em relação às Medidas Provisórias à luz da racionalidade das escolhas legislativas do executivo. Master-Dissertation. Universidade de Brasília. Departamento de Economia. Online verfügbar unter http://repositorio.unb.br/bitstream/10482/3845/1/2009_AlexandreTrindadedeSousa.pdf (zuletzt aufgerufen 02.01.2014).

Wampler, Brian, 2008: When Does Participatory Democracy Deepen the Quality of Democracy? Lessons from Brazil. In: Comparative Politics 41 (1), S. 61–81.

Wehr, Ingrid/Burchardt, Hans-Jürgen (Hrsg.), 2011: Soziale Ungleichheiten in Lateinamerika. Neue Perspektiven auf Wirtschaft, Politik und Umwelt. Baden-Baden: Nomos (Studien zu Lateinamerika, 10).

Weyland, Kurt, 1993: The Rise and Fall of President Collor and Its Impact on Brazilian Democracy. In: Journal of Inter-American Studies and World Affairs 35 (1), S. 1–37.

Weyland, Kurt, 1998: The Politics of Corruption in Latin America. In: Journal of Democracy 9 (2), S. 108–121.

Zilla, Claudia, 2013: Soziale Ungleichheit und Sozialpolitik. In: Birle, Peter (Hrsg.): Brasilien. Eine Einführung. Frankfurt am Main, Madrid: Vervuert; Iberoamericana (Bibliotheca Ibero-Americana, 151), S. 91–108.

Zimmermann, Augusto, 2008: How Brazilian Judges Undermine the Rule of Law: A Critical Appraisal. In: International Trade and Business Law Review (11), S. 179–217.

Björn Alpermann
# China

# 1 Ein Einparteienstaat zwischen Leninismus und Dezentralisierung

Die Volksrepublik China (VRCh) wurde offiziell am 1. Oktober 1949 gegründet, als sie der Vorsitzende der Kommunistischen Partei China (KPCh), Mao Zedong, in Beijing ausrief. Die KPCh setzte sich damit nach Jahrzehnten des Krieges gegen die japanische Besetzung und des Bürgerkriegs gegen die Nationalpartei (*Guomindang*) militärisch durch und verdrängte letztere auf die Insel Taiwan, wo die Republik China (gegründet 1912 nach dem Sturz der letzten Kaiserdynastie) bis heute weiterbesteht. Während sich die Republik China nach einer Liberalisierungsperiode seit Anfang der 1990er-Jahre zu einer konsolidierten Demokratie entwickelt hat, kann die VRCh durchgängig als autokratisches System vom Typus einer leninistischen Einparteienherrschaft eingestuft werden (Polity-Klassifizierung von −7 seit 1978). Charakteristisch für diesen Regimetyp ist, dass der gesamte Staatsapparat der konkurrenzlosen Herrschaftspartei untergeordnet ist und von ihr durchdrungen wird.

Die VRCh durchlief in ihrer Geschichte signifikant unterschiedliche Phasen. Insbesondere sind die drei Jahrzehnte der Mao-Ära, zu der über Mao Zedongs Tod 1976 hinaus auch eine Übergangsphase unter seinem Nachfolger Hua Guofeng zählt, von der anschließenden Periode der Wirtschaftsreformen zu unterscheiden, die Ende 1978 unter Deng Xiaoping als neuer Führungspersönlichkeit eingeleitet wurde. Die Mao-Ära war geprägt von ideologisch motivierten Massenkampagnen in allen Bereichen von Politik, Wirtschaft und Gesellschaft, die mit abrupten Kurswechseln verbunden waren. Insbesondere die katastrophal gescheiterte Wirtschaftskampagne des „Großen Sprungs nach vorn" (1958–60) und die „Große Proletarische Kulturrevolution" (1966–76) wirkten der Etablierung regelhafter politischer Prozesse entgegen und schwächten die formalen Institutionen des politischen Systems. Erst unter Deng wurden Partei- und Staatsapparate neu aufgebaut und politische Prozesse zunehmend institutionalisiert, wenngleich informelle Regeln und Mechanismen weiterhin entscheidenden Einfluss auf die Funktionsweise des politischen Gesamtsystems besitzen (Lieberthal 2004).

Im Gegensatz zur Nachfolge Maos und Dengs verläuft der Wechsel von einer Führungsgeneration zur nächsten nach außen hin inzwischen weitgehend reibungslos ab. Jiang Zemin, KPCh-Generalsekretär seit der niedergeschlagenen Protestbewegung und zeitgleichen Regimekrise von 1989, gab dieses Amt 2002 an Hu Jintao ab. Auf Hu folgte nach zwei Amtszeiten wie erwartet Xi Jinping 2012 nach. Hinter den Kulissen sind diese Führungswechsel jedoch von intransparenten Aushandlungsprozessen begleitet, in denen klientelistische Strukturen (Netzwerke und Seilschaften) innerhalb der Partei entscheidenden Einfluss ausüben.

Wirtschaftlich und gesellschaftlich sind die letzten drei Jahrzehnte von zunehmenden Freiheiten gekennzeichnet, die mit einer administrativen Dezentralisierung und der Einführung marktwirtschaftlicher Strukturen anstelle der Planwirtschaft sowie der Öffnung gegenüber der Weltwirtschaft und anderen internationalen Einflüssen einhergingen. Die Wirtschaftsleistung wuchs rasant, Lebensstandards stiegen signifikant und die Urbanisierungsrate kletterte von 20 % auf über 50 %. Die Staatswirtschaft (staatseigene und staatsnahe Unternehmen) besitzt im offiziell „sozialistische Marktwirtschaft" genannten Mischsystem weiterhin eine privilegierte und teils dominante Position. Daneben entwickelte sich aber ein großer Sektor privater und ausländisch investierter Unternehmen. Wirtschaftliche und persönliche Freiheiten (Berufswahl- und Gewerbefreiheit, Freizügigkeit, persönliche Lebensführung etc.) haben verglichen mit der streng kontrollierten Mao-Ära, die manche Beobachter als totalitär bezeichnen, dramatisch zugenommen (Heberer 2003, 44–45, Minzner 2011). Sie erfahren aber weiterhin Einschränkungen verglichen mit liberal-demokratischen Systemen, sodass *Freedom House* China unverändert als „unfrei" einordnet. Insbesondere sind Freiheitsrechte trotz Verfassungsrang gegenwärtig nicht einklagbar und ihre Ausübung wird beim bloßen Verdacht auf politische Herausforderungen rigoros unterbunden (gerade in den Bereichen „Meinungs-" und „Publikationsfreiheit", „Versammlungs-" und „Religionsfreiheit"). Ansätze zur Herausbildung einer direkten politischen Opposition werden ohne Rücksichtnahme auf Menschenrechte oder Rechtsstaatlichkeit im Keim erstickt.

# 2 Regierungssystem

Chinas politisches System ist zugleich hochgradig zentralistisch und stark dezentralisiert – ein Paradox, für das sich der Begriff „fragmentierter Autoritarismus" eingebürgert hat (Lieberthal 2004). Formal entspricht die VRCh dem Typus eines leninistischen Einparteienstaates, d. h. die Kommunistische Partei durchdringt sämtliche politischen Organe ebenso wie die wesentlichen wirtschaftlichen und gesellschaftlichen Einheiten. Das Regierungssystem beruht auf vier Säulen, von denen die beiden wichtigsten, nämlich Partei und Staat, im Folgenden behandelt werden. Militär (Volksbefreiungsarmee, VBA) und Staatswirtschaft sichern die Herrschaft der Partei als weitere Säulen ab, können hier aber nur am Rande behandelt werden.

## 2.1 Kommunistische Partei

Ende 2012 besaß die KPCh 85,13 Millionen Mitglieder (6,3 % der Bevölkerung) und 4,2 Millionen Basisorgane verteilt auf das ganze Land und alle wichtigen Bereiche des öffentlichen Lebens. Ihre Kader besetzen in Personalunion die führenden Positionen in Verwaltung, Justiz, Staatswirtschaft, Gewerkschaften, gesellschaftlichen Organisationen, Bildungsinstitutionen und vielen Medien etc. Zunehmend werden in den letzten Jahren auch KPCh-Basisorgane in privaten und ausländisch investierten Unternehmen gebildet. Mit dieser gewaltigen Organisationsstruktur ist die Partei die tragende Stütze des Herrschaftssystems und überragt in ihrer Wichtigkeit die staatlichen Strukturen, wenngleich ihr Einfluss häufig nur verdeckt zum Tragen kommt (Brødsgaard/Zheng 2006, Shambaugh 2008).

### Ideologie und Organisationsprinzipien

Die offizielle Ideologie der KPCh beruht auf dem Marxismus-Leninismus, der allerdings seit ihrer Gründung 1921 erhebliche Neuinterpretationen und Ergänzungen erfahren hat (Guo 2013: 91–127). Mao Zedong, bis zu seinem Tod vier Jahrzehnte lang Vorsitzender der KPCh, begann bereits in der Zeit des revolutionären Kampfes, eigene Auslegungen der orthodoxen Schriften zu entwickeln, die als innovative Leistungen zur Anpassung des Marxismus-Leninismus an die konkreten Bedingungen Chinas und seiner Zeit im Parteiprogramm gewürdigt werden.[1] Als „Mao Zedong-Denken" sind diese Elemente bis heute Teil der Parteiideologie. Hierzu gehört z. B. die „Massenlinie", das organisatorische Prinzip, nach dem Ideen der (revolutionären) Volksmassen durch die Partei aufgenommen, theoretisch systematisiert und wieder an das Volk vermittelt werden sollen, sodass die Massen sie als ihre eigenen Wünsche und Vorstellungen erkennen. So soll eine Einheit zwischen Partei und Massen erreicht werden.

    Eine ähnliche Dynamik findet sich in der chinesischen Auslegung des leninistischen Prinzips des „demokratischen Zentralismus" wieder, die (begrenzte) Beteiligungsmöglichkeiten der Parteibasis mit strenger Parteidisziplin vereint. Demnach finden Wahlen zu Parteigremien von unten nach oben statt, wobei die Kandidatenlisten strikt von höheren Stellen kontrolliert werden und i. d. R. wenig Konkurrenz zulassen (teil-kompetitive Wahlen). Höhere Ebenen sollen die Meinungen der unteren aufgreifen, aber Beschlüsse der Zentrale sind für alle Parteigliederungen und jedes einzelne Mitglied bindend. Der „demokratische Zentralismus" betont daneben das Prinzip der kollektiven Führung bei individueller Aufgabenteilung und verbietet das Betreiben eines Personenkults. Dies ist als Gegenreaktion zur Praxis der Mao-Ära zu verstehen. Ein weiteres Element maoistischer Politik sind Massenkampagnen zur Mobi-

---

[1] Englische Fassung des Parteistatuts online unter: http://www.china.org.cn/china/18th_cpc_congress/2012-11/16/content_27138030.htm.

lisierung für bestimmte Politikziele: Bezogen sie unter Mao große Teile der Gesellschaft, wenn nicht sogar ihre Gesamtheit, in einer Art erzwungener Partizipation mit ein, werden sie seither stärker fokussiert eingesetzt. Häufig sind nun die Kader selbst anstelle der Bevölkerung die Zielgruppe der Mobilisierung (Perry 2011). Dennoch spielen Kampagnen im politischen Prozess der VRCh weiter eine einzigartige Rolle.

Die auf Mao folgenden Parteiführer werden offiziell jeweils für ihre eigenen Erweiterungen des ideologischen Kanons geehrt. Die „Deng-Xiaoping-Theorie" besteht im Wesentlichen aus der Fokussierung auf Wirtschaftsentwicklung durch „Reform und Öffnung" statt Klassenkampf. So soll der Widerspruch zwischen dem fortschrittlichen politischen und gesellschaftlichen System und den rückständigen Produktivkräften im Anfangsstadium des Sozialismus überwunden werden, wofür auch marktwirtschaftliche Strukturen als zulässig erklärt werden. Daneben steht Deng aber auch für das unbeirrte Festhalten an den sogenannten Vier Grundprinzipien (sozialistischer Weg, demokratische Diktatur des Volkes, Führung der KPCh, Marxismus-Leninismus/Mao-Zedong-Denken), die den Spielraum für politische Liberalisierung minimieren. Jiang Zemins Beitrag besteht in den „wichtigen Gedanken der drei Repräsentationen", d. h. dass die Partei stets die fortschrittlichsten gesellschaftlichen Produktivkräfte, die progressivste Kultur und die Wünsche der großen Mehrzahl der Chinesen repräsentieren müsse. Unter Hu Jintaos Führung wurden schließlich das „wissenschaftliche Entwicklungskonzept" und die Zielsetzung zum Aufbau einer „harmonischen Gesellschaft" in das immer länger werdende Allgemeine Programm der KPCh-Satzung aufgenommen.

Trotz der floskelhaft anmutenden Formulierung und den häufigen Wiederholungen in offiziellen Dokumenten handelt es sich hierbei keineswegs um reine Leerformeln. Stattdessen verbinden sich mit diesen Konzepten oft deutliche Neuausrichtungen der Leitlinien für konkrete Politik, die immer auf existierende Parteiideologie rückbezogen werden müssen und so der Legitimation dienen. Jiang öffnete die KPCh für die Aufnahme der neuen sozioökonomischen Eliten, also von Unternehmern, Managern und Spezialisten aus der Privatwirtschaft („fortschrittliche gesellschaftliche Produktivkräfte"), während unter Hu eine Neuausrichtung der Wirtschaftspolitik weg von der reinen Wachstumsorientierung, hin zu mehr sozialem Ausgleich und ökologischer Nachhaltigkeit eingeleitet wurde („gesellschaftliche Harmonie" und „Harmonie zwischen Mensch und Natur") (Guo 2013: 105–108). Unter Xi Jinping hat sich bislang noch keine vergleichbare „Regierungsdevise" herauskristallisiert, wie man diese ideologischen Maximen in Anlehnung an die dynastische Tradition nennen könnte.

## Zentrale Führungsgremien

Gemäß dem Parteistatut ist der Nationale Parteikongress das oberste Entscheidungsorgan der KPCh. De facto sind diese Kongresse politische Großereignisse, bei denen Richtungs- und Satzungsänderungen verabschiedet und Parteiführer gewählt werden, wobei die eigentlichen Entscheidungen im Vorfeld getroffen werden. Erst seit 1977 werden Nationale Parteikongresse (wie statutengemäß vorgeschrieben) alle fünf Jahre abgehalten, was für eine gewisse Institutionalisierung während der Reformära spricht. Am 18. Parteikongress im November 2012 nahmen 2.270 Delegierte teil, die über teilkompetitive Wahlverfahren rekrutiert werden, wobei der Organisationsabteilung des KPCh-Zentralkomitees (ZK) die Kontrolle obliegt (Miller 2012, Li Cheng 2012a). Sie repräsentieren die Provinzen Chinas, die Partei- und Staatsapparate, Staatswirtschaft, Streitkräfte usw. Ihre wichtigste Aufgabe ist die Wahl eines neuen ZK, das derzeit 205 Vollmitglieder und 171 „Kandidaten" umfasst. Letztere nehmen an den ZK-Plenartagungen teil und können als Nachrücker fungieren, sind aber nicht stimmberechtigt.

Die ZK-Mitgliedschaft ist keine Vollzeitbeschäftigung, sondern ein Ausweis einer herausgehobenen Stellung im politischen System: Bestimmte Positionen im Staatsapparat gehen qua Konvention mit der Aufnahme ins ZK einher. Das ZK tagt meist einmal jährlich und konstituiert sich direkt anschließend an den Parteikongress. Dann wählt es das Politbüro (derzeit 25 Mitglieder), dessen Ständigen Ausschuss (aktuell 7 Mitglieder) und den KPCh-Generalsekretär, der Mitglied des Ständigen Ausschusses sein muss. Die faktische Macht steigt, je kleiner diese Gremien sind (wobei deren genaue Größen nicht satzungsgemäß fixiert sind). Ebenso steigt die Häufigkeit der Sitzungen, auf ca. monatlich für das Politbüro und wöchentlich für seinen Ständigen Ausschuss. Letzterer ist somit das oberste Entscheidungsgremium der KPCh bzw. des gesamten politischen Systems – eine einzigartige Machtkonzentration selbst im Vergleich mit anderen von kommunistischen Parteien geführten Systemen. Der Generalsekretär besitzt darin die Position eines Primus inter Pares, beruft die Sitzungen ein und bestimmt die Tagesordnung. Dies ist das mächtigste Amt des Regimes, nachdem der Posten des Parteivorsitzenden 1982 abgeschafft wurde.

Für diese Positionen gibt es keine formale Amtszeitbegrenzung, allerdings haben sich einige informelle Regeln zum Generationswechsel etabliert und dürften auch künftig bindende Wirkung entfalten (siehe Kapitel 3). Beispielsweise gilt für die Mitgliedschaft im Politbüro seit 2002 eine Altersgrenze von 68 Jahren und für das ZK von 63 Jahren (Miller 2013a). Zudem wird seit Jiang Zemin die Position des Generalsekretärs gemeinhin als auf zwei Amtsperioden (zusammen zehn Jahre) beschränkt angesehen. Dies hängt auch damit zusammen, dass seit 1993 der KPCh-Generalsekretär stets zugleich den Posten des Staatspräsidenten der VRCh bekleidete, ein Amt für das die Staatsverfassung eine Begrenzung auf zwei Legislaturperioden (d. h. zehn Jahre) vorsieht. Auch die anderen Mitglieder des Ständigen Ausschusses übernehmen in Personalunion höchste Ämter im Partei- oder Staatsapparat: Ministerpräsident, Vorsitzender des *Nationalen Volkskongresses* (Legislative) bzw. der beratenden *Politischen Konsultativkonferenz des Chinesischen Volkes* usw.

Gemäß Konvention ist der Generalsekretär jedoch der einzige, der auch ein militärisches Amt bekleidet, als Vorsitzender der Zentralen Militärkommission (ZMK) der KPCh. Seit der Revolution untersteht die Volksbefreiungsarmee (VBA) direkt der Partei und nicht der Zentralregierung. Erst mit der neuen Staatsverfassung von 1982 wurde auch hier eine ZMK eingerichtet, welche aber personell mit der der KPCh völlig identisch ist und somit kein Eigenleben führt. Die Partei-ZMK wird vom Zentralkomitee bei seiner konstituierenden Sitzung gewählt. Bei all diesen Wahlen liegt das Vorschlagsrecht bei höheren Ebenen bzw. dem vorangegangenen Ständigen Ausschuss des Politbüros. Bis auf die Wahl zum ZK entspricht die Zahl der Kandidaten der Anzahl der Sitze, sodass es sich um rein bestätigende (nicht-kompetitive) Wahlen handelt.

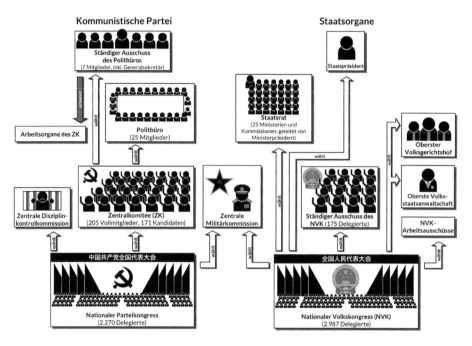

**Abb. 1.** Das politische System der VR China
Quelle: Zusammenstellung: Florian Thünken

Außer dem ZK wählt der Parteikongress noch eine Zentrale Disziplinkontrollkommission, welche die politische Loyalität der Parteimitglieder überwacht und den Kampf gegen Korruption in ihren Reihen führen soll. Daneben existiert auf zentraler Ebene eine Reihe von mächtigen Arbeitsorganen, die zusammen die zentrale Parteibürokratie bilden. Ihre Direktoren werden von der Parteiführung ernannt und sind Mitglieder im ZK-Sekretariat. Die folgenden Organe (und Funktionen) sind die bedeutendsten:

– ZK-Sekretariat (Koordination der Parteibürokratie, Vorbereitung und Überwachung der Durchführung von Politbüro-Entscheidungen)
– ZK-Kanzlei (Organisation von ZK-Arbeitstagungen, Kommunikation zwischen Zentrale und unteren Parteiebenen)
– ZK-Organisationsabteilung (Personalverwaltung und Kaderpolitik/Nomenklatura)
– ZK-Propagandaabteilung (Ideologie, Medienkontrolle und -anleitung)

- Einheitsfrontabteilung (Kooperation mit gesellschaftlichen Kräften außerhalb der KPCh, Gewerkschaften, Bund für Industrie und Handel, Religionsgemeinschaften, ethnische Minderheiten usw.)

Die ZK-Parteiabteilungen für Organisation, Propaganda und Einheitsfront etc. finden auf den unteren Ebenen der politischen Administration ihre Entsprechungen, d. h. sie bilden vertikale Hierarchien, welche das gesamte System durchziehen.

## 2.2 Staat

### Verfassungsprinzipien

Die aktuell gültige Verfassung von 1982 regelt den Aufbau des Staates.[2] Zu Beginn der Reformära erlassen, wurde sie inzwischen mehrfach modifiziert, um den oben skizzierten Wandel der Parteiideologie abzubilden. Die KPCh selbst wird in der Verfassung nur in der Präambel erwähnt, die ihre historische Führungsrolle lobt und für die Zukunft festschreibt. Gemäß Verfassungstext ist die VRCh ein sozialistischer Staat unter der „demokratischen Diktatur des Volkes", die Macht geht vom Volk aus und wird durch das System der Volkskongresse ausgeübt. Dies entspricht der sozialistischen Verfassungslehre, der zufolge die Gewalten (Legislative, Exekutive, Judikative) nicht im Sinne von „Checks and Balances" geteilt, sondern auf die Volksvertreter vereint sein sollen (Gewalteneinheit). Vom Aufbau her wird die VRCh als Einheitsstaat beschrieben, der dem Prinzip des „demokratischen Zentralismus" folgt. Lokalregierungen besitzen also keine verfassungsmäßig garantierten Subsidiaritätsrechte. Ausnahmen sind für Gebiete ethnischer Minderheiten („Autonome Regionen") und Sonderverwaltungsregionen (Hongkong, Macao, ggf. in Zukunft Taiwan) vorgesehen. Während Sonderverwaltungsgebiete tatsächlich weitreichende Eigenständigkeit besitzen, werden Minderheitengebiete in der Praxis jedoch strikt von der Zentrale kontrolliert. Allgemein gilt, dass Verwaltungseinheiten auf Provinzebene ihre eigenen Gesetze und Bestimmungen zur Konkretisierung der oft vagen zentralstaatlichen Regelungen erlassen und auch initiativ gesetzgeberisch tätig werden können, solange sie dabei nicht gegen höherrangige Normen verstoßen.

### Die Legislative: Nationaler Volkskongress und sein Ständiger Ausschuss

Der Nationale Volkskongress (NVK) ist laut Verfassung das höchste Staatsorgan. Er ist die Legislative, wählt und kontrolliert zugleich die Spitzen der Exekutive und Judikative. Bei seiner konstituierenden Sitzung zu Beginn einer fünfjährigen Legislaturperiode wählt der NVK den Staatspräsidenten und dessen Stellvertreter, den Ministerprä-

---

2 Englische Fassung online unter: http://www.npc.gov.cn/englishnpc/Constitution/node_2825.htm.

sidenten sowie die Präsidenten des Obersten Volksgerichtshofs und der Obersten Volksstaatsanwaltschaft. Die drei zuletzt genannten tragen auf den jährlichen Sitzungen des NVK Arbeitsberichte vor, über die abgestimmt wird. Die Kontrollfunktion des NVK wird weiterhin über dessen Kommissionen (z. B. Haushaltskommission) ausgeübt, ist in der Praxis aber schwach ausgeprägt.

Die schwache Stellung des NVK lässt sich auch daran ablesen, dass er eine unpraktische Größe hat und nur einmal jährlich zusammentritt. So besitzt der erstmalig im März 2013 zusammengetretene 12. NVK 2.987 Delegierte, was effektive legislative Arbeit unmöglich macht. Umso wichtiger sind daher die NVK-Ausschüsse, insbesondere der Ständige Ausschuss des NVK. Während über Verfassungsänderungen (mit Zwei-Drittel-Mehrheit) und sogenannte „grundlegende Gesetze" das NVK-Plenum entscheiden muss, können alle „normalen Gesetze" außerhalb der Sitzungszeiten des Plenums durch seinen Ständigen Ausschuss verabschiedet werden. Letzterer ist auch für die Interpretation der Verfassung zuständig. Gemäß dem Prinzip der Gewalteneinheit existiert also keine vom Parlament getrennte Verfassungsgerichtsbarkeit.

Der Ständige Ausschuss des NVK wird vom NVK-Plenum gewählt, umfasst derzeit 161 Mitglieder sowie ein 14-köpfiges Präsidium, darunter den Vorsitzenden Zhang Dejiang (Mitglied im Ständigen Ausschuss des Politbüros und offizielle Nummer drei der Parteihierarchie). Unter diesen 175 Parlamentariern sind 13 VBA-Offiziere (7 %), 23 Frauen (13 %), 28 Vertreter ethnischer Minderheiten (16%, fast doppelt so hoch wie ihr Bevölkerungsanteil) sowie 37 Vertreter der acht zugelassenen und regimetreuen „demokratischen Parteien" (21 %). Abgesehen von letzteren, handelt es sich bei den allermeisten anderen Abgeordneten des Ständigen Ausschusses um KPCh-Mitglieder. Bereits im Plenum des NVK liegt der Anteil der KPCh bei mindestens 72 %, daher dürfte er im Ständigen Ausschuss nochmals höher sein (Lawrence/Martin 2013: 8). Die am häufigsten vertretene Berufsgruppe sind Partei- und Staatskader (sowohl aktive als auch solche im Ruhestand). Daneben sind einige Wissenschaftler und bekannte Persönlichkeiten wie Sportler oder Religionsfunktionäre vertreten. Ein neues Wahlgesetz von 2010 beendete die jahrzehntelange Praxis, die städtische Bevölkerung gegenüber der ländlichen zu überrepräsentieren. Weiterhin dramatisch überproportional vertreten ist hingegen die VBA mit derzeit 268 Delegierten (9 %) im Plenum (Guo 2013: 176).

Der NVK und vor allem sein Ständiger Ausschuss haben sich im Verlauf der letzten drei Jahrzehnte professionalisiert und zu einem eigenständigeren, wenngleich institutionell schwachen Akteur im Regierungssystem entwickelt, insbesondere was die Gesetzgebungstätigkeit anbelangt. Diese wurde seit den späten 1970ern stark ausgeweitet und durch das 1999 neu eingeführte Verfassungsziel, einen „sozialistischen Rechtsstaat" aufzubauen, weiter bekräftigt.

### Die Exekutive: Staatspräsident und Staatsrat

Das Amt des Staatspräsidenten ist das höchste im Staat und besitzt v. a. repräsentative Funktionen. Der Präsident unterzeichnet Gesetze, ernennt Ministerpräsident und

Minister etc. und vertritt die Volksrepublik nach außen als oberster Diplomat. Die Präsidentschaft ist auf zwei Amtsperioden (zehn Jahre) begrenzt.

Der Kern der Zentralregierung ist der Staatsrat (Kabinett), dem der durch den NVK gewählte Ministerpräsident vorsteht. Ihm stehen vier stellvertretende Ministerpräsidenten und fünf Staatsratskommissare zur Seite. Zusammen bilden diese Positionen die Ständige Konferenz des Staatsrates, eine Art „Inneres Kabinett" (Heilmann 2004: 96). Ihre Amtszeiten sind ebenfalls auf zwei Legislaturperioden begrenzt. Zum eigentlichen Staatsrat (dem „Äußeren Kabinett") zählen zusätzlich die 25 Minister bzw. Vorsitzenden der Kommissionen im Ministerialrang. Zu diesem Gremium zählt auch die Zentralbank, die also nicht politisch unabhängig ist.

Des Weiteren ist hiervon die Gesamtkonferenz des Staatsrats zu unterscheiden, der noch rund 50 weitere Mitglieder angehören. Dies sind Leiter nachgeordneter Behörden (oft frühere Ministerien, die im Zuge der Reformen herabgestuft wurden und jetzt anderen Ministerien unterstehen) und „Dienstleistungseinheiten" (darunter die amtliche Nachrichtenagentur *Xinhua* und Forschungseinrichtungen, sogenannte „think tanks", aber auch die drei Aufsichtsbehörden für den Wertpapierhandel, das Bank- und Versicherungswesen). Parallel zum Parteiaufbau gilt auch hier, dass die Gremien häufiger tagen und größeres politisches Gewicht als Entscheidungsgremien genießen, je kleiner sie sind. Als Arbeitsorgane sind dem Staatsrat u. a. eine Kanzlei und ein Rechtsamt zugeordnet.

Seit Beginn der Reformära war die zentrale staatliche Bürokratie regelmäßigen Reorganisationen unterworfen, um die planwirtschaftlichen Strukturen an die Marktwirtschaft anzupassen und die Verwaltungseffizienz durch Stellenabbau und Zusammenlegungen von Ämtern zu verbessern (Yang 2006). Darüber hinaus haftet den Umressortierungen auch immer ein Element des Machtkampfs an. So widersetzte sich das mächtige Eisenbahnministerium noch 2008 erfolgreich einer Eingliederung in das aus verschiedenen Behörden fusionierte „Superministerium" für das Verkehrswesen. Erst nachdem der Eisenbahnminister Anfang 2011 wegen Korruption abgesetzt worden war, konnte es bei der nächsten Reorganisation 2013 in das Verkehrsministerium integriert werden.

### Die Judikative: Volksgerichtshof und Volksstaatsanwaltschaft

Oberster Volksgerichtshof und Oberste Volksstaatsanwaltschaft stellen die Spitzenorgane der Judikative dar. Ihre Präsidenten werden formal durch das NVK-Plenum gewählt, de facto jedoch von der KPCh-Spitze ausgesucht. Trotz der Durchdringung des gesamten Justizapparates durch die Partei hat dieser ein gewisses institutionelles Eigenleben entwickelt. Dies beruht insbesondere auf einer zunehmenden Professionalisierung. Mangels Alternativen und um die Parteikontrolle zu bewahren, bestand die chinesische Richterschaft noch in den 1990er-Jahren überwiegend aus demobilisierten VBA-Offizieren ohne juristische Ausbildung. Dies hat sich seither stark gewandelt, obwohl auch heute noch nicht jeder Richter ausgebildeter Jurist ist. Der Oberste Volksgerichtshof entscheidet Musterfälle, die von unteren Volksgerichten an ihn verwiesen werden, und legt durch seine „Ansichten" Interpretationsrichtlinien für die Rechtsprechung fest. Im Jahr 2006 zog er das Recht an sich, alle Todesurteile zu überprüfen, die auf unteren Stufen der Gerichtsbarkeit verhängt werden, um so deren exzessive Anwendung einzudämmen (Trevaskes 2011). Trotz dieser Reform werden in China Schätzungen zufolge fünf- bis achttausend Hinrichtungen jährlich durchgeführt, was 90 % der weltweiten Zahl entspricht (Minzner 2011).

# 3 Informelle Regeln und Muster

Das Zusammenspiel der oben dargestellten Akteure im politischen Prozess ist aufgrund formaler Institutionen allein nicht zu verstehen. Tatsächlich besitzen informelle Regeln und Muster in autokratischen Systemen wie der VRCh eine überragende Bedeutung – weshalb bereits oben an verschiedenen Stellen auf die Differenzen zwischen Theorie von Satzung und Verfassung einerseits und politischer Praxis andererseits hingewiesen wurde. Im Folgenden sollen nun die informellen Institutionen und ihr Zusammenwirken mit formalen Regeln im politischen Prozess im Vordergrund der Betrachtung stehen.

Hierbei ist erstens zu beachten, dass mit einer rein kategorialen Unterscheidung in formale und informelle Regeln noch relativ wenig an Klarheit gewonnen ist. Vielmehr müssen darüber hinaus verschiedene Grade an Informalität und Regelhaftigkeit differenziert werden. Insbesondere ist bedeutend, ob informelle Regeln auch mittels Sanktionen durchgesetzt werden können und damit institutionellen Charakter erlangen, oder ob es sich um bloße Routinen handelt, von denen unter Umständen sanktionsfrei abgewichen werden kann. Zweitens darf dabei nicht aus dem Blick geraten, dass bereits die formalen Institutionen und Organisationsprinzipien des Parteistaats („demokratischer Zentralismus", Führung der KPCh, „demokratische Diktatur des Volkes", „sozialistischer Rechtsstaat") an sich ambivalent und – zum Teil bewusst – lückenhaft sind. Unterschiede zu liberal-demokratischen Systemen ergeben sich also nicht erst durch die in der Praxis hinzutretenden informellen Regeln und Muster, sondern sind bereits in den formalen Institutionen angelegt.

## 3.1 Personalunion in Spitzenämtern

Grundlegend für die Aufrechterhaltung der KPCh-Herrschaft ist ihre Kontrolle über Personalentscheidungen in allen Bereichen des politischen Systems in einem weit gefassten Sinn. Diese nimmt unterschiedliche Formen an, je nachdem welche Ebene des Systems angesprochen ist, folgt aber stets dem Grundsatz „Die Partei kontrolliert die Kader".

Ein grundlegendes Muster der politischen Ämterbesetzung ist ihre Häufung bzw. Kopplung, die informellen Regeln folgt. So besteht seit zwanzig Jahren fast durchgängig Personalunion zwischen den drei höchsten Ämtern in Partei, Staat und Militär (KPCh-Generalsekretär, Staatspräsident und ZMK-Vorsitzender). Nach chinesischen Staatsrechtlern besitzt diese Verbindung inzwischen den Rang einer „Verfassungskonvention" (Jiang 2010: 30–31). Die einzige Ausnahme hiervon entstand zwischen 2002 und 2004, als Jiang Zemin zwar die beiden ersten Ämter räumte, aber erst mit zwei Jahren Verzögerung auch den ZMK-Vorsitz an Hu Jintao abtrat. Dabei konnte er sich auf das Beispiel Deng Xiaopings berufen, der ebenfalls zwischen 1987 und 1989 als einziges aktives politisches Amt noch den ZMK-Vorsitz ausgeübt hatte. Hu Jintao setzte dieser Tradition jedoch ein Ende, indem er im November 2012 gleichzeitig seine Ämter als KPCh-Generalsekretär und ZMK-Vorsitzender an Xi Jinping abtrat. Dies zeigt, dass die informellen Nachfolgeregeln des Regimes eine gewisse Flexibilität besitzen bzw. ihnen Sanktionsmacht fehlt (Fewsmith 2003, 2008a).

Die Verbindungen zwischen der obersten Parteiführung und Zentralregierung sind ebenfalls durch Ämterhäufung sichergestellt. Der Ministerpräsident seit März 2013, Li Keqiang, und sein erster Stellvertreter Zhang Gaoli sind Mitglieder des Ständigen Ausschusses des Politbüros (Li ist aktuell Nummer zwei in der Parteihierarchie). Die restlichen drei Stellvertretenden Ministerpräsidenten sind im Politbüro und die übrigen Staatsratsmitglieder gehören dem ZK an. Der Staatsratskommissar Yang Jing, der als Generalsekretär des Staatsrates dessen Kanzlei leitet, ist zugleich Mitglied des ZK-Sekretariats, sodass diese beiden Arbeitsorgane eng verknüpft sind (zentrale Dokumente werden häufig als gemeinsame Erlasse von ZK und Staatsrat oder – bei Themen von etwas geringerer Priorität – ZK-Sekretariat und Staatsratskanzlei verbreitet). In den Ministerien und Behörden sichern Parteigruppen die KPCh-Führung, denen ein Parteisekretär (i. d. R. zugleich der Minister bzw. Behördenleiter) vorsteht. Analog wird auf unteren administrativen Ebenen verfahren: Provinzparteisekretäre sind Mitglieder im ZK, bei besonders wichtigen Provinzeinheiten auch im Politbüro (derzeit: Beijing, Chongqing, Guangdong, Shanghai, Tianjin, Xinjiang).

Der Parteisekretär einer Gebietskörperschaft ist jeweils der ranghöchste lokale Amtsträger und dem Leiter der örtlichen Exekutive (Provinzgouverneur, Bürgermeister etc.) vorgesetzt. Die Partei bildet also eine Schattenhierarchie parallel zum Staatsaufbau, die politisch den Ausschlag gibt. Das drückt sich auch darin aus, dass der Chef der jeweiligen Regionalexekutive zugleich im örtlichen Parteikomitee als Vize-Parteisekretär fungiert. In der (wichtigeren) Parteihierarchie steht er also unter dem ersten Parteisekretär und ist weisungsgebunden. Als weitere Mitglieder des örtlichen Parteikomitees dienen die Stellvertretenden Provinzgouverneure bzw. Bürgermeister und die Leiter wichtiger regionaler Verwaltungsämter, sodass auch hier direkte Weisungsbindung über die Parteischiene besteht. Darüber hinaus setzt die KPCh die Volkskongresse als (begrenzte) Kontrollinstanzen gegenüber der jeweiligen Regierung ein: Den NVK-Vorsitz übernimmt wie gesehen ein Mitglied des Ständigen Ausschusses des Politbüros (ebenso den Vorsitz der rein beratenden Politischen Konsultativkonferenz des Chinesischen Volkes). Auf unteren Ebenen wird der Vorsitz der Volkskongresse meistens direkt vom lokalen Parteisekretär übernommen. Zusätzlich zu seiner Parteiautorität kann er also die Arbeit der Lokalregierung auch über reguläre parlamentarische Kanäle überwachen (Cho 2002).

Diese Personalunion zwischen KPCh und anderen Machtzentren geht so weit, dass teilweise schlicht zwei Bezeichnungen für ein und dasselbe Organ verwendet werden. Das bekannteste Beispiel ist die oben erwähnte Zentrale Militärkommission: Sie ist primär ein Parteiorgan, dieselben Personen werden aber anschließend auch vom NVK als ZMK des Staates gewählt. Andere Beispiele betreffen Organe, die sowohl der ZK- als auch der Staatsratsbürokratie zugeordnet sind. Die genaue Zuordnung zur einen oder anderen Säule des Systems ist damit unmöglich. So ist das staatliche Ministeriums für Disziplinaraufsicht identisch mit den Organen der Zentralen Disziplinkontrollkommission des ZK: Die Behörde wird als Unterorgan des Staatsrats geführt, die darin tätigen Mitarbeiter aber als Angehörige der ZK-Bürokratie.

## 3.2 Nomenklatura und Postenbesetzung durch kontrollierte Wahlen

Diese durchgängig anzutreffende Personalunion zwischen Partei- und Staatsämtern wird durch ein besonderes System der Postenbesetzung erreicht, das nach dem sowjetischen Begriff *Nomenklatura* genannt wird (Chan 2004, Burns 2006, Landry 2008). Dies bezeichnet eine Liste wichtiger Leitungsposten, welche durch die Organisationsabteilungen der KPCh besetzt werden, selbst wenn formale Regeln, wie oben dargestellt, eine Wahl vorsehen. Auf der zentralen Ebene verwaltet die ZK-Organisationsabteilung so drei- bis viertausend Posten im Rang von Ministern bzw. Provinzgouverneuren direkt, die weit über die Grenzen des Parteistaats im engen Sinne hinausgehen. Sie umfassen auch Chefredakteure wichtiger Zeitungen oder Universitätspräsidenten, ebenso wie Managementpositionen in der Staatswirtschaft (einschließlich börsennotierter Staatsunternehmen). Eine viel größere Zahl von Posten (ca. 40.000) kontrolliert die ZK-Organisationsabteilung indirekt: Sie wählt die Kandidaten nicht selbst aus, die unteren Ebenen müssen ihre Entscheidungen aber berichten und (implizit) genehmigen lassen. Auf unteren Ebenen funktioniert das System analog, d. h. jede Organisationsabteilung ist für die eigene Ebene und die wichtigsten Führungspositionen eine Ebene darunter zuständig.

Der zweite Bestandteil des Nomenklatura-Systems ist eine entsprechende Liste qualifizierter Kandidaten für diese Posten, die ebenfalls von den jeweils zuständigen Organisationsabteilungen verwaltet wird. Sie führen Personalakten der Kader und bewerten deren Arbeit. Vor wichtigen Personalentscheidungen stellen sie die Profile der relevanten Kandidaten zusammen und legen diese zur ultimativen Entscheidung der Parteiführung ihrer Ebene vor. Dieser Teil der Personalauswahl für politische Spitzenämter folgt also Regeln, die zwar informell sind, aber einen relativ hohen Grad

an Verlässlichkeit besitzen. Die letzte Entscheidung wird jedoch von höheren Parteiführern getroffen, wobei Netzwerkstrukturen und Patronagebeziehungen eine entscheidende Rolle spielen können. Gerade auf unteren Ebenen häufen sich in den letzten Jahren zudem Berichte über regelmäßige Zahlung von Bestechungsgeldern für
Beförderungen (Landry 2008: 93). Solche Faktoren folgen einer gegenläufigen informellen Logik als die Nomenklatura an sich und unterhöhlen deren Wirksamkeit.

Bei solchen Ämtern, die formal per Wahlen zu besetzen sind, stehen diese am Ende des Auswahlprozesses, sind der eigentlichen Entscheidung also nachgelagert. Dies
gilt für alle Leitungsposten der Exekutive. So wird dann beispielsweise dem zuständigen Provinzvolkskongress nur ein Kandidat für den Gouverneursposten vorgeschlagen. In seltenen Fällen ist es in der Vergangenheit gelegentlich zu einer Ablehnung
eines offiziellen Kandidaten durch einen Volkskongress gekommen. Dies wird als
Fehlschlag der Kaderpolitik der Organisationsabteilung gewertet und wirkt sich negativ auf die Karriere der Abteilungsleiter aus. Daher legt die Parteibürokratie großen
Wert darauf, im Vorfeld solcher Abstimmungen mögliche Irritationen zu beseitigen
und für ihren Kandidaten Propaganda zu betreiben (Manion 2008).

Bei Wahlen zu repräsentativen oder legislativen Organen (Parteikongresse, Volkskongresse) werden teil-kompetitive Verfahren angewandt, die eine begrenzte Konkurrenz zulassen. Die Volkskongresse auf den beiden untersten Verwaltungsstufen der
Gemeinde und des Kreises werden von der Wahlbevölkerung direkt gewählt, wobei die
Nominierung von den lokalen Organisationsabteilungen der KPCh kontrolliert wird. Die
Delegierten aller höheren Volkskongresse (Bezirks-, Provinz- und nationale Ebene) werden von den jeweils unteren, also indirekt gewählt. Dabei nimmt das Verhältnis von
nominierten Kandidaten zu Mandaten (also die Konkurrenzintensität) von unten nach
oben ab.

Obwohl die Organisationsabteilungen darauf achten, dass die verschiedenen gesellschaftlichen Gruppen „angemessen" repräsentiert sind, sollen die Delegierten keine
Gruppeninteressen vertreten. Im Gegenteil bleiben die Aktivitäten der Abgeordneten
auf ihre jeweiligen regionalen Delegationen begrenzt. Horizontale Beziehungen, etwa
zwischen Arbeiterdelegierten verschiedener Provinzen, werden so unterbunden (Guo
2013: 176). Die größten Freiräume existieren bei Wahlen im Rahmen der dörflichen
Selbstverwaltung, bei denen offene Nominierungsverfahren zum Einsatz kommen
können (der gewählte Dorfvorsteher steht in der offiziellen Hierarchie aber unter dem
ernannten Parteisekretär des Dorfes) (Alpermann 2013, Schubert/Heberer 2009).

## 3.3 Balance zwischen Organisationsinteressen und parteiinternen Netzwerken

Die Postenvergabe orientiert sich neben offenkundigen Fragen von fachlicher Kompetenz und politischer Loyalität des Weiteren an Überlegungen, unterschiedliche Interessen innerhalb der Partei gegenseitig auszubalancieren (Bo 2007, Li Cheng 2012b).

Solche Interessen können sowohl auf organisatorischen Zusammenhängen als auch auf persönlichen Klientelbeziehungen beruhen. Die Aufteilung der ZK-Mitglieder nach Organisationen über verschiedene Zentralkomitees der letzten Jahrzehnte zeigt relativ stabile Muster. Im 18. ZK mit 205 Vollmitgliedern, das sich im November 2013 konstituierte, befanden sich 41 Vertreter der Streitkräfte (20 %), 45 Mitglieder der zentralen Staatsratsbürokratie (21 %) sowie 54 Führungskader aus den Provinzen (26 %). Abgesehen von den Mitgliedern des Politbüros entstammen noch 11 weitere ZK-Mitglieder dem zentralen Parteiapparat (5 %). Dies entspricht weitgehend der Zusammensetzung vorangegangener Zentralkomitees (Fewsmith 2013: 6, Lawrence/Martin 2013: 23–24). Ein ähnliches Austarieren ist auch in anderen Gremien zu beobachten, insbesondere im Politbüro selbst.

Daneben existiert aber auch eine Lesart, welche die Zugehörigkeit zu informellen Patronagenetzwerken als entscheidendes Moment der Personalrekrutierung in den Vordergrund rückt (Lam 2006, Bo 2007, Li Cheng 2012b). Solche Klientelbeziehungen zwischen einem älteren und höherrangigen Patron und seinen Protegés werden aufgrund des Fraktionsverbots der Partei niemals öffentlich gemacht und sind nur indirekt abzulesen. Sie können auf gemeinsamer regionaler oder sozialer Herkunft, ähnlichen oder gemeinsamen Arbeitserfahrungen, kollektiven Prägungen etc. beruhen. So wird der ehemalige KPCh-Generalsekretär Jiang Zemin mit einer „Shanghai-Clique" in Verbindung gebracht. Darunter werden Kader verstanden, die – ebenso wie Jiang – eine Leitungsposition in dieser Metropole innehatten, bevor sie in die politische Zentrale aufstiegen. Sein Nachfolger Hu Jintao wird hingegen als Chef der „Jugendliga-Clique" bezeichnet, weil er die Nachwuchsorganisation der KPCh in den 1980ern leitete und unter seiner Ägide besonders viele ehemalige Funktionäre der Jugendliga in die oberste Partei- und Staatsführung aufstiegen.

Solche Klientelbeziehungen fußen auf langjährigen Loyalitäten und gegenseitigem Vertrauen, die im persönlichen und beruflichen Umgang herausgebildet werden. Zwischen den oben genannten Gruppierungen können zudem recht deutliche Unterschiede in der politischen Schwerpunktsetzung ausgemacht werden. Die Postenbesetzung insbesondere an den zentralen Schaltstellen der Macht (Politbüro und dessen Ständiger Ausschuss, Zentralregierung, Spitzenämter in den Provinzen) scheint in regelmäßigen Revirements eine Ausbalancierung zwischen diesen innerparteilichen Gruppierungen anzustreben.

Weniger zuverlässig sind hingegen Aussagen über Gruppenzugehörigkeiten von Politikern, die auf soziologische Kategorien rekurrieren und Gemeinsamkeiten unterstellen, die nicht auf direkter Interaktion der Betroffenen beruhen. Hierzu zählt die sogenannte „Prinzenpartei", womit die Nachfahren (und Schwiegerkinder) hoher KPCh-Kader bezeichnet werden, oder die „Tsinghua-Clique", in der Absolventen der prestigereichen Tsinghua (Qinghua) Universität zusammengefasst werden (Bo 2007: 151–182). Was erstere anbelangt, so standen frühere Generationen von Parteiführern sich teils in Konkurrenz oder gar persönlicher Feindschaft gegenüber, sodass nicht ohne Weiteres anzunehmen ist, dass ihre Kinder eng kooperieren werden. Jedoch ist die Dichte verwandtschaftlicher Beziehungen zwischen den Generationen der Partei-führung in der Tat beachtlich, und in Einzelfällen können diese durchaus als Indiz für politische Loyalitäten dienen. Ebenso ist eine hohe Anzahl von Tsinghua-Absolventen in der Parteiführung festzustellen, die ihre Bezeichnung als „Kaderschmiede" gerecht-fertigt erscheinen lässt. Auch gilt der Besuch der gleichen Bildungseinrichtung in Chi-na als Basis besonderer zwischenmenschlicher Beziehungen (ebenso wie gemeinsame regionale Herkunft).

Eine solche latente Basis für klientelistische Beziehungen muss jedoch erst durch direkte Interaktionen aktiviert werden, bevor sie zum Tragen kommen kann. Dies ist nicht automatisch bei allen Tsinghua-Absolventen gegeben. Zudem liegen diese bei-den Gruppierungsmerkmale zum Teil quer zu den oben genannten belastbareren Einordnungen. Sie sind also nicht trennscharf, sondern überlappen sich.[3] Als letztes Argument gegen ein zu großes Vertrauen in diese Cliquen-Einteilungen ist zu nennen, dass einige bedeutende Parteiführer keiner Gruppierung definitiv zugerechnet werden können. Prominente Beispiele sind Li Peng (Ministerpräsident 1988–1998, NVK-Vorsitzender von 1998–2003), Zhu Rongji (Vize-Ministerpräsident 1993–1998, Minis-terpräsident 1998–2003) oder Wen Jiabao (Ministerpräsident 2003–2013). Zhu wurde zwar von Jiang Zemin von Shanghai nach Beijing befördert, entwickelte aber eine eigenständige politische Linie und kann daher nicht der „Shanghai-Clique" zugeord-net werden.

Zusammenfassend kann festgehalten werden, dass verschiedene organisatorische und klientelistische Interessen innerhalb der Parteielite ausbalanciert werden. Da die genaue Zuordnung zu letzteren aber nur tentativ erfolgen kann, sollten Interpretatio-nen, die maßgeblich hierauf zurückgreifen, mit einer gewissen Skepsis betrachtet wer-den. Insbesondere ist diese angebracht, wenn vermeintlich ein Kampf zweier Linien ausgemacht wird – zwischen „Konservativen" und „Reformern". Hinter solchen irre-führenden Labeln verschwinden die weit komplexeren Mechanismen eliteninterner Auseinandersetzungen.

## 3.4 Begrenzte Machtkonkurrenz innerhalb der Herrschaftselite

Eher den Grad einer Konvention als einer Regel besitzt das Muster einer begrenzten Machtkonkurrenz innerhalb der Herrschaftselite. Noch unter Mao Zedong wurden eliteninterne Machtkämpfe in einer Form ausgetragen, die man als risikoreiches „Spiel ums Ganze" („winner takes all") bezeichnet (Tsou 1995). Im Extremfall ging dies bis zur

---

3 So zählt Wu Bangguo (NVK-Vorsitzender 2003–2013) ebenso wie Hu Jintao zu den Tsinghua-Absolventen, wird aber gemeinhin der „Shanghai-Clique" zugerechnet. Liu Yandong, eine der beiden Frauen im aktuellen Politbüro, kann als Tochter eines hohen Kaders, Tsinghua-Absolventin und ehemalige Funktionärin der Jugendliga verschiedenen Gruppierungen zugerechnet werden, am belastbarsten ist aber ihre Verbindung zu Hu Jintao über die Jugendliga.

physischen Vernichtung des politischen Gegners (z. B. Liu Shaoqi, von 1959 bis zu seinem Tod im Gefängnis 1969 Staatspräsident und zweiter Mann in der Partei hinter Mao). Zwar erreichten diese Auseinandersetzungen niemals auch nur entfernt die Ausmaße an Gewalt, die aus der stalinistischen Sowjetunion bekannt sind. Dennoch legte die Führung unter Deng Xiaoping nach der als traumatisch empfundenen Kulturrevolution Wert darauf, die Regeln für eliteninterne Konfliktlösung zu zivilisieren. So war es dem gegen Deng unterlegenen Hua Guofeng gestattet, weiterhin die Stellung eines Parteiführers zu bekleiden: Er blieb bis zu seinem Tod 2008 Mitglied des ZK, wenngleich er politisch kaltgestellt war. Er unterwarf sich im Gegenzug der Parteidisziplin und äußerte sich niemals kritisch gegenüber Dengs Reformkurs. Dem 1987 abgesetzten KPCh-Generalsekretär Hu Yaobang wurde sogar sein Sitz im Politbüro belassen. Sein Tod zwei Jahre später sollte allerdings die größte Führungskrise der Post-Mao-Ära auslösen, die mit den Studentenprotesten in Beijing und andernorts einherging. In deren Folge wurde auch sein Nachfolger Zhao Ziyang des Amts enthoben und, da er sich weigerte, die Entscheidung für eine gewaltsame Niederschlagung der Proteste mitzutragen, bis an sein Lebensende 2005 ohne Gerichtsprozess unter Hausarrest gestellt.

Seither jedoch hat sich ein Konsens etabliert, dass der Zusammenhalt der Parteiführung zumindest nach außen stets gewahrt bleiben muss, um die Legitimation der Parteiherrschaft nicht zu gefährden. Dies bedeutet nicht das Ende der Auseinandersetzungen um Politikrichtlinien und Postenbesetzungen, aber deren Zivilisierung. Formale oder informelle Regeln werden dabei strategisch und selektiv eingesetzt, um Konflikte auszutragen. So erreichte im Zuge des 15. Nationalen Parteikongresses 1997 der KPCh-Generalsekretär Jiang Zemin (selbst 71 Jahre alt) die Versetzung seines Widersachers im Ständigen Ausschuss des Politbüros, Qiao Shi (70), in den Ruhestand, indem er eine informelle Altersregelung vorschlug. Demnach sollten alle Mitglieder des Ständigen Ausschusses über 70 Jahre ihr Amt beim anstehenden Kongress niederlegen. Da dies neben Qiao auch Jiang betraf, kam der Vorschlag einem Rücktrittsangebot gleich, sodass Qiao dagegen nicht opponieren konnte. Kaum war diese „Regelung" beschlossen, schlugen Jiangs Unterstützer vor, das Amt des Generalsekretärs von der Regelung auszunehmen, sodass er selbst weitere fünf Jahre im Amt bleiben konnte. Beim nächsten Parteikongress entledigte sich Jiang auf gleiche Weise seines Widersachers Li Ruihuan (68), indem das informelle Ruhestandsalter auf 68 Jahre herabgesetzt wurde (Fewsmith 2008b: 279).

Dieses Ausmanövrieren durch Manipulation informeller „Regeln" kann als milde Form der politischen Auseinandersetzung gelten. Interessant ist zudem, dass die 68-Jahre-Regel nach zwei weiteren Parteikongressen, bei denen sie befolgt wurde, inzwischen als etabliert gelten kann. Das bedeutet, dass informelle Regeln, selbst wenn sie in ihrer Entstehung ad hoc und willkürlich sind, später „aushärten" können und bindende Wirkung entfalten. Ähnliches gilt für andere informelle Regeln der Ämterbesetzung wie die Personalunion zwischen den drei höchsten Ämtern in Partei, Staat und VBA sowie die sich daraus alle zehn Jahre ergebenden Generationswechsel an der

Spitze. Es ist nicht undenkbar, dass diese Regeln gebeugt oder gar gebrochen werden. Aber ein solches Verhalten würde eben auch als Verstoß verstanden werden. Selbst wenn es keine direkten Sanktionsmöglichkeiten dagegen gibt, würde dies viel politisches Kapital kosten. Ein Beispiel hierfür ist die Verlängerung von Jiangs Amtszeit als ZMK-Vorsitzender über seine beiden anderen Spitzenämter hinaus zwischen 2002 und 2004, die in Partei und Armee recht kritisch gesehen wurde (Fewsmith 2008b: 254–255).

Im Gegensatz zu dieser „milden" Form, politische Antagonismen zu lösen, indem man den Gegner auf ein Abstellgleis schiebt, bedient sich die Parteiführung seit den 1990er-Jahren der Korruptionsbekämpfung als „verschärftes" Mittel zur Konfliktaustragung. Die prominentesten Fälle, da sie Mitglieder des Politbüros betreffen, sind der Parteisekretär Beijings Chen Xitong im Jahr 1995, der Parteisekretär Shanghais Chen Liangyu 2006 und der Parteisekretär Chongqings Bo Xilai 2012. In allen drei Fällen geht es nicht nur um Korruption, sondern diese drei Spitzenkader hatten indirekt die Autorität der obersten Parteiführung bzw. des Generalsekretärs herausgefordert und damit gegen die Parteidisziplin verstoßen. Gerade der Fall Bo Xilais zeigt, wie formale Institutionen selektiv eingesetzt werden, um informellen Regeln zur Geltung zu verhelfen. Bo hatte sich mit populistischen aber zugleich kontroversen Politikmaßnahmen in Chongqing profiliert, um beim 18. Parteikongress einen Sitz im Ständigen Ausschuss des Politbüros zu erreichen. Diese eigenmächtige „Bewerbung" um Aufnahme in das höchste aller Parteigremien wurde von vielen Beobachtern – wohl auch von der Parteiführung um Hu Jintao und Wen Jiabao – als Anmaßung betrachtet und schließlich geahndet. Die genauen Umstände, die zu Bos Sturz im März 2012 führten, müssen nicht im Einzelnen dargestellt werden. Entscheidend ist, dass er genauso wie Chen Xitong und Chen Liangyu wegen Wirtschaftsvergehen und Korruption belangt wurde, und nicht wegen seines Abweichens von der Parteilinie (Miller 2013b).

Dabei ist zu bedenken, dass das zuständige innerparteiliche Organ zur Korruptionsbekämpfung, die Zentrale Disziplinkontrollkommission, erst tätig werden kann, wenn die oberste Parteiführung zugestimmt hat. In solchen prominenten Fällen ist zudem davon auszugehen, dass frühere Parteiführer im Ruhestand ebenfalls in die Beschlussfassung einbezogen werden. Die staatliche Justiz wiederum kann gegen Parteikader erst tätig werden, wenn die Disziplinkontrollkommission ihre Arbeit beendet hat und entscheidet, dass jenseits disziplinarischer Maßnahmen (Entzug von Ämtern, Parteiausschluss) auch strafrechtlich gegen die Betreffenden vorgegangen werden soll. Es existiert für Parteimitglieder also ein Sonderrecht, das sie eigentlich strikterer Kontrolle unterwerfen sollte, de facto jedoch große Spielräume für Korruption eröffnet. Umgekehrt bedeutet dies, dass es immer zunächst eine politische Entscheidung bedeutet, ob eine Korruptionsuntersuchung eingeleitet wird, und erst in zweiter Linie eine juristische. Insofern ist die Korruptionsbekämpfung, wie sie in den letzten beiden Jahrzehnten eingesetzt wurde, ein Mittel im parteiinternen Machtkampf, auch wenn sie in diesem Zeitraum weiter institutionalisiert wurde (Sapio 2008).

Dies gilt auch für den im August 2013 bekannt gewordenen Fall, bei dem erstmalig überhaupt ein ehemaliges Mitglied des Ständigen Ausschusses des Politbüros, Zhou Yongkang, wegen Wirtschaftsvergehen belangt werden soll.[4] Bezeichnenderweise beziehen sich die bekannt gemachten Vorwürfe, wie bei Bo, auf frühere Amtstätigkeiten vor der Berufung ins Politbüro, um so das Ansehen des Gremiums nicht weiter zu beschädigen.

Abschließend hierzu ist festzuhalten, dass informelle Regeln einer begrenzten und gleichsam zivilisierten Machtkonkurrenz innerhalb des Regimes über die Reformära immer stärkere Geltung erlangt haben. Dies schließt ein, dass formale Regeln (Gesetze gegen Korruption und Bestechlichkeit) instrumentalisiert werden, um den informellen Institutionen Sanktionsmöglichkeiten beizufügen.

# 4 Der politische Prozess

Vor dem Hintergrund der oben geschilderten formalen und informellen Institutionen gilt es im Folgenden zu klären, wie politische Prozesse in China ablaufen und welche Spezifika sie aufweisen. Dabei werden die klassischen Stufen des politischen Prozesses betrachtet: Partizipation und Inputmechanismen, Entscheidungsfindung und Implementierung. Abschließend werden Aspekte des Rechtsschutzes diskutiert.

## 4.1 Partizipation und Inputmechanismen

In der Volksrepublik China als einem autokratischen System sozialistischer Prägung spielen Wahlen als Inputmechanismus eine untergeordnete Rolle, wie bereits deutlich gemacht wurde (siehe 3.2, Heberer/Schubert 2008). Dennoch verfügt das System über Inputkanäle, die sich in traditionell-leninistische und neuere unterteilen lassen.

### Traditionell-leninistische Inputmechanismen
Gemäß dem Prinzip der „Massenlinie" dient die Partizipation der Bevölkerung der Rückkopplung der KPCh an deren Wünsche und Vorstellungen. Zeitgleich ist sie jedoch auch ein Mittel, um die Bevölkerung auf die Linie der Partei einzuschwören, die annahmegemäß ohnehin den Mehrheitswillen des Volkes verkörpert. Partizipation im leninistischen System der Volksrepublik ist daher traditionell nicht ergebnisoffen,

---

4 „Xi Jinping sets up special unit to probe Zhou Yongkang corruption case", South China Morning Post, 31.10.2013 (Online-Ausgabe unter scmp.com). Bis Ende 2012 war Zhou als Vorsitzender der Zentralen Kommission für Politik und Recht (s. u.) oberster Chef der Polizei- und Sicherheitskräfte. Er galt zugleich aber auch als einer der prominentesten Fürsprecher für Bo Xilai.

sondern gelenkt, von oben organisiert oder gar erzwungen, wobei letzteres vor allem auf die Mao-Ära zutrifft. Mit den Reformen unter Deng Xiaopings Ägide wurden seit den frühen 1980er-Jahren die bereits in der ersten Dekade der Volksrepublik eingerichteten Inputkanäle wiederbelebt. Dies betrifft zum einen die bereits besprochenen Volkskongresse. Hier wurde die Direktwahl von der untersten (Gemeinde-) auf die nächsthöhere (Kreis-)Ebene ausgeweitet. Experimente mit offeneren Nominierungsverfahren wurden nach kurzer Zeit aber beendet. In den 2000er-Jahren kam es gelegentlich zu „Selbstnominierungen" von Kandidaten, die das im Wahlrecht verbriefte passive Wahlrecht für sich in Anspruch nahmen und die erforderlichen Unterschriften von Unterstützern sammelten. Diese von der KPCh unabhängigen Kandidaten werden jedoch durch die Behörden regelmäßig behindert oder eingeschüchtert (Sun 2013). Selbst ein seltener Wahlerfolg endet in der Regel mit einer totalen politischen Isolierung der unabhängigen Delegierten.

Neben den Volkskongressen wurde auch das System der Politischen Konsultativkonferenzen des Chinesischen Volkes (PKKCV) erneut etabliert, das sich von der Basis bis zur nationalen Ebene erstreckt. Diese rein beratenden Gremien verkörpern das Prinzip der Einheitsfront, welche die KPCh anführt, um sämtliche Kräfte der Gesellschaft, die sich nicht in direkter Opposition befinden, an sich zu binden. Historische Vorläufer dieser Einrichtung gab es bereits vor und direkt nach der Gründung der VRCh. Aus dieser Zeit stammen auch die darin vertretenen acht „demokratischen Parteien", die alle die Führung der KPCh bedingungslos anerkennen und keine Opposition darstellen (vergleichbar den „Blockparteien" anderer sozialistischer Staaten). Da die PKKCV keine Entscheidungskompetenzen besitzt, sondern nur Vorschläge machen kann, kann sie nicht als zweite Kammer des Parlaments betrachtet werden. Dennoch tagen nationale PKKCV und NVK direkt hintereinander und werden oft in einem Atemzug genannt („die zwei Kongresse"). Wie der NVK wird auch die nationale PKKCV von einem Mitglied des Ständigen Ausschusses des Politbüros geleitet (Yu Zhengsheng, aktuell die Nr. 4 der Parteihierarchie). Die Rekrutierung der derzeit 2.237 Delegierten erfolgt unter Aufsicht der Organisations- und Einheitsfrontabteilungen des ZK. Bis auf eine gewisse Symbolik ist die politische Bedeutung der PKKCV gering.

In ihr sind neben den „demokratischen Parteien" auch leninistische Massenorganisationen vertreten, die als klassische „Transmissionsriemen" eine enge Verbindung zwischen bestimmten Segmenten der Gesellschaft und der Partei herstellen sollen: Die Kommunistische Jugendliga, die mit ihren 89 Millionen Mitgliedern auch eine wichtige Rekrutierungsfunktion für die KPCh besitzt; der offizielle Frauenverband, der Gewerkschaftsbund und der Bund für Industrie und Handel sind die wichtigsten darunter. Um unter den veränderten gesellschaftlichen und wirtschaftlichen Bedingungen der letzten Jahrzehnte ihre Relevanz zu behalten, mussten diese Massenorganisationen bis zu einem gewissen Grad einen Funktionswandel durchlaufen. So betreiben sie inzwischen relativ offen legislativen Lobbyismus für die Gruppeninteressen, die sie repräsentieren: Der Frauenverband bei der Novelle des Ehegesetzes 2001, der Gewerkschaftsbund bei der Formulierung des Arbeitsvertragsgesetzes und der Bund für Industrie und Handel,

der Unternehmensinteressen vertritt, bei der kontroversen Einführung des Eigentums-
gesetzes (beide 2007 verabschiedet). Hier zeigt sich eine deutliche Pluralisierung des
Parteistaats, was die Akteure und Meinungsvielfalt betrifft, die aber durch die Parteiführung in einem begrenzten und politisch akzeptablen Rahmen gehalten wird.

### Neue Inputmechanismen: Medien und Internet

Ähnliches gilt auch für die Medien, die im Verlauf der Reformära einen grundlegenden
Wandel erfahren haben. Zwar gibt es bei den Printmedien noch die klassischen Parteiorgane (das des ZK ist die *Volkszeitung*), aber deren Auflagen sind vergleichsweise klein.
Daneben hat sich eine enorme Bandbreite von ca. 2.000 Zeitungen und 10.000 Zeit-
schriften herausgebildet, die alle erdenklichen Themengebiete abdecken. Diese Pluralisierung ging einher mit der Kommerzialisierung des Mediensektors, der zunehmend
auch die offiziellen Blätter unterworfen werden, sodass sie neue Wege beschreiten müssen. Beispielsweise betreibt der *Volkszeitungs*-Verlag einen deutlich auflagenstärkeren
Ableger, der sich durch Sensationsjournalismus und ausgeprägten Nationalismus aus-
zeichnet, die *Global Times* (erscheint auf Chinesisch und Englisch). Auch innerhalb der
offiziellen Blätter ist somit eine gewisse Meinungsvielfalt gegeben, die weit über das
hinausgeht, was in der Mao-Ära gestattet war. Die Medien greifen zunehmend Themen
auf, die die Bevölkerung interessieren, um ihre Verkaufszahlen zu erhöhen, und können
so teilweise die politische Agenda mitbestimmen (Wang 2008).

Allerdings resultiert aus Pluralisierung und Kommerzialisierung nicht notwendigerweise politische Liberalisierung. Printmedien unterliegen nach wie vor den Anweisungen der ZK-Propagandaabteilung und ihrer lokalen Ableger. Es existiert zwar im
Allgemeinen keine Vorzensur, aber unliebsame Artikel werden mit Rügen oder personellen Eingriffen in die Redaktionen bestraft, sodass Selbstzensur verbreitet ist. Gelegentlich werden einzelne Ausgaben von Printmedien eingezogen. Schlimmstenfalls
kann bei wiederholten Vergehen einer Publikation die Geschäftslizenz entzogen werden, sodass sie ihr Erscheinen einstellen muss. Auch hier werden zum Teil rechtliche
Normen instrumentalisiert, indem einzelne Journalisten oder Verlage wegen Ver-
leumdung oder Wirtschaftsdelikten angeklagt werden. Schließlich kann die Propa-
gandaabteilung zu bestimmten politisch heiklen Themen Vorgaben verbreiten, wie zu
berichten sei. Solche Eingriffe erfolgen verdeckt, werden heutzutage aber teilweise
von betroffenen Journalisten anonym offengelegt, indem die Anweisungen im Internet lanciert werden. Andere Massenmedien wie Fernsehen, Film und Radio stehen
unter noch direkterer Kontrolle von Staats- und Parteibehörden, sodass eine Vielzahl
an Produkten und Kanälen nicht mit Meinungsfreiheit oder Liberalisierung verwechselt werden darf (Stockmann/Gallagher 2011).

Hingegen stellen das Internet und insbesondere die neuen sozialen Medien einen
Faktor dar, der die öffentlichen Partizipationsmöglichkeiten beachtlich erweitert hat.
Mit rasant wachsenden Nutzerzahlen (2013: 560 Millionen) und einer starken Verbrei-
tung mobiler Endgeräte besitzt das Internet in China ein enormes Potenzial, die öffent-

liche Meinung abzubilden und in den politischen Prozess einzuspeisen. Die Parteiführung hat dies frühzeitig erkannt und bemüht sich auf verschiedenen Wegen, das Internet beherrschbar zu machen und für sich zu nutzen. So betreiben die *Volkszeitung* und andere offizielle Quellen eine rege Internetpräsenz, um alternative Informationsquellen zu verdrängen. Geschätzte Zehntausende bezahlter Kommentatoren sollen Online-Diskussionen in gewünschte Bahnen lenken. Unliebsame Seiten auf ausländischen Servern werden blockiert, heimische Betreiber politisch und wirtschaftlich unter Druck gesetzt, selbst für Zensur in ihren Angeboten zu sorgen. Und Meinungsführer, die in ihren (Mikro-)Blogs die – unsichtbare und veränderliche – Grenze des Sagbaren überschreiten, werden eingeschüchtert oder sogar wegen Anstiftung zum Aufruhr abgeurteilt (Goldman 2005: Kap. 7).

Trotz allem bleibt die Kommunikation im Internet einflussreich. Dies zeigt sich regelmäßig, wenn in Internetforen und sozialen Medien heiß diskutierte Themen von der Parteiführung aufgegriffen werden. Die amtliche Nachrichtenagentur Xinhua, die auch eine interne Berichtsfunktion besitzt, betreibt inzwischen sogar ein regelrechtes Monitoring, damit die Parteielite auf dem Laufenden bleibt, was online die Gemüter bewegt. Das Internet erfüllt damit einerseits zu einem gewissen Grad eine Agendasetzungsfunktion, auch wenn dies nicht mit (Forderungen nach) einer politischer Liberalisierung gleichzusetzen ist. Andererseits bemüht sich die politische Führung, das Internet in ihrem Sinne zu nutzen, indem beispielsweise der NVK regelmäßig Gesetzesentwürfe online zur Diskussion stellt. Dies erhöht zumindest die Transparenz, wenngleich offen ist, inwieweit die von Bürgern geäußerten Meinungen tatsächliche Wirkung entfalten (Balla/Liao 2013). In ähnlicher Weise versucht seit September 2013 die Zentrale Disziplinkontrollkommission mit einer „Whistleblower"-Internetseite, Anschuldigungen gegen korrupte Kader leichter und deren Bearbeitung transparenter zu gestalten. Rufe nach einer unabhängigen Kontrolle sollen so unterbunden werden.

## 4.2 Entscheidungsfindung

Idealtypisch sind zwei Formen der Entscheidungsfindung zu unterscheiden: Routine- und Krisenmodus (Heilmann 2004). Daneben spielen langfristige Planung und lokale Experimente jeweils spezifische Rollen in der Politikgestaltung.

### Entscheidungen im Routinemodus

In der Regel sind Abstimmungsprozesse zwischen verschiedenen vertikalen Verwaltungssträngen und horizontalen Regierungsebenen von langwierigem Aushandeln geprägt. Jede staatliche und öffentliche Einheit besitzt einen bürokratischen Rang und ranggleiche Einheiten können einander keine bindenden Vorschriften machen. So kann ein zentralstaatliches Ministerium einer Provinzregierung Anweisungen nicht direkt geben, sondern muss dem Umweg über den Staatsrat (die nächsthöhere Einheit) gehen. Teilweise rangieren auch Staatsunternehmen höher als die territorialen Einheiten, in denen sich ihr Sitz befindet, sodass die Lokalregierung sie zu nichts anweisen darf und Schwierigkeiten hat, sie zu überwachen. In aller Regel achten Verwaltungen argwöhnisch darauf, dass ihre Spielräume nicht durch andere Akteure eingeschränkt werden, und wehren sich gegen Eingriffe von außen. Gepaart mit einer generellen Risikoaversion untergeordneter Einheiten (keine Subsidiarität, s. o.) führt dies dazu, dass Entscheidungen im System immer weiter nach oben verlagert werden, bis sich der Rangkonflikt lösen lässt. So kommt es zu einer Überlastung mit zum Teil trivialen Problemen an der Spitze des Systems (Lieberthal 2004).

Um ihre Führung über den politischen Prozess zu realisieren, verfügt die Parteizentrale über eine Reihe von Kommissionen und sogenannten Führungsgruppen, die in größeren Policy-Feldern entscheidende Aufsichts- und Koordinierungsfunktionen gegenüber den relevanten Akteuren in der Staatsverwaltung übernehmen. Dies ist die Konkretisierung des o. g. Organisationsprinzips der kollektiven Führung bei individueller Aufgabenverteilung.[5] Die gewichtigsten Führungsgruppen werden im Rahmen einer internen Aufgabenteilung persönlich von den sieben Mitgliedern des Ständigen Ausschusses des Politbüros geleitet:

– Auswärtige Angelegenheiten/Nationale Sicherheit
– Taiwan-Angelegenheiten
– Hongkong und Macao
– Finanzen und Wirtschaft
– Propaganda und ideologische Arbeit
– Parteiaufbau

Die ebenfalls sehr wichtige Kommission für Politik und Recht wurde bis zum 18. Nationalen Parteikongress Ende 2012 ebenfalls noch von einem Mitglied des Ständigen Ausschusses geleitet. Einhergehend mit der Verkleinerung dieses Gremiums von neun auf sieben Mitglieder steht der Kommission seither nur noch ein einfaches Politbüromitglied vor. Die genannten und eine Reihe weiterer Führungsgruppen vereinigen die Spitzenfunktionäre der Ressorts und Organe, die in diesen Politiksektoren eine Rolle spielen, und sichern so die Führung der KPCh über Ressortgrenzen hinweg. Sie sind die zentrale Verknüpfung zwischen der Entscheidungsebene (Ständiger Ausschuss des Politbüros) und der Arbeitsebene (ZK-Arbeitsorgane, Ministerien der Zentralregierung etc.) Zum einen bereiten sie die Entschlussfassung im Ständigen Ausschuss des Politbüros vor, zum anderen koordinieren und überwachen sie die Umsetzung von dessen Entscheidungen auf unteren Ebenen. Dabei handelt es sich um informelle Organisationen in dem Sinne, dass sie weder in der Parteisatzung verankert sind noch ihre Zusammensetzung offiziell verlautbart wird (Miller 2008). Das Militär ist in zivilen

---

5 In gleicher Weise sind innerhalb der Zentralregierung einzelne Politikbereiche den Mitgliedern des „Inneren Kabinetts" unterstellt, die diese über Führungsgruppen anleiten.

Fragen der Politik außen vor. Die VBA besitzt allerdings ein Mitspracherecht bei Außenangelegenheiten und Fragen, die Taiwan berühren, und ist in den entsprechenden Führungsgruppen auf zentraler Ebene vertreten.

Obwohl der NVK nicht gegen die Interessen der KPCh-Führung agiert, sind diese doch häufig so wenig kohärent, dass dies Spielräume für die legislative Arbeit eröffnet. Der Gesetzgebungsprozess, den die Exekutive über das Rechtsamt des Staatsrats dominiert, verläuft daher in kontroversen Fällen alles andere als geradlinig und glatt. So brauchten Wirtschaftsgesetze, die aus ideologischer Sicht strittig waren, wie das Eigentumsrecht, das Wettbewerbsrecht oder das Konkursgesetz, viele Jahre und Revisionen, um die legislativen Hürden zu nehmen.

Untere Ebenen in Partei und Staat bilden im Prinzip die gleichen behördlichen Strukturen und Führungsgruppen wie die Zentrale heraus (ausgenommen Führungsgruppe für Außenbeziehungen). Manche dieser Führungsgruppen sind fest etabliert, treffen sich über lange Zeiträume regelmäßig und besitzen einen eigenen Stab. Andere hingegen werden ad hoc im Rahmen von Kampagnen gebildet oder existieren nur virtuell (als weiteres Namensschild an der Tür bereits bestehender Organe). So entstehen vertikale Befehlshierarchien in jedem Politikfeld von der Zentrale in Beijing bis hinunter in die Basisverwaltung. Die Koordination unterschiedlicher bürokratischer Interessen bleibt dennoch schwierig. Dies liegt auch daran, dass trotz formal gleichem Rang die tatsächliche institutionelle Macht stark variieren kann. So besitzt die Nationale Entwicklungsplanungskommission (bekannt unter der englischen Abkürzung NDRC) als Nachfolgeorgan der einst mächtigen Staatlichen Plankommission und anderer Spitzenorgane der Wirtschaftsbürokratie ein viel größeres politisches Gewicht als das erst 2008 in den vollen Ministerialrang aufgestiegene Umweltschutzministerium. Diese Wertigkeit findet sich auch auf unteren Verwaltungsebenen wieder – mit entsprechenden Folgen für die Umweltpolitik.

Im Verlauf der Wirtschaftsreformen ist unteren Verwaltungseinheiten ein größeres fiskalisches und politisches Gewicht zugewachsen, das sie bei Verhandlungen mit der Zentrale einbringen können. Dabei ist zu bedenken, dass Provinzen ohne Weiteres die Größe und Bevölkerungszahl europäischer Staaten besitzen (die vier größten haben zwischen 80 und 104 Mio. Einwohner verglichen mit Deutschlands 82 Mio.). Entsprechend können ihre Interessen im politischen Prozess nicht übergangen werden. Zwischen den Provinzen und der Zentrale finden daher höchst komplexe Aushandlungsprozesse statt, die sich auf unteren Verwaltungsstufen replizieren, sodass ein Mehrebenensystem bürokratischer Verhandlungen entsteht, in dem einfaches Durchregieren der Zentrale eine Fiktion wird („fragmentierter Autoritarismus" vgl. Lieberthal/Lampton 1992).

Spätestens im Umsetzungsprozess können regionale und lokale Verwaltungen den politischen Willen der Zentrale in ihrem Sinne beugen. Um dem zuvorzukommen, werden regionale Interessen nach Möglichkeit bereits vorab in den Entscheidungsprozess integriert. Dies geschieht unter anderem auf zahlreichen Arbeitstagungen, von denen die wichtigsten durch das ZK-Sekretariat organisiert werden. Legendär sind ferner die informellen Treffen der Führungsspitze, die alljährlich im nordchinesischen Badeort Beidaihe stattfinden und auf denen vor dem ZK-Plenum wichtige Entscheidungen gefällt werden. Ein Instrument der Beeinflussung zentraler Politik sind auch die von Provinzen und anderen Gebietskörperschaften in Beijing unterhaltenen ständigen Vertretungen, die wegen ihrer hohen Ausgaben (u. a. Bewirtungskosten für Entscheidungsträger der Zentralverwaltung) in Verruf geraten sind. Im Jahr 2010 ordnete die Zentrale daher die Schließung von tausenden solcher Liaisonbüros von Lokalregierungen unterhalb der Provinzebene an – mit mäßigem Erfolg.

Neben Regionalregierungen spielen auch Wirtschaftsakteure eine zunehmende, wenngleich schwer zu durchschauende Rolle bei wirtschaftspolitischen Entscheidungen (Kennedy 2008). Führende Manager der Staatswirtschaft sind ohnehin Teil der Nomenklatura, sitzen sogar im ZK oder sind über ihre Branchenverbände, die oftmals aus herabgestuften Ministerien hervorgingen, mit den Entscheidungsträgern wie der NDRC verwoben. Personelle Rochaden zwischen diesen Positionen sind gang und gäbe. Aber auch private Unternehmer versuchen, über Mitgliedschaft in offiziellen Unternehmerverbänden, „demokratischen Parteien" und der KPCh selbst sowie Inkorporierung in Volkskongresse und PKKCV ihre Interessen zu wahren (Tsai 2007).

Auch wenn sich die Zahl der Akteure im Verlauf der Reformära stark erweitert hat, hält die Zentrale weiterhin einige Trümpfe auf der Hand. So kann sie eigenwillige Provinzpolitiker durch ihre Hoheit über Personalentscheidungen (Nomenklatura, s. o.) versetzen, was sie schon allein prophylaktisch regelmäßig tut, um keine regionalen Machtzentren entstehen zu lassen. In ähnlicher Weise dienen auch Reformen der Ministerialbürokratie dazu, behördliche Machtzentren zu beschneiden oder gegenseitig auszutarieren. Zweitens benutzt die zentrale Führung, wie gesehen, Korruptionsbekämpfung selektiv gegen unbotmäßige Politiker. Auch gegen als zu mächtig geltende oder politisch zu eigenständig agierende Privatunternehmer sowie neuerdings auch gegen hohe Manager von Staatsunternehmen werden juristische Anschuldigungen wegen Wirtschaftsdelikten eingesetzt, um sie zur Räson zu bringen und andere abzuschrecken.

## Krisenmodus

Während der oben beschriebene Routinemodus politische Entscheidungsprozesse als äußerst träge erscheinen lässt, kann die Zentrale in Krisenzeiten auf eine alternative Verfahrensweise zurückgreifen und zumindest für begrenzte Zeit und thematisch fokussiert einen sehr hohen Grad an Entschlusskraft und Durchsetzungsfähigkeit erreichen (Heilmann 2004). Dies ist immer dann der Fall, wenn die Entscheidungsträger Situationen als akute Krise einstufen. Die größte innenpolitische Krise der Reformära waren die von Studierenden in Beijing ausgehenden Proteste 1989, eine weniger dramatische der Ausbruch der SARS-Epidemie 2003. Eine akute wirtschaftliche Gefährdung ging von der US-Subprime-Krise 2008 aus. In solchen Fällen wird die politische Entscheidungsfindung bis ins Äußerste zentralisiert und umfasst nur Mitglieder des Ständigen Ausschusses des Politbüros (ggf. noch Parteiführer im Ruhestand). Anweisungen werden charakteristischerweise über die Parteileitungen statt über die regulären staatlichen Kanäle verbreitet. Ihre Einhaltung wird unter Verweis auf die Parteidisziplin strikt durchgesetzt, Verstöße dagegen sofort geahndet. Entscheidend hierbei ist, dass die oberste Parteiführung ihre Meinungsverschiedenheiten für den Augenblick zurückstellt und sich geschlossen zeigt. Zhao Ziyangs Ausbruch aus diesem Konsens Angesichts der Protestbewegung von 1989 wurde genau deswegen als schweres Vergehen gegen die Parteidisziplin gewertet.

Krisensituationen können gelegentlich auch dazu genutzt werden, um lange schwelende bürokratische Konflikte zu beenden. So diente die Asiatische Finanzkrise (ebenso wie der bevorstehende Beitritt zur Welthandelsorganisation WTO) Ende der 1990er-Jahre dazu, mächtige Interessenkoalitionen zwischen Bürokratie und staatsnaher Wirtschaft aufzubrechen und wichtige Wirtschaftsreformen durchzusetzen (Yang 2006). Der Erfolg industriepolitischer Restrukturierungsmaßnahmen im Gefolge der internationalen Finanzkrise von 2008/09 ist hingegen zweifelhaft. Im Allgemeinen kann der hohe Mobilisierungsgrad und die Konzentration der Parteiführung auf einzelne Themen nicht allzu lange aufrechterhalten werden, sodass der Krisenmodus die routinisierten Entscheidungsfindungsprozesse nicht dauerhaft ersetzen kann.

### Langfristige Planung und lokale Experimente

Wenn also die bürokratischen Abläufe zur politischen Entscheidungsfindung so schwergängig sind und nur kurzfristig außer Kraft gesetzt werden können, müssen andere Mechanismen bestehen, die das System flexibler und anpassungsfähiger machen. Anderenfalls wären der wirtschaftliche Erfolg der vergangenen drei Jahrzehnte und die politische Widerstandskraft des Regimes schwer verständlich. Ein Erklärungsfaktor ist das Spezifikum der Volksrepublik, in politischen Entscheidungsprozessen sowohl auf langfristige Planung als auch auf lokale Experimente zu setzen. Das System der Wirtschaftsplanung wurde in den 1950er-Jahren aus der Sowjetunion übernommen, erreichte in China aber nie dieselbe Bedeutung wie dort und wurde unter Mao sogar zeitweise ausgesetzt.

Während der anschließenden Reformära erfuhr das Planungswesen einen schleichenden Wandel, da immer größere Teile der Wirtschaftsaktivitäten außerhalb des Planes abliefen. Schließlich wurden statt konkreten Sollvorgaben nur noch Richtlinien vorgegeben. Entsprechend mussten auch die zentrale Planungsbürokratie und Wirtschaftsverwaltung in mehreren Schritten, gegen teils erheblichen Widerstand, restrukturiert werden. Dennoch hält die VRCh bis heute an der Indikativplanung für Wirtschaft und Gesellschaft fest und erlässt regelmäßig Fünf-Jahr-Pläne (aktuell gilt der 12. FJP von 2011 bis 2015). Diese geben auf der Makroebene Richtlinien und Ziele vor. Noch entscheidender als die Ziele an sich ist vielleicht sogar der Planungsprozess selbst. Denn im Verlauf der behördlichen Abstimmung werden die Präferenzen der zentralen Führung vermittelt und mit institutionellen oder regionalen Einzelinteressen in Abgleich gebracht. Die Entwicklungsplanungskommission NDRC spielt hierbei eine Schlüsselrolle und erstellt (oft gemeinsam mit anderen Akteuren) auch Entwicklungs- oder Restrukturierungspläne für einzelne Industrien und Branchen, die als Richtschnur dienen (Heilmann/Melton 2013).

Zur konkreten Umsetzung machen die Pläne allerdings kaum Vorschriften. Hier kommt das zweite Element zum Tragen, nämlich lokal oder regional begrenzte Politikexperimente (Heilmann 2011). Vorläufer für diese spezifische Form der lokal angepassten und innovativen Politikgestaltung finden sich bereits in der revolutionären Phase der KPCh-Geschichte und durch die gesamte VRCh-Zeit. Sie ist jedoch insbesondere charakteristisch für die Reformära. Das Muster besteht darin, dass die politische Führung die Problemstellung vorgibt, dann aber lokalen parteistaatlichen Akteuren große Freiräume lässt, eigene Wege zu entwickeln, wie diese Aufgaben zu lösen seien. So experimentieren Lokalverwaltungen mit verschiedenen Reformen, die durch die Zentrale evaluiert werden. Die letzte Entscheidung darüber, welche Variante aufgegriffen und zur nationalen Politik erhoben wird, liegt bei der Zentrale. Ebenso kann sie jederzeit aus ihrer Sicht fehlgeleitete Experimente beenden. Der entscheidende Vorteil ist, dass so gleichzeitig vielfältige Versuche unternommen werden können, was die Chance, eine erfolgreiche Politikmaßnahme zu identifizieren, steigert. Zugleich bleiben die Folgen eines Fehlschlags lokal begrenzt und die Zentrale muss nicht ihr politisches Kapital riskieren, indem sie ungetestete Politikvorgaben propagiert. Angesichts des hohen Grades an Heterogenität in Chinas wirtschaftlicher und gesellschaftlicher Entwicklung können aus diesem Prozess des Experimentierens auch mehrere gleichwertige Modelllösungen hervorgehen, die als Alternativen für unterschiedliche lokale Bedingungen propagiert werden. Die Kodifizierung durch Gesetze steht in aller Regel am Ende eines längeren Prozesses des Experimentierens. Auch dann ist allerdings häufig noch kein Schlusspunkt der Entwicklung erreicht, sondern Provinzen können in ihren Durchführungsbestimmungen jeweils eigene Schwerpunkte setzen und sich für Varianten innerhalb des gesteckten Rahmens entscheiden.

Dieses dialektische Wechselspiel zwischen langfristiger Orientierung und zentraler Kontrolle sowie lokaler Initiative und Offenheit für innovative Politikmaßnahmen ist ein herausragendes Spezifikum des politischen Entscheidungsprozesses in China und kann als ein wichtiger Faktor zur Erklärung seiner wirtschaftlichen Erfolge und Regimestabilität gelten.

## 4.3 Implementierung von politischen Entscheidungen

Ausmaß und Dauerhaftigkeit der chinesischen Staatskapazität werden seit den 1990er-Jahren im In- und Ausland sehr kontrovers diskutiert. Im Fokus stand dabei zunächst die Frage der fiskalischen Kapazität. Daneben sind die Fragen der Umsetzbarkeit zentraler Politikvorgaben stets kritisch für den Erfolg und die Stabilität des Gesamtsystems (Nathan 2003, Gilley 2003, Yang 2006, Pei 2006, Li Cheng 2012b).

### Fiskalische Kapazität

Im Verlauf der 1980er- und frühen 1990er-Jahre wurde die fiskalische Kapazität des Staates immer mehr zum Thema, da die Anteile der wirtschaftlich erfolgreichen Küstenprovinzen am Steueraufkommen stetig stiegen, der zentralstaatliche Einnahmeanteil sank. Dies war eine direkte Folge der Dezentralisierungspolitik, die fiskalische Anreize für untere Ebenen setzte, um das Wachstum der Wirtschaft zu beschleunigen. Zudem fiel die Quote der gesamten Steuereinnahmen am (rasch wachsenden) Bruttoinlandsprodukt, während „außerbudgetäre Einnahmen" der Regional- und Lokalregierungen sprunghaft zunahmen. Das gesamte Haushaltwesen schien damit aus der Balance geraten und wurde als krisenhaft wahrgenommen. Im Jahr 1993 setzte daher die zentrale politische Führung ihr gesamtes politisches Gewicht ein, um für das Folgejahr eine tief greifende Steuerreform durchzusetzen. Dabei musste sie sowohl Kompromisse eingehen als auch mit der Umsetzung bzw. Entlassung widerspenstiger Provinzpolitiker drohen. Schließlich gelang es ihr jedoch, ihre Autorität geltend zu machen und den weiteren Verfall des zentralstaatlichen Fiskaleinkommens durch ein neues Aufteilungssystem nach Steuerarten zu stoppen.

Ein weiteres Problemfeld, das bis heute existiert, ist der Nexus zwischen investitionsgetriebenem Wachstum, Lokalregierungen und Staatsbanken (Shih 2008). Von höheren Ebenen werden starke Karriereanreize für Führungskader gesetzt, in ihrer jeweiligen Jurisdiktion hohe Wachstumsraten zu erzielen. Hierfür wurde jahrzehntelang auf die staatseigenen Banken als Geldgeber für politisch wünschenswert erachtete Projekte zurückgegriffen. Dies führte vor allem in den 1980ern und 1990ern zu Investitionsexzessen, denen Inflationsschübe folgten. Sie führten zu Gegenmaßnahmen der Zentrale, die das Wachstum abwürgten und daher nach kurzer Zeit wieder zurückgenommen wurden. Erst im Verlauf der 1990er-Jahre bekam die Regierung diese Zyklen besser unter Kontrolle. Was blieb, war aber das Problem hoher uneinbringlicher Kredite in den Bilanzen der Staatsbanken. Vor dem Hintergrund von Asienkrise und WTO-Beitritt sah sich die Zentrale daher gezwungen, den Großteil hiervon in sogenannte Asset Management Companies auszulagern und die Banken zu refinanzieren.

Die Staatsbanken stehen seither etwas stärker im Wettbewerb mit lokalen und teil-privatisierten Geldinstituten, werden aber nach wie vor auch von Lokalregierungen als Geldgeber für unrentable (Prestige-)Projekte missbraucht. Neuen Anschub erhielt diese Praxis durch das milliardenschwere Konjunkturprogramm, das die Zentrale als Schutz gegen die internationale Finanzkrise 2008 auflegte. Analysten befürchten, dass viele Kredite damals ohne Rentabilitätsprüfung vergeben wurden, zu Überkapazitäten führen und schließlich uneinbringlich werden. Zudem türmen sich die über dubiose Investitionsvehikel aufgehäuften Schulden der Lokalregierungen inzwischen laut einigen Beobachtern in systemgefährdende Höhen.

Gegen diese Schwierigkeiten besitzt die Zentrale derzeit kein hinreichendes Machtmittel. Immerhin war ihr politisches Gewicht ausreichend, um 2006 die Abschaffung der vielfältigen, seitens der Lokalregierungen oft irregulär erhobenen Gebühren und der Agrarsteuer durchzusetzen (Göbel 2011). Damit löschte die Regierung einen Konfliktherd, der über zwei Jahrzehnte schwelte und immer wieder zu Auseinandersetzungen zwischen der ländlichen Bevölkerung und lokalen Kadern geführt hatte. Allerdings zog dieser Erfolg Kosten nach sich. Zum einen müssen die öffentlichen Ausgaben in besonders betroffenen Regionen (d. h. agrarisch geprägten Gebieten) durch zentrale Subventionen gestützt werden. Zum anderen greifen Lokalregierungen auf andere Möglichkeiten zurück, um Einnahmen zu generieren, darunter die Enteignung von Ackerland und dessen Umwandlung in Bauland. Dies führt sehr häufig zu Konflikten und Protesten: Nicht nur sind die Entschädigungen für Bauern oft gering, das Vorgehen ist auch extrem anfällig für Korruption. Hier zeigt sich, dass die fiskalische Kapazität des Staates eng mit seiner Regulierungsmacht gegenüber wirtschaftlichen, vor allem aber auch lokalstaatlichen Interessen verbunden ist.

### Regulierungskapazität

Wie gut die Zentrale ihre politischen Maßgaben in die Praxis umsetzen kann, hängt zu einem großen Teil davon ab, wie genau sie das Verhalten ihrer Untergebenen zu beeinflussen und zu kontrollieren vermag. In einem von Verhandlungen geprägtem Mehrebenensystem, wie es die Volksrepublik trotz ihres de jure unitaristischen Staatsaufbaus ist, bedarf es besonderer Mechanismen, um die Kontrollverluste gering zu halten, zugleich aber auch nicht die Freiräume für gewünschte lokalstaatliche Initiativen zu stark einzuengen. Chinas Lokalverwaltung ist hierbei von einem speziellen „Matrix-Problem" (Lieberthal 2004) geplagt: Jedes Amt besitzt zwei Vorgesetzte, von denen einer die fachliche Aufsicht (aber keine direkte Befehlsgewalt), der andere die direkte Führung (inkl. Finanzierung und Personalfragen) innehat.[6] In den meisten Verwaltungsbereichen liegt die fachliche Anleitung beim vertikalen Verwaltungsstrang, die direkte Führung aber bei der entsprechenden Regierungsebene. Daher können sich zentralstaatliche Maßgaben leicht im Geflecht der behördlichen Zuständigkeiten und Interessen verstricken.

Die maoistische Antwort auf diese Problemstellung sind Mobilisierungskampagnen, die bis heute eine Rolle bei der Durchsetzung von Politikvorgaben spielen. Im Unterschied zur Mao-Ära zielen diese heutzutage häufig auf die Kader selbst, nicht auf

---

6 Ein Umweltschutzamt eines Landkreises untersteht beispielsweise der fachlichen Leitung der übergeordneten Umweltschutzbehörde auf Bezirksebene und zugleich der Führung der Kreisregierung. Die Interessen der Vorgesetzten können leicht divergieren. Beispielsweise wird die vertikale Hierarchie der Umweltschutzämter auf die Überwachung von Unternehmen zur Einhaltung umweltpolitischer Maßgaben anleiten. Die Führung der Kreisregierung auf horizontaler Ebene wiegt aber letztlich schwerer, da sie direkte Befehle geben darf und die Finanz- und Personalhoheit über die lokale Behörde besitzt. Will die Kreisregierung also z. B. stark verschmutzende Industrien vor strengen Richtlinien oder Strafen schützen, kann sie leicht Druck auf „ihre" Umweltbehörde ausüben, dem die fachlich vorgesetzte Einheit wenig entgegenzusetzen hat.

die Bevölkerung. Für befristete Zeiträume, z. B. einige Monate, werden ambitionierte Ziele ausgegeben, um durch Konzentration der Kräfte einen Durchbruch in einem bestimmten Politikfeld zu erreichen. Vorgaben werden mittels Parteisitzungen zum Studium wichtiger politischer Dokumente und begleitende Propaganda bis auf die untersten Organisationsebenen verbreitet. Die Performanz der lokalen Führungskader wird am Erreichen der Zielvorgaben gemessen, positive Beispiele als Modelle belobigt, negative gerügt oder gar bestraft. So können innerhalb kurzer Zeit unter Umgehung der gewöhnlichen bürokratischen Hindernisse teils durchgreifende Veränderungen erreicht werden. Andererseits fällt es oft schwer, die Erfolge dauerhaft zu stabilisieren. Mit der nächsten Kampagne verschiebt sich die Aufmerksamkeit in andere Politikfelder und allzu leicht fällt die Durchsetzung der Maßgaben wieder hinter das für die Dauer einer Kampagne erreichte Maß zurück.

Daher setzt das Regime nicht allein auf Kampagnen, sondern versucht zugleich, die Erfolgskontrolle zu institutionalisieren, z. B. über sogenannte Verantwortungssysteme. Leitungskader aller Verwaltungsebenen werden regelmäßig durch ihre vorgesetzten KPCh-Organisationsabteilungen anhand eines festen Schemas evaluiert. Die wichtigsten Kriterien beziehen sich dabei auf wirtschaftliche Entwicklung in ihren Regionen (BIP-Wachstum, Auslandsinvestitionen, Durchschnittseinkommen etc.). Dies sind „harte" Kriterien, die den Großteil der Gesamtbewertung ausmachen. Daneben existieren „weiche" Ziele, die meist schwieriger zu erfassen und zu quantifizieren sind. Drittens gibt es sogenannte „Vetoziele": Ein Versagen bei diesen negiert alle Erfolge in anderen Bereichen. Als wichtigste Punkte hierbei zählen die Einhaltung der Geburtenquoten im Rahmen der Bevölkerungsplanung und das Verhindern von Vorfällen, die als Störung der sozialen Stabilität gewertet werden (Proteste, Demonstrationen usw.). Je nach Abschneiden in der Evaluierung erhalten Leitungskader einer Lokalität größere oder kleinere Gehaltsboni, Beförderungen, Versetzungen oder Herabstufungen. Es sind also wichtige finanzielle, und vor allem Karriereanreize in diesem System enthalten. Parallel hierzu finden weitere Evaluierungen einzelner Politikprogramme statt und jeder lokale Führungskader wird bei Versetzung (in der Regel alle drei bis fünf Jahre) einzeln bewertet (Edin 2003, Heberer/Trappel 2013).

Trotz dieser hohen Dichte an Monitoring-Maßnahmen ist das System nicht frei von Problemen. Erstens können Fehlanreize im System verankert sein, etwa die einseitige Wachstumsorientierung ohne Berücksichtigung der ökologischen Folgen. Zweitens sind die Evaluierungen manipulationsanfällig. Da auch die nächsthöhere Ebene bei einem Versagen ihrer Untergebenen gegebenenfalls negative Konsequenzen zu fürchten hat, kommt es regelmäßig zu Kollusion zwischen ihnen, um Fehlschläge zu vertuschen. Drittens führt die Priorisierung einzelner Ziele zur Vernachlässigung der regulären Verwaltungsaufgaben, sodass die Institutionalisierung nur teilweise gelingt (O'Brien/Li 1999, Zhou 2010).

## 4.4 Rechtsschutz

Nach den Erfahrungen der Kulturrevolution, in deren Verlauf Gesetze außer Kraft gesetzt waren und juristische Fakultäten an Universitäten geschlossen wurden, legte die neue Führung unter Deng Xiaoping großen Wert darauf, das Rechtssystem wieder aufzubauen. Als Grundprinzip galt, die Herrschaft durch Recht („rule by law") zu errichten, staatliches Handeln dadurch verlässlicher und kontrollierter zu machen und so die Basis für wirtschaftliche Entwicklung zu legen. Die VRCh machte in dieser Hinsicht seither sehr große Fortschritte. Durch unermüdliche Gesetzgebungstätigkeit wurde die Regelungsdichte in unvergleichlichem Maße gesteigert. Größte Fortschritte machte die Verrechtlichung in den Bereichen Zivil- und Wirtschaftsrecht. China war 1989 auch der erste sozialistische Staat, der ein Verwaltungsprozessgesetz verabschiedete. Dies eröffnet die Möglichkeit, behördliche Akte vor Gericht anzufechten, wenngleich die Klagetatbestände begrenzt sind. Selbst im politisch sensiblen Straf- und Strafprozessrecht wurde durch Novellen mehr Rechtsschutz verwirklicht (Heuser 2002). Die juristische Ausbildung wurde von Null beginnend wieder aufgebaut und ein landesweites Rechtsanwaltsexamen eingeführt. Die Rolle des Rechtsanwalts entwickelte sich von der eines Kaders im Staatsdienst zu der eines Freiberuflers, der vor allem dem Wohl des Klienten verpflichtet ist, obwohl er weiterhin politischer Kontrolle untersteht (Michelson 2007).

Trotz dieser Fortschritte herrscht in China auch heute keine Rechtsstaatlichkeit („rule of law"), verstanden als ein Rechtssystem, das auf uneingeschränkt gültigen und einklagbaren Menschen- und Bürgerrechten fußt und in dem staatliches Handeln zum Schutz der Rechte des Einzelnen durch Verfassung und Gesetze wirksam begrenzt ist. Menschen- und Bürgerrechte werden in der Verfassung durch den Verweis auf Bürgerpflichten und die Unverletzlichkeit des sozialistischen Staatssystems eingeschränkt. Mangels Klagemöglichkeit sind sie nicht rechtswirksam (Minzner 2011).[7] China besitzt auch keine unabhängige Justiz (Liebman 2007). Gemäß dem sozialistischen Verfassungsprinzip der Gewalteneinheit unterstehen die Gerichte formal der Kontrolle durch den NVK. Viel wichtiger ist die informelle – aber keineswegs geheime – Führungsrolle der KPCh. Sie kontrolliert über die Nomenklatura die Richterposten, sodass Richter in aller Regel zugleich Parteimitglieder sind. Zudem führt die Parteikommission für Politik und Recht auf jeder Verwaltungsebene von der Zentrale bis zur Basis die Justizarbeit ihres Zuständigkeitsbereichs. Den Vorsitz dieser Führungsgruppe übernimmt entweder der örtliche Parteisekretär selbst oder der Polizeipräsident, unter den weiteren Mitgliedern sind der oberste Staatsanwalt und Gerichtspräsident, die aber im parteiinternen Rang den erstgenannten unterstellt sind. Anders als in Deutschland ist damit nicht die

---

7 Menschenrechtsverstöße werden u. a. durch das US-Außenministerium jährlich umfassend dokumentiert, siehe http://www.state.gov/documents/organization/204407.pdf (zuletzt aufgerufen 15.11.2013).

Staatsanwaltschaft Herrin des Ermittlungsverfahrens, sondern die Polizei. Aufgrund ihrer Stellung in der Parteikommission für Politik und Recht dominiert sie auch das anschließende Gerichtsverfahren. Dies erklärt, weshalb es in Strafprozessen, zumindest in der ersten Instanz, so gut wie nie Freisprüche gibt.

Um bei sensitiven Prozessen den Führungsanspruch der Partei auch in allen Kammern eines Gerichtshofs durchzusetzen, besitzt jedes Gericht ein internes Gremium unter Leitung des Gerichtspräsidenten („Entscheidungskommission"), das wichtige Fälle vorab bespricht und Richtlinien festlegt. Auch dies belegt, dass trotz aller Rhetorik über den Aufbau eines „sozialistischen Rechtsstaats" dieser nicht die Definitionsmerkmale eines Rechtsstaats erfüllt. Es sind auch keinerlei Anzeichen zu erkennen, dass die Partei gewillt wäre, ihren Führungsanspruch im Justizwesen freiwillig aufzugeben. Ein weiteres Element des chinesischen Justizsystems, das gegen die Rechtsstaatlichkeit verstößt, ist das System der Arbeitslager. Hierbei können Polizeibehörden ohne richterliche Prüfung oder Einspruchsmöglichkeit der Betroffenen Kleinkriminelle und andere unliebsame „Elemente" zu bis zu drei Jahren „Umerziehung durch Arbeit" verurteilen (verlängerbar um ein viertes Jahr). Diese Administrativhaft wird auch gegen politische Dissidenten eingesetzt. Von besonders harten Repressionsmaßnahmen ist neben letzteren auch jeder betroffen, der in den Augen des Parteistaats für die Unabhängigkeit der ethnischen Minderheitsgebiete wie Tibet oder Xinjiang eintritt, selbst wenn deren eigentliche Anliegen die Wahrung ihrer kulturellen Identität und religiösen Freiheit sein mögen.

Zu diesen im System bewusst so angelegten Abweichungen vom Prinzip der Rechtsstaatlichkeit kommen weitere irreguläre Faktoren. So greift auch im Rechtswesen die Korruption um sich oder Lokalkader nutzen ihre Stellung aus, um wirtschaftliche Vorteile durch entsprechende Gerichtsurteile abzusichern, oder sie arbeiten gleich mit kriminellen Organisationen zusammen. Während dies mit einem Kontrollverlust der politischen Zentrale erklärt werden kann, muss bei prominenten Kritikern wie Rechtsanwälten, Künstlern und politischen Dissidenten, die in den letzten Jahren vermehrt Opfer zeitweiligen „Verschwindens" oder extralegalen Arrests wurden (Stern/O'Brien 2012), die Billigung höherer Stellen angenommen werden. Aus Sicht der Bürger ist Rechtssicherheit daher nicht gegeben, auch wenn immer häufiger der Klageweg eingeschlagen wird (2011: 136.000 Verwaltungsklagen).

Vielfach nutzen Personen, die sich in ihren Rechten verletzt fühlen, daher andere Kanäle, reichen Petitionen bei höheren Verwaltungsebenen ein oder organisieren Protestkundgebungen, Straßenblockaden und Sit-ins. Diese Phänomene haben im Verlauf der letzten beiden Jahrzehnte drastisch zugenommen. Nach offiziellen Angaben stiegen Proteste von landesweit 8.700 im Jahr 1993 auf 87.000 im Jahr 2005. Seither werden keine offiziellen Daten hierzu mehr veröffentlicht, doch stieg die Zahl laut Schätzungen weiter auf 180.000 bis 230.000 Vorfälle im Jahr 2010. Bei Petitionen lag die offizielle Zahl 2004 bei 13,7 Mio. (neuere Daten fehlen), wobei insbesondere bei Petitionen, die in Beijing selbst eingereicht wurden, in den Jahren 2003 bis 2006 ein Höchststand erreicht wurde. Anschließend ergriff die Zentralregierung Maßnahmen, um diese Welle einzudämmen, und verpflichtete Lokalregierungen, dafür zu sorgen, dass Petitionäre nicht mehr in die Hauptstadt kommen. Dies ging mit weiteren Rechtsverletzungen einher, wie Verschleppungen von Petitionären durch semioffizielle Sicherheitskräfte (Li/Liu/O'Brien 2012).

Auch wenn die Erfolgschancen von Klagen, Petitionen und Protesten im Einzelfall eher gering sind, so dienen sie doch zugleich als Indikatoren für gesellschaftliche Spannungen. Wie bei der Problematik der ländlichen Gebühren kann dies dazu führen, dass die Zentralregierung sich des Themas annimmt. Gleichzeitig bemühen sich die Lokalregierungen, für deren Führungskader sich das Auftreten von Protesten bei Evaluierungen besonders negativ auswirkt, solche Vorkommnisse zu vermeiden. Im laufenden 12. FJP werden Innovationen im sogenannten „Management der Gesellschaft" zur Sicherung der sozialen Stabilität besonders betont, sodass Anreize bestehen, präventiv tätig zu werden oder Demonstrationen zumindest schnell zu beenden. In jüngerer Zeit mehren sich die Fälle, in denen Lokalregierungen beispielsweise bei Protesten einlenken und auf umstrittene Bau- und Industrieprojekte verzichten. Aufgrund dieser Responsivität von Zentral- und Lokalregierungen kann man daher Proteste und Petitionen nicht nur als Zeichen sozialer Spannungen und mangelnder Rechtssicherheit, sondern auch als einen informellen Inputmechanismus begreifen (Göbel/Ong 2012).

Insgesamt gesehen weist das chinesische Rechtswesen gegenläufige Tendenzen auf: Einerseits steigen Regelungsdichte und Rechtsbewusstsein der Bürger, andererseits kommt es im Bereich der politischen und zivilen Bürgerrechte in jüngster Zeit eher zu einer Deinstitutionalisierung sowie zur Wiederbelebung maoistischer Kampagnenmechanismen (Trevaskes 2013).

# 5 Fazit

Chinas politisches System ist gekennzeichnet von Widersprüchlichkeiten und Gegensätzen. Nicht nur klaffen Theorie und Praxis oft stark auseinander. Im kodifizierten politischen System selbst sind Zweideutigkeiten die Regel. So wird die Führung der KPCh in der Staatsverfassung nur in der Präambel genannt, während der Haupttext die Partei gar nicht erwähnt, sondern festschreibt, dass keine Person oder Organisation über der Verfassung stehen dürfe. Prinzipien wie „demokratischer Zentralismus" oder „sozialistischer Rechtsstaat" sind schillernd und in sich widersprüchlich. Allgemein zeigt sich im Verlauf der Reformära seit 1978 eine stärkere Institutionalisierung, sowohl bei formalen als auch bei informellen Institutionen. Zum einen erlangen die in Statuten und Verfassungstext etablierten Organe eine größere Autorität, wenngleich nicht die volle, die ihnen formal zustünde. Zum anderen verdichten sich die informellen Regeln, die z. B. die Generationswechsel an der Führungsspitze betreffen, und nehmen im Zeitverlauf an Bindungskraft zu. Hier stehen also formale und informelle

Institutionen in einem komplementären Verhältnis und wirken beide zur Stabilisierung des Regimes, ohne bislang in eine politische Liberalisierung zu münden.

Die Stabilität und Widerstandsfähigkeit des autoritären Regimes („authoritarian resilience") der VRCh ist Gegenstand heftiger Kontroversen in der Politikwissenschaft (Nathan 2003, Gilley 2003, Pei 2006, Yang 2006, Landry 2008, Lambach/Göbel 2010, Li Cheng 2012b). Während die einen die Anzeichen des Verfalls wie endemische Korruption und mangelnde Staatskapazität sowie die Zunahme an Protesten und zivilgesellschaftlichem Engagement der Bürger als Vorboten eines demokratischen Umbruchs deuten (Feng 2013), verweisen andere auf innovative Gegenmaßnahmen des Regimes (Deng/O'Brien 2013). Diese sind keineswegs nur reaktiv, sondern oft vorausschauend und relativ erfolgreich. So gelingt es, den Unwillen der Bürger auf untere staatliche Stellen zu lenken, während der politischen Zentrale weiterhin Vertrauen entgegengebracht wird. Umfragen wie World Value Survey, Asia Barometer u. a. zeigen regelmäßig, dass die Zentralregierung hohe Werte an Vertrauen genießt. Zwar führen die hierbei verwendeten globalen Messinstrumente zu systematischen Verzerrungen, sodass solche Ergebnisse mit Vorsicht zu interpretieren sind (Li Lianjiang 2012). Doch auch andere Studien bestätigen, dass einige der oben dargestellten Reformen zur moderaten Ausweitung von Beteiligungsmöglichkeiten das Potenzial besitzen, die politische Zufriedenheit und Zustimmung der Bürger zum Regime zu steigern (Schubert/Heberer 2009, Mertha 2009).

Insgesamt betrachtet besitzt das Parteiregime beträchtliche Machtressourcen und dominiert den politischen Prozess. Ein Kernelement ihrer Macht ist ihre Alternativlosigkeit: Die KPCh durchdringt alle Ebenen und Schaltstellen des Systems und erstickt organisierte Opposition im Keim. Neben repressiver Macht besitzt sie aber durchaus auch Legitimität durch ihre Performanz, insbesondere was die starke Wirtschaftsentwicklung unter ihrer Herrschaft anbelangt. Hinzu tritt ein ausgeprägter Nationalismus, den die KPCh selbst schürt und für sich nutzt, als die Partei, die Chinas Emanzipation von westlichem Kolonialismus und japanischer Besatzung erreicht habe. Schließlich besitzt das Regime über das gut funktionierende Propagandasystem eine beachtliche diskursive Macht, die sie einsetzt, um die Erwartungshaltung der Bevölkerung zu beeinflussen (Holbig 2013).

Gleichzeitig liegen die Probleme des politischen Systems offen zutage. Die Beteiligungsmöglichkeiten, die das System bietet, sind trotz einiger Reformen eng begrenzt und, auch wenn nicht jede irreguläre Partizipation sich gegen das Regime oder System richtet, kann dies auf Dauer destabilisierend wirken (Feng 2013). Die Korruption ist endemisch und untergräbt allmählich das Vertrauen der Menschen in die politische Elite. Damit wirken idealtypisch betrachtet zwei in ihrer Logik entgegengesetzte informelle Regelwelten. Während die informellen Regeln im Kontext der KP kompatibel mit der offiziellen Herrschaftsordnung sind und diese stützen, unterminiert Korruption den staatlichen Herrschaftsanspruch. Wenn die Regimestabilität, wie hier argumentiert wurde, tatsächlich maßgeblich von der Anpassungs- und Innovationsfähigkeit des Regimes und seiner Mechanismen abhängt, darf man dies nicht als abgeschlossene Aufgabe betrachten. Stattdessen handelt es sich um einen fortlaufenden Prozess, in dem die KPCh stets aufs Neue zeigen muss, dass sie ihre Funktionsweisen an neue Herausforderungen adaptieren kann. Die nur instrumentell angelegte Verfolgung der Korruption ist hierbei nicht ohne Risiko.

Insgesamt sind Demokratisierungstendenzen kaum zu erkennen, allerdings hat sich aufgrund des vielschichtigen und auf mehreren Ebenen verlaufenen Aus- und Verhandlungssystems in staatlicher Verwaltung und Partei eine Art informeller Gewaltenteilung etabliert. Ein Durchbruch zur Entwicklung eines Rechtsstaats ist ebenfalls nicht zu erkennen. Die neue Führung unter Xi Jinping schickt sich nach dem 3. Plenum des ZK im November 2013 jedoch an, einige wichtige Reformen zu unternehmen, die neben dem Wirtschafts- auch das Herrschaftssystem betreffen sollen. Diese Anstrengungen kommen angesichts der geschilderten Herausforderungen keineswegs zu früh. Dabei ist offen, ob sie in ihrem Ziel, die Herrschaft der KP zu verlängern, erfolgreich sein werden.

# Bibliographie

Alpermann, Björn, 2013: Village Governance Reforms in China: Paradigm Shift or Muddling Through?, in: Florence, Eric/Defraigne, Pierre (Hrsg.), Towards a New Development Paradigm in Twenty-First Century China: Economy, Society and Politics. London, Routledge, S. 147–164.

Balla, Steven J./Liao, Zhou, 2013: Online Consultation and Citizen Feedback in Chinese Policymaking, Journal of Current Chinese Affairs, 3, S. 101–120.

Bo, Zhiyue, 2007: China's Elite Politics: Political Transition and Power Balancing, Singapur, World Scientific.

Brødsgaard, Kjeld E./Zheng, Yongnian, 2006: The Chinese Communist Party in Reform. London, Routledge.

Burns, John P., 2006: The Chinese Communist Party's Nomenklatura System as a Leadership Selection Mechanism, in: Brødsgaard, Kjeld E./Zheng, Yongnian (Hrsg.), China's Communist Party in Reform, London, Routledge, S. 33–58.

Chan, Hon S., 2004: Cadre Personnel Management in China: The Nomenklatura System, 1990–1998, China Quarterly, 179, S. 703–734.

Cho, Young Nam, 2002: From „Rubber Stamps" to „Iron Stamps": The Emergence of Chinese Local People's Congresses as Supervisory Powerhouses, China Quarterly, 171, S. 742–740.

Deng, Yanhua/O'Brien, Kevin J., 2013: Relational Repression in China: Using Social Ties to Demobilize Protesters, China Quarterly, 215, S. 533–552.

Edin, Maria, 2003: State Capacity and Local Agent Control in China: CCP Cadre Management from a Township Perspective, China Quarterly, 173, S. 35–52.

Feng, Chongyi, 2013: Preserving Stability and Rights Protection: Conflict or Coherence?, Journal of Current Chinese Affairs, 2, S. 21–50.

Fewsmith, Joseph, 2002: The Sixteenth National Party Congress: The Succession that Didn't Happen, China Quarterly, 173, S. 1–16.

Fewsmith, Joseph, 2008a: The 17th Party Congress: Informal Politics and Formal Institutions, China Leadership Monitor, 23.

Fewsmith, Joseph, 2008b: China Since Tiananmen, 2. Aufl., Cambridge, Cambridge University Press.

Fewsmith, Joseph, 2013: The 18th Party Congress: Testing the Limits of Institutionalization, China Leadership Monitor, 40.

Gilley, Bruce, 2003: The Limits of Authoritarian Resilience, Journal of Democracy, 14, S. 18–26.

Göbel, Christian, 2011: Paving the Road to a Socialist New Countryside: China's Rural Tax and Fee Reform, in: Alpermann, Björn (Hrsg.), Politics and Markets in Rural China, London, Routledge, S. 155–171.

Göbel, Christian/Ong, Lynette H., 2012: Social Unrest in China, ECARN – Europe China Research and Advice Network, http://www.euecran.eu/Long%20Papers/ECRAN%20Social%20Unrest%20 in%20China_%20Christian%20Gobel%20and%20Lynette%20H.%20Ong.pdf.

Goldman, Merle, 2005: From Comrade to Citizen: The Struggle for Political Rights in China, Cambridge, Mass., Harvard University Press.

Guo, Sujian, 2013: Chinese Politics and Government: Power, Ideology and Organization, London u. New York, Routledge.

Heberer, Thomas, 2003: Das politische System der VR China im Prozess des Wandels, in: Derichs, Claudia/Heberer, Thomas (Hrsg.), Einführung in die politischen Systeme Ostasiens, Opladen, Leske + Budrich, S. 19–121.

Heberer, Thomas/Schubert, Gunter, 2008: Politische Partizipation und Regimelegitimität in der VR China. Band I: Der urbane Raum, Wiesbaden, VS Verlag für Sozialwissenschaften.

Heberer, Thomas/Trappel, René, 2013: Evaluation Processes, Local Cadres' Behaviour and Local Development Processes, Journal of Contemporary China, 22, S. 1048–1066.

Heilmann, Sebastian, 2004: Das politische System der Volksrepublik China, 2., aktualisierte Auflage, VS Verlag für Sozialwissenschaften, Wiesbaden.

Heilmann, Sebastian, 2011: Policy-Making through Experimentation: The Formation of a Distinctive Policy Process, in: Heilmann, Sebastian/Perry, Elizabeth J. (Hrsg.), Mao's Invisible Hand: The Political Foundations of Adaptive Governance in China, Cambridge, Mass., Harvard University Press, S. 62–101.

Heilmann, Sebastian/Melton, Oliver, 2013: The Reinvention of Development Planning in China, 1993–2012, Modern China, 39(6), S. 580–628.

Heuser, Robert: 2002: Einführung in die chinesische Rechtskultur, Hamburg, Institut für Asienkunde.

Holbig, Heike, 2013: Ideology after the End of Ideology: China and the Quest for Autocratic Legitimation, Democratization, 20(1), S. 61–81.

Jiang, Shigong, 2010: Written and Unwritten Constitutions: A New Approach to the Study of Constitutional Government in China, Modern China, 36(1), S. 12–46.

Kennedy, Scott, 2008: The Business of Lobbying in China, Cambridge, Mass., Harvard University Press.

Lambach, Daniel/Göbel, Christian, 2010: Die Responsivität autoritärer Regime, in: Albrecht, Holger/Frankenberger, Rolf (Hrsg.), Autoritarismus Reloaded: Neuere Ansätze und Erkenntnisse der Autokratieforschung, Baden-Baden. Nomos, S. 79–91.

Landry, Pierre F., 2008: Decentralized Authoritarianism in China: The Communist Party's Control of Local Elites in the Post-Mao Era, Cambridge, Cambridge University Press.

Lam, Willy W.L., 2006: Chinese Politics in the Hu Jintao Era: New Leaders, New Challenges, Armonk, N.Y., M.E. Sharpe.

Lawrence, Susan V./Martin, Michael F., 2013: Understanding China's Political System. Washington, D.C., Congressional Research Service, http://fpc.state.gov/documents/organization/142753.pdf.

Li, Cheng, 2012a: Preparing for the 18th Party Congress: Procedures and Mechanisms, China Leadership Monitor, 36.

Li, Cheng, 2012b: The End of the CCP's Resilient Authoritarianism? A Tripartite Assessment of Shifting Power in China, China Quarterly, 211, S. 595–623.

Li, Lianjiang, 2012: The Magnitude and Resilience of Trust in the Center: Evidence from Interviews with Petitioners in Beijing and a Local Rural Survey in China, Modern China, 39(1), S. 3–36.

Li, Lianjiang/Liu, Mingxing/O'Brien, Kevin J., 2012: Petitioning Beijing: The High Tide of 2003–2006, China Quarterly, 210, S. 313–334.

Liebman, Benjamin L., 2007: China's Courts: Restricted Reform, China Quarterly, 191, S. 620–638.

Lieberthal, Kenneth G./Lampton, David M. (Hrsg.), 1992: Bureaucracy, Politics, and Decision Making in Post-Mao China, Berkeley, University of California Press.

Lieberthal, Kenneth G., 2004: Governing China: From Revolution Through Reform, 2. Aufl., New York, Norton.

Manion, Melanie, 2008: When Communist Party Candidates Can Lose, Who Wins? Assessing the Role of Local People's Congresses in the Selection of Leaders in China, China Quarterly, 195, S. 607–630.

Michelson, Ethan, 2007: Lawyers, Political Embeddedness, and Institutional Continuity in China's Transition from Socialism, American Journal of Sociology, 113(2), S. 352–414.

Miller, Alice, 2008: The CCP Central Committee's Leading Small Groups, China Leadership Monitor, 26.

Miller, Alice: 2012, The Road to the 18th Party Congress, China Leadership Monitor, 36.

Miller, Alice, 2013a, The New Party Politburo Leadership, China Leadership Monitor, 40.

Miller, Alice, 2013b: The Bo Xilai Affair in Central Leadership Politics, China Leadership Monitor, 38.

Minzner, Carl, 2011: Countries at the Crossroads 2011: China, Freedom House, online verfügbar unter: http://ssrn.com/abstracts=1958167.

Mertha, Andrew C., 2009: „Fragmented Authoritarianism 2.0": Political Pluralization in the Chinese Policy Process, China Quarterly, 200, S. 995–1012.

Nathan, Andrew, 2003: Authoritarian Resilience, Journal of Democracy, 14(1), S. 6–17.

O'Brien, Kevin J,,/Li, Lianjiang, 1999: Selective Policy Implementation in Rural China, Comparative Politics, 31(2), S. 167–186.

Pei, Minxin, 2008: China's Trapped Transition: The Limits of Developmental Autocracy. Cambridge, Mass., u. London, Harvard University Press.

Perry, Elizabeth J., 2011: From Mass Campaigns to Managed Campaigns: „Constructing a New Socialist Countryside", in: Heilmann, Sebastian/Perry, Elizabeth J. (Hrsg.), Mao's Invisible Hand: The Political Foundations of Adaptive Governance in China, Cambridge, Mass., Harvard University Press, S. 30–61.

Sapio, Flora, 2008: Shuanggui and Extralegal Detention in China, China Information, 22(7), S. 7–37.

Schubert, Gunter/Heberer, Thomas, 2009: Politische Partizipation und Regimelegitimität in der VR China. Band II: Der ländliche Raum. Wiesbaden, VS Verlag für Sozialwissenschaften.

Shambaugh, David: China's Communist Party, 2008, Atrophy and Adaptation, Washington, D.C., Woodrow Wilson Center Press.

Shih, Victor, 2008: Factions and Finance: Elite Conflict and Inflation, Cambridge, Cambridge University Press.

Stern, Rachel E./O'Brien, Kevin J., 2012: Politics at the Boundary: Mixed Signals and the Chinese State, Modern China, 38(2), S. 174–198.

Stockmann, Daniela/Gallagher, Mary E., 2011: Remote Control: How the Media Sustain Authoritarian Rule in China, Comparative Political Studies, 44(4), S. 436–467.

Sun, Ying, 2013: Independent Candidates in Mainland China: Origin, Development, and Implications for China's Democratization, Asian Survey, 53(2), S. 245–268.

Trevaskes, Susan, 2011: Political Ideology, the Party, and Politicking: Justice Reform in China, Modern China, 37(3), S. 315–344.

Trevaskes, Susan, 2013: Rationalising Stability Preservation through Mao's not so Invisible Hand, Journal of Current Chinese Affairs, 2, S. 51–77.

Tsai, Kellee, 2007: Capitalism Without Democracy: The Private Sector in Contemporary China, Ithaca, N.Y., Cornell University Press.

Tsou, Tang, 1995: Chinese Politics at the Top: Factionalism or Informal Politics? Balance-of-Power Politics or a Game to Win All?, China Journal, 34, S. 95–156.

Wang, Shaoguang, 2008: Changing Models of China's Policy Agenda Setting, Modern China, 34(1), S. 56–87.

Yang, Dali L., 2006: Remaking the Chinese Leviathan: Market Transition and the Politics of Governance in China, Stanford, Stanford University Press.

Zhou, Xueguang, 2010: The Institutional Logic of Collusion among Local Governments in China, Modern China, 36(1), S. 47–78.

Sabine Ruß
# Frankreich

## 1 Regimezuordnung

Frankreich zählt weltweit zu den Staaten mit der historisch am weitesten zurückreichenden Demokratie-Erfahrung, sofern hier stark vereinfachend die Einführung des allgemeinen Männerwahlrechts als Indikator genommen wird: Diese erfolgte zeitgleich zu den Vereinigten Staaten und der Schweiz im Jahre 1848.[1] Zudem rivalisiert Frankreich im kollektiven Selbstverständnis mit den Vereinigten Staaten um die Erstplatzierung bezüglich der politischen Durchsetzung des Prinzips von Volkssouveränität und Menschenrechten (*Déclaration des droits de l'homme* bzw. *Bill of Rights*, 1789). Gleichwohl entspricht Frankreichs Regime erst seit 1948 aufgrund der seitdem regelmäßig stattfindenden Volkswahlen und des Vorhandenseins einer gewaltenteiligen Ordnung – bei zwischenzeitlich dreimaligem Verfassungswechsel – eindeutig den Kriterien einer Polyarchie. Der Weg zur etablierten Demokratie war turbulent. In den zweihundert Jahren zuvor kann Frankreich mit Blick auf die im internationalen Vergleich einmalige und rasche Abfolge von Regimewechseln zwischen verschiedenen Formen autoritärer und parlamentarisch-republikanischer Herrschaft als ‚Verfassungslaboratorium' bezeichnet werden.[2] Immer wieder gab es bonapartistisch-personalplebiszitäre Episoden, die nach Einschätzung einiger Autoren bis heute Spuren in der politischen Kultur des Landes hinterlassen haben. Der Parlamentarismus und die Republik setzten sich erst 1875 wirklich durch, wobei in den ersten drei parlamentarischen Republiken, also bis 1958, das *régime d'assemblée* herrschte, also ein durch Parlamentssouveränität und Dominanz der beiden Parlamentskammern gekennzeichnetes System des Regierens. Die Fünfte, seit 1958 bestehende und somit langlebigste französische Republik wurde dagegen von ihrem ersten Präsidenten Charles de Gaulle und seinen Mitstreitern vor dem Hintergrund der u. a. durch die Entkolonialisierung ausgelösten politischen Krise vor allem zur Gewährleistung der Regierbarkeit ‚jenseits des Parteienstreits' konzipiert und zeichnete sich daher – bei deutlichen, weiter unten beschriebenen Verfassungsänderungen und Modifikationen in den letzten Jahrzehnten – ursprünglich durch eine bewusste Machtkonzentration bei der Exekutive aus. So kommt es, dass das französische Regime bei den vergleichenden Messungen der Demokratiequalität, die Indi-

---

[1] Erstmals war es am 11. August 1792 eingeführt worden, doch bei den folgenden Wahlen im September 1792 gab es vor dem Hintergrund der jakobinischen „Terreur" nur 11,9 Prozent Wahlbeteiligung. Die Nachfolgeregime kehrten zu Formen des indirekten Zensuswahlrechts zurück. Obwohl Robbespierre Befürworter des Frauenwahlrechts war, sollte dieses erst 1944 realisiert werden.

[2] Vgl. den Überblick bei Erbe, Michael, Die Verfassungsentwicklung in Frankreich seit 1789, in: Aus Politik und Zeitgeschichte: Beilage zur Wochenzeitung Das Parlament, B 30–31 (1987), S. 29–39.

*nicht optimal*

katoren zu Machtkontrolle und Gewaltenteilung stark gewichten, suboptimale Werte zeigt: Dies ist der Fall bei der *Polity-IV*-Studie, welche die Regimequalität über zwei unabhängige, vom Wert 1 bis 10 reichende Messlatten des *autocracy score* und des *democracy score* bestimmt. Frankreich ist zwar eindeutig als Demokratie eingeordnet, erreicht dabei jedoch nicht den Höchstwert 10 einer ausgeprägten Demokratie („full democracy"), wie zum Bespiel Deutschland oder die Schweiz, sondern nur den Wert 9 (Marshall/Gurr 2011). Grund dafür ist der Punktabzug bei den Indikatoren Kontrolle der Exekutive und Rekrutierung des Regierungspersonals. Auf diese Aspekte wird noch einzugehen sein.

## 2 Typus des Regierungssystems

Für eine erste typologische Verortung eines Regierungssystems bietet sich die Erfassung seiner institutionellen Charakteristika auf der horizontalen und vertikalen Dimension der Gewaltenteilung an. Die Fünfte französische Republik gilt bezüglich der ersten Dimension, ungeachtet der seit 1958 erfolgten Verfassungsreformen, seit ihren Anfängen als semipräsidentielle Demokratie.[3] Auf der zweiten Dimension gibt es eine geradezu revolutionäre Wandlung zu verzeichnen: Frankreich, der Zentralstaat *par excellence*, definiert sich laut Verfassung seit 2002 als ‚dezentralisierter Einheitsstaat'.

Betrachtet man zunächst die erste Dimension und insbesondere die Ausgestaltung des Verhältnisses zwischen Exekutive und Parlament, so zeigt sich, dass in Abhängigkeit von den jeweils vorhandenen politischen Mehrheitsverhältnissen in der Fünften Republik eine eher parlamentarische oder präsidentielle Regierungsweise praktiziert wurde. Dabei dominierte bisher die präsidentielle Lesart und Praxis. So erklärt sich, dass die vom Verfassungsrechtler Maurice Duverger angesichts der zu beobachtenden Machtkonzentration beim Präsidenten benutzte Formulierung von der der Fünften Republik als ‚republikanische Monarchie' in der politischen Publizistik rasch populär wurde. Mit der umfassenden Verfassungsreform von 2008, in der vor allem das Parlament gestärkt wurde, muss diese Beschreibung allerdings relativiert werden.

Tatsächlich bildet das Präsidentenamt nach wie vor den tragenden Pfeiler der Verfassungskonstruktion, der in der Verfassungswirklichkeit durch Verfassungskonventionen und informelle Regeln konsolidiert wird (siehe Punkt 3 und 4). Schon ein

---

**3** Um die Typologisierung der Fünften Republik bzw. allgemeiner um die Etablierung eines eigenen „semi-präsidentiellen" Regimetypus gab es in der Politikwissenschaft immer wieder Kontroversen. Dessen ungeachtet gilt in Frankreich die Einordnung des Verfassungsrechtlers und Politologen Maurice Duverger als einschlägig. Er spricht bezüglich der Fünften Republik von einem Verfassungstext und einem Regime (dem semi-präsidentiellen) sowie drei zu unterscheidenden Regime-Modalitäten (Präsident mit Parlamentsmehrheit, mit entgegengesetzter Parlamentsmehrheit und ohne Mehrheit). Vgl. Duverger, Maurice: Le système politique français. Droit constitutionnel et Science politique, Paris, 21. Aufl. 1996, S. 518ff.

einfacher Blick auf die Reihenfolge der Behandlung der zentralen Verfassungsorgane im Text der Verfassung der Vierten und Fünften Republik zeigt den von den Verfassungsgebern intendierten Bruch mit dem absoluten Parlamentarismus der Vierten Republik: Gleich nach dem Verfassungsartikel zur ‚Souveränität' nehmen die Artikel zum Präsidenten den ersten Rang ein, gefolgt von denen zur Regierung. Erst danach, an dritter Stelle, finden sich die Artikel zu den Kompetenzen des Parlaments. Folgt man der von Winfried Steffani (Steffani 1995: 621–642) vorgeschlagenen typologischen Systematik, ist Frankreichs Regierungssystem insofern als parlamentarisch zu kennzeichnen, als der Premierminister und die Regierung der ersten Kammer des Parlaments verantwortlich sind und über ein Misstrauensvotum gestürzt werden können (Artikel 49). Allerdings wird der Premierminister vom seit der Verfassungsreform von 1962 direkt gewählten Präsidenten ernannt (Artikel 8) und im Falle einer dem Präsidenten gegenüber loyalen Mehrheit im Parlament faktisch zum Ausführungsgehilfen einer Politik, deren Richtlinien im Elysée bestimmt werden, obgleich Artikel 21 der Verfassung den Premier eindeutig zum Chef der Regierung bestimmt, die wiederum laut Artikel 20 „die Politik bestimmt und leitet".

Wie Charles de Gaulle in einer Rundfunkansprache im Jahre 1964 ausführte, war diese exekutive Doppelspitze von den Verfassungsgebern zur Absicherung der Regierungsstabilität erdacht worden. Der Präsident sollte Ziel und Kurs der Politik bestimmen, der Premierminister als untergeordneter Steuermann den vorgegebenen Kurs fahren und halten, und, sollte er oder sie die im alltäglichen Regierungsgeschäft auftretenden Turbulenzen nicht bewältigen, von Bord geschickt werden können,[4] ohne die Bestimmung des Schiffs zu gefährden (De Gaulle 1998). Ganz in diesem Sinne äußerten sich und agierten auch die nachfolgenden Präsidenten. Besonders deutlich machte der Neogaullist Jacques Chirac als Staatschef seinen Anspruch auf die konkrete Regierungsführung, als er öffentlich Gehorsam vom damaligen ‚Superminister' (Finanz- und Wirtschaftsministerium) Nicolas Sarkozy einforderte, indem er sagte: „Ich entscheide, er führt aus."[5]

Diese herausgehobene Stellung des Präsidenten findet sich gemäß der präsidentialistischen Lesart der Verfassung in Artikel 5 verankert, der den Präsidenten zum Garanten der nationalen Unabhängigkeit und zum Schiedsrichter (*arbitre*) über das Funktionieren der öffentlichen Gewalten bestimmt. Die verfassungsrechtliche Auslegung des Begriffs *arbitre* ist allerdings kontrovers, denn die normativ gebotene Unparteilichkeit eines Schiedsrichters steht in einem klaren Spannungsverhältnis oder gar im Widerspruch zur Rolle eines Super-Regierungschefs, da ein solcher als Führer der von Parteien gestellten Regierungsmehrheit schwerlich als neutraler Wächter fungieren kann. Wie sich das in der politischen Realität verhält und welcher Art in Frankreich die Verbindung von Parteipolitik und Regieren ist, ist daher weiter unten noch genauer zu

---

4 Die Verfassung allerdings sieht ein Entlassungsrecht des Präsidenten nicht vor.
5 Jacques Chirac zitiert nach *Frankfurter Allgemeine Zeitung* vom 15. Juli 2004.

klären. Die Frage nach der Rolle des französischen Präsidenten, und somit auch der typologischen Einordnung des französischen Regierungssystems, macht somit unmittelbar deutlich, dass das Funktionieren eines politischen Systems über einen auf formale Spielregeln beschränkten Zugriff unmöglich erfasst werden kann.

Unstrittig ist, dass die Verfassung dem Präsidenten auf der Grundlage von Artikel 5, aber auch Artikel 15 (Präsident als Oberbefehlshaber der Streitkräfte) und 52 (Verhandlungsführung und Ratifikation internationaler Verträge), in der Außen- und Verteidigungspolitik eine besondere Rolle zuweist, obschon auch hier die Verfassung eine gemeinsame und geteilte Verantwortlichkeit vorsieht, da Artikel 20 die Landesverteidigung in die Zuständigkeit der Regierung legt und die genauen Kompetenzabgrenzungen nicht aus der Verfassung allein abgelesen werden können.

Wirklich ungeteilte Kompetenzen hat der Präsident neben der bereits genannten Bestellung des Premierministers bei der Ausrufung und Anwendung des Notstands (nach Konsultation des Verfassungsrats) und bezüglich der Auflösung der Nationalversammlung – die beiden letzteren Befugnisse korrespondieren mit der ihm durch Artikel 5 zugeschriebenen Rolle eines *arbitre*, die dadurch einen besonders potenten ‚Wächter der Verfassung‘ schafft. Dazu passt auch das – allerdings nicht exklusive – Recht des Präsidenten, den Verfassungsrat anzurufen und drei der neun Verfassungsrichter zu bestellen und nach Ende der Amtszeit dort selbst Mitglied zu werden. Weitere Rechte sind es, Botschaften an das Parlament zu richten und (seit 2008) vor den zum Kongress vereinigten Parlamentskammern zu sprechen und den Vorsitz im Ministerrat sowie allen verteidigungspolitischen Gremien zu führen.

Doch der Großteil der Amtshandlungen des Präsidenten liegt in geteilter Verantwortung mit Regierung bzw. Premierminister: Insbesondere hat der französische Präsident, anders als etwa der amerikanische Präsident, im Gesetzgebungsverfahren kein Vetorecht, er kann nur die nochmalige Beratung eines Gesetzes veranlassen. Auch die Einberufung von Sondersitzungen des Parlaments oder die Abhaltung eines Referendums sind zustimmungspflichtig. Dies gilt auch für das Nominierungsrecht für Minister, Staatssekretäre und hohe Beamte. Damit dürfte hinreichend klar sein, dass eine fehlende parteipolitische Übereinstimmung von Präsident bzw. der ihn tragenden politischen Mehrheit einerseits und Regierung und Parlamentsmehrheit andererseits das Regieren beträchtlich kompliziert und dieser ‚cohabitation‘ genannten Situation, zu der es insgesamt drei Mal kam, letztlich durch eine Verfassungsreform im Jahr 2002 vorgebeugt werden sollte. Die vormals siebenjährige Amtszeit des Präsidenten wurde auf fünf Jahre verkürzt (*quinquinnat*) und somit der Amtszeit der Mitglieder der Nationalversammlung, also der ersten Kammer des Parlaments, angepasst. Außerdem liegen die Präsidentschaftswahlen nun vor den Parlamentswahlen, sodass die Wahrscheinlichkeit des Auseinanderfallens der präsidentiellen und parlamentarischen Mehrheit minimiert wird.

Solange dies gelingt, bietet der in den Verfassungsbestimmungen der Fünften Republik fixierte ‚rationalisierte Parlamentarismus‘ den politischen Vorhaben der Exekutive sehr gute Durchsetzungschancen. Eine ganze Reihe von formalen, weitgehend in der Verfassung fixierten Bestimmungen sorgt dafür, dass die Exekutive handlungsfähig bleibt und sich auf eine institutionell disziplinierte Regierungsmehrheit im Parlament stützen kann. Schließlich war das Kernproblem der Vierten Republik ein polarisiertes Parteiensystem mit starken systemoppositionellen Kräften (Kommunisten und Gaullisten) gewesen, das nur einen relativ kleinen systemfreundlichen und koalitionsfähigen Kernbestand an Parteien in der Mitte des Spektrums besaß, die sich untereinander – weitgehend abgekoppelt von Wahlen – in einem Walzer von Regierungsstürzen und Regierungsumbildungen ablösten. Die labilen Parlamentsmehrheiten fanden vor allem *ex negativo* zusammen, nämlich um die Regierung zu stürzen, was in der Ära des Parlamentsabsolutismus ein Leichtes war.

Michel Debré als zentraler Ideengeber der Verfassung von 1958 sorgte nicht nur dafür, dass dort die absolute Mehrheitswahl für die Parlamentswahlen verankert und so die Mehrheitsbildung vorbereitet wurde, sondern auch dafür, dass die doppelköpfige Exekutive die politischen Geschäfte dominierte und die Mehrheit disziplinieren konnte. Mit Artikel 23 wurde die Inkompatibilität zwischen Regierungsamt und Parlamentsmandat eingeführt – ein Merkmal präsidentieller Regime –, um die Lust der Parlamentarier am ‚Walzer der Kabinette‘ zu dämpfen. Vor allem aber sorgte der ‚rationalisierte Parlamentarismus‘ dafür, dass die Regierung bis 2008 die Herrschaft über die Tagesordnung (Artikel 48) erhielt, im Gesetzgebungsverfahren jeweils ihren eigenen Gesetzentwurf, statt wie früher die Ausschussentwürfe, zur Grundlage der Plenardebatten machen und dann mit der Erklärung der Dringlichkeit Gesetzgebungsverfahren durchpeitschen konnte sowie mit dem Verfahren einer Blockabstimmung (*vote bloqué*) oder gar mit der über Artikel 49 Absatz 3 jederzeit möglichen Verbindung eines Gesetzentwurfs mit der Vertrauensfrage die eigene politische Mehrheit am Zügel hielt.

Dieses Korsett wurde erst 2008 gelockert:[6] Die privilegierte Behandlung von Regierungsentwürfen ist nunmehr nur noch in zwei von vier Sitzungswochen von der Verfassung gesichert, der bei den Parlamentariern verhasste Artikel 49 Absatz 3 wurde auf den Haushaltsplan, die Finanzierungsgesetze zur Sozialversicherung und einen weiteren Gesetzentwurf pro Sitzungsperiode beschränkt (Artikel 45) und das beschleunigte Gesetzgebungsverfahren von den Vorsitzenden der ersten und zweiten Kammer ausgebremst. Die *vote bloqué* verbleibt jedoch als Zügel in der Hand der Regierung.

Als Zügel des Parlaments war ursprünglich auch der Verfassungsrat konzipiert, der zunächst rein formal überwachte, ob die beiden Kammern des Parlaments sich an die sie disziplinierenden Verfassungsvorschriften hielten und insbesondere die Grenzen zwischen dem parlamentarischen Bereich der Gesetzgebung nach Artikel 34 und dem der Regierung obliegenden Bereich der Verordnungen nach Artikel 37 respektierten. Seit Anfang der siebziger Jahre wurde der Verfassungsrat jedoch zu einem zentra-

---

6 Für eine kritische Darstellung der Verfassungslage in Frankreich siehe Kimmel, Adolf: Die Verfassung auf dem Prüfstand, in: Schild, Joachim und Henrik Uterwedde (Hrsg.), Die verunsicherte Französische Republik, Baden-Baden 2009, S. 41–65.

len Kontrolleur und potenziellen Gegengewicht der Regierungsmehrheit[7], denn seit 1971 nimmt er eine substanzielle Überprüfung der Gesetze auf Grundlage des sogenannten *bloc de constitutionnalité* vor, das heißt, er bezieht die Präambeln der Verfassungen von 1958 und 1946 und ihren Bezug auf die Menschenrechtserklärung von 1789 ebenso ein wie die „die durch die Gesetze der Republik anerkannten Grundsätze". Zudem kann er seit 1974 nicht nur vom Präsidenten, dem Premierminister oder den Vorsitzenden der Parlamentskammern angerufen werden, sondern von 60 Abgeordneten und Senatoren, und ist seit den achtziger Jahren einer der wenigen Vetospieler, mit dem die Regierenden in Frankreich rechnen müssen.

Neben der inzwischen etablierten abstrakten Normenkontrolle *ex ante*, die den Verfassungsrat im Gesetzgebungsverfahren fallweise wie eine ‚dritte Kammer' aussehen lässt, wurde mit der Verfassungsänderung vom 23. Juli 2008 auch eine Form der konkreten Normenkontrolle eingeführt – eine Revolution in der französischen Verfassungstradition, da damit erstmals vom Gesetzgeber bereits erlassene Gesetze angefochten werden können. Nach Artikel 61 Absatz 1 kann ein Bürger im Falle der Verletzung seiner durch die Verfassung garantierten Rechte durch eine für seinen konkreten Rechtsfall relevante gesetzliche Vorschrift eine sogenannte ‚vorrangige Verfassungsmäßigkeitsanfrage' stellen, die vom Gericht über den Staatsrat oder den Kassationsgerichtshof an den Verfassungsrat weitergegeben wird. Mit dieser neuen Kompetenz rückt dieser ein Stück weit in den Funktionsbereich der Judikative ein.

Der Senat ist als zweite Kammer des Parlaments neben dem Verfassungsrat der andere wichtige Vetospieler. Er stellt die Vertretung der Gebietskörperschaften dar (Artikel 24 Abs. 2) und besitzt bei verfassungsergänzenden Gesetzen (*lois organiques*) ein Vetorecht. Ansonsten allerdings ist seine Rolle treffend mit „wenig potestats, viel auctoritas" (Kempf 1992: 189–215)[8] beschrieben. Obwohl er von den Verfassungsgebern als stabilisierendes Element gegenüber der von der polarisierten Parteipolitik dominierten ersten Kammer konzipiert worden war, erwarb sich der Senat vor allem dank seiner engagierten Nutzung von Kontrollrechten, wie der Arbeit von Untersuchungskommissionen, Respekt als Gegengewicht zur Regierungsmehrheit. Umstritten ist auch nach der Reform von 2003 sein Wahlmodus oder genauer sein Wahlkörper: Die sogenannten *grands électeurs* bestehen aus Mandatsträger/-innen und mit über 90 Prozent sorgen die Delegierten der Gemeinden für eine Überrepräsentation des ländlichen Raums. Dies entspricht nicht der seit Beginn der 1980er-Jahre im Rahmen der Dezentralisierung entstandenen neuen territorialen politischen Ordnung und benachteiligt insbesondere die Regionen als jüngste Gebietskörperschaft.

---

**7** Zur Entwicklung und politischen Rolle der Verfassungsgerichtsbarkeit siehe Vogel, Wolfram, Demokratie und Verfassung in Frankreich, Opladen 2001.
**8** Detailliert zur Rolle dieser Institution: Ruß, Sabine, Die Schildkröte der Republik, in: Riescher, Gisela; Ruß, Sabine und Christoph Haas (Hrsg.): Zweite Kammern, München 2. überarb. Aufl. 2010, S. 361–388.

Mit der territorialen Verfassung ist die zweite für die typologische Verortung eines Regierungssystems wesentliche Dimension angesprochen. Frankreich galt lange als die Verkörperung des Zentralstaats schlechthin (Müller-Brandeck-Bocquet/Moreau 2000). Im 21. Jahrhundert ist die vor mehr als zweihundert Jahren schon im *ancien régime* angelegte und von Napoleon im Wesentlichen vollendete zentralistische Pyramide des französischen Staats allerdings in ihren Bestandteilen erweitert, in sich verschoben sowie in Teilen verflacht worden. Zu den bis heute bestehenden Elementarbausteinen einer Unzahl von rund 36.500 (Kleinst)gemeinden und den 101 Departments (96 davon im *hexagone*, dem europäischen Mutterland, und 5 in Übersee) kommen seit dem ersten Dezentralisationsschub in den 1980er-Jahren 22 Regionen. Die Gebietskörperschaften stehen in keinem hierarchischen Verhältnis zueinander, sondern besitzen jeweils einen ‚Kompetenzblock' zur Gewährleistung einer Hauptfunktion:[9] Für die Gemeinden ist dies die Stadtplanung, für die Departments sozialpolitische Dienste – insbesondere die Sozialhilfe – sowie die ländliche Infrastruktur, und die Regionen sind für die wirtschaftliche Entwicklung zuständig. Im Rahmen des zweiten Dezentralisierungsschubs 2003/04 wurde das Prinzip der Finanzautonomie der Gebietskörperschaften in der Verfassung verankert, was für die Bürger vor allem erst einmal einen spürbaren Anstieg der Steuer- und Abgabenbelastung bedeutete. Einen dem deutschen Finanzausgleichsmechanismus vergleichbare Regelung besteht noch nicht.

Im letzten Vierteljahrhundert wurde das territoriale Herrschaftsgefüge nicht von Grund auf erneuert, sondern durch Zu- und Anbauten, neue Rechte und Akteure inkrementalistisch verändert.[10] Der ehemals so starke Repräsentant des Zentralstaats vor Ort, der Präfekt, ist heute mit Ausnahme einer Ex-post-Kontrollfunktion weitgehend entmachtet. Dass die scherzhaft als ‚millefeuille' (Blätterteig) bezeichnete territoriale Struktur zu kompliziert und zu teuer ist, ist zwar Konsens, eine politische gangbare Lösung mit Blick auf die Blockademöglichkeiten der lokalen Abgeordneten über ihre Vertretung im Senat gleichwohl schwierig. In seiner Neujahrsansprache 2014 sprach auch Präsident Hollande das Problem an und forderte einen Neuzuschnitt der Regionen.[11] Im April 2014 ging sein neu benannter zweiter Premierminister Manuel Valls deutlich weiter und kündigte folgende Schritte zum Ausgang aus der französischen Politikverflechtungsfalle an: die Stärkung der Regionen bei Halbierung ihrer Zahl, die

---

**9** Zeitweise besaßen die Gebietskörperschaften eine Generalkompetenz, die ihnen erlaubte, bei Bedarf auch über die ihnen zugeschriebenen Aufgabenfelder hinaus tätig zu werden. Diese Öffnungsklausel war unter Präsident Sarkozy im Jahr 2010 abgeschafft und unter Präsident Hollande 2013 wieder eingeführt worden, um allerdings schon 2014 vom Reformvorhaben des neuen Premiers Valls wieder infrage gestellt zu werden.

**10** Als wichtigste Neuerung gelten kann die Verbreitung der interkommunalen Zusammenschlüsse angesichts der in Frankreich existierenden mehr als 36.000 Gemeinden.

**11** Hollande, François, Ouverture de la conférence du presse du Président de la République aus Palais de l'Elysée, 14.1.2014 über http://www.elysee.fr/declarations/article/ouverture-de-la-conference-de-presse-du-president-de-la-republique-au-palais-de-l-elysee-le-14-janvier-2014.

klärende Neuordnung der Kompetenzen der Gebietsköperschaften sowie eine Abschaffung der Departmenträte und somit der Departements als politischer Ebene zum Jahr 2021.[12]

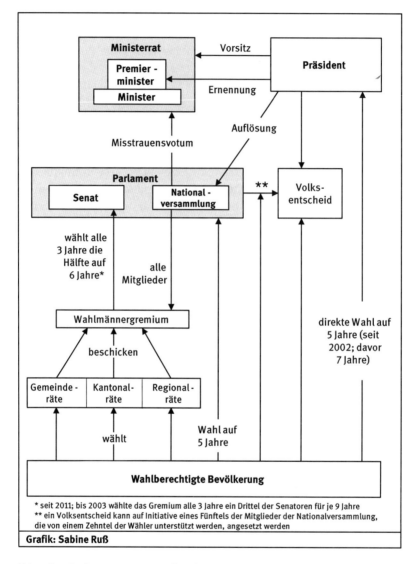

**Abb. 1:** Das Regierungssystem Frankreichs
Quelle: eigene Darstellung

12 Valls, Manuel, Vérité, efficacité, confiance – Déclaration de politique générale du Premier ministre, 8.4.2014, über http://www.gouvernement.fr/premier-ministre/verite-efficacite-confiance-declaration-de-politique-generale-du-premier-ministre-0.

# 3 Informelle Regeln und Praktiken (informelle Verfassung), Kulturtraditionen

Regieren in Frankreich findet in einem stark pluralisierten und hoch ideologisierten politischen Raum statt. Im Vielparteiensystem finden häufige Umbenennungen und Allianzneubildungen statt und die Identifikation der Wähler bezieht sich weniger auf konkrete Parteien als auf politische ‚Familien' (Gaullisten, Zentristen, Sozialisten, Kommunisten) oder auf die ideologische Rechts-Links-Achse und die beiden großen politischen Lager (Jäger 1980: 583–602). Inhalt und Konsistenz dieses Links-Rechts-Orientierungsrahmens werden zwar durch die Auflösung, Neu- und Umbildung von *cleavages* – zum Beispiel durch die neue Spaltungslinie zwischen nationaler Souveränität und Europäischer Integration – infrage gestellt (Demesmay 2009: 111–126), doch die Institutionen der Fünften Republik unterstützen die Einordnung in zwei Lager durch die Wettbewerbslogik des zweistufigen Mehrheitswahlrechts und insbesondere durch dessen Anwendung in der Präsidentschaftswahl.[13] Während sich im ersten Wahlgang alle Kräfte messen und für den zweiten Wahlgang in Stellung bringen können und eine zentrifugale Wettbewerbslogik waltet, zwingt die Mehrheitsregel des zweiten Wahlgangs zur Allianz- und Lagerbildung.

Entsprechend wurde der erste Machtwechsel nach dreißig Jahren gaullistisch-bürgerlicher Regierung im Jahre 1981 erst möglich, nachdem der hervorragende Stratege François Mitterrand in den siebziger Jahren diese informelle Spielregel konsequent in ein Links-Bündnis der Sozialistischen Partei mit den Kommunisten umgesetzt hatte. Die Lagerbildung erreichte mit der sogenannten *quadrille bipolaire* Ende der siebziger Jahre einen Zustand der Symmetrie zwischen dem rechten Bündnis aus der liberal-bürgerlichen UDF und gaullistischen RPR einerseits und dem linken Bündnis aus der *Parti socialiste* und der PCF andererseits. Danach sind nach dem dramatischen Niedergang der Kommunisten im linken Lager und der Bildung einer – mehr oder weniger stabilen – dominanten UMP[14] unter neogaullistischer Führung im Jahr 2002 die Verhältnisse wieder in Bewegung geraten. Dass die bipolare Logik nach wie vor greift, zeigt das Schicksal des zentristischen Politikers François Bayrou, der trotz guter Ergebnisse im ersten Wahlgang der Präsidentschaftswahlen 2007 mit seiner Partei MoDem keinen nachhaltigen Halt auf dem Grund dieser bipolarisierten informellen Verfassung finden konnte. Zugleich existiert mit der sehr erfolgreichen rechtspopulistischen *Front national* – sie kam im Jahr 2002 mit dem Kandidaten Jean–Marie Le Pen in die Stichwahl bei den Präsidentschaftswahlen – eine Herausforderung aller etablierten Kräfte.

---

**13** Für die Entwicklung des französischen Parteiensystems in der Fünften Republik besitzt der institutionalistische Ansatz eine recht hohe Erklärungskraft. Vgl. Nohlen, Dieter, Wahlrecht und Parteiensystem. Zur Theorie und Entwicklung der Wahlsysteme, Opladen 2000.
**14** Zunächst unter dem Namen „Union für die präsidentielle Einheit", später dann „Union für eine Volksbewegung" (*Union pour un mouvement populaire*).

Das Ergebnis der Europawahlen 2014 verdeutlicht die Nachhaltigkeit des Erfolgs dieser Anti-System-Partei.

Die Skepsis de Gaulles gegenüber den zentrifugalen Kräften im französischen Parteiensystem scheint daher wieder an Berechtigung zu gewinnen. Der gaullistischen Vorstellung entsprechend sollte ein von der Instabilität des Vielparteiensystems ausreichend weit abgekoppeltes, dem nationalen Wohl und Interesse verpflichtetes Regieren in der Fünften Republik nicht nur durch die unter Punkt 1 beschriebene Verfassungskonstruktion gewährleistet werden, sondern zusätzlich auch mithilfe eines überparteilichen und hochqualifizierten Verwaltungs- und Regierungspersonals. Dies muss auch vor dem Hintergrund gesehen werden, dass die Interessenvermittlung in Frankreich traditionell eher antagonistisch abläuft als über Aushandlungsprozesse und Kompromisse und ganz wesentlich vom Staat mitorganisiert und getragen wird. Die Vorstellung vom Staat als aktivem Lenker im Sinne der *volonté générale* ist in der politischen Kultur nach wie vor bestimmend und die Erwartungen an den Staat, und somit auch an die Staatsdiener, sind daher entsprechend hoch (Christadler 2005), obwohl oder gerade weil das Vertrauen in die Politiker traditionell niedrig ausgeprägt ist.

Die Vision einer technokratisch-überparteilichen Regierung hat sich allerdings in der postgaullistischen Ära nur ansatzweise realisiert. In der Gegenwart findet sich Frankreichs informelle Verfassung durch drei Elemente charakterisiert:
–   Erstens kennt sie eine gewisse *technokratische* Komponente, aber
–   zweitens auch eine *parteiendemokratische*, wobei diese
–   drittens durch eine hohe *Personalisierung* des politischen Wettbewerbs relativiert wird.

Um ein Übergreifen etwaiger Turbulenzen der Parteipolitik auf die Exekutive zu verhindern, war in der Verfassung die für parlamentarische Regime untypische Inkompatibilität von Parlamentssitz und Regierungsamt mit Artikel 23 verankert und so der Rekrutierung von Technokraten explizit ein Tor geöffnet worden. Doch der Experten-Typus stellt gegenüber dem Parlamentarier und Parteipolitiker-Typus unter den Ministern die Minderheit:[15] In den ersten fünfzig Jahren der Fünften Republik schwankte der Anteil der Nichtparlamentarier – also Politiker/-innen, die niemals ein Mandat in der Nationalversammlung, im Senat oder auch Europaparlament gehabt haben – zwischen einem Tiefstwert von lediglich 3,4 Prozent in der Regierung Jospin während der Kohabitation mit Präsident Chirac und Höchstwerten von 37 Prozent in der Regierung Debré unter De Gaulle bzw. 39 Prozent in der Regierung Rocard unter Mitterrand (Kempf 2007: 105). Die Parteimitgliedschaft setzte sich noch deutlicher als Zugangskri-

---

**15** Auch was die Besetzung des Amts des Premiers angeht, bildet der Fall des Experten und Wirtschaftsprofessors Raymond Barre eine Ausnahme. Er war 1978 vom damals amtierenden Präsidenten Valérie Giscard d'Estaing eingesetzt worden, als sein erster Premier Jacques Chirac vom Amt zurückgetreten war, um selbst im nächsten Präsidentschaftswahlkampf als Führer der gaullistischen Partei seinen Handschuh in den Ring zu werfen.

terium durch: Nur in der allerersten Regierung unter De Gaulle war über die Hälfte der Minister tatsächlich parteilos. Im Kontrast dazu steht die Parteipolitisierung der kommunistisch-sozialistischen Koalitionsregierung Mauroy unter Mitterrand mit einem Anteil von 77 Prozent (Kempf 2007: 105).

In der Fünften Republik spielen gleichwohl die in der von der republikanischen Elite-Schmiede *Ecole d'Administration nationale* (ENA) ausgebildeten Bürokraten eine unübersehbare Rolle. Die ENA untersteht direkt dem Premierminister und war 1945 mit dem Ziel gegründet worden, dem Staat die interdisziplinäre Ausbildung seiner Funktionäre selbst in die Hand zu geben und so die Besten für den Staatsdienst zu gewinnen. Immerhin drei der bisher sieben Präsidenten[16] sowie sieben der bisher 21 Premierminister/-innen waren bzw. sind ,Enarchen'. Deren Anteil an den Regierungskabinetten oszillierte zwischen etwa 10 und 30 Prozent, wobei einzelne Regierungen, wie zum Beispiel die erste sozialistisch-kommunistische Koalitionsregierung Mauroy 1982 unter Präsident Mitterrand und die erste Regierung Fillon 2007 unter Präsident Sarkozy, explizit eine andere Rekrutierungsbasis wählten. Betrachtet man das politisch-administrative Personal genauer, so kann man inzwischen mindestens mit dem gleichen Recht von der Parteipolitisierung der obersten Verwaltung sprechen wie von der Bürokratisierung der Politik (Schmidt 1991; Bock 1999). Eine Parteimitgliedschaft und die Zuarbeit zu einem Politiker beschleunigen die Karriere von Spitzenfunktionären. Ohne Parteibuch und ohne lokales Mandat kann sich wiederum kein(e) Technokrat(in) lange an der politischen Spitze halten.

Es wäre überzogen, die soziologische Unterseite der informellen Verfassung der Republik als ,Enarchie' zu bezeichnen, aber ohne dieses Phänomen ist die Verfassungspraxis nicht zu verstehen. Die unübersehbare Präsenz der Absolvent/-innen der ENA in den administrativen Führungspositionen sowie in den persönlichen Beraterstäben der Minister(innen) (*cabinets ministériels*) sorgt für eine ungewöhnlich hohe horizontale Elitenintegration. Im internationalen Vergleich werden die politisch-administrativen wie auch wirtschaftlichen Elite-Netzwerke als relativ geschlossen eingeordnet (Hartmann 2007; Joly 2005: 149–170; Suleiman 1997; Wasner 2004: 127–198). Diese Kohäsion wird vom spezifisch französischen dualen Hochschulwesen bewerkstelligt, das neben den Universitäten die über *concours*-Verfahren zugänglichen Elite-Hochschulen – die *Grandes Ecoles*[17] – wie eben die ENA kennt. Tatsächlich sind auch im Management der großen französischen Wirtschaftsunternehmen Enarchen zu finden. Für viele Manager stellt(e) die Mitarbeit im persönlichen Stab eines

---

16 Valéry Giscard d'Estaing (1974–1981), Jacques Chirac (1995–2007) und François Hollande (seit 2012).

17 Dies sind neben der ENA vor allem das Pariser Institut d'Etudes politiques (IEP), die Ecole normale supérieure (ENS bzw. ,Rue d'Ulm'), die Ecole polytechnique (L'X), HEC und HECC. Die Regierung Valls mit ihren insgesamt 17 Mitgliedern (April 2014) zählte sieben (Premier)minister, die ENA, IEP oder ENS absolviert hatten.

Ministers den entscheidenden Karrieretrumpf dar.[18] Der Umstieg vom Staatsdienst in die Wirtschaft wird *pantouflage* genannt. Er bildet einen Aspekt der spezifischen Governance-Strukturen in Frankreich und ist im Zusammenhang mit einem – auch nach den seit den Achtziger Jahren erfolgten Privatisierungen der großen Staatsbetriebe – wirtschaftspolitisch aktiven französischen Staat zu verstehen (Uterwedde 2012: 172–191). Dieser in Wirtschaft- und Gesellschaft weit ein- und ausgreifende Lenkungsanspruch des französischen Staats bleibt als Merkmal der politischen Kultur und Rahmenbedingung der informellen Verfassung stets zu erinnern.

Die beschriebene französische Form einer republikanischen Meritokratie und die *Grandes Ecoles* – besonders aber die ENA – sehen sich schon seit geraumer Zeit der Kritik ausgesetzt, sie hätten durch ihre sozial zu homogene Rekrutierung einen in Statusdünkel erstarrter Staatsadel generiert und so die mangelnde Innovations- und Anpassungsfähigkeit des Landes und die schwere politische Vertrauens- bzw. Repräsentationskrise mitzuverantworten.[19] Insbesondere unter dem Schlagwort der ‚Diversität' sowie auch der Internationalisierung der Ausbildung ist dieses Auslesesystem im neuen Jahrhundert deutlich reformiert worden, doch nach wie vor trägt die Wahrnehmung der Elite als abgehoben – und sogar korrupt (siehe Punkt 4.3.) – dazu bei, dass das in Frankreich politisch-kulturell tief verankerte Misstrauen gegenüber den Regierenden unter dem Enarchen Hollande Rekordhöhen erreicht. Gerade der in Frankreich in der politischen Alltags- wie Wissenschaftssprache übliche Ausdruck *classe politique* bringt diese Wahrnehmung einer selbstbezogenen Politikerklasse zum Ausdruck.

Dass sich in der französischen Politik eine für Neulinge relativ schwer zugänglichen Klasse von ‚Politik-Profis' herausbildete – mit einer bis zur Verankerung des Paritätsgrundsatzes in der Verfassung im Jahr 2003 frappierenden Unterrepräsentanz von Frauen – lag nicht zuletzt im Phänomen der Ämterkumulierung begründet. Diese war lange Zeit geradezu das zentrale Moment in der – gegenwärtig freilich stark unter Wandlungsdruck stehenden – informellen Verfassung. Der historische Grund für dieses Phänomen liegt im französischen Zentralismus, der insbesondere die Kombination von Bürgermeisteramt und Parlamentsmandat als probates Mittel des kommunikativen Kurzschlusses zwischen der Provinz und Paris erscheinen ließ. Daneben bot ein Bürgermeisteramt (den nicht immer legalen, siehe unten) Zugang zu organisatorischer Infrastruktur und zu Ressourcen für den politischen Wettbewerb auch auf nationaler Ebene – angesichts der Tatsache, dass eine öffentliche Wahlkampf - und Par-

---

**18** Dies zeigt eine Studie zu den CAC 40 (den 40 umsatzstärksten französischen Aktiengesellschaften wie Alstom, GDF Suez, BNP Paribas, L'Oréal, EADS, France Telekom, Sanofi): Dudouet, Francois-Xavier und Hervé Joly, „Les dirigenats francais du CAC 40: Entre élitisme scolaire et passage par l'Etat", in: Sociologies politiques, n°21, 2010/2, S. 35–47.

**19** Auf wissenschaftlicher Seite ist die Kritik von Pierre Bourdieu (Pierre Bourdieu, La noblesse d'État : grandes écoles et esprit de corps, Paris 1989) einschlägig, im gegenwärtigen Politikbetrieb gehört der zentristische Politiker und ehemaliger Präsidentschaftskandidat François Bayrou zu den radikalsten Kritikern, die die ENA sogar schließen wollen.

teienfinanzierung erst Ende der Achtziger Jahre eingeführt wurde (Ruß 1993), stellte dies einen nicht zu unterschätzenden Vorteil dar. Allerdings war bzw. ist, wie Yves Mény 1992 in seiner scharfsichtigen Analyse ‚La corruption de la République' aufgezeigt hat, die Versuchung zur Korruption hier systemisch gegeben – besonders wenn man in Rechnung stellt, dass der Bürgermeister in der Gemeinde eine ähnlich starke Position hat wie der Präsident auf der nationalen Ebene und die Kontrollmöglichkeiten eher schwach ausgeprägt sind.

Last but not least bedeuteten mehrere Mandate die Akkumulierung politischen Kapitals zur Absicherung einer politischen Karriere (Roger 2013). Hier ist auch zu berücksichtigen, dass das romanische Mehrheitswahlrecht der Person gegenüber der Partei ein deutlich größeres Gewicht verleiht als das Verhältniswahlrecht. Amtsinhaber sind erstens bekannter und sichtbarer als ihre Herausforderer, zweitens im Zentralismus als mehrfache Mandatsträger auch wirksamere Interessenvertreter ihrer Wähler und drittens unabhängiger von ihrer Partei. So ist es auch folgerichtig, dass das französische Politikfinanzierungsmodell eine Hälfte der öffentlichen Gelder nach Maßgabe der von den Parteien erreichten Stimmen verteilt, aber über die Verteilung der zweiten Hälfte die einzelnen Abgeordneten entscheiden (Roger 2013).

Die französischen Parteien sind als Organisationen – zumal im Vergleich zu den deutschen Parteien – aufgrund ihrer geringen Mitgliederzahlen von nicht einmal einem Prozent der Bürger – eher schwach und bieten dem einzelnen Politiker nur begrenzt eine unterstützende Infrastruktur. Stattdessen ist für jeden Politiker der Aufbau eigener persönlicher Beziehungsnetzwerke ausschlaggebend. Die in mehreren, lokalen und/oder nationalen Ämtern platzierten führenden Politiker nutzen ihre Position zur Patronage. Besonders im Süden der Republik finden sich auf lokaler Ebene – trotz der Skandalisierung dieser Praktiken seit den späten Achtzigerjahren und Neunzigerjahren – klientelistische Beziehungen.

Ein bekanntes Beispiel bildet Marseille zu Zeiten des langjährigen sozialistischen Bürgermeister Gaston Deferre. Doch auch im Vorfeld der Kommunalwahlen 2014 gab es mit Blick auf den Bürgermeisterkandidaten Melucci – Regionalpräsident, Abgeordneter und Bezirksbürgermeister – entsprechende Schlagzeilen.[20] Dass die Eroberung von Rathäusern aber nicht nur die einzelnen Politiker stärkt, sondern dass diese damit die Parteiapparate stabilisieren, zeigt die Affäre um das Pariser Rathaus, das unter Bürgermeister Jacques Chirac (1977–1995) fiktive Angestellte beschäftigte, die de facto für die gaullistische Partei arbeiteten. Dass allerdings diesbezüglich ein Wandel in der politischen Kultur stattgefunden hat, zeigt die Tatsache, dass es in diesem Fall zu einem Gerichtsprozess kam, in dessen Verlauf nicht nur Alain Juppé, der Nachfolger Jacques Chiracs im Bürgermeisteramt, mit dem Verlust seines passiven Wahlrechts bestraft wurde (wobei er inzwischen – im Jahr 2014 – als Bürgermeister von Bordeaux

---

20 Zu den Vorwürfen siehe Monnier, Xavier, Clientélisme, un mal français, 27.11.2012 in: http://www.bachchich.org.

wieder zum präsidentiablen Hoffnungsträger des rechten Lagers aufgestiegen ist), sondern erstmals mit Jacques Chirac ein ehemaliger Präsident vor Gericht geladen wurde, dort auch erschien und verurteilt wurde. Tatsächlich bieten Skandale wie die um die fiktiven Angestellten des Pariser Rathauses einen privilegierten Einblick in die informelle Verfassung der Republik (Ruß 2014).

Unter welch starkem Veränderungsdruck diese steht, zeigt sich beim Blick auf die ehedem goldene Regel der französischen Politik: die Ämterhäufung. Vor dem Hintergrund der Dezentralisierungsreformen wurde diese gängige Praxis zunehmend problematisiert und erstmals 1985 eingeschränkt, dann weitergehend nochmals über die verfassungsergänzenden Gesetze aus dem Jahr 2000.[21] Im Jahr 2012 besaßen 82 Prozent der Abgeordneten (476 von 577) weitere Ämter, wobei 59 Prozent in einem Amt der lokalen Exekutive aktiv waren, meist (45 Prozent) in führender Funktion, also als Bürgermeister oder Vorsitzender des Regional- oder Kantonalrats (sogenannte *notables*).[22] Dass dies sowohl auf Kosten der Kontrollleistung des Parlaments geht als auch den gewachsenen Aufgaben der lokalen Politikebene widerspricht, ist von verschiedenen Reformkommissionen konstatiert wurden und soll nun 2017 endgültig zum Verbot der Kombination von Parlamentsmandat und exekutiven Verantwortlichkeiten führen. In den Augen der Kritiker bedeutet dies freilich nichts anderes, als dass künftig die gewählten Repräsentanten in die Abhängigkeit von Parteiapparaten geraten werden.

Im Für und Wider besonders umstritten ist das neue Verbot der Ämterhäufung für Senatorinnen und Senatoren, die ja immerhin laut Verfassungsauftrag in der zweiten Kammer die lokale Politik repräsentieren sollen, und daher häufig zutiefst davon überzeugt sind, dass die von ihnen mehrheitlich praktizierte Ämterhäufung (202 Senatoren, also 58 Prozent, kumulieren, und zwar zu 48 Prozent mit exekutiven Ämtern) der optimalen Funktionswahrnehmung dient. So kommentierte Gérard Collomb, Senator und Bürgermeister von Lille, die auch für den Senat beschlossene Reform wie folgt: „Wenn künftig im Senat Bürgermeister, Regionalpräsidenten oder Kantonalpräsidenten nicht mehr Mitglied sein dürfen, dann kann man gleich den ganzen Senat abschaffen [...]. Entweder die Senatsmitglieder sind Personen mit lokalpolitischer Verantwortung und können in die legislative Arbeit auch die Anliegen ihrer Gebietskörperschaft einbringen, oder sie sind absolut nutzlos." (Übersetzung Verf.)[23] Geradezu personifiziert wird diese Auffassung vom langjährigen Senatspräsidenten Christian

---

21 Loi organique n° 2000-294 du 5 avril 2000 relative aux incompatibilités entre mandats électoraux (soit la situation des parlementaires nationaux) und Loi n° 2000-295 du 5 avril 2000.
22 Alle Zahlenangaben gemäß: France. Assemblée nationale, Commission Pour un renouveau politique, 2012, Paris S. 53–58.
23 Gérard Collomb zitiert nach Krug, François, „Cumul: Grace à Jospin le PS fait oublier sa promesse non tenue", 9.11.2012 über http://rue89.nouvelobs.com/cumul-des-mandats.

Poncelet, der im Jahr 2013 in einem – politisch immer noch aktiven! – Alter von 87 Jahren auf eine akkumulierte Mandatslaufzeit von 147 Jahren kommt.[24]

Von der NGO *Transparency International* moniert wird die Tatsache, dass bisher zwar die Kombination legislativer und exekutiver Tätigkeiten gesetzlich eingeschränkt wurde, jedoch nicht die konventionelle Superformel für die nationalen Größen der französischen Politik: die Kombination von Minister- und Bürgermeisteramt.[25] Die Schwergewichte der französischen Politik haben fast ausnahmslos eine regionale und lokale Basis. In der stark der personalisierten Form der Repräsentation verpflichteten politischen Kultur Frankreichs bildet die Institution ‚Bürgermeister' einen Vertrauens-anker in der ansonsten regelrecht vom Misstrauen der Bürger zerfressenen Legitimati-onsgrundlage des politischen Systems.[26] Die erweiterten Inkompatibilitätsregeln stel-len eine Kulturrevolution dar, deren Auswirkungen auf die informelle Verfassung noch nicht abzusehen sind und sicherlich eines ihrer Elemente, nämlich die Karriere-pfade in die Politik, modifiziert.

Gegenwärtig stellt das Emporklimmen der Mandatsleiter nach wie vor ein Muster der politischen Karriere dar, das allerdings durch die oben beschriebene partielle Technokratisierung der politisch-administrativen Elite und durch die sogenannte über die Parteien organisierte *parachutage* (‚Fallschirm-Abwurf') von Inhaber/-innen nati-onaler exekutiver Verantwortlichkeiten in parlamentarische oder lokale Mandate ergänzt wird. Insofern existiert der Bottom-up-Pfad neben dem Top-down-Pfad. Dass der erste Pfad von Honoratioren ohne Parteiunterstützung genommen wird, bildet inzwischen die Ausnahme.

Selbst bei der wichtigsten und einmaligen Karriere, die die Fünfte Republik zu bieten hat, nämlich dem Weg ins Präsidentenamt, spielen Parteien eine tragende Rolle. Zur vollständigen Erfassung der informellen Verfassung soll daher abschlie-ßend ihr zentralstes Element in den Blick genommen werden: der dynamische Zu-sammenhang zwischen der Rolle des Präsidenten und der Rolle der Parteien. Tatsäch-lich traf die gaullistische Konzeption eines über den Parteien stehenden Präsidenten auf einen in der politischen Kultur verankerten ‚Anti-Parteieneffekt' (Kimmel 1994: 295–312). Traditionell wurde das Verhältnis zwischen Regierenden und Regierten als idealerweise direkte Beziehung imaginiert, da im Nachhall der Rousseauschen Kon-zeption von Volkssouveränität jegliche intermediäre Vermittlung und Parteiung als Bedrohung der *volonté générale* durch Partikularinteressen erschien.[27]

---

**24** Royer, Patrick, Senateur Christian Poncelet, 147 ans de mandats, in: Le Monde vom 2.7.2013 über http://Lemonde.fr.

**25** Transparency International France, Rapport 2013 über www.transparency-france.org.

**26** Bürgermeisteramt 69 Prozent, Präsidentenamt 34 Prozent, Nationalversammlung 35 Prozent. Vgl. TNS sofres, Le baromètre de la confiance politique, CEVIPOF, Institut Pierre Mendès France, Edelmann, Dezember 2009 über http://issuu.com/cheurfa/docs/cevipof_baro_principal?e=0.

**27** Immerhin hatte die von vielen Brüchen gekennzeichnete politische Entwicklung nach der gro-ßen Revolution auch gezeigt, wie leicht die weltanschaulichen Auseinandersetzungen zu Bürger-

Die Krise der Vierten Republik bot einer charismatischen Führerpersönlichkeit wie Charles de Gaulle – nach seiner Rolle als Garant der unbeugsamen Republik im Zweiten Weltkrieg – nochmals die Gelegenheit, als Retter Frankreichs aufzutreten. Parteienhistoriker sprechen von einer ‚bonapartistischen' Strömung in der politischen Kultur Frankreichs, die durch eine bestimmte politische Konjunktur wieder zutage treten kann. Freilich ging es 1958 nicht um die Installierung einer Autokratie: De Gaulle und das Verfassungskomitee mussten sich der alten parlamentarischen Elite der Vierten Republik gegenüber im Rahmen des verhandelten Verfassungswechsels dazu verpflichten, den Kernpunkt des parlamentarischen Regimes unberührt zu lassen: die Verantwortlichkeit der Regierung vor der Nationalversammlung. Diese steht auch mit Artikel 49 in der Verfassung und führt dazu, dass De Gaulles erster Premierminister Debré das Regime als parlamentarisches auffassen konnte. Doch die historische Situation erlaubte es De Gaulle, mit einem ‚heroischen' Politikstil (Jack Hayward) in den ersten Jahren Erwartungen an die Verfassungspraxis nachhaltig zu prägen, indem er die Präsidentschaftswahl zur zentralen ‚Begegnung eines Mannes mit der Republik' (De Gaulle) mystifizierte und den Präsidenten zum einen und eigentlichen politischen Führer machte. Diese Erwartung ist in den kulturellen Code der Politik eingeschrieben in Form von Konventionen, die zu einer Präsidentialisierung der Verfassungspraxis führten – jedenfalls bis zur ersten Kohabitation (1986–1988).

Dabei weist Präsidentialisierung im Sinne von Webb/Poguntke (Webb/Poguntke 2005: 5) drei Aspekte auf und ist zunächst als ein Zuwachs an Machtressourcen zu verstehen, der den Präsidenten zum eindeutig bestimmenden politischen Lenker und Führer macht, ihm sowohl gegenüber den übrigen Exekutivorganen wie gegenüber seiner eigenen Partei Handlungsspielraum gewährt und auf einer direkten Legitimations- und Dialogbeziehung mit dem ganzen Volk (!) beruht (*the executive face*). Dies ist außerdem verbunden mit einer zunehmenden Ausrichtung der Parteiorganisation auf diesen politischen Führer (*the party face*) und auf die Personalisierung der Wahlkampfführung (*the electoral face*).

An dieser Stelle sollen zunächst die Aspekte der Präsidentialisierung betrachtet werden, die direkt das Verhältnis zwischen Parteien und Präsident betreffen bzw. die Parteienlogik in Relation zur Personalisierung setzen und so die informelle Verfas-

---

krieg und innen- wie außenpolitischer Lähmung der Regierung führen konnten. Infolge des Versagens der Dritten Republik und ihrer kampflosen Übergabe an das autoritäre Vichy-Régime sahen sich die meisten rechten Parteien delegitimiert, das drohende Versagen der Vierten Republik im Entkolonialisierungskonflikt warf Ende der 50er Jahre zusätzlich auf die Parteien der linken Mitte – inklusive der mitregierenden Sozialisten der S.F.I.O. – ein schlechtes Licht. Zum Zeitpunkt des Regimewechsels zur Fünften Republik konnten eigentlich nur noch zwei Parteien eine glaubhafte Alternative darstellen: erstens die gaullistische Bewegung, die eben keine ‚Partei' sein wollte – so wie auch die aus ihr erwachsenden Nachfolgeformationen bis heute – sowie zweitens die Kommunisten, die allerdings insbesondere nach dem Hervortreten des Systemkonflikts im Kalten Krieg durch ihre internationale Orientierung im Widerspruch zur kollektiven Identitätsformel Republik und Nation geraten sollten.

sung prägen. Inwieweit sich eine Präsidentialisierung im System der Entscheidungsfindung und damit auch auf policy-Ebene feststellen lassen, wird Gegenstand von
Punkt 4.2. sein.

Die erste präsidentialistische Konvention besagt, dass die in Artikel 5 beschriebene Rolle des *arbitre* (Schiedsrichter) nicht im Sinne eines nur in Krisenzeiten aktiv
werdenden Unparteiischen aufzufassen ist, sondern vielmehr im Sinne eines – im
doppelten Wortsinne! – über die Parteien regierenden und letztlich entscheidenden
Mannschaftskapitäns (Massot 1987). Hier ist der Blick auf die konkrete politische
Machtbasis des Präsidenten entscheidend. Die eigentliche Weichenstellung in Richtung Präsidentialismus erfolgte im Jahr 1962, als Präsident De Gaulle im Angesicht
einer ihm feindlich gegenüberstehenden, parlamentaristisch eingestellten Parlamentsmehrheit von seinem Recht der Parlamentsauflösung Gebrauch machte und die
Wähler nicht nur erfolgreich dazu aufforderte, durch das Votum für ihm gegenüber
loyale Kandidaten eine *präsidentielle Mehrheit* zu generieren, sondern die Wähler
zudem in einem Referendum über die Einführung der direkten Präsidentenwahl abstimmen ließ (Ysmal 1998: 14). Damit besaß De Gaulles Führungsanspruch ein dop-
peltes Fundament: Es war sowohl plebiszitär als auch parteipolitisch-repräsentativ
abgesichert.

Auch in der postgaullistischen Ära versuchten die Präsidenten ihre Machtposition
durch plebiszitäre Machtressourcen zu stärken. Dafür nutzen sie vor allem eine aktive,
über die Demoskopie abgestützte Kommunikations- und Medienpolitik: Die französischen Präsidenten besitzen nicht nur infolge ihres evidenten Amtsbonus privilegierten Zugang zur Arena der Medien, sondern haben immer wieder versucht, über eine
aktive Medien- und Personalpolitik ihren Einfluss zu vergrößern. Präsidenten werden
im Übrigen auch über eine informelle Institution selektiert, die ihre Medienaffinität
testet: Wichtigster Moment im Wettstreit um das Präsidentenamt ist seit dem TV-Duell
zwischen Valéry Giscard d'Estaing und François Mitterrand im Jahr 1974 immer das
Aufeinandertreffen der im zweiten Wahlgang verbliebenen Spitzenkandidaten im
Fernsehen, in der Regel[28] eines Kandidaten aus dem linken gegen einen Kandidaten
des rechten Lagers.

Was das Verhältnis von Präsident und Parteien angeht, so ist das Phänomen der
präsidentiellen Mehrheit mit der oben beschriebenen Logik der Lagerbildung verbunden: Parteien, die den Präsidentschaftsbewerber einer anderen Partei im entscheidenden zweiten Wahlgang unterstützen, haben als Teil der präsidentiellen Mehrheit
Anspruch auf einen Sitz in der Regierung und auf politischen Einfluss. Eine im Parlament vorliegende präsidentielle Mehrheit macht den Präsidenten zum eigentlichen
Mehrheitsführer und De-facto-Chef der präsidentialistischen Variante der regierenden

---

**28** Es gab zwei allgemein als Anomalie angesehene Ausnahmen: Das Duell des konservativen Poher
gegen den Gaullisten Pompidou 1969 und das Duell des Rechtspopulisten Le Pen gegen den Neo-
gaullisten Chirac 2002.

Parteienkoalition.[29] Dabei gab es bisher stets Koalitionsregierungen, nie aber bildeten, wie in der deutschen Parteiendemokratie, Koalitionsverträge der Parteien die informell-verbindliche Basis des Regierungshandelns. Basis des Regierens – bei gegebener konkordanter präsidentieller Mehrheit – ist auch nicht das Programm der Partei des Präsidenten. Basis ist das Wahlprogramm des Präsidenten bzw. Präsidentschaftskandidaten.

Dies hat mit dem zu tun, was hier als zweite präsidentialistische Konvention der Fünften Republik bezeichnet werden soll: der Überparteilichkeit des Präsidenten als dem Repräsentanten ganz Frankreichs. So wäre es undenkbar, dass ein Politiker zugleich das Präsidentenamt und den Parteivorsitz innehat, selbst wenn er oder sie nur mit Unterstützung einer Partei – plus der Unterstützung möglicher Koalitionsparteien im zweiten Wahlgang (siehe oben) – ins Amt kommen kann. Zugleich und vor allem können aber auch die Parteien im politischen Wettbewerb nicht ohne *présidentiable* funktionieren.[30] Parteien, die sich wie die französischen Grünen (EELF) mit der dazu notwendigen Personalisierung schwertun, haben einen strukturellen Wettbewerbsnachteil.[31] Eine diesbezüglich viel zitierte These des Verfassungsrechtlers Guy Carcassone lautet „Le présidentiable fait le parti bien plus que le parti fait le présidentiable" (Présidentiable machen eher Parteien als Parteien Présidentiable). Ob die Personalisierung tatsächlich die Parteien in der Bedeutung überwiegt, steht zu bezweifeln. Tatsächlich sitzt, um eine Formulierung De Gaulles zu benutzen, inzwischen der „Teufel im Beichtstuhl" und die Präsidentschaftswahlen sind von den Parteien organisierte Wahlen. Aber „der Teufel ist bekehrt", wie Christine Pütz schreibt (Pütz 2005: 127–144): die Rekrutierung von Präsidentiablen ist zu einer Hauptaufgabe der Parteien geworden – nicht jedoch die einzige. Da die Regierungsbildung auf eine Parlaments-

---

**29** In diesem Zusammenhang, vor allem auch aber auch wegen des bei den Parlamentswahlen bislang mit nur einer Ausnahme geltenden Mehrheitswahlrechts und des rationalisierten Parlamentarismus, konnte in der Fünften Republik erstmals eine weitgehende Fraktionsdisziplin entwickelt werden. Der sogenannte *fait majoritaire*, eine geschlossen auftretende parlamentarische Mehrheit, begründet die bislang ungewöhnlich langlebige Fünfte Republik. In der Kohabitation begründet er ein parlamentarisches Regime.

**30** Eine absolut zentrale Rolle der Präsidentiablen in der französischen Politik sieht Dirk Zadra gegeben: Der Wandel des französischen Parteiensystems. Die „Présidentiables" in der V. Republik, Opladen 1997. Zu einer realitätsnäheren Einschätzung der Rolle der Parteien gelangt Ina Stephan, Menschen – Mächte – Mechanismen. Zum Verständnis nicht nur der französischen Parteien. In: Zeitschrift für Parlamentsfragen 30. Jg. 1998, S. 510–524.

**31** Vgl. Jérôme, Vanessa, Eva Joly et la fabrique politico-médiatique du ‚présidentiable', in: Médiapart vom 27.1.2012. Trotzdem kann die Personalisierung der Politik und die Konzentration der politischen Öffentlichkeit auf Präsidentiable für kleine Parteien durchaus auch von Vorteil sein: Trotz kleiner Mitglieder- und Wählerbasis können sie bei Vorhandensein eines geeigneten Spitzenkandidaten vor dem ersten Wahlgang ihre Anliegen in die Arena der Medien tragen, da diese über ihre Lastenhefte im Wahlkampf die Chancengleichheit der Kandidat(inn)en berücksichtigen müssen.

mehrheit angewiesen ist, sind sie unabdingbare Stützen politischer Führung. Alle bisherigen Präsidenten waren vor Amtsantritt faktisch oder formal Parteiführer.[32]

Alles in allem präsentiert sich die informelle Verfassung der Fünften Republik als ein sehr komplexes, interdependentes Arrangement aus Präsidentialismus, Parteien-demokratie, etatistisch eingefärbten Technokratie-Elementen und einer von jahrzehn-telangem Zentralismus geprägten personalen und partiell klientelistischen Politiktra-dition sowie einer ambivalenten Haltung der Bürger zur Politik, die gekennzeichnet ist von einem tiefen Misstrauen gegenüber der politischen Elite wie zugleich von einer hohen Erwartungshaltung gegenüber dem Staat.

# 4 Zusammenspiel formaler und informeller Regelsysteme

## 4.1 Partizipation

Als konventionelle Hauptachse der Partizipation erscheinen in der Fünften Republik die Präsidentschaftswahlen, die unter allen allgemeinen Wahlen[33] regelmäßig die höchste Wahlbeteiligung zu verzeichnen haben und mit achtzig Prozent der einge-schriebenen Wähler (2012: 79,5 Prozent, 1. Wahlgang/80 Prozent, 2. Wahlgang) die doppelte Mobilisierungskraft aufweisen wie die in dieser Hinsicht das Schlusslicht bildenden Europawahlen mit nicht einmal 41 Prozent Wahlbeteiligung im Jahr 2009. Die funktional für die Machtverhältnisse mindestens ebenso bedeutsam einzuschät-zenden Parlamentswahlen – die ja über die Machtkonfiguration und damit die präsi-dentielle oder parlamentarische Lesart der Verfassung entscheiden – mobilisierten im Jahr 2012 nur 58,3 Prozent der Wähler und weisen damit einen neuen Tiefstand der Wahlbeteiligung aus, die seit 1993 kontinuierlich gesunken ist. Diejenigen, die in den achtziger und neunziger Jahren zur Wahl gingen, nutzen dies regelmäßig zur Abwahl der jeweils amtierenden Regierung.

Diese sinkende Wahlbeteiligung ist auch in anderen Demokratien zu beobachten und muss in ihren Ursachen und Konsequenzen differenziert diskutiert werden. Im spezifischen französischen Kontext kann die sinkende Wahlbeteiligung jedoch mit

---

**32** Das gilt auch für Georges Pompidou. Der Nachfolger De Gaulles im Präsidentenamt hatte sich als langjähriger Premier de facto durch seine geschickte Verhandlungspolitik in den Unruhen von 1968 und die folgenden, unter seiner Führung für die Gaullisten sehr erfolgreichen Parlamentswahlen in die Position des „natürlichen Kandidaten" der Partei für die Präsidentschaft gebracht, obwohl er sich zu diesem Zeitpunkt mit De Gaulle wegen dessen Verhalten 1968 überworfen hatte.
**33** Folgende allgemeine Wahlen gibt es: Kommunalwahlen, Katonalwahlen, Regionalwahlen, Parlamentswahlen, Europawahlen und Präsidentschaftswahlen. Der Senat als Zweite Kammer des Parlaments wird indirekt über Wahlmänner gewählt.

Blick auf die gleichzeitigen klaren Zugewinne für Parteien am linken und rechten Rand des Parteienspektrums, und vor allem einer rechtspopulistischen Partei mit einem Wählerpotenzial von bis zu dreißig Prozent, als ein Indiz der Krise der politischen Repräsentation gedeutet werden, von der insbesondere die etablierten politischen Parteien betroffen sind (Knapp 2004). Die *Front national* verdankt ihren Erfolg nicht nur ihrem Anti-EU-Kurs, dem Spiel mit der Angst vor Migration und – unter Marine le Pen – der Angst vor dem Islam und dem Versprechen von ‚Recht und Ordnung‘, sondern vor allem auch ihrer Selbstdarstellung als führende Kraft der Opposition gegenüber den als korrupt angefeindeten Regierungsparteien.

Die etablierten Parteien des linken und rechten Lagers haben angesichts der manifesten Anti-Parteien- und Anti-Eliten-Stimmung allen Grund zur Sorge. Sie versuchen unter anderem dadurch gegenzusteuern, dass sie den partizipativen Erwartungen der Bürger durch Veränderung der formalen wie informellen Spielregeln entgegenkommen. Diese Reformen setzen sowohl auf der Ebene der innerparteilichen Demokratie als auch auf der Ebene von Verfassung und Gesetz an:

- auf innerparteilicher Ebene durch die Öffnung der Parteistrukturen und die Einführung von offenen Vorwahlen bei der Kür von Präsidentschafts- oder Bürgermeisterkandidaten (seit 2011 zunehmend praktiziert)
- auf der Ebene der Verfassung und der Gesetze durch die Ausweitung der Initiierung eines Referendums nach Artikel 11 durch die Einführung eines zwischen Parlament und Bürgern geteilten Initiativrechts (verankert im Jahr 2008, ergänzt durch ein verfassungsergänzendes Gesetz von 2013, das am 1.2.2015 in Kraft tritt) sowie die Erweiterung der Möglichkeit für Referenden auf lokaler Ebene durch Gesetze aus den Jahren 1992 (konsultative Abstimmung) und 2003 (Referendum) sowie 2004 (Initiative auf Ebene des Departements)

2012 hatte die sozialistische Partei erstmals offene Vorwahlen – ‚*Primaires citoyenne*‘ – veranstaltet, bei denen alle, die ein ‚Bekenntnis zu den Werten der Linken‘ unterzeichneten, eine Stimme bei den Wahlen bekamen und zwischen sechs von den Parteimitgliedern selektierten Kandidat/-innen wählen durften. Von den Wählern wurde also im Prinzip nur noch die Offenlegung ihrer Identifikation mit einem der politischen Lager verlangt, und nicht mehr das Bekenntnis zu einer bestimmten Partei, was man als Anpassung an die Gegebenheiten der informellen Verfassung (siehe Punkt 3) werten kann. Fast drei Millionen Bürger(innen) machten von dieser Gelegenheit in zwei Wahlgängen Gebrauch. Zum Vergleich: Die *Parti socialiste* hat heute nach eigenen Angaben fast 200.000, vermutlich tatsächlich zwischen 170.000 und 180.000 Mitglieder. Damit scheinen die Vorwahlen einen Mobilisierungseffekt zu haben, ohne dass damit notwendigerweise die Parteiorganisation geschwächt und die Parteimitglieder frustriert werden müssten. Diese hatten im Mai 2011 sogar die Gelegenheit, noch in Unkenntnis des Kandidaten oder der Kandidatin (tatsächlich gab es eine Stichwahl zwischen Martine Aubry und François Hollande) das Wahlprogramm für die Präsidentschaftswahl festzulegen. Dies sollte offenbar den Vorwurf kontern, die

Großparteien seien zu reinen Maschinen zur Produktion von Präsidentiable und zu Interessengruppen für Politiker geworden, und stellt einen Schritt zu einer partizipativeren und offeneren Form der Parteiendemokratie dar. Was das für die Rolle des Präsidenten, sein Leadership-Potenzial und das Verhältnis zu seiner Partei bedeutet, muss sich erst erweisen.

Die ‚*Primaires citoyennes*' scheinen jedenfalls Schule zu machen, auch die UMP hat offene Vorwahlen bei den Präsidentschaftswahlen 2017 angekündigt. Getestet hat die UMP das Verfahren immerhin schon auf kommunaler Ebene, und zwar bei den Kommunalwahlen 2014 in den Großstädten Paris und Lyon.

Gegenüber diesen Neuerungen scheint die Partizipation über Referenden und Abstimmungen weniger bedeutsam für die lebende Verfassung. Wie zu zeigen sein wird, sind diese in der Handhabung – jedenfalls bislang – Sache der Repräsentanten und nicht der Bürger. Die Fünfte Republik kennt Verfassungs- und Gesetzesreferenden wie auch zwei Arten lokaler Referenden. Die bis 2014 auf nationaler Ebene durchgeführten zehn Referenden hatten jeweils die Organisation der öffentlichen Gewalten zum Gegenstand bzw. Fragen der Souveränität, wie die EU-Erweiterung 1972 oder den Maastricht-Vertrag 1992. Sollte der EU-Beitritt der Türkei spruchreif werden, würde – so jedenfalls das Versprechen François Hollandes – ebenfalls ein Referendum abgehalten. Nach geltendem Recht können jedoch auch die nationale Sozial- und Wirtschaftspolitik Gegenstand sein.

In der gaullistischen Phase, als die Referenden de Gaulles mehr oder weniger die Bedeutung einer plebiszitären Akklamation des Staatschefs besaßen, kannten sie relativ hohe Beteiligungsraten von über 70 bis 80 Prozent. Danach wurden sie nur noch sporadisch eingesetzt und mobilisierten bei der Abstimmung über die Unabhängigkeit Neukaledoniens nur 36,89 Prozent oder bei der Abstimmung über die Verkürzung der Amtszeit des Präsidenten 30,19 Prozent der eingeschriebenen Wähler, die Abstimmung über die EU-Verfassung erreichte jedoch 69,77 Prozent.

Die Einführung des sogenannten geteilten Initiativrechts im Jahr 2008 (Artikel 11 Absatz 3 bis 6) bedeutet keineswegs die Einführung der Volksinitiative in Frankreich, sondern eigentlich ein parlamentarisches Minderheitenrecht: Ein Fünftel der Parlamentarier kann nämlich zu den oben genannten Bereichen dann ein Referendum verlangen, wenn ein Zehntel aller auf den Wahllisten eingeschriebenen Wähler das befürwortet. Erst ab 2015 wird dieses Verfahren genutzt werden können.

Etwas mehr scheint sich auf lokaler Ebene getan zu haben: Seit 1992 existieren offiziell konsultative Referenden (die vorher aber schon ohne gesetzliche Grundlage durchgeführt wurden), seit 2003 entscheidungsverbindliche Referenden (mit einem allerdings hohem Quorum von 50 Prozent der eingeschriebenen Wähler) und seit 2004 auch die sogenannte Volksinitiative, der jedoch nur eine Agenda-Setting-Funktion zukommt, da sie lediglich das zuständige territoriale Gremium zur Behandlung des Gegenstands der Initiative verpflichtet. Eine Untersuchung der lokalen Abstimmungspraxis kommt zu dem Schluss, dass dieses Verfahren der vermeintlich direkten Demokratie jedenfalls bisher primär als Instrument der lokalen Abgeordneten zur Legitimation ihrer Politik genutzt wurde – anders etwa als in den deutschen Bundesländern mit entsprechenden Rechten (Prémat 2012: 161–188). In dieser Studie ist von deutlichen Vorbehalten gegen die Ausweitung direktdemokratischer Instrumente bei den lokalen Mandatsträgern die Rede. Sie spiegeln sich in der folgenden Äußerung eines Kantonalrats der Gironde:

> Ich bin für partizipative Demokratie; ich bin aber gegen Referenden. Gewählt wird man, um Entscheidungen zu treffen, ansonsten ist man als Repräsentant überflüssig. Referenden heißen in letzter Konsequenz, dass die Rolle der lokalen Abgeordneten in Frage gestellt wird. Wieso sollen dann nicht einfach gleich die Präfekten Referenden abhalten? Referenden sind eine schlechte Sache, sie werden der Komplexität der Probleme nicht gerecht. (Prémat 2012: 168).

Dazu passt, dass eine Studie zum Selbstverständnis französischer Bürgermeister Vorbehalte gegenüber der direkten Beteiligung der Bevölkerung bestätigt. Die Bürgermeister befürworten eine auf mehrheitsdemokratische und repräsentative Führung ausgerichtete kommunale Demokratie. Gleichzeitig konstatieren neuere Studien zum Regieren in den Kommunen sehr wohl eine Zunahme partizipativer Elemente – beispielsweise über die Institutionalisierung von Nachbarschaftsräten – und damit eine Vervielfältigung der Akteure im Sinne einer neuen lokalen Governance (Milner 2006: 65–81).

Dass zumindest über lange Jahre die lokalen wie nationalen institutionellen Strukturen wenig Zugang für die Partizipation der Bürger geboten haben – in der vergleichenden Bewegungsforschung wird Frankreich stark schematisierend als ‚starker und geschlossener Staat' eingeordnet –, ist sicherlich einer der Gründe dafür, warum unkonventionelle Formen politischer Beteiligung in Frankreich im Vergleich zu anderen etablierten Demokratien besonders stark ausgeprägt sind. Daneben spielen andere Faktoren wie der sich auch in Frankreich manifestierende Wertewandel eine Rolle (Schild 2000). Der Anteil der Franzosen, die selbst schon an einer Demonstration teilgenommen haben, ist von 31,2 Prozent im Jahr 1990 auf 51,9 Prozent im Jahr 2000 gestiegen. Auch illegale Aktionen wie die Besetzung von Fabriken oder Häusern konnten 1990 bereits 7,2 Prozent als konkrete Erfahrung vorweisen. Um die Jahrhundertwende herum waren es schon 8,7 Prozent und 32 weitere Prozent konnten sich das als Aktionsform vorstellen – in Deutschland traf dies zum gleichen Zeitpunkt jeweils für nicht einmal 1 Prozent bzw. nur 12,6 Prozent der Befragten zu.[34]

Diese im internationalen Vergleich recht ausgeprägte Tendenz zu direkten und unkonventionellen politischen Aktionen hängt auch mit der geringen Mitgliedschaft in Organisationen kollektiver Interessenvertretung zusammen, vor allem bei den großen intermediären Akteuren: Nicht nur die Parteimitgliedschaft ist mit unter einem Prozent wenig verbreitet, mit knapp acht Prozent bilden die französischen Gewerk-

---

34 Daten des *World Value Survey*, hier zitiert nach Rivat, Emmanuel und Matthias Stauer, Political Protest, in: Gabriel, Oscar W. u.a. (Hrsg.), a.a.O., S. 237–172, S. 244.

schaften das Schlusslicht in Europa. Entsprechend nehmen die klassischen intermediären Akteure nur bedingt die Interessen-Aggregationsfunktion im politischen System der Fünften Republik wahr. So tritt hier manches Mal der Staat auf den Plan, der
u. a. mit der Vergabe von Repräsentationsmonopolen Einfluss auf die Landschaft der
organisierten Interessen nimmt.

Exemplarisch soll hier der Bereich der Arbeitsbeziehungen in den Blick genommen werden. Zwar scheinen die Großdemonstrationen auf den Straßen von Paris, bei
denen so gut wie immer die Plakate der Gewerkschaften zu sehen sind, von der Stärke
der Gewerkschaften zu zeugen, doch muss dieser Eindruck relativiert werden: Erstens
bedeutet die Mobilisierungsfähigkeit auf den Straßen noch nicht, dass die Gewerkschaften diese Ressource in Verhandlungsmacht und -fähigkeit gegenüber den Arbeitgebern oder dem Staat übersetzen können. Zunehmend hängen sich vielmehr die
Gewerkschaften an außergewerkschaftlich organisierte Initiativen und Ad-hoc-
Koordinationsbündnisse an und halten so keineswegs immer das Heft des kollektiven
Handelns in der Hand. Was zudem die in Frankreich aus dem Ausland oft als besonders hoch wahrgenommene Streikbereitschaft anbelangt, so darf sie nicht darüber
hinwegtäuschen, dass die französischen Gewerkschaften nur im öffentlichen Sektor
relativ gut organisiert sind und dort natürlich auch mit einem Streik, etwa im öffentlichen Nahtransport, besondere Wirkung erzielen können.

Im Unterschied zu Deutschlands korporatistischer Tradition existiert keine Ver-
handlungskultur zwischen Arbeitgebern und Arbeitnehmern, sodass der Staat in den
Arbeitsbeziehungen einen Schlüsselrolle einnimmt: Er legt im Privatsektor den Mindestlohn fest, entscheidet über die Ausweitung von Tarifverträgen und beeinflusst
dank der Lohnkontrolle im öffentlichen Sektor die allgemeine Lohnpolitik. Präsident
Hollande ist 2012 mit dem Anspruch angetreten, die Gewerkschaften und Arbeitgeber
durch einen ,Verantwortungspakt' mit in die wirtschafts- bzw. arbeitspolitische Pflicht
zu nehmen. Die Schwierigkeit dabei liegt darin, dass die untereinander rivalisierenden und ideologisch divergenten Gewerkschaften Angst davor haben, bei einem
Kompromiss mit den Arbeitgebern als Quittung weitere Mitgliederverluste hinnehmen
zu müssen (Finkenzeller 2013).

## 4.2 Entscheldungsfindung

Wie am Beispiel der Arbeitsbeziehungen beschrieben, dominieren in der Fünften
Republik oft staatliche Akteure die Politikformulierung. Die hierarchische Entscheidungsfindung und Steuerung durch eine mehrheitsdemokratisch legitimierte Exekutive ist allerdings in Frankreich heute infolge verschiedener Faktoren – vor allem der
Europäisierung, aber auch neuer Vorstellungen zu Management und Good Governance – sowie dem Wandel im System der Interessengruppen relativiert und diversifiziert
worden. Nicht nur die formelle Einbindung von Verbänden, z. B. über das konsultative Gremium des nationalen Wirtschafts- und Sozialrats oder die die Anhörung in Mi-

nisterien, wurde weiter ausgebaut bzw. extensiver genutzt, sondern auch die informellen Arbeitskontakte zwischen öffentlicher Verwaltung und – vor allem nationalen – Verbänden.

Die konkreten Muster der Willensbildungs- und Entscheidungsprozesse variieren de facto sehr stark nicht nur von Politikfeld zu Politikfeld, sondern auch in Abhängigkeit von den Regierungen. Der begrenzte Rahmen dieses Beitrags erlaubt hier keine weiter differenzierenden Ausführungen, doch das Spektrum lässt sich in allerknappster Form wie folgt umreißen: „Das ‚open conflict model', in dem es statt um Vetopunkte um Machtkämpfe geht, konkurriert mit engen klientelistischen Beziehungen sowie mit dem ‚kanalisierten' Pluralismus, der auf Konsultation basiert. Nur das korporatistische Modell der tripartistischen Kooperation ist die absolute Ausnahme" (Abromeit/Stoiber 2006: 220).

Ungeachtet aller Varianz kann man bezüglich des Systems der Entscheidungsfindung der Fünften Republik jedoch die Exekutive als Dreh- und Angelpunkt bezeichnen. Damit konzentriert sich die Darstellung des Zusammenwirkens formeller und informeller Regeln nun auf den Premierminister und den Präsidenten, freilich mit Blick auf das im Hintergrund stehende, aber letztlich die Konstellation bestimmende informelle Phänomen der parlamentarischen Mehrheit.

Was den Umgang des Präsidenten mit seiner repräsentativ-parteipolitischen Machtbasis angeht, so hat der erste Amtsinhaber De Gaulle hier informelle Maßstabe gesetzt, indem er es sich als eigentlicher, wenn auch außerhalb des Parlaments stehender Mehrheitsführer anmaßte, Michel Debré, den hartnäckigen Herold einer parlamentaristischen Lesart der Verfassung in den eigenen Reihen, als Premierminister zu entlassen, obschon die Verfassung hierzu nur das Misstrauensvotum des Parlaments explizit als Verfahren vorgesehen hatte. Der Vorrang des Präsidenten und das damit implizierte, im Verfassungstext so nicht vorhandene hierarchische Verhältnis zwischen Präsident und Premierminister besteht seit 1962 in der Praxis immer dann, wenn die Parlamentsmehrheit eine dem Präsidenten gegenüber loyale Mehrheit aufweist, also bislang immer, außer in den wenigen Jahren der spezifischen Konstellation diskordanter Mehrheiten, der Kohabitation (Mitterrand/Chirac 1986 –1988, Mitterrand/Balladur 1993 –1995, Chirac/Jospin 1993 –1995).

Selbst im Fall konkordanter Mehrheiten bedeutet der Vorrang des Präsidenten weder eine Handlungsautonomie noch einen vollkommenen Schulterschluss zwischen ihm und der Regierung bzw. dem Premierminister. Hier sorgen das Wahlrecht und sein Zwang zu Bündnissen und die in der Verfassung verankerten Spielregeln – an erster Stelle das Misstrauensvotum – dafür, dass der Präsident bei seiner Auswahl des Premiers den politischen Zwängen der Bündnisloyalitäten und innerparteilichen Mehrheiten unterliegt und daher bei der Regierungsbildung nie ganz autonom ist. So sah sich der Sozialist François Mitterrand 1988 gezwungen, seinen parteiinternen Hauptrivalen Michel Rocard zum Premier zu ernennen, da dieser politisch der geeignete Mann war, um die in seinem Kabinett für die Bildung einer stabilen Mehrheit wünschenswerte Öffnung zur Mitte zu bewerkstelligen.

Die eigentliche Macht des Präsidenten liegt darin, dass er als der zentrale Agenda-Setter im System auftritt. Das ist ihm nicht nur aufgrund seiner symbolisch-kommunikativen Macht möglich, sondern auch dadurch, dass er den Vorsitz im Ministerrat hat und so, auch wenn Artikel 39 die Gesetzesinitiative der Regierung und dem Premierminister zuschreibt, diesen beiden Verfassungsorganen die Tagesordnung vorgeben kann. Auch seine Möglichkeit, ein (Verfassungs)referendum zu initiieren, stützt ihn in seiner Agenda-Setting-Funktion. Daneben können bei Konkordanz der Mehrheiten die persönlichen Mitarbeiter des Präsidenten informell Einfluss nehmen auf der Ebene der Ministerien und vor allem auch über die für die Regierungspraxis zentralen interministeriellen Ausschüsse. Nicht zuletzt profitiert ein Präsident mit loyaler Mehrheit in der Nationalversammlung vom *fait majoritaire*, also der in der Fünften Republik nicht zuletzt wegen des Mehrheitswahlrechts in der ersten Kammer durchgängig existierenden und weitgehend geschlossen auftretenden parlamentarischen Mehrheit.

Die Verfassungsgeber hatten geplant, das Parlament durch die formalen Zügel des rationalisierten Parlamentarismus zu disziplinieren, doch faktisch wurden sie, wie Andrew Knapp und Vincent Wright treffend schreiben, informell „durch die disziplinierten Mehrheitsgruppierungen von innen von der Regierung kolonialisiert" (Abromeit/Stoiber 2006: 153). Nicht nur die Vorsitzenden der Parlamentsgruppierungen, sondern vor allem auch die Vorsitzenden der Nationalversammlung verdankten ihre Position der Unterstützung der Regierung(s)partei oder des Präsidenten. In der gaullistischen Variante war diesbezüglich die *parti du président* ganz klar dem Präsidenten untergeordnet. In der postgaullistischen Ära und unter den sozialistischen Präsidenten wandelte sich das Selbstverständnis der Regierungsparteien und das Verhältnis wurde vielschichtiger. Unter Mitterrand gab es regelmäßige Konsultationen zwischen Präsident, Regierung und Fraktions- und Parteiführung. Auch der erste Präsident, für den die verkürzte Amtszeit von fünf statt sieben Jahren galt – Präsident Nicolas Sarkozy (2007 bis 2012) – lud regelmäßig Parteivertreter zur Beratung in den Elysée. Gerade weil es sich hier um informelle Prozesse handelt, lässt sich das Gewicht solcher Beratung bei der Entscheidungsfindung schwer messen, doch die Parlamentarismusforschung schätzt den Einfluss der Parteien in der Fünften Republik außerhalb der Kohabitationsphasen im Vergleich zu parlamentarischen Regierungssystemen wie Deutschland oder Großbritannien klar als geringer ein (Jun 2000: 123 143).

Ein die Parlamentsmehrheit dominierender Präsident kann im Prinzip auch entscheiden, welche Bereiche er als von für Frankreich von langfristigem Interesse und somit in seinen Entscheidungsbereich fallend definieren will. Das können innenpolitische Fragen sein wie die territoriale Neuordnung im Zeichen der Dezentralisierung, aber auch Kulturpolitik und politische Architektur, die Präsident Pompidou als Frage der Modernisierung des Landes und Präsident Mitterrand als Frage der internationalen Ausstrahlung Frankreichs an sich zogen.

Im Bereich der Außen- und Sicherheitspolitik jedoch ist es grundsätzlich der Präsident, der den Kurs bestimmt. Dieser Bereich gilt per Konvention als *domaine réservé*, also dem Präsidenten vorbehaltener Bereich. Wie in Punkt 2 beschrieben, räumt die Verfassung ihm in diesem Bereich besondere Rechte ein wie das, Verträge auszuhandeln (Art. 52) oder über den Einsatz von Streitkräften sowie Art und Umfang militärischer Operationen zu bestimmen (Art. 35, 1 und 2). Die Zustimmung des Parlaments ist dabei nur im Falle einer formellen Kriegserklärung oder eines mehr als vier Monate dauernden Einsatzes vonnöten. Da jedoch der Premier für die Regierungs- wie auch die Verteidigungspolitk nach Art. 20 und 21 verantwortlich ist, sah man in der ersten Kohabitation zwischen dem sozialistischen Präsidenten Mitterrand und dem gaullistischen Premier Chirac 1986 bis 1988 Frankreich bei internationalen und insbesondere auch europäischen Treffen doppelköpfig vertreten.

Die dreifach wiederholte Erfahrung der Kohabitation, die die Regierung zum Entscheidungszentrum machte, hat – zusätzlich verstärkt durch den strategischen Missgriff des Präsidenten Chirac, der die dritte Kohabitation selbst durch die Auflösung der Nationalversammlung herbeigeführt hatte – die Vorrangstellung des Präsidenten geschwächt und entzaubert. Anders als im *divided government* in den USA, wo der Präsident um seine Mehrheiten in den beiden Kammern kämpfen muss, verläuft die politische Gefechtslinie in der französischen Kohabitation zwischen Präsident und Regierung bzw. Premierminister. Da aber die Premierminister in aller Regel künftige Kandidaten für das Präsidentenamt waren, hatten sie kein Interesse daran, die präsidentialistischen Konventionen radikal in Frage zu stellen.

Gleichwohl war während der Kohabitationsphasen deutlich zu sehen, dass im eigentlichen Regierungsbereich die meisten präsidentiellen Befugnisse nur geteilte Befugnisse sind und nur bei politischem Gleichklang federführend vom Präsidenten wahrgenommen werden können. So besitzt der Präsident im Bereich des Regierens per Verordnungen nur die Möglichkeit, durch die Verweigerung seiner Unterschrift noch den normalen Gesetzgebungsweg und damit eine Diskussion in der Nationalversammlung zu erzwingen und somit ‚seiner' Opposition zu helfen. Als Präsident Mitterrand in der Kohabitionssituation war, suchte er Mittel und Wege, trotzdem nicht zu sehr als parteipolitischer Oppositionsführer zu wirken und noch eine präsidiale Statur zu bewahren, indem er etwa die zuvor unter seiner Präsidentschaft und ‚seinen' Regierungen verabschiedeten Reformen der Sozialpolitik als ‚Errungenschaften der Republik' verteidigte oder bei den Protesten im Gesundheitsbereich demonstrierende Krankenschwestern im Elysée empfing. Wichtig ist festzuhalten, dass die Kohabitation, anders als die Große Koalition in Deutschland, den grundsätzlich auf gegnerische Lager aufbauenden Charakter der Politik nicht mindert, also der von den formellen Regeln gesetzte Zwang zur Kohabition aufgrund dieser zentralen Aspekt der informellen Verfassung nicht umgemünzt wird in eine Kooperation zugunsten großer Reformen.

Um Kohabitationen zu vermeiden, wurde durch die Verfassungsreform von 2002 die Amtszeit des Präsidenten auf die der Nationalversammlung verkürzt und so die Mehrheiten mit großer Wahrscheinlichkeit synchronisiert, was den Präsidenten nun von der formalen Seite her tendenziell stärker als Parteiführer ins Licht rückt und die praktische Umsetzung der oben genannten präsidentialistischen Konvention der Überparteilichkeit (noch) prekärer erscheinen lässt.

Sarkozys Präsidentschaft (2007–2012) stellt in mehrfacher Hinsicht einen Fall ‚paradoxer Präsidentschaft' (Andrew Knapp) dar. Als offiziell von seiner Partei nominierter Kandidat und ihr letzter Parteivorsitzender (2004–2007) hatte er ein sehr gutes Wahlergebnis erzielt und konnte für ‚seine' Politik zudem sogar in beiden Parlamentskammern auf eine von den Gaullisten dominierte Supermehrheit bauen. Bei der Auswahl der Minister ‚seiner' Regierung benannte er allerdings nicht nur Mitglieder dieser Mehrheit, sondern Mitglieder aus dem anderen, gegnerischen Lager. Die Benennung von Nicht-Parteimitgliedern oder Vertretern anderer Parteien entsprach zwar oberflächlich betrachtet zunächst einem konventionellen präsidentiellen Brückenschlag über die eigene Partei hinaus, überschritt dieses Mal jedoch die Grenze zwischen den politischen Lagern.

Dieses Signal wirkte bald paradox, weil der sich auch in die Tagespolitik aktiv einmischende Präsident Sarkozy dort konträre Signale setzte – so mit der Debatte über die nationale Identität oder die Ausweisung von Roma – die als eindeutig rechts eingeordnet und vor allem als Maßnahmen eines Parteipolitikers wahrgenommen wurden. Beobachter halten diese Nicht-Einhaltung der Konvention einer sich als überparteilich inszenierenden Präsidentschaft zugunsten einer aktiven ‚Hyperpräsidentschaft' (siehe 4.3.) letztlich für eine Schwächung des Präsidentenamts und seiner politischen Ressourcen. Diese extrakonstitutionellen Ressourcen müssen nämlich durch ein politisches Handeln generiert werden, das die miteinander in einem Spannungsverhältnis stehenden beiden präsidentialistischen Konventionen der lebenden Verfassung der Fünften Republik in der Balance hält: eine parteibasierte *leadership* einerseits und einen überparteilichen Amtsstil andererseits.

Der seit 2012 amtierende Präsident François Hollande versucht ganz offensichtlich, diesem klassischen präsidentiellen Stil wieder stärker gerecht zu werden, indem er in der Außenpolitik ostentativ Entscheidungsstärke demonstriert und in der Innenpolitik auf das systematische Hineinregieren des Elysées in die einzelnen Ministerien verzichtet.

Wie die historisch-empirische Betrachtung der Entscheidungsprozesse in der Fünften Republik damit zeigt, sind wegen der in Abhängigkeit zur Mehrheitskonstellation auftretenden Varianz Aussagen zu den Strukturen des Entscheidungssystems nur unter Beachtung der folgenden politischen Faktoren möglich (vgl. Abb. 2):[35]

---

35 Eigenes Schaubild auf der Grundlage von Knapp, Andrew und Alistair Cole, a. a. O., S. 105.

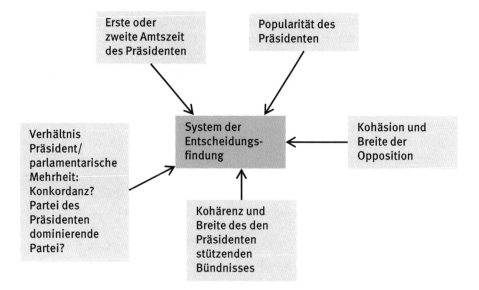

**Abb. 2:** Doppelköpfe Exekutive – Varianz des Entscheidungssystems
Quelle: eigene Darstellung nach Knapp, Andrew und Vincent Wright 2006: 104

## 4.3 Implementierung

Frankreich besitzt eine legalistische Kultur, die Gesellschaftssteuerung vornehmlich über Normensetzung anstrebt. Die Tatsache, dass die Staatsquote Frankreichs sehr hoch (2013: 56,12 Prozent) bzw. der Anteil des öffentlichen Sektors sehr breit ist und dass eine hochqualifizierte Verwaltung und eine hohe horizontale Elitenintegration gegeben ist, könnte mit Blick auf die Implementierung der Gesetze als günstige Voraussetzung gedeutet werden.

Tatsächlich zeigen sich an dieser Stelle einige für das politische System spezifische Probleme und regelmäßig ist bezüglich der Reformfähigkeit Frankreichs von einer ‚blockierten Republik' (Michel Crozier 1970) die Rede. Zur Erklärung sind hier verschiedene Aspekte heranzuziehen, stellen, darunter vor allem:

– die Konsequenzen der Schwächen der Input-Strukturen (Interessenvermittlungssystem) für die Output-Seite des politischen Systems
– die Fragmentarisierung der Administration
– Defizite hinsichtlich rechtsstaatlicher Kontrolle und Probleme von Interessenkonflikten öffentlicher Funktionsträger (Patronage)
– der *misfit* zwischen dem französischen System und dem europäischen Regieren

Wie unter Punkt 4.3. dargestellt, sind die intermediären Strukturen des französischen Systems fragmentarisiert und die Interessenvermittlung läuft – trotz vermehrter Ansätze in dieser Richtung – nicht in konzertierter Form im Stadium der Willensbildung und Entscheidung ab. Stattdessen bringen sich die gesellschaftlichen Kräfte oft sehr spät im Gesetzgebungsprozess in Form von massiven Protesten ein und zwingen die Regierung zum Rückzug ihrer im Parlament durchsetzungsfähigen Reformvorhaben – so geschehen bei Reformen im Bildungssektor, bei der Alterssicherung und Arbeitsmarktpolitik (z. B. Einstiegsverträge für junge Arbeitnehmer).

Doch auch die Verwaltung kann, wie die soziologische Forschung gezeigt hat, eine effiziente und effektive Regierungspolitik erschweren, und zwar durch ihre Fragmentarisierung (Dupuy/Thoenig 1995), die nicht nur die in den meisten politischen Systemen zu beobachtende Spannungen zwischen bestimmten Ministerien umfasst, sondern nach dem Befund von Knapp/Wright (2006) auch

- Rivalitäten zwischen den sogenannten *Corps* (Verwaltungskörper), zu deren wichtigsten – *Grands Corps* – die Finanzinspektion, der Staatsrat und der Rechnungshof gehören. Daraus folgen mangelnde Kommunikation und Informationsweitergabe innerhalb der Verwaltung. Projekte werden als ‚Nullsummenspiel‘ zugunsten der Position eines *Corps* angesehen. Diese Wettbewerbsorientierung und dieses Statusdenken gelten als Ausfluss der unter Punkt 3 beschriebenen Form der Rekrutierung der politisch-administrativen Elite.
- infolge der Parteipolitisierung der Verwaltung (siehe Punkt 3) kann es ebenfalls zu Kooperationsproblemen kommen. Es existiert eine strukturelle Spannung zwischen den von den Politikern rekrutierten Mitgliedern ihrer *cabinets ministériels* und der Beamtenschaft der Ministerien. Diese Politisierung der Verwaltungsspitzen kritisierte schon der 1988 zum Premier berufene liberale Wirtschaftsprofessor Raymond Barre, als er vom „Etat-RPR" sprach (Rouban 2014: 51–55).
- durch das Fehlen eines zentralen Verwaltungschefs in den einzelnen Ministerien (außer im Außenministerium) kommt es zu Koordinationsproblemen.
- die Koordination zwischen der Pariser Zentralverwaltung und den lokalen staatlichen Verwaltungsstellen ist ebenfalls schwierig und wird im Kontext des durch die Dezentralisierung weiter ausgedehnten *millefeuille* noch komplexer (siehe Punkt 1).

Im Zusammenhang mit der Parteipolitisierung der Verwaltung genannt werden muss das nach *Transparency International* für Frankreich spezifisch auftretende Problem der Patronage (siehe Punkt 3.2.) und der Interessenkonflikte, die durch das Überwechseln von Beamten in den Wirtschaftssektor (*pantouflage*, siehe Punkt 3.2.) entstehen können, da dieser wiederum von öffentlichen Aufträgen, Subventionen oder Regelungen profitiert (Ruß 2005: 365–382). Dass die Sensibilisierung für dieses Problem gewachsen ist, zeigt die auch in Frankreich zunehmende Schaffung von unabhängigen Gremien und Körperschaften im Sinne einer *monitory democracy* (John Keane).[36]

---

36 Zur Bekämpfung der Korruption sind eine Reihe von Institutionen und neuen Regeln geschaffen worden, so im Februar 2014 die *Haute autorité pour la transparence*, die dafür sorgt, dass die Ver-

Des Weiteren bleibt bezüglich der Implementationsstrukturen der Fünften Republik noch zu erwähnen, dass die Einbindung Frankreichs in die EU zu deutlichen Anpassungsproblemen geführt hat und hier zwischen den nationalen, primär mehrheitsdemokratisch funktionierenden politischen Prozessen und den eher konkordanzdemokratisch funktionierenden Prozessen in der Forschung zur Europäisierung ein klarer *misfit* diagnostiziert wird. Daher gehört Frankreich zu den Mitgliedsstaaten, die sich mit der Übersetzung von EU-Richtlinien in nationales Recht am schwersten tun (Szukula 2005).

## 4.4 Rechtsschutz

Der Übergang vom jakobinischen Staat zum Rechtsstaat ist noch nicht vollendet und die ‚Regierung der Richter' ein Schreckgespenst im politischen Diskurs – das schreiben Andrew Knapp und Vincent Wright (Knapp/Wright 2006: 41) und sprechen damit einen neuralgischen Punkt in der Beurteilung der Demokratiequalität der Republik an: die Unabhängigkeit der französischen Judikative. Diese wird übrigens in Verfassungsartikel 64 nicht als ‚Gewalt', sondern als *‚autorité'* bezeichnet und der Präsident als *‚abitre'* ist der Garant ihrer Unabhängigkeit. Laut Eurobarometer hat über die Hälfte der französischen Bevölkerung kein Vertrauen in die Justiz – vor allem wohl, weil sie (zu) langsam arbeitet – und hält sie zudem für nicht unabhängig von den jeweiligen politischen Machthabern.

Gleichwohl gibt es diesbezüglich im letzten Vierteljahrhundert deutliche Fortschritte zu verzeichnen (Cohen-Tanugi 1993). Die Verfassungsreform aus dem Jahr 1993, die Zusammensetzung und Kompetenzen des obersten Rats der Justiz *Conseil Supérieur de la Magistrature* (CSM) veränderte, stellte eine echte Zäsur und einen Schritt zu mehr Autonomie der dritten Gewalt dar. Der CSM besteht aus zwei Formationen, von denen eine für die Richterschaft, die andere für die Staatsanwaltschaft zuständig ist. Im Rahmen der Zuständigkeit für die Richterschaft hat der CSM das Vorschlagsrecht für die Benennungen und die Aufsicht über die Laufbahn der Beamten. Im Fall der Staatsanwaltschaft, die qua ihrer Rolle hierarchisch dem Justizministerium untersteht[37], muss der CSM bei Ernennungen und bei Disziplinarmaßnahmen gehört werden.

Bis in die jüngere Zeit gab es diesbezüglich allerdings immer wieder Konflikte: So wurde im Jahr 2009 Marc Robert, Staatsanwalt von Riom (einer Kleinstadt in der Au-

---

mögensverhältnisse der Minister künftig veröffentlicht werden und die der Parlamentarier über die Präfekturen eingesehen werden können.

**37** Der Europäische Menschenrechtsgerichtshof hatte 2010 diesen ambivalenten Status der Staatsanwaltschaft kritisiert in seiner Entscheidung vom 23.11.2010 im Fall Moulin versus Frankreich. Siehe CNCDH (nationaler Menschenrechtsrat), Avis sur l'indépendance de la justice, in: Journal officiel de la République française vom 31.7.2013, n°102.

vergne) und Vorsitzender der Konferenz der Staatsanwälte, zwangsversetzt, weil er sich kritisch gegenüber verschiedenen Maßnahmen und Reformplänen des Justizministeriums geäußert hatte und sich u. a. beim Europarat für eine weitere Liberalisierung des CSM und des Statuts der Staatsanwaltschaft stark gemacht hatte. Diese Zwangsversetzung könnte man betrachten als Beweis des Überlebens bestimmter Praktiken einer selbstbewusst bis arrogant auftretenden Mehrheitsmacht – in diesem Fall vertreten durch die Justizministerin Rachida Dati[38]. Zugleich manifestierte sich in diesem Fall aber die gewachsene Unabhängigkeit der Justiz, denn der Staatsrat erklärte die Zwangsversetzung für unwirksam, da das Justizministerium nicht wie vorgeschrieben die Stellungnahme des CSM eingeholt hatte. Tatsächlich ist die Unabhängigkeit aber nicht nur auf der formalen Ebene gewachsen, der erfolgreiche Widerstand des Justizsektors gegen die in der Präsidentschaft Sarkozy geplante Abschaffung der Institution des Untersuchungsrichters bildet dafür ein deutliches Indiz.

Die Untersuchungsrichter, die eigene Ermittlungsbefugnisse besitzen und in dieser Form im deutschen System nicht existieren, spielen gerade bei politischen Korruptionsaffären eine Schlüsselrolle. Dem Ansehen der französischen Justiz hat es sehr geschadet, dass in den 90er-Jahren im Bereich der Parteienfinanzierung bekannt wurde, dass Untersuchungsrichtern der Fall entzogen werden sollte oder sie in den Ermittlungen behindert wurden. Bis heute schwärt der Verdacht, dass das Justizministerium (und dahinter der Elysée) direkten Einfluss in Verfahren nehmen, die politisch heikel sind und politische Amtsinhaber betreffen. Am 16. Juli 2013 wurde ein Gesetz erlassen, dass dem Justizministerium jegliche schriftliche Weisungserteilung in laufende Verfahren untersagt. Die politische Öffentlichkeit zeigte sich davon freilich eher mäßig beeindruckt, da solche schriftlichen Weisungen ohnehin nicht so häufig waren (von 2004–2009 insgesamt 37) und eher informelle indirekte Hinweise aus dem Justizministerium das Problem zu sein scheinen.

Ärger in der französischen Staatsanwaltschaft gab es zu Beginn des Jahres 2014 vor allem über die umfangreiche Verpflichtung zur Informationsweitergabe ans Ministerium. In einem Rundschreiben Ende Januar hatte Justizministerin Taubira die Staatsanwälte verpflichtet, per Telefon und E-Mail im Falle besonders schwerer Vergehen, bei Verdachtsmomenten gegen politische Amtsinhaber oder bei zu erwartendem hohen Medieninteresse sofort Mitteilung zu erstatten.[39]

---

[38] Dieser vom damaligen Präsidenten Sarkozy geförderten Ministerin wurde nachgesagt, dass sie parteilich agiere und einen als Chirac-Anhänger (Chirac und Sarkozy sind bzw. waren innerparteiliche Rivalen) bekannten Staatsanwalt auf einen ungewollten Posten verschoben hatte. Vgl. Leplongeon, Marc und Hugo Domenach, L'indépendance de la justice: le match Taubira-Dati, in: Le Point vom 12.2.2014 über http: //www.lepoint.fr

[39] Wenige Wochen später bekam Taubira Negativschlagzeilen bezüglich der Ermittlungen gegen den ehemaligen Präsidenten Sarkozy, der wegen des Verdachts illegaler Wahlspenden aus Libyen abgehört worden war. Wie sich herausstellte, hatte die Ministerin, anders als behauptet, sehr wohl frühzeitig Kenntnis von diesem Umstand. Pikanterweise hatten die Ermittler bei der Telefonüberwachung einen möglichen neuen Skandal aufgedeckt: Sarkozy und sein Anwalt sprachen darüber,

Dieser wenig liberale Kontrollanspruch der französischen Staatsmacht zeigt sich auch im Bereich der politischen Öffentlichkeit und der Medien. Bei der Beobachtung der Demokratiequalität über die Zeit, wie sie der neue Demokratie-Index ,Demokratie-Barometer' für 30 etablierte Demokratien misst, sorgt vor allem ein kontinuierlich schlechter Wert bei dem Indikator ,Öffentlicher Raum' (*public sphere*), der aus Werten zum Ausmaß der Presse-, Versammlungs- und Assoziationsfreiheit aggregiert wird, für ein unterdurchschnittliches Abschneiden Frankreichs (Wrobel-Leipold 2010).

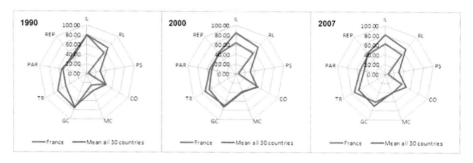

**Abb. 3:** Qualität demokratischen Regierens und politische Freiheit
Legend: (Principles and Functions)
Principle: Freedom: RL (Rule of Law), IL (Individual Liberties), PS (Public Sphere).
Control: GC (Governmental Capability), MC (Mutual Constraints), CO (Competition).
Equality: TR (Transparency), PAR (Participation), REP (Representation).
Quelle: Democracy Barometer Frankreich 1990–2007, WZB/Uzh Bochsler/Merkel 2013

Zum einen hat sich in Frankreich eine Kommunikationskultur etabliert, die dem Staat und seinen Vertretern Vorrang einräumt (Kuhn 2013: 122–135; Burgert 2010). Zudem gibt es verschiedene Wege, auch nach der Liberalisierung dieses Bereichs mit dem Ende des staatlichen Rundfunkmonopols 1982, den Einfluss des Staats bzw. der jeweiligen Regierung (Bourgeois 2012: 145–164) zu sichern. Unter anderem der Druck der Europäisierung hat dafür gesorgt, dass zumindest die Verwaltung heute Journalisten wie Bürgern Zugang zu den Akten geben muss. In bestimmten Bereichen jedoch wird die Herausgabe von Informationen unter Berufung auf das ,Staatsgeheimnis' noch heute abgeblockt. Andere mögliche Informationsblockaden ergeben sich aus dem Umstand, dass einige Medien zu Konzernen gehören, die im Rüstungs- oder Baubereich tätig sind und von öffentlichen Aufträgen abhängen.

Traditionell hatte es in Frankreich der investigative Journalismus – abgesehen von materiellen Gründen und der wirtschaftlichen Struktur des Mediensektors – auch

---

sich bei einem Staatsanwalt an Frankreichs Oberstem Gerichtshof Informationen zum Stand des Verfahrens in einer anderen Affäre (Bettencourt-Affäre) zu besorgen. Im Gegenzug sollte dieser einen Wunschposten bekommen.

aus einem formal-rechtlichen Grund schwer: Im Presserecht war der Schutz der Quellen relativ schwach verankert und zugleich riskierten Journalisten wegen des ausgeprägten Schutzes von Persönlichkeitsrechten schnell ein Verfahren wegen Diffamierung und übler Nachrede (Presserecht Artikel 35).[40] Im Januar 2010 wurde dann ein Gesetz verabschiedet, das den Quellenschutz verstärkte. Nun müssen Journalisten nur noch im Zusammenhang mit der Strafverfolgung schwerer Verbrechen ihren Quellenschutz aufgeben. Im Jahr 2010 reichte die Tageszeitung *Le Monde* zwei Klagen gegen den Elysée ein, weil der Quellenschutz verletzt worden war. Tatsächlich gab der französische Nachrichtendienst zu, dass er *Le Monde* wegen deren Berichterstattung in der Affäre um die L'Oréal Erbin Bettencourt und deren mögliche illegale Wahlkampffinanzierung abgehört hatte. Nachdem eine Untersuchungsrichterin unter anderem den Chef der Polizei und den des Nachrichtendienstes verhört hatte, wurde *Le Monde* im Dezember 2012 vom Kassationsgericht freigesprochen – ein Etappen-Sieg für die Freiheit der Medien.

# 5 Fazit

Wie unverzichtbar für das Verständnis eines politischen Systems die Beachtung seiner formellen und informellen Regeln ist, zeigt sich bei der Betrachtung der Fünften Republik in besonders augenfälliger Weise. Ihr hybrides, zwischen parlamentarischem und präsidentiellem Regierungssystem angelegtes Regime erlaubt bei konkordanten politischen Mehrheiten ein präsidentialistisches Regieren mit einer im internationalen Vergleich außergewöhnlichen Machtfülle. Doch macht eine Betrachtung der informellen Seite der Politik auch klar, dass die politische Stabilität in Frankreich nur durch informelle Übereinkunft erreicht werden konnte – die Aufteilung in zwei relativ gleich große politische Lager –, die zudem über das Wahlrecht und den rationalisierten Parlamentarismus abgestützte Mehrheitsbildung politisch gefüllt wurde. Mit dem Erstarken einer politischen Kraft wie der *Front national*, die außerhalb dieser republikanischen Logik der Bündnisse steht, zeigt sich jedoch die Prekarität einer nur über formelle Regeln abgestützten Mehrheitsbildung.

Des Weiteren zeigt das Beispiel Frankreich, wie schwierig und konfliktreich die Reformierung eines politischen Systems ist: Tatsächlich sind im Laufe des mehr als 50-jährigen Bestehens der Fünften Republik so viele Änderungen vorgenommen worden – man denke etwa an den Aufstieg des Verfassungsrats zum (konditionierten) Vetospieler –, dass vielfach schon von einer Sechsten Republik die Rede war.

Eine der folgenreichsten Reformen ist die Dezentralisierung. In diesem Bereich zeigt sich, wie die aus einem Vorgängerregime (hier: Zentralismus) stammenden in-

---

40 Vgl. Pressefreiheit Frankreich bei Freedom House über http://www.freedomhouse.org/report/freedom-press/freedom-press-2012

formellen Regeln der Politik – in diesem Fall die Ämterkumulierung und die über Patronage-Systeme laufende politische Rekrutierung und Interessenvermittlung – überdauern und die Implementierung neuer Verfahrungsregeln und Institutionen erschweren oder in ihrer demokratischen Qualität wie in ihrer Effizienz beeinträchtigen. Ähnliches gilt für die Betrachtung der Judikative und des Mediensystems, wo jakobinische Reflexe den Machtanspruch der regierenden Mehrheit durch Kontrollansprüche in andere gesellschaftliche Funktionsbereiche überdehnen. Im internationalen Vergleich wird Frankreich zu den konsolidierten Demokratien gezählt, doch ein Blick auf die internen Verhältnisse offenbart die Krise der politischen Repräsentation und die Verwerfungen seiner informellen und formellen Spielregeln. Diese politische Ordnung befindet sich in geradezu dramatischer Weise im Umbau: So sind der jakobinische Staat, der Dirigismus oder auch der Präsident als wegweisender Führer der Republik als politische Narrative präsent, aber unter den Rahmenbedingungen von Globalisierung, Europäischer Integration und einer pluralisierten, partizipationsorientierteren Gesellschaft längst keine Realitäten mehr. Politische Stabilität, das Ziel der Verfassungsgeber von 1958, kann daher nicht als statischer Zustand innerhalb einer bestimmten formellen Verfassung begriffen werden, sondern ist – gerade im Hinblick auf die demokratische Qualität der Politik – nur als ständige und dynamische Neujustierung formeller und informeller Regeln erreichbar.

# Bibliographie

Abromeit, Heidrun/Stoiber, Michael: Demokratien im Vergleich, Wiesbaden 2006.

Bochsler, Daniel/ Merkel, Wolfgang (Dir.): Democracy Barometer France 1990–2007. Country Report, Democracy Barometer-Projekt, Universität Zürich und Wissenschaftszentrum Berlin, Berlin/Zürich 2013, über www.democracybarometer.org.

Bock, Manfred: „Republikanischer Elitismus und technokratische Herrschaft", in: Christadler, Marieluise (Hrsg.), Länderbericht Frankreich, Bonn 1999, S. 383–403.

Bourdieu, Pierre: La noblesse d'État : grandes écoles et esprit de corps, Paris 1989.

Bourgeois, Isabelle: „Freiheit der Medien. Anspruch und Wirklichkeit", in: Kimmel, Adolf/Uterwedde, Henrik (Hrsg): Länderbericht Frankreich, Bonn 2012, S. 145–164.

Burgert, Denise: Politisch-mediale Beziehungsgeflechte. Ein Vergleich politikfeldspezifischer Kommunikationskulturen in Deutschland und Frankreich, Münster 2010.

Clift, Ben, „Dyarchic Presidentialization in a Presidentialized Polity: The French Fifth Republic", in: Poguntke, Thomas/Webb, Paul: The Presidentialization of Politics. A Comparative Study of Modern Democracies, Oxford 2005, S. 221–245.

Cohen-Tanugi, Laurent: La métamorphose de la démocratie française: de l'Etat jacobin à l'Etat de droit, Paris 2. Aufl. 1993.

Cole, Alistair: Governance and Governing in France, Cambridge 2008.

Cole, Alistair/Raymond, Gino (Hrsg.): Redefining the French Republic, Manchester und New York 2006.

Cole, Alistair: French Political Parties in Transition, Aldershop 1990.

Christadler, Marieluise: Frankreichs politische Kultur auf dem Prüfstand, in: Kimmel, Adolf/Uterwedde, Henrik (Hrsg.): Länderbericht Frankreich, Bonn 2. Auflage 2005, S. 231–246.

Crozier, Michel: La société bloquée, Paris 1970.

Dupuy, François/Thoenig, Jean-Claude: L'administration en miettes, Paris 1995.

De Gaulle, Charles, Conférence de presse du 31 janvier 1964 in: Maus, Didier (Hrsg.): Les grands textes de la pratique constitutionnelle de la Vième République, Paris: La documentation française, Paris 1998, S. 24–27.

Demesmay, Claire (Hrsg.): L'avenir des partis politiques en France et en Allemagne, Villeneuve d'Ascq 2009

Duverger, Maurice: La monarchie républicaine, Paris 1974.

Finkenzeller, Karin: „Das Dilemma der französischen Gewerkschaften", zeitonline vom 08.01.2013 über http://www.zeit.de/wirtschaft/2013-01/frankreich-gewerkschaft-arbeitsmarkt.

Gabriel, Oscar W./Keil, Silke I./Kerrouche, Eric (Hrsg.): Political participation in France and Germany, Colchester 2012.

Hartmann, Michael: Eliten und Macht in Europa. Ein internationaler Vergleich, Frankfurt am Main [u. a.] 2007.

Hayward, Jack: De Gaulle to Mitterrand: Presidential Power in France, London 1993.

Knapp, Andrew/Wright, Vincent: The Government and Politics of France, Routlegde, Abingdon and New York, 5. Aufl. 2006.

Jäger, Wolfgang: Die politischen Parteien in Frankreich und Deutschland. Ein funktionaler Vergleich, in: Der Staat 19, 1980, S. 583–602.

Joly, Hervé: La formation des élites en France et en Allemagne. Travaux et documents du CIRAC, Paris 2005.

Jun, Uwe: Parteien im Parlament: die institutionell schwache Stellung der Fraktionen, in: Ruß, Sabine/Schild, Joachim/Schmidt, Jochen/Stephan, Ina (Hrsg.): Parteien in Frankreich. Kontinuität und Wandel in der V. Republik, Opladen 2000, S. 123–143.

Jun, Uwe: „Die Kohabitation Auswirkungen einer spezifischen Regierungsform auf Verfassungsinstitutionen der V. Republik", in: Schild, Joachim und Henrik Uterwedde (Hrsg.): Frankreichs V. Republik. Ein Regierungssystem im Wandel, Wiesbaden 2005, S. 41–59.

Kempf, Udo: Frankreichs Senat – Wenig Potestas, viel Auctoritas, in: Hartmann, Jürgen/Thaysen, Uwe (Hrsg.), Pluralismus und Demokratie Opladen 1992, S. 189–215.

Kempf, Udo: Das politische System Frankreichs, 4. Aufl. 2007.

Kimmel, Adolf: „Parteienstaat und Anti-Parteieneffekt in Frankreich", in: Jahrbuch für Politik, 4. Jg., 1994, 2, S. 319–340.

Knapp, Andrew: Parties and Party System in France: A Disconnected Democracy?, London 2004.

Knapp, Andrew: A Paradoxical Presidency; Nicolas Sarkozy, 2007–2012, in: Parliamentary Affairs (2013), 66, S. 33–51.

Knapp, Andrew: Parties and Party System in France: A Disconnected Democracy?, London 2004.

Knapp, Andrew/Wright, Vincent: The Government and Politics of France, Routledge, Abingdon and New York, 5. Aufl. 2006.

Marshall, Monty G./Gurr, Ted Robert: Polity IV Project. Political Regimes and Transitions, 1800–2012, 24.4.2011 über http://systemicpeace.org/polity/polity4.htm.

Massot, Jean: L'arbitre ou le capitaine de l'équipe?, Paris 1987.

Milner, Susan: „Urban governance and local democracy", in: Cole, Alistair/Raymond, Gino (Hrsg.), Redefining the French Republic, Manchester und New York 2006, S. 65–81.

Mény, Yves: La corruption de la République, Paris 1992.

Müller-Brandeck-Bocquet, Gisela/ Moreau, Patrick: Frankreich: Eine politische Landeskunde Beiträge zu Politik und Zeitgeschichte 2, 2. Aufl., Opladen 2000.

Poguntke, Thomas/Webb, Paul: The Presidentialization of Politics. A Comparative Study of Modern Democracies, Oxford 2005.

Prémat, Christophe: Initiatives and Referendums, in: Gabriel, Oscar W./Keil, Silke I./Kerrouche, Eric: Political Participation in France and Germany, Colchester, UK 2012, S. 161–188.

Pütz, Christine: Parteienwandel in Frankreich. Präsidentschaftswahlen und Parteien zwischen Tradition und Anpassung, Wiesbaden 2004.

Pütz, Christine: „Wenn der Teufel im Beichtstuhl sitzt ...“ Präsidentschaftswahlen, Parteien und Stabilität in der V. Republik, in: Schild, Joachim/Uterwedde, Henrik (Hrsg.): Frankreichs Fünfte Republik. Ein Regierungssystem im Wandel. Festschrift für Adolf Kimmel, Wiesbaden 2005, S. 127–144.

Ruß, Sabine: Die Republik der Amtsinhaber. Politikfinanzierung als Herausforderung liberaler Demokratie am Beispiel Frankreichs und seiner Reformen 1988 und 1990, Baden-Baden 1992.

Ruß, Sabine: „Analytische Schattenspiele: Konturen der Korruption in Frankreich“, in: Von Aleman, Ulrich (Hrsg.): Dimensionen politischer Korruption: Beiträge zum Stand der Forschung, Sonderband Politische Vierteljahrsschrift, Bd. 3, 2005, S. 365–382.

Ruß, Sabine: „Skandale als Indikatoren politischen Wandels“, in: Gelz, Andreas/Hüser, Dietmar/Ruß, Sabine (Hrsg.): Skandale zwischen Moderne und Postmoderne. Interdisziplinäre Perspektiven auf Formen gesellschaftlicher Transgression, Berlin/Boston: De Gruyter 2014, S. 235–251.

Roger, Patrick: La maladie française du cumul des mandats, in: lemonde.fr vom 03.04.2013 .

Rouban, Luc: „Vers l'Etat impartial?“, in: Cahiers français, n° 370, 2014.

Schild, Joachim: Politische Konfliktlinien, Individualistische Werte und politischer Protest: ein deutsch-französischer Vergleich, Opladen 2000.

Schild, Joachim/Uterwedde, Henrik (Hrsg.): Frankreichs V. Republik. Ein Regierungssystem im Wandel. Festschrift für Adolf Kimmel, Wiesbaden 2005.

Schild, Joachim/Uterwedde, Henrik (Hrsg.): Die verunsicherte Französische Republik, Baden-Baden 2009.

Schmitt, Karl: „Die politischen Eliten der V. Republik. Beharrung und Wandel“, in: Aus Politik und Zeitgeschichte B 47–48/91, S. 26–36.

Steffani, Winfried: Zur Unterscheidung parlamentarischer und präsidentieller Regierungssysteme, in: Zeitschrift für Parlamentsfragen, 4 (1995), S. 390–401.

Suleiman, Ezra: Le recrutement des élites en Europe, Paris 1997.

Szukula, Andrea, Politische Steuerung durch die Implementation europäischen ‚Bundes'-rechts, in: Schild, Joachim/Uterwedde, Henrik (Hrsg.): Frankreichs V. Republik. Ein Regierungssystem im Wandel. Festschrift für Adolf Kimmel, Wiesbaden 2005, S.187–210.

Uterwedde, Henrik: „Zwischen Staat und Markt. Frankreichs Wirtschaftsmodell im Wandel“, in: Kimmel, Adolf/Uterwedde, Henrik (Hrsg.), Länderbericht Frankreich, Bonn 2012, S. 172–190.

Vogel, Wolfram: Verfassung und Demokratie in Frankreich. Frankreichs Weg zum Verfassungsstaat, Opladen 2001.

Wasner, Barbara: Eliten in Europa. Einführung in Theorien, Konzepte und Befunde, Wiesbaden 2004.

Wrobel-Leipold, Andreas: Warum gibt es die Bild-Zeitung nicht auf Französisch?: Zu Gegenwart und Geschichte der tagesaktuellen Medien in Frankreich, Wiesbaden 2010.

Ysmal, Colette: „The Evolution of the French Party System“, in: Ysmal, Colette/Ignazi, Pierre (Hg), Changing Party Organizations in Southern Europe, London: Praeger 1998, S. 9–25.

Stephan Bröchler
# Großbritannien

# 1 Regimezuordnung

Großbritannien gehört wie die USA, Frankreich oder Deutschland zur Gruppe der konsolidierten Demokratien. Empirisch lässt sich dies auf der Basis unterschiedlicher Datensätze zur Regimeklassifizierung validieren. Im „Polity IV Country Report 2010" erzielt Großbritannien mit einem Wert von 10 die maximal erreichbare Punktezahl für die demokratische Herrschaftsform[1]. Angesichts dieses Spitzenergebnisses verwundert es nicht, dass sich im Bericht nur wenige relativierende Aussagen zur Demokratiequalität finden: Angemerkt werden die Einschränkung des Parlaments durch einen handlungsmächtigen Premierminister und das Fehlen einer Kodexverfassung. Ferner sei die Judikative im OECD Vergleich schwächer institutionalisiert. Die Funktionsfähigkeit des Rechtstaats werde aber nicht durch die Exekutive eingeschränkt.

Ein stärker problemorientiertes Bild der Demokratiequalität Großbritanniens zeichnet der „Democracy Index 2012", der von der „Intelligence Unit" erarbeitet wurde. Auch hier erhält das United Kingdom problemlos das Prädikat „Demokratie". Im Ranking rangiert Großbritannien jedoch mit Platz 16 am unteren Ende (The Economist Intelligence Unit Limited 2013: 3). Diagnostiziert wird eine tiefe Krise der demokratischen Institutionen. Das Vertrauen in Regierung, Parlament und Politiker habe einen Tiefstand erreicht. In der Gruppe der entwickelten Länder erzielt Großbritannien das schlechteste Ergebnis im Bereich „politische Partizipation". Unterstrichen wird der kritische Befund über die politischen Institutionen in einer Befragung der Europäischen Kommission aus dem Jahre 2013 (European Commission 2013b: 2). Nur noch ein Viertel der befragten Briten (25 %) bringt Vertrauen zu ihrem Parlament auf und 68 % misstrauen der Legislative. Noch negativer fallen die Bewertungen zur Regierung aus. Drei Viertel (76 %) zeigen kein Vertrauen. Nur noch rund ein Fünftel (22 %) trauen ihrer gewählten Administration.[2]

Die Besonderheit des britischen Demokratieverständnisses kommt in der nahezu unbegrenzt erscheinenden politischen Gestaltungsmacht des Parlaments zum Aus-

---

1  http://www.systemicpeace.org/polity/ukg2.htm (aktualisiert 15.05.2014).

2  Im Vergleich zu Deutschland zeigen sich deutliche Unterschiede in der Akzeptanz von Parlament und Regierung (European Commission 2013a: 2). Im Hinblick auf das Parlament ist das Vertrauen deutlich höher als in Großbritannien. In der Bundesrepublik halten sich die Einschätzungen die Waage: 47 % trauen und 46 % misstrauen der Legislative. 7 % sind in dieser Frage meinungslos. Auch das Vertrauen in die Regierung ist in Deutschland größer als im United Kingdom, wenngleich auch hier eine skeptische Bewertung zutage tritt. Der Regierung trauen 44 %, während 50 % kein Vertrauen aufbringen. 6 % äußern, dass sie hierüber keine Meinung haben.

druck. Bereits im 19. Jahrhundert brachte der Jurist Albert Ven Dicey den immensen Steuerungsanspruch auf den Begriff „Parlamentssouveränität" (Dicey 2004 [1885]: 161):

> Der Grundsatz der Parlamentssouveränität bedeutet nicht mehr und nicht weniger, als dass das so definierte Parlament nach der englischen Verfassung das Recht hat, jedes Gesetz zu erlassen oder aufzuheben, und dass nach dem englischen Recht keine Person oder Körperschaft das Recht hat, die Gesetzgebung des Parlaments außer Kraft zu setzen oder außer Acht zu lassen.

Im Parlament – als Entität von Krone, Oberhaus und Unterhaus – ist demnach alle politische Macht und Herrschaft zentralisiert. Innerhalb der Trias institutioneller Akteure wird dem Unterhaus die dominierende Steuerungs- und Koordinationsleistung für die Regierungspolitik zugeschrieben. Das Parlament wird nach diesem Grundverständnis weder durch ein Verfassungsgericht kontrolliert, noch durch föderale Willensbildungs- und Entscheidungsstrukturen oder durch institutionalisierte Formen direkter Demokratie eingeschränkt. Da keine zentrale Verfassungsurkunde, wie beispielsweise in den USA und Deutschland, existiert, ist das Parlament in keiner Weise an ein höherrangiges Verfassungsrecht gebunden. Die Legislative muss auch keinen gerichtlichen „Hüter der Verfassung" und seine Entscheidungen fürchten, der Gesetze prüft, modifiziert oder kassiert.

Das Parlament in London teilt seine Souveränität darüber hinaus nicht im Rahmen föderaler Gewaltenteilung mit anderen Parlamenten oder Gebietskörperschaften. Daraus folgt, dass Großbritannien als ein unitarischer Staat ohne föderale Strukturen zentralistisch verfasst ist. Großbritannien umfasst die Territorien England, Schottland, Wales und Nordirland. Im Rahmen der Devolutionspolitik wurde das hochgradig zentralistische und unitarische politische System im Blick auf Schottland, Wales und Nordirland dezentralisiert, jedoch nicht föderalisiert (Sturm 2006a). Die Einrichtung der *Greater London Authority* begründet nicht die Etablierung einer eigenständigen kommunalen Verwaltungsebene im britischen Regierungssystem. Devolution und die Stadtregierung von London können aufgrund der rechtlichen Kompetenzen durch ein einfaches Parlamentsgesetz wieder aufgelöst werden. Formen der horizontalen Aufteilung der Gewalten zwischen Staatsoberhaupt, Parlament und Regierung/Verwaltung finden sich nur ansatzweise und stehen am Beginn (Bröchler 2007).

Die Parlamentssouveränität bildet ein Kernelement des Westminster-Modells (Sturm 2013 und 2006b). Das analytische Modell des britischen Regierungssystem wird durch zwei weitere Prinzipien arrondiert: *Rule of Law* und das *Responsible Government* (Kastendiek/Stinshoff 2006). *Rule of Law* definiert das Recht als das zentrale staatliche Steuerungsmedium der Gesellschaft. Sie beinhaltet eine Reihe grundlegender Anforderungen, die Gesetze erfüllen müssen, wie Öffentlichkeit, Klarheit, Stabilität und generalisierenden Charakter. Weiter werden mit *Rule of Law* wichtige Verfahrensstandards verbunden: Unabhängigkeit der Justiz, fairer Prozess, Unparteilichkeit der Richter und einfacher Zugang zu den Gerichten. *Responsible government* bringt das Leitbild zum Ausdruck, dass die Regierung Großbritanniens für ihre Politik besonders gegenüber dem Parlament verantwortlich ist. Verantwortung besteht aus demokratietheoretischer Sicht jedoch auch gegenüber dem Elektorat, da sich die Regierung in der kommenden Wahl dem Wählervotum auch für die von ihr veranlassten politischen Entscheidungen stellen muss.

In der Politikwissenschaft wird dem politischen System die Aufgabe zugewiesen, kollektiv verbindliche Entscheidungen zu treffen und durchzusetzen (Easton 1953: 129f.). Eine wichtige Rolle kommt dabei institutionellen Regelsystemen zu (Esser 2000; North 1990; Göhler 1997). Dabei handelt es sich um verbindliche Regeln, die mit dem Anspruch erwartbarer Geltungsansprüche formuliert werden, Sanktionscharakter besitzen und so dazu beitragen sollen, dem Handeln gesellschaftlicher Akteure Festigkeit, Dauer und Wiederholbarkeit zu verleihen, um Erwartungssicherheit zu erzeugen, ohne jedoch gegenüber Veränderungen resistent zu sein. Sie besitzen die Eigenschaft der Selektivität und sind in der Lage, nicht nur Handlungsmöglichkeiten zu begrenzen, sondern auch zu eröffnen.

Politische Institutionen als eine Variante dieses Regelungstypus lassen sich als Bearbeitungsstrukturen für gesellschaftliches Handeln im öffentlichen Interesse regelungsbedürftiger Sachverhalte verstehen, die einen Beitrag zu kollektiv verbindlichen Entscheidungen leisten (Bröchler 2014: 131). Bedeutsam für das Verständnis politischer Institutionen ist zudem die Unterscheidung in formale und informale Regelsysteme.[3] Die Relevanz der Differenzierung liegt darin, dass beide Regelsysteme eine jeweils unterschiedliche Charakteristik besitzen. Kennzeichen formaler politischer Institutionen ist ihre staatliche Kodifizierung (Lauth 2012: 47ff.). Weiter markieren diese Regelsysteme für demokratische Herrschaftssysteme, dass Legitimation, Sanktionierung und Veränderung der positiv-rechtlichen Normen im Rahmen eines geregelten Verfahrens erfolgen, wobei das politisch-administrative System als bedeutsamer Steuerungs- und Koordinationsinstanz der Gesellschaft agiert. Neben formalen spielen informelle politische Institutionen eine wichtige Rolle. Informale politische Institutionen weisen eine eigene Charakteristik auf (Lauth 2012: 47ff.). Sie stehen mit den formalen Institutionen in vielfältigen Interaktionsbeziehungen, deren Analyse zum Verständnis der realen politische Prozesse gerade in Großbritannien von hoher Relevanz ist.

---

3 Im Folgenden werden die Begriffe „informal" und „informell" synonym verwendet.

# 2 Das Regierungssystem

## 2.1 Typus des Regierungssystems und Verfassungsgrundlagen

Demokratien basieren auf gemeinsamen Grundprinzipien, sie unterscheiden sich jedoch beträchtlich in ihrer konkreten institutionellen Architektur. Die Vergleichende Regierungslehre hat unterschiedliche Typologien entwickelt, um die Spezifika unterschiedlicher Regierungssystemtypen genauer zu bestimmen (Steffani 1979; Duverger 1980; Shugart/Carey 1992; Sartori 1994; Lijphart 1999). Im Folgenden wird der Unterscheidung von Winfried Steffani gefolgt, nach der sich moderne Demokratien in parlamentarische und präsidentielle Regierungssysteme unterscheiden lassen. Das United Kingdom gilt als beispielhaft für den Typus „parlamentarische Demokratie" wie die USA für das präsidentielle System. Das parlamentarische Regierungssystem ist im Unterschied zum präsidentiellen Typus nicht durch Gewaltenteilung, sondern durch Gewaltenverschränkung gekennzeichnet. Im Zusammenspiel von parlamentarischer Mehrheitsfraktion und Regierung als einem Tandem liegt das „efficient secret" des parlamentarischen Systems.

Fünf Kriterien charakterisieren nach Winfried Steffani das parlamentarische Systemmodell (Steffani 1979: 39–104): Entscheidendes Kriterium ist, dass die Regierung durch das Parlament abberufbar ist. Ergänzende Anforderungen sind: die Vereinbarkeit von Parlamentsmandat und Regierungsamt; die Verpflichtung der Regierung zum Rücktritt nach verlorenem Misstrauensvotum; das Recht der Regierung, das Parlament aufzulösen und die Steuerung der Regierungspartei durch den Regierungschef mit dem Instrument der Fraktionsdisziplin. Weiteres Merkmal ist die doppelte Exekutive. Sie kommt in der Rollenzuweisung zum Ausdruck, dass die Monarchin Staatsoberhaupt und der Prime Minister Regierungschef ist. Tatsächlich erfüllt das Regierungssystem die Kriterien der parlamentarischen Demokratie, wenngleich sich spezifisch britische Besonderheiten zeigen. Im Unterschied zu Deutschland entspricht Großbritannien der monarchischen Form des parlamentarischen Typus und kennt somit kein gewähltes Staatsoberhaupt. Das Entree zum britischen Kabinett erfordert das Mandat im Unterhaus oder Oberhaus. Der Regierungschef muss über ein Abgeordnetenmandat im *House of Commons* verfügen. Er ist gezwungen zurückzutreten, wenn er die parlamentarische Mehrheit im Unterhaus verliert. Ein singuläres erfolgreiches Misstrauensvotum in einer politisch zentralen Frage begründet eine eher vage Verpflichtung, jedoch keinen Automatismus, zum Rücktritt. In seiner Funktion als Regierungs- und Parteivorsitzender kontrolliert er mittels des Fraktionschefs, der, nomen est omen, als „Whip" – Einpeitscher – tituliert wird, das (Abstimmungs-)Verhalten der Abgeordneten der Regierungspartei im Unterhaus. Das Instrument der Parlamentsauflösung ist dem Regierungschef, aufgrund eines Parlamentsgesetzes aus dem Jahre 2011 (Fixed-term Parliament Act 2011), de jure aus der Hand genommen. Nur unter hohem politischem Aufwand kann er auf vorzeitige Neuwahlen hinwirken.

Auch wenn Großbritannien keine einheitliche Verfassung kennt, gibt es zahlreiche schriftlich fixierte und staatliche kodifizierte Normtexte. Formalen Verfassungscharakter besitzen die folgenden staatlich kodifizierten historischen Rechtsquellen
(Sturm 2009: 266f.): In der *Magna Charta* von 1215 garantiert die Krone, zunächst nur
dem Hochadel und Klerus und erst später dem Bürgertum, den Schutz vor willkürlicher Inhaftierung, die Sicherung der Eigentumsrechte und Mitbestimmung in Steuer-
fragen. Hieraus entwickelte sich später maßgeblich die fundamentale Verfassungsnorm des *Rule of Law*, das alle Stände, Krone, Adel, Klerus und Bürgertum, der
Herrschaft der Parlamentgesetze unterwirft. Die *Petition of Rights* von 1628 sichert zu,
dass ohne Zustimmung des Parlaments keine Steuern erhoben werden dürfen. Es
umfasst weiter das Verbot willkürlicher Verhaftungen und der Einquartierung von
Soldaten ohne Genehmigung der Hauseigentümer. Die *Habeas-Corpus-Akte* (1679)
garantiert das Recht auf unverzügliche Haftprüfung von Inhaftierten vor einem ordentlichen Gericht. Die Bill of Rights von 1689, nach dem Ende der *Glorius Revolution*,
beendet die royale Souveränität des Gottesgnadentums und etabliert die konstitutionelle Monarchie Großbritanniens. Das Verfassungsdokument bestätigt die hergebrachten Rechte des Parlaments, das regelmäßig durch die Krone einberufen werden
muss. Der Ort freier Rechte auf Wahlen, Rede und auf das Steuerrecht ist nun das
Parlament. Es sichert die Beteiligung von Oberhaus, Unterhaus und Krone an der
Gesetzgebung. Garantiert wird die Unabhängigkeit der Gerichte. Die anglikanische
Staatskirche wird der Autorität des Parlaments unterworfen.

Beispiele für wichtige Parlamentsgesetze aus dem 20. bzw. zu Beginn des 21. Jahrhunderts, die bedeutsame Verfassungsfragen behandeln, sind: Die *Parliaments Acts*
von 1911 und 1949 entziehen dem Oberhaus das Recht, einen Gesetzentwurf des Unterhauses endgültig zu verhindern. Es wurde demgegenüber ein suspensives Veto
eingeführt, das zunächst für zwei Jahre dann 1949 auf ein Jahr verkürzt wurde. Die
maximale Dauer der Legislaturperiode in Friedenszeiten wird von sieben auf fünf
Jahre gesenkt. Der *Parliaments Act* von 1958 führt im Oberhaus für verdiente Persönlichkeiten den Status der Peers auf Lebenszeit ein (life peers). Der *House of Lords Act*
1999 entfernte einen großen Teil des Erbadels aus dem Unterhaus und reduzierte ihre
Mitgliederzahl auf unter 100 Peers. Im *Constitutional Reform Act* von 2005 werden
Elemente horizontaler Gewaltenteilung eingeführt. Das Amt des *Lord Chancellors*
wurde neu gestaltet. Bis 2005 bekleidete der Amtsinhaber gleichzeitig mehrere institutionelle Rollen: Er präsidierte das Oberhaus und war damit Teil der Legislative. Als
Kabinettsmitglied gehörte er zweitens der Exekutive an. Und als oberster Richter war
er drittens der Judikative zugehörig (Krumm/Noetzel 2006: 278). Das Amt wurde im
Rahmen des *Constitutional Reform Act* 2005 grundlegend umgestaltet und im Wesent-
lichen auf seine repräsentative und exekutive Funktion eingeschränkt. Heute ist der
Lord Chancellor hochrangiges Mitglied des Kabinetts und übt zugleich das Amt des
Justizministers aus. Ebenfalls durch den *Constitutional Reform Act* wurden die *Law
Lords*, ein Ausschuss des *House of Lords,* deren Mitglieder der Legislative wie auch der
Judikative zugehörten, aus dem Oberhaus ausgegliedert und ein eigenes neues Ober-

gericht geschaffen: der *Supreme Court of the United Kingdom*. Dem Gericht kommt trotz Namensähnlichkeit zum US-Verfassungsgericht nicht dessen Kompetenz der Normenkontrolle zu. Denn statt *judical review*, richterliches Prüfungsrecht der Entscheidungen des Gesetzgebers, gilt in Großbritannien die *judical deference*, die Anerkennung des Letztentscheidungsrechts des Parlaments. Seit der Arbeitsaufnahme im Jahr 2009 hat der Supreme Court die Funktion des Obersten Berufungsgerichts für Großbritannien in zivilrechtlichen Streitfällen. Für den Bereich der Strafrechtsverfahren ist es in dieser Funktion für England, Wales uns Nordirland zuständig. Darüber hinaus ist es oberste Instanz in Rechtstreitverfahren, welche die Devolution betreffen (Lee 2013).

## 2.2 Das britische Parlament: Herz des Regierungssystems

Das Parlament ist die Herzkammer des britischen Regierungssystems. Es setzt sich aus dem Unterhaus (House of Commons), dem Oberhaus (House of Lords) und der Krone (Queen in Parliament) zusammen.

### Das Unterhaus (House of Commons): Erste Kammer des Parlaments

Das britische Parlament ist als ein Zweikammernparlament geformt und setzt sich aus Unterhaus und Oberhaus zusammen. Die Vormachtstellung wie das Alleinstellungsmerkmal der ersten Kammer gegenüber House of Lords und Krone gründet auf seiner demokratischen Legitimation. Seit 1918 werden die Abgeordneten in allgemeiner, unmittelbarer, freier, gleicher und geheimer Wahl bestimmt. Die Wahl erfolgt nach den Regeln des relativen Mehrheitswahlsystems (Rose/Munro 2010). Gewählt ist der Kandidat/die Kandidatin mit den meisten Stimmen in seinem Wahlkreis nach der Devise: „the first past the post". Zielsetzung des Wahlsystems ist es, der stärksten Partei aus eigener Kraft zu ermöglichen, die Regierung zu bilden.

Das relative Verhältniswahlsystem ist ein entscheidender Faktor dafür, dass nach 1945 nur zwei Parteien in der Regierung alternierten: die Conservative Party, häufig als „Tories" bezeichnet und die Labour Party, vielfach kurz „Labour" genannt. Aufgrund der prägenden Kraft wird das britische Parteiensystem als „Zweiparteiensystem" bezeichnet (Onken 2013). Der Begriff bedeutet jedoch definitiv nicht, dass das britische Regierungssystem nur zwei Parteien aufweist und auch nicht, dass Tories und Labour die einzigen Parteifraktionen im Unterhaus bilden. Der Blick auf die aktuelle Zusammensetzung des *House of Commons* zeigt, dass dort aktuell acht weitere Parteien vertreten sind, davon die Liberal Democrats und die in Nordirland beheimatete Democratic Unionist Party (DUP) als die dritt- bzw. viertstärksten Fraktionen. Im britischen Unterhaus sind damit doppelt so viele Parteien vertreten als im 18. Deutschen Bundestag mit CDU, SPD, CSU, Grünen und Linken.

Einen Einblick in Zusammensetzung und Rekrutierungsmechanismen des *House of Commons* vermitteln die folgenden Daten. Das Unterhaus umfasst mit der Wahl im Jahr 2010 insgesamt 650 Abgeordnete, ähnlich der Zahl der Abgeordneten des aktuellen Deutschen Bundestags (631). Im Hinblick auf Geschlecht zeigt sich, dass 147 der *Member of Parliament* (MP) Frauen sind, was einem Anteil von knapp 23 % entspricht[4]. Die Dauer der Legislaturperiode des *House of Commons* ist seit 2011 taggenau gesetzlich festgelegt. Alle fünf Jahre am ersten Dienstag im Mai müssen künftig Neuwahlen stattfinden.

In der Regierungslehre werden vier Parlamentsfunktionen unterschieden (Marschall 2005: 145ff.): Wahl bzw. Abwahl, Gesetzgebung, Kontrolle und Kommunikation. Für das britische Unterhaus lässt sich das folgende Profil zeichnen:

1) Eine bedeutsame Wahl, die das *House of Commons* vornimmt, ist die Ernennung des Sprechers des *House of Commons* (Rogers/Walters 2006: 44–54). Das Amt des Speakers genießt hohes Ansehen und Autorität. Der Sprecher wird ganz zu Beginn der neuen Legislaturperiode – seit Neuem in geheimer Abstimmung – gewählt, ähnlich der Wahl des Bundestagspräsidenten in Deutschland. Während der Parlamentssitzungen kommt ihm die Rolle des Dirigenten und Schiedsrichters zu: Er leitet die Sitzungen, erteilt und entzieht den Abgeordneten das Wort und sanktioniert regelwidriges Verhalten. Der amtierende Sprecher ist verpflichtet, unbedingte parteipolitische Neutralität zu wahren. Diese präsidiale Rolle erfordert, dass er während seiner Amtszeit die eigene Parteimitgliedschaft ruhen lassen muss. Bei Parlamentswahlen genießt er als einziger Parlamentskandidat das Privileg, sich de facto außer Konkurrenz zur Wiederwahl zu stellen. Denn die jeweils andere große Partei stellt in seinem Wahlkreis keine Gegenkandidaten auf. Gewählt werden muss er dennoch, um erneut ins Unterhaus einzuziehen.

Eine Besonderheit des parlamentarischen Regierungssystems Großbritanniens besteht darin, dass, anders als der deutsche Bundeskanzler, der britische Premierminister nicht durch einen parlamentarischen Wahlakt in das Amt gebracht wird. Es ist die Königin, die im Rahmen ihrer nominellen Herrscherfunktionen (royal prerogatives) die Ernennung vornimmt. Bei der Auswahl besitzt die Königin jedoch in der Regel keinen eigenen Handlungsspielraum. Denn die Monarchin muss die Ernennung auf der Basis der parlamentarischen Mehrheitsverhältnisse im *House of Commons* fällen. Zum Premierminister ihrer Majestät wird der Parteivorsitzende der mandatsstärksten Parteifraktion im *House of Commons* berufen. Nach 1945 waren die Regierungschefs entweder Mitglied der Conservative Party oder der Labour Party. Auch die Abberufung des Premierministers ist auf das Engste an die parteipolitischen Mehrheitsverhältnisse im Unterhaus gekoppelt und erfolgt in keiner Weise aufgrund der Interessen der Königin.

2) Der Gesetzgebung kommt eine zentrale Bedeutung für das Verständnis der Rolle des britischen *House of Commons* zu. Das Unterhaus ist der machtvollste Akteur im Gesetzgebungsverfahren, in das zudem Oberhaus und Königin systematisch einge-

---

4 http://www.parliament.uk/mps-lords-and-offices/mps/?sort=4&type=0 (Stand 15.05.2014).

flochten sind. Unterhaus und Oberhaus nehmen entscheidenden inhaltlichen Einfluss auf den Weg von einem Gesetzesentwurf (bill) zum Gesetz (act). Gesetzesvorlagen, die ein allgemeines Interesse zum Gegenstand haben („public bills"), können aus der Regierung/Verwaltung (governmet bills) oder einem Mitglied von Unterhaus oder Oberhaus (private member's bills) eingebracht werden. Die Verfahrensschritte des Gesetzgebungsprozesses sind im Unterhaus wie auch im Oberhaus im Großen und Ganzen gleich (Saalfeld 2008). In der Vorderhand ist das *House of Commons* gegenüber dem *House of Lords* im Gesetzgebungsprozess aufgrund dreier Gründe. a) Das Unterhaus kann aufgrund der Parlamentsgesetze von 1911 und 1945 für den Fall, dass das Oberhaus ein aufschiebendes Veto gegen einen beschlossenen Gesetzesentwurf des Unterhauses eingelegt hat, das Gesetz im folgenden Parlamentsjahr erneut einbringen und mehrheitlich beschließen. Der Gesetzesbeschluss wird dann ohne weitere Einschaltung des Oberhauses der Königin zur Unterzeichnung vorgelegt (Saalfeld 2008: 181ff.). b) Die Salisbury Convention schließt bestimmte Gesetzesbeschlüsse des Unterhauses vom suspensiven Veto des Oberhauses aus. Die Verfassungskonvention besagt, dass das Oberhaus gegen einen vom Unterhaus beschlossenen Gesetzentwurf kein Veto einlegt, wenn es sich hierbei um die Einlösung von politischen Versprechen aus dem Wahlprogramm der aktuell amtierenden Regierung handelt (Walters 2005: 210ff.). c) Ganz im Alleingang kann das Unterhaus Finanzgesetze wie die jährliche Finance Bill (Haushaltsgesetzgebung) im Gesetzgebungsprozess durchsetzen (money bills und consolidated funds bills). Das Oberhaus darf in diesen Fällen weder ein suspensives Veto einlegen, noch Abänderungsanträge stellen (Saalfeld 2008: 180).

3) Für die Kontrolle der Regierung kommt der Opposition eine besondere Bedeutung zu. In Großbritannien wird sie offiziell als „Her Majesty's Loyal Opposition" tituliert. Die Rolle des Oppositionsführers ist herausgehoben. Dies kommt auch darin zum Ausdruck, dass er im Rang eines Mitglieds der Regierung bezahlt wird. Die Opposition verfügt über unterschiedliche Instrumente zur Regierungskontrolle: Debatten, Ausschüsse und Regierungsbefragungen. An 20 Tagen im Sitzungsjahr darf die Opposition die Inhalte der Tagesordnung der Sitzungen des Unterhauses festlegen und bekommt damit die Chance, die Debatte in eine regierungskritische Richtung zu lenken (opposition day).

Ein weiteres Kontrollinstrument sind Parlamentsausschüsse des *House of Commons*. *Select Committees* werden spiegelbildlich zu den Regierungsressorts oder zu Querschnittsthemen eingerichtet (Budge/McKay/Bartle/Newton 2007: 425ff.). Diese befassen sich insbesondere mit den Ausgaben, den Politikinhalten und der Leitung der Ressorts. Die Ausschüsse können Politiker und Beamte für Untersuchungen vorladen und haben Recht auf Akteneinsicht. Von herausgehobener Bedeutung ist das *Public Accounts Committee* (PAC), das hohe parteipolitische Unabhängigkeit besitzt. Der älteste und überparteilich hoch renommierte Ausschuss prüft, ob die vom Parlament bewilligten Haushaltsmittel korrekt verwendet wurden. Ein interessanter neuer Typus von Ausschuss ist das *Backbench Business Committee*. Es ist als Gegengewicht zu den von den Fraktionsspitzen inhaltlich wie personell dominierten Parlamentsauschüssen gedacht. Die acht Mitglieder werden nicht, wie sonst üblich, vom Fraktionsmanagement ausgesucht, sondern in geheimer Wahl bestimmt. Die Funktion soll darin liegen, dass auch Parlamentarier, die nicht über einen herausgehobenen Status in den Fraktionen verfügen und gern als Hinterbänkler (backbencher) bezeichnet werden, die Möglichkeit bekommen, an 35 Sitzungstagen über das *Backbench Business Committee* Debattenthemen zu lancieren, die im Unterhaus dann öffentlich Gehör erhalten und debattiert werden.

Ein drittes Instrument der Kontrolle stellen Regierungsbefragungen dar. Zwei wichtige Formate sind die *Question Time* und die Prime Minister's Question Time (PMQ). Im Rahmen der 60 minütigen *Question Time*, die in der Sitzungszeit von montags bis donnerstags stattfindet, können Abgeordnete bis zu zwei vorher schriftlich eingereichte Fragen, an die Minister stellen. Ein Format, das größere öffentliche Aufmerksamkeit findet, ist die PMQ. Die Parlamentarier haben jeweils mittwochs um 12.00 Uhr die Gelegenheit, den Regierungschef im Zeitraum einer halben Stunde direkt zu allen Aspekten der Regierungsarbeit mündlich zu befragen. Die PMQ erweist sich als ein Parkett, dass besonders dem Prime Minister und dem Oppositionsführer Gelegenheit bietet, im rhetorischen Duell die Frage zu klären, wer die bessere politische Alternative darstellt: der amtierende Premierminister oder sein Herausforderer.

Die Regierungskontrolle ist in Großbritannien in die Funktionslogik des parlamentarischen Regierungssystems eingebettet. Auf der einen Seite bilden Regierung und Parlamentsmehrheit eine Aktionseinheit, der auf der anderen Seite die parlamentarische Opposition mit der Minderheit an Mandaten gegenübersteht. Im Hinblick auf das Unterhaus hat dies zur Folge, dass die Einflusszonen zwischen parlamentarischer Regierungsmehrheit und Oppositionsminderheit auch im Bereich der Kontrolle strukturell unterschiedlich ausbalanciert sind. So erweisen sich in der politischen Realität die Handlungsmöglichkeiten der Opposition als recht begrenzt. Denn an 20 Tagen die Tagesordnung zu bestimmen, ist angesichts der Reihe von Oppositionsfraktionen und der unterschiedlichen parteipolitischen Standpunkte ein geringer Zeitraum, angesichts insgesamt von 160 bis 170 bzw. in Wahlkampfjahren ca. 200 bis 240 jährlichen Sitzungstagen des Unterhauses (Schieren 2010: 45). Denn außerhalb der *opposition days* bestimmt die Regierungsmehrheit die Tagesordnung.

Eine deutliche Lücke klafft weiterhin zwischen Anspruch und Realität der Bedeutung der *Select Committees*. Die Regierungsfraktionen können jederzeit mit ihrer Mehrheit die Arbeit nach ihren Interessen steuern und die Opposition ausbremsen. Schließlich können auch die Regierungsbefragungen die Informations- und Wissenskluft, die sich zwischen Opposition und dem Regierungsapparat auftut, nicht schließen.

In ungleich höherem Maße könnten demgegenüber die Regierungsfraktionen das Arsenal der Kontrollinstrumente nutzen, als sie dies tatsächlich tun. Aufgrund ihrer Mandatsmehrheit im Unterhaus und seinen Ausschüssen, wäre eine weitreichende nachträgliche und begleitende Überprüfung und Überwachung möglich sowie Verhaltensänderungen von Regierung und Verwaltung durchsetzbar. Ob das neu eingerichtete *Backbench Business Committee* zu einem Wandel der Art politischer Kontrolle nennenswert beiträgt, muss sich in der Zukunft erst noch erweisen. Dass sich die Regierungsmehrheit an einer gemeinschaftlich mit der Opposition wahrgenommenen Regierungskontrolle beteiligt, dem steht zumindest das „efficient secret" des parlamentarischen Regierungssystems entgegen: Die Handlungsprämisse, dass die Aufgabe der Mehrheitsfraktion in erster Linie darin besteht, den Machterhalt der eigenen Regierung zu sichern.

Dem britischen Unterhaus ist es lange Zeit schwergefallen, die Kommunikationsfunktion als eine Parlamentsaufgabe anzunehmen (Schieren 2010: 59ff.). Ursache ist wiederum das Prinzip der Parlamentssouveränität. Das Parlament repräsentiert nach dieser Vorstellung nicht das Volk, sondern sich selbst. Politische Kommunikation vollzieht sich demnach innerhalb des Parlaments selbstreferenziell und nicht als offener Prozess mit der Gesellschaft. In der Vorstellung der Parlamentsouveränität findet Responsivität nicht während der Legislaturperiode statt, sondern am Wahltag der Unterhauswahl. Bis weit in das 20. Jahrhundert hinein bereitete deshalb die Vorstellung, dass die Parlamentsarbeit in einen kommunikativen Prozess mit dem Volk eingebettet ist, erhebliche Probleme. So fand die erste reguläre Radioübertragung erst im Sommer 1978 statt und bis zur ersten Fernsehübertragung einer Unterhausdebatte dauerte es bis zum Winter 1989 (Schieren 2010: 61). Zu Beginn des 21. Jahrhunderts nutzen beide Häuser des Parlaments aktiv traditionelle Medien der Berichterstattung und offerieren darüber hinaus ein umfangreiches Spektrum internetgestützer Informations- und Kommunikationsdienste, die es erlauben, sich ein Bild über das parlamentarische Geschehen zu machen und in wechselseitige Kommunikation mit Abgeordneten und Ausschüssen wie beispielweise durch Elektronische Petitionen zu treten (http://www.parliament.uk).

### Das Oberhaus (House of Lords): Mitgesetzgeber und reflexives System des Parlaments

Das House of Lords ist die zweite Kammer des britischen Parlaments. Die Mitglieder (Peers) werden nicht in demokratischen Wahlen gewählt, sondern von der Königin ernannt. Die Auswahl erfolgt nach zwei unterschiedlichen Kriterien: meriokratisch und ständisch (Sturm 2012: 739). Die größte Zahl der Mitglieder wird aufgrund ihrer bisherigen Leistungen und Verdienste auf Vorschlag des Premierministers zu Peers auf Lebenszeit durch die Königin ernannt. Der britische Regierungschef nominiert in erster Linie Mitglieder seiner Partei, ist jedoch gehalten, auch andere Parteien im Aufstellungsverfahren zu berücksichtigen. Als Crossbencher werden die parteipolitisch unabhängigen Mitglieder des Oberhauses bezeichnet. Seit dem Jahr 2000 werden Mitglieder aufgrund ihrer Verdienste aus anderen gesellschaftlichen Bereichen, wie Wissenschaft, Wirtschaft, Militär und Kunst (People's Peers) durch eine eigene Kommission vorgeschlagen (House of Lords Appointment Commission). Diese schaut auch auf die Qualität der parteipolitischen Nominierungen. Die Entscheidung, wer vorgeschlagen wird, bleibt letztendlich jedoch in der Hand des Premierministers.

Nach ständischen Kriterien sind zwei weitere Gruppen im Oberhaus vertreten, die von der Königin ernannt werden: hohe Repräsentanten der anglikanischen Staatskirche sowie die nach der Reform 1999 verbliebenen Mitglieder des erblichen Adels (hereditary peers). Im Frühjahr 2014 umfasst das House of Lords offiziell 778 Mitglieder, die berechtigt sind, an der Parlamentsarbeit teilzunehmen.[5] Davon sind 665 Peers auf Lebenszeit, die vor allem den politischen Parteien (wie Conservative, Labour und Liberal Democrats) zugeordnet sind. Weiter gehören dem Haus 88 erbliche Peers und 25 Bischöfe an. Der Frauenanteil im *House of Lords* liegt wie beim *House of Commons* bei ca. 23 %.

Im Vergleich zu den starken rechtlichen Instrumenten des *House of Commons* zur Durchsetzung seiner politischen Interessen, besonders im Gesetzgebungsprozess, ist das *House of Lords* weniger machtvoll, jedoch in der politischen Praxis in keiner Weise machtlos, wie es auf den ersten Blick erscheinen mag. Ausgeschlossen sind die Lords von den Ämtern des Premier- und Finanzministers. Auch können sie die Regierung nicht aus dem Amt bringen. Sie stellen aber regelmäßig Minister in der Regierung. Im Gesetzgebungsverfahren ist das House of Lords in der Rolle des Mitgesetzgebers und damit parziell de facto auch des Vetospielers innerhalb des Parlaments. Das Oberhaus ist systematisch in den Gesetzgebungsprozess eingebunden. Es bearbeitet vom Unterhaus verabschiedete Gesetzesvorlagen und hat vice versa das Recht, eigene Gesetzesinitiativen einzubringen. Das *House of Lords* diskutiert nicht nur, sondern ändert oder verwirft auch Beschlüsse der Commons und kann darüber hinaus geplante Gesetze in vielen Fällen mit einem suspensiven Veto bis zu einem Jahr anhalten (Parliament Acts 1911 und 1949).

Die Peers können einen Gesetzesentwurf des Unterhauses a) ohne Änderungen akzeptieren oder b) abändern und in die erste Kammer zurückverweisen. Dies führt bei mehrmaligen Änderungen und Zurückverweisen zu einem zeitintensivem Hin und Her (parliamentary ping-pong) zwischen der ersten und zweiten Kammer. Das Unterhaus kann c) ferner für die Dauer eines Jahres bei vielen Gesetzesmaterien ein suspensives Veto einlegen. Bis auf ganz wenige Ausnahmen (wie der Verlängerung der Legislaturperiode über fünf Jahre hinaus) kann das Oberhaus jedoch ein Gesetz, welches das Unterhaus mit aller Macht durchsetzen will, nicht aufhalten. Beide Kammern können sich d) auf einen Kompromiss verständigen und den gemeinsam geteilten Gesetzesentwurf beschließen und der Königin zur Unterschrift vorlegen. In jüngerer Zeit holt das Oberhaus im Vergleich zum Unterhaus machtpolitisch auf. Die Peers setzen sich zunehmend häufig erfolgreich gegen Gesetzesentwürfe des Unterhauses durch (Russel/Sciara 2008): Zwischen 1997 und 2001 wurde die Regierung 108-mal im Gesetzgebungsverfahren besiegt; zwischen 2001 und 2005 jedoch 245-mal (Budge/McKay/Bartle/Newton 2007: 421).

Im Bereich der Instrumente (Befragungen, Debatten und Ausschüsse), die der Regierungskontrolle zur Verfügung stehen, gleichen sich Unterhaus und Oberhaus wie-

---

5  http://www.parliament.uk/mps-lords-and-offices/lords/composition-of-the-lords/ (Stand 20.05.2014).

derum. Eine wichtige Differenz besteht jedoch im Blick auf die Herangehensweise. Das *House of Lords* übernimmt häufig die Funktion eines reflexiven Systems für Unterhaus und Regierung. Die Mitglieder stimmen in der Regel aufgrund ihrer Unabhängigkeit nicht parteipolitisch ab und bringen darüber hinaus aufgrund ihrer Qualifikationen hohen Sachverstand und Erfahrung in die Willensbildung und Entscheidungsfindung des *House of Lords* ein. Im Unterschied zum gewollt konfrontativ-argumentativen Schlagabtausch im Unterhaus ist die Diskussionskultur im Oberhaus stärker deliberativ, durch abwägendes Argumentieren geprägt.

Die Zusammensetzung und die politische Kultur des *House of Lords* führen zu einer besonderen Akzentuierung der Kommunikationsfunktion. Immer wieder stärken die Peers durch ihren Sachverstand die Responsivität des Gesamtparlaments. Ein signifikantes Beispiel waren die Debatten über die geplanten Anti-Terrorgesetze der britischen Regierung nach den Anschlägen vom 11. September 2001. Das *House of Lords* insistierte beharrlich darauf, die möglichen Folgen der Gesetzespläne der Regierung von Tony Blair zu bedenken und setzte sich nachdrücklich für die Einhaltung und den Schutz der Bürgerrechte in Großbritannien ein.

Die fehlende demokratische Legitimation und die im Vergleich mit anderen Kammern hohe Mitgliederzahl, beispielsweise übertrifft das Oberhaus klar die Zahl der Abgeordneten des Europäischen Parlaments, haben immer wieder zu Forderungen geführt, die zweite Kammer stärker oder vollständig zu demokratisieren, zu verkleinern oder ganz abzuschaffen (Lord Hope of Craighead 2008).

### Das Staatsoberhaupt: „The Queen reigns, but does not rule"

Dass die Königin herrscht, aber nicht regiert, bringt treffend die politische Bedeutung der Königin im heutigen britischen Regierungssystem zum Ausdruck. Die Monarchin ist einerseits mannigfaltig in das Regierungsgeschehen eingeflochten und im politischen Leben gegenwärtig. Andererseits besitzt die Königin keine Regierungsmacht, die Politik des Landes nach ihrem Willen und politischen Zielen zu bestimmen. Ursache ist, dass die politischen Handlungsspielräume des Monarchen selbst zu regieren über Jahrhunderte im evolutionären Prozess der Parlamentarisierung Zug um Zug eingehegt wurden. Im Folgenden wird die Rolle und Bedeutung der Königin eingeordnet.

Nach gängiger staatsrechtlicher Lehre ist das United Kingdom eine konstitutionelle Erbmonarchie und ein Personenverbandsstaat, dessen Einwohner keine Bürger, sondern Untertanen der Monarchin sind. Die Vielzahl der unterschiedlichen öffentlichen Tätigkeiten und Handlungen der britischen Königin lassen sich zu fünf Aufgabenbereichen zusammenfassen: Repräsentation, zeremonielle Handlungen, nominale politische Funktionen, Integration und Reservefunktion.

1) Die Repräsentationsfunktion wird in öffentlichen Auftritten der Monarchin im In- und Ausland in ihrer Rolle als Staatsoberhaupt deutlich. Königin Elizabeth II. ist „head of state" des Vereinigten Königreichs von Großbritannien und Nordirland und Staatsoberhaupt von 15 (wie Australien und Kanada) der insgesamt derzeit 53 Com-

monwealth Staaten[6]. Die Besonderheit des britischen Verständnisses von Repräsentation liegt darin, dass die Monarchin den Staat nicht nur vertritt, sondern dass sie die Verkörperung des Staatsgebildes ist. Alle drei Staatsgewalten fließen in der Person der Monarchin zusammen (Queen in Parliament; Queen in Council; Queen in Banco). Regierung, Bürokratie und Justiz handeln im Namen der Königin und nicht des Volkes. Wichtige repräsentative Tätigkeiten sind die Thronrede bei der Eröffnung des Parlaments, Hochzeiten und Jubiläen der Königsfamilie und Staatsbesuche.

2) Zeremonielle Tätigkeiten stellen einen weiteren Bereich öffentlicher Aufgaben der Monarchin dar. In ihrer Rolle als weltliche Staatsspitze und als religiöses Oberhaupt der anglikanischen Kirche nimmt sie Ernennungen zu öffentlichen Ämtern vor, wie von Richtern und hohen Militärs.

3) Ein bedeutsames Aufgabenfeld liegt in der Ausübung nomineller Herrschaftsfunktionen. Dabei handelt es sich um wichtige Handlungen, die einst auf eigenständigen königlichen Herrschaftsrechten beruhten (royal prerogatives), doch heute auf Initiative der Regierung bzw. des Regierungschefs erfolgen, jedoch nach wie vor im Namen der Königin vollzogen werden. Zu diesen Aufgaben zählen beispielsweise Oberbefehlsgewalt über die Streitkräfte, Erklärung von Krieg und Frieden, Außen- und Verteidigungspolitik, Ernennung und Entlassung des Premierministers und der Minister, Ratifizierung von Gesetzesbeschlüssen des Parlaments (royal assent), das Begnadigungsrecht und eine Vielzahl unterschiedlicher Ernennungsrechte.

4) Breiten Raum im Tätigkeitsspektrum der Königin nimmt zudem die Integrationsfunktion ein. Hierbei geht es um Formen des Engagements, die darauf abzielen, den sozialen Zusammenhalt der britischen Gesellschaft durch öffentliches Agieren der Königin und der königlichen Familie zu fördern. Ein wichtiges Feld ist das karitative Engagement.

5) Das Spektrum wichtiger öffentlicher Aufgaben wird durch die Reservefunktion (reserve power) der Krone arrondiert. In Fällen politischer Handlungsfähigkeit des parlamentarischen Systems, und nur dann, können für kurze Zeit der Monarchin politische Gestaltungskräfte zuwachsen. Dies gilt beispielsweise für den Fall, dass eine Unterhauswahl trotz des Mehrheitswahlrechts keinen klaren Wahlsieger erkennen lässt (hung parliament).

## 2.3 Regierung: Aktivzentrum des Regierungssystems

Die britische Regierung verfügt über sehr weitreichende Handlungsmöglichkeiten und Ressourcen, um ihre politischen Interessen und Ziele im Parlament durchzusetzen. Die Verknüpfung von Parlamentssouveränität unter Bedingungen eines modernen

---

6 https://www.royal.gov.uk/MonarchAndCommonwealth/TheCommonwealth/TheCommonwealth.aspx (Stand 15.05.2014).

Parteiensystems, mit einem Mehrheitswahlsystem, dass die mandatsstärkste Partei in die Regierung bringen will, in Verbindung mit eingeschränkten Kontrollmöglichkeiten der parlamentarischen Opposition, und schließlich das Fehlen einer regulierenden Kodexverfassung, führen dazu, dass der gouvernementale Handlungsraum als nahezu unbegrenzt erscheint. Je nach Einschätzung der Macht- und Einflusszonen, wird das britische Regierungsystem als *Cabinet government* oder als *Prime ministerial government* eingestuft. Erstes Verständnis beruht auf der Vorstellung, dass das Regierungskabinett, das kollektive und kollegiale Willensbildungs- und Entscheidungszentrum der Exekutive darstellt, innerhalb dessen der Premierminister die Rolle des Primus inter Pares, des Ersten unter Gleichen zukommt (Hopp 2010). Demgegenüber liegt dem *Prime ministerial government* die Überzeugung zugrunde, dass der britische Regierungschef – und nicht das Kabinett – das politische Steuerungszentrum darstellt (Mackintosh 1963; Crossmann 1963, 1972). Das Argument von der steuerungsmächtigen Stellung des Prime Ministers, in Analogie zum US-amerikanischen Präsidenten, wird seit den 70er-Jahren, besonders für die Premierminister Callaghan, Thatcher und Blair mit den Begriffen „elective dictatorship" (Lord Hailsham 1978; Foley 1992, 2000; Pryce 1997) und „executive democracy" (Beetham et all. 2002) weiter zugespitzt.

In der Tat bringen die drei folgenden Grundsätze der Entscheidungsfindung (eternal political triangle) sowohl die starke Rolle des Kabinetts als auch die herausgehobene Stellung des Regierungschefs als Elemente eines unauflösbaren Spannungsbogens zum Ausdruck (Smith 1999). Ressortautonomie (Departemental autonomy) umfasst die Eigenverantwortlichkeit jedes Ministers für sein Ressort; Kollegialität (Cabinet collegiality) besagt, dass Entscheidungen gemeinsam getroffen und nach außen hin geschlossen vertreten werden. Die Dominanz des Premierministers (Prime ministerial authority) beinhaltet ein Rollenverständnis, dass der Amtsinhaber gegenüber den Ministern als Chef der Regierung handelt.

Somit ist der Premierminister der machtvollste Gestalter im britischen Regierungssystem. Seine Macht und sein Einfluss resultieren daraus, dass er in unterschiedlichen Arenen als zentraler Akteur agieren kann: In den europäischen und internationalen Außenbeziehungen vertritt der Premierminister als politischer Führer Großbritannien beispielsweise im Europäischen Rat der EU und bei Treffen der G-8 und G-20 Staaten. Dem Premierminister obliegt als Chef der britischen Regierung das wichtige Feld des Regierungsmanagements. Nach den Unterhauswahlen 2010 hat sich die Steuerung und Koordination der Regierungsarbeit verändert. David Cameron muss in Abstimmung mit dem stellvertretenden Premierminister Nick Clegg auch die Minister der Liberaldemokraten in seine Regierungsführung einbeziehen. Der Prime Minister und seine Regierung werden in der Vorbereitung, Beschlussfassung und Umsetzung politischer Entscheidungen durch die britische Ministerialbürokratie unterstützt. Die Regeln des Civil Service beruhen maßgeblich auf den Prinzipien Unparteilichkeit (impartiality), Zurückhaltung (anonymity), Unkündbarkeit (permanence) und Diskretion (confidentiality). Unter den letzten Regierungschefs, besonders Margaret Thatcher und Tony Blair, gewannen politische Berater (special adviser) von außerhalb des

Civil Service an Bedeutung (Glaab 2014). Zudem ist der britische Regierungschef der Vorsitzende der stärksten Partei und zugleich der Regierungsfraktion im Unterhaus sowie als Spitzenkandidat das „Zugpferd" bei nationalen Wahlen.

Aus seinen unterschiedlichen Rollen resultieren unterschiedliche strategische Machtressourcen, die dem Primeminister zur Verfügung stehen:

1) Administrative Macht gewinnt der Premierminister beispielsweise dadurch, dass er die Zahl und den Zuschnitt der Ressorts bestimmt. Er leitet die Kabinettssitzungen, legt die Tagesordnung fest und definiert die Beschlüsse des Protokolls. Der Regierungschef entscheidet über Einsetzung und Vorsitz der wichtigen Kabinettsausschüsse. Zwar leitet er formal kein Ministerium (Department), doch wurde das Prime Minister's Office (PMO) besonders unter Thatcher und Blair zur politischen Steuerungszentrale ausgebaut, das eng mit dem Cabinet Office (CO), der Koordinierungsstelle der Ministerien zusammenarbeitet und ihn in seiner Rolle als Regierungschef maßgeblich unterstützt (Burch/Holliday 1999; Bennister/Heffernan 2011).

2) Parlamentarische Macht kann er dadurch ausüben, dass er wichtige politische Themen für seine Partei aufgreift und besetzt, um sie mit seiner Parlamentsmehrheit in Regierungshandeln durchzusetzen. Hier steht dem Regierungschef ein vielgestaltiges Arsenal von Instrumenten zur Verfügung. Beispielsweise bestimmt er die Tagesordnung des Unterhauses, besetzt die mehrheitlich mit seinen Parteigängern besetzten Gesetzesausschüsse des Unterhauses, legt Redezeiten der Gesetzeslesungen fest (guillotine) und kann ein suspensives Veto des Oberhauses mit seiner Mehrheit überstimmen lassen.

3) Eine bedeutsame Ressource liegt in der Patronagemacht des britischen Regierungschefs. In seiner Rolle als *Head Appointing Officer* verfügt er über erhebliche Möglichkeiten, Parteigänger in öffentliche Ämter zu bringen. Ein wichtiger Bereich ist die Vergabe von Ministerposten.[7] In Großbritannien ist der Kreis der Regierungsmitglieder mit 122 Personen, vornehmlich Mitglieder des Unterhauses, deutlich größer als in Deutschland. Nach offiziellen Angaben zählen neben dem Premierminister hierzu 21 Kabinettsmitglieder sowie weitere 100 Mitglieder im Ministerrang (100), wie Minister ohne Geschäftsbereich, Seniorminister und Whips[8]. Patronage erfolgt darüber hinaus aus dem Recht des Regierungschefs, Ernennungen von Personen in der Verwaltung (Civil service) und im diplomatischen Dienst zu genehmigen. Weiter empfiehlt der Primeminister verbindlich der Königin beispielsweise Ernennungen für das Oberhaus, die Kirche von England und schlägt Ehrentitel vor.

---

7 Unter der gegenwärtigen Koalitionsregierung entscheidet der Regierungschef jedoch nicht allein über die Besetzung der Ministerämter. Der Koalitionsvertrag regelt, dass sich der Prime Minister (David Cameron) und der Deputy Prime Minister (Nick Clegg) einvernehmlich auf ein Personaltableau verständigen. Dabei schlägt der Regierungschef die Minister aus den Reihen der Conservative Party vor, während der Stellvertreter die Nominierung der Personalvorschläge der Liberal Democrats vornimmt.

8 Siehe: https://www.gov.uk/government/ministers (Stand 05.04.2014).

4) Die mediale Machtressource beruht in der Fähigkeit, systematisch die Bericht-erstattung und Kommentierung im Internet, Fernsehen, Rundfunk und Presse zu verfolgen und zugleich Einfluss auf die gesellschaftliche Konstruktion der politischen Wirklichkeit zu gewinnen (Vogel 2010). Ziel ist es, besonders durch Pressekonferen-zen, Presseverlautbarungen, Interviews und vertrauliche Hintergrundgespräche mit Journalisten nicht nur die Öffentlichkeit durch die Regierung zu informieren, sondern darüber hinaus dem Regierungschef maßgeblichen Einfluss auf Deutungshoheit des politischen Geschehens zu verschaffen. Ganz besonders Tony Blair hat in seiner Amts-zeit die Kommunikationsabteilung im Prime Minister's Office mithilfe von Vertrauten, wie Alastair Campbell, auf die Aufgaben moderner politischer Regierungskommuni-kation ausgerichtet.

# 3 Informale Regeln und Muster[9]

Im Folgenden wird gezeigt, wie informale politische Institutionen in das Regierungs-system Großbritanniens eingebettet sind. In jüngster Zeit lenkt die (Vergleichende) Regierungslehre ihr Interesse verstärkt auf die Analyse der Bedeutung informeller Regeln und Praktiken für das Funktionieren politischer Systeme (Bröchler/Grunden 2014; Bröchler/Lauth 2014; Lauth 2012; Grunden 2011; Schuppert 2011; Helmke/ Levitsky 2003).

Großbritannien besitzt, wie Israel und Neuseeland, keine Kodexverfassung. Es existiert kein in sich geschlossenes Verfassungsdokument, das wie das deutsche Grundgesetz Menschen- und Bürgerrechte garantiert, Staatszielbestimmungen bein-haltet, Zuständigkeiten der obersten Staatsorgane regelt und Verfahren wie Gesetzge-bung und Ausführung normiert. Doch bedeutet dies nicht, dass Großbritannien über keine Verfassung verfügt. Viele Regelungsinhalte finden sich verstreut in unterschied-lichen Kategorien von Quellen formaler wie auch informeller Art:[10] Parlamentsgesetze (Parliaments Acts), königliche Vorrechte (royal prerogatives), Richterrecht (common law), maßgebliche Verfassungskommentare, Konventionen und Praktiken (constituti-onal conventions) und EU-Recht (european union law) (Budge/ McKay/Bartle/Newton 2007: 76f.). Dennoch sind bedeutsame Rechtsmaterien bis dato explizit weder formal noch informell in der britischen Verfassung geregelt. Ein Beispiel ist das Fehlen eines modernen Grundrechtskatalogs, einer „Bill of Rights". Hier stellt nur ein Gesetz einen entsprechenden Bezug zur europäischen Menschenrechtskonvention dar.

---

**9** Im Folgenden werden die Begriffe „informal" und „informell" synonym verwendet.
**10** Die formalen Regelungen sind im zweiten Kapitel angeführt.

## 3.1 Informales Regieren durch Verfassungskonventionen (constitutional conventions)

Da Großbritannien über keine Kodexverfassung verfügt, kommen informellen Regeln und Praktiken für das Regierungssystem eine besonders bedeutsame Rolle zu (Kastendiek/Stinshoff 2006: 120). Ein Schlüssel für das Verständnis sind die Vielzahl der Verfassungskonventionen (Watts 2012: 31f.). Konventionen dienen der Stabilisierung der Funktionsfähigkeit der politischen Institutionen. Sie konkretisieren in der politischen Kultur Großbritanniens verankerte soziale Verhaltenserwartungen, besonders Fairness und Toleranz. Verfassungskonventionen haben darüber hinaus die Funktion, vor politischer Willkür von Unterhaus, Oberhaus, Krone und Regierung zu schützen. Es handelt sich um anerkannte informelle Grundsätze und Regeln der Verfassungspraxis, die nicht staatlich kodifiziert, jedoch häufig in schriftlicher Form vorliegen. Die bis heute bedeutendste und immer wieder aktualisierte Sammlung von *Constitutional conventions* stammt von Thomas Erskine May und erschien 1844 unter dem Titel „A treatise on the law, privileges, proceedings and usage of Parliament" und liegt heute in der 24. Auflage vor (May 2011). Verfassungskonventionen erfahren ihre Legitimation durch eine hohe soziale Akzeptanz der Akteure in Politik und Gesellschaft. Verstöße können nicht vor Gericht eingeklagt werden (Budge/McKay/Bartle/Newton 2007: 83). Sie entwickeln darüber hinaus nur dann stabilisierende und regelnde Bedeutung, wenn eine sensibilisierte Öffentlichkeit über die Einhaltung wacht und dafür sorgt, dass Regelverstöße sozial sanktioniert werden (Fetscher 1968: 95). Geschieht dies nicht, so verlieren sie ihre Geltungskraft und fallen nach und nach der Bedeutungslosigkeit anheim oder müssen erst wieder reaktualisiert werden.

Ein solches Beispiel aus jüngerer Zeit ist eine fast vergessene Konvention, die zur Akzeptanz der Krone beitragen soll. Sie lautet, dass jeder König und jede Königin: „die Gefühle der britischen Untertanen zu teilen und ihnen Ausdruck zu verleihen hat" (Greaves 1951: 9). Königin Elizabeth II. musste trotz ihrer langen Amtserfahrung durch den öffentlichen Unmut ihrer Untertanen an diese informelle Regel erinnert werden. Erst aufgrund der Empörung der großen Zahl trauernder Briten und der medialen Berichterstattung hierüber wendete sich die Monarchin in einer Fernsehansprache an die Nation und ordnete eine öffentliche Beerdigungszeremonie für die 1997 bei einem Autounfall verstorbene Diana, Princess of Wales, an. Konventionen sind aus der langen Einübung und Verfestigung der parlamentarischen Praxis entstanden und bedürfen deshalb oftmals besonderer zeitintensiver Anreize und Verständigungsprozesse für Änderungen. Die Produktion von Konventionen erfolgt nicht, wie bei formalen Regeln, durch ein Steuerungszentrum, wie beispielsweise dem Parlament als dem Gesetzgeber. Allerdings kann dieser kurzfristig auch solche Konventionen ändern, wenn diese nicht mehr durch soziale Praktiken vertraut sind.

Im britischen Regierungssystem lassen sich unterschiedliche Typen und Funktionen von Verfassungskonventionen unterscheiden (Greaves 1951: 5ff.). Der erste Typus beinhaltet informale Regeln der Interaktion der parlamentarischen Institutionen untereinander: Unterhaus, Regierung, Oberhaus und Krone. Die informellen Regelsysteme dienen in erster Linie der Stabilisierung der Interaktionsbeziehungen. Gutem Einvernehmen zwischen Unterhaus und der Regierung soll die Konvention des *responsible government* dienen. Es beinhaltet, dass die Regierung dem Parlament als Ganzem und nicht nur der Mehrheitsfraktion für ihr Tun und Unterlassen verantwortlich ist. Das Ziel der vertrauensvollen Zusammenarbeit von Unterhaus und Oberhaus kommt in der informellen Regel zum Ausdruck, dass gegen den Willen der Peers keine Reform des Oberhauses Gesetzeskraft erhält. Den Vorrang der ersten Kammer betont die Konvention, dass der Premierminister und der Finanzminister nicht aus dem *House of Lords*, sondern aus den Reihen des *House of Commons* kommen müssen. Der Stabilisierung des machtpolitischen Status quo zwischen einerseits Unterhaus und Oberhaus und andererseits der Krone dient die Konvention, dass die Königin jedes Gesetz zu unterschreiben hat, das von beiden Kammern beschlossen wurde (royal assent). Gleiches bringt in Bezug auf das Verhältnis von Regierung und Krone die informelle Regel zum Ausdruck, dass die Königin das Regierungsprogramm im Rahmen der feierlichen jährlichen Parlamentseröffnung verliest, der Text der Rede jedoch durch den Premierminister bis ins Detail formuliert wird.

Der zweite Typus hat informale Regeln zum Gegenstand, die das Verhältnis von Parlamentsmehrheit und Regierung auf der einen Seite und der öffentlichen Meinung auf der anderen Seite umfassen. Die Doktrin der Parlamentssouveränität beinhaltet, dass das Parlament sich selbst und nicht das Volk repräsentiert. Jean-Jaques Rousseau brachte es einst süffisant auf die Formel, dass die Engländer nur alle paar Jahre einmal wirkliche Freiheit genießen, nämlich in dem kurzen Moment, wenn sie das Unterhaus wählen. Und genau an dieser Stelle setzt eine Konvention an, die zumindest eine gewisse Übereinstimmung zwischen Wählerschaft und Regierung gewährleisten soll, und damit als Surrogat für Responsivität dient. Sie lautet, dass die Regierung nur dann ein bedeutsames Gesetzeswerk ins Unterhaus einbringen soll, wenn sie sich zuvor im Wahlkampf öffentlich dafür starkgemacht hat.

Die dritte Kategorie von Verfassungskonventionen versammelt informale Regeln, welche die Institutionen des Parlaments jeweils einzeln für sich thematisieren. Im Mittelpunkt steht die Gewährleistung der Funktionsfähigkeit von Unterhaus, Oberhaus und Krone. Im *House of Commons* wird zum Beispiel die gedeihliche Zusammenarbeit in der Praxis des parlamentarischen Alltags dadurch unterstützt, dass der Speaker strikte parteipolitische Neutralität zu wahren hat. In der parlamentarischen Konfrontation ist damit eine dritte Rolle institutionalisiert, die Äquidistanz gegenüber Regierung und Opposition wahrt und so einen fairen Ablauf des Parlamentsgeschehens sichern soll. Im *House of Lords* ist es Konvention, dass die Peers die Freiheit besitzen, sich Zeit zu gründlichen Beratungen zu nehmen: Im Gegensatz zum Unterhaus, in dem die Regierung ein striktes Zeit und Geschäftsregiment führt. Eine wichtige Verfassungskonvention ist die politische Neutralität der Krone. Sie dient dazu, dass die Monarchin mit allen politischen Kräften zusammenarbeiten kann. Aus diesem Grund nimmt die Monarchin nicht zu tagespolitischen Auseinandersetzungen Stellung. Die Konvention kommt weiter darin zum Ausdruck, dass der Premierminister unabhängig von seiner Parteizugehörigkeit, allein nach den arithmetischen Mehrheitsverhältnissen im Unterhaus ernannt wird.

## 3.2 Informales Regieren durch Praktiken

Große Bedeutung für das Verständnis der Rolle von Informalität im britischen Regierungssystem kommt, neben der Prägekraft der vielgestaltigen Verfassungskonventionen, dem heterogenen Feld der politischen Praktiken zu. Eine hohe Dichte solcher routinisierter Handlungsmuster (Rüb 2014: a. a. O.), die der informellen Koordinierung, Belohnung, Drohung, Vereinbarung und Verhandlung dienen, findet sich ausgeprägt beispielsweise im Bereich der Regierungsführung.

Eine bis dato nicht wieder erreichte Perfektion des Einsatzes von Praktiken als umfassendes Kontaktnetzwerk wurde in der Regierungszeit von Tony Blair institutionalisiert (Bröchler 2007: 161ff.). So wurden Abstimmungsmechanismen zwischen Premierminister Tony Blair, Kabinett, Fraktionsführung, Abgeordneten, Partei und Gewerkschaften eingerichtet (Becker 2002: 125): Die Programme „Partnership in Power" und „National Policy Forum" sollten Parteiführung und Mitglieder in die politische Willensbildung des Premierministers einbinden. Diese Kommunikation wurde zusätzlich durch ein Joint Policy Committee unterstützt, das Blair als Parteichef leitete und das zur Hälfte aus Partei- und Regierungsmitgliedern bestand. Intensiv eingebunden in dieses Netzwerk war der Regierungssitz No. 10 Downing Street. Das Political Office hatte die Aufgabe, die Politik von Tony Blair mit der Partei, der Fraktion und den Gewerkschaften abzustimmen. Die aktuelle politische Lage wurde weiter im *Parliamentary Committee* thematisiert – einem Gremium, dem Tony Blair vorsaß und das paritätisch aus Abgeordneten und Regierungsmitgliedern zusammengesetzt war. Das regelmäßige wöchentliche Treffen von Blair und Abgeordneten ergänzte das Spektrum der Abstimmungsmechanismen. Ironisch hießen diese Vieraugengespräche Tony Blairs „sofa government".

Der amtierende Premierminister David Cameron hat diese intensive Nutzung informeller politischer Praktiken nicht fortgeführt. Doch auch das neue Management der Leitung der Regierungskoalition kommt nicht ohne informelle Praktiken aus. Premierminister Cameron und Vize-Premier Clegg nutzen etwa ein halbes Dutzend unterschiedlicher informeller Praktiken, besonders „Vieraugengespräche" und „telephone government" zur Handlungskoordination (Glaab 2014). Wichtige bis dato nicht verschriftlichte Regeln und Praktiken der Regierungsführung wurden auf Anregung des früheren Premierministers Gordon Brown in einem nicht rechtsverbindlichen Vademecum, dem Cabinet Manual vom Civil Service, gesammelt und verschriftlicht (Cabinet Office 2011).

# 4 Zusammenspiel formaler und informaler Regelsysteme

Die Verfassung Großbritanniens ist in weiten Teilen zwar durchaus formal kodifiziert, aber nicht systematisch in einen gemeinsamen Text zusammengefasst. Für das Wechselverhältnis formaler und informeller Regeln besitzt diese Formatierung des Regierungssystems eine hohe Bedeutung. Im offiziellen Code des politischen Systems (Urkunden, Gesetze) wird nur eine grobe, und an vielen Stellen lückenhafte Regelungsstruktur des politischen Systems abgesteckt. Demgegenüber besitzen informelle politische Institutionen eine hohe konkretisierende Gestaltungskraft. Informelle Regeln und Praktiken definieren und konkretisieren den Handlungsrahmen des politischen Systems, schließen Regelungslücken und bestimmen die institutionellen Handlungsspielräume der politischen Akteure.

## 4.1 Ambivalenz informaler Regelsysteme

Die Folgen der intensiven informellen Formatierung erweisen sich als ambivalent. Zum einen tragen Verfassungskonventionen maßgeblich zur Funktionsfähigkeit und Stabilisierung des Regierungssystems bei. Sie unterstützen insbesondere die Interaktion der Institutionen Regierung, Unterhaus, Oberhaus sowie Krone und tragen zur Funktionsfähigkeit der einzelnen Institutionen bei (siehe den vorherigen Gliederungsabschnitt). Zum anderen führt die starke informelle Prägung, in unterschiedlichen Bereichen zu Reibungen und zuweilen zu Brüchen, besonders mit der informellen Doktrin der Parlamentssouveränität. Für drei Bereiche wird skizziert, wie die politischen Akteure versuchen, die Geltung der Parlamentssouveränität zu erhalten oder zu relativieren.

## 4.2 Partizipation

Die informelle Doktrin der Parlamentssouveränität lässt wenig Spielraum für politische Partizipation. Einfluss auf die politische Willensbildung gewinnt die Wählerschaft aus dieser Sicht allein durch die Inanspruchnahme des Wahlrechts zum Unterhaus. Dennoch haben sich im britischen Regierungssystem darüber hinaus formal kodifizierte Partizipationsformen herausgebildet, die intensiv praktiziert werden. Erstens wird im Rahmen der Devolutionspolitik den Bürgern in Schottland, Wales und Nordirland durch Zustimmung des Parlaments in London mit der Einrichtung demokratisch gewählter regionaler Vertretungskörperschaften zumindest ein Stück weit politische Selbstbestimmung zugestanden. Es findet de facto eine Machtverlagerung nach unten statt, die das hierarchische Steuerungspotenzial des Parlaments in London durchaus begrenzt und Handlungsspielräume für die Provinzen eröffnet. Ein zweites Beispiel sind Referenden. In Großbritannien wurden seit den 70er-Jahren auf Initiative der Regierung zu Themen wie dem EU-Beitritt, der Devolution und zum Wahlrechtssystem Volksabstimmungen durchgeführt. In der Zukunft sind bedeutsame Referenden vorgesehen, wie das, über den Verbleib Großbritanniens in der Europäischen Union im Jahr 2017. Beide Partizipationsformen stellen einen offensichtlichen Systembruch mit der informellen Doktrin der Parlamentssouveränität dar. Zum einen, weil sie auf dem Grundsatz der Volkssouveränität und nicht auf dem Prinzip des Souveränität des Parlamentes beruhen. Zum anderen unterminieren Devolution und Referenden den Anspruch des absoluten Steuerungsmonopols des Parlaments, indem die Bürger maßgeblich die politischen Letztentscheidungen des Parlaments vorwegnehmen.

Die Prägekraft der informellen Institution Parlamentssouveränität wird somit beachtlich relativiert. Dennoch wird abgestritten, dass beide Partizipationsformen die Parlamentssouveränität nennenswert tangieren. Bei der Devolution handele es sich lediglich um Verwaltungsdezentralisierung, die jederzeit durch einen einfachen Parlamentsbeschluss rückgängig gemacht werden kann. Referenden komme keine unmittelbare Entscheidungswirkung zu, da es sich lediglich um beratende Voten handele, die das Parlament in keiner Weise beschränken und darüber hinaus auch nicht rechtlich einklagbar seien (Sturm 2013: 119ff.). Doch könnte das Parlament in Westminster tatsächlich noch die politischen Rechte für Schottland rückgängig machen, ohne eine Abspaltung zu riskieren?

## 4.3 Entscheidungsfindung

Auch hinsichtlich der Frage, wo das tatsächliche politische Entscheidungszentrum im britischen Regierungssystem zu lokalisieren ist, zeigen sich Friktionen im Hinblick auf informelle und formale Regeln. Aus Sicht der Doktrin der Parlamentssouveränität ist unstrittig, dass das Parlament in Westminster das politische Steuerungszentrum darstellt. Drei Faktoren machen dem Parlament diese Rolle streitig. Erstens wird die uneingeschränkte Steuerungsmacht des Parlaments ganz entscheidend durch die vertraglichen Bindungen, besonders die Mitgliedschaft in der Europäischen Union wie auch im Europarat, eingeschränkt (Schieren 2001). Brüssel und Straßburg sind de facto mit ihren formalen Rechtssetzungsakten zum Mitregenten in London avanciert.

Zweitens wird die Parlamentssouveränität durch Verschiebungen des politischen Kräfteparallelogramms, insbesondere durch die Herausbildung der Logik des modernen Parteienstaates, infrage gestellt. Bereits im historischen Rückblick erweist sich die Doktrin als Momentaufnahme, Ausdruck eines fluiden politischen Kräfteparallelogramms, das aus der Verschiebung des Machtzentrums von der Krone zum *House of Commons* und *House of Lords* resultierte. In der weiteren historischen Entwicklung vollzogen sich erneute informelle Kräfteverschiebungen: Zunächst verlagerte sich das

Zentrum der Macht auf Kosten des Oberhauses immer stärker ins Unterhaus. Doch Machtzentrum blieb auch die Institution Unterhaus nicht dauerhaft. Stattdessen verlagerte sich das Aktivzentrum zur Regierung (cabinett government) und später zum Premierminister (primeminister government). Tatsächlich nimmt nicht das Parlament, sondern die Regierung, und insbesondere der Premierminister, im Namen der Krone die verbliebenen Reservatsrechte wahr. Zu denken sind an die bereits skizzierten Handlungsmöglichkeiten des Premier, die nicht nur im Bereich der Patronage verschiedene informelle Praktiken einschließen. Die Prägekraft des Leitbilds wird schließlich durch das informelle Regelsystem der Royal Prerogatives, über die der Premiermister verfügt, eingeschränkt. Denn aufgrund der königlichen Rechte kommt dem Westminster Parlament gar keine Entscheidungsbefugnis in Fragen beispielsweise von Krieg, Außenpolitik oder Begnadigungen zu.

Eine weitere Friktion zeigt sich für das Wechselverhältnis informeller und formaler Regelsysteme im Bereich des Rechtsschutzes. Das britische Regierungssystem besitzt kein eigenes nationales formales institutionelles Regelsystem des Grund- und Bürgerrechtsschutzes. Ursache für das Fehlen einer solchen Bill of Rights ist wiederum die Prägekraft des informellen Regelungssystems „Parlamentssouveränität". Der Schutz von Grund- und Bürgerrechten ist demnach nicht die Aufgabe der britischen Gerichte, sondern des Parlaments (Schieren 2010: 35). Erst unter der Regierung von Premierminister Tony Blair wurde 1998 die Menschenrechtskonvention (EMRK) in geltendes britisches Recht inkorporiert. Dabei wurde viel juristische Kreativität darauf verwendet, einen Weg zu finden, der es erlaubt, das formale Regelsystem der EMRK mit der informellen Parlamentssouveränität zu vereinbaren. Die Geltung der Europäischen Menschrechtskonvention in Großbritannien wurde über ein Parlamentsgesetz, den Human Rights Act 1998, realisiert. Dieses Gesetz unterläuft die Parlamentssouveränität deshalb nicht, weil es der uneingeschränkten Änderungs- und Verwerfungskompetenz des Parlaments unterliegt und damit auch kein höherrangiges Verfassungsrecht etabliert. Die zuständigen Lordrichter in London dürfen prüfen, ob ein vom Parlament beschlossenes Gesetz mit der Konvention vereinbar ist und eine mögliche Unvereinbarkeit feststellen. Sie dürfen aber in keinem Fall, wie in einem Normenkontrollverfahren, das Parlamentsgesetz außer Kraft setzen (Schieren 2010: 35).

In jüngster Zeit hat die Regierung von David Cameron angekündigt, dass Großbritannien aus dem EMRK austreten will und stattdessen plant, eine britische Bill of Rights im Parlament zu beschließen. Die Geltung der Funktionslogik der informalen Parlamentssouveränität, dass es keine Mitregenten geben darf, soll mit dem Instrument formaler Kodifizierung durchgesetzt werden. Hintergrund der jüngsten Initiative ist, dass der Regierung in London die Schutzrechte der Europäischen Menschrechtskonvention zu weit gehen. Im Fokus steht besonders der Rechtsschutz von Immigranten vor Abschiebungen aus Großbritannien (Wefing 2013).

## 4.4 Veränderungen wechselseitiger Interaktionsbeziehungen der Regelungsstrukturen innerhalb des Parlaments

Aufschlussreich sind darüber hinaus Veränderungen im Zusammenspiel der Regelungsstrukturen zwischen den verschieden Akteuren innerhalb des britischen Parlaments. Im Folgenden werden anhand von Beispielen jüngere verändernde Entwicklungen auf unterschiedlichen Interaktionsebenen aufgezeigt.

Erstens lassen sich Veränderungen im Verhältnis von Premierminister und Unterhaus identifizieren, die illustrieren, wie eine informelle Regel durch eine formal kodifizierte Rechtsnorm eingehegt wird:

Vor 2011 konnte der Premierminister aufgrund einer Verfassungskonvention das genaue Datum der Unterhauswahlen innerhalb der maximal fünfjährigen Legislaturperiode und damit auch vorgezogene Neuwahlen selbst festsetzen. Auf seinen Vorschlag hin löste die Königin im Rahmen ihrer königlichen Vorrechte das Parlament auf. Das gab dem amtierenden Regierungschef die Möglichkeit, einen wahltaktisch möglichst günstigen Zeitpunkt für Neuwahlen zu nutzen. Ein Parlamentsgesetz, der *Fixed-term Parliaments Act* aus dem Jahre 2011, das mit der Mehrheit der Koalitionsregierung von *Conservative Party* und *Liberal Democrats* beschlossen wurde, schreibt nun vor, dass die kommenden regulären Unterhauswahlen am 7. Mai 2015 stattfinden und danach jeweils am ersten Donnerstag im Mai alle fünf Jahre. Die Hürden für vorgezogene Neuwahlen sind hoch angesetzt. Ein Antrag auf Änderung der zeitlichen Befristung (motion) im Rahmen des bestehenden Gesetzes erfordert eine 2/3-Mehrheit im Unterhaus. Damit büßt der Premierminister ein Instrument seiner informellen parlamentarischen Machtressourcen ein.[11] Im Gegenzug gewinnt das Unterhaus durch die formal kodifizierte Norm an Unabhängigkeit. Ein zweites Beispiel deutet auf eine mögliche Entwicklung hin, in der eine informelle Regel durch eine neue informelle Norm ersetzt wird.

Das Recht, über Krieg zu entscheiden, gehört zum Kreis der nominellen Herrschaftsrechte der Krone (royal prerogatives), die vom Premierminister wahrgenommen werden. In jüngerer Zeit sind zwei Premierminister von dieser informellen Entscheidungsbefugnis abgewichen. Premierminister Tony Blair legte im Jahr 2003 dem Unterhaus die Entscheidung über den Militäreinsatz britischer Truppen im Irak vor und obsiegte.[12] David Cameron ließ 2012 die erste Kammer über einen möglichen Kriegseinsatz in Syrien abstimmen und unterlag. Die Folge dieses Vorgehens könnte sein, dass die Entscheidung über Kriegseinsätze nicht mehr, vermittelt über die royal prerogatives, beim Premierminister liegt, sondern dass künftig dem Parlament diese

---

**11** Der *Fixed-term Parliaments Act* kann jedoch, wie jedes Gesetz, mit einfacher Mehrheit durch das Parlament wieder abgeschafft werden.
**12** Gleichwohl trug seine autoritär geprägte Formulierung der Außenpolitik letztlich zur Unterminierung seiner politischen Macht bei.

Entscheidung vorgelegt werden muss. Falls es zur Etablierung dieser neuen informellen Regel kommt, würde dies das Kräfteparallelogramm in einer sehr bedeutsamen politischen Frage zugunsten des Unterhauses rekonfigurieren.

Eine zweite Gruppe von Veränderungen resultiert daraus, dass die Geltungskraft bestehender informeller Regeln infrage gestellt wird. Tangiert sind die Wechselbeziehungen zwischen Unterhaus und Oberhaus (Sturm 2013: 127). Betroffen ist erstens die oben bereits genannte Salisbury Convention. Argumentiert wird, dass die Konvention darauf gründe, dass die Regierungspartei einst im Oberhaus in der Stimmenminderheit sei. Diese Geschäftsgrundlage sei unter den veränderten heutigen Mehrheitsverhältnissen weggefallen. Hinterfragt wird zweitens die Konvention, dass keine Reform des Oberhauses ohne dessen Zustimmung durch das Parlament beschlossen werden darf. Diese Frage wird virulent, wenn das Unterhaus gegen den mehrheitlichen Willen der Peers ein Gesetz beschließt, das Oberhaus zu einer vollständig oder teilweise gewählten zweiten Kammer, wie es die drei großen Parteien anstreben, umgestaltet wird. Auch die Regierungspraxis von Margret Thatcher lässt sich in diesen Bereich einordnen. Bis zu ihrem Regierungsantritt galt das Fairnessgebot auch für die Nutzung der beträchtlichen Machtkompetenzen der Regierung. Diese wurden damit eingehegt. Thatcher nutzte dagegen weitaus stärker die ihr mehrheitsdemokratisch gegebenen Kompetenzen. Danach – und inzwischen auch bedingt durch eine Koalitionsregierung – hat die informelle Norm wieder an Bedeutung gewonnen.

Drittens lässt sich die Herausbildung neuer informaler Regeln und Praktiken identifizieren. Erneut ist das Zusammenspiel von Unterhaus und Oberhaus beispielgebend. Das Oberhaus ist aufgrund seiner gestärkten Rolle im Gesetzgebungsprozess und als reflexives System schon seit einiger Zeit mehr als bloß ein Ornament des Regierungssystems. Die politischen Akteure von Regierung und Verwaltung praktizieren deshalb neue Regeln der Koordination (Sturm 2013: 127). Ministerialbeamte stimmen sich im Vorfeld strittiger Gesetze mit den Fraktionsspitzen der Parteien im Oberhaus ab, um mögliche Konsenszonen auszuloten. Ebenso beraten sich Minister mit den Peers, bevor Gesetzesentwürfe im Unterhaus eingebracht werden.

# 5 Fazit und These

Der Beitrag zeigt, dass das britische Regierungssystem in außerordentlichem Maße durch informelle Regeln geprägt wird. Die Ursache ist darin begründet, dass es keine geschlossene Verfassungsurkunde gibt, in der die zentralen normativen wie organisatorischen Grundprinzipien als formal kodifizierte Rechtsnormen zusammengefasst und fixiert sind. Die formal kodifizierten historischen Urkunden mit Verfassungscharakter, wie die *Magna Charta*, die *Petition of Rights*, die *Habeas-Corpus Akte* und die *Bill of Rights* definieren einzelne basale Grundprinzipien der britischen Verfassung. Doch erst den informellen Regeln kommt die für die Funktionsfähigkeit wie für das

Verständnis der Funktionsweise des politischen Systems Großbritanniens so bedeutsame Aufgabe zu, den institutionellen Handlungsraum auszumessen sowie die Handlungsspielräume der politischen Akteure zu bestimmen. Hohe Relevanz erhalten in diesem Zusammenhang die Verfassungskonventionen als bedeutsame informelle politische Institutionen. Mit der Doktrin der Parlamentssouveränität wurde ein gestaltungsmächtiges informelles Leitbild des Demokratieverständnisses Großbritanniens etabliert. Andere Verfassungskonventionen regeln die Funktionsweise und die Zusammenarbeit der Kerninstitutionen des Regierungssystems: Unterhaus, Regierung, Oberhaus und Krone.

Die Funktionalität der Konventionen besteht in erster Linie darin, die Stabilität und Funktionsfähigkeit des Parlaments als Zentrum zu gewährleisten. Zur Sicherung dieser Funktionsleistungen lässt sich im historischen Verlauf ein Prozess der Formalisierung beobachten. Zunehmend werden Regeln formal gefasst, wobei oftmals auch einzelne Konvention in einen formalen Status gesetzt oder externe Regelungen – wie aus dem EU-Bereich – übernommen werden. Parlamentsgesetze wie die Parliaments Acts 1911, 1949 und 1958, der Human Rights Act 1998, der Constitutional Reform Act 2005 und der Fixed-term Act 2011 und die vertraglichen Bindungen, besonders die Mitgliedschaften in der Europäischen Union und im Europarat, führen zu strukturellen Veränderungen der gelebten Verfassung Großbritanniens. Die formalen Gesetze mit Verfassungsrelevanz und verbindliche vertragliche Verbindungen treten dann in ein Wechselverhältnis mit den weiterhin vielgestaltigen informellen Regelsystemen, insbesondere den Verfassungskonventionen. Eingehegt wird in dieser Entwicklung besonders das Leitbild der Parlamentssouveränität, das an Leitkraft einbüßt. Ausdruck findet diese Entwicklung in veränderten Funktionsbedingungen und Interaktionsbeziehungen der Kerninstitutionen Unterhaus, Regierung, Oberhaus und Krone sowie in der Entstehung neuer Institutionen, wie dem *Supreme Court of the United Kingdom* (Lee 2013).

Der Wandlungsprozess ist voraussetzungsvoll und vielschichtig. Das etablierte informelle Regelsystem wird nicht, wie durch das Umlegen eines Schalters, einfach durch ein neues formales politisches Institutionensystem unu actu ersetzt. Vielmehr sind es die Wechselbeziehungen, die zur Dynamik des Veränderungsprozesses führen. Das traditionell informell geprägte Westminster Modell entwickelt sich in einem evolutionären, nicht linear verlaufenden Prozess der Interaktion formaler und informaler Regeln zum Neuen Westminster Modell (Bröchler 2007). In Wechselwirkungsprozessen werden neue formale kodifizierte Regeln gebildet (Fixed-tem Act) und überformen dabei informelle Normen (royal prerogatives). Tradierte informelle Regeln werden infrage gestellt (Salisbury Konvention) und bis dato unverschriftlichte informelle Normen werden verschriftlicht (Cabinet Manual). Neue informelle Regeln und Praktiken entstehen (Vorabkoordination Unterhaus und Oberhaus) bzw. befinden sich im Prozess der Herausbildung (Konvention zu Kriegseinsätzen).

Das *New Westminster Modell* befindet sich noch in einer frühen und unübersichtlichen Phase. Für die weitere Entwicklung des Modells, besonders für den Stellenwert der Parlamentssouveränität, kommt künftigen politischen Entscheidungen eine wichtige Weichenstellungsfunktion zu: der Ausgang der Abstimmung über den Austritt Schottlands aus dem United Kingdom im Herbst 2014; Erfolg oder Scheitern des von der Regierung Cameron angestrebten Referendums über den Verbleib Großbritanniens in der Europäischen Union im Jahr 2017 und dessen Pläne, aus der Europäischen Menschrechtskonvention auszutreten. Spannend gleichermaßen für Parlamentssouveränität wie für die damit verbundene Frage horizontaler Gewaltenteilung ist, ob der *Supreme Court* sich zu einem echten Verfassungsgericht mit Normenkontrollbefugnis entwickelt.

# Bibliographie

Becker, Bernd, 2002: Politik in Großbritannien, Paderborn.

Beetham, David/Byrne, Ian/Ngan, Pauline/Weir, Stuart, 2002: Democracy under Blair: A Democratic Audit of the United Kingdom, Essex.

Bennister, Mark/Heffernan, Richard, 2012: Cameron as Prime Minister: The Intra-Executive Politics of Britain's Coalition Government, in: Parliamentary Affairs (2012) (4), S. 778–801.

Bröchler, Stephan, 2014: Informales Regieren auf Österreichisch. Formales und informales Regieren als wechselseitiger Prozess, in: Bröchler, Stephan/Grunden, Timo, Hg.: Informelle Politik. Konzepte, Akteure und Prozesse, Wiesbaden, S. 129–154.

Bröchler, Stephan, 2007: „New Westminster-Modell" – Großbritannien: eine Demokratie (fast) ohne Gewaltenteilung, in: Kropp, Sabine/Lauth, Hans-Joachim (Hrsg.): Gewaltenteilung und Demokratie. Konzepte und Probleme der „horizontal accountability" im interregionalen Vergleich, Baden-Baden, S. 141–167.

Bröchler, Stephan/Grunden, Timo, Hg., 2014: Informelle Politik. Konzepte, Akteure und Prozesse, Wiesbaden, S. 129–154.

Bröchler, Stephan/Lauth, Hans-Joachim, Hg., 2014: Die Lokalisierung von Schneisen im Dickicht. Konzeptionelle Grundlegungen und empirische Befunde informaler Governance, in: Von Government zu Governance: Informelles Regieren im Vergleich, Sonderheft 4 der Zeitschrift für Vergleichende Politikwissenschaft, Wiesbaden.

Budge, Ian/McKay, David/Bartle, John/Newton, Ken, 2007: New British Politics, Fourth edition, Essex.

Burch, Martin/Holliday, Martin, 1999: The Prime Minister's and cabinet offices: an executive office in all but name, in: Parliamentary Affairs 52 (1), S. 32–45.

Cabinett Office, 2011: The Cabinet Manual. A guide to laws, conventions and rules on the operation of government, London https://www.gov.uk/government/uploads/system/uploads/attachment_data/file/60641/cabinet-manual.pdf (05.04.2014).

Crossmann, Richard, 1963: Introduction to W. Bagehot, The English Constitution, London.

Crossmann, Richard, 1972: Inside View, London.

Democratic Audit of the United Kingdom, 2005: War and Peace: Executive Democracy in Action, Democratic Findings No. 6, Essex.

Dicey, Albert Venn, 2002: Einführung in das Studium des Verfassungsrechts, Ersterschienen 1885, 10. Aufl., herausgegeben von Gerhard Robbers, Baden-Baden.

Easton, David, 1953: The Political System. New York.

Esser, Hartmut, 2000: Soziologie. Spezielle Grundlagen, Band 5: Institutionen. Frankfurt am Main/New York.

European Commission, 2013a: Standard Eurobarometer 79 Germany 2013, 2, http://ec.europa.eu/public_opinion/archives/eb/eb79/eb79_fact_de_en.pdf (05.04.2014).

European Commission, 2013b: Standard Eurobarometer 79 United Kingdom 2013, 2, http://ec.europa.eu/public_opinion/archives/eb/eb79/eb79_fact_uk_en.pdf (05.04.2014).

Glaab, Manuela, 2014: Regierungsführung zwischen Formalität und Informalität. Deutschland und Großbritannien im Vergleich, in: Bröchler, Stephan/Lauth, Hans-Joachim, Hg.: Von Government zu Governance: Informelles Regieren im Vergleich, in: Zeitschrift für Vergleichende Politikwissenschaft, Sonderheft 4, Wiesbaden, i. E.

Göhler, Gerhard, 1997: Institution – Macht – Repräsentation: Wofür politische Institutionen stehen und wie sie wirken. Baden-Baden.

Greaves, Harald Richard Goring, 1951: Die britische Verfassung, Frankfurt am Main

Grunden, Timo, 2011: Informelles Regieren. Untersuchungsgegenstände, Analysezugänge und Forschungsperspektiven. In: Zeitschrift für Politikwissenschaft 21 (1), S. 153–185.

Fetscher, Irving, 1968: Politikwissenschaft, Frankfurt am Main

Hopp, Gerhard, 2010: Politische Führung in der Westminster-Demokratie: Großbritannien, in: Sebaldt, Martin/Gast, Henrik (Hrsg.): Politische Führung in westlichen Regierungssystemen. Theorie und Praxis im internationalen Vergleich, Wiesbaden, S. 71–94.

Kastendiek, Hans/Stinshoff, Richard, 2006: Verfassungsdenken und Verfassungspolitik, in: Kastendiek, Hans/Sturm, Roland (Hrsg.): Länderbericht Großbritannien, dritte Auflage, Bonn, S. 118–134.

Krumm, Thomas/Noetzel, Thomas (Hrsg.), 2006: Das Regierungssystem Großbritanniens, unter Mitarbeit von Fischer, Jochen/Hebestreit, Ray/Staicu, Sandra, München, Wien.

Lauth, Hans-Joachim, 2012: Informal governance and democratic theory, in: Christiansen, Thomas/Neuhold, Christine (Hrsg.): International Handbook on Informal Governance. Cheltenham, S. 40–64.

Lee, James, Hg., 2013: From House of Lords to Supreme Court: Judges, Jurists and the Process of Judging, Oxford.

Lijphart, Arend, 1999: Patterns of Democracy. Government Forms and Performance in Thirty-Six Countries, London.

Lord Hailsham, 1978: The Dilemma of Democracy. Diagnosis and Prescription, London.

Lord Hope of Craighead, David, 2008: The Reform of the House of Lords, in: Revue internationale de droit compare 60, Heft 2, S. 257–264.

Mackintosh, John P., 1963: The British Cabinet, Third Edition, London.

Marschall, Stefan, 2005: Parlamentarismus. Eine Einführung, Baden-Baden.

May, Thomas Erskin, 2011: Practical Treatise on the Law, Privileges, Proceedings and Usage of Parliament, 24. Aufl., London.

McAnulla, Stuart, 2006: British Politics. A Critical Introduction, London, New York.

McIntosh, James Peter, 1974: The Government and Politics of Britain, London.

Moran, Michael, 2005: Politics and Governance in the UK, Houndmills, Basingstore, Hampshire.

North, Douglas C., 1990: Institutions, Institutional Change and Economic Performance. Cambridge University Press.

Onken, Holger, 2013: Parteiensysteme im Wandel. Deutschland, Großbritannien und Österreich im Vergleich, Wiesbaden.

Pryce, Sue, 1997: Presidentialising the Premiership, London.

Rogers, Robert/Walters, Rhodri, 2006: How Parliament Works, 6th Edition, Abingdon, New York.

Rüb, Friedbert W.: Informelles Regieren – oder: Vergeblicher Versuch, die Farbe eines Chamäleons zu bestimmen, in: Bröchler, Stephan/Grunden, Timo, (Hrsg.), Informelle Politik. Konzepte, Akteure und Prozesse, Wiesbaden, S. 51–80.

Russel, Meg/Sciara, Maria, 2008: The Policy Impact of Defeats in the House of Lords, in: British Journal of Politics and International Relations 0(4), S. 571–589.

Saalfeld, Thomas, 2008: Gesetzgebung im politischen System Großbritanniens, in: Ismayr, Wolfgang (Hrsg.): Gesetzgebung in Westeuropa. EU-Staaten und Europäische Union, Wiesbaden, S. 159–198.

Sartori, Giovanni, 1994: Comparative Constitutional Engineering. An Inquiry into Structures, Incentives and Outcomes. Houndsmill u. a.

Schuppert, Gunnar Folke, 2011: Der Rechtsstaat unter den Bedingungen informaler Staatlichkeit. Beobachtungen und Überlegungen zum Verhältnis formeller und informeller Institutionen, Baden-Baden.

Schieren, Stefan, 2001: Die stille Revolution. Der Wandel der britischen Demokratie unter dem Einfluß der europäischen Integration, Darmstadt.

Schieren, Stefan, 2010, Großbritannien, Schwalbach/Ts.

Smith, Martin J., 1999: The Core Executive in Britain, Basingstone.

Shugart, Matthew/Carey, John M., 1992: Presidents and Assemblies. Constitutional Design and Electoral Dynamics, Cambridge.

Steffani, Winfried, 1979: Gewaltenteilung und Demokratie, Wiesbaden, S. 9–36.

Sturm, Roland, 2013: Westminster oder die Kunst des Überlebens. Der britische Parlamentarismus verweigert sich den Niedergangsthesen, in: Oberreuter, Heinrich, Hrsg., Macht und Ohnmacht der Parlamente, Baden-Baden, S. 115–130.

Sturm, Roland, 2012: §24: Zweite Kammern in Deutschland und Europa: Repräsentation, Funktion, Bedeutung, in: Härtel, Ines (Hrsg.): Handbuch Föderalismus - Föderalismus als demokratische Rechtsordnung und Rechtskultur in Deutschland, Europa und der Welt, Berlin Heidelberg, S. 723–742.

Sturm, Roland, 2009: Das politische System Großbritanniens, in: Ismayr, Wolfgang, Wiesbaden, S. 265–306.

Sturm, Roland, 2006a: Vier Nationen im United Kingdom, in: Kastendiek, Hans/Sturm, Roland (Hrsg.): Länderbericht Großbritannien, dritte Auflage, Bonn, S. 53–74.

Sturm, Roland, 2006b: Regieren in Großbritannien. Die aktuelle britische Debatte zum Verständnis des Westminster-Modells, in: Zeitschrift für Parlamentsfragen, 37. Jahrgang, Heft 4, S. 795–811.

Sturm, Roland, 1999: Großbritannien heute. Ist das Modell der Westminsterdemokratie am Ende?, in: Merkel, Wolfgang/Busch, Andreas (Hrsg.): Demokratie in Ost und West. Für Klaus von Beyme, Frankfurt am Main, S. 210–224.

The Economist Intelligence Unit Limited (2013): Democracy index 2012, Democracy at a standstill, A report from The Economist Intelligence Unit, https://portoncv.gov.cv/dhub/porton.por_global.open_file?p_doc_id=1034 (05.04.2014).

Vogel, Martina, 2010: Regierungskommunikation im 21. Jahrhundert. Ein vergleich zwischen Großbritannien, Deutschalnd und der Schweiz, Baden-Baden.

Walters, Rhodri, 2005: The House of Lords, in: Bogdanor, Vernon (Hrsg.): The British Constitution in the Twentieth Century, Oxford, S. 189–235.

Watts, Duncan, 2012: British Government and Politics. A Comparative Guide, 2. A., Edinburgh.

Wefing, Heinrich, 10. Oktober 2013: Ist ihnen jetzt alles egal? Großbritannien will auf europäische Grundrechte pfeifen, in: Zeitonline, http://www.zeit.de/2013/41/grossbritannien-menschenrechtskonvention-austritt (05.04.2014).

Christian Wagner
# Indien

## 1 Regimezuordnung

Es gibt einen breiten Konsens innerhalb der Elite und der Bevölkerung, dass Indien die größte Demokratie der Welt ist. Eine Reihe von internationalen Indices untermauert diese Einschätzung. Die Indische Union wird im Polity IV Index 2011 als Demokratie eingestuft und gilt im Freedom House Index seit vielen Jahren als „frei".[1] Es gibt zwar mehr als 60 Jahre nach der Unabhängigkeit 1947 weiterhin deutliche Defizite bei der Bereitstellung öffentlicher Güter, z.B. in den Bereichen Bildung, Gesundheit und Sicherheit, sowie eine Reihe von militanten separatistischen und kommunistischen Aufstandsbewegungen, doch stellen diese Probleme in den Augen der Eliten und Bevölkerung das demokratische System nicht grundsätzlich infrage.

Dieser in den Augen der Demokratieforschung paradox anmutende Befund macht Indien zu einer „unwahrscheinlichen" Demokratie. (Plattner 2007) So steht die unzureichende sozio-ökonomische Entwicklung im Widerspruch zu modernisierungstheoretischen Annahmen, die den engen Zusammenhang zwischen wirtschaftlicher und politischer Entwicklung hervorheben. (Ganguly 2007: 30–40; Mitra 2012: 131–156) Trotz seiner hohen Wachstumsraten in den vergangenen Jahren belegte Indien 2011 nur Rang 134 im Human Development Index (HDI).[2] Zudem ist Indien mit seiner Kastenstruktur eine zutiefst hierarchische Gesellschaft, was nicht nur auf den ersten Blick unvereinbar mit egalitären Werten einer demokratischen Ordnung zu sein scheint.

Diese Aspekte spielen aber im Hinblick auf die Akzeptanz des demokratischen Systems offensichtlich kaum eine Rolle. Über 90 Prozent befürworten die Demokratie und ebenfalls über 90 Prozent halten das demokratische System geeignet für Indien. (Sethi 2008: 11; Mitra/Singh 1999) Aufgrund seiner sozio-kulturellen Fragmentierung und der ökonomischen Probleme wurde in den 1950er- und 1960er-Jahren in Indien immer die Gefahr eines Auseinanderbrechens dieses Vielvölkerstaats heraufbeschworen. Nach mehr als 60 Jahren scheint die Gefahr eines Auseinanderbrechens der Indischen Union trotz aller Probleme heute geringer denn je zu sein. Demokratie gilt in Indien als ‚the only game in town'.

---

[1] Vgl. Center for Systemic Peace: Polity IV Project: Political Regime Characteristics and Transitions, 1800–2011, http://www.systemicpeace.org/polity/polity4.htm (zuletzt aufgerufen 01.03.13); Freedom House: India, http://www.freedomhouse.org/country/india (zuletzt aufgerufen 01.03.13). Eine Ausnahme bildeten u.a. die Jahre 1977 bis 1979, in denen Indira Gandhi den Ausnahmezustand verhängt hatte.

[2]  Vgl. UNDP: Human Development Report 2011. New York 2011.

## 2 Typus des Regierungssystems

Das Ende der britischen Kolonialherrschaft auf dem indischen Subkontinent führte am 14. August 1947 zur Gründung Pakistans auf der Grundlage der Religion und am 15. August 1947 zur Gründung der Indischen Union, die sich als Staat für alle Religions- und Glaubensgemeinschaften verstand. Die Staatsgründung löste eine der größten Völkerwanderungen der Geschichte aus. Mehr als 13 Millionen Menschen verließen ihre Heimat, um nach Indien oder Pakistan zu gehen. Die gigantische Umsiedlung war von Massakern extremistischer Gruppen begleitet, bei denen vermutlich mehr als 500.000 Hindus, Muslime und Sikhs getötet wurden. Am 26. Januar 1950 trat nach über dreijähriger Beratungszeit die neue Verfassung in Kraft, mit der Indien als parlamentarische Demokratie und Unionsstaat konstituiert wurde. Die ersten Wahlen im Dezember/Januar 1950/51 brachten einen deutlichen Sieg der Kongresspartei unter der Führung von Jawaharlal Nehru, der zum ersten Premierminister gewählt wurde.

### 2.1 Die Exekutive

An der Spitze des Landes steht der Präsident, der als Staatsoberhaupt die Einheit und Vielfalt der indischen Nation symbolisieren soll. Von den bislang 14 Präsidenten seit 1950 waren zehn Hindus, drei Muslime und einer Angehöriger der Sikhs. Mit Präsident Narayanan nahm 1997 erstmals ein Unberührbarer das höchste Staatsamt ein. Der Präsident wird von einem Wahlkollegium gewählt, das sich aus Abgeordneten der beiden Kammern des Parlaments sowie der Länderparlamente zusammensetzt. Seine Amtszeit beträgt fünf Jahre, eine Wiederwahl ist möglich. (Awasthy 2003: 177)

Verfassungsrechtlich ist der Präsident mit umfassenden Vollmachten ausgestattet. Er ernennt u.a. den Premierminister, entscheidet über die Verhängung des Ausnahmezustands und kann Landesregierungen entlassen. In Anlehnung an die britische Demokratie ist jedoch nicht der Präsident, sondern der Premierminister und der Ministerrat das eigentliche Machtzentrum des Landes. Die Kompetenzverteilung mit dem Präsidenten wurde durch Verfassungszusätze eindeutig zugunsten des Premierministers geregelt, der in der Verfassung selbst kaum genannt wird. (Manor 1994: 115–137)

Premierminister wird normalerweise der Spitzenkandidat der stärksten Parteien bzw. der Mehrheitsfraktion in der Lok Sabha, wie es bei Nehru, Indira Gandhi oder A.B. Vajpayee der Fall war. 2004 gab es nach dem Wahlsieg der United Progressive Alliance (UPA), die von der Kongresspartei unter der Führung von Sonia Gandhi geleitet wurde, heftige Proteste. Vor allem die hindunationalistische BJP wandte sich dagegen, dass Sonia Gandhi, die ursprünglich aus Italien stammt, das wichtigste politische Amt des Premierministers übernehmen könnte. Sie verzichtete auf das Amt, das von Manmohan Singh übernommen wurde.

Der Premierminister wird formal von der Lok Sabha für fünf Jahre gewählt und kann ebenfalls wiedergewählt werden. Die längste Amtsperiode hatte Jawaharlal Nehru, der fast 17 Jahre lang Premierminister war. Seine Tochter Indira Gandhi übte das Amt in zwei Amtsperioden fast vierzehn Jahre lang aus. Verliert die Regierung durch eine Abstimmungsniederlage ihre Mehrheit in der Lok Sabha, kann der Premierminister die Auflösung des Parlaments und Neuwahlen beim Präsident beantragen.

Der Premierminister, der zumeist selbst eines oder mehrere Ministerien innehat, und der Ministerrat führen die Regierungsgeschäfte. Aufgrund der dynastischen Traditionen wurden wichtige Entscheidungen lange Zeit vom Premierminister und seinen Beratern ohne Abstimmung und Rücksprache mit den jeweiligen Ministerien oder dem Parlament getroffen, wie z. B. der Indo-sowjetische Freundschaftsvertrag 1971 oder die Atomtests 1974 und 1998.

Die wirtschaftspolitische Liberalisierung seit 1991, der Bedeutungszuwachs der Regionalparteien seit den neunziger Jahren, durch die Koalitionsregierungen zum Normalfall wurden, sowie der Wunsch nach größerer Transparenz haben politische Entscheidungsprozesse verändert. Heute gibt es zu allen wichtigen politischen Fragen sog. Ministergruppen (Group of Ministers, GoM), in denen auch die Regionalparteien ihre Interessen einbringen können. Im Februar 2013 gab es insgesamt 18 verschiedene Ministergruppen, deren Zusammensetzung und Aufgabenbeschreibung (Terms of Reference) auch öffentlich waren. Für besonders wichtige Themen gibt es noch sechs sog. Empowered Group of Ministers (EGoM).[3]

## 2.2 Die Legislative

Laut Verfassung besteht das indische Parlament aus dem Abgeordnetenhaus (Lok Sabha), der Länderkammer (Rajya Sabha) und dem Präsidenten. (Kashyab 2004: 24–26) Die Lok Sabha entspricht dem deutschen Bundestag und umfasst gegenwärtig 545 Abgeordnete. Die Legislaturperiode beträgt fünf Jahre. Die 28 Bundesstaaten entsenden 530 Abgeordnete, 13 Abgeordnete kommen aus den insgesamt sieben Unionsterritorien, die direkt von Neu-Delhi aus verwaltet werden. Der Präsident kann zudem zwei Vertreter der anglo-indischen Gemeinschaft für die Lok Sabha ernennen. Die Zahl der Abgeordneten aus den Bundesstaaten richtet sich nach deren Bevölkerungsgröße. Die benachteiligten Stammesgruppen (*Scheduled Tribes*, ST) und die unteren Kastengruppen (*Scheduled Castes*, SC) erhalten eine Anzahl reservierter Sitze gemäß ihres Bevölkerungsanteils in den Bundesstaaten.

---

3 Zu den GoM und EGoM vgl. Cabinet Secretariat, Government of India: List of functional empowered groups of ministers (EGoMs) as on 14.03.2013, http://cabsec.nic.in/files/allocation/listofgoms.pdf, (zuletzt aufgerufen 01.03.13).

Die wichtigste Funktion der Lok Sabha liegt in der Bewilligung des Haushalts. Sie kontrolliert durch Anfragen die Regierung und kann auch einen Misstrauensantrag stellen, doch gilt ihre Kontrollfunktion allgemein als gering. Obwohl die politischen Themen durch die wirtschaftspolitische Liberalisierung eher komplexer geworden sind, verbringt das Parlament eher weniger als mehr Zeit mit Beratungen über die Gesetze, was die Macht der Exekutive stärkt[4]. Untersuchungen für die 15. Lok Sabha zeigen, dass es für 27 Prozent der Gesetze, die das Parlament seit 2009 verabschiedet hatte, weniger als fünf Minuten Beratungszeit gab, dass 63 Prozent der parlamentarischen Zeit auf nicht-legislative Anliegen entfielen und dass die Regierung neun Mal durch Erlasse (ordinances) Gesetze in Kraft setzte, was den höchsten Wert in der vergangenen Dekade darstellte. (Shroff 2012) Ursachen für diese Entwicklung sind, dass der parteipolitische Streit heute stärker über das Parlament ausgetragen wird, u. a. durch den Boykott von Sitzungen, aber auch, dass vor allem die kleineren Regionalparteien kaum über personelle und fachliche Kapazitäten verfügen, um die Exekutive zu kontrollieren.

Der soziale Wandel der indischen Gesellschaft schlägt sich in der veränderten sozialen Zusammensetzung des Parlaments nieder. Im ersten Parlament stellte die oberste Kaste der Brahmanen die größte Gruppe, heute sind es die mittleren Kasten der *Other Backward Classes* (OBC). Eine Ursache für diese ‚stille Revolution' sind die Quoten- und Förderprogramme für die unteren Kasten– und Stammesgruppen, die manchen von ihnen einen politischen Aufstieg ermöglichten. (Jaffrelot 2003)

Die *Rajya Sabha* (Länderkammer) besteht gegenwärtig aus 245 Mitgliedern, von denen 233 aus den Landesparlamenten gewählt und 12 vom Präsidenten ernannt werden. Die Zahl der Abgeordneten richtet sich ebenfalls nach der Größe der Bundesstaaten. Von den Unionsterritorien entsenden hingegen nur Puducherry und Delhi eigene Abgeordnete in das Oberhaus. Im Unterschied zur Lok Sabha kann die Rajya Sabha nicht aufgelöst werden. Die Amtsdauer der Abgeordneten beträgt sechs Jahre. Alle zwei Jahre wird jeweils ein Drittel der Abgeordneten wieder gewählt. Die Rajya Sabha ist am Gesetzgebungsprozess beteiligt, hat jedoch geringere Kompetenzen als die Lok Sabha und kann z. B. keinen Misstrauensantrag gegen die Regierung stellen.

## 2.3 Die Judikative

Die Gerichtsbarkeit bildet die dritte Säule im System der Gewaltenteilung in der indischen Demokratie. Das angelsächsische Rechtsverständnis ist nach fast zweihundert Jahren britischen Einflusses zu einem zentralen Bestandteil des politischen Systems geworden. Teile der Familiengesetzgebung (*Personal Laws*) orientieren sich aber

---

4 Vgl. weitere Ausführungen zum indischen Parlament, in: Shankar, B. L./Rodrigues, Valerian: The Indian Parliament. A Democracy at work: Oxford, New Dehli. Oxford University Press 2011.

z. B. bei Heirats-, Scheidungs- und Erbschaftsfragen an den Traditionen der jeweiligen Religionsgemeinschaft.

An der Spitze der Gerichtsbarkeit steht der Oberste Gerichtshof (*Supreme Court*), der der Hüter der Verfassung ist. Dem nachgeordnet sind die *High Courts* als höchste Instanzen in den Bundesstaaten. Der Streit zwischen den Befugnissen der Exekutive und Judikative hat vor allem in der ersten Amtsperiode von Indira Gandhi Anfang der siebziger Jahre das politische System nachhaltig geprägt. Indira Gandhi strebte politische Veränderungen der Verfassung gemäß den parlamentarischen Mehrheiten an. Das Oberste Gericht vertrat hingegen die Auffassung, dass bestimmte Grundrechte und die Struktur der Verfassung der politischen Einflussnahme entzogen sind, und setzte sich mit dieser Interpretation schließlich durch. (Rajamani/Sengupta 2010: 84f.)

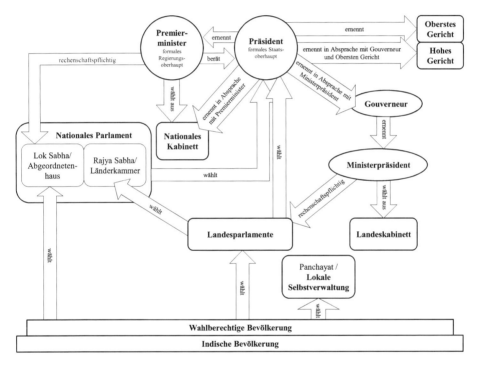

**Abb. 1:** Das indische Regierungssystem
Quelle: eigene Zusammenstellung

## 2.4 Wahlen

Die Indische Union verfügt über ein einfaches Mehrheitswahlrecht. (Enskat/Mitra/ Singh 2001: 559–584) In insgesamt 543 Einerwahlkreisen werden die Abgeordneten mit einfacher Mehrheit der Stimmen für das Parlament gewählt (*First past the post system*).

Das Wahlalter liegt seit 1988 bei 18 Jahren, die durchschnittliche Wahlbeteiligung beträgt seit den ersten Wahlen 1951/52 ca. 60 Prozent. Damit liegt sie trotz einer offiziellen Analphabetenquote von immer noch ca. 25 Prozent (2011) höher als in den USA. Die mit dem Mehrheitswahlrecht einhergehenden Verzerrungen finden sich auch in Indien. Bei einer hohen Kandidatenkonkurrenz konnten Abgeordnete bereits mit 23 Prozent der abgegebenen Stimmen einen Sitz im Parlament erringen. Die Kongresspartei erreichte zwar nie mehr als 48 Prozent der Stimmen, doch konnte sie damit 1984 über 76 Prozent der Sitze im Parlament erringen. Wahlabsprachen im Vorfeld sind deshalb für alle Parteien von Bedeutung, um die Chancen für ihre Kandidaten zu verbessern.

Wahlen in Indien stellen ein beträchtliches organisatorisches Unterfangen dar. Bei der Parlamentswahl 2009 registrierte die Wahlkommission knapp 717 Millionen Wähler/-innen, um deren Gunst 3.636 Parteien und 3.831 unabhängige Kandidaten/-inn warben. Hierzu wurden ca. 835.000 Wahlstationen im ganzen Land eingerichtet, in denen die Wähler/-innen mithilfe elektronischer Wahlmaschinen ihre Stimme abgeben konnten.[5] Aufgrund der organisatorische Probleme und der prekären Sicherheitslage in einigen Regionen werden die Wahlen in verschiedenen Phasen durchgeführt und erstrecken sich über mehrere Wochen.

Die Wahlkommission genießt eine hohe Unabhängigkeit. (Yadav 2005: 236–253) So sind im Vorfeld der Wahlen Versetzungen von Beamten, die politisch motiviert sein könnten, kaum noch möglich. Die Wahlkommission veröffentlicht einen Verhaltenskodex, der u. a. hetzerische Reden gegen andere Religionsgemeinschaften verbietet, und hat wiederholt Kandidaten/-inn aufgrund von Verstößen gegen diese Richtlinien disqualifiziert.

Die Wahl- und Umfrageforschung steckt in Indien noch in den Kinderschuhen. So sahen 2004 nahezu alle Meinungsumfragen einen Sieg der regierenden National Democratic Alliance (NDA) unter der Führung der BJP voraus, doch gewann die von der Kongresspartei geführte UPA entgegen aller Prognosen die Wahl. Prognosen werden durch die Regionalisierung der Parteienlandschaft erschwert. So erhalten die beiden größten Parteien, der Kongress und die BJP zusammen bei Wahlen kaum noch 50 Prozent der Stimmen. Politische Mehrheiten sind damit im Wesentlichen vom Abschneiden der verbündeten Regionalparteien abhängig, wie die BJP bei ihrer Wahlniederlage 2004 schmerzhaft erfahren musste.

Trotz verschiedener Reformen bleibt die Wahlkampffinanzierung auch in Indien ein schwieriges Gebiet. Der oberste Gerichtshof hat zwar die Wahlkampfausgaben für die Kandidaten begrenzt, doch gibt es keine entsprechenden Regelungen für die Parteien und die Anhänger von Kandidaten. Angesichts der weit verbreiteten Korruption und politischen Patronage spielt Schwarzgeld eine wichtige Rolle in den Wahlkämpfen.

---

5 Vgl. Election Commission of India: General Elections, 2009 (15th LOK SABHA), 24. Key Highlights, http://eci.nic.in/eci_main/archiveofge2009/Stats/VOLI/24_KeyHighlights.pdf (zuletzt aufgerufen 04.03.13).

## 2.5 Föderalismus

Die Verfassungsväter sahen Indien als Union und nicht als Föderation, da seine Entstehung nicht von der Zustimmung der Bundesstaaten abhängig gewesen war. Angesichts der sozio–kulturellen Fragmentierung sollte mit der Begrifflichkeit auch die Einheit des Landes betont werden. Die Verfassung legte deshalb den Schwerpunkt auf eine starke Zentralregierung und vergleichsweise schwache Bundesstaaten, sodass sich der Begriff ‚Föderalismus' auch nicht in der indischen Verfassung wiederfindet.

Eine Reihe von Regelungen legt die Vorherrschaft der Zentralregierung gegenüber den Bundesstaaten fest. So garantiert die Verfassung nicht die territoriale Existenz der Bundesstaaten, sondern spricht der Zentralregierung das Recht zu, deren Grenzen zu verändern, um z. B. neue Staaten zu schaffen. Von dieser Regelung wurde umfassend Gebrauch gemacht, sodass sich die Zahl der Bundesstaaten seit 1947 auf 28 Bundesstaaten und sieben Unionsterritorien erhöht hat.

Die Zentralregierung verfügt auch über größere Machtbefugnisse gegenüber den Bundesstaaten. Dies zeigt sich u. a. in der verfassungsrechtlich festgelegten Verteilung der Kompetenz. So fallen 97 Bereiche in die Zuständigkeit der Zentrale (*union list*), wozu u. a. auswärtige Beziehungen, Verteidigung und Währungsfragen zählen. Demgegenüber umfasst die sog. „state list", welche die Zuständigkeiten der Bundesstaaten festlegt, nur 66 Bereiche, u. a. Landwirtschaft, Bildung, Polizei und Gesundheit. Für 47 Bereiche gibt es eine konkurrierende Gesetzgebung (*concurrent list*), jedoch ist hier das Primat der Zentralregierung gegenüber den Bundesstaaten gegeben. (Awasthy 2003: 122–124) Einen Sonderstatus nimmt der Bundesstaat Jammu und Kaschmir (J&K) ein. Der ehemalige Fürstenstaat trat erst zwei Monate nach der Gründung Indiens der Union am 26. Oktober 1947 bei.[6] Dieser besondere Status ist in Artikel 370 der Verfassung festgelegt und gibt Kaschmir eine Reihe von Privilegien gegenüber den anderen Bundesstaaten, z. B. eine eigene Verfassung, eine eigene Flagge und Hymne, was anderen Bundesstaaten nicht erlaubt ist.

Das höchste Amt in den Bundesstaaten nimmt, analog zur nationalen Ebene, der vom Präsident ernannte Gouverneur ein. Mittlerweile erfolgt die Ernennung in Absprache zwischen der Regierung und der jeweiligen Landesregierung. Zudem kann die Zentralregierung, formal durch den Präsidenten, mithilfe des Artikels 356 die Regierung eines Bundesstaats entlassen, wenn z. B. Recht und Ordnung nicht mehr gewährleistet sind. Dieser Paragraph wurde vor allem von Indira Gandhi in den 1970er-und 1980er-Jahren aus parteipolitischen Gründen genutzt, um oppositionelle Landesregierungen abzusetzen. Die Länderparlamente werden für fünf Jahre gewählt. Im

---

6 Der Streit um die Zugehörigkeit Kaschmirs war die Ursache verschiedener Kriege zwischen Indien und Pakistan, vgl. Ganguly, Sumit: Conflict Unending. India-Pakistan Tensions since 1947, Oxford, New Delhi: Oxford University Press 2002.

Unterschied zur zentralstaatlichen Ebene haben die Bundesstaaten nur eine legislative Kammer.[7]

Die Bundesstaaten sind zudem in ihrer Finanzausstattung in hohem Maße von der Zentralregierung abhängig. Die überwiegende Mehrzahl der Steuern wird in Indien von der Zentralregierung erhoben, wobei die wichtigsten Ausnahmen Steuern auf Land und Verkaufssteuern sind. (Rao/Singh)[8] Die Verteilung der Finanzen zwischen der Zentralregierung und den Bundesstaaten erfolgt durch Verhandlungen in der nationalen Finanzkommission (National Finance Commission, NFC). Diese „reguläre Ad-hoc-Einrichtung" wird spätestes alle fünf Jahre vom Präsidenten neu einberufen. Da die Bundesstaaten selbst nur wenige Möglichkeiten haben, eigene Steuern und Abgaben zu erheben, bilden die von der Finanzkommission verteilten Mittel einen nicht unbeträchtlichen Teil ihrer Haushalte. (Hardgrave/Kochanek 2000: 136)

Darüber hinaus hat die Zentralregierung in Delhi auch die Möglichkeit, den Bundesstaaten gesonderte Beihilfen zu gewähren und Schulden zu erlassen. In diesem Zusammenhang kommt der Planungskommission eine wichtige Rolle zu, die als Scharnier zwischen Zentralregierung und Bundesstaaten fungiert, wenn z. B. nationale Entwicklungs- und Sozialprogramme umgesetzt werden sollen. (Chakrabarty/Pandey 2008: 171–179)

Die wirtschaftspolitische Liberalisierung seit 1991 hat auch Rückwirkungen auf den indischen Föderalismus gehabt. Die Bundesstaaten verfügen mittlerweile über mehr Freiheiten und können selbst mit internationalen Finanzinstitutionen wie der Weltbank über finanzielle Unterstützung verhandeln und für ausländische Investitionen werben. (Jenkins: 599–621) Die Liberalisierung hat aber nicht nur den Wettbewerb zwischen den Bundesstaaten verschärft, sondern zugleich auch die regionalen Disparitäten innerhalb Indiens noch weiter vertieft. Allerdings haben sich daraus bislang keine neuen separatistischen Bewegungen entwickelt, wie dies z. B. noch in den 1980er-Jahren im Punjab der Fall war.

Die Zunahme von Koalitionsregierungen hat auch das Gewicht von Regionalparteien auf außenpolitische Entscheidungen vor allem gegenüber den Nachbarstaaten vergrößert. So hatte das Verhalten von Regionalparteien aus Tamil Nadu und Westbengalen maßgeblichen Einfluss auf außenpolitische Entscheidungen der Regierung in Neu-Delhi gegenüber Bangladesch und Sri Lanka.

Mit den Verfassungsreformen zur lokalen Selbstverwaltung 1993/94 (*Panchayati Raj*) haben die Dorf- und Gemeinderäte eine eigenständige verfassungsrechtliche Rolle erhalten. Zudem erhielten Frauen und benachteiligte untere Kastengruppen

---

7 Eine Ausnahme bilden Bihar, Jammu & Kashmir, Karnataka, Maharashtra und Uttar Pradesh, die eine zweite Kammer (Legislative Council) haben, die für sechs Jahre gewählt wird.
8 Vgl. Rao, Govinda M.; Singh, Nirvikar: Political Economy of Federalism in India, New Delhi: Oxford University Press 2005: 132f.

Quoten, sodass sich deren politische Partizipation seitdem zumindest formal deutlich verbessert hat.

Der Föderalismus bzw. das Zusammenspiel zwischen Zentralregierung und den Bundesstaaten war neben dem demokratischen System die wichtigste institutionelle Klammer, mit der die territoriale Integrität Indiens über 60 Jahre hinweg gewahrt werden konnte.

# 3 Informelle Regeln und Praktiken

## 3.1 Kulturtraditionen, Religion und Kasten

Die Debatte über die Bedeutung informeller Regeln ist eine der ältesten Diskussionen, die es in der sozialwissenschaftlichen Beschäftigung mit der Indischen Union gibt. Die indische Demokratie galt in den fünfziger und sechziger Jahren des letzten Jahrhunderts noch als Vorbild für die politische Entwicklung der neuen dekolonisierten Staaten der Dritten Welt, vor allem gegenüber dem kommunistischen China. Zugleich befassten sich zahlreiche Studien mit den Besonderheiten der indischen Gesellschaft, wie z. B. dem Kastensystem und den Folgen für die demokratische Entwicklung. (Rudolph/ Hoeber-Rudolph 2012: 335–369) Die Bedeutung solcher informeller Regeln für die Funktionsfähigkeit des politischen Systems wurde ebenfalls früh thematisiert: „There is a cement of informality that holds together the formal bricks." (Morris-Jones 1971: 61)

Bereits früh war in den akademischen Debatten deutlich, dass modernisierungstheoretische Annahmen, wie z. B., dass die wirtschaftliche Entwicklung traditionelle Institutionen wie Kastensystem und Großfamilien allmählich auflösen würde, in Indien nicht zutrafen. Es zeigte sich vielmehr, dass die politischen Akteure den demokratischen Wettbewerb mit den kulturellen Symbolen und Diskursen der indischen Gesellschaft verknüpften. Die ‚Modernität der Tradition' prägte somit von Beginn an die demokratische Entwicklung (Rudolph/Hoeber-Rudolph 1967).[9] Die informellen Regeln und Institutionen der indischen Gesellschaft speisen sich aus unterschiedlichen Quellen. Dies sind zum einen die historische Pfadabhängigkeit und zum anderen die damit eng verbundene sozio-kulturelle Fragmentierung der indischen Gesellschaft.[10]

---

**9** Die Modernität der Tradition zeigt sich auch in der Namensgebung. So konnten sich die Wähler 1998 in Meghalaya im Nordosten u. a. zwischen den Kandidaten Adolf Lu Hitler Marak, Hopingstone Lyngdoh und Frankenstein W. Momin entscheiden, vgl. French 2011: 67. M. K. Stalin, benannt nach Josef Stalin, zählt im Bundesstaat Tamil Nadu zu den wichtigen Politikern der Regionalpartei Dravida Munnetra Kazhagam (DMK).
**10** Zur Pfadabhängigkeit vgl. Moore, Barrington: Soziale Ursprünge von Diktatur und Demokratie, Frankfurt a. M.: Suhrkamp Verlag 1969.

Die britische Herrschaft seit Mitte des 18. Jahrhunderts forcierte eine wirtschaftliche Entwicklung, die vor allem auf die Bedürfnisse der Kolonialmacht ausgerichtet war. Die Veränderungen der industriellen und nationalen Revolution, die die europäische Entwicklung im 19. Jahrhundert prägten, waren zwar auch in Britisch-Indien zu spüren, nahmen aber einen anderen Verlauf. Der indische Nationalkongress wurde ab Ende des 19. Jahrhunderts zum Sammelbecken der politischen Opposition. Die Entstehung von Gruppenidentitäten in der Kolonialzeit war mit Reformen verknüpft, die die politische Beteiligung von Religions- und Kastengruppen in neu geschaffenen Gremien der lokalen Selbstverwaltung förderten. Die 1906 gegründete Muslimliga verstand sich als Interessenvertretung der Muslime und forderte ab 1940 einen eigenen Staat Pakistan, den sie nach langen Verhandlungen gegen den Widerstand des indischen Nationalkongresses bei der Unabhängigkeit im August 1947 erhielt.[11]

Für die demokratische Entwicklung waren verschiedene informelle Institutionen von Bedeutung. Dies sind erstens die religiösen Traditionen, die sich aus dem Hinduismus, Islam, Buddhismus, Sikhismus, Christentum, Jainismus und ihren zahllosen Mischformen sowie den animistischen Traditionen ergeben. Zweitens ist es die sprachliche Vielfalt von über 100 Sprachen, von denen mittlerweile 22 einen Rang in der Verfassung haben. Drittens ist das Kastensystem zwar ein spezifisch hinduistisch geprägtes Gesellschaftssystem, das aus schätzungsweise 3.000 bis 4.000 Kastengruppen besteht, das aber auch die Angehörigen der anderen Religionsgemeinschaft in vielen Teilen des Landes inkorporiert. Kaste ist damit ein regionales Ordnungsprinzip, dessen hierarchische Struktur ebenfalls eine große Varianz aufweist. Schließlich sind noch zahllose tribale und ethnische Gruppen zu nennen, die teilweise in Kastenstrukturen eingebunden sind, z. T. aber auch eigene Identitätsvorstellungen vor allem im Nordosten des Landes entwickelt haben.

Zahllose Untersuchungen haben gezeigt, dass Kaste nicht ein starres, unbewegliches System ist, wie es in den heiligen Schriften der hinduistischen Tradition dargestellt wird, sondern ein flexibles, und teilweise auch durchlässiges soziales Regelsystem, das Prozesse sozialer Mobilität nach oben und unten kennt. (Srinivas 2004) Die weit verbreitete Vorstellung, dass sich untere Kastengruppen bereitwillig in ihr durch die Geburt vorgegebenes „Schicksal" fügen, hält ebenfalls kaum empirischen Überprüfungen stand.[12]

Der hohen gesellschaftlichen Fragmentierung steht ein vergleichsweise schwacher Staatsapparat gegenüber. Das staatliche Gewaltmonopol ist ebenso schwach wie die

---

11 Zur historischen Entwicklung vgl. Kulke, Hermann/Rothermund, Dietmar, Geschichte Indiens: von der Induskultur bis heute, München: C.H. Beck 2006.

12 Der Gründungsmythos unterer Kastengruppen akzeptiert z. B. nie den untergeordneten Rang, den die Gruppen in den regionalen Kastenhierarchien einnehmen. Zudem gibt es bei unzähligen unteren Kasten einen ausgeprägten Willen zum sozialen Aufstieg, der u. a. in ihrem Streben nach Bildung zum Ausdruck kommt, vgl. Gupta, Dipankar: The Caged Phoenix. Can India Fly? New Delhi: Penguin/Viking, 2009: 151–185.

materielle Basis des Staates, was seine Gestaltungsmöglichkeit einschränkt. (Jayal 2001) Das Verhältnis zwischen Polizei und Einwohnerzahl zählt in Indien zu den niedrigsten weltweit. 2010 hatte Indien nur 129 Polizisten für 100.000 Einwohner, wohingegen der globale Durchschnitt bei ca. 350 Polizisten lag.[13] Zudem ist das Steueraufkommen gering und die Bereitstellung öffentlicher Güter wie Bildung und Gesundheit ist unzureichend, was sich u. a. in Indiens schlechter Platzierung im HDI dokumentiert, wo das Land 2011 nur Rang 134 belegte.[14] Staatliche Fürsorgeeinrichtungen im Sinne einer westeuropäischen Sozialstaatsbürokratie sind kaum vorhanden. Weniger als zehn Prozent der Bevölkerung werden offiziell dem organisierten Sektor zugerechnet, sodass der Familienverband eine überragende Rolle für Schutz und Sicherheit hat.

Obwohl die Urbanisierung zunimmt, leben bislang erst ca. 30 Prozent in Städten und 70 Prozent auf dem Land. Von den über eine Milliarde Menschen in Indien leben mehr als zwei Drittel, d. h. ca. 700 Millionen Menschen, mit weniger als 2 US-Dollar am Tag.[15] Weitverbreitete Armut, vor allem in den ländlichen Regionen, tief sitzende kulturelle Vorurteile zwischen Sprach-, Religions-, Kasten- und Stammesgruppen und eine weitverbreitete Unsicherheit bedingt durch die Schwäche staatlicher Institutionen befördern ein hohes Maß an Gewalt in der politischen Auseinandersetzung. (Naipaul 1990; Sen Gupta 1996: 272–330)

In diesem gesellschaftlichen und politischen Umfeld blühen zugleich Korruption und politische Patronage: „No one questions the prevalence of corruption in India."[16] 2012 belegte Indien Rang 94 im Korruptions-Perzeptionsindex von 176 Staaten. Besonders bedenklich ist, dass sich Indiens Rang seit 2007 immer weiter verschlechtert hat.[17] Die Korruption hat vor allem durch die wirtschaftliche Liberalisierung ein neues Ausmaß erreicht, wie z. B. der Skandal über die Versteigerung von Telekommunikationslizenzen zeigte, durch die dem indischen Staat beträchtliche Steuereinnahmen verloren gingen. "The Indian People had learned to live with pervasive corruption which came to be accepted as the lifestyle of the political process." (Sen Gupta 1996: 1899) Mayawati, die aus der Kaste der Unberührbaren stammte und bis 2012 Ministerpräsidentin des größten Bundesstaates Uttar Pradesh war, gab bei der Wahl 2010 ihr Vermögen mit mehr als 18,5 Millionen US-Dollar an, obwohl sie bis dahin nur als Lehrerin und Politikerin tätig war. (French 2011: 87)

---

13 Vgl. Vyawahare, Malavika: India's Police Force Lags Much of the World, in: http://india.blogs. nytimes.com/2013/01/16/india-has-one-of-the-lowest-police-population-ratios-in-the-world/ (zuletzt aufgerufen 11.03.13).

14 Vgl. UNDP: Human Development Report 2011. New York 2011, http://hdrstats.undp.org/en/tables/ (zuletzt aufgerufen 05.03.13).

15 Vgl. http://data.worldbank.org/indicator/SI.POV.2DAY (zuletzt aufgerufen 05.03.13).

16 Vgl. Desai, Meghnad: Why is India corrupt? In: The Indian Express, 15.07.2012, http://www.indianexpress.com/news/why-is-india-corrupt-/974515 (zuletzt aufgerufen 11.03.13).

17 Vgl. India ranked 94th in Corruption Perception Index ratings says Transparency International, in: The Indian Express, 05.12.2012, http://www.indianexpress.com/news/india-ranked-94th-in-corruption-perception-index-ratings-says-transparency-international/1040857/0 (zuletzt aufgerufen 11.03.13).

In Indien sind informelle Institutionen zugleich auch immer in den regionalen Kontexten verankert. Wie vielfältig bzw. fragmentiert die Sozialstruktur ist, zeigt sich innerhalb der Bundesstaaten. Diese können zwar eine eigene Sprache haben, verfügen aber z. B. über keine einheitliche Kastenstruktur, sodass es auch innerhalb der Bundesstaaten eine Reihe von Variationen hinsichtlich der informellen Institutionen geben kann.

Die gesellschaftliche Struktur weist somit eine Fülle informeller Institutionen und Praktiken auf, die auf unterschiedlichste Weise auf das demokratische System einwirken. Es beginnt bei der Wählermobilisierung, die oft entlang von Kastenlinien verläuft, geht über den politischen Entscheidungsprozess, in dem verschiedene Formen von Korruption und Patronage allgegenwärtig sind, und endet bei der Umsetzung staatlicher Entscheidungen durch Bürokratie und Polizei, deren Vorgehen, im Sinne des Outcome, von religiösen oder tribalen Vorstellungen bzw. Vorurteilen gegenüber den betroffenen Bevölkerungsgruppen geprägt sein kann oder auch nicht.[18]

## 3.2 Personalisierung und Klientelismus

Die Schwäche der formalen Institutionen wird durch die Personalisierung der Politik auf verschiedenen Ebenen kompensiert. Die Bedeutung von Familien ist im politischen System mit Politikerdynastien verbunden, von denen die Nehru-Gandhi-Familie nur die bekannteste ist. So haben 28,6 Prozent der Abgeordneten in der Lok Sabha eine dynastische Verbindung, wobei dies zu 100 Prozent auf alle Abgeordneten unter 30 Jahren zutrifft. (French 2011: 110) Solche Dynastien und der damit verbundene Nepotismus finden sich in nahezu allen Parteien und Bundesstaaten. Premierministerin Indira Gandhi hat die Personalisierung der Politik zu Lasten von Organisationen wie der Kongresspartei in den 1970er-Jahren vorangetrieben und ist hierfür vielfach kritisiert worden.

Die Personalisierung zeigt sich aber auch auf der mittleren Ebene, im Zusammenspiel zwischen Parteiführung in Delhi und den Bundesstaaten. Die Dominanz der Kongresspartei in den ersten 20 Jahren nach der Unabhängigkeit von 1947 bis 1967 auf Bundes- und Landesebene erklärte sich weniger aus der landesweiten Parteistruktur als vielmehr durch das Vermögen der Führungsspitze in Delhi, mit den verschiedenen „Landesfürsten" bzw. politischen Dynastien in den Bundesstaaten zusammenzuarbeiten. Die Kongresspartei war eine eher lose Organisation, die in den einzelnen Bundesstaaten mit sehr unterschiedlichen Gruppen zusammenarbeitete. Diese lose Struktur und der Faktionalismus in der Kongresspartei erschwerten es der Opposition, da de-

---

18 Für die Folgen von Vorurteilen einer zumeist hochkastigen Kultusbürokratie gegenüber unteren Kasten am Beispiel der Bildungspolitik vgl. Weiner, Myron: The Child and the State in India. Child Labor and Education Policy in Comparative Perspective, Princeton: Princeton University Press 1991.

ren Standpunkte auch Widerhall in den verschiedenen Faktionen der Kongresspartei fanden. (Kothari 1970: 195)

Die Personalisierung zeigt sich bis heute in der Stellung der jeweiligen Abgeordneten im Wahlkreis. Die Abgeordneten erhalten mit der Wahl ein eigenes Budget zur Entwicklung ihrer Wahlkreise, das sog. Member of Parliament Local Area Development Scheme (MPLADS). Die Mittel wurden in verschiedenen Fällen zur ‚parteipolitischen Landschaftspflege' genutzt, um die eigene Wählerklientel zu bedienen. Die Ausgaben wurden durch verschiedene Reformen reguliert, aber dennoch bleibt der jeweilige Abgeordnete damit für die Wähler/-innen der erste Ansprechpartner bei Problemen der Arbeitssuche, des Bildungszugangs oder der Gesundheitsfürsorge.

Die Personalisierung zeigt sich auch in der Existenz von unzähligen Mittelsmännern (Middlemen, Brokers, Fixers), die zwischen der staatlichen Verwaltung und den Bürgern agieren. Angesichts der hohen Analphabetenquote vor allem in den ländlichen Regionen helfen sie gegen „Gebühr", Anträge zu formulieren, zu schreiben und an den richtigen Stellen im Verwaltungsapparat einzubringen. (Manor 2000: 816–835)

# 4 Zusammenspiel formaler und informeller Regelsysteme

## 4.1 Partizipation

Informelle Institutionen prägen auf verschiedene Art und Weise den Prozess der politischen Partizipation. Am deutlichsten ist dies im Bereich der Wählermobilisierung, aber auch bei politischen Bewegungen, z. B. für die Neufestlegung der Bundesstaaten, haben solche Aspekte eine Rolle gespielt. Dabei haben die verschiedenen Gruppen unterschiedliche Protestformen genutzt, wie ziviler Ungehorsam, Blockaden und Sit-ins, Straßenblockaden bis hin zum Hungerstreik, um ihren Forderungen Nachdruck zu verleihen. (Manor 1988: 4; Kothari 1970: 2019)

Die aus der Unabhängigkeitsbewegung hervorgegangene Kongresspartei (Indian National Congress, INC) unter der Führung von Premierminister Jawaharlal Nehru dominierte bis 1967 die Regierungen auf nationaler und bundesstaatlicher Ebene. Der Erfolg war weniger der Programmatik als vielmehr dem Zusammenspiel der verschiedenen Faktionen in der Kongresspartei geschuldet, die in ihren Bundesstaaten unterschiedliche Kasten und Kastenallianzen mobilisieren konnten. Der Tod Nehrus 1964, die wirtschaftliche Krise Mitte der sechziger Jahre sowie die ausbleibenden Entwicklungserfolge führten bei den Landtagswahlen 1967 zu einer ersten Niederlage der

Kongresspartei, die ihre Macht in acht Bundesstaaten an regionale Parteien abgeben musste.[19]

Programmatische oder ideologische Gesichtspunkte haben im Vergleich zu sozio-strukturellen Aspekten der jeweiligen Kastenstruktur in der politischen Mobilisierung meist nur eine untergeordnete Rolle gespielt. Selbst die beiden größten kommunistischen Parteien Communist Party of India (CPI) und Communist Party of India-Marxist (CPM) werden in ihren Hochburgen Westbengalen und Kerala nicht unbedingt von der (kaum vorhandenen) Industriearbeiterschaft gewählt, sondern haben ihre Machtbasis in jeweils unterschiedlichen Kastenstrukturen.

Der demokratische Wettbewerb hat Kaste in vielen Bundesstaaten zu einem Instrument der politischen Interessenmobilisierung gemacht. Die verfassungsrechtliche Förderung der unteren Kasten- und Stammesgruppen, die eigene Sitze im nationalen Parlament haben, hat hierzu ebenso beigetragen, wie der Bericht der Mandal-Kommission, der Ende der 1980er-Jahre zu einer neuen Mobilisierung der sog. Other Backward Classes (OBC) führte. Eine Reihe von Regionalparteien, wie die Bahujan Samaj Party (BSP) oder die Samajwadi Party (SP), haben erfolgreich Kastengruppen mobilisiert und damit z. B. Wahlen in Uttar Pradesh, dem größten Bundesstaat mit ca. 160 Millionen Einwohnern, gewonnen.

Der Wettlauf von Kastengruppen um die Zuteilung bzw. Teilnahme an staatlich geförderten Quoten für höhere Bildungseinrichtungen und Arbeitsplätze im öffentlichen Sektor führt in einzelnen Bundesstaaten immer wieder zu Konflikten, die im indischen Kontext als „Identity Politics" bezeichnet werden. Mit einer Reihe von Urteilen hat das Oberste Gericht die Vergabe von Quoten im öffentlichen Sektor auf 50 Prozent begrenzt. Davon entfallen 15 Prozent auf die sog. Scheduled Castes (SC), zu denen die Unberührbaren (Dalits) zählen, 7,5 Prozent auf die sog. Scheduled Tribes (ST) und 27,5 Prozent auf die OBC, zu denen eine Reihe von unteren und sozio-ökonomisch benachteiligten Kastengruppen zählen. Die Entscheidung der Regierung der United Progressive Alliance (UPA) unter der Führung der Kongresspartei, im Zensus 2011 erstmals seit 1931 wieder die Kastenzugehörigkeit der gesamten Bevölkerung zu erfassen, könnte dieser Identitätspolitik weiteren Vorschub leisten. Aufgrund der politischen Brisanz waren die Zahlen aber bis Ende 2013 noch nicht veröffentlicht.

Allerdings ist Kastenzugehörigkeit allein nicht ausreichend, um den Ausgang von Wahlen zu erklären. Denn erstens sind die Kasten auch in den Bundesstaaten zu klein und zweitens wählen sie nicht unbedingt einheitlich, sondern weisen intern politische und ökonomische Konflikte auf, die das Wahlverhalten ihrer Mitglieder bestimmen. (Gupta 2009: 167)

Aufgrund der negativen Erfahrungen bei der Staatsgründung war Religion lange Zeit kein Instrument im demokratischen Wettbewerb. Von den religiösen Min-

---

19 In Kerala hatte 1957 erstmals eine kommunistische gewählte Landesregierung die Kongresspartei abgelöst.

derheiten haben nur die Sikhs politische relevante Parteien, wohingegen z. B. die Muslime als größte religiöse Minderheit über keine eigene nennenswerte Partei verfügen. Politisch bedeutsamer war hingegen das Bestreben der Bharatiya Janata Party (BJP), die seit Mitte der 1980er-Jahre versuchte, die religiöse Mehrheit der Hindus, zu der ca. 80 Prozent der Bevölkerung zählen, zu mobilisieren. Die BJP propagierte einen Hindu-Nationalismus, der sich gegen die religiösen Minderheiten, vor allem gegen Muslime und Christen, wandte. Die Strategie der BJP war insofern erfolgreich, als sich die Partei damit als zweite politische Kraft auf nationaler Bühne neben der Kongresspartei etablieren konnte. Allerdings nahmen die gewaltsamen Ausschreitungen zwischen den Religionsgruppen zu (s. u.). Der BJP, die als Partei höherkastiger Gruppen gilt, gelang es mit dieser Strategie aber nicht, dauerhaft eine Mehrheit zu mobilisieren. Mit knapp 26 Prozent erreichte sie bei der Wahl 1998 ihr bislang bestes Ergebnis.

Neben Kaste und Religion war auch Sprache ein wichtiges Instrument der politischen Mobilisierung. Die 1956 beginnende Reorganisation der Bundesstaaten und der Streit über die Einführung einer einheitlichen Nationalsprache verschärften Anfang der 1960er-Jahre die innenpolitischen Auseinandersetzungen. (Brass 1994: 157–191) Eine Reihe von regionalsprachlichen Bewegungen, wie z. B. die Tamilen in Südindien, forderte einen eigenen Bundesstaat sowie die Anerkennung ihrer Sprache. Diese Auseinandersetzungen haben die politische Landkarte der Indischen Union in den letzten Jahrzehnten neu gezeichnet. 2000 wurden die drei Bundesstaaten Chhattisgarh, Uttaranchal und Jharkhand zu Lasten von Madhya Pradesh, Uttar Pradesh und Bihar geschaffen. Seit vielen Jahren gibt es zudem die Forderung nach einem Bundesstaat Telangana im Süden und Bodoland im Nordosten.

Die Personalisierung der indischen Politik hat im Zusammenhang mit dem Starkult und der gottgleichen Verehrung von Filmschauspielern auch politische Karrieren forciert. Der Schauspieler M. G. Ramachandran, genannt MGR, nutzte erstmals seine Filmkarriere als Sprungbrett für die Politik und prägte zwischen 1977 und 1987 mit der von ihm gegründeten All India Anna Dravida Munnetra Kazhagam (AIADMK) die Politik im südindischen Bundesstaat Tamil Nadu. Die frühere Schauspielerin und Geliebte von MGR J. Jayalalithaa ist seit 2011 wieder Ministerpräsidentin in Tamil Nadu. Eine ähnliche Karriere hatte N. T. Rama Rao (NTR) in Andhra Pradesh, der in seinen Filmen oft Göttergestalten wie Rama und Krishna spielte. 1982 nutzte er seinen Ruhm und seine oft gottgleiche Verehrung durch seine Fans und gründete die Telugu Desam Party (TDP), die bei der Landtagswahl 1983 zum ersten Mal die Kongresspartei von der Regierung ablöste. Bis heute zählt die TDP zu den wichtigsten Regionalparteien auf nationaler Ebene.

Im Bereich der politischen Partizipation lassen sich in Indien zahllose Beispiele finden, in denen informelle Institutionen, seien es religiöse, tribale, sprachliche, ethnische oder Kasten, Identitäten und Loyalitäten zur Mobilisierung genutzt wurden. Die sozio-kulturelle Fragmentierung der indischen Gesellschaft in die verschiedenen Kasten-, Stammes- und Sprachgruppen hat aber auch die Dominanz einer Gruppe verhindert, z. B. der Hindus, und damit maßgeblich zur Stabilität der Indischen Union beigetragen. Indien ist und bleibt damit politisch eine Minderheitsgesellschaft.

## 4.2 Entscheidungsfindung

Es gibt kein klares Bild darüber, ob und inwiefern informelle Institutionen eine entscheidende Rolle bei der Entscheidungsfindung spielen. Auf nationaler Ebene spielen solche Überlegungen vermutlich eine geringere Rolle als bei der Entscheidungsfindung in den Bundesstaaten, wo der politische Einfluss einzelner Kastengruppen sich vermutlich stärker auswirkt bei der Formulierung von Politiken, z. B. hinsichtlich der ländlichen Entwicklung.[20] Wie bereits erläutert, sind Parlamente eher schwach und die Kontrollfunktion wird vielmehr über die Gerichte, die Zivilgesellschaft und die Medien wahrgenommen.[21] Die unzureichende Ausstattung und fehlende Kapazitäten tragen zu dieser unzureichenden Gewaltenteilung bei, die sich sowohl auf nationaler wie auf bundesstaatlicher Ebene findet.

Positiv zu bewerten ist, dass es in diesem Umfeld auch Möglichkeiten für zivilgesellschaftliche Gruppen gibt, auf den politischen Entscheidungsprozess einzuwirken. Das wohl bekannteste Beispiel ist die Gesetzgebung zum *Right to Information* (RTI), die 2005 vom Parlament in Delhi verabschiedet wurde. Ausgangspunkt war die Initiative der 1990 gegründeten Mazdoor Kisan Shakti Sangathan (MKSS), eine Nichtregierungsorganisation (NGO) im nordindischen Bundesstaat Rajasthan, die sich gegen die allgegenwärtige Korruption und Mittelverschwendung wandte. (Mentschel 2005) Mithilfe öffentlicher Anhörungen sowie durch Poster und Publikationen begann die NGO ab 1994, die Mittelverschwendung in Entwicklungsprojekten offenzulegen und anzuprangern. In Reaktion darauf erklärte Ministerpräsident Bhairon Singh Shekhawat im April 1995, dass seine BJP-Regierung der MKSS Einblick in öffentliche Unterlagen gewähren würde. Im April/Mai 1996 führte die MKSS an verschiedenen Orten in Rajasthan Sit-ins durch, um ihren Forderungen Nachdruck zu verleihen. Diese Aktion erregte landesweit Aufsehen und führte im August 1996 zur Gründung der *National Campaign for People's Right to Information* (NCPRI). Aufgrund des öffentlichen Drucks begannen ab 1997 Landesregierungen in verschiedenen Teilen Indiens, eine entsprechende Gesetzgebung einzuführen. Im Herbst 2005 wurde ein nationales Gesetz zum Right to Information verabschiedet, das seitdem alle Ministerien verpflichtet, Einbli-

---

**20** Für Beispiele zur Konfliktdynamik zwischen verschiedenen Kastengruppen auf Distriktebene vgl. Kohli, Atul: Democracy and Discontent. India's Growing Crisis of Governability, Cambridge, New Delhi: Foundation Books 1992: 35–199.
**21** Zu den Möglichkeiten und Grenzen der Medien in der indischen Demokratie vgl. Drèze, Jean; Sen, Amartya: An Uncertain Glory. India and its Contradictions, London: Allen Lane 2013: 262ff.

cke in offizielle Vorgänge zu gewähren.[22] 2006 begann eine Kontroverse, inwieweit das RTI auch Einblicke in die Notizen der Beamten erlaubt, die sich bei den Dokumenten befinden. Das RTI hat die Korruption und Vorteilsnahme zwar nicht abgeschafft, aber es hat doch die Transparenz deutlich erhöht und Verbesserungen für marginalisierte Gruppen gebracht, die damit ihre Ansprüche und Rechte besser einfordern können. (Varma 2010)

Der hohe Konsens über die Demokratie sowohl unter den Eliten als auch in der Bevölkerung erklärt, warum es kaum nennenswerte Vetoakteure gibt. Die politische Führung hat seit Nehru Generäle, die allzu öffentlich politische Positionen vertraten, schnell abgelöst. Die Streitkräfte haben deshalb, im Unterschied zu Pakistan, nie eine nennenswerte innenpolitische Rolle für sich reklamiert, obwohl sie zunehmend zur Aufstandsbekämpfung bei innenpolitischen Konflikten wie in Kaschmir oder im Nordosten eingesetzt wurden.

Der einzig nennenswerte Vetoakteur, der eine revolutionäre Umgestaltung Indiens anstrebt, sind die Naxaliten, eine maoistische Aufstandsbewegung, die ihre Anhänger aus den unteren Kasten- und Stammesgruppen rekrutiert. Die Naxaliten entstanden Ende der 1960er-Jahre in Westbengalen im Widerstand gegen die kommunistische Landesregierung und strebten eine revolutionäre Umgestaltung des indischen Staates an. Sie bestehen bis heute in verschiedenen Bundesstaaten aus unterschiedlichen militanten Gruppen des linken Spektrums und thematisieren in ihrem ideologischen Kern die soziale Frage, z. B. mehr Umverteilung durch Landreformen. (Menon 2011) Die ökonomische Ungleichheit hat seit der wirtschaftspolitischen Liberalisierung zugenommen, sodass die Naxaliten in den letzten Jahren eher Zulauf erhalten haben. 2004 schlossen sich die Peoples War Group (PWG) und das Maoist Communist Centre of India (MCCI) zur Communist Party of India (Maoist) zusammen, die heute für mehr als 90 Prozent der linksextremistischen Gewalt veranwortlich ist.[23] 2009 erklärte Premierminister Singh die Naxaliten zur größten Bedohung der inneren Sicherheit. Durch polizeiliche Maßnahmen und durch eine Reihe von Sozialprogrammen sind linksextremistische Zwischenfälle in den letzten Jahren zwar zurückgegangen[24], doch gibt es weiterhin keine politische Lösung der Problematik. Die hohe soziokulturelle Fragmentierung von Politik und Gesellschaft mit ihren zahllosen personalisierten informellen Kanälen und klientelistischen Netzwerken ermöglicht es auch einflussreichen wirtschaftlichen Gruppen und Unternehmen, ihre Interessen jenseits der formalen Partizipationswege zur Geltung zu bringen.

---

**22** Vgl. Right to Information Website, http://www.righttoinformation.org/ (zuletzt aufgerufen 06.03.13).

**23** Vgl. Ministry of Home Affairs: Annual Report 2011–12, New Delhi 2012: 29: http://mha.nic.in/ pdfs/AR%28E%291112.pdf (zuletzt aufgerufen 18.03.13).

**24** Vgl. South Asia Terrorism Portal: State–wise extent of naxal violence during 2008 to 2012, http://www.satp.org/satporgtp/countries/india/maoist/documents/papers/SWENV-2008-12.pdf (zuletzt aufgerufen 13.03.13).

## 4.3 Implementierung von Regierungsentscheidungen

Die informellen Regeln spielen sowohl auf der Input- als auch auf der Output- bzw. Outcome-Seite des politischen Systems eine wichtige Rolle. Internationale Wirtschafts- und Sozialstatistiken weisen Indien trotz seiner beeindruckenden Wachstumsraten der vergangenen Jahre ökonomisch immer noch als Entwicklungsland aus. Die Armut ist zwar rückläufig, liegt aber immer noch auf einem hohen Niveau. Darüber hinaus hat seit der wirtschaftspolitischen Liberalisierung 1991 auch die Ungleichheit zugenommen. (Kapoor 2013: 58–65) 2010 hatten 32,7 Prozent der indischen Bevölkerung weniger als 1,25 US Dollar am Tag zum Überleben, 68,7 Prozent hatten weniger als 2 US Dollar täglich zur Verfügung.[25]

Das Verhältnis des Steueraufkommens zum Bruttoinlandsprodukt (BIP) lag 2010 bei nur 9,7 Prozent und zählte damit zu den niedrigsten Quoten weltweit.[26] Der Wert ist zwar im Finanzjahr 2010/11 angestiegen, beträgt aber immer noch deutlich weniger als der Durchschnittswert der OECD–Staaten.[27] Ein zentrales Problem ist dabei die geringe Steuerbasis. So werden z. B. Einkünfte aus landwirtschaftlichen Tätigkeiten nicht besteuert. Allerdings haben die Bundesstaaten verfassungsrechtlich durchaus die Möglichkeiten, entsprechende Steuern einzuführen.

Rund 70 Prozent der indischen Bevölkerung leben auf dem Land und Schätzungen zufolge sind 50 bis 60 Prozent von landwirtschaftlichen Tätigkeiten abhängig. Trotz seiner großen Bedeutung wird der landwirtschaftliche Sektor seit Jahrzehnten vernachlässigt, wobei Armut, Ungleichheit und Unterentwicklung in den ländlichen Regionen noch immer mit den unteren Kastengruppen korrelieren.[28] Wie groß die Not in einzelnen Landesteilen ist, zeigen die Statistiken über Selbstmorde von Bauern. In den vier Bundesstaaten Maharashtra, Andhra Pradesh, Karnataka und Madhya Pradesh (einschließlich Chhattisgarh) hat zwischen 1997 und 2005 alle 32 Minuten ein (Klein-)Bauer zumeist aufgrund der Überschuldung Selbstmord begangen. (Sainath 2007) Die Nichtbesteuerung entlastet damit zwar die große Mehrheit der Klein- und Kleinstbauern, schützt aber zugleich auch die wohlhabenderen Bauerngruppen, deren Lobby in vielen Bundesstaaten die Landespolitik bestimmt.

---

**25** Vgl. The World Bank: Data Poverty headcount ratio at $2 a day (PPP) (% of population), http://data.worldbank.org/indicator/SI.POV.DDAY (zuletzt aufgerufen 07.03.13).
**26** Vgl. The World Bank: Data Tax revenue (% of GDP), http://data.worldbank.org/indicator/GC.TAX.TOTL.GD.ZS (zuletzt aufgerufen 07.03.13).
**27** Vgl. The Economic Times: India's tax–GDP ratio still less than half OECD's, 21.01.2011, http://economictimes.indiatimes.com/opinion/indias-tax-gdp-ratio-still-less-than-half-oecds/articleshow/8043778.cms (zuletzt aufgerufen 07.03.13).
**28** Vgl. hierzu den statistischen Anhang bei Institute of Applied Manpower Research, Planning Commission, Government of India: India Human Development Report 2011. Towards Social Inclusion, New Delhi: Oxford University Press 2011: 251ff.

Die Steuermoral ist unterdurchschnittlich, dabei ist Indien kein armes Land, wenn man den Angaben über Schwarzgeld Glauben schenkt. Diese reichen von 500 bis 1.000 Milliarden US Dollar, die indische Staatsbürger auf ausländischen Konten haben sollen.[29] Schätzungen gehen davon aus, dass dem indischen Staat aufgrund von Schwarzgeld in zehn Jahren ca. 123 Milliarden US Dollar verloren gingen.[30] Die Angaben über die Größe der Schattenwirtschaft (ohne Schmuggel und illegale Aktivitäten) sind akademisch umstritten und wurden für 1990/91 auf 35 Prozent und für 1995/96 auf ca. 40 Prozent des BIP geschätzt.[31] Der gesetzliche Satz der Körperschaftssteuer (*corporate tax rate*) beträgt in Indien 32,5 Prozent und zählt damit zu den niedrigsten der Welt. Allerdings wird selbst dieser Satz von kaum einem Unternehmen bezahlt, denn, wie die Steuerbehörde beklagt, zahlen selbst die großen Unternehmen im Durchschnitt 10 Prozent weniger. (Gurumurthy 2013)

Die indische Demokratie zeichnet sich nicht nur durch Defizite bei öffentlichen Gütern wie Bildung und Gesundheit aus (Drèze/Sen 2013: 107–181), sondern weist auch gravierende Mängel im Bereich Sicherheit auf. Dies betrifft weniger den Output von politischen Entscheidungen z.B. die Investitionen der Landesregierungen in den Polizeiapparat als vielmehr den Outcome, d.h. die Art und Weise wie Sicherheit dann in den Städten und Dörfern umgesetzt werden. Am bekanntesten und politisch weitreichendsten sind die kommunalistischen Ausschreitungen zwischen Religionsgemeinschaften.

Die BJP arbeitet bis heute mit z. T. militanten hindu-nationalistischen Gruppen wie dem Rashtriya Swayamsevak Sangh (RSS, nationales Freiwilligenkorps), dem Vishwa Hindu Parishad (VHP, Weltrat der Hindus) oder der Jugendorganisation Bajrang Dal zusammen. Die BJP nutzte deren organisatorische Netzwerke und konnte damit in Wahlen auch unter unteren Kasten Erfolge erzielen. (Thachil 2011: 434–469) RSS und Bajrang Dal sind aber auch für eine Reihe von gewaltsamen Ausschreitungen gegenüber Muslimen und Christen verantwortlich. Aufgrund der politischen Rückdeckungen, z. B. durch Landesregierungen der BJP, sind die Verantwortlichen für Unruhen aber kaum je verurteilt worden.

Die Zerstörung der Moschee in Ayodhya im Dezember 1992 erfolgte ebenso unter den Augen einer BJP-Landesregierung wie das Pogrom gegen Muslime in Gujarat 2002, bei dem vermutlich über 2.000 Muslime getötet wurden. Dort zogen sich die

---

**29** Vgl. Black money: Govt. to reveal names after case is registered, in: The Hindu, 10. Februar 2011; Black money: Indians have stashed over $500bn in banks abroad, says CBI, in: The Times of India, 13. Februar 2012, http://timesofindia.indiatimes.com/india/Black-money-Indians-have-stashed-over-500bn-in-banks-abroad-says-CBI/articleshow/11871624.cms (zuletzt aufgerufen 07.03.13).

**30** Vgl. India's black money loss in 10 years: $123 bn, in: The Hindu, 18.12.2012, http://www.thehindu.com/business/Economy/indias-black-money-loss-in-10-years-123-bn/article4213586.ece (zuletzt aufgerufen 07.03.13).

**31** Vgl. Ministry of Finance: Black Money, White Paper, New Delhi 2012:12, http://finmin.nic.in/reports/WhitePaper_BackMoney2012.pdf (zuletzt aufgerufen 07.03.13).

Ausschreitungen militanter Hindus gegen die Muslime über mehrere Tage hin. Ministerpräsident Modi wurde von einem hochrangigen Polizisten seines eigenen Staates beschuldigt, diese Ausschreitungen geduldet zu haben und für das verspätete Eingreifen der Sicherheitskräfte verantwortlich zu sein. (Majumder 2011)

Die Instrumentalisierung von Religion findet sich aber auch bei anderen Parteien. So förderte die Kongresspartei unter Premierministerin Indira Gandhi in den Auseinandersetzungen im Punjab in den 1980er-Jahren auch fundamentalistische Sikh-Gruppen gegen ihren politischen Gegner die Shiromani Akali Dal (SAD). Der Führer der militanten Sikhs, Bhindranwale, brach mit der Kongresspartei und verschanzte sich im Sommer 1984 im Goldenen Tempel in Amritsar, dem höchsten Heiligtum der Sikhs, der von indischen Truppen schließlich erobert wurde. In Reaktion auf die Erstürmung des Goldenen Tempels wurde Premierminister Indira Gandhi am 31. Oktober 1984 von zwei ihrer Sikh-Leibwächter in Neu-Delhi ermordet. Daraufhin kam es in Delhi und anderen Orten zu Pogromen gegen die lokalen Sikh-Gemeinschaften, bei denen bis zu 3.000 Sikhs getötet wurden. Führende Politiker der Kongresspartei wurden beschuldigt, die Ausschreitungen gefördert und unterstützt zu haben. Aufgrund der bis heute anhaltenden Vorwürfe mussten sich die Kongresspolitiker Jagdish Tytler und Sajjan Kumar 2009 aus dem Wahlkampf zurückziehen.[32]

Nahezu alle Untersuchungen zu kommunalistischen Unruhen haben auf die Bedeutung der lokalen Netzwerke zwischen Politik, Verwaltung und Polizei hingewiesen, die getränkt von politischer Patronage und Korruption immer wieder für solche Ausschreitungen bzw. für das oftmals zu beobachtende nur schleppende Eingreifen der Polizei mitverantwortlich sind. (Brass 1997) In einigen Städten vor allem in Nordindien hat sich ein fast institutionalisiertes System von religiös bedingten Ausschreitungen entwickelt. An anderen Orten haben wiederum zivilgesellschaftliche Netzwerke zwischen den Religionsgemeinschaften dazu beigetragen, dass es dort kaum zu Unruhen kam. (Varshney 2005)

## 4.4 Rechtssicherheit

Die angelsächsische Rechtstradition gilt als integraler Bestandteil der Indischen Union. (Austin 2000) Die Religionsgemeinschaften haben im Bereich des Familien-, Scheidungs- und Erbrechts z. T. eigene Regelungen, die im Streitfall angewandt werden können. Wie alle staatlichen Institutionen haben auch die Gerichte ein hohes Ansehen, ganz im Gegensatz zu Politikern und der Polizei. (Sethi 2008: 57) Allerdings sind auch die Gerichte, vor allem auf den unteren Ebenen, nicht frei von Korruption

---

32 Zur Aktualität der Debatte vgl. The original sin of November 1984, in: The Hindu, 1. November 2012, http://www.thehindu.com/opinion/editorial/the-original-sin-of-november-1984/article4051648.ece (zuletzt aufgerufen 01.11.12).

und Patronage, was selbst Richter von High Courts einräumten: „corruption is now a way of life and there is corruption in the judicary too."[33] Die Personalisierung und die Verquickung von familiären, beruflichen, wirtschaftlichen und politischen Interessen haben auch vor dem Rechtssystem nicht Halt gemacht, wie ein Skandal in den 1990er-Jahren in Haryana zeigte, wo es eine enge Verflechtung zwischen Richtern und Familienangehörigen gab, die z. T. als Anwälte in den Gerichten tätig waren. (Sen Gupta 1996: 230)

Ein großes Problem der Rechtsstaatlichkeit ist die Dauer der Verfahren. Schätzungen gehen davon aus, dass auf den unteren Gerichtsebenen mehr als 20 Millionen Verfahren, bei den High Courts in den Bundesstaaten ca. vier Millionen und beim Obersten Gericht ca. 50.000 Verfahren anhängig sind.[34] Angesichts dieser Zahlen ist Rechtsstaatlichkeit für die ärmeren und benachteiligten Bevölkerungsgruppen kaum gewährleistet. Welchen Anteil an überlangen Verfahren dabei die Unterfinanzierung der Gerichte und ihre schlechte Ausstattung oder die Korruption hat, bleibt offen. „If justice delayed is justice denied, then justice is denied on a large scale in India." (Sen Gupta 1996: 226)

Bis 2005 gab es noch ca. 1.500 Schnellgerichte. Diese konnten jedoch nicht aufrechterhalten werden, da die Bundesstaaten nicht in der Lage waren, ihren Anteil von 50 Prozent an der Finanzierung fortzuführen. Nach der Gruppenvergewaltigung in Delhi im Dezember 2012, die eine nationale Protestwelle auslöste, ergriff die Regierung erneut die Initiative, die Schnellgerichte wieder zu revitalisieren, um den Rechtsschutz vor allem für Frauen zu verbessern. Hierfür versprach die Regierung einigen Bundesstaaten finanzielle Unterstützung, damit sie die Schnellgerichte wieder zum Leben erwecken können.[35]

Angesichts der Schwäche der Legislative bei der Kontrolle der Exekutive hat die Judikative, neben den Medien und zivilgesellschaftlichen Organisationen, diese Rolle übernommen. Von besonderer Bedeutung war dabei das Instrument der *Public Interest Litigation* (PIL), mit dem Gerichte öffentliche Anliegen an sich ziehen können. So ahndete das Oberste Gericht Todesfälle und Vergewaltigungen in Polizeistationen, befreite Jugendliche, die ohne Verfahren jahrelang in Gefängnisse inhaftiert waren und dort Zwangsarbeiten verrichteten, und untersagte Kinderarbeit in der Teppichproduktion. (Sen Gupta 1996: 227) Es griff zudem umweltpolitische Themen auf und

---

33 So Bimal Chandra Basak, oberster Richter am High Court in Patna, zitiert in: Sen Gupta, 1996:229. Auch gegen die Gerichte in Uttar Pradesh, dem größten indischen Bundesstaat, sind wiederholt Vorwürfe der Korruption laut geworden, vgl. Majumder, Kunal, India's hyperactive judiciary, in: The Friday Times, 10.–16.02.2012: 7.

34 Vgl. State Litigation Policies expected to be in place in all States by 2011, in: The Hindu, 05.06.2010.

35 Vgl. Gang rape aftermath: Centre pushes for fast track courts, in: The Hindu, 29.01.2013, http://www.thehindu.com/news/national/gang-rape-aftermath-centre-pushes-for-fast-track-courts/article4357327.ece (eingesehen 30.01.13).

setzte u. a. die Umrüstung der Fahrzeugflotte des öffentlichen Nahverkehrs in Neu-Delhi 2002 auf Gasbetrieb durch. Die Gurtpflicht in Kraftfahrzeugen wurde ebenfalls vom Obersten Gericht durchgesetzt. In einem weiteren Verfahren verfügte das Oberste Gericht 2006 eine umfassende Reform der Polizei, die bis dahin an politischen Widerständen gescheitert war. (Mohan 2012) Die Wirksamkeit der PIL erklärt sich daraus, dass „Missachtung des Gerichts" (*contempt of court*) ein Straftatbestand ist, sodass den Anordnungen eines Gerichts eher Folge geleistet wird als den Vorgaben eines parlamentarisch verabschiedeten Gesetz, das von den zuständigen Verwaltungsbehörden mit den bekannten Problemen von Korruption und Patronage umgesetzt wird.

Mittlerweile gibt es auch Kritik an diesem ‚juristischen Aktivismus', der grundsätzliche Fragen hinsichtlich der Legitimität im Verhältnis zu den demokratisch gewählten Institutionen wie dem Parlament aufwirft. Die Kritik zielt u. a. darauf ab, dass die Gerichte statt öffentlicher Anliegen zunächst die Missstände im eigenen Verantwortungsbereich, wie Korruption und überlange Verfahren, angehen sollten.

# 5 Fazit

Die Erfolge der indischen Demokratie trotz der schwierigen gesellschaftlichen Voraussetzungen wurden vielfach beschrieben und analysiert. Die größte Errungenschaft des politischen Systems und seiner Akteure ist sicherlich die weitgehende politische und staatliche Stabilität, die erstens auf der breiten Akzeptanz demokratischer Institutionen und Verfahren und zweitens auf der Wandlungs- und Reformfähigkeit beruht.

Auch wenn die genannten Probleme und Defizite nicht zu ignorieren sind, hat sich die demokratische Qualität der Indischen Union in den letzten Jahren durch eine Reihe von Reformen verbreitert und vertieft. Dazu zählen u. a. die verfassungsrechtliche Aufwertung der Dorf- und Gemeinderäte (Panchayati–Raj) nach 1992, mit der u. a. Frauen eine Drittelquote erhielten und die Zahl der demokratisch gewählten Repräsentanten deutlich anstieg. Die Unabhängigkeit der Wahlkommission, die Urteile des Obersten Gerichts, die Berichte des Rechnungshofs, das Recht auf Informationseinsicht und die wachsende Bedeutung der Medien und der Zivilgesellschaft kompensieren die Schwäche der Parlamente und unterstreichen die Verpflichtung gegenüber dem demokratischen System und seinen Normen. (Metha 2012: 73f.) Daraus resultiert eine hohe institutionelle Stabilität der indischen Demokratie bei gleichzeitiger politischer Instabilität, die sich aus dem System der Koalitionsregierungen ergibt.

Künftige Herausforderungen liegen im Spannungsfeld zwischen Good Governance und Identity Politics. Die Proteste gegen die ausufernde Korruption führten 2011 zu einer Konfrontation zwischen der Regierung und der Bewegung des Sozialaktivisten Anna Hazare, die vor allem von städtischen Mittelschichten unterstützt wurde. Die Gründung der Aam Aadmi Party (AAP) unter der Führung von Arvind Kejriwal wird den Druck auf die etablierten Parteien erhöhen, Themen wie Good Governance eine größere Bedeutung einzuräumen. Der Erfolg von Nitish Kumar (Janata Dal–United) in Bihar 2010 und das sehr gute Abschneiden der AAP, die bei der Landtagswahl in der Hauptstadt Neu-Delhi im Dezember 2013 zweitstärkste politische Kraft wurde, unterstreichen diese Entwicklung.

Eine neue Belastungs- oder Bewährungsprobe für die indische Demokratie könnte sich durch die Ergebnisse des Kastenzensus von 2011 ergeben. Analog zur Veröffentlichung des Mandal-Berichts Ende der 1980er-Jahre, der zu einer Mobilisierung der OBC führte, könnte der Kastenzensus die Spielregeln der indischen Demokratie grundlegend verändern. Bislang werden z. B. 50 Prozent der Stellen im öffentlichen Sektor nach Leistung vergeben, wovon vor allem die oberen Kastengruppen profitieren, die den besseren Bildungszugang haben. Anhand der Daten über die Größe der Kasten wird deutlich werden, wie sehr sie im öffentlichen Sektor und in der Politik vertreten sind. Dies könnte massive innenpolitische Auseinandersetzungen über eine angemessene Vertretung bislang vernachlässigter Kastengruppen auslösen. Unabhängig vom Ausgang dieser Entwicklungen wird der ‚informelle gesellschaftliche Zement auch weiterhin die formellen Ziegelsteine des politischen Systems' in Indien zusammenhalten. Dabei ist allerdings nicht zu übersehen, dass viele informelle Regelungen und Praktiken mit den Prinzipien der Demokratie und des Rechtsstaats in Spannung stehen.

# Bibliographie

Austin, Granville: The Indian Constitution. Cornerstone of a Nation, New Delhi, Oxford: Oxford University Press 2000.

Awasthy, S.S.: Indian Government and Politics, New Delhi: Har-Anand Publications 2003.

Black money: Govt. to reveal names after case is registered, in: The Hindu, 10. Februar 2011.

Black money: Indians have stashed over $500bn in banks abroad, says CBI, in: The Times of India, 13. Februar 2012, http://timesofindia.indiatimes.com/india/Black-money-Indians-have-stashed-over-500bn-in-banks-abroad-says-CBI/articleshow/11871624.cms (eingesehen am 07.03.13).

Brass, Paul R.: The Politics of India since Independence, in: The New Cambridge History of India, Band 4/1, Cambridge: Cambridge University Press 1994, S. 157–191.

Brass, Paul R.: Theft of an Idol: Text and Context in the Representation of Collective Violence, Princeton: Princeton University Press 1997.

Cabinet Secretariat, Government of India: List of functional empowered groups of ministers (EGoMs) as on 14.03.2013, http://cabsec.nic.in/files/allocation/listofegoms.pdf (eingesehen am 01.03.13).

Center for Systemic Peace: Polity IV Project: Political Regime Characteristics and Transitions, 1800–2011, http://www.systemicpeace.org/polity/polity4.htm (eingesehen am 01.03.13).

Chakrabarty, Budyut/Pandey, Rajendra Kumar: Indian Government and Politics, New Delhi: Sage Publications 2008.

Desai, Meghnad: Why is India corrupt? In: The Indian Express, 15. Juli 2012, http://www.indianexpress.com/news/why-is-india-corrupt-/974515 (eingesehen am 11.03.13).

Drèze, Jean/Sen, Amartya: An Uncertain Glory. India and its Contradictions, London: Allen Lane 2013.

Election Commission of India: General Elections, 2009 (15th LOK SABHA), 24. Key Highlights, http://eci.nic.in/eci_main/archiveofge2009/Stats/VOLI/24_KeyHighlights.pdf (eingesehen am 04.03.13).

Enskat, Mike/Mitra, Subrata K./Singh, Bahadur: India, in: Nohlen, Dieter/Grotz, Florian/Hartmann, Christoph (Hrsg.): Elections in Asia and the Pacific. A Data Handbook, Oxford: Oxford University Press 2001, S. 559–584.

Freedom House: India, http://www.freedomhouse.org/country/india (eingesehen am 01.03.13).

French, Patrick: India. A Portrait, New York: Alfred A. Knopf/Random House, 2011, S. 110.

Fuller, C.J. (Hrsg.): Caste Today, New Delhi, Oxford: Oxford University Press 2004.

Gang rape aftermath: Centre pushes for fast track courts, in: The Hindu, 29. Januar 2013, http://www.thehindu.com/news/national/gang-rape-aftermath-centre-pushes-for-fast-track-courts/article4357327.ece (eingesehen 30.01.13).

Ganguly, Sumit: Conflict Unending. India-Pakistan Tensions since 1947, Oxford, New Delhi: Oxford University Press 2002.

Ganguly, Sumit: Six Decades of Independence, in: Journal of Democracy, Volume 18, Number 2, April 2007, S. 30–40.

Gupta, Dipankar: The Caged Phoenix. Can India Fly? New Delhi: Penguin/Viking, 2009, S. 151–185.

Gurumurthy, S.: Only 42,800? That's rich! In: The Hindu, 7. März 2013, http://www.thehindu.com/opinion/op-ed/only-42800-thats-rich/article4479458.ece (eingesehen am 07.03.13).

Hardgrave, Robert L./Kochanek, Stanley A.: India. Government and Politics in a Developing Nation, Forth Worth: Harcourt College Publishers 2000, S. 136.

India ranked 94th in Corruption Perception Index ratings says Transparency International, in: The Indian Express, 5. Dezember 2012, http://www.indianexpress.com/news/india-ranked-94th-in-corruption-perception-index-ratings-says-transparency-international/1040857/0 (eingesehen am 11.03.13).

India's black money loss in 10 years: $123 bn, in: The Hindu, 18. Dezember 1212, http://www.thehindu.com/business/Economy/indias-black-money-loss-in-10-years-123-bn/article4213586.ece (eingesehen am 07.03.13).

Institute of Applied Manpower Research, Planning Commission, Government of India: India Human Development Report 2011. Towards Social Inclusion, New Delhi: Oxford University Press 2011.

Jaffrelot, Christophe: India's Silent Revolution. The Rise of the Lower Castes in North India, New York: Columbia University Press 2003.

Jayal, Niraja Gopal: Democracy and the State. Welfare, Secularism and Development in Contemporary India, New Delhi, Oxford: Oxford University Press 2001.

Jenkins, Rob, How Federalism influences India's domestic politics of WTO engagement (and is itself affected in the process), in: Asian Survey, 43 (July/August) 4, S. 599–621.

Kapoor, Radhicka, Inequality Matters, in: Economic and Political Weekly, Vol. XLVIII, No 2, January, 12, 2013, S. 58–65.

Kashyab, Subhash C.: Our Parliament. An Introduction to the Parliament of India, New Delhi: National Book Trust 2004.

Kohli, Atul: Democracy and Discontent. India's Growing Crisis of Governability, Cambridge, New Delhi: Foundation Books 1992.

Kothari, Rajni: Politics in India, Boston: Little, Brown and Company 1970.

Kulke, Hermann/Rothermund, Dietmar: Geschichte Indiens: von der Induskultur bis heute, München: C.H. Beck 2006.

Majumder, Kunal: India's hyperactive judiciary, in: The Friday Times, 10.–16.02. 2012, S. 7.

Majumder, Sanjoy: Narendra Modi ‚allowed' Gujarat 2002 anti-Muslim riots, in: BBC News South Asia, 22. April 2011, http://www.bbc.co.uk/news/world-south-asia-13170914 (eingesehen am 08.03.13).

Manor, James: Collective Conflict in India, London: Centre for Security and Conflict Studies 1988.

Manor, James: Small-Time Political Fixers in India's States. Towel over Armpit, in: Asian Survey, Vol. XL, No. 5, September/Oktober 2000, S. 816–835.

Manor, James: The Prime Minister and the President, in: Manor, James (Hrsg.): Nehru to the Nineties. The Changing Office of Prime Minister in India, London: Hurst & Company 1994, S. 115–137.

Menon, B.K.: Who are the Naxalites? A Threat to Indian Democracy, New Delhi: Murari Lal & Sons 2011.

Mentschel, Stefan: Right to Information. An Appropriate Tool against Corruption? New Delhi: Mosaic 2005.

Metha, Pratap Bhanu: How India Stumbled. Can New Delhi get its Groove back? In: Foreign Affairs, Vol. 91, No. 4, Juli/August 2012, S. 73f.

Ministry of Finance: Black Money, White Paper, New Delhi 2012, http://finmin.nic.in/reports/WhitePaper_BackMoney2012.pdf (eingesehen am 07.03.13).

Ministry of Home Affairs: Annual Report 2011–12, New Delhi 2012, http://mha.nic.in/pdfs/AR%28E%291112.pdf (eingesehen am 18.03.13).

Mitra, Subrata K./Singh, V.B.: Democracy and Social Change in India. A Cross-Sectional Analysis of the National Electorate, New Delhi: Sage Publications 1999.

Mitra, Subrata: The Dialectic of Politics and Law and the Resilience of India's post-colonial governance: Ultima ration regum? In: Verfassung und Recht in Übersee, 45 (2012), S. 131–156.

Mohan, Vishwa: Centre tells states to initiate police reforms, in: The Times of India, 15. Oktober 2012, http://articles.timesofindia.indiatimes.com/2012–10–15/india/34472151_1_police-reforms-police-stations-home-ministry (eingesehen 11.03.13).

Moore, Barrington: Soziale Ursprünge von Diktatur und Demokratie, Frankfurt a. M.: Suhrkamp Verlag 1969.

Morris-Jones, W.H.: The Government and Politics of India, London: Hutchinson & Co. 1971.

Naipaul, V.S.: India: A Million Mutinies Now, London: Minerva 1990.

Plattner, Marc F./Diamond, Larry Jay: India's Unlikely Democracy, in: Journal of Democracy, Volume 18, Number 2, April 2007.

Rajamani, Lavanya; Sengupta, Arghya: The Supreme Court, in: Jayal, Niraja Gopal/Metha, Pratap Bhanu (Hrsg.): The Oxford Companion to Politics in India, New Delhi: Oxford University Press 2010, S. 84f.

Rao, Govinda M./Singh, Nirvikar: Political Economy of Federalism in India, New Delhi: Oxford University Press 2005.

Right to Information Website, http://www.righttoinformation.org/ (eingesehen am 06.03.13).

Rudolph, Lloyd/Hoeber-Rudolph, Susanne.: The Modernity of Tradition. Political Development in India, Chicago: University of Chicago Press 1967.

Rudolph, Lloyd /Hoeber-Rudolph, Susanne: The Political Role of India's Caste Associations, in: Pacific Affairs, Vol. 85, No. 2, June 2012, S. 335–369. Die Originalversion des Beitrags erschien in: Pacific Affairs, Vo. 33, No. 1, March 1960.

Sainath, P: The decade of our discontent, in: The Hindu, 9. August 2007, http://www.hindu.com/2007/08/09/stories/2007080950081000.htm (eingesehen am 10.08.2007).

Sen Gupta, Bhabani: India. Problems of Governance, New Delhi: Konark Publishers 1996.

Sethi, Harsh (ed.): State of Democracy in South Asia. A Report, New Delhi: Oxford University Press 2008.

Shankar, B. L./Rodrigues, Valerian: The Indian Parliament. A Democracy at work: Oxford, New Dehli. Oxford University Press 2011.

Shroff, Jeet H.: Rising judicial stature, sinking parliamentary authority, in: The Hindu, 18. Dezember 2012, http://www.thehindu.com/opinion/op-ed/rising-judicial-stature-sinking-parliamentary-authority/article4210434.ece (eingesehen am 19.12.12).

South Asia Terrorism Portal: State–wise extent of naxal violence during 2008 to 2012, http://www.satp.org/satporgtp/countries/india/maoist/documents/papers/SWENV-2008-12.pdf (eingesehen am 13.03.13).

Srinivas, M.N., Caste in Modern India: and other Essays, Bombay: Asian Publishing House 1962.

State Litigation Policies expected to be in place in all States by 2011, in: The Hindu, 5. Juli 2010.

Thachil, Tariq, Embedded Mobilization. Nonstate Service Provision as Electoral Strategy in India, in: World Politics, 63, No. 3, July 2011, S. 434–469.

The Economic Times: India's tax–GDP ratio still less than half OECD's, 21. April 2011, http://economictimes.indiatimes.com/opinion/indias-tax-gdp-ratio-still-less-than-half-oecds/articleshow/8043778.cms (eingesehen am 07.03.13).

The original sin of November 1984, in: The Hindu, 1. November 2012, http://www.thehindu.com/opinion/editorial/the-original-sin-of-november-1984/article4051648.ece (eingesehen am 01.11.12).

The World Bank: Data Poverty headcount ratio at $2 a day (PPP) (% of population), http://data.worldbank.org/indicator/SI.POV.2DAY (eingesehen am 05.03.13).

The World Bank: Data Tax revenue (% of GDP), http://data.worldbank.org/indicator/GC.TAX.TOTL.GD.ZS (eingesehen am 07.03.13).

UNDP: Human Development Report 2011. New York 2011, http://hdrstats.undp.org/en/tables/ (eingesehen am 05.03.13).

Varma, Dinesh M.: Dalit families get their land, thanks to RTI Act, in: The Hindu, 22. Juni 2010, http://www.hindu.com/2010/06/22/stories/2010062258870100.htm (eingesehen am 06.03.13).

Varshney, Ashutosh: Ethnic Conflict and Civic Life. Hindus and Muslims in India, Oxford, New Delhi: Oxford University Press 2005.

Vyawahare, Malavika: India's Police Force Lags Much of the World, in: http://india.blogs.nytimes.com/2013/01/16/india-has-one-of-the-lowest-police-population-ratios-in-the-world/ (eingesehen am 11.03.13).

Wagner, Christian: Das politische System Indiens: Eine Einführung. Wiesbaden: VS 2006.

Weiner, Myron: The Child and the State in India. Child Labor and Education Policy in Comparative Perspective, Princeton: Princeton University Press 1991.

Yadav, Sushma: Election Commission and Electoral Process, in: Singh, M.P./Roy, Himanshu (Hrsg.): Indian Political System, New Delhi: Manak Publications 2005, S. 236–253.

Axel Klein

# Japan

## 1 Regimezuordnung

Japan ist nicht nur die älteste Demokratie Asiens, sondern weist bezüglich der Charakteristika seiner demokratischen Institutionen und Prozesse – aus global vergleichender Perspektive – eine ähnliche Qualität wie westeuropäische und nordamerikanische Staaten auf. So finden sich für das politische System des Landes in den Komponentenvariablen der Regimeklassifizierung des „Polity-IV-Projekts", die beispielsweise den Zugang und die Unabhängigkeit zentraler politischer Ämter, den politischen Wettbewerb oder die Möglichkeiten politischer Partizipation anzeigen, die gleichen Werte wie für Deutschland, Großbritannien oder die USA.[1]

Letztere waren es, die Japan ab 1945 als Besatzungsmacht demokratische Strukturen und Ideale verschrieben. Obwohl im japanischen Kaiserreich ab 1918 formell politische Parteien die Regierung gebildet hatten und alle Männer ab 25 das Wahlrecht besaßen, hatten diese ersten und zu Beginn der 1930er-Jahre vollständig unterdrückten demokratischen Ansätze keine tiefen Wurzeln im Bewusstsein der Bevölkerung geschlagen. Demokratie, Freiheit, Gleichheit und das individuelle Streben nach Glück wurden folglich vor allem als amerikanisches Importgut betrachtet, das auf der japanischen Werteskala nicht den gleichen Rang wie in den USA einnahm.

Während und nach Ende der Besatzungszeit 1952 hat sich trotzdem eine positive Einstellung der Bevölkerung gegenüber ihrer demokratischen Staatsform entwickelt. So besagen beispielsweise die Ergebnisse des World Value Survey von 2008, dass knapp 90 % eine parlamentarische Demokratie für „very good" oder „fairly good" halten.

Vor allem bei der Betrachtung informeller Institutionen finden sich jedoch Anzeichen dafür, dass politische Freiheit und Gleichheit zuweilen in Konflikt geraten mit Werten und Normen, die es schon vor Beginn der Besatzungszeit gab. Konservative Kreise in Japan reklamieren in diesem Zusammenhang häufig eine Unvereinbarkeit „ureigener japanischer" Werte mit denen der „westlichen" Welt. Gruppenorientierung steht dieser Auffassung nach in Konflikt zu individuellem Streben nach Glück und Freiheit, demokratisch legitimierte Mehrheitsentscheidungen reiben sich an dem Ideal der möglichst alle einbeziehenden Konsenssuche. Wie im weiteren Verlauf noch darzulegen sein wird, ist auch die Diskussion um die seit 1947 unveränderte Verfassung des Landes von dieser Debatte mitgeprägt (Winkler 2011).

---

1 Vgl. den Beitrag von Oldopp zu den USA in diesem Band.

# 2 Regierungssystem und Staatsgliederung

Japans Verfassung gibt die Strukturen einer parlamentarischen Demokratie vor, in der ein in Unterhaus (UH, auch als „Repräsentantenhaus" bezeichnet) und Oberhaus (OH, auch „Haus der Räte") geteiltes nationales Parlament als Legislative das „höchste Organ der Staatsgewalt" und das „einzige Gesetzgebungsorgan des Staates" darstellt (Abschnitt 4 der Verfassung).[2] Die Funktion der Exekutive übernimmt der Premierminister mit seinem Kabinett und der Regierungsbürokratie (Abschnitt 5), die Aufgaben der Judikative weist die Verfassung dem Obersten Gerichtshof zu (Abschnitt 6). Der in der ersten Verfassung Japans ab 1889 als Souverän bezeichnete Kaiser (Tenno) ist seit 1947 nur noch „Symbol der Einheit des Volkes" und besitzt keinerlei politische Entscheidungsbefugnisse mehr (Abschnitt 1). Er wird vom Kabinett bei der Ausübung seiner formellen politischen Aufgaben beraten, die sich darauf beschränken, den Premierminister gemäß der Vorgabe des Parlaments zu ernennen, Gesetze und Verfassungsänderungen zu verkünden, die Sitzungsperioden des Parlaments zu eröffnen und Unterhausauflösungen zu unterzeichnen bzw. Unterhauswahlen auszurufen.

## 2.1 Legislative

Gemessen an den Befugnissen, die die Verfassung den beiden Kammern des nationalen Parlaments zuweist, ist das Unterhaus die einflussreichere. Die Wahl des Premierministers wird hier entschieden, die Kammer kann den Staatshaushalt auch gegen den Willen des Oberhauses verabschieden, und lehnt das Oberhaus einen Gesetzentwurf ab, kann er mit einer Zweidrittelmehrheit des Unterhauses trotzdem in Kraft treten. Stimmt das Oberhaus innerhalb einer Frist von 60 Tagen nicht über einen aus dem Unterhaus stammenden Gesetzentwurf ab, gilt er als angenommen.

Kontrolliert die Opposition die Oberhausmehrheit, kann sie die legislativen Bemühungen der Regierung erheblich behindern. Dieser als „verdrehtes Parlament" bezeichnete Zustand wurde erstmals 1989 hervorgerufen und hat sich auch in den Jahren danach öfter eingestellt. Da die Regierungsmehrheit im Unterhaus meist nicht über eine Zweidrittelmehrheit verfügte, erwies sich eine Kompromissfindung in den Vermittlungsausschüssen beider Kammern als so schwierig, dass die Rufe nach einer Abschaffung des Oberhauses immer lauter wurden (Kato 2013). Allerdings sind die Hürden dafür sehr hoch, denn es bedarf einer Verfassungsänderung. Für die ist nicht nur eine Zweidrittelmehrheit in beiden Kammern nötig, sondern auch eine einfache Mehrheit der anschließend zu befragenden wahlberechtigten Bevölkerung (Artikel 96

---

2 Ich beziehe mich hier und im Weiteren auf die deutsche Übersetzung der Verfassung von Neumann (1982).

der Verfassung). Auch deshalb ist bisher keine einzige Änderung der Verfassung vorgenommen worden, sie ist seit ihrem Inkrafttreten 1947 unverändert.

Japanische Staatsbürger haben ab ihrem 20. Lebensjahr die Möglichkeit, über die Zusammensetzung von Ober- und Unterhaus, auf subnationaler Ebene über lokale Abgeordnetenversammlungen sowie in direkter Wahl über die Besetzung der Gouverneurs- und Bürgermeisterposten zu entscheiden. Die Verfassung gibt die Dauer der Amtszeit für die Abgeordneten beider Kammern vor (UH: vier Jahre, OH: sechs Jahre), überlässt aber die konkrete Ausgestaltung der Wahlsysteme dem Gesetzgeber. Für das politisch einflussreichere UH gilt seit 1994 ein kombiniertes System: 300 Sitze werden in Einerwahlkreisen vergeben (Entscheidungskriterium: reine Mehrheitswahl), 180 Mandate über starre Parteilisten in elf Wahlkreisen (Entscheidungskriterium: Verhältniswahl, Umrechnung in Mandate: d'Hondt). Jede(r) Stimmberechtigte verfügt so über zwei Stimmen, von denen die erste einer/m Direktkandidierenden, die zweite einer Partei(liste) gegeben werden kann. Weder bei der Stimmenabgabe noch bei der Stimmenverrechnung in Mandate werden Mehrheits- und Verhältniswahl miteinander in Verbindung gebracht, weshalb dieses Wahlsystem in Japan die Bezeichnung „Parallelsystem" trägt (in der deutschen Politikwissenschaft hat sich die Bezeichnung „Grabensystem" eingebürgert) (Klein 1998).

Ein Parallelsystem findet sich auch im OH, von dessen 242 Mandaten 96 per Verhältniswahl in einem einzigen, landesweiten Wahlkreis und 146 Direktmandate in Wahlkreisen verschiedener Größe vergeben werden. Jede der 47 Präfekturen des Landes stellt dabei einen Wahlkreis dar, die Mandatszahl pro Präfektur (Wahlkreis) richtet sich nach der jeweiligen Einwohnerzahl. Allerdings werden nicht alle Oberhaussitze gleichzeitig besetzt, sondern alle drei Jahre jeweils eine Hälfte.[3] Von den 96 Verhältniswahlmandaten stehen also jeweils 48 zur Wahl, wobei Stimmberechtigte entweder eine Partei oder aber eine(n) Kandidierenden wählen können (flexible Liste). Für die Hälfte der 146 Direktmandate bewerben sich die Kandidierenden in 29 Einer-, zwölf Zweier-, fünf Dreier- und einem Fünferwahlkreis (Tokyo).

Neben dem Premierminister als Vertreter des Kabinetts kann jedes Mitglied des Parlaments einen Gesetzentwurf im Ober- oder Unterhaus einbringen, allerdings kommt die weitaus größte Zahl der Gesetzentwürfe in der Praxis aus dem Kabinett. In beiden Kammern werden Gesetzentwürfe nach einer ersten Lesung an den zuständigen Ausschuss weitergeleitet. Insgesamt existieren sowohl im Unter- als auch im Oberhaus 17 ständige Ausschüsse, deren Arbeitsbereiche meist denen der Ministerien entsprechen. Für Themen, die das Parlament als besonders bedeutungsvoll erachtet, können auch Sonderausschüsse eingerichtet werden. So existierten 2013 beispielsweise Sonderausschüsse zum Wiederaufbau nach dem Großen Ostjapanischen Erdbeben, zu Kidnapping japanischer Staatsbürger durch Nordkorea oder zu Verbraucherfragen. Die Abstimmungsergebnisse der Ausschüsse und die von dort kommenden Gesetz-

---

3 Vgl. dazu die ähnliche Regel im US-Senat (Oldopp in diesem Band).

entwürfe sind formell lediglich „Empfehlungen" für das Parlament, doch da die Regierungspartei(en) in der Regel auch in den Ausschüssen über eine Mehrheit verfügen, entspricht das Abstimmungsergebnis im Plenum meist dem der Ausschüsse. Nachdem ein Gesetzentwurf verabschiedet wurde, wird er an die nächste Kammer weitergeleitet, wo der Entwurf nach einer Lesung ebenfalls an den zuständigen Ausschuss verwiesen und anschließend im Plenum diskutiert und verabschiedet wird. Dann wird das Gesetz über das Kabinett dem Kaiser vorgelegt und abschließend verkündet (Klein/Winkler 2012, S 41–53).

Die legislativen Aufgaben werden zunächst während der ordentlichen Sitzungsperiode erledigt, die im Januar beginnt und 150 Tage dauert. Diese zeitliche Begrenzung ist für die parlamentarische Praxis vor allem deshalb von Bedeutung, da Gesetzesvorlagen, die bis zum Ende der Sitzungsperiode nicht verabschiedet werden, entweder verfallen oder den legislativen Prozess erneut durchlaufen müssen. Über die deshalb gegebene Möglichkeit einer Verlängerung der Sitzungsperiode entscheidet das Parlament mit einfacher Mehrheit, wobei das Unterhaus das Oberhaus überstimmen kann. In der Zeit von Sommer bis Herbst folgen ein oder zwei außerordentliche Sitzungsperioden, die sich weiterer legislativer Aufgaben annehmen (Klein/Winkler 2012: 41–53).

Während das Oberhaus nicht aufgelöst werden kann, sieht die Verfassung an zwei Stellen eine solche Möglichkeit für das Unterhaus vor. Artikel 69 besagt, dass der Premierminister nach einem erfolgreichen Misstrauensvotum oder einem missglückten Vertrauensvotum innerhalb von zehn Tagen das Unterhaus auflösen oder sein Kabinett vollständig zurücktreten muss. Diese Option wurde in der Vergangenheit jedoch nur wenige Mal genutzt. Der Weg, den Artikel 7 anbietet, ist hingegen zum Standard für die Herbeiführung von Neuwahlen geworden. Demgemäß löst der Tenno das Unterhaus „auf Anraten und mit Genehmigung des Kabinetts" auf, in der politischen Praxis ist damit dem Premierminister die Möglichkeit gegeben, einen Wahltermin zu bestimmen (Kato 2002: 59–74).

Das Parlament besitzt insofern weitere Kontrollrechte, als es im Rahmen der ständigen Ausschüsse parlamentarische Untersuchungen anstellen lassen kann. Allerdings muss dafür die Mehrheit der jeweiligen Kammer zustimmen, sodass in der Praxis der Regierung ein einfaches Mittel gegeben ist, um solche Untersuchungen zu verhindern. Ähnlich verhält es sich mit der Möglichkeit des Parlaments, Einzelpersonen unter Eid zu befragen, denn hier gilt die Konvention, nur bei Einstimmigkeit zu diesem Mittel zu greifen (Klein/Winkler 2012: 42–43).

## 2.2 Exekutive

Die Funktion der Exekutive übernehmen der Premierminister, sein Kabinett sowie die Ministerien und weitere Verwaltungsorgane. Die Verfassung legt fest, dass der Premierminister vom und aus den Reihen des Parlaments gewählt werden muss. Er ernennt und entlässt Kabinettsmitglieder, muss alle Gesetzentwürfe seines Kabinetts gegenzeichnen und nur er kann sie für das Kabinett beim Parlament einbringen. Bei Konflikten zwischen Ministern entscheidet der Premierminister. Zusammen mit seiner Möglichkeit, dass Unterhaus aufzulösen, verfügt er so über wichtige Instrumente, die ihm bei der Durchsetzung politischer Führungsansprüche helfen. Abschnitt 3 wird jedoch erläutern, dass informelle Regeln dazu beitrugen, solche Führungs- und Entscheidungsansprüche zu begrenzen.

Laut Verfassung stellt das Kabinett das höchste Exekutivorgan dar. Es bringt über den Premierminister Gesetzentwürfe beim Parlament ein, leitet die Ministerien, regelt innere und äußere Angelegenheiten des Staates und bereitet den Staatshaushalt vor. Das Kabinett muss zu mehr als der Hälfte aus gewählten Volksvertretern bestehen. Laut Kabinettsgesetz gibt es elf Ministerien. Daneben können „Sonderminister" ernannt werden, deren Portfolio sehr unterschiedliche Aufgaben beinhalten und zeitlich sehr begrenzt sein kann. So ist es möglich, dass ein Kabinettsmitglied gleichzeitig mit den Aufgaben Lebensmittelsicherheit, Regionalförderung in Okinawa und Nordjapan, Innovationspolitik und Maßnahmen gegen niedrige Geburtenraten betraut wird (Klein/Winkler 2012: 58–64). Die folgende Aufstellung fasst beispielhaft alle elf Ministerien und die Aufgabenbereiche der acht Sonderminister zusammen, wie sie im Sommer 2014 unter Premierminister Shinzo Abe existierten.

– Ministerium für öffentliche Verwaltung, Inneres, Post und Telekommunikation
– Ministerium für Justiz
– Ministerium für Auswärtige Angelegenheiten
– Ministerium für Finanzen
– Ministerium für Erziehung, Kultur, Sport, Wissenschaft und Technologie
– Ministerium für Gesundheit, Arbeit und Soziales
– Ministerium für Landwirtschaft, Forsten und Fischerei
– Ministerium für Wirtschaft, Handel und Industrie
– Ministerium für Land, Infrastruktur und Transport
– Ministerium für Umwelt
– Ministerium für Verteidigung
– Sonderminister für Katastrophenvermeidung
– Sonderminister für Schutz vor Nuklearunfällen
– Sonderminister für die Organisation der Hilfe bei Nuklearschäden
– Sonderminister für Raumfahrt, Wissenschafts- und Technologiepolitik; Okinawa und Nördliche Regionen
– Sonderminister für die Reform der Gebietskörperschaften
– Sonderminister für Regulierungsreform
– Sonderminister für Verbraucherfragen und Lebensmittelsicherheit Maßnahmen gegen die niedrige Geburtenrate und Gleichstellungsfragen
– Sonderminister für Wirtschafts- und Finanzpolitik[4]

---

4  www.kantei.go.jp/jp/kan/meibo/daijin/index.html (zuletzt aufgerufen November 2013).

## 2.3 Judikative

Artikel 76 der Verfassung verlangt ein unabhängiges Gerichtssystem, an dessen Spitze der Oberste Gerichtshof (OGH) steht. Der ist US-amerikanischem Muster nachempfunden und somit kein ausschließliches Verfassungsgericht, sondern auch Revisionsgericht in Straf- und Zivilrechtssachen. Die Möglichkeit einer direkten Verfassungsbeschwerde ist nicht vorgesehen, weshalb Kläger den Weg durch die Rechtsinstanzen nehmen müssen.[5] Die gerichtliche Überprüfung von Staatsakten wird weder in der Verfassung noch in einem Gesetz konkret geregelt. Japans Oberste Richter verfügen zwar in der Theorie über ein initiatives Überprüfungsrecht, doch sind sie nicht zu solch einer Kontrolle verpflichtet (Kuriki 1998).

Der Besetzung der Richterposten im OGH muss die Regierung zustimmen. Der Präsident des Gerichts unterbreitet dazu dem Premierminister eine Kandidatenliste für die Besetzung frei werdender Richterposten. Da seit 1955 mit Ausnahme weniger Jahre die LDP durchgängig Regierungspartei war, ist es nicht verwunderlich, dass die Nähe der Obersten Richter zu einer Partei nie so thematisiert wurde, wie es in den USA oder Deutschland geschieht. Neu ernannte Richter müssen sich laut Artikel 79 der Verfassung bei der nächsten Unterhauswahl sowie zehn Jahre nach ihrem Amtsantritt einer „Prüfung durch das Volk" unterziehen. Dabei können die Stimmberechtigten den Richtern das Vertrauen oder Misstrauen aussprechen. Wenn sich eine Mehrheit der Stimmberechtigten für die Absetzung eines Richters einsetzt, wird er laut Verfassung entlassen. In der Praxis ist das noch nie geschehen. Bei der Betrachtung der Judikative ist der Blick auf die informellen Institutionen von besonders großer Bedeutung, um die tatsächliche Funktionsweise verstehen zu können. Es sei deshalb hier erneut auf den unten folgenden Abschnitt 3 verwiesen.

## 2.4 Staatsgliederung

In dem zentralistisch organisierten Staatsgebilde finden sich zwei subnationale Ebenen, nämlich 47 Präfekturen, die ihrerseits wiederum in Städte, Kommunen und Dörfer aufgeteilt sind. Die Verwaltungskompetenzen stellen die Präfekturen in administrativ-hierarchischer Hinsicht nicht über die Städte, Kommunen und Dörfer, sie sind lediglich komplementär zu diesen. Vor allem aufgrund des demografischen Wandels, des Bevölkerungsschwunds in ländlichen Regionen und der auch daraus erwachsenden strukturellen Finanzierungsprobleme der Städte, Dörfer und Ge-

---

5 Der OGH hat sich in Japan interessanterweise trotz ähnlicher Verfassungsregelungen anders entwickelt als der Supreme Court in den USA (vgl. Oldopp in diesem Band).

meinden ist ihre Zahl durch Fusionen von 9.868 im Jahre 1953 auf 1.727 (seit 2010) reduziert worden.[6]

Präfekturen werden von einem direkt gewählten Gouverneur politisch-administrativ geleitet und verfügen zudem über ein eigenes Parlament. Wie im Falle der Bürgermeister und Parlamentsmitglieder der Städte, Kommunen und Dörfer entscheiden die wahlberechtigten Einwohner in direkter Wahl über diese Ämter. Die Sitze der subnationalen Parlamente werden dabei anhand des Wahlsystems vergeben, das bis 1994 auch für das Unterhaus Verwendung fand. In unterschiedlich großen Mehrerwahlkreisen verfügt dabei jeder Wähler über eine Stimme, die er einem Direktkandidaten geben kann. Die Amtsdauer auf subnationaler Ebene beträgt vier Jahre. Die Parlamente entscheiden im Wesentlichen über die jeweiligen Haushalte sowie über lokal gültige Verordnungen. Sie verfügen zudem über ein Untersuchungsrecht.

Die Verfassungsväter stellten den Grundgedanken kommunaler Selbstverwaltung (Artikel 92) in den Mittelpunkt ihrer Ausführungen zur Staatsgliederung. Den Gebietskörperschaften wird in der Verfassung das Recht gegeben, „über ihr Vermögen zu verfügen, ihre Angelegenheiten zu erledigen und ihre Verwaltung auszuüben; im Rahmen der Gesetze können Sie Satzungen erlassen." (Artikel 94) Nach Ende der Besatzungszeit war es den konservativen Regierungen Japans jedoch wichtig, diese Autonomie in vielen Bereichen durch Gesetze wieder zu beschneiden. Auch deshalb wurde die Eigenständigkeit der 47 Präfekturen und anderer Selbstverwaltungskörperschaften im Vergleich zum ersten Nachkriegsjahrzehnt deutlich eingeschränkt. Die nationalen Ministerien übten maßgeblich Einfluss auf personelle, fiskalische und administrative Entscheidungen der Gebietskörperschaften aus (Hüstebeck 2013: 22). Aber nicht nur das. Die Aufgaben, die subnationale Körperschaften gemäß dem „Gesetz zur Lokalen Selbstverwaltung" für die Zentralregierung verrichteten, beliefen sich Schätzungen zufolge auf etwa 70 % bis 80 % aller Arbeiten, die unterhalb der nationalen Ebene zu erledigen waren (Muramatsu/Ito et al. 2001: 216; Klein/Winkler 2012: 105). Durch das sogenannte „System institutioneller Auftragsangelegenheiten" wiesen Ministerien die Exekutive der subnationalen Ebene an, Aufgaben zu übernehmen, deren Durchführung an sich nicht in den Zuständigkeitsbereich der präfekturalen bzw. kommunalen Einheit fiel (Hüstebeck 2013: 23). Folglich mussten Präfekturen in erster Linie als Dienstleister der Zentralregierung verstanden werden, die nur über wenig Spielraum für autonome Entscheidungen und deren Implementierung verfügten.

Bis zu Beginn der 1990er-Jahre wurde diese Konstruktion als zentral für den wirtschaftlichen Erfolg des Landes sowie die gleiche infrastrukturelle Entwicklung der Regionen des Landes gerechtfertigt. Dann aber setzten aufgrund zunehmender Krisensymptome Forderungen nach Dezentralisierung ein, die zwischen 2000 und 2006 in eine weitgreifende Reforminitiative einflossen. Mit der Revision von 35 Gesetzen

---

6 www.soumu.go.jp/main_sosiki/jichi_gyousei/bunken/gaiyou.html (zuletzt aufgerufen November 2013).

sollte eine Stärkung der gebietskörperschaftlichen Autonomie erreicht werden. Nun umfassen die Selbstverwaltungsaufgaben der Gebietskörperschaften etwa ähnlich viel Arbeitskapazität wie delegierte Angelegenheiten der Zentralregierung (Murakami 2007: 26).

In ihrer Studie zu Implementierung und Ergebnis dieser Reform kommt Hüstebeck (2013, 2014) zu dem Schluss, dass die gewährte Autonomie und der Devolutionserfolg deutlich geringer ausgefallen sind, als es die Reformgesetze hätten erwarten lassen. Hüstebecks Untersuchungen in den Gebietskörperschaften belegen, dass die praktische Umsetzung der neuen Selbstverantwortung (noch) nicht in hohem Maße erfolgt ist. Wie weiter unten erläutert, hat sich durch die Reformen aber zivilgesellschaftliches Engagement entwickelt, durch das vor allem eine stärkere Transparenz bei Verwaltungs- und Regierungshandeln eingefordert wurde.

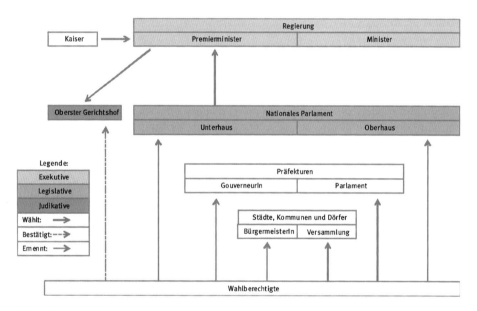

**Abb. 1:** Staatsgliederung Japans
Quelle: eigene Zusammenstellung

## 3 Informelle Regeln und Muster

Die meisten informellen Institutionen, die im politischen System Japans auszumachen sind, finden sich auch in anderen Demokratien. Wie dort, unterminieren sie auch in Japan die demokratische Funktionalität des politischen Systems, wenn auch zu unterschiedlichem Ausmaß und nicht immer auf eindeutig nachweisbare Art. Im Folgenden werden neben Korruption und Klientelismus die Haltung gegenüber Mehrheitsentscheidungen, die Konstruktion von Verpflichtungsgefühlen bei der Wählerwerbung, die Anwendung des Senioritätsprinzips, die Existenz und Wirkungsweise von innerparteilichen Faktionen samt ihrer informellen Regeln sowie der Führungsstil der Premierminister betrachtet.

## 3.1 Korruption und Klientelismus

Politische Korruption findet sich in verschiedenen Formen im politischen System des Landes, doch sticht die Beziehung zwischen der Liberaldemokratischen Partei (LDP) einerseits und Wirtschaftsunternehmen andererseits in dieser Hinsicht zweifelsfrei hervor. Durch die sich über Jahrzehnte erstreckende Dominanz der LDP und ihren Bedarf an finanzieller Unterstützung für Wählerwerbung im weitesten Sinne entwickelte sich eine klientelistische Beziehung zwischen Regierung(spartei) und Wirtschaft, die durch Einbeziehung der Regierungsverwaltung zu einer Dreiecksbeziehung wurde. Die Patron- und Klient-Rollen können dabei nicht immer eindeutig zugeordnet werden, denn jede der drei Seiten stand in einem Abhängigkeitsverhältnis zu den anderen beiden und profitierte gleichzeitig von diesen.

Die LDP tauschte finanzielle Unterstützung der Unternehmen gegen wirtschaftsfreundliche Politik, die von protektionistischen Maßnahmen bis zu staatlichen Konjunkturprogrammen viele Formen annehmen konnte. Die Regierungsbürokratie war bei der Gestaltung und Implementierung dieser und anderer Politiken von großer Bedeutung, verfügte über beträchtlichen Ermessensspielraum in ihrem Wirken und zahlreiche Ministerialbürokraten wechselten als Abgeordnete der LDP in die Politik. Firmen wiederum boten ebenfalls Möglichkeiten für eine zweite Karriere, denn Beamte konnten häufig gegen Ende ihrer Ministeriallaufbahn in die Unternehmen wechseln, die sie zuvor noch als Teil des Staatsapparats beaufsichtigt hatten. Gegenüber der LDP wiederum verfügten die Unternehmen vor allem in Form ihres Dachverbands Keidanren über Druckmittel, da sie ein konkurrenzloses finanzielles Spendenvolumen verteilten und damit die Möglichkeiten der Wählerwerbung maßgeblich mitbestimmten (Abe/Shindo et al 1994; Curtis 1999; Klein 2006: 231–245).

Auf der Ebene der Wahlkreise verfügen gerade alteingesessene Abgeordnete über eine Gatekeeper-Position bei der Vergabe von öffentlichen Bauaufträgen, die sowohl Korruption als auch Kartellbildungen fördert. In Zusammenarbeit mit lokalen Behörden finden sich auch hier wiederum branchenspezifische Netzwerke zwischen Politik, Verwaltung und Wirtschaft, die zu einer ineffizienten, intransparenten und exklusiven Vergabe von Infrastrukturprojekten führen. Bei einer Umfrage der Tageszeitung Asahi (27.08.2003) gab die Mehrheit der LDP-Abgeordneten an, als vorrangiges Ziel

ihrer Arbeit den Bau von Straßen, Dämmen, Bahnverbindungen oder Küstenbefesti-
gungen in ihren Wahlkreisen zu sehen.[7]

## 3.2 Parlamentarische Mehrheitsentscheidungen

Die Berichterstattung über parlamentarische Entscheidungen und veröffentlichte
Stellungnahmen involvierter Politiker lassen klar erkennen, dass das Überstimmen
einer Minderheit dann nicht als akzeptabler, einer Demokratie inhärenter Vorgang
verstanden wird, wenn der Minderheit nicht „ausreichend" Gehör geschenkt und
eventuell sogar Zugeständnisse angeboten werden. Wie viel Ausschussberatung als
„ausreichend" betrachtet wird und wie groß die Zugeständnisse sein sollten, wird
dabei von den politischen Gegnern in der Regel sehr unterschiedlich bewertet und ist
auch von der Medientauglichkeit des jeweiligen Themas abhängig.

Ähnlich verhält es sich mit der Bereitschaft, eine Zweidrittelmehrheit im Unterhaus zu nutzen, um – gemäß Artikel 59 der Verfassung – einen vom Oberhaus abge-
lehnten Gesetzentwurf doch zu verabschieden. Eine solche parlamentarische Konstellation war nach der Oberhauswahl 2007 gegeben, da die LDP nun zwar nicht mehr
über eine Mehrheit in der zweiten Kammer verfügte, aber mehr als zwei Drittel der
Sitze im Unterhaus kontrollierte. Trotzdem wurde in den mehr als zwei Jahren, die
diese Konstellation Bestand hatte, nur in 17 Fällen von der Zweidrittelregel Gebrauch
gemacht. Konkret ging es dabei um Gesetzentwürfe, die Bündnisverpflichtungen gegenüber den USA berührten, oder solche, die Einnahmequellen wie die Treib-
stoffsteuer zum Gegenstand hatten, die wiederum für die Weiterführung öffentlicher
Straßenbauprojekte von Bedeutung waren.

Bei der Verabschiedung von Gesetzentwürfen, die von der Opposition als besonders bedeutsam eingestuft werden, kommt es zuweilen nicht nur zu Klagen über die
unzureichende Stundenzahl, die in dem zuständigen Ausschuss debattiert worden ist,
sondern auch zu medienwirksamen Protestformen wie Sitzungs- und Abstimmungs-
boykotten oder Misstrauensanträgen gegen Regierungspolitiker. In der Vergangenheit
haben Oppositionspolitiker zuweilen dadurch ihre Entschiedenheit demonstriert, dass
sie den Ausschussvorsitzenden mit körperlicher Präsenz davon abzuhalten versuchten, zur Abstimmung aufzurufen. Bei Abstimmungen im Plenum fand die „Ochsen-
schritttaktik" Anwendung, bei der Oppositionspolitiker so langsam wie Ochsen im
Reisfeld von ihrem Sitzplatz zur Wahlurne gingen und Abstimmungen so über viele
Stunden ausdehnten. Das Kalkül der Opposition basierte jedes Mal auf der Annahme,
die Öffentlichkeit würde die „Diktatur der Mehrheit" und deren „Durchboxen" von

---

7 Der ehemalige Premierminister Hata Tsutomu (1991: 64) berichtete davon, dass jüngere LDP-
Abgeordnete bei ausländischen Kollegen immer wieder auf Verwunderung stoßen würden, wenn sie
von Mehrzweckhallen, Straßen oder Hügelbefestigungen erzählten, die sie in ihrem Wahlkreis errichten
ließen, und daran die Frage anschlössen, wie erfolgreich denn ihre Gegenüber in dieser Hinsicht seien.

Gesetzentwürfen nicht gutheißen. Dass die Sekundärtugend des „Moralzeigens" ohnehin einen hohen Wert in der japanischen Gesellschaft besitzt, hilft der parlamentarischen Opposition in solchen Situationen zuweilen, die öffentliche Meinung zu ihren
Gunsten zu beeinflussen (Klein/Winkler 2012: 49–53).

## 3.3 Wählerwerbung

Die Bemühungen um die Gunst der Stimmberechtigten waren in Japan seit der ersten
Parlamentswahl 1890 von soziokulturell bedingten Erwartungshaltungen und der
Konstruktion von Verpflichtungsgefühlen geprägt, die in keinerlei Zusammenhang
mit sachpolitischen Fragen standen. Dabei boten Kandidierende allerlei Hilfestellung
und Dienstleistungen für Bürger ihres Wahlkreises an, um im Gegenzug implizit eine
Entlohnung in Form von Wählerstimmen einzuwerben (Woodall 1996).

Vor allem Kandidaten der LDP unterhielten und finanzierten zu diesem Zwecke
von der Partei unabhängige Unterstützungsorganisationen, die in dem jeweiligen
Wahlkreis die Kontaktpflege organisierten. Wahlkreisbüros der Abgeordneten dienten
so als Anlaufstelle für Bürger, die bei Problemen mit Behörden, der Arbeitsplatzsuche,
Kreditbeschaffung und zahlreichen anderen Schwierigkeiten Hilfestellung wünsch-
ten. Eine der wenigen repräsentativen Umfragen hierzu stammt aus dem Jahre 1998
(Asahi 11.06.1998) und ergab, dass 36 % der Befragten durchaus schon einmal den
Wunsch hatten, dass ihnen ein Politiker bei nachbarschaftlichen oder alltäglichen
Schwierigkeiten helfe. Das Geschenkemachen bei Hochzeiten, Beerdigungen, religiösen Festen und ähnlichen Anlässen stellte für Kandidaten ebenfalls Möglichkeiten
dar, ein Gefühl der Verpflichtung bei den jeweiligen Bürgern zu schaffen. Das Gleiche
galt für von Kandidaten ausgesprochene Einladungen zu Ausflügen, Sportveranstal-
tungen oder Feiern mit Speis und Trank (Krauss/Pekkanen 2010: 29–63).

Die Bedeutung dieser informellen Institutionen spiegelt sich nicht nur in der weiten Verbreitung der beschriebenen Dienstleistungen wieder, sondern auch in den
Vokabeln, die die japanische Sprache für den „Service-Wettkampf" (*sābisu gassen*)
unter den Kandidaten, dem dienstleistenden Kandidaten, der als „bequeme Anlaufstelle" (*benriya*) betitelt wird, und dem Verpflichtungsgefühl (*giri*) kennt. Auch die
Fachliteratur sowie die Ausrichtung der Wahlkreispflege bestätigen die hohe Bedeutung, die der Herstellung von Verpflichtungsgefühlen bzw. der Befriedigung dieser Art
der Wählererwartungen eingeräumt wird. In dem Sinne politisch aktiv, dass man sich
an Wahlkämpfen beteiligt oder für bestimmte Politiken eingesetzt hätte, waren Japans
Stimmberechtigte hingegen seltener (Krauss/Pekkanen 2010: 29–63).

Der Umgang mit dem „Wahlgesetz für öffentliche Ämter", in dem u. a. die Vorschriften für den Wahlkampf festgehalten sind, verdeutlicht, wie sehr die beschriebenen informellen Regeln gegen die formalen Gesetze verstießen. Das Wahlgesetz ist
immer wieder verschärft worden, um das in der beschriebenen Art der Wahlkreispflege
enthaltene Korruptionspotenzial sowie die hohen Kampagnenkosten einzudämmen. So

dürfen Kandidaten seit 1994 nur noch grünen Tee und einfache Süßigkeiten reichen, selbst Anzahl und Preis der Essen, die dem eigenen Kampagnenteam während des Wahlkampfs zur Verfügung gestellt werden, sind nun gesetzlich geregelt. Trotzdem wird immer wieder von Kandidierenden berichtet, die den gesetzlichen Rahmen überschreiten und ihren Wählern mehr anbieten als erlaubt. Unter Wahlkämpfern ist die Überzeugung weit verbreitet, dass das Einhalten der Gesetze und das Brechen der informellen Regeln einen Wahlsieg immens erschweren (Klein 2006: 272–273).

Verschiedene Entwicklungen haben dazu beigetragen, die Bedeutung der hier beschriebenen informellen Institutionen zu verringern. Durch die Reform des Wahlsystems 1994 erfolgt kein Wahlkampf zwischen Kandidaten der gleichen Partei mehr, wodurch personenorientierte nun zunehmend durch parteiorientierte Entscheidungskriterien ergänzt werden. Die Stimmberechtigten in urbanen Ballungsräumen waren kaum mit den oben beschriebenen Instrumenten zu erreichen, sodass hier auf andere Strategien wie das Einwerben von organisierten Stimmen zurückgegriffen werden musste. Die Kampagnen in den semi-urbanen und ländlichen Wahlkreisen hingegen folgen weiterhin den beschriebenen informellen Regeln (Klein/Winkler 2012; Krauss/Pekkanen 2010: 65–98).

## 3.4 Ämtervergabe

Die Besetzung politischer Ämter wird von mehreren informellen Institutionen dominiert. In LDP und DPJ fand zum einen ein Senioritätsprinzip Anwendung, das die Zahl der gewonnen nationalen Wahlen eines Abgeordneten zu einem wichtigen Kriterium bei der Vergabe von Partei- und Regierungsämtern machte. Gemäß dieses ungeschriebenen Gesetzes hatte ein liberaldemokratischer Abgeordneter zum Beispiel nach fünf siegreich bestrittenen Unterhauswahlen ein Anrecht auf einen ersten Ministerposten (Feldman 2000: 42; Yamaguchi 2001: 83).

Eine weitere informelle Regel basierte auf der Existenz von Faktionen, innerparteilichen Seilschaften, die keinerlei programmatischen Zusammenhalt aufwiesen und auch nicht in der Parteisatzung vorgesehen waren. Diese informellen Organisationen forderten bei der Vergabe der Ministerposten durch die Premierminister eine ihrer Mitgliederstärke entsprechende Zahl von Posten ein. Aufgrund der hohen Abstimmungsdisziplin innerhalb der LDP-Faktionen wurde die Entscheidung über die Besetzung des Parteivorsitzes, und damit auch indirekt über die des Premierministeramts, so faktisch über Jahrzehnte nicht in den formalen Institutionen getroffen, sondern in geschlossenen Treffen der Führungsfiguren der Faktionen (Krauss/Pekkanen 2010: 100–127).

Sachkompetenz stand bei der Auswahl von Kandidierenden für Ämter hinter diesen informellen Regeln zurück. Zudem führten diese Regeln zu einer hohen Fluktuation in Regierungsämtern. In der Regeln tauschten Premierminister, die selbst unter anderem aufgrund der gleichen Regeln durchschnittlich nur zwei Jahre im Amt waren, ihre Kabinettsmitglieder nach weniger als einem Jahr aus (Abe/Shindo et al. 1994: 30). Man nummerierte die Kabinette folglich durch und sprach z. B. vom zweiten Kabinett Abe oder dritten Kabinett Koizumi.

Wie beim Wahlkampf haben sich in den letzten zehn Jahren auch in Bezug auf Faktionen einige Änderungen vollzogen. Obwohl sie weiterhin existieren, haben verschiedene institutionelle Reformen zu ihrer Schwächung geführt. Die Einführung einer staatlichen Parteienfinanzierung hat die Abhängigkeit einfacher Abgeordneter von der finanziellen Fürsorge durch die Faktionsführung gemindert. Ein größeres Stimmrecht der Parteibasis bei der Wahl des Parteivorsitzenden hat nicht nur den Einfluss der Faktionsführer reduziert, sondern auch Anreize für Politiker gesetzt, ohne die Unterstützung mehrerer Faktionen zu kandidieren (Krauss/Pekkanen 2010: 128–153). Ohnehin sind Faktionen der LDP als unerwünschtes Übel im öffentlichen politischen Diskurs problematisiert worden. Sie existieren aber weiterhin und, wie bei der 2012 erfolgten Wahl von Shinzo Abe zum Parteivorsitzenden zu beobachten war, ist ihr Einfluss weiterhin ausschlaggebend für das Abstimmungsergebnis.

## 3.5 Ausübung von Führungspositionen

Informelle Regeln haben dazu beigetragen, dass die wenigsten der zwischen 1945 und 2013 regierenden 34 Premierminister ihr Amt mit deutlich formuliertem Führungs- und Entscheidungsanspruch ausübten. Es war selten zu beobachten, dass ein Regierungschef von seiner Partei verlangte, von ihm getroffene Entscheidungen mitzutragen. Das konsequente, zielstrebige Ansteuern politischer Ziele unter Inkaufnahme offener Konflikte galt als unklug und destruktiv, setzte es doch die Kooperationsbereitschaft übergangener Interessengruppen aufs Spiel.

So dominierten das langwierige Austarieren der Interessen und eine Kompromissfindung, der häufig mehr Bedeutung zugemessen wurde als dem Inhalt des jeweiligen Gesetzesvorhabens. Das Maß der in Japan vorzufindenden Konsenssuche sowie die Einbindung betroffener Gruppen können diesen Umstand nur teilweise erklären. Die Abhängigkeit von der eigenen Partei wird ebenso dazu beigetragen haben, dass Premierminister nicht den Ast absägten, auf dem sie saßen. Nur in den seltenen Fällen, in denen die Partei von hohen Popularitätswerten des Regierungschefs abhängig war, veränderten sich die Kräfteverhältnisse zuweilen (nur kurz bei Toshiki Kaifu, länger hingegen bei Jun'ichiro Koizumi). Das führte dann aber zuweilen dazu, dass unterlegene Parteikollegen schon einmal den Vergleich zu Adolf Hitler bemühten, um das kompromisslose „Durchdrücken" von Entscheidungen zu verurteilen.[8]

Als Konsequenz betrug die durchschnittliche Amtsdauer eines japanischen Premierministers weniger als zwei Jahre. Zwischen den beiden Unterhauswahlen 2005

---

8  Bezüge zu den Verbrechen des Naziregimes waren dabei nicht intendiert.

und 2009 versuchten sich mit Jun'ichiro Koizumi, Shinzo Abe, Yasuo Fukuda und Taro Aso sogar vier Liberaldemokraten in dem höchsten Staatsamt. Die in Deutschland vorzufindende enge Verbindung zwischen dem politischen Schicksal des Regierungschefs und seiner Regierung(skoalition) ist in Japan folglich kaum existent. Dieser Umstand wird auch dadurch verdeutlicht, dass es manche Premierminister als Zeichen mangelnder Stärke verstanden, sich bei Wahlen über die Parteiliste absichern zu lassen. Für den Fall, dass sie den eigenen Direktwahlkreis verloren hätten, hätten sie nicht zum Premierminister gewählt werden können (Klein 1998).

# 4 Zusammenspiel formaler und informeller Regelsysteme

## 4.1 Partizipation

### Wahlen

Über Jahrzehnte waren Japans Stimmberechtigte mit dafür verantwortlich, dass das Parteiensystem des Landes aus der Perspektive der „one-party dominant regimes" (Pempel 1990) betrachtet werden musste. Die Liberaldemokratische Partei stellte beginnend mit ihrer Gründung 1955 über fast vier Jahrzehnte die Regierung. Als „catch-all party" trat sie gesellschaftspolitisch konservativ, äußerst unternehmerfreundlich und auf das Wohl organisierter Wählerstimmen und Verbände bedacht auf, während die größte politische Konkurrenz, die Sozialistische Partei Japans, bei Wahlen meist nur etwa halb so viele Parlamentssitze gewinnen konnte. Vor allem der Aufstieg Japans zu einer internationalen Wirtschaftsmacht galt als Nachweis guter Regierungsarbeit der LDP-Regierungen.

Doch der Wählerzuspruch bröckelte kontinuierlich. Im November 1963 hatten die Liberaldemokraten zum letzten Mal eine absolute Mehrheit der Stimmen gewinnen können, danach profitierten sie von den Umrechnungsmechanismen der Wahlsysteme und der Fragmentierung des Oppositionslagers. Zu Beginn der 1990er-Jahre geriet das bis dahin recht starre Parteiensystem durch zahlreiche Parteiaustritte, -neugründungen und -fusionen in Bewegung. Korruption, Reformunfähigkeit und innerparteiliche Machtkämpfe führten dazu, dass die durch zahlreiche Austritte geschwächte LDP 1993 durch eine Vielparteienkoalition in die Opposition gedrängt wurde.

Diese „Anti-LDP-Allianz" hielt jedoch nicht einmal ein Jahr und so kehrten die Liberaldemokraten 1994 mithilfe ihres ehemaligen Hauptkonkurrenten, der Sozialistischen Partei, wieder an die Schalthebel der Macht zurück. Die Sozialisten versuchten nun dem Vorbild der deutschen SPD aus den 1950er-Jahren zu folgen und sich einem sozialdemokratischen Programm zu verschreiben, doch überzeugte das weder die Masse der Stimmberechtigten noch die sozialistische Stammwählerschaft. Derart zermürbt verließ die Partei die Koalition bald wieder, doch die LDP blieb Regierungspartei, denn sie hatte zahlreiche Abgeordnete anwerben und so wieder eine eigene Parlamentsmehrheit bewerkstelligen können.

Während dieser Zeit bildete sich jedoch auch die Demokratische Partei Japans (DPJ), die zur zweiten Kraft im Lande heranwuchs. In ihr schlossen sich Politiker zahlreicher Oppositionsparteien mit der Absicht zusammen, der Politik der Wirtschaftsförderung eine „Politik zugunsten der breiten Bevölkerung" entgegenzusetzen. 2007 gelang es der DPJ, die Oberhausmehrheit zu gewinnen, 2009 übernahm sie nach einem Erdrutschsieg bei den Unterhauswahlen die Regierung. Sie verfügte nun über mehr als doppelt so viele Unterhaussitze wie die LDP (Klein/Winkler 2012).

Nur drei Jahre später jedoch kehrte sich dieses Kräfteverhältnis um. Bei der Unterhauswahl 2012 drückte sich vor allem die Ernüchterung und Enttäuschung der Wähler gegenüber der DPJ aus. Die Partei war aufgrund innerer Konflikte, mangelnder Erfahrung und seit 2010 ohne Oberhausmehrheit kaum ihrer Aufgabe als Regierungspartei gerecht geworden. Zudem behinderte die LDP nach dem verheerenden Erdbeben vom 11. März 2011, dem Tsunami und Atomkatastrophe folgten, zahlreiche Versuche der DPJ, die Krise zu bekämpfen und mit den Wiederaufbauarbeiten zu beginnen. So gelang der LDP 2012 nach Sitzen ein ähnlich deutlicher Sieg wie der DPJ 2009, nur hatten die Liberaldemokraten kaum Wählerstimmen dazugewonnen. Ihr Sieg beruhte fast ausschließlich auf dem Fernbleiben von mehr als 40 % der Stimmberechtigten. Berücksichtigt man zudem die große Zahl der Wechselwähler und die Wirkungsweise der Einerwahlkreise, sind die starken Schwankungen in den Mandatsgewinnen von DPJ und LDP in den Jahren 2009 und 2012 leicht verständlich (s. Abbildung 2).

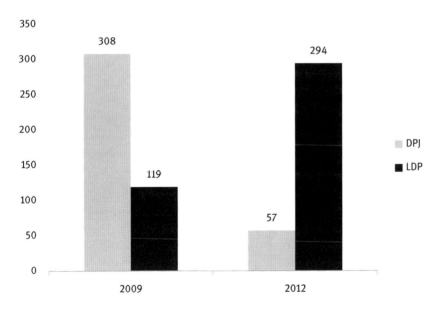

**Abb. 2:** Mandate der DPJ und LDP nach Unterhauswahlen 2009 und 2012
Quelle: www.soumu.go.jp/senkyo/senkyo_s/data/index.html (zuletzt aufgerufen November 2013)

So regiert die LDP seit Ende 2012 zusammen mit der „Partei für eine saubere Regierung" (Komeito), einem konservativen, auf den Ausbau sozialstaatlicher Leistungen fokussierten Koalitionspartner, mit dem 2013 auch die Oberhausmehrheit errungen werden konnte.

Die letzten 20 Jahre wies das japanische Parteiensystem trotz der weitgehenden Dominanz der LDP eine hohe Instabilität auf. Nach Phasen in der Opposition (1993/94 und 2009–2012) ist die LDP zwar weiterhin die größte Partei, allerdings nun auf Koalitionspartner angewiesen. Während die ideologisch klar positionierten Sozialisten und Kommunisten kontinuierlich an Wählerzuspruch verloren und nur noch parlamentarische Randerscheinungen darstellen, sind zahlreiche neue Parteien gegründet, fusioniert und aufgelöst worden, bei denen Ideologie keine Rolle spielte und auch die gemeinsame programmatische Basis der beteiligten Politiker eher schmal ausfiel. Persönliche Kontakte und Vertrauensverhältnisse sowie die Wirkungsweise der Einerwahlkreise, in denen größere Parteien bessere Chancen haben, funktionierten als Triebkräfte für diese Bewegungen im Parteiensystem.

Wie reagieren die Wähler darauf? Nähert man sich der japanischen Wählerschaft auf der Suche nach Parteien, die große soziale *cleavages* vertreten, findet man wenig, was zur Erklärung des Wahlverhaltens beitragen kann (Richardson 1997: 19). Auch regionale oder ethnische Zugehörigkeit sowie religiöse Unterschiede sind in diesem Zusammenhang nicht dienlich (Watanuki 1991: 49). Forschungen zum Wählerverhalten stellen lediglich fest, dass Bauern und Bewohner ländlicher Regionen in überwiegender Mehrheit ihre Stimmen der LDP gaben, während Industriearbeiter aus großen Betrieben eher auf linke Parteien setzten.

Bei der Betrachtung der Parteienidentifikation ist bereits für die 1960er- und 1970er-Jahre ersichtlich, dass der Anteil der Stimmberechtigten, die sich als Stammwähler einer Partei betrachteten, in Japan zu den niedrigsten der industriellen Welt zählte (Richardson 1997: 22). Die Frustration der Anhänger der parlamentarischen Opposition verursachte dabei bis zu Beginn der 1990er-Jahre niedrige Werte bei der Parteiidentifikation (Hashimoto 2001: 123). Dieses Wahlverhalten ist im Falle des Unterhauses dadurch noch gefördert worden, dass Stimmberechtigte bis 1996 ohnehin keine Partei, sondern nur einen Direktkandidaten wählen konnten.

Vor allem in den urbanen Ballungsräumen findet sich so gegenwärtig der Großteil der sogenannten Nicht-Stammwähler. Darunter fallen nicht nur Wechselwähler, sondern auch die Teile der Bevölkerung, die nur unregelmäßig oder nie Gebrauch von ihrem Stimmrecht machen. Sie sind aufgrund ihrer oft nur schwachen Einbindung in lokale Gemeinschaften schwerer zu mobilisieren. Nicht-Stammwähler stellen seit Beginn der 2000er-Jahre die größte aller Wählergruppen. Wie die nationalen Wahlen zwischen 2007 und 2012 zeigten, kann diese Wählerschicht erhebliche kurzfristige Ergebnisschwankungen von einer zur nächsten Wahl und damit extreme politische Umschwünge im Parlament herbeiführen (s. Abbildung 2).

Ein Blick auf Abbildung 3 zeigt zudem, dass die Wahlbeteiligung in den letzten Jahrzehnten immer weiter zurückgegangen ist.

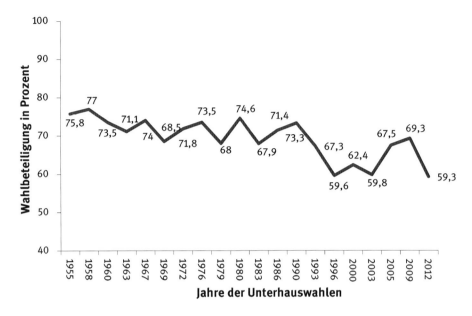

**Abb.3:** Wahlbeteiligung im Unterhaus (1955–2012)
Quelle: www.soumu.go.jp/senkyo/senkyo_s/data/index.html (zuletzt aufgerufen November 2013)

Als Gründe dafür werden zum einen die allgemeine Enttäuschung mit der Leistung der politischen Parteien genannt, aber auch die in den vorherigen Abschnitten dargelegten informellen Institutionen Korruption und Klientelismus, Ämtervergabe und (mangelnde) Sachkompetenz von Kabinettsmitgliedern, sowie fehlende Problemlösungskapazität aufgrund einer zu starken Fokussierung auf personenorientierte Wahlkreispflege. Besonders bis zu Beginn der 1990er-Jahre, in denen die LDP dominierte, stimmten zudem große Teile der japanischen Bevölkerung der Auffassung zu, der Beruf des Politikers stehe nur einer kleinen Gruppe von Personen offen, die ähnlich einer Gilde den Zutritt für Außenstehende erschweren würde (Iwai 1990: 70; Klein 1998: 123). Diese Ansicht wurde vor allem durch das Phänomen der Erbabgeordneten hervorgerufen. Söhne und Töchter, Neffen und Nichten oder auch Sekretäre folgten nicht selten in die Fußstapfen des aus Alters- oder Gesundheitsgründen aus dem Amt scheidenden Mandatsträgers und übernahmen die persönliche Unterstützungsorganisation im Direktwahlkreis. Zuweilen konnte ein Drittel aller liberaldemokratischen Parlamentarier auf nationaler Ebene dieser Gruppe der „Erbabgeordneten" zugeordnet werden. Ein zweites großes Rekrutierungspotenzial stellte die Regierungsbürokratie dar, aus deren Reihen ebenfalls Kandidaten hervorgingen (Donau 2007).

Mit dem Anwachsen der DPJ änderte sich dieser Umstand zunächst. Da der Partei Kandidaten fehlten und sie bewusst auf größere Partizipation der Bevölkerung setzte, wurden öffentliche Bewerbungsverfahren für Kandidaturen in Direktwahlkreisen durchgeführt. Zahlreiche engagierte Laien mit unterschiedlichen Lebensläufen und Qualifikationen betraten so die politische Bühne. Viele davon wurden in dem ihnen unbekannten politischen Betrieb jedoch zerrieben oder gaben rasch wieder auf. Zudem begannen auch Regierungsbeamte nun, nach offenen Wahlkreisen bei der DPJ zu suchen und sich zur Verfügung zu stellen. Trotzdem ist es der Partei zweifellos gelungen, den Zugang zu politischen Ämtern zumindest für eine Übergangszeit zu erleichtern.

Eine immer noch unveränderte Kritik an der Undurchlässigkeit des politischen Rekrutierungsprozesses richtet sich gegen die gesetzlich errichteten finanziellen Hürden. Kandidierende müssen eine Zulassungskaution in Höhe von Yen 3 Mio.[9] hinterlegen, die nur dann zurückgezahlt wird, wenn mindestens 10 % der gültigen Stimmen gewonnen wurden. Von staatlicher Seite wurde die Regel mit der Absicht begründet, unseriöse Kandidaturen zu verhindern. In der Praxis wurde damit aber eine weitere Hürde für den Einstieg in die Politik errichtet.

## Klientelsysteme

Die Dysfunktionalitäten, die aus den in Abschnitt 3 erläuterten Netzwerken zwischen LDP, Ministerialbürokratie und Wirtschaft entstanden, waren vielfältig und zahlreich. Beispiele sind die höchsten Reispreise der Welt aufgrund protektionistischer Agrarpolitik, die Infizierung zahlreicher Patienten durch HIV-verseuchte Blutkonserven aufgrund unterlassener Blutkontrollen durch das zuständige Ministerium, oder die zuweilen einer Sabotage ähnelnde Weigerung ministerieller Stellen, der (nicht liberaldemokratischen) Opposition Informationen zu Regierungshandeln zur Verfügung zu stellen. Wie zahlreiche Gerichtsverfahren ergaben, sahen sich Bauunternehmen immer wieder gezwungen, die liberaldemokratischen Abgeordneten vor Ort finanziell zu unterstützen, um bei öffentlichen Ausschreibungen nicht chancenlos zu sein.

Im Zusammenhang mit der Erdbeben- und Atomkatastrophe vom 11. März 2011 wurden die Auswirkungen der klientelistischen Beziehungen zwischen der Energieindustrie, der LDP und ihrer Ministerialbürokratie auf dramatische Weise deutlich. Über Jahrzehnte waren Atomkraftwerke gerade von staatlicher Seite als sichere und alternativlose Energiequelle für das rohstoffarme Land propagiert worden, schon Grundschüler lernten den nuklearen Segen im Unterricht anhand von Comicfiguren kennen, atomkritische Stimmen blieben marginalisiert. Nachdem die LDP 1974 Förderprogramme für den Bau von Atomkraftwerken begonnen hatte, erlangten private Energiekonzerne wie Tepco Monopolstellungen und finanzierten im Gegenzug liberaldemokratische Abgeordnete, die in ihren Wahlkreisen Dank der Atomsubventionen großzügige Straßen, Sportanlagen, Konzerthallen und Wellnesszentren bauten. So stammten beispielsweise mehr als 70 % der Spenden, die der LDP vor dem Unterhauswahlkampf 2009 von „natürlichen Personen" gemacht wurden, aus der Tasche von Managern der Energiekonzerne (Kyodo 23.07.2011).

---

9  Bei einem Wechselkurs von 130 Yen zu 1,– Euro sind das etwa 23.000,– Euro.

Trotz vorheriger Warnungen von Historikern und Geologen, dass ein gewaltiges Beben in naher Zukunft möglich sei, überprüfte das zuständige Ministerium die Sicherheitsvorkehrungen der Nuklearanlagen nie in der Annahme, dass tatsächlich ein größerer Tsunami entstehen könnte. Als die Flutwellen dann die Dieselgeneratoren, die als Notstromaggregate neben dem Atomkraftwerk standen, wegspülten, nahm die Atomkatastrophe ihren Lauf. Dass Teile der staatlichen Mittel, die für den Wiederaufbau der betroffenen Region im Nordosten des Landes vorgesehen waren, dann zum Straßenbau im Süden des Landes verwendet wurden, ist im Vergleich nur eine Randnotiz. Aber sie macht deutlich, dass die beschriebene strukturelle Korruption und der Klientelismus nicht nur auf Kosten der japanischen Allgemeinheit, sondern sogar auf Kosten von Katastrophenopfern funktionieren und somit wesentlich zur demokratischen Dysfunktionalität beitragen.

## Medien

Das politische System Japans wird von einer freien Presse begleitet, deren wichtigste Akteure die staatliche Sendeanstalt NHK, mehrere private Fernsehsender sowie nationale und regionale Tageszeitungen darstellen. Des Weiteren hat sich eine in weiten Teilen dem Boulevard zuneigende Wochenpresse entwickelt. Politische Berichterstattung und Kommentierung im Internet, die nicht aus der Quelle der genannten professionellen Akteure stammen, sind von sehr unterschiedlicher und zuweilen nicht einschätzbarer Qualität. Bisher hat sich in diesem Bereich noch kein zentraler Anbieter als vertrauenswürdige Alternative zu den etablierten Medien im Bewusstsein der japanischen Öffentlichkeit verankern können. Wie in anderen Staaten mit freiem Internetzugang auch, findet sich vom Blog über Videobeiträge und Einträge in sozialen Netzwerken bis zu Webseiten zu Einzelthemen alles, was an politischer Stellungnahme und Informationsverbreitung möglich ist.

Weiterhin dominant in der medialen Aufarbeitung und Kommentierung politischer Abläufe sind die Tageszeitungen des Landes. Der Japanische Zeitungsverband (2012) meldet zwar seit Jahren fallende Auflagenzahlen (2000 bis 2012: minus 6 Mio.), doch bezogen 2012 immer noch knapp 55 Mio. Haushalte durchschnittlich 0,88 Tageszeitungen. Eine weitere wichtige Informationsquelle mit hohen Vertrauenswerten stellt NHK dar, dessen Nachrichtensendungen um 19 Uhr das größte Publikum erreicht (Krauss 2000).

Eine aktuelle komparative Studie zur medialen Berichterstattung würde wohl feststellen, dass im Vergleich zu Deutschland und sicherlich den USA deutlich weniger Meinungen und Kommentierungen in den seriösen Tageszeitungen und Sendungen von NHK zu finden sind, dafür aber detailliertere, sachbezogene Darstellungen von Abläufen und mehr Wiederholungen. Zudem gibt es Anlass für die Vermutung, dass investigativer Journalismus weniger ausgeprägt ist als in anderen demokratischen Industriestaaten. Ein wichtiges Indiz für diese Annahme sind die sogenannten „Presseclubs". Alle Regierungsstellen, Parteien, Behörden, die Polizei und große Konzerne halten ausschließlich Pressekonferenzen für bei ihnen akkreditierte Club-Mitglieder ab. Diese Exklusivität geht einerseits zu Lasten der ausgeschlossenen freien Journalisten sowie der Vertreter der Wochenpresse, andererseits führt sie zu einer Einschränkung journalistischer Tätigkeit. Während der Japanische Zeitungsverband Presseclubs einen hohen Wert für eine freie, demokratische Gesellschaft zuschreibt, ist die Praxis offenbar von Selbstzensur und Entmutigung investigativer Arbeit gekennzeichnet.

Eine Ursache dafür besteht in den Abhängigkeits- und Vertrauensverhältnissen, die in diesen geschlossenen Vereinigungen zwischen Informationsträgern und Journalisten entstehen und offenbar wiederholt dazu führen, dass Informationen nicht veröffentlicht werden, um diese Beziehungen nicht zu gefährden. Die Schwelle, die vor einer Publikation vertraulicher Informationen überschritten werden muss, ist dabei durch die Clubregeln festgelegt. Informationen dürfen demnach erst dann veröffentlicht werden, wenn alle im Club vertretenen Medien damit einverstanden sind. Die Veröffentlichung erfolgt somit immer zeitgleich. Hält sich eine Fernseh- oder Zeitungsredaktion nicht an diese Regel, läuft sie Gefahr, im Extremfall die Mitgliedschaft in dem entsprechenden Presseclub und damit den Zugang zu einer wichtigen Informationsquelle zu verlieren (Freeman 2000; Krauss 1996, 2000).

Eine Konsequenz der Arbeit in Presseclubs ist, dass Redaktionen politische Entwicklungen zutreffend einordnen und interpretieren können und vor Fehlauslegungen von Geschehnissen meist geschützt sind. Andererseits führen Selbstkontrolle und -zensur dazu, dass die Berichterstattung in den etablierten Medien über das durch die üblichen Konsonanzeffekte (Noelle-Neumann 1989) hervorgerufene Ausmaß ähnlich ist. Aktivisten, die das Internet als alternativen Kanal für politische Berichterstattung nutzen, führen auch diese Kritik als Motivation für ihr Handeln an.

### Mitgestaltung der Öffentlichkeit

In den ersten beiden Jahrzehnten nach Ende der US-amerikanischen Besatzungszeit führten nicht gesellschaftspolitische oder aus der Verarbeitung der Kriegsgeschehnisse entstehende Konflikte zu steigender politischer Aktivität in der japanischen Bevölkerung, sondern Einzelereignisse und vorübergehend auch die Unzufriedenheit mit dem Primat der Wirtschaftspolitik. So entstand in den 1960er-Jahren eine Reihe lokaler Bewegungen, die gegen Industrialisierung und zahlreiche öffentliche Bauprojekte sowie die damit einhergehende Beeinträchtigung und Gefährdung der Lebensumwelt protestierten. Die auch bis heute noch größte Protestbewegung war jedoch die gegen die Verlängerung des US-japanischen Sicherheitsvertrags 1960. Ihr folgte 1965 eine Protestbewegung gegen den Vietnamkrieg, die als Ursprung der Studentenproteste gilt, die ihren Höhepunkt zwischen 1968 und 1972 erlebten. Die zunächst auf Hochschulautonomie und bessere Studienbedingungen gerichtete Bewegung verlor zum einen recht bald die Unterstützung der breiten Bevölkerung, da sie sich radikalisierte. Zum anderen erfuhr sie aber auch keine nennenswerte Flankierung auf parteipoliti-

scher Ebene, sodass die Mehrheit der japanischen „68er" ihre Ziele aufgab und zu-
rückkehrte in den gesellschaftlichen Mainstream. Ein sehr kleiner Rest führte seinen
Kampf über 1972 hinaus mit terroristischen Mitteln weiter (Steinhoff 1989).

Über die nächsten etwa zwei Jahrzehnte finden sich nur noch wenige Proteste, die
Mitgestaltung der Öffentlichkeit reduzierte sich weitgehend auf Stadt- und Verkehrs-
planung. Dann aber erfolgte eine Belebung der japanischen Zivilgesellschaft. Durch
die Schaffung einer gesetzlichen Grundlage, auf der die Gründung und die Aktivitäten
von „Non-Profit-Organisationen" stattfinden konnten, erleichterte der Staat die Arbeit
von Freiwilligenorganisationen, die meist unpolitisch waren und sich in Bereichen
engagierten, in denen der Staat durchaus ein Interesse an ziviler Unterstützung hatte
(Altenpflege, Kinderbetreuung etc.). Dabei blieb der Staat sehr zurückhaltend in der
Abgabe von Entscheidungskompetenzen und weit entfernt von dem Typ eines „akti-
vierenden Staates".

In den 1990er-Jahren stieg aber auch die Zahl der Bürgerbewegungen an, die sich
bemühten, Referenden in die Wege zu leiten, um sich gegen Entscheidungen der öffentlichen Hand zur Wehr zu setzen (Neumann 2002). Zunächst waren meist Bauvor-
haben sowohl öffentlicher als auch privater Natur Auslöser der Konflikte, seit 2000
ging es in den Bürgerabstimmungen in der Regel um die Fusion von Städten und Gemeinden (s. Abschnitt 2.4 zur Staatsgliederung). Voraussetzung für die Durchführung
eines solchen Referendums war die Zustimmung von mindestens zwei Prozent aller
wahlberechtigten Bürger.

Grundsätzlich können Referenden den Erlass bzw. die Abschaffung lokaler Verordnungen, die Untersuchung der Aktivitäten lokaler Exekutivorgane, die Auflösung
des lokalen Parlaments oder die Entlassung eines einzelnen Abgeordneten sowie der
Exekutivorgane (z. B. des Gouverneurs) verlangen (Klein/Winkler 2012: 106). Doch ist
besagtes Mittel ein stumpfes Schwert. Laut vorherrschender juristischer Interpretation
ist es rechtlich nicht bindend und kann mit Bedingungen wie einer Mindestwahlbetei-
ligung verknüpft werden. Zudem liegt es alleine in der Hand der Bürgermeister bzw.
Gouverneure, eine Verordnung zu erlassen, aufgrund derer erst ein Referendum
durchgeführt werden kann (Klein 2006: 125–131).

Diese meist ideologiefreien Bürgerbewegungen, die ein solches Referendum an-
strebten, waren sowohl zeitlich als auch räumlich begrenzt aktiv und schufen auch
aus diesem Grunde keine nationalen Netzwerke. Im Falle der Umweltschutzbewegun-
gen mag dies als eine Erklärung dafür gelten, warum in Japan bisher keine ökologi-
sche Partei von Bedeutung gewachsen ist (Kajita 1990: 193; Foljanty-Jost 2005). Auch
aus den Protesten gegen die mehr als 50 Atomreaktoren im Land ist bisher keine nationale Bewegung von nennenswertem Einfluss auf Parlament und Regierung entstanden.

## 4.2 Entscheidungsfindung

Die Entscheidungsfindung wird formal gemäß dem oben beschriebenen parlamentarischen Gesetzgebungsverfahren vollzogen. Der Kaiser verfügt über keinerlei Vetorecht und auch die Judikative greift in der Praxis nicht ein. In der Vergangenheit haben sich deshalb die Gremien der dominanten Liberaldemokratischen Partei in Zusammenarbeit mit den Fachabteilungen der Ministerien als Quelle zahlreicher Gesetzentwürfe erwiesen. Innerhalb des „Rates für politische Angelegenheiten" existierten LDP-interne Entsprechungen der Parlamentsausschüsse, im „Allgemeinen Rat" eine Kontrollinstanz, über die in der Regel Gesetzentwürfe abgesegnet und dann erst dem Kabinett vorgelegt werden (Krauss/Pekkanen 2010: 154–202). So wurden fast alle Gesetzentwürfe innerhalb dieser Parteigremien, die in gewisser Weise den „Arbeitskreisen" in den Fraktionen des Deutschen Bundestags ähneln, beschlossen. Liberaldemokratische Abgeordnete entwickelten sich innerhalb der jeweiligen Gremien häufig zu fachkompetenten Vermittlern zwischen den zuständigen Ministerien und den außerparlamentarischen Lobbygruppen, die diese Politiker durch Spenden und andere Dienste förderten und im Gegenzug auf recht intransparente Weise früh Einfluss auf Gesetzesinitiativen (und die Implementierung, s. Abschnitt 4.3) erhielten. Weniger organisierten und vor allem nicht finanzkräftigen Interessengruppen war ein solcher Zugang meist verwehrt, die lange Regierungszeit der LDP stabilisierte diese informellen Strukturen zunehmend.

Während der im Sommer 1994 beginnenden Phase der Koalitionsregierungen nahm auch der Juniorpartner Einfluss auf die Gestaltung der Gesetzentwürfe, allerdings nie zu ähnlich großem Ausmaß wie es der LDP aufgrund ihrer Mandatszahl und dominanten Rolle möglich war. Das Fachwissen der Ministerialbürokratie wiederum führte zu erheblichen Einflussmöglichkeiten dieses Teils der Exekutive. Ihre Aktivitäten sowie ihre direkte und zielorientierte Einflussnahme auf die Entscheidungsfindung der Regierungspartei und der parlamentarischen Ausschüsse wurden immer wieder thematisiert und ab den 1990er-Jahren auch als Problem der parlamentarischen Arbeit wahrgenommen. Die Ende der 1990er-Jahre beginnende Emanzipationsbewegung der Parlamentarier, Kabinettsmitglieder und des Premierministers sowie verschiedene institutionelle Reformen stärkten daraufhin die Position der gewählten Volksvertreter gegenüber der Verwaltung. Das Ringen zwischen Kabinett, Ministerien und Regierungspartei(en) um politische Entscheidungen verstärkte sich (Maeda 1999).

2005 kam es unter Premierminister Koizumi zudem zu einer vorübergehenden Beschneidung der Einflussmöglichkeiten der LDP-Gremien, da Gesetzesinitiativen verstärkt durch das Amt des Premierministers koordiniert und kontrolliert werden sollten. Koizumi zog zahlreiche Entscheidungen an sich, denen die LDP und der Koalitionspartner meist aufgrund der hohen Popularitätswerte des Premierministers folgen mussten. Aber schon mit Koizumis Nachfolger Abe gewannen die LDP-Gremien ihren Einfluss wieder zurück.

Während der dreijährigen Regierungszeit der DPJ (Sep. 2009–Dez. 2012) wurden Entscheidungen zwar auf ähnliche Weise wie bei der LDP getroffen, doch gab es Anzeichen dafür, dass sich die über Jahrzehnte als LDP-Dienstleister agierende Regierungsbürokratie gegenüber den neuen Vorgesetzten wenig kooperativ zeigte (Uekami, Tsutsumi 2011). Dazu trug bei, dass die DPJ in ihren Wahlkämpfen eine massive Beschneidung des Einflusses der Verwaltung propagiert hatte. Einige Minister versuchten, die Blockadehaltung ihrer Apparate dadurch auszuhebeln, dass sie ohne ihre Beamten Informationen verarbeiten und Entscheidungen treffen wollten, doch scheiterten sie rasch an den viel zu komplexen Aufgaben (Shiozaki 2013).

Auch deshalb kehrte die LDP im Winter 2012 wieder an die Hebel der Macht zurück und die vorher praktizierte Entscheidungsfindung samt der innerparteilichen Gremien wurde wiederbelebt. Zwar verlangt die „Partei für eine saubere Regierung" als Koalitionspartner ein Mitspracherecht, aber nicht in allen Politikfeldern und aufgrund ihrer vergleichsweise geringen Mandatszahl auch ohne die Möglichkeit, auf Augenhöhe mit der LDP verhandeln zu können.

## 4.3 Implementierung von Regierungsentscheidungen

Die Regierungsbürokratie stellt im politischen System Japans den wichtigsten Akteur bei der Implementation von Gesetzen dar und erweist sich in der Regel als zur Umsetzung der Entscheidungen fähig. Ihr Einfluss erklärt sich nicht nur aus ihrer Stellung als Teil der Exekutive, sondern auch durch den Umstand, dass Gesetzestexte grundsätzlich einer praxisbezogenen Auslegung bedürfen und häufig unspezifisch formuliert sind. Wie Yamaguchi (2001: 76) schreibt, bleibt dem japanischen Parlament in der legislativen Praxis keine Alternative dazu, der Regierungsadministration großen Ermessensspielraum zuzugestehen.

Dieser Ermessensspielraum wird von Seiten der Ministerien durch Anwendung verschiedener Instrumente genutzt. Gezeichnet vom zuständigen Minister und gegengezeichnet vom Premierminister enthalten Regierungserlässe Konkretisierungen einzelner Punkte eines Gesetzes und ergänzen somit die Entscheidungen der Legislative, ohne deren erneute Zustimmung einholen zu müssen. Ministerialerlässe, die in den Ministerien selber verfügt werden können, dienen dazu, die bereits durch Regierungserlässe ausgestalteten Gesetze zu konkretisieren. Eine Genehmigung des Kabinetts oder des Premierministers ist nicht erforderlich. Amtliche Mitteilungen schließlich nutzt die Ministerialbürokratie hauptsächlich dazu, untergeordnete Behörden, lokale Selbstverwaltungskörperschaften sowie Unternehmen und andere Organisationen darüber zu informieren, wie die Umsetzung von Gesetzen und Verordnungen zu geschehen hat. Obwohl diese ministeriellen Auslegungen rechtlich nicht bindend sind, werden sie doch als offizielle Gesetzesauslegungen aufgefasst und entsprechend befolgt. Dabei bieten sie einen Ansatzpunkt für betroffene Interessengruppen und Verbände, die Auslegung von Gesetzen in ihrem Sinne zu beeinflussen. Zu Beginn der

1980er-Jahre galt es als Standard, dass ein Gesetz über die Jahre von etwa 100 amtlichen Mitteilungen begleitet wurde (Ryuen 1999: 126–127).

Als wichtiges informelles Steuerungselement behauptete sich lange Zeit die sogenannte „administrative Anleitung", eine Form von nachdrücklich vorgetragenen Handlungsempfehlungen, die Ministerien in den Fällen an betroffene Zielgruppen richteten, in denen es keine klaren Vorgaben in den Gesetzestexten gab. Gegenwärtige oder zukünftige Antrags- oder Genehmigungsverfahren sowie die Zuteilung von Subventionen machten Unternehmen und Organisationen abhängig vom Wohlwollen der zuständigen Ministerien und zwangen sie zu genauer Abwägung, wie weit Widerstand gegen die Regierungsbürokratie riskiert werden konnte (Ryuen 1999: 127).

Als die Auswirkungen der Seifenblasenwirtschaft Anfang der 1990er-Jahre deutlich wurden, geriet die Ministerialbürokratie erstmals massiv in die Kritik und die Bereitschaft vieler japanischer Unternehmen schwand, sich den Auslegungen und Steuerungsversuchen der Regierungsverwaltung auszuliefern. Medienberichte über fehlgeschlagene Anleitungen aus den Ministerien nahmen zu, Misserfolge einzelner Branchen wurden auf die Gesetzesauslegungen durch die Regierungsverwaltung zurückgeführt. Wie im vorangegangenen Abschnitt erläutert, hat sich seit den späten 1990er-Jahren zudem die Konkurrenzsituation zwischen Regierungsparteien, Ministerien und Kabinett verschärft, wodurch der Ermessensspielraum der Bürokratie eingeschränkt worden ist.

Besonders Abgeordnete der LDP erwiesen sich bei der Implementierung derjenigen Gesetze als hartnäckige Akteure, die Finanzmittel in die Wahlkreise fließen ließen. Besonders in den semi-urbanen und ländlichen Regionen sorgten staatliche Infrastrukturmittel dafür, dass vor allem die Bauindustrie unterstützt wurde. Die immensen Ausgaben, die in diese Form der Wahlkreispflege flossen, sind eine wichtige Ursache für die unter Industriestaaten einmalig hohe Staatsverschuldung von knapp 240 % des Bruttoinlandsprodukts (IWF 2013). Das sogenannte „Fiscal and Investment Loan Programme" war dabei ein besonderes Instrument zur Finanzierung der Infrastrukturprogramme, denn es stellte faktisch einen „zweiten Staatshaushalt" dar, der, gespeist aus den Spar- und Renteneinlagen der staatlichen Postbank, keinerlei parlamentarischer Kontrolle unterlag. Auf der Grundlage von innerparteilichen Übereinkünften wurden die Mittel über staatliche oder halbstaatliche Institutionen in den Ausbau der Infrastruktur geleitet und waren für Abgeordnete ideal, um Unternehmen in den eigenen Wahlkreisen mit Aufträgen zu versorgen (Amyx/Takenaka et al. 2005).

## 4.4 Rechtsschutz

Die Verfassung und die in ihr vorgesehenen gerichtlichen Strukturen weisen Japan als Rechtsstaat aus. Gerichte sind allen Bürgern frei zugänglich. Die im internationalen Vergleich niedrige Zahl von Anwälten ist mit einem vermeintlich kulturell bedingten Unwillen begründet worden, vor Gericht sein Recht einzuklagen, aber wohl auch das

Resultat weniger Ausbildungsplätze und äußerst schwieriger Prüfungsanforderungen für angehende Juristen, die zudem von staatlicher Seite durch Kontingent- und Niederlassungsbegrenzungen begleitet werden. Es gibt zahlreiche Fälle, in denen Bürgerinnen und Bürger gegen staatliche Stellen geklagt und Recht erhalten haben. Ob sich die Zahl solcher Prozesse aber durch einen einfacheren Zugang zu Anwälten, niedrigeren Kosten und kürzeren Verfahren erhöhen würde, ist unklar.

An der Spitze der Instanzen steht der Oberste Gerichtshof. Laut Verfassung soll er als rechtsprechende Gewalt auch die Kontrollfunktion über die Legislative übernehmen. Allerdings befasst sich der OGH in der Praxis nur äußerst selten mit verbindlichen Entscheidungen des legislativen Prozesses. Japans oberste Richter gehen grundsätzlich davon aus, dass die Resultate des legislativen Prozesses mit der Verfassung in Einklang stehen. So erfolgt die Überprüfung der Verfassungsmäßigkeit von Staatsakten wie z. B. Gesetzen in der Gerichtspraxis nur anlässlich eines konkreten Rechtsstreits, in dessen Rahmen eine solche Überprüfung erforderlich ist (Kuriki 1998: 16). Dabei hat sich die „konkrete Normenkontrolle" durchgesetzt, die mit dem Umstand begründet wird, dass der OGH nicht über die Strukturmerkmale einer besonderen Verfassungsgerichtsbarkeit verfüge und als Justizgericht nur mit Entscheidungen in konkreten Rechtsstreits betraut werden könne. Eine abstrakte, das heißt über den konkreten Fall hinausgehende bzw. von ihm unabhängige, grundlegende Überprüfung des Gesetzes findet nicht statt.

In der Praxis werden „politische" Fragen in fast allen Fällen an die Volksvertreter, also Kabinett und Parlament, weitergeleitet. Auch deshalb gab es bis Ende 2010 lediglich sieben Gesetze, die tatsächlich durch ein Urteil des Obersten Gerichtshofs für verfassungswidrig erklärt wurden. In einer kleinen Zahl anderer Fällen vermied das Gericht ein solches Urteil mit dem Hinweis, der Gesetzgeber habe noch nicht die notwendige Zeit zur Korrektur der Missstände gehabt (Kuriki 1998: 21–22; Asahi Shinbun 15.09.2005).

Die passive Haltung der Richter missachtet den Sinn des Initiativrechts, das dem Obersten Gerichtshof durch die Verfassung verliehen ist. Die wichtige Kontrollfunktion der Judikative wird anderen gesellschaftlichen Akteuren insofern auferlegt, als diese den Anstoß zu einer Überprüfung gesetzlicher Regelungen geben müssen. Die richterliche Scheu vor einer zwangsläufig meinungstransportierenden Beurteilung politischer Entscheidungen lähmt die Funktion dieser Institution. Diese Haltung des OGH ist sicherlich auch eine Folge der fast fünf Jahrzehnte dauernden Regierungsdominanz der LDP. Die Nähe zur Exekutive ist kaum zu verneinen, denn alle Richter sind bei ihrer Ernennung von der Regierung abhängig und stammen zudem vereinzelt aus regierungsnahen Institutionen wie dem Justizministerium.

Für die LDP-Regierungen hat sich eine derart passive Judikative bisher als vorteilhaft erwiesen. Für die politische Opposition stellt die Anrufung der Gerichte kein wirksames Instrument in der politischen Auseinandersetzung dar. Eine Überprüfung der Verfassungsmäßigkeit von Gesetzen wird auch deshalb unterlassen. Langwierige Gerichtsverfahren würden keine zeitnahen und damit direkt wirksamen Ergebnisse erzielen.

# 5 Fazit

Betrachtet man die knapp 70-jährige Geschichte des gegenwärtigen politischen Systems und vergleicht seinen Ist-Zustand mit dem der Nachbarstaaten, erkennt man in Japan eine für (Süd-)Ostasien außergewöhnlich hohe demokratische Qualität. Die besondere Stellung des Landes lässt sich an seinem Maß an Rechtsstaatlichkeit, freien Wahlen, freier Presse, freien Gewerkschaften, Religions- und Versammlungsfreiheit sowie anderen Grundrechten gut ermessen. Der Hinweis auf den Beitrag des politischen Systems zur wirtschaftlichen Entwicklung und einem in dieser Weltregion einmaligen Lebensstandard muss ebenfalls vorweggeschickt werden, um die nun folgenden kritischen Bemerkungen einordnen zu können.

Zu den Dysfunktionalitäten, die das politische System des Landes aufweist, gehören zunächst die oben erläuterten informellen Institutionen Korruption, Klientelismus und Kartellbildung. Sie haben maßgeblich zu der enormen, im Vergleich aller Industriestaaten einmalig hohen Schuldenlast des japanischen Staates beigetragen. Informelle Regeln beeinträchtigen zudem maßgeblich eine auch an Sachkompetenz ausgerichtete Besetzung von Regierungsposten und führen zu hoher personeller Fluktuation in diesen Ämtern. Zudem bremsen sie die parlamentarische Arbeit. Sie verstärken die partikularistische Wahlkreispflege von Abgeordneten. Innerparteiliche Machtkämpfe und Korruptionsskandale nehmen dabei Ressourcen des politischen Systems in Anspruch, die in der Auseinandersetzung mit anderen steuerungsbedürftigen Herausforderungen fehlen.

Die lange und fast ununterbrochene Regierung der Liberaldemokratischen Partei hat ebenfalls zahlreiche politische Pathologien geschaffen und verfestigt. Dazu gehört die langandauernde Bevorzugung bestimmter Interessengruppen, die dadurch exklusiven Zugang zu Entscheidungs- und Implementierungsprozessen erhalten. Die enge Verzahnung der LDP mit der Regierungsverwaltung hat zudem zu einer Blockadehaltung gegenüber anderen Regierungsparteien und der Opposition geführt. Die Judikative ist passiv, ihre Funktion als kontrollierende Instanz maßgeblich beeinträchtigt.

Das politische Entscheidungszentrum wird von einer Mehrheit der Bevölkerung als intransparent und geschlossen wahrgenommen. Diese Faktoren haben dazu beigetragen, dass sich große Teile der japanischen Wählerschaft von den Parteien und ihren Politikern abwenden. Die Wahlbeteiligung ist 2012 auf ein historisches Tief gefallen, der Anteil der Nicht-Stammwähler hat einen Höchststand erreicht. Wie in anderen Demokratien auch zu beobachten, sind gerade junge Wähler politikverdrossen. Dieser Umstand kann mit Blick auf die sich im Vergleich der Industriestaaten rapide vollziehenden gesellschaftlichen Alterung und niedrigen Geburtenrate (Fertilitätsrate von 1,41 im Jahre 2012; Asahi 05.06.2013) mit erheblichen Konsequenzen verbunden sein.

Das Parteiensystem ist, mit Ausnahme der LDP und ihres Koalitionspartners, der Partei für eine saubere Regierung, instabil. In den 20 Jahren zwischen 1993 und 2013 waren 23 neue Parteien im Parlament vertreten. Versuche, neben der LDP eine zweite große Partei zu etablieren, haben bisher keinen längerfristigen Erfolg gezeigt, obwohl mit der Regierungsübernahme der Demokratischen Partei 2009 genau diese Entwicklung vollendet schien. Tatsächlich aber hat die Leistung der DPJ-Regierung zu Enttäuschung und Frustration in der Bevölkerung geführt und auch deshalb verweigerten über 40 % der Stimmberechtigten bei der nächsten Unterhauswahl ihre Stimme. Die DPJ verlor 80 % (!) ihrer Sitze und war nicht einmal mehr die zweitgrößte Partei.

Für die legislative Arbeit der LDP-Regierung wird sich der Umstand als nützlich erweisen, dass die Koalition seit Sommer 2013 über eine Mehrheit in beiden Kammern des nationalen Parlaments verfügt. Damit ist der nun zersplitterten Opposition das wichtigste Blockadeinstrument genommen. Andererseits sind damit auch die Rahmenbedingungen für die oben beschriebenen Dreiecksbeziehungen zwischen Regierung, gut organisierten und finanzkräftigen Interessengruppen sowie der Verwaltung wiederhergestellt. Die darin wirkenden informellen Institutionen haben in der Vergangenheit zu einer erheblichen Beeinträchtigung der demokratischen Qualität des politischen Systems beigetragen.

# Bibliographie

Abe, Hitoshi/Shindo, Muneyuki /Kawato, Sadafumi 1994: The Government and Politics of Japan, Tokyo.

Amyx, Jennifer/Takenaka Harukata/Toyoda, 2005: Maria A. Maria: The Politics of Postal Savings Reform in Japan, in: Asian Perspective, 29, S. 23–48.

Asahi Shinbun: Diese überregionale Tageszeitung hat mit ca. 8 Mio. Exemplaren die zweitgrößte Auflage des Landes und gilt in Japan als linksliberal.

Curtis, Gerald L., 1999: The Logic of Japanese Politics, New York.

Donau, Kai-F., 2007: Erbabgeordnete – Karrieren in der japanischen Politik, Bonn.

Feldman, Ofer, 2000: The Japanese Political Personality – Analyzing the Motivations and Culture of Freshman Diet Members, London.

Foljanty-Jost, Gesine, 2005: NGOs in Environmental Networks in Germany and Japan: The Question of Power and Influence, in: Social Science Japan Journal 8, S. 103–117.

Freeman, Laurie Anne, 2000: Closing the Shop: Information Cartels and Japan's Mass Media, Princeton.

Hashimoto, Kenji, 2001: Kaikyu shakai nihon [Klassengesellschaft Japan], Tokyo.

Hata, Tsutomu, 1991: Matta nashi no seiji kaikaku [Politische Reform sofort], in: Kankai, Juli, S. 56–65.

Hüstebeck, Momoyo, 2013: Kommunale Selbstverwaltung im Wandel. Von zentralistischer Aufgabendurchführung zu *local governance*, in: Asiatische Studien/Études Asiatiques LXVII 2, S. 511–540.

Hüstebeck, Momoyo, 2014: Dezentralisierung in Japan, Wiesbaden.

Iwai, Tomoaki, 1990: Seiji shikin no kenkyu [Forschungen zu politischen Geldern], Tokyo.

Kajita, Takamichi, 1990: „Kaihatsu kokka" to „nihon tokushitsu" ni chakugan shite [„Entwicklungsstaat" und „Japans Besonderheiten" im Blickpunkt], in: Shakai undo ron kenkyukai, S. 179–201.

Kato, Shujiro, 2013: Nihon no toji shisutemu to senkyo seido no kaikaku [Japans Regierungssystem und die Reform des Wahlsystems], Tokyo.

Klein, Axel, 1998: Das Wahlsystem als Reformobjekt – Eine Untersuchung zu Entstehung und Auswirkung politischer Erneuerungsversuche am Beispiel Japan. Bonn.

Klein, Axel, 2006: Das politische System Japans, Bonn.

Klein, Axel, 2011: The Puzzle of Ineffective Election Campaigning in Japan, in: Japanese Journal of Political Science, 12, S. 57–74.

Klein, Axel/Winkler, Chris, 2012: Japan, Schwalbach.

Krauss, Ellis S., 1996: The Mass Media and Japanese Politics: Effects and Consequences, in: Pharr, Susan J./Krauss, Ellis S. (Hrsg.), Media and Politics in Japan. Honolulu, S. 355–372.

Krauss, Ellis S., 2000: Broadcasting Politics in Japan: NHK Television News, Cornell.

Krauss, Ellis S./Pekkanen Robert J.: The Rise and Fall of Japan's LDP: Political Party Organizations as Historical Institutions, Cornell 2010.

Kuriki, Hisao, 1998: Das System der gerichtlichen Überprüfung von Staatsakten in Japan, in: Eisenhardt, Ulrich (Hrsg.), Japanische Entscheidungen zum Verfassungsrecht in deutscher Sprache, Köln, Berlin, Bonn, München, S. 15–26.

Kyodo (Tsushinsha) ist eine bedeutende Nachrichtenagentur in Japan, die 1945 gegründet wurde und heute Nachrichten in japanischer, koreanischer, chinesischer und englischer Sprache anbietet (www.kyodonews.jp/).

Maeda, Hideaki, 1999: Kokkai no rippo katsudo [Parlamentarische Gesetzgebung], Tokyo.

Murakami, Jun, 2007: Chiho jichi no rekishi to chiho bunken [Geschichte der lokalen Selbstverwaltung und Dezentralisierung], in: Imagawa Akira/Kunihiko Ushiyama/Murakami Jun (Hrsg.), Bunken jidai no chiho jichi [Lokale Selbstverwaltung in der Phase der Dezentralisierung], Tokyo, S. 12–33.

Muramatsu, Michio/Ito, Mitsutoshi (Hrsg.), 2001: Nihon no seiji [Politik in Japan], 2. überarbeitete Auflage, Tokyo.

Neumann, Reinhard, 1982: Änderung und Wandlung der Japanischen Verfassung, Köln, Berlin, Bonn und München.

Neumann, Stefanie, 2002: Politische Partizipation in Japan – Ein Beitrag zur politischen Kulturforschung, Bonn.

Noelle-Neumann, Elisabeth, 1989: Öffentliche Meinung. Die Entdeckung der Schweigespirale, Frankfurt am Main.

Pempel, T.J. (Hrsg.), 1990: Uncommon Democracies. The One-Party Dominant Regimes, Cornell.

Richardson, Bradley M, 1997: Japanese Democracy - Power, Coordination, and Performance, New Haven, London.

Ryuen, Ekij, 1999: Nihon seiji katei ron [Prozesstheorien zur japanischen Politik]. Tokyo.

Shiozaki, Akihisa: 2013: Seiji shudo – tonza shita „gosaku" [Führung durch Politiker – fünf Maßnahmen, die ins Stocken gerieten], in: Nihon saiken inishiateibu (Hg.): Minshuto seiken – shippai no kensho [Die DPJ-Regierung – Eine Betrachtung des Misslingens], Tokyo.

Steinhoff, Patricia, 1989: Protest and Democracy: in: Takeshi Ishida/Krauss, Ellis (Hrsg.), Democracy in Japan, London, S. 171–200.

Uekami, Takayoshi/Tsutsumi, Hidenori, 2011: Minshuto no soshiki to seisaku [Organisation und Politik der DPJ], Tokyo.

Watanuki, Joji, 1991: Social Structure and Voting Behavior, in Flanagan, Scott C. (Hrsg.), The Japanese Voter, New Haven, S. 49–83.

Winkler, Chris, 2011: The Quest for Japan's New Constitution, London.

Woodall, Brian, 1996: Japan under Construction: Corruption, Politics, and Public Works, Berkeley.

Yamaguchi, Jiro, 2001: Result of Unfinished Reforms – Structure of Political and Administrative Reform in Japan in the 1990s, in: Bosse, Friedericke/Köllner, Patrick (Hrsg.), Reformen in Japan, Hamburg, S. 71–87.

IMF: http://de.statista.com/statistik/daten/studie/152666/umfrage/staatsverschuldung-japans-in-relation-zum-bruttoinlandsprodukt-bip/.

IWF: Japan, Article IV Consultation, 2013: www.imf.org/external/pubs/ft/scr/2013/cr13253.pdf (zuletzt aufgerufen September 2013).

Japanischer Zeitungsverband (nihon shinbun kyōkai) (2012): http://www.pressnet.or.jp/data/circulation/circulation01.php.

Sebastian Elischer
# Kenia

Die Systemlogik der jungen Demokratien Afrikas steht gemeinhin unter dem Verdacht durch informelle Regeln geprägt zu sein. Wohingegen informelle Regeln in etablierten Demokratien demokratische Verfahren stützen, verhindern sie die demokratische Konsolidierung junger Demokratien (Helmke/Levitsky 2006; Lauth 2000, 2012). Im August 2010 hat Kenia eine neue Verfassung verabschiedet. Erklärtes Ziel des Verfassungsreformprozesses war es, das formale Regelwerk des kenianischen Staates mit demokratischen Normen in Einklang zu bringen und den 1992 begonnenen Demokratisierungsprozess weiter voranzutreiben. Im vorliegenden Beitrag wird Kenias neu geschaffene formale Regelwelt den historisch gewachsenen informellen Regeln und Praktiken gegenübergestellt. Eine empirische Analyse der Funktionslogik des politischen Systems verdeutlicht, dass informelle Praktiken und Institutionen die Handlungspraxis der politischen Akteure stark beeinflussen. Dies ist trotz eines für afrikanische Verhältnisse hohen Grades an Staatlichkeit der Fall. Der hohe Wirkungsgrad informeller Praktiken und Institutionen hat bislang ausschließlich negative Auswirkungen auf die demokratische Qualität des Landes. Die informellen Institutionen und Praktiken stabilisieren den hybriden Regimecharakter des Landes.

# 1 Regimezuordnung

Nach der Unabhängigkeit von Großbritannien im Dezember 1963 erfuhr Kenia einen rapiden Übergang von der Mehrparteiendemokratie zum autokratischen Einparteienstaat. Unter der Führung von Jomo Kenyatta erlangte die *Kenya African National Union* (KANU) bei den Wahlen 1963 eine Zweidrittelmehrheit. Diese wurde in den Folgejahren genutzt, um Kenias föderales System (*majimboism*) und das Zweikammernparlament abzuschaffen (Okoth-Ogendo 1972). Im November 1964 entschied sich die Führungsebene der Oppositionspartei *Kenya African Democratic Union* (KADU), die Partei aufzulösen, und schloss sich der Regierungspartei KANU an. Die Anführer der KADU wurden im Gegenzug mit Regierungs- und Verwaltungsposten belohnt. Andere Oppositionsgruppen wurden durch staatliche Gewalt ausgeschaltet (Branch 2011; Geertzel 1970; Throup/Hornsby 1998). Nur wenige Jahre nach der Unabhängigkeit war Kenia somit ein *de facto* Einparteienstaat geworden. Regierungsgegner wurden durch Kooptation und Einschüchterung (dazu zählen auch politische Morde an Oppositionellen) systematisch ausgeschaltet. Kenyattas Nachfolger Daniel arap Moi führte 1982 einen *de jure* Einparteienstaat ein. Dies ermöglichte es ihm, seine Macht auf formalem Weg zu festigen. Die Kontrollrechte des Parlaments, die Befugnisse des Kabinetts und die Presse- und Meinungsfreiheit wurden eingeschränkt, die Machtfülle des Präsidenten weiter ausgebaut. (Throup/Hornsby 1998; Widner 1992). In den ersten drei Jahrzehnten nach der Unabhängigkeit war Kenia somit ein autokratischer Staat.

Getrieben von Protesten der Zivilgesellschaft und wachsendem Druck der wichtigsten Geberländer, implementierte die Regierung Moi im Dezember 1991 wichtige institutionelle Veränderungen, die im Jahr 1992 zu den ersten Mehrparteienwahlen seit der Unabhängigkeit führten. Im Jahr 2002 erfolgte der erste demokratische Machtwechsel in der Geschichte des Landes, nachdem es Mois ehemaligem Vizepräsidenten Mwai Kibaki gelungen war, mit der Gründung der reformorientierten *National Alliance Rainbow Kenya* (NARC) die KANU nach fast vierzig Jahren aus dem Amt zu drängen. Wie die meisten afrikanischen Staaten gehört Kenia nach Angaben von Freedom House seit 2003 zur Kategorie der hybriden Regime.[1] Trotz zahlreicher Reformversprechen der Regierung Kibaki kam es nicht zu einer tief greifenden Demokratisierung. Bei Polity IV wird seit seiner Gründung bis 2003 nicht als Demokratie geführt und erreicht erst ab 2004 die Regimeschwelle von sechs Punkten; in den folgenden Jahren schwanken die Werte zwischen sechs und acht.

In unterschiedlichen Teilregimen (siehe Merkel 2003) sind dabei unterschiedliche Fortschritte bei der Demokratisierung erkennbar. Trotz regelmäßig stattfindenden Wahlen leidet das Wahlregime unter dem Einfluss starker informeller Institutionen wie Klientelismus und organisierte Gewalt. Die institutionelle Sicherung der Gewaltenteilung wird nicht erreicht. Bürgerliche Freiheits- und politische Partizipationsrechte sind hingegen nahezu vollständig gewährleistet. Im Gegensatz zu vielen anderen jungen Demokratien ist die kenianische Armee kein Vetospieler und schränkt die Regierungsgewalt der gewählten Mandatsträger nicht ein (siehe auch Bertelsmann Transformation Index 2010).

# 2 Typus des Regierungssystems und Staatsgliederung nach Verfassung

Der Schwerpunkt dieses Kapitels liegt auf der kürzlich verabschiedeten Verfassung der sogenannten „zweiten Republik".[2] Sie wurde 2010 in einem nationalen Referendum mit einer deutlichen Mehrheit (67 %) verabschiedet und wird über einen Zeitraum von fünf Jahren (2010 bis 2015) durch 51 Einzelgesetze implementiert. Das Verfassungsreferendum von 2010 war der Endpunkt eines fast 20-jährigen politischen Tauziehens zwischen Regierung, Opposition und Zivilgesellschaft über eine demokra-

---

1 Die Klassifizierung von Freedom House als „not free" wird vom Autor mit der Klassifizierung eines Regimes als Autokratie gleichgesetzt. Die Klassifizierung als „partly free" wird mit hybriden Regimen, und die Klassifizierung als „free" mit demokratischen Regimen gleichgesetzt.
2 Für den kompletten Text der Verfassung siehe: http://www.kenyaembassy.com/pdfs/The%20 Constitution%20of%20Kenya.pdf.

tischere institutionelle Neuausrichtung des politischen Systems. Auch wenn Kenia ein Präsidentialsystem geblieben ist, sieht die Verfassung weitreichende institutionelle Veränderungen vor. Wann immer es in den folgenden Ausführungen sinnvoll erscheint, wird Kenias neue formale Regelwelt mit der Vorgängerverfassung (in Kraft zwischen 1969 und 2010) kontrastiert. Damit soll aufgezeigt werden, dass die erstmalige Inklusion von formalen Einzelinstitutionen eine Antwort der Verfassungsgeber auf die negativen Auswirkungen bestimmter Institutionen (formal und informell) und Praktiken auf die demokratische Qualität des Landes ist. Die relevanten informellen Institutionen und Praktiken werden im Folgekapitel näher spezifiziert.

Kenias Exekutive besteht aus dem Präsidenten, dem Vizepräsidenten und den Kabinettsmitgliedern (*secretaries of state*) (Art. 130). Der Präsident wird direkt vom Volk gewählt. Seine Amtsdauer beträgt fünf Jahre. Der Präsident kann nur einmal wiedergewählt werden. Seine maximale Amtsdauer ist auf zehn Jahre beschränkt (Art. 142). Die 2010-Verfassung sieht ein absolutes Mehrheitswahlrecht vor. Wenn keiner der Präsidentschaftskandidaten eine absolute Mehrheit im ersten Wahlgang erreicht, kommt es zu einer Stichwahl zwischen den beiden Erstplatzierten. Um im ersten Wahlgang gewählt zu werden, muss ein Kandidat zudem mindestens 25 % der Wahlberechtigten in der Hälfte der einzelnen Bundesstaaten auf sich vereinigen (Art. 136). Diese Klausel wurde eingebaut, um dem politischen Einfluss von Ethnizität auf Wahlverhalten zu reduzieren und Präsidentschaftskandidaten dazu zu bewegen, sich in allen Landesteilen Anhänger zu schaffen. Bei einer Stichwahl findet diese Klausel keine Anwendung.

Jeder Präsidentschaftskandidat bestimmt im Wahlkampf seinen zukünftigen Vizepräsidenten (Art. 148). Im Falle des Rücktritts oder des Todes des Vizepräsidenten wählt das Unterhaus (*National Assembly*) einen neuen Vizepräsidenten. Der Vizepräsident kann nicht vom Präsidenten vorzeitig entlassen werden (Art. 149).

Alle Minister werden vom Präsidenten ernannt (Art. 152.2) und müssen die Zustimmung der Mehrheit des Unterhauses erhalten (Art. 152.5). Sowohl der Präsident als auch das Parlament kann Minister entlassen. Letzteres ist nur dann möglich, wenn mindestens ein Drittel der Abgeordneten der Meinung ist, dass ein Minister gegen nationales oder internationales Recht verstoßen hat. In diesem Fall kann die *National Assembly* eine entsprechende Untersuchungskommission einsetzen (Art. 152.6). Sollte die Kommission die Vorwürfe bestätigen, so kann das Parlament einen Minister mit einfacher Mehrheit abberufen. Das Kabinett besteht aus mindestens vierzehn, jedoch maximal zweiundzwanzig Ministerposten (Art. 152.1). Die Zustimmungspflicht des Parlaments zu allen präsidentiellen Ernennungen, die Befähigung der Legislative, Mitglieder der Exekutive abzuberufen, und die numerische Beschränkung der Anzahl der Ministerien sind wesentliche institutionelle Neuerungen. Die frühere Verfassung ließ die Anzahl der Ministerien offen. Der Präsident konnte somit bei Ernennungen von Ministerien eine beliebige Anzahl von Personen in die Exekutive berufen, was den stark ausgeprägten Klientelismus in der kenianischen Politik verstärkte. Wohingegen zwischen 1969 und 2010 alle Mitglieder des Kabinetts auch gleichzeitig Mitglieder der

*National Assembly* waren, ist eine gleichzeitige Mitgliedschaft in Exekutive und Legislative nun ausgeschlossen.

Der Präsident kann vorzeitig von seinem Amt entbunden werden, wenn er aus gesundheitlichen Gründen nicht mehr in der Lage ist, seinen Aufgaben nachzukommen. Die *National Assembly* kann mithilfe der Hälfte seiner Mitglieder ein Verfahren in die Wege leiten, in dem sich der Präsident einer Untersuchung seines Gesundheitszustands stellen muss. Sollte diese Untersuchung eine starke Einschränkung der Gesundheit attestieren, so kann die *National Assembly* den Präsidenten mit einfacher Mehrheit abwählen (Art. 144). Ferner ist es dem Parlament gestattet, ein Amtsenthebungsverfahren aufgrund von Verstößen gegen ein Gesetz einzuleiten. Zwei Drittel der *National Assembly* müssen einem solchen Verfahren zustimmen. Daraufhin setzt der Senat eine Untersuchungskommission ein, die sich mit den Vorwürfen gegen den Präsidenten auseinandersetzt. Nach Abschluss der Untersuchungen kann der Senat den Präsidenten mithilfe einer Zweidrittelmehrheit des Amtes entheben. Der Vizepräsident kann durch die gleichen Amtsenthebungsverfahren abgesetzt werden. Amtsenthebungen waren in der Vorgängerverfassung nicht vorgesehen (Art. 145).

Neben dem Präsidenten, dem Vizepräsidenten und dem Kabinett gehören der Generalbundesanwalt und der *director of public prosecutions* (Generalstaatsanwalt) der Exekutive an. Der Generalbundesanwalt berät die Regierung in allen rechtlichen Fragen. Für beide Ämter gilt das gleiche Ernennungsverfahren wie bei der Ernennung von Ministern (Art. 156). Der *director of pulic prosecutions* kann jederzeit Hinweisen auf kriminelle Aktivitäten im öffentlichen Dienst nachgehen. Er ist berechtigt, gegen jede Person ein Gerichtsverfahren in die Wege zu leiten. Der *director of public prosecutions* wird für eine einmalige Amtszeit von acht Jahren ernannt (Art. 157).

Kenias Parlament besteht aus zwei Kammern, der *National Assembly* und dem Senat. Die *National Assembly* besteht aus 349 Abgeordneten. Davon werden 290 Abgeordnete durch ein einfaches Mehrheitswahlrecht (*first past the post*) gewählt. Weitere 47 Abgeordnete sind Frauen, die von den einzelnen Bundestaaten (*counties*) in die *National Assembly* entsandt werden. Die restlichen 12 Abgeordneten werden von den im Parlament vertretenen Parteien nominiert. Die Aufteilung dieser Mandate erfolgt auf der Basis der Sitzverteilung der einzelnen Parteien (Art. 97).

Der Senat (Oberhaus) besteht aus insgesamt 67 Senatoren. Davon werden 47 durch ein einfaches Mehrheitswahlrecht (*first past the post*) in den 47 *counties* gewählt. Zusätzlich dazu werden 16 weibliche Mitglieder des Senats von den politischen Parteien nominiert. Die Nominierung erfolgt auf der Basis ihrer Anzahl von Senatoren, die direkt in den Senat gewählt wurden. Jugendverbände und Verbände, welche die Interessen von Menschen mit Behinderungen vertreten, entsenden jeweils zwei Senatoren. Diese kleine Gruppe von Senatoren wird durch ein Mehrheitswahlrecht (nationale Listen) gewählt. Der Senat entscheidet über die Allokation von Mitteln, die für die einzelnen Bundesstaaten vorgesehen sind (Art. 98).

Gesetze, welche die Kompetenzen der Bundesstaaten berühren, können sowohl von der *National Assembly*, als auch vom Senat eingebracht werden. Sollte eine Kammer mit dem Gesetzesentwurf der anderen Kammer nicht einverstanden sein, wird ein Vermittlungsausschuss (*mediation committee*) angerufen. Der Vermittlungsausschuss besteht aus den Sprechern beider Häuser und der gleichen Anzahl von Abgeordneten aus beiden Kammern. Sollte der Vermittlungsausschuss zu keiner Einigung gelangen, gilt der Gesetzentwurf als gescheitert. Gesetze welche die Kompetenzen der Bundestaaten nicht berühren, werden in der *National Assembly* diskutiert und verabschiedet. Der kenianische Präsident kann einen bereits verabschiedeten Gesetzesentwurf an das Parlament zurückverweisen. Das Parlament kann die Vorbehalte des Präsidenten entweder in den Gesetzesentwurf aufnehmen (einfache Mehrheit) oder die Vorbehalte des Präsidenten mit einer Zweidrittelmehrheit überstimmen. Bei Gesetzen, die nur die Bundesstaaten betreffen, wird über Gesetzesänderungswünsche des Präsidenten in beiden Kammern abgestimmt (Art. 109–116).

Der *Supreme Court* ist der höchste Gerichtshof des Landes; er setz sich aus mindesten fünf Richtern zusammen. Der *Chief Justice* steht dem *Supreme Court* vor. Alle Richter der hohen Gerichtshöfe werden von der *Judicial Service Commission* vorgeschlagen und vom Präsidenten mit Zustimmung der *National Assembly* ernannt. Die Richter des *Supreme Court* können nur dann ihrer Ämter enthoben werden, wenn sie gegen den Verhaltenskodex für Justizbeamte verstoßen. Der *Supreme Court* ist die einzige Instanz des Landes, der über die Rechtmäßigkeit von Präsidentschaftswahlen entscheidet. Jeder Bürger kann innerhalb von sieben Tagen nach einer Präsidentschaftswahl den *Supreme Court* auffordern, die Rechtmäßigkeit der Wahl zu überprüfen. Der *Supreme Court* kann den Ausgang einer Präsidentschaftswahl innerhalb von vierzehn Tagen nach Eingang eines solchen Antrags für ungültig erklären. In diesem Fall findet innerhalb von sechzig Tagen eine Neuwahl des Präsidenten statt. Die wesentlich genauere Ausspezifizierung von Klagen gegen Wahlergebnisse ist auf die zahlreichen juristischen Auseinandersetzungen zwischen Amtsinhabern und Wahlverlieren der letzten zwanzig Jahre zurückzuführen (Art. 163).

Die *Judicial Service Commission* ist für alle Einstellungen im Justizwesen zuständig. Die Kommission besteht insgesamt aus zehn Personen und setzt sich mehrheitlich aus Richtern und Anwälten zusammen, die von ihren Berufsgruppen in dieses Amt gewählt werden. Die breite Bevölkerung ist durch ein männliches und ein weibliches Mitglied vertreten, die vom Parlament bestimmt werden. Die Besetzung der Kommission durch die entsprechenden Berufsgruppen ist eine wichtige Begrenzung ehemaliger präsidentieller Prärogativen (Art. 171–173).

Der *Supreme Court* entscheidet über Verfassungsklagen. Auf Anfrage der Exekutive, eines anderen Staatsorgans oder eines Bundesstaats kann er jederzeit seine juristische Meinung zu Verfassungsfragen erklären und Gesetzte für ungültig erklären (Art. 163.4). Der *High Court* entscheidet in erster Instanz darüber, ob die in der Verfassung festgeschriebenen Bürgerrechte verletzt worden sind. Er entscheidet ferner als erstes darüber, ob Gesetzte mit den Prinzipien der Verfassung in Einklang stehen (Art. 165). Alle Entscheidungen des *High Court* können durch den *Court of Appeal* noch einmal überprüft werden (Art. 164). Zusätzlich zu den staatlichen Gerichtshöfen erkennt die Verfassung Khadi-Gerichtshöfe an. Die Khadi-Gerichte dienen zur Beilegung von Rechtsstreitigkeiten in den Bereichen des Familien- und Erbrechts innerhalb islamischer Gemeinschaften (Art. 170). Hierbei dient die Scharia als Rechtsgrundlage.

Die neue Verfassung sieht ein föderales System vor, welches sich derzeit im Aufbau befindet. Die Gliedstaaten (*counties*) verfügen über bestimmte Kompetenzen und tragen für eine Vielzahl von Politikfeldern die primäre Verantwortung. Dazu gehören die Landwirtschafts-, Umwelt-, Kultur- und Gesundheitspolitik. Ferner sind die Gliedstaaten für die Grundschulen und die Ausbildung in technischen Berufen zuständig. Die Bundesstaaten haben keine Befugnis, eigene Steuern zu erheben (Art. 185). Bei Konflikten über die Zuständigkeiten zwischen der Zentralregierung und den Bundesstaaten schreibt die neue Verfassung Mediationsversuche vor. Wie diese auszusehen haben, muss durch ein Gesetz geregelt werden. In Fällen in denen die Arbeitsteilung zwischen der Zentralregierung und den Bundesstaaten nicht eindeutig geregelt ist, hat die *National Assembly* das letzte Wort (Art. 189–191). Die Wahlen auf bundesstaatlicher Ebene finden zeitgleich mit den Parlaments- und Präsidentschaftswahlen alle fünf Jahre statt.

Die Exekutive eines Bundesstaats besteht aus einem *county governor* und den Mitgliedern des *county executive committee*. Der *county governor* wird direkt von allen Wahlberechtigten eines Bundesstaates gewählt (Art. 118). Er ernennt die Mitglieder der *county executive committee*, die außerdem der Zustimmung der Mehrheit der Abgeordneten der *county assembly* bedürfen. Mitglieder der Exekutive dürfen nicht gleichzeitig Mitglieder der Legislative sein. Jeder Gouverneurskandidat ernennt im Wahlkampf einen Vizekandidaten. Bei einem Wahlerfolg agiert diese Person automatisch als Vize-Gouverneur. Der Gouverneur wird durch ein einfaches Mehrheitswahlrecht in einem Wahlgang gewählt. Jeder Gouverneur kann für maximal zwei Legislaturperioden im Amt bleiben (Art. 180). Die *county executive* darf ein Drittel der Anzahl der Abgeordneten nicht überschreiten und maximal aus zehn Personen bestehen.

Die Legislative der Bundesstaaten besteht aus der *county assembly*. Sie setzte sich aus einer Anzahl von unterschiedlichen Abgeordneten zusammen. Der Großteil der föderalen Parlamente besteht aus gewählten Abgeordneten, die durch ein einfaches Mehrheitswahlrecht (*first-past-the-post*) in den jeweiligen Distrikten (*wards*) gewählt werden. Da laut Verfassung nicht mehr als Zweidrittel des Parlaments eines Bundesstaats aus Mitgliedern eines Geschlechts bestehen darf, werden Sondersitze eingerichtet, sollte diese Regel durch das Wahlergebnis nicht erfüllt werden.[3] Zusätzlich zu den demokratisch gewählten Abgeordneten und den zusätzlich geschaffenen Sitzen kommt eine geringere Anzahl von Abgeordneten, die zu marginalisierten Gruppen gehören. Dazu gehören Menschen mit Behinderungen und Vertreter der Jugend. Jedes

---

3 Der Supreme Court hat entschieden, dass diese Vorschrift bei den Wahlen 2013 noch keine Anwendung findet, da sich die neue kenianische Verfassung noch in der Implementierungsphase befindet.

Parlament eines Bundesstaats wählt einen Sprecher (*speaker of the county assembly*), der jedoch kein gewähltes Mitglied der *county assembly* sein darf. Der Sprecher gehört dem Parlament *ex officio* an (Art. 179).

Die Zentralregierung ist verpflichtet, den Bundesstaaten ein Budget zur Verfügung zu stellen, welches es ihnen ermöglicht, ihren Aufgaben nachzukommen. Kann ein Bundestaat diese Aufgaben nicht erfüllen, ist die Zentralregierung verpflichtet, die entsprechenden staatlichen Leistungen zu erbringen (Art. 202). Die genaue Aufteilung des staatlichen Einkommens zwischen der Zentralregierung und den Bundesstaaten regelt eine nationale Kommission (*Commission on Revenue Allocation*). Diese unterbreitet ihre Vorschläge in regelmäßigen Abständen in beiden Parlamentskammern (Art. 215). Alle fünf Jahre bestimmt der Senat den Prozentsatz des Gesamthaushalts, den die Bundesstaaten jährlich für ihre Zwecke erhalten. Der Vorschlag des Senats muss von beiden Kammern mehrheitlich verabschiedet werden. Sollte die *National Assembly* mit dem Vorschlag des Senats nicht übereinstimmen, kann sie diesen nur mit einer Zweidrittelmehrheit ablehnen. Die Ablehnung mit einer einfachen Mehrheit gilt als Zustimmung. Seit den Wahlen vom April 2013 werden die einzelnen Bundesstaaten eingesetzt. Zum derzeitigen Zeitpunkt ist daher nicht genau abzusehen, mit welchen Finanzmitteln die Bundesstaaten ausgestattet werden. Über einen Ausgleichsfond (*Equalisation Fund*) hat die Zentralregierung außerdem die Möglichkeit, ärmere Regionen des Landes zu unterstützen. Ein halbes Prozent aller jährlichen Gesamteinnahmen wird in diesen Fond überwiesen. Der Fond darf lediglich dafür verwendet werden, grundlegende staatliche Leistungen zur Verfügung zu stellen (Art. 204).

Insgesamt schafft die neue Verfassung neun nationale Kommissionen und zwei zusätzliche hochrangige Staatsbeamte. Zu den zehn Kommissionen gehören die *Kenya Human Rights and Equality Commission*, die *National Land Commission*, die *Independent Electoral and Boundaries Commission*, die *Parliamentary Service Commission*, die *Judicial Service Commission*, die *Commission on Revenue Allocation*, die *Public Service Commission*, die *Salaries and Renumeration Commission*, die *Teacher Service Commission* und die *National Police Service Commission*. Zu den zwei hochrangigen Staatsbeamten gehören der *Auditor-General* und der *Controller of the Budget*. Alle aufgeführten Kommissionen und Beamten sollen sicherstellen, dass die einzelnen Institutionen und Akteure die Prinzipien der Verfassung achten und nach diesen Prinzipien agieren, d. h. korrupte und klientelistische Praktiken eindämmen. Ihre Mitglieder werden einmalig für eine Amtszeit von sechs Jahren von der *National Assembly* bestimmt (Art. 248.2, 250–251).

Der *Auditor-General* wird für eine einmalige Amtszeit von acht Jahren ernannt. Er überprüft in regelmäßigen Abständen alle Konten der Zentralregierung, der einzelnen Regionalregierungen, aller Gerichtshöfe sowie beider Parlamentskammern. Er ist grundsätzlich dazu berechtigt, alle öffentlichen Ausgaben nachzuprüfen (Art. 229). Der *Controller of the Budget* wird ebenfalls vom Parlament für eine einmalige Amtszeit von acht Jahren ernannt. Er beaufsichtigt die Implementierung aller Budgetausgaben der Zentralregierung und alle Regionalregierungen. Er ist beiden Parlamentskammern

gegenüber auskunftspflichtig. Beide Positionen ermöglichen die nachträgliche Überprüfung aller Haushaltsausgaben und sollen zu einem höheren Grad an Transparenz
beitragen (Art. 228).

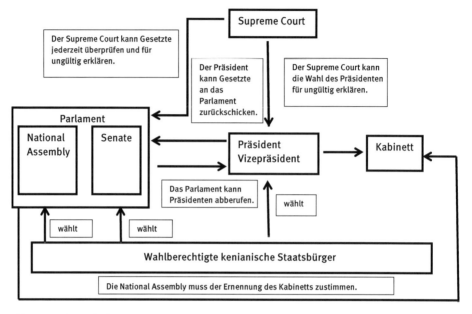

**Abb. 1:** Das kenianische Regierungssystem
Quelle: eigene Zusammenstellung

# 3 Informelle Regeln und Praktiken

Informelle Regeln und Praktiken spielen in der Funktionslogik des kenianischen politischen Systems eine zentrale Rolle. Es soll nicht unerwähnt bleiben, dass ihre Prägekraft selbst im afrikanischen Kontext als stark ausgeprägt anzusehen ist. Vier informelle Institutionen bzw. Praktiken beeinflussen die Funktionsweise des politischen
Systems in besonderem Maße: Ethnizität, Klientelismus, Korruption und organisierte
Gewalt und Kriminalität.

## 3.1 Ethnizität und ethnische Loyalität

Unter ethnischer Zugehörigkeit wird die Zugehörigkeit zu einer bestimmten homogenen Gruppe verstanden, die sich durch gemeinsame Elemente wie Sprache, Brauch-
tum und Regeln von anderen Gruppen abgrenzt (Kasfir 1976). Ethnische Zugehörigkeit
ist dabei nicht als essenzialistisches Konzept zu verstehen (Bannon u. a. 2004; Posner
2005).

Seit der Unabhängigkeit 1963 hat die politische Elite die kulturelle Vielfalt des Landes für politische Zwecke instrumentalisiert. Besonders in den Wahlkämpfen der letzten zwanzig Jahre appellierten Volksvertreter an die Bereitschaft der Bürger, bei der Wahlentscheidung in erster Linie an das Wohl ihrer ethnischen Gruppe zu denken. Ethnische Loyalität spielt dadurch eine wesentliche Rolle bei der Bildung politischer Parteien. Nach der Rückkehr der Mehrparteiendemokratie 1992 scheiterten alle Bemühungen, eine nationale Partei zu gründen, obwohl Kenias Parteigesetz die Existenz ethnischer Partien ausschließt (Elischer 2013; Jonyo 2003; Lynch 2011; Moroff 2010; Throup/Hornsby 1998). Die schweren ethnischen Unruhen des Jahres 2008 waren eine direkte Konsequenz aus der ethnisch polarisierten Parteienlandschaft. Alle relevanten Parteien repräsentieren temporäre ethnische Allianzen (Elischer 2013; Horowitz 2000). Dies macht politische Dynamiken generell unberechenbar und erschwert Entscheidungsfindungsprozesse.

Ethnizität ist als informelle Institution zu begreifen. Politiker, die sich weigern, bei Wahlen an Gruppenzugehörigkeit zu appellieren oder versuchen, sich eine politische Heimat in Parteien aufzubauen, die von einer anderen Gruppe dominiert werden, müssen dies in aller Regel mit dem Ende ihrer politischen Karriere bezahlen (Elischer 2008, 2013).

## 3.2 Klientelismus

Unter Klientelismus wird eine asymmetrische persönliche Beziehung und Abhängigkeitsstrukturen zwischen Patron und Klient verstanden (Erdmann und Engel 2007). Klientelismus prägt sowohl die Beziehungen zwischen den politischen Eliten und ihren Wählern, als auch zwischen Politikern und dem Verwaltungsapparat. Klientelistische Strukturen in Kenia orientieren sich dabei häufig an ethnischen Loyalitäten.

Der Aufbau und die Pflege von Abhängigkeitsstrukturen geschieht in erster Linie durch sogenannte „harambee"[4], eine durch den früheren Präsidenten Jomo Kenyatta ins Leben gerufene nationale Selbsthilfebewegung. Die Organisatoren von harambee sammeln dabei Geld für lokale Entwicklungsprojekte. Die Namen der Spender werden in der Zeitung veröffentlicht. Parlamentskandidaten frequentieren Spendentreffen und versuchen, bei potenziellen Wählern für ihre Person zu werben. Unmittelbar vor Wahlen finden Harambee-Versammlungen besonders häufig statt (Barkan/Holmquist 1989; Barkan 1984; Thomas 1988).

Die Häufigkeit und die Intensität von klientelistischen Strukturen zwischen Politikern und Verwaltungsbeamten kann nicht genau determiniert werden, zumal es sich um Beziehungen handelt, die für die Öffentlichkeit kaum zugänglich sind. Es gibt

---

4 „Harambee" ist ein Begriff in Swahili, der so viel bedeutet wie „Lasst uns alle gemeinsam an einem Strang ziehen".

jedoch keinen Zweifel daran, dass sich die Vergabe von Verwaltungsämtern nicht an den beruflichen Verdiensten von Stelleninhabern, sondern an politischen Erwägungen orientiert. Der kenianische Verwaltungsapparat wird dazu benutzt, Ministerien mit politischen Anhängern und nicht mit fachlich geeignetem Personal auszustatten. Insbesondere halbstaatliche Firmen dienen immer wieder dazu, entweder politische Anhänger finanziell für ihre Loyalität zu belohnen oder potenziell gefährliche Herausforderer mit einer lukrativen Verwaltungsposition ruhigzustellen (Hornsby 2012).[5]

Seilschaften und „Vetternwirtschaft" schwächten die Kontrollfunktion der Legislative. Da unterschiedliche kenianische Regierungen klientelistische Netzwerke auch nutzen, um Kritiker ruhigzustellen, führt Klientelismus im kenianischen Kontext auch zu einer indirekten Verletzung anderer formaler demokratischer Rechte wie der Meinungs-, Presse- und Versammlungsfreiheit (Bratton und van de Walle 1997; van de Walle 2003). Ebenso wie Ethnizität, ist Klientelismus als informelle Institution zu sehen. Politischer Aufstieg ohne Partizipation in klientelistischen Netzwerken ist nicht denkbar. Die Nichtbeachtung dieser Regel wird somit sanktioniert (Elischer 2008; van de Walle 2003; Wrong 2008).

## 3.3 Korruption

Transparency International definiert Korruption als Missbrauch anvertrauter Macht zum privaten Nutzen oder Vorteil. Korruption hat in Kenia seit der Unabhängigkeit eine lange Tradition. Alle bisherigen Präsidenten und ihre jeweiligen Minister waren in Korruptionsaffären involviert (für Beispiele siehe Branch 2011; Hornsby 2012). In den letzten zehn Jahren gehörte Kenia im jährlichen *Corruption Perception Index* von Transparency International jedes Jahr zu den 30 korruptesten Ländern weltweit. Korruption ist somit eine informelle Institution.

Ein prominentes Beispiel soll die Wirkungsweise von Korruption auf die politischen Akteure illustrieren: Als Kenia im Jahr 2002 den ersten demokratischen und friedlichen Machtwechsel seiner Geschichte erlebte, war mit dem Regierungswechsel auch die Hoffnung auf ein Ende des korrupten Staatsapparats verbunden. Stattdessen kam es unter dem neu gewählten Präsidenten Mwai Kibaki (im Amt zwischen 2002 und 2010) zu einem der größten Finanzskandale der kenianischen Geschichte. Im Rahmen des sogenannten „Anglo-Leasing-Skandals" verschwanden über 80 Millionen Euro auf den Konten von Scheinfirmen, die diese Gelder auf private Konten von Regierungsmitgliedern in Zürich zurücküberwiesen. Das gesamte Ausmaß der Korruption ist in dem Buch *Our Time to Eat* der britischen Journalistin Michela Wrong nach-

---

5 Kenianische Abgeordnete und Minister verwiesen in persönlichen Gesprächen mit dem Autor immer wieder darauf, dass sie unter einem hohen Erwartungsdruck stehen, ihre Wähler und Parteianhänger mit Posten in der öffentlichen Verwaltung zu belohnen.

zulesen (Wrong 2008). Es basiert auf Originaldokumenten des damalige Staatsekretärs für Ethik John Githongo.[6] Korruption hat dieselben negativen Auswirkungen auf die formale Regelwelt des politischen Systems wie der Klientelismus.

## 3.4 Organisierte Gewalt und Kriminalität

Ebenso wie die Ausprägung klientelistischer Strukturen wird die Ausrichtung organisierter Gewalt von ethnischer Zugehörigkeit bestimmt. Kenias politische Vertreter nutzen ethnische Milizen, um sicherzustellen, dass Angehörige ihrer Volksgruppe am Wahltag für den „richtigen" Kandidaten stimmen oder Landesteile für bestimmte Kandidaten unzugänglich machen (Lynch 2006). Nach Wahlen werden ethnische Milizen eingesetzt, um an den Angehörigen anderer Gruppen Vergeltung für eine Wahlniederlage zu üben.

Die Mungiki Sekte ist dafür ein prominentes Beispiel. Die Mungiki sind eine militante Sekte, die sich für die kulturellen und politischen Interessen der Gruppe der Kikuyu einsetzt. Seit Ende der 1990er-Jahre machte die Gruppe durch Brandstiftungen, Zwangsbeschneidungen, Schutzgelderpressungen und Auftragsmorde von sich Reden. Im Wirtschaftssektor kontrolliert die Sekte das öffentliche Nahverkehrssystem in Nairobi und weite Teile des Müll- und Baugewerbes (Kagwanja 2003).

Nach den gewaltsamen Unruhen von 2008 beauftragte die kenianische Regierung zwei internationale Kommissionen, die Hintergründe für das Wahlchaos und die ethnischen Gewaltausbrüche nach den Wahlen 2007 zusammenzutragen. Ihre jeweiligen Abschlussberichte verdeutlichen den großen Einfluss organisierter Gewalt und Kriminalität auf das politische System (Commission of Inquiry on Post Election Violence 2008; The Independent Review Commission 2008). Derzeit müssen sich der neu gewählte Präsident Uhuru Kenyatta und sein Vizepräsident William Ruto vor dem Internationalen Strafgerichtshof in Den Haag für Verbrechen gegen die Menschlichkeit verantworten. Sie werden beschuldigt, die ethnischen Unruhen von 2008 durch den Einsatz ethnischer Milizionäre finanziert zu haben. Dabei soll Kenyatta die Mungiki und Ruto ethnische Milizen der Kalenjin für diesen Zweck angeheuert haben (Human Rights Watch 2008).[7] Organisierte Gewalt und Kriminalität sind somit prominente informelle Praktiken, die mit der formalen Regelwelt Kenias in einem Dauerkonflikt stehen.

---

6 Githingo war von Präsident Kibaki mit dem Ziel berufen worden, den Kampf gegen die Korruption im Land zu steuern. Darüber hinaus zeigt das Buch von Michela Wrong auf beeindruckende Art und Weise, wie der Zugang zu politischer Macht zu einer Veränderung des Grundcharakters von kenianischen Politikern führt.

7 Nach Expertenmeinung ist vor allem die Beweislast gegen Vizepräsident Ruto erdrückend.

# 4 Zusammenspiel formaler und informeller Regelsysteme

## 4.1 Partizipation

Den kenianischen Bürgern stehen formal eine Vielzahl von Einflussmöglichkeiten offen, am politischen Prozess zu partizipieren und an öffentlichen Entscheidungen mitzuwirken. Gesetze schreiben die regelmäßige Durchführung von Wahlen und die Mitgestaltung von wichtigen Entscheidungen durch die Zivilgesellschaft und die Medien vor. Wohingegen die Zivilgesellschaft und die Medien größtenteils frei agieren, leidet die Durchführung von Wahlen unter administrativen (formalen) und politisch-motivierten (informellen) Störungen.

### Wahlen

Seit der Rückkehr des Mehrparteienwettbewerbs wurden mehrere Präsidentschafts- und Parlamentswahlen abgehalten (1992, 1997, 2002, 2007 und 2013). In den Jahren 2002 und 2013 hat Kenia zwei friedliche und demokratische Machtwechsel erlebt. Trotz mehrfacher Machtwechsel und zahlreichen Reformen der formalen Regelwelt gibt es eine Vielzahl von informellen Hindernissen, die eine effektive Partizipation der Bürger behindern.

Bei den Wahlen 1992 und 1997 litt das Wahlregime an systematischer Wahlfäl-schung und Einschüchterungen weiter Teile der Bevölkerung durch die Regierung Moi (Lynch 2011; Schröder 1998; Throup/Hornsby 1998). In den ethnischen Hochburgen der Regierung – in den von der ethnischen Gruppe der Kalenjin bewohnten Gegen-den – wurde den Oppositionsparteien durch ethnische Milizen und radikalisierten Pro-Moi-Jugendgruppen jeglicher Zugang verwehrt. Mois klientelistischer Staatsappa-rat sorgte ferner dafür, dass sich Regierungspartei und Amtsinhaber auf Unterstüt-zung aus dem Verwaltungsapparat verlassen konnten. So gelang es der Regierungs-partei, durch den Einsatz von Regierungsfahrzeugen und Staatsbeamten auch in den abgelegenen Gegenden des Landes Wahlkampf zu führen. Die demokratische Opposi-tion konnte sich zu diesen Regionen ebenfalls keinen Zugang verschaffen.

Neben informellen Praktiken (organisierte ethnische Gewalt, Missbrauch von staatlichen Ressourcen und Wahlfälschung zugunsten des Amtsinhabers) konnte sich der Amtsinhaber auch auf die regimestützende Wirkung von formalen Institutionen verlassen. Die von der Regierung Moi 1992 verabschiedeten Verfassungsänderungen (Constitution of Kenya Amendment Bill) sahen vor, dass ein gewählter Präsident in fünf der acht Provinzen mindestens 25 % der Stimmen erhalten muss. Gleichzeitig reichte eine einfache Mehrheit für die Wahl zum Präsidenten. Damit reagierte Moi auf die ethnische Zersplitterung der demokratischen Opposition und wurde mit nur 36 %

(1992) bzw. 40 % (1997) der Stimmen wiedergewählt. Tabelle 1 verdeutlicht dies. Alle Mitglieder der kenianischen Wahlkommission (Electoral Commission of Kenya) wurden vom Präsidenten ernannt. Der Vorsitzende der Wahlkommission war ein privater Schuldner des Präsidenten und Teil des von Moi geführten klientelistischen Systems. Es überrascht daher nicht, dass es 1992 und 1997 Unregelmäßigkeiten bei der Registrierung von Wählern in Oppositionsregionen gab.

**Tab. 1:** Offizielle Wahlergebnisse der Präsidentschaftswahlen 1992, 1997, 2002, 2007

| Präsidentschaftswahlergebnisse 1992 | | | Präsidentschaftswahlergebnisse 1997 | | |
|---|---|---|---|---|---|
| Kandidat | Absolute Stimmen | Prozentualer Stimmanteil | Kandidat | Absolute Stimmen | Prozentualer Stimmanteil |
| Daniel arap Moi | 1 962 866 | 36,4 % | Daniel arap Moi | 2 445 801 | 40,1 % |
| Kenneth Matiba | 1 404 266 | 26,0 % | Mwai Kibaki | 1 895 527 | 31,1 % |
| Mwai Kibaki | 1 050 617 | 19,5 % | Raila Odinga | 665 725 | 10,9 % |
| Oginga Odinga | 944 197 | 17,5 % | Michael Wamalwa | 505 542 | 8,3 % |
| | | | Charity Ngilu | 469 807 | 7,7 % |
| **Präsidentschaftswahlergebnisse 2002** | | | **Präsidentschaftswahlergebnisse 2007** | | |
| Kandidat | Absolute Stimmen | Prozentualer Stimmanteil | Kandidat | Absolute Stimmen | Prozentualer Stimmanteil |
| Mwai Kibaki | 3 646 277 | 62,2 % | Mwai Kibaki | 4 584 721 | 46,4 % |
| Uhuru Kenyatta | 1 835 890 | 31,3 % | Raila Odinga | 4 352 993 | 44,1 % |
| Simeon Nyachae | 345 153 | 5,9 % | Kalonzo Musyoka | 879 903 | 8,9 % |

Quelle: Berechnungen auf der Basis von Daten des African Elections Database, Lynch 2011, Elischer 2013

Bei den Parlamentswahlen wurden die Wahlkreise des früheren Einparteienstaats übernommen, welches diejenigen ethnischen Gruppen, die Moi gegenüber loyal waren und die sich in KANU organisierten, eindeutig bevorzugte. Unmittelbar vor den 1997-Wahlen wurde die Anzahl der Pro-Regierungswahlkreise noch einmal erhöht, und somit die Praxis des gerrymandering verstärkt. Formale Institutionen waren eindeutig darauf ausgerichtet, das politische Überleben der autokratischen Elite zu gewährleisten (Human Rights Watch 1993; Lynch 2011; Rutten u. a. 2001; Schröder 1998).

Auch 2002 kam es zu Problemen bei der Wählerregistrierung und zu Ungereimtheiten bei der Stimmauszählung. Aufgrund von Machtverschiebungen innerhalb des kenianischen Parteisystems gelang es Mwai Kibaki (von der Gruppe der Kikuyu), Vertreter aller wichtigen ethnischen Gruppen des Landes hinter sich zu vereinigen, wohingegen sein Herausforderer Uhuru Kenyatta (ebenfalls von der Gruppe der Kikuyu) sich lediglich auf die Unterstützung von Moi-Getreuen verlassen konnte. Dies hatte eine überwältigende Mehrheit für Kibaki zu Folge (Maupeu u. a. 2005). Somit war Kenias erster demokratischer Machtwechsel weder das Ergebnis von demokratischen institutionellen Reformen, noch das Ende informeller Praktiken. Die 2007-Wahlen bestätigten dies in dramatischer Form. Wie Moi vor ihm, nutze Kibaki seine formalen Rechte, und besetzte die Wahlkommission ausschließlich mit Anhängern der Regierung. Die Ernennung von Kibaki als Wahlsieger durch die Wahlkommission wurde zwei Tage später durch den nationalen Wahlleiter in Zweifel gezogen.[8] Offenkundige Wahlfälschungen (von Regierung und Opposition), die nicht nachvollziehbare Ernennung von Kibaki zum Präsidenten im Zusammenspiel mit einem ethnisch-polarisierten Parteiensystem resultierten in 1.100 Toten, 1.300 Verletzten und 350.000 Vertriebenen (Branch 2011; Hornsby 2012).

Erst durch die neue Verfassung kam es zu einer Reihe von tief greifenden institutionellen Veränderungen. Eine neue Wahlkommission (*Independent Elections and Boundaries Commission*) wurde ins Leben gerufen und personell besser ausgestattet. Das Mandat der Mitglieder der Führungsebene ist einmalig auf sechs Jahre beschränkt. Alle Mitglieder der Wahlkommission müssen vom Unterhaus bestätigt werden. Die Zahl der Wahlkreise wurde von 210 auf 290 erhöht. Ihre Demarkation orientiert sich nun stärker an den Bevölkerungszahlen, nicht an politischen Erwägungen. Die neue Verfassung spezifiziert ferner die Beschwerdemechanismen, die Wahlverlierern zur Verfügung stehen (European Union 2013).

Der friedliche Wahlverlauf 2013 ist dennoch kein Erfolg institutioneller Reformen, sondern das Ergebnis der hohen Aufmerksamkeit mit der die Geberländer die 2013-Wahlen verfolgten (International Crisis Group 2013). Die monatelange Verzögerung der Veröffentlichung der Parlamentswahlergebnisse und der Ergebnisse der Wahlen in den Bundesstaaten verdeutlicht, dass die Durchführung von Wahlen immer noch administrative Probleme bereitet. Parteien repräsentieren immer noch ethnische Allianzen, was auch 2013 für ein hohes Maß an Polarisierung im Parteiensystem sorgte. Schließlich gibt es aufseiten der politischen Akteure nach wie vor Probleme, Wahlergebnisse zu akzeptieren. Der Wahlverlierer der Präsidentschaftswahl Raila Odinga versuchte erfolglos, durch eine Klage vor dem *Supreme Court* seine Niederlage anzufechten. Derzeit liegen dem Supreme Court 113 Klagen gegen Wahlergebnisse bei den Parlaments- und Senatswahlen vor.

## Öffentlichkeit: Agenda-Setting und Medien

Die Medienlandschaft agiert seit dem Ende der Präsidentschaft von Moi im Jahr 2002 weitgehend frei. Die Pressefreiheit ist in der neuen Verfassung verankert und wird

---

8 In einem Interview mit der landesweiten Zeitung „Daily Nation" überraschte der nationale Wahlleiter Samuel Kivuitu am 2. Januar 2008 mit der Aussage, das genaue Wahlergebnis sei unbekannt, obwohl Kivuitu Tage zuvor Kibaki zum Präsidenten ernannt hatte.

generell respektiert. In Einzelfällen kommt es zu Verleumdungs- und Diffamierungs-klagen gegen Journalisten. Journalisten, die sich dem Kampf gegen Klientelismus und Korruption verschrieben haben, werden in Einzelfällen Opfer ihrer Rechercheergeb-nisse. Im Jahr 2009 wurde beispielsweise der Journalist Francis Kainda ermordet, nachdem er über Korruption in einer lokalen Verwaltung berichtet hatte. Das Buch *Our Turn to Eat: The Story of a Kenyan Whistleblower*, eine investigative Studie der Journalistin Michaela Wong über Korruption, wurde verboten und darf nicht verkauft werden. Diese Verstöße gegen formal gesicherte Prinzipien wie der Presse- und Mei-nungsfreiheit stellen im Politikalltag allerdings Ausnahmen dar. Über aktuelle politi-sche Themen wird in den staatlichen und privaten Medien berichtet. Dabei kommen Regierungskritiker ausführlich zu Wort.

Bei der Qualität der Medienberichterstattung existieren jedoch starke Unterschie-de. Insbesondere Medien, die in einer lokalen Landessprache erscheinen, berichten einseitig. Vor dem Internationalen Strafgerichtshof muss sich derzeit der Journalist Joshua Arap Sang einer Anklage stellen. Ihm wird vorgeworfen, durch seine Bericht-erstattung bei den Wahlen 2007 zu ethnischer Gewalt aufgerufen zu haben. Es gibt eine wachsende Zahl von Journalisten, die vor den negativen Auswirkungen einer undifferenzierten Berichterstattung warnen (Lansner 2013). Das neue kenianische Mediengesetz (*2007 Press Act*) verbietet Diffamierungen und Volksverhetzung; seine Auswirkungen können noch nicht evaluiert werden.

Seit Ende des Einparteienstaates reguliert der *NGO Coordination Act* von 1990 den Handlungsspielraum der Zivilgesellschaft. Das Gesetz etabliert einen nationalen Rat der Nichtregierungsorganisationen (NRO). Die Regierung stellt die Mehrheit des Rates, der u. a. über Zulassung bzw. Entzug der Zulassung als öffentlich anerkannte NRO entscheidet. Während die Moi-Regierung diese Regelung in den 1990er-Jahren nutze, um sich Kritikern des Regimes zu entledigen, wurde das Gesetz seit dem Wahlsieg Kibakis für diese Zwecke nicht mehr angewandt. Die innenpolitische Agenda der letz-ten zwanzig Jahre wurde maßgeblich durch zivilgesellschaftliche Verbände mitbe-stimmt. Hierzu gehören insbesondere die Berufsverbände der Rechtsanwälte (*Law Society of Kenya, International Commission of Jurists/ Kenyan Chapter, Kenya Human Rights Commission*) und die christlichen Kirchen (insbesondere die anglikanische und die katholische Kirche). Im Verlauf der 90er-Jahre gelang es diesen NRO einen Dialog zwischen Regierung, parlamentarischer Opposition und der Zivilgesellschaft über Verfassungsänderungen zu initiieren. Auch tagesaktuelle Themen wie die derzeitige Debatte über Datenschutz oder den Schutz der Privatsphäre gegenüber dem Staat werden durch die Zivilgesellschaft in die Öffentlichkeit getragen (Lansner 2013).

Allerdings ist auch die Zivilgesellschaft bei strittigen politischen Fragen manch-mal Opfer der politischen Polarisierung des Landes. Nach den ethnischen Gewaltex-zessen zu Beginn des Jahres 2008 teilte sich die Zivilgesellschaft in zwei Lager. Die christlichen Verbände und insbesondere die katholische Kirche forderten ein soforti-ges Ende der Ausschreitungen, ohne auf politische Reformen zu bestehen. Diese Hal-tung wurde als Unterstützung für die Regierung Kibaki ausgelegt. Kibaki selbst stand der katholischen Kirche sehr nahe und wurde von ihr in seinem Wahlkampf 2002 unterstützt. Alle weiteren Verbände schlossen sich der Initiative *Kenyans for Peace with Truth and Justice*, die in ihren öffentlichen Aussagen einen direkten Zusammenhang zwischen institutionellen Reformen und innerstaatlichem Frieden unterstrich. Diese Position wurde als Unterstützung der Opposition von Kibakis Gegenkandidaten Raila Odinga interpretiert (Lafargue 2008).

## 4.2 Entscheidungsfindung

Der wichtigste Akteur bei der Entscheidungsfindung ist der Präsident. Bis zur Verabschiedung der 2010-Verfassung entschied ausschließlich das Präsidialamt über alle wichtigen Entscheidungen und Ernennungen. Das kenianische Parlament dagegen konnte sich erst im Verlauf der letzten zehn Jahren von formalen und informellen Kontrollmechanismen der Exekutive befreien. Zwischen der Unabhängigkeit 1963 und 1997 gab es in Kenia *de facto* keine parlamentarische Kontrolle. Die Kontrollfunktion des Parlaments wurde sowohl von formalen, als auch von informellen Institutionen und Praktiken untergraben.

Zu den formalen Hindernissen zählte lange Zeit die Besoldungsregelung für Abgeordnete. Bis 1998 betrug das Gehalt eines Parlamentariers lediglich 154 US-Dollar (Barkan/Matiangi: 33–72: 56). Diese Summe reichte nicht aus, den Lebensunterhalt in Nairobi zu bestreiten. Somit kamen für einen Parlamentssitz nur Personen infrage, die Teil des klientelistischen Netzwerks der Exekutive waren. Die Regierung Moi nutze diese Abhängigkeitsverhältnisse u. a. bei der Wahl des Parlamentssprechers aus. Die parlamentarischen Reformkräfte hatten dadurch keinen Vertreter, der ihre Interessen gegenüber der Exekutive artikulieren konnte. Ferner stand die parlamentarische Arbeit auch auf formaler Ebene unter der direkten Kontrolle der Exekutive: Alle Parlamentsmitarbeiter waren Beamte der Exekutive. Somit konnten Abgeordnete nicht auf unabhängige Mitarbeiter zuückgreifen (Barkan/Matiangi: 33–72).

Seit 1998 kam es zu deutlichen Anhebungen der Abgeordnetenbezüge. Kenias Parlamentarier verfügen inzwischen über ein monatliches Einkommen von 6.800 US-Dollar (Stand: Juli 2013). Auch wenn die Höhe dieser Gehälter umstritten ist, so hatten sie eine größere Unabhängigkeit der Mitglieder der *National Assembly* zur Folge. Im Jahr 2000 erstritt sich das Parlament das Recht auf einen unabhängigen Parlamentsdienst. Das entsprechende Gesetz (*Parliamentary Service Act*) führte außerdem zur Schaffung von parlamentarischen Ausschüssen. Genauere Analysen der kenianischen Parlamentsarbeit zeigen, dass die Mehrzahl von Gesetzesänderungsänderungsanträgen inzwischen von den Parlamentsausschüssen und nicht mehr von der Exekutive ausgehen (Institute of Civic Affairs and Development 2002; Nakamura und Johnson 2003).

Im Jahr 2008 verabschiedete das Parlament eine neue Parlamentsordnung, die das Einbringen von Gesetzesinitiativen durch einzelne Abgeordnete wesentlich vereinfacht. Ferner werden die ministeriellen Einzelbudgets erstmals auch in den parlamentarischen Ausschüssen beraten; bis zu diesem Zeitpunkt beschränkte sich die Kontrolle des Parlaments über das Budget auf eine Plenardebatte des jährlichen Gesamthaushalts. Der *Fiscal Management Act* aus dem Jahr 2008 verpflichtet die Exekutive, detailliert über Haushaltsausgaben Rechenschaft abzulegen (Barkan/ Matiangi 33–72; Nakamura/Johnson 2003). Insgesamt lässt sich sowohl auf der institutionellen als auch auf der Akteursebene eine Tendenz zu mehr parlamentarischer Kontrolle und einem transparenteren Entscheidungsfindungsprozess feststellen.

Kenias traditionelle Herrscher sind mächtige informelle Vetospieler. Führende Parteipolitiker halten mit den Stammeshäuptlingen ihrer ethnischen Gruppe Rücksprache, wenn es um die Bildung neuer Parteiallianzen oder die Besetzung von Führungsaufgaben in den Parteien geht. So konsultierte beispielsweise Präsident Moi die traditionellen Herrscher der Kalenjin regelmäßig zu aktuellen politischen Krisen. Selbiges trifft auch auf Präsident Kibaki und die Stammeshäuptlinge der Kikuyu zu. Oppositionsführer Raila Odinga konnte sich erst als parteipolitischer Anführer der Luo durchsetzen, nachdem er die Unterstützung der traditionellen Herrscher der Luo für sich gewinnen konnte (Elischer 2013; Jonyo 2003; Lynch 2011).

## 4.3 Implementierung von Regierungsentscheidungen

Die Implementierung von Regierungsentscheidungen sowie deren Implementierung leidet in allen Politikfeldern an administrativen Ineffizienzen. Ein wichtiger Grund hierfür sind die regelmäßigen Veränderungen bei der Kompetenzzuschreibung von Ministerien. Häufig bleibt ungeklärt, welches Ministerium für die Umsetzung bestimmter Gesetze zuständig ist. In der Umweltpolitik sind beispielsweise die Kompetenzen für den Umweltschutz auf derzeit fünf Ministerien verteilt (Bertelsmann Transformation Index 2010). Dies ist ein direktes Resultat klientelistischer Strukturen. Politische Abhängigkeiten bringen es mit sich, dass sich die Vergabe von Ministerien bzw. der Zuschnitt ministerialer Verantwortlichkeiten nicht an politischen Notwendigkeiten, sondern an polittaktischen Überlegungen orientiert. Die Auswirkungen dieser Ernennungspraxis zeigen sich unter anderem bei der seit Jahren andauernden Polizeireform. Diese führte zur Einrichtung zahlreicher Kommissionen, die für die Reform der Sicherheitskräfte zuständig sind. Tief greifende Reformen im Polizeiapparat sind bislang ausgeblieben, weil sich die einzelnen Kommissionen in ihrer Arbeit behindern oder ihr Mandat nicht geklärt ist. Die angeführten Beispiele stehen stellvertretend für andere Politikfelder.

Ein weiterer Grund für die mangelhafte Umsetzung von Gesetzen ist das Eigeninteresse der Mitglieder der Exekutive (Korruption). Dies trifft insbesondere auf die dringend benötigte Landreform zu, die von allen Politikern regelmäßig angemahnt, aber seit Jahrzehnten nicht ernsthaft angegangen wird. Kenias politische Elite hat nach der

Unabhängigkeit massiv von Irregularitäten bei der Vergabe von fruchtbarem Ackerland profitiert und dementsprechend keinerlei Interesse an einer sozial gerechten
Umverteilung dieser wichtigen wirtschaftlichen Ressource (Kariuki 2008). Die viel
umjubelte Verfassungsreform ist ein weiteres Beispiel: Sie wurde vor allem von der
internationalen Gemeinschaft gefordert und finanziell gefördert. Von den Regierungsangehörigen gab es bei der konkreten Ausgestaltung dieser Reformen so gut wie keinerlei konstruktiven Input. Nahezu alle Reformvorschläge wurden von der Zivilgesellschaft und ausländischen Verfassungsexperten formuliert.[9] Somit gibt es aufseiten der
politischen Elite keinen intellektuellen oder emotionalen *ownership* bei der Umsetzung von Entscheidungen, die von der breiten Bevölkerung als dringend notwendig
erachtet werden.

Bei der Implementierung der Steuergesetze sind institutionelle Mängel ebenfalls
deutlich. Trotz eines erhöhten Handlungsspielraums der Legislative (siehe 4.2) zeichnet sich der Bugetierungsprozess durch einen Mangel an Transparenz für die Öffentlichkeit aus. Insbesondere der Zusammenhang zwischen Ausgaben und Einnahmen
kann auf Grundlage öffentlich zugänglicher Dokumente nicht nachvollzogen werden.
Internationale Institutionen wie die Weltbank beklagen seit Jahren, dass die fiskalpo-
litische Lage des Landes nicht bestimmt werden kann (Open Budget Index 2013). Der
kenianische Staat ist ferner nur bedingt in der Lage, die zu erhebenden Steuern tatsächlich einzutreiben. Laut Berechnungen von Fiskalexperten der Zivilgesellschaft
beträgt die jährliche Differenz zwischen den tatsächlichen und den potenziell möglichen Steuereinnahmen mehrere Milliarden Euro. Die erheblichen Mindereinnahmen
sind das Ergebnis von intransparenten Sonderkonditionen für Teile der kenianischen
Wirtschaft, die über enge Kontakte zur Politik verfügen (Tax Justice Network Africa
2012). Somit zeigt sich auch bei der Steuereintreibung der Einfluss von Korruption und
Klientelismus.

Es wäre jedoch falsch, nur informelle Praktiken für Steuermindereinnahmen verantwortlich zu machen. Über ein Drittel der kenianischen Volkswirtschaft ist Teil des
informellen Wirtschaftssektors. Nach Schätzungen sind dort über zwei Drittel der
kenianischen Bevölkerung beschäftigt (Institute of Economic Affairs 2012). Die Firmen
des informellen Sektors sind durch die Verwaltung des Staates nicht erfasst und zahlen somit auch keinerlei Abgaben. Somit sind Steuermindereinnahmen auch ein Resultat eines Mangels an institutioneller Kapazität, den informellen Sektor verwal-
tungstechnisch zu erfassen und zu regulieren.

---

9 Gespräch des Autors mit Christina Murray, internationales Mitglied der Verfassungsreformkom-
mission.

## 4.4 Rechtsschutz

Bis vor wenigen Jahren galt das kenianische Rechtssystem als korrupt und der Rechtsschutz der breiten Bevölkerung als nicht gegeben. Nach den schlimmen Unruhen zu
Beginn des Jahres 2008 wurde die desolate Situation des Justizwesens von internationalen Berichterstattern und der kenianischen Zivilgesellschaft thematisiert (The Independent Review Commission 2008). Zu diesem Zeitpunkt hatte das Rechtssystem mit
einem massiven Antragsrückstand (ca. eine Million nicht bearbeiteter Fälle) zu kämpfen, der sich in den vergangenen Jahrzehnten in den dysfunktionalen Gerichtsverwal-
tungen angesammelt hatte. Öffentlichen Aussagen verschiedenster reformorientierter
Rechtsanwälte in den Tageszeitungen des Landes war zu entnehmen, dass nur etwa
die Hälfte der Angestellten im Justizapparat regelmäßig zur Arbeit erschienen. Viele
Angestellte des Justizsektors hatten keine adäquate oder gar keine juristische Ausbildung.

Seit Juni 2011 hat der Justizapparat zahlreiche Veränderungen erfahren. Entscheidend dafür war die schnelle Implementierung formaler institutioneller Reformen. So
wurden die Gehälter der Verwaltungsangestellten das erste Mal seit zehn Jahren angehoben und die Einstellungskriterien grundlegend überarbeitet. Um den Antragsrückstand im Justizapparat zu bewältigen und um den Zugang zum Rechtssystem
allen Bürger möglich zu machen, wurden hunderte neue Richter eingestellt. Vor allem
in den ländlichen Regionen wurden das erste Mal seit der Unabhängigkeit Gerichtssä-
le gebaut. Ferner wurde ein Ombudsman ins Leben gerufen, bei dem Bürger Vorfälle
von Korruption im Rechtssystem melden können. Innerhalb eines Jahres erhielt der
Ombudsmann mehr als 14.000 Hinweise dieser Art. Nach eigenen Angaben wurden
70 % dieser Hinweise abgearbeitet (Institute for Strategic Studies 2012).

Um Rechtsschutz für alle Bürger zu schaffen, kam es außerdem zu einer Reihe von
administrativen und technischen Neuerungen. Das *National Council for Administrative
Justice* wurde ins Leben gerufen. Es koordiniert alle staatlichen Verwaltungseinheiten,
die sich um den Rechtsschutz von Bürgern kümmern (dazu gehören u. a. die Polizei,
die Gefängnissaufsicht und die Jugendämter). Schließlich wurden alle wichtigen Jus-
tizdokumente digitalisiert und durch die Bereitstellung von moderner Informations-
technologie allen Mitgliedern des Justizsystems zugänglich gemacht.[10] Diese Einzelre-
formen werden durch die neue Zusammensetzung der *Judicial Service Commision*
untermauert. Dass diese nun von Anwälten und nicht mehr von Angehörigen der
Exekutive gelenkt wird, hat die Funktionslogik dieser Institution komplett verändert
und demokratiestützende Reformen des Rechtssystems ermöglicht.

Es gibt konkrete Hinweise darauf, dass der Justizapparat stärker in der Lage und
willens ist, Bürgerrechte zu schützen. Im Jahr 2011 beispielsweise wurde vor dem High

---

10 Rede des Vorsitzenden der Judicial Service Commission und Chief Justice Willy Mutunga beim
Center for Strategic and International Studies in Washington DC am 07.09.2013.

Court in Nairobi eine Petition von Slumbewohnern verhandelt, deren Häuser von der Regierung im Jahr 2011 zerstört wurden. Das Gericht entschied, dass es sich hierbei um einen Verstoß gegen die Eigentumsrechte der Slumbewohner handelte, auch wenn deren Siedlung nirgends als Eigentum eingetragen ist. Es verwies auf den sozialen Anspruch eines jeden Bürgers auf eine angemessene Unterbringung. Ihre Vertreibung aus ihrer Siedlung sei deswegen ein Gesetzesbruch. Ein weiterer Fall war die Klage von Oppositionsführer Raila Odinga gegen das Ergebnis der Präsidentschaftswahlen 2013. In der Vergangenheit wurden ähnliche Klagen stets mit dem Hinweis auf technische Modalitäten abgebügelt. Der neue Supreme Court hat sich der Klage angenommen und innerhalb von vierzehn Tagen entschieden (Rawal 2013).

# 5 Fazit

Die Funktionslogik des politischen Systems Kenias wird in erheblichem Maße von informellen Institutionen und Praktiken geprägt. Diese stehen nicht mit demokratischen Verfahren im Einklang und blockieren die Funktionsweise formaler Institutionen. Ethnische Loyalität, Klientelismus, Korruption und organisierte Gewalt sind dafür verantwortlich, dass die politische Transition zu Beginn der 90er-Jahre nicht zur vollständigen Demokratisierung des Landes geführt hat. Alle informellen Institutionen und Praktiken weisen einen hohen Grad an Pfadabhängigkeit auf. Sie beeinflussen die Politik des Landes seit der Unabhängigkeit. Es kann somit von einer zweiten Verfassung gesprochen werden, deren Regeln das Verhalten der politischen Akteure intensiver bestimmt als die formale Regelwelt. Es kann somit von einem neopatrimonialen Regime gesprochen werden. Die kürzlich verabschiedete Verfassung etabliert eine neue und wesentlich demokratischere formale Regelwelt. Ihre Ausgestaltung ist zum einen ein Versuch, die formale Regelwelt mit demokratischen Normen in Einklang zu bringen. Dies war in der Vorgängerverfassung, die in der Zeit des Einparteienstaates verabschiedet wurde, nicht der Fall. Zum anderen wird versucht, die Prägekraft informeller Institutionen und Praktiken abzudämmen. Die Wirkungskraft dieser neuen Regelwelt kann noch nicht evaluiert werden.

In unterschiedlichen Politikfeldern sind unterschiedliche Wirkungsgrade der formalen Regelwelt festzustellen. Aus diesem Grund variiert die demokratische Qualität des Landes auch zwischen einzelnen Politikbereichen und -feldern. Der Bereich der Wahlen wird vergleichsweise stark von informellen Institutionen und Praktiken dominiert. Trotz zahlreicher formaler institutioneller Reformen und zwei friedlichen Machtwechseln bestimmen ethnische Polarisierung und Wahlfälschungen immer noch das Wahlsystem. Die Verhaltensweisen der politischen Akteure stehen hier demokratischen Normen und Verhaltensweisen diametral gegenüber. Zivilgesellschaftlichen Verbänden und den Medien dagegen ist es gelungen, eine wichtige Rolle im politischen Prozess einzunehmen und demokratische Reformvorschläge zu initiieren.

Sie sind die „Reformmotoren" des Landes. Auch in diesen Bereichen ist der Einfluss informeller Institutionen erkennbar, jedoch üben sie hier einen deutlich weniger starken Einfluss aus. Die Implementierung von Regierungsentscheidungen wiederrum steht eindeutig im Schatten informeller Verhaltensweisen. Klientelistische Seilschaften sind dafür verantwortlich, dass Regierungsentscheidungen nur sehr langsam und äußerst mangelhaft umgesetzt werden.

Positive Entwicklungen sind vor allem im Bereich der politischen Entscheidungsfindung und bei der Sicherstellung des Rechtsschutzes von Bürgern zu erkennen. Hier haben Reformen der formalen Regelwelt zu einer deutlichen Verbesserung demokratischer Teilhabe geführt. So konnte sich das Parlament im Laufe der letzten zwei Jahrzehnte von der starken Kontrolle der Exekutive befreien. Das Justizwesen agiert aktuell wesentlich unabhängiger als jemals zuvor. Nichtdemokratische formale Institutionen konnten reformiert und die Prägekraft informeller Institutionen drastisch reduziert werden.

Die Pfadabhängigkeit nichtdemokratischer formaler Institutionen (bis zur Verfassungsänderung von 2010) sowie informeller Institutionen und Praktiken haben insgesamt zu einer gemischten Bilanz der demokratischen Reformbemühungen geführt. Die weitere demokratische Entwicklung des Landes ist vor allem davon abhängig, inwieweit die Elite des Landes die neue formale Regelwelt der neuen Verfassung umsetzt. Das Akteursverhalten der letzten zwanzig Jahre deutet darauf hin, dass dies bestenfalls in den Politikfeldern der Fall sein wird, deren institutionelle Ausformulierungen die Interessen der Elite nicht unmittelbar gefährden. Die Ambivalenz der Befunde lässt sich durch die Klassifikation des politischen Systems als neopatrimoniale Herrschaftsform typologisch fassen, die in diesem Fall demokratische und autokratische Merkmale verbindet.

# Bibliographie

Bannon, Alicia/Miguel, Edward/Posner, Daniel N., 2004: Sources of Ethnic Identification in Africa. (Afrobarometer Working Paper).

Barkan, Joel D., 1984: „Development Through Self-Help: The Forgotten Alternative", in: Rural Africana. 19–20 (Spring/Fall), S. 115–129.

Barkan, Joel D./Holmquist, Frank, 1989: „Peasant-State Relations and the Social Base of Self-Help in Kenya", in: World Politics. 41 (3), S. 359–380.

Barkan, Joel/Matiangi, Fred, 2009: „Kenya's Tortuous Path to Successful Legislative Development", in: Legislative Power in Emerging African Democracies. Lynne Rienner Publishers.

Bertelsmann Transformation Index (2010): Kenia. Güterslosh: Bertelsmann Stiftung.

Branch, Daniel, 2011: Kenya. Between Hope and Despair, 1963–2011. USA: Yale University Press.

Bratton, Michael/van de Walle, Nicolas, 1997: Democratic Experiments in Africa. Regime Transitions in Comparative Perspective. UK: Cambridge University Press.

Commission of Inquiry on Post Election Violence 2008: Kenya Post Election Violence Report. Nairobi: Government of Kenya.

Elischer, Sebastian, 2008: „Do African Parties Contribute to Democracy? Some Findings from Kenya, Ghana and Nigeria", in: Afrika Spectrum. 43 (2), S. 175–201.

Elischer, Sebastian, 2013: Political Parties in Africa. Ethnicity and Party Formation. New York: Cambridge University Press.

Erdmann, Gero/Engel, Ulf, 2007: „Neopatrimonialism Reconsidered: Critical Review and Elaboration of an Elusive Concept", in: Commonwealth and Comparative Politics. 45 (1), S. 95–119.

European Union, 2013: European Union Elections Observation Mission to Kenya. General Elections 2013. Brussels: European Union Election Observation Missions.

Geertzel, Cheery, 1970: The Politics of Independent Kenya. Kenya: East African Publishing House.

Helmke, Gretchen/Levitsky, Steven, 2006: Informal Institutions and Democracy. Lessons from Latin America. USA: Johns Hopkins University Press.

Hornsby, Charles, 2012: Kenya. A History Since Independence. London: I.B. Tauris.

Horowitz, Donald, 2000: Ethnic Groups in Conflict. USA: University of California Press.

Human Rights Watch, 2008: Ballots to Bullets. Organized Political Violence and Kenya's Crisis of Governance. Washington D.C.: Human Rights Watch.

Human Rights Watch, 1993: Divide and Rule. State-Sponsored Ethnic Violence in Kenya. USA: Human Rights Watch.

Institute for Strategic Studies, 2012: Cautious Optimism over Judicial Reform in Kenya. South Africa: Institute for Strategic Studies.

Institute of Civic Affairs and Development, 2002: Kenya's Parliament Members' Participation (1998–2001). Nairobi: Institut of Civic Affairs and Development.

Institute of Economic Affairs, 2012: The Budget Focus. Nairobi: Institute of Economic Affairs.

International Crisis Group, 2013: Kenya After the Elections. Brussesls: International Crisis Group.

Jonyo, Fred, 2003: „The Centrality of Ethnicity in Kenya's Political Transition", in: Oyugi, Walter/Wanyande, Peter/Ochiambo-Mbai, C. (Hrsg.): The Politics of Transition in Kenya. From KANU to NARC. Kenya: Heinrich Böll Foundation S. 155–179.

Kagwanja, Peter, 2003: „Facing Mount Kenya or Facing Mecca? The Mungiki, Ethnic Violence and the Politics of the Moi Succession in Kenya", in: African Affairs. 102, S.25–49.

Kariuki, Samuel, 2008: „We've been to hell and back … : Can a Botched Land Reform Program Explain Kenya's Political Crisis? (1963–2008)", in: Journal of African Elections. 7 (2), S. 135–172.

Kasfir, Nelson, 1976: The Shrinking Political Arena: Participation and Ethnicity in African Politics with a Case Study of Uganda. USA: University of California Press.

Lafargue, Jérôme, 2008: The General Elections in Kenya, 2007. Nairobi: Institut Francais de Recherche En Afrique.

Lansner, Thomas, 2013: Countries at the Crossroads 2012: Kenya. USA: Freedom House.

Lauth, Hans-Joachim, 2012: „Informal Governance and Democratic Theory", in: International Handbook on Informal Governance. Cheltenham: Edward Elgar Publishing S. 40–64.

Lauth, Hans-Joachim, 2000: „Informal Institutions and Democracy", in: Democratization. 7 (4), S. 21–50.

Lynch, Gabrielle, 2011: I Say to You. Chicago: University of Chicago Press.

Lynch, Gabrielle, 2006: „The Fruits of Perception: Ethnic Politics and the Case of Kenya's Constitutional Referendum", in: African Studies. 65 (2), S. 233–270.

Maupeu, Harvé/Katumanga, Musambati/Mitullah, Katumange 2005: The Moi Succession: The 2002 Elections in Kenya. Kenya: Transafrica Press.

Merkel, Wolfgang, 2003: Defekte Demokratien. Band 1: Theorie. Germany: Leske und Budrich.

Moroff, Anika, 2010: „Comparing Ethnic Party Regulation in East Africa", in: Democratization. 17 (4), S. 750–768.

Nakamura, Robert/Johnson, John, 2003: „Rising Legislative Assertiveness in Uganda and Kenya 1996 to 2002", in: Paper Prepared for the Political Science Association World Congress.

Okoth-Ogendo, H.W., 1972: „The Politics of Constitutional Change in Kenya Since Independence, 1963–1969", in: African Affairs. 71 (282), S. 9–34.

Open Budget Index, 2013: Kenia Open Budget Index. Washington D.C.: Open Budget Index.

Posner, Daniel, 2005: Institutions and Ethnic Politics in Africa. USA: Cambridge University Press.

Rawal, Kulpana, 2013: „Constitutional and Judicial Reforms: The Kenya Experience". Paper presented at the Southern Africa Chief Justices Forum.

Rutten, Marcel/Mazuri, Ali/Gringnon, Francois 2001: Out for the Count: The 1997 General Elections and Prospects for Democracy in Kenya. Uganda: Fountain.

Schröder, Günter, 1998: The Multi-Party Elections in Kenya, 29 December 1997: A Preliminary Assessment. Germany: National Council of Churches in Kenya.

Tax Justice Network Africa, 2012: Tax Competition in East Africa: A Race to the Bottom. Nairobi: Tax Justice Network Africa.

The Independent Review Commission, 2008: The 2007 Elections in Kenya. Nairobi: Government of Kenya.

Thomas, Barbara, 1988: „State Formation, Development, and the Politics of Self-Help in Kenya", in: Studies in Comparative International Development. 23 (3), S. 3–27.

Throup, David/Hornsby, Charles, 1998: Multi-Party Politics in Kenya. USA: Ohio University Press.

Van de Walle, Nicolas, 2003: „Presidentialism and Clientelism in Africa's Emergent Party Systems", in: Journal of Modern African Studies. 41 (2), S. 297–321.

Widner, Jennifer, 1992: The Rise of a Party-State in Kenya. USA: University of California Press.

Wrong, Michela, 2008: It's Our Turn to Eat. The Story of a Kenyan Whistle Blower. UK: Fourth Estate.

Klaus Ziemer
# Polen

## 1 Regimezuordnung

Polen ist seit den 1990er-Jahren eine parlamentarische Demokratie. Aufgrund seiner bewegten Geschichte im 20. Jahrhundert hat das Land seit der Wiederherstellung des Staates 1918 bis heute fast alle denkbaren politischen Regimetypen erlebt. Die fragile, formal an das Vorbild der III. Französischen Republik angelehnte Demokratie des neuen Staates wurde nach dem Putsch des Staatsgründers Marschall Józef Piłsudski ab 1926 durch ein autoritäres, von Obristen dominiertes System abgelöst. Nach dem Überfall auf Polen 1939 teilten sich Hitler-Deutschland und Stalins Sowjetunion das Land auf, das nach dem deutschen Angriff auf die Sowjetunion 1941 ganz unter deutsche Besatzung geriet. Nach der Eroberung Polens durch die Rote Armee 1944/45 und der territorialen Westverschiebung des Landes wurde, gestützt auf die Präsenz der sowjetischen Truppen, ein kommunistisches Regime errichtet.

Der in der polnischen politischen Kultur tief verankerte Freiheitsgedanke und die Tätigkeit der mit der Nation seit der Gründung des Staates verbundenen Kirche führten dazu, dass sich das kommunistische System in Polen nach einer brutalen, auf eine totalitäre Beherrschung von Staat und Gesellschaft ausgerichteten Anfangsphase ab 1956 zu einem autoritären System wandelte. Formal war nach der Verfassung von 1952 wie in den meisten nach sowjetischem Muster organisierten Staaten die Macht im Parlament, dem Sejm, konzentriert („Versammlungsregierung"). Dass die Polnische Vereinigte Arbeiterpartei (PZPR) die Führungsrolle im Staat ausübte, wurde erst 1976 in die Verfassung geschrieben. Kennzeichen des nach sowjetischem Muster gestalteten Staates war jedoch von Beginn der kommunistischen Herrschaft an, dass die parallel zum Staatsaufbau gegliederten Parteiorgane auf allen Ebenen den staatlichen Institutionen gegenüber weisungsbefugt waren.

Die Führung der PZPR sah sich in der schweren wirtschaftlichen und politischen Krise im August 1980 gezwungen, eine systemwidrige parteiunabhängige Gewerkschaft (*Solidarność*) zuzulassen, was die Legitimität der Partei endgültig untergrub. Auch die Verhängung des Kriegsrechts durch Partei- und Regierungschef General Jaruzelski im Dezember 1981 und Reformmaßnahmen, die teilweise mit dem klassischen Modell sowjetsozialistischer Staatsorganisation nicht vereinbar waren (z. B. die Einführung eines Verfassungsgerichtshofs 1982/85), konnten die Machtposition der Partei nicht wieder herstellen. Als die PZPR-Führung erkannte, dass sie die immer dramatischere Ausmaße annehmende Wirtschaftskrise nicht lösen konnte, verständigten sich nach dem aus der Transitionsforschung für Lateinamerika und Südeuropa bekannten Modell kompromissbereite Teile der bisherigen Eliten um General Jaruzelski sowie kompromissbereite Gegeneliten an einem Runden Tisch von Februar bis

April 1989 auf ein Übergangsregime, das ein an das politische System der V. Französischen Republik angelehntes Institutionensystem mit einem starken Präsidenten etablierte. Der 1946 abgeschaffte Senat wurde wieder eingeführt. Für seine Bestellung wurden freie Wahlen vereinbart. Deutlich stärker waren aber die Kompetenzen des Sejm, für den der PZPR und ihren Satelliten eine Mehrheit von 65 % der Sitze zugesichert wurde.

Die Wahlen vom Juni 1989 lösten durch den Erdrutschsieg der *Solidarność* eine solche Dynamik aus, dass die mit dem Runden Tisch verbundenen Erwartungen rasch überholt waren und im September 1989 ein Vertreter der *Solidarność*, der Publizist Tadeusz Mazowiecki, Regierungschef wurde. Ende 1989 wurde die Verfassung so geändert, dass sie z. B. durch die Streichung des Machtmonopols der PZPR den wichtigsten rechtsstaatlichen Anforderungen entsprach. Da sich die Ausarbeitung einer völlig neuen Verfassung hinzog, wurde 1992 eine „Kleine Verfassung" eingeführt, die die Kompetenzaufteilung zwischen Präsident, Parlament und Regierung zu präzisieren versuchte und die Kompetenzen des Präsidenten etwas beschnitt.[1] Die neue Verfassung wurde erst 1997 verabschiedet.[2] Erneut musste der Präsident Kompetenzverluste hinnehmen, sodass heute von einem eher parlamentarischen („parlamentarisch-präsidentiellen") System gesprochen werden kann.

Bereits seit Beginn der 1990er-Jahre wird Polen in den gängigen Indices (Polity, Freedom House) ohne Einschränkung als Demokratie geführt.

# 2 Typus des Regierungssystems/Staatsgliederung nach Verfassung

Dominierende Parlamentskammer ist der Sejm, dessen 460 Mitglieder auf vier Jahre gewählt werden, und zwar in 41 Wahlkreisen bei lose gebundener Liste nach Verhältniswahl (seit 2001: System d'Hondt).[3] Um bei der Verteilung der Sitze berücksichtigt zu werden, muss eine Partei landesweit mindestens fünf Prozent der gültigen Stimmen erzielen, ausgenommen Listen nationaler Minderheiten. Die Existenzberechti-

---

1 Verfassungsgesetz über die gegenseitigen Beziehungen zwischen der gesetzgebenden und der vollziehenden Gewalt der Republik Polen und über die örtliche Selbstverwaltung vom 17. Oktober 1992, in: Roggemann, Herwig, (Hrsg.), (1999): Die Verfassungen Mittel- und Osteuropas, Berlin, verfügbar unter http://www.verfassungen.eu/pl/verf92-i.htm (zuletzt aufgerufen 26.05.2013).
2 Verfassung der Republik Polen, verabschiedet von der Nationalversammlung am 2. April 1997, zugänglich u. a. unter http://www.sejm.gov.pl/prawo/konst/niemiecki/kon1.htm und http://www.verfassungen.eu/ pl/verf97.htm (zuletzt aufgerufen 26.05.2013).
3 Wahlgesetzbuch vom 05.01.2011, http://www.docin.com/p-384780876.html (zuletzt aufgerufen 26.05.2013).

gung der zweiten Kammer, des Senats, wurde ab den ersten freien Wahlen zum Sejm von 1991 immer wieder bestritten, da der Senat, der 1989 im Gegensatz zum Sejm den freien Willen der Gesellschaft zum Ausdruck brachte, nun dieselbe Wählerschaft repräsentiert wie der Sejm. Auch das Argument, der Senat verkörpere die regionalen Gebietskörperschaften (Wojewodschaften), das bei den Wahlen von 1989 bis 1997 eine gewisse Berechtigung besaß,[4] wurde mit der Verwaltungsreform von 1999 hinfällig, die die seit 1975 49 Wojewodschaften zu nunmehr 16 zusammenlegte. Mit der Einführung von 100 Einmann-Wahlkreisen zum Senat durch das Wahlgesetzbuch Anfang 2011 (siehe Fußnote 3) entfiel der Bezug zu den Wojewodschaften völlig. Die wichtigste Begründung für das Fortbestehen des Senats ist seine Rolle als Korrektiv bei der unter gesetzestechnischen Aspekten oft sehr nachlässigen Gesetzgebung des Sejm (Krześnicki 2011).[5]

Nach Neuwahlen oder dem Rücktritt einer Regierung benennt der Staatspräsident innerhalb von zwei Wochen einen Kandidaten für das Amt des Premierministers und vereidigt ihn ebenso wie die von diesem benannten Minister. Innerhalb zweier weiterer Wochen stellt der Premierminister dem Sejm sein Regierungsprogramm vor. Erhält er dafür keine absolute Mehrheit, nominiert nun der Sejm einen Kandidaten für das Amt des Regierungschefs. Scheitert auch dieser, benennt erneut der Staatspräsident einen Kandidaten. Kann auch dieser keine Regierung bilden, löst der Staatspräsident das Parlament auf und schreibt Neuwahlen aus. Nur mit dieser drohenden Auflösung des Parlaments gelang es Staatspräsident Kwaśniewski nach dem Rücktritt der Regierung Miller im Mai 2004, Marek Belka als Ministerpräsidenten einer Minderheitsregierung durchzusetzen, die bis zum Ende der Wahlperiode im Herbst 2005 amtierte. Eine andere Möglichkeit der Verkürzung der vierjährigen Wahlperiode des Parlaments besteht in einer vom Sejm mit Zweidrittelmehrheit der anwesenden Abgeordneten beschlossenen Selbstauflösung, wie sie 2007 vorgenommen wurde, als die Regierung Kaczyński nach dem Bruch der Koalition zwischen den Parteien *Recht und Gerechtigkeit* (PiS), *Samoobrona* (Selbstverteidigung) und *Liga der Polnischen Familien* (LPR) die Mehrheit im Parlament verloren hatte. Eine vorzeitige Auflösung des Sejm hat automatisch Neuwahlen auch zum Senat zur Folge.

---

**4** Am Runden Tisch wurde 1989 vereinbart, dass den 49 Wojewodschaften jeweils zwei Senatoren zustehen sollten, den beiden bevölkerungsstärksten (Warschau und Kattowitz) dagegen drei. Die absolute Mehrheitswahl in Zweier- bzw. Dreierwahlkreisen wurde bereits 1991 durch relative Mehrheitswahl ersetzt.

**5** Ein drastisches Beispiel hierfür ist die Verabschiedung des erwähnten Wahlgesetzbuchs. An dessen 553 Artikeln, die vom Sejm einstimmig verabschiedet worden waren, korrigierte der Senat nicht weniger als 314 inhaltliche und redaktionelle Fehler, Widersprüche, unzutreffende Hinweise etc. Diese Korrekturen wurden vom Sejm fast durchweg übernommen; vgl. den Artikel von Ireneusz Krześnicki.

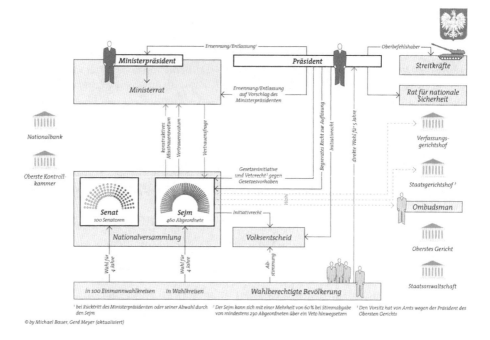

**Abb. 1:** Das Regierungssystem Polens
Quelle: Bundeszentrale für politische Bildung

Zum „institutionellen Lernen" aus dem häufigen Wechsel im Amt des Regierungschefs in den 1990er-Jahren zählte die Einführung des konstruktiven Misstrauensvotums in der Verfassung von 1997, die seither mehrfach Minderheitenregierungen das
politische Überleben ermöglicht hat. Ein seit Herbst 2012 angekündigtes und im März
2013 schließlich durchgeführtes konstruktives Misstrauensvotum der Oppositionspartei PiS, mit dem der parteilose Soziologieprofessor Piotr Gliński zum Chef einer Regierung aus Fachleuten berufen werden sollte, war von vornherein chancenlos, fand nur
die Zustimmung der PiS[6] und war Ausdruck rein symbolischer Politik. Die von der
Verfassung gestattete Abberufung einzelner Minister durch den Sejm ist in jeder
Wahlperiode von der betreffenden Opposition versucht worden, scheiterte aber immer
an der Solidarität der jeweiligen Regierungskoalition.

Der Staatspräsident besitzt durch die Direktwahl durch die Bevölkerung zwar eine
besondere Legitimität, doch wurden seine Kompetenzen zwischen 1989 und 1997
schrittweise beschnitten. Er verfügt weiter über die Gesetzesinitiative, von der die
einzelnen Präsidenten in unterschiedlichem Ausmaß Gebrauch machten. Schärfste
politische Waffe des Präsidenten ist sein Recht, ein Veto gegen Gesetzesvorhaben des
Parlaments einzulegen. Dieses kann seit 1997 zwar vom Sejm mit einer Mehrheit von

---

**6** 137 statt der benötigten 231 Stimmen im Sejm, 237 Abgeordnete stimmten dagegen, 41 enthielten sich.

nur mehr 60 Prozent (zuvor zwei Drittel) zurückgewiesen werden, doch hat seit dem Inkrafttreten der Verfassung keine Regierung mehr über eine solche Mehrheit verfügt. Wenn der Präsident in Zeiten, in denen er einem anderen politischen Lager entstammt als die Regierungsmehrheit, seine Rolle weniger als Repräsentant aller Polen denn als Vollstrecker der Politik seiner Partei versteht und die Vetomöglichkeiten entsprechend nutzt – wie zum Beispiel 2007 bis 2010 Präsident Lech Kaczyński(PiS) gegenüber der Mehrheit der *Bürgerplattform* (PO) und der *Polnischen Bauernpartei* (PSL) im Sejm –, kann er der Regierungsmehrheit die Durchsetzung von Gesetzen sehr erschweren.[7]

Der auf fünf Jahre mit absoluter Mehrheit, ggf. in einer Stichwahl in einem zweiten Wahlgang gewählte Präsident, der zum Zeitpunkt der Wahl mindestens 35 Jahre alt sein muss und nur einmal wiedergewählt werden darf,[8] verfügt über die für ein Staatsoberhaupt üblichen Kompetenzen wie die Vertretung des Landes nach innen und außen, ist Oberbefehlshaber der Streitkräfte – diese Funktion wird in Friedenszeiten über den Verteidigungsminister wahrgenommen –, nimmt die „staatsnotariellen" Beurkundungen wie Ausstellung der Ernennungs- und Entlassungsurkunden für Minister, hohe Beamte etc. vor und unterzeichnet u. a. die Gesetze. Hat er hierbei Zweifel an der Verfassungsmäßigkeit eines verabschiedeten Gesetzes, kann er dieses zur Prüfung an den Verfassungsgerichtshof überweisen. Erachtet dieser das Gesetz für verfassungskonform, kann er kein Veto mehr einlegen, sondern muss es unterzeichnen.

Die Feststellung von Art. 133 Abs. 3 der Verfassung „Der Präsident der Republik Polen arbeitet im Bereich der Außenpolitik mit dem Vorsitzenden des Ministerrates und dem zuständigen Minister zusammen" geht von einem Zusammenwirken zwischen Staatspräsident, Regierungschef und Außenminister aus. In der Regel ist dies auch gegeben. In der Zeit der „Kohabitation" von 2007 bis 2010 kam es jedoch mehrfach zu teils spektakulären Konflikten zwischen Staatspräsident Kaczyński (PiS) einerseits und Premierminister Tusk und Außenminister Sikorski (beide PO) andererseits über die Kompetenzabgrenzung zwischen Präsident und Regierung in der Außenpolitik. Der von der Regierung in der Frage, wer Polen bei EU-Gipfeln zu vertreten habe, angerufene Verfassungsgerichtshof erklärte, der Präsident besitze dort Kompetenzen in der Außenpolitik, wo sie ihm durch die Verfassung zugewiesen seien. Aus der Formulierung von Art. 126 der Verfassung von 1997[9] leitete der Verfassungsgerichtshof ab, dass der Präsident im Rahmen seiner Kompetenzen dann an EU-Gipfeln teilnehmen könne, wenn dort Fragen der grundlegenden Sicherheit und Souveränität

---

7 Nach der Zählung von Wołek (2004) hat auch Präsident Kwaśniewski während der Kohabitation mit der Regierung Buzek 1997–2001 28-mal ein Veto eingelegt, das nur einmal zurückgewiesen werden konnte.

8 Vgl. das Gesetz zur Wahl des Präsidenten vom 27.09.1990 (mit späteren Änderungen), http://www.legislationline.org/documents/action/popup/id/4542 (zuletzt aufgerufen 26.05.2013).

9 „Der Präsident der Republik Polen ist [...] der Gewährsmann der Fortdauer der Staatsgewalt [...], hütet die Souveränität und die Sicherheit des Staates sowie die Integrität und Unteilbarkeit von dessen Staatsgebiet".

des Landes angesprochen würden (was für Nato-Gipfel ohnehin gilt). Für die Gestaltung der laufenden Politik auf europäischer Ebene sei die Regierung zuständig und habe diese auch in Brüssel vorzutragen.[10] Seit den Präsidentschaftswahlen von 2010 ziehen die wichtigsten außenpolitischen Akteure wieder an einem Strang. Doch ist auch nach dem Urteil des Verfassungsgerichtshofs von 2009 nicht auszuschließen, dass unter anderen politischen Konstellationen institutionell angelegte Konflikte in der Durchsetzung der Außenpolitik wieder aufbrechen können.

Der Präsident verfügt über eine eigene Kanzlei, in die er Staatssekretäre ernennen kann. Präsident Bronisław Komorowskis Kanzlei zählte Anfang 2013 sechs Staatssekretäre (darunter den Leiter der Präsidialkanzlei sowie den Chef des Nationalen Sicherheitsrats) und drei Unterstaatssekretäre. Je nach der parteipolitischen Konstellation oder auch dem persönlichen Verhältnis zwischen Präsident und Regierungschef kann der Präsident seine Kanzlei ggf. zu einem Ansatzpunkt für eine Art Gegenregierung ausbauen. Zusätzliches Know-how kann er über persönliche Berater sowie über Beratungsgremien einholen, deren thematische Schwerpunkte er nach seinen eigenen Präferenzen festlegt.

Der nach den rechtlichen Bestimmungen mächtigste Politiker ist der Ministerpräsident, dessen Position durch die Verfassung von 1997 noch gestärkt wurde. Er ist es, der formal gesehen die Mitglieder der Regierung nominiert, wobei er auf innerparteiliche Kräfteverhältnisse ebenso Rücksicht zu nehmen hat wie auf Personalwünsche des oder der Koalitionspartner. Der Regierungschef kann die Machtbefugnisse der Minister dadurch erweitern oder beschneiden, dass er die Ressorts nach eigenem Gutdünken um bestimmte Abteilungen vergrößern oder verkleinern kann, wobei es nur ganz wenige gesetzliche Festlegungen gibt.[11] Ferner kann er eine von der Verfassung nicht festgelegte Zahl von Vizepremierministern benennen, die ebenfalls bestimmte politische Machtkonstellationen widerspiegeln. In der Regel erhält jeder Koalitionspartner einen solchen Posten. Abgesehen vom Kabinett Olszewski 1992, in dem es keinen Vizepremierminister gab, lag deren Zahl bis 2007 zwischen drei und fünf. Eine für die Koordinierung der Regierungsarbeit zentrale Rolle spielt die Kanzlei des Ministerrats, deren Leiter in der Regel selbst Ministerrang erhält.

Neben dem Premierminister wählt der Sejm eine Reihe weiterer Personen in wichtige staatliche Ämter: die Richter des Verfassungsgerichtshofs (s. u.) sowie die Leiter von Institutionen, die wichtige Hilfsorgane des Sejm bei der Wahrnehmung seiner Kontrollfunktionen darstellen: mit Zustimmung des Senats den Chef der Obersten Kontrollkammer (Rechnungshof), die/den Beauftragte(n) für Bürgerrechte (Ombudsperson), den/die Generalinspekteur/in für Datenschutz u. a. Von den fünf Mit-

---

**10** Vgl. den Beschluss des Verfassungsgerichtshofs 78/5/A/2009 vom 20.05.2009, Sygn. Akt Kpt 2/08.
**11** Seit dem Gesetz zur Reform der Regierungsorganisation vom 04.09.1997 (Dz. U. 1997 Nr. 141, Pos. 943, mit Änderungen) ist zwingend nur die Berufung eines Verteidigungs- und eines Justizministers. Ferner müssen die Kompetenzen für Haushalt, öffentliche Finanzen und Institutionen des Finanzwesens einer einzigen Person anvertraut werden.

gliedern des Landesrats für Rundfunk und Fernsehen wählen der Sejm und der Staatspräsident je zwei Mitglieder, der Senat eines. Die Wahlen in diese und weitere Institutionen sind oft politisch kontrovers, sodass sie in der Regel nicht einvernehmlich, sondern durch Mehrheitsentscheid getroffen werden. Seine eigenen Kontrollfunktionen nimmt der Sejm mit den klassischen Instrumenten von Interpellationen und Anfragen, aber auch in Ausschusssitzungen sowie über parlamentarische Untersuchungsausschüsse wahr. Der Senat hat dagegen erst nach einigen Jahren in der Praxis bescheidene Kontrollrechte erhalten (Orłowski 2006).

In der Gesetzgebung besitzen das Initiativrecht Gruppen von mindestens 15 Sejmabgeordneten oder zehn Senatoren (= jeweils Fraktionsstärke), Sejm- oder Senatsausschüsse, die Regierung und der Staatspräsident sowie seit der Verfassung von 1997 auch mindestens 100.000 Wahlberechtigte (Letztere außer bei verfassungsändernden oder Haushaltsgesetzen). Die Zahl der pro Monat verabschiedeten Gesetze hat sich von 9,2 in der Wahlperiode 1989–91 fast kontinuierlich auf 22,5 in der Wahlperiode 2007–11 erhöht.[12] Dabei schafften nur zwischen etwa der Hälfte und drei Vierteln der eingebrachten Gesetzentwürfe die Verabschiedung bis zum Ende der Wahlperiode. Dass 1989–1991 37,5 % der Gesetzentwürfe dem Sejm und 5,4 % dem Senat entstammten und nur 55,7 % von der Regierung ausgingen, lag an dem systemverändernden Charakter vieler Gesetze unmittelbar nach 1989, während die in Demokratien in der Regel zu beobachtende Dominanz der Exekutive bei Gesetzentwürfen sich im Laufe der Zeit auch in Polen stärker durchsetzte (vgl. Ziemer 2013: 78).

Gesetzentwürfe werden in drei Lesungen behandelt. Es spricht für die wachsende Professionalisierung des Sejm, dass in den ersten Wahlperioden nach 1989 die erste Lesung im Plenum dominierte, während seit der Wahlperiode 2001–05 die erste Lesung überwiegend in den Ausschüssen stattfindet.[13] Ist ein Gesetz im Sejm angenommen, wird es an den Senat überwiesen, der ihm binnen 30 Tagen zustimmen, es ablehnen oder es verändern kann. Äußert sich der Senat nicht innerhalb dieser Frist, gilt das Gesetz als angenommen. Nur wenige Gesetze scheitern am Senat. Dessen Änderungsvorschläge werden vom Sejm in aller Regel akzeptiert. Gegebenenfalls kann der Sejm einen Einspruch des Senats mit absoluter Mehrheit zurückweisen. Kommt dies nicht zustande, scheitert der Gesetzentwurf.

Nach der Instrumentalisierung des Rechts durch die PZPR während der Volksrepublik betont die Verfassung von 1997 ausdrücklich, dass Gerichte und Gerichtshöfe eine eigenständige Gewalt darstellen. Sie sind gegliedert in ordentliche, Verwaltungs- und Militärgerichte sowie den Verfassungsgerichtshof und den Staatsgerichtshof. Für die Gerichte schreibt die Verfassung mindestens zwei Instanzen vor, doch haben sich

---

**12** Ausgenommen waren die verkürzten Wahlperioden 1991–1993 und 2005–2007, in denen zahlreiche Gesetzesvorhaben beim vorzeitigen Ende der Wahlperiode noch nicht abgeschlossen waren.
**13** In der Wahlperiode 1993–97: erste Lesung von 304 Gesetzentwürfen im Plenum, 169 in Ausschüssen; 2007–2011 363-mal erste Lesung im Plenum, 719-mal in Ausschüssen; vgl. die Angaben bei Ziemer, a. a. O.

für die ordentlichen Gerichte drei Instanzen herausgebildet. Das Oberste Gericht ist als höchstes Organ der Rechtsprechung einerseits Kassationsgericht gegenüber den allgemeinen Gerichten. Andererseits bildet es die zweite und endgültige Instanz im Falle der Militärgerichte. Eine Verwaltungsgerichtsbarkeit besteht nicht nur auf der nationalen Ebene, sondern auch in allen 16 Wojewodschaften. Um die Unabhängigkeit der Justiz zu gewährleisten, wurde durch die Verfassung ein Landesjustizrat eingeführt, der sich teils aus gewählten, teils von Amts wegen bestimmten Mitgliedern der Exekutive, der Legislative und der Judikative zusammensetzt. Er wird daher auch als Verfassungsorgan „zwischen den Gewalten" bezeichnet (Garlicki 2011: 344). Der Landesjustizrat schlägt die Richter vor, die vom Staatspräsidenten auf unbegrenzte Zeit ernannt werden.

Einen Verfassungsgerichtshof gibt es in Polen bereits seit 1986, doch konnten seine Urteile auch nach dem Ende der Volksrepublik bis 1999 vom Sejm mit Zweidrittelmehrheit zurückgewiesen werden (und wurden es in Einzelfällen auch). Erst seither sind sie unmittelbar geltendes Recht. Nach der Verfassung von 1997 und dem Gesetz über den Verfassungsgerichtshof[14] entscheidet dieser über die Vereinbarkeit von Gesetzen und internationalen Verträgen mit der Verfassung, über die Vereinbarkeit von Gesetzen und von Rechtsvorschriften, die von zentralen Staatsorganen erlassen wurden, mit der Verfassung sowie bei Organstreitigkeiten und über die Verfassungsmäßigkeit der Ziele und der Tätigkeit politischer Parteien. Seit 1997 sind auch individuelle Verfassungsklagen möglich. Der Verfassungsgerichtshof setzt sich seit 1997 aus 15 Mitgliedern zusammen, die ohne Möglichkeit der Wiederwahl auf neun Jahre gewählt werden. Kandidatinnen und Kandidaten für ausscheidende Mitglieder werden von mindestens 50 Sejmabgeordneten oder vom Sejmpräsidium nominiert und vom Sejm mit absoluter Mehrheit bei Anwesenheit von mindestens der Hälfte der Abgeordneten gewählt.

Trotz einer Jahrhunderte langen Tradition territorialer Selbstverwaltung wurde mit der Wiedergründung des Staates 1918 eine zentralistische Staatsorganisation eingeführt, die in der Volksrepublik Polen noch verstärkt wurde. Nach deren Ende wurde in einem ersten Gesetz zur territorialen Selbstverwaltung vom März 1990 den Gemeinden u. a. eine Rechtspersönlichkeit mit eigenen Kompetenzen zugewiesen. Die Verfassung von 1997 widmete der territorialen Selbstverwaltung ein eigenes Kapitel mit zehn Artikeln und verlangte in Art. 15, dass sie so beschaffen sein müsse, dass sie eine Dezentralisierung der öffentlichen Gewalt gewährleiste. Zum 1. Januar 1999 wurden nach zum Teil erbitterten Auseinandersetzungen die seit 1975 bestehenden 49 Wojewodschaften zu 16 zusammengefasst, ferner die 1975 abgeschaffte Kreisebene wieder eingeführt (314 Kreise), dazu kamen 65 kreisfreie Städte.

---

**14** Vgl. das Gesetz über den Verfassungsgerichtshof vom 01.08.1997 (mit Änderungen), englische Fassung: http://www.trybunal.gov.pl/eng/Legal_Basis/Act_Trib97.htm (zuletzt aufgerufen 26.05.2013).

Wojewodschaften, Kreise und Gemeinden besitzen Rechtspersönlichkeit und Selbstständigkeit im Bereich von Finanzen und Haushalt. Die Marschälle (Chefs der Exekutive) der Wojewodschaften und die Landräte (Starosten) werden von den jeweiligen Parlamenten, die Bürgermeister und (je nach Ortsgröße) anderen Gemeindevorsteher werden in allgemeiner Wahl nach absoluter Mehrheit, gegebenenfalls mit Stichwahl im zweiten Wahlgang, gewählt. Zwischen den Einheiten unterhalb der nationalen Ebene bestehen keine hierarchischen Beziehungen. So besitzen etwa die Selbstverwaltungsorgane der Wojewodschaft keine Aufsichtsbefugnis gegenüber Kreisen und Gemeinden.

# 3 Informelle Regeln und Muster

Die Haltung vieler Polen gegenüber dem Staat war über Generationen dadurch geprägt, dass es nach 1795 keinen polnischen Staat mehr gab, dass also der Staat, mit dem man es zu tun hatte, ein fremder Staat war. Diese Fremdherrschaft zu überwinden war patriotische Pflicht. Die Haltung großer Teile der Gesellschaft gegenüber diesem Staat bezeichnete Hans Henning Hahn als „Gesellschaft im Verteidigungszustand" (Hahn 1988: 15–48). Die vom Staat erlassenen Gesetze zu umgehen oder gar zu sabotieren, gehörte zum gesellschaftlich geachteten und geradezu vorbildlichen Verhalten. Dies galt erst recht gegenüber der deutschen und sowjetischen Besatzungspolitik im Zweiten Weltkrieg. Auch die Volksrepublik wurde von vielen Polen als fremdbestimmter Staat wahrgenommen, dem gegenüber dasselbe ablehnende Verhältnis angemessen sei wie in den Zeiten der Fremdherrschaft zuvor. Dieses Einstellungsmuster gegenüber dem Staat hat sich zum Teil verselbständigt, und auch nach der Rückgewinnung der staatlichen Souveränität nach 1989 blieb es für etliche Polen zumindest einige Zeit lang weiter bestimmend.

Zum Erbe der kommunistischen Zeit zählte eine ineffiziente Staatsverwaltung. Der nur zögerliche Aufbau einer effizienten und von parteipolitischen Konstellationen unabhängigen Verwaltung wird allgemein als ein Schwachpunkt der politischen Entwicklung seit 1989 angesehen. Die Verfügung über die personelle Besetzung großer Teile der Staatsverwaltung galt als Teil der „Beute", die dem Wahlsieger stillschweigend zufällt (s. u.).

Zum Erbe der Volksrepublik, in der die Kommunistische Partei ein Organisationsmonopol beanspruchte und (mit Ausnahme der Katholischen Kirche) weitgehend durchsetzte, gehört auch die Schwäche der Zivilgesellschaft. Die als Erfolg gegen den kommunistischen Staat wahrgenommene Gründung der *Solidarność* 1980 (Arato 1981: 23–47)[15] und erst recht ihr Wahlsieg 1989, der zum Ende der Volksrepublik führte,

---

**15** Der Begriff „Zivilgesellschaft" kehrte in den internationalen Sprachgebrauch mit dem unter dem Eindruck der Solidarność-Gründung geschriebenen Artikel von Arato (1981) zurück.

verdeckten die insgesamt eher schwache Verankerung der demokratischen Bewegung in der polnischen Gesellschaft, die Ende 1990 schlagartig offenbar wurde, als der wenige Wochen zuvor völlig unbekannte populistische Auslandspole Stan Tymiński in die Stichwahl der Präsidentschaftswahlen gelangte und den Ministerpräsidenten der *Solidarność*, Tadeusz Mazowiecki, auf den dritten Platz verdrängte. Bis heute klagen Soziologen über das auch im regionalen Vergleich geringe Sozialkapital der polnischen Gesellschaft, das sich nicht nur in einem niedrigen Organisationsgrad, sondern auch in hohem Misstrauen gegenüber Personen außerhalb der eigenen Primärgruppe äußert (vgl. Czapiński 2011). Die Zivilgesellschaft kräftigt sich nur langsam, allerdings kontinuierlich, kann aber nur in begrenztem Umfang die Einhaltung formeller Regeln kontrollieren.

Die Art des Systemwechsels – Übereinkunft am Runden Tisch zwischen den kompromissbereiten Vertretern des *ancien régime* und kompromissbereiten Gegeneliten – machte eine Auseinandersetzung insbesondere strafrechtlicher Art mit den Repräsentanten der kommunistischen Diktatur zumindest in der unmittelbaren Übergangszeit unmöglich. Dies galt auch für einen zumindest befristeten Ausschluss von politischen Ämtern wie in der Tschechoslowakei, wo der Systemwechsel freilich anders, nämlich durch den Zusammenbruch des bisherigen Regimes in der „Samtenen Revolution" Ende 1989, erfolgt war. Ministerpräsident Mazowiecki sagte in seiner Regierungserklärung vom 24. August 1989, unter die Vergangenheit werde eine „dicke Linie" gezogen, und meinte damit, dass niemand allein wegen der Ausübung bestimmter Funktionen in Partei oder Staat zu kommunistischer Zeit aus dem öffentlichen Leben ausgeschlossen werden solle. Wer sich freilich strafrechtlich schuldig gemacht habe, solle zur Rechenschaft gezogen werden. Bereits ab dem Frühjahr 1990, also nur kurz nach der Selbstauflösung eines zentralen Verhandlungspartners des „Runden Tisches", der PZPR, gab es Stimmen, die eine Aufarbeitung der kommunistischen Zeit im Sinne einer Überprüfung staatlicher Funktionsträger auch auf Zusammenarbeit mit den kommunistischen Geheimdiensten („Lustration") und die Entfernung kommunistischer Funktionäre aus politischen Ämtern („Entkommunisierung") forderten. Die ungeschickte, mit rechtsstaatlichen Grundsätzen nicht zu vereinbarende Art, in der der Innenminister der Regierung Olszewski, Antoni Macierewicz, eine Liste mit angeblich durch die Zusammenarbeit mit kommunistischen Geheimdiensten belasteten Personen veröffentlichte,[16] trug nicht nur zum Sturz der Regierung Olszewski Anfang Juni 1992 bei, sondern auch dazu, dass die Themen „Lustration" und „Entkommunisierung" für einige Zeit diskreditiert waren.

Ein 1997 noch unter der postkommunistischen Regierungskoalition verabschiedetes Lustrationsgesetz wurde 2006 unter der von Jarosław Kaczyński(PiS) geführten Regierung erheblich verschärft, vom Verfassungsgerichtshof 2007 in wesentlichen

---

16 Die Liste enthielt die Namen von Staatspräsident Wałęsa, 40 Sejmabgeordneten mit dem Sejmmarschall an der Spitze, elf Regierungsmitgliedern und drei Angehörigen der Präsidialkanzlei.

Teilen aber wieder aufgehoben. Seit der Gründung der PiS durch die Zwillingsbrüder Kaczyński im Jahre 2001 kehrte nicht nur das Thema „Lustration" auf die Agenda der Tagespolitik zurück. Zugleich wurde noch schärfer als in der Debatte, die der Verabschiedung der Verfassung von 1997 vorausging, die Legitimität der Dritten Republik[17] bestritten. Die Auseinandersetzungen der 1970er- und 1980er-Jahre waren von der Opposition vor allem um Werte wie Freiheit, Menschenrechte u. Ä. geführt worden. In diese Werte waren vom national-konservativen Flügel ihre Sicht der polnischen Geschichte und die Katholische Kirche eingebunden worden. Diese Werte wurden nach dieser Position weder am Runden Tisch noch in der Verfassung von 1997 ausreichend berücksichtigt. Dies trug mit dazu bei, dass die politischen Cleavages nach 1989 weniger ökonomisch als kulturell-ideologisch geprägt sind (vgl. u. a. Brier 2009). Die Vereinbarungen des Runden Tisches von 1989 wurden als Abkommen von Kollaborateuren der antikommunistischen Opposition mit Vertretern des kommunistischen Regimes bezeichnet. Die Dritte Republik sei daher eine Fortsetzung der Volksrepublik. Solche abwegigen Vorwürfe fallen in Teilen der Gesellschaft durchaus auf fruchtbaren Boden.

Nur wenige Gesellschaften dürften so geneigt sein, an Verschwörungstheorien zu glauben, wie die polnische. Einen Beleg für diese These bildet die große Zahl derer, die den Absturz der Maschine des polnischen Präsidenten, bei dem 2010 bei Smolensk 96 zum Teil höchstrangige Vertreter des öffentlichen Lebens ums Leben kamen, noch immer auf ein Attentat zurückführen.[18] Die Vorwürfe eines „Verrats" am Runden Tisch besitzen insofern einen gewissen materiellen Kern, als in der Volksrepublik gegen Ende der 1980er-Jahre eine Insider-Privatisierung stattfand, bei der sich Angehörige der Nomenklatura zu Vorzugskonditionen staatliches Vermögen privat aneignen konnten. Der Verbleib dieses Vermögens war in vielen Fällen nicht zu überprüfen, und Vertreter des *ancien régimes* stellten sich unter den neuen Bedingungen materiell vielfach besser als zuvor, während Angehörige der früheren Opposition auch unter den neuen Verhältnissen in einer schwierigen materiellen Situation lebten. Die Her-

---

**17** Die Erste Republik bezeichnet nach der in der polnischen Umgangssprache geläufigen Zählung die bis 1795 dauernde Adelsrepublik, die Zweite Republik den polnischen Staat der Zwischenkriegszeit (1918–1939). Als Dritte Republik gilt die Zeit seit dem Ende der Volksrepublik 1989/90, obwohl hierfür kein konkretes Datum allgemein anerkannt ist. Der Beginn wird angesetzt zwischen dem ersten Wahlgang der „halbfreien" Wahlen vom 4. Juni 1989 und dem Amtsantritt des frei gewählten Präsidenten Lech Wałęsa im Dezember 1990, der bei dieser Gelegenheit den Beginn der Dritten Republik proklamierte. Das Fehlen eines symbolischen Abschlusses der kommunistischen Zeit wird teilweise als „Erbsünde" der Dritten Republik bezeichnet, die es der nationalen Rechten erlaube, von einer „unvollendeten Revolution" zu sprechen (vgl. Kubik/Lynch 2006). Präsident Komorowski hat im Frühjahr 2013 vorgeschlagen, den 4. Juni (1989) als Nationalen Gedenktag einzuführen.

**18** Gegen ein Attentat sprechen alle seriösen Untersuchungen. Allerdings hat es bei den Ermittlungen auch Pannen und Ungereimtheiten gegeben; vgl. u. a. Gnauck, Gerhard (2012): Gab es ein russisches Interesse an Kaczynskis Tod?, in: Die Welt, 11.12.2012, auch abrufbar unter http://www.welt.de/politik/ausland/article110902180/Gab-es-ein-russisches-Interesse-an-Kaczynskis-Tod.html (zuletzt aufgerufen 26.05.2013).

kunft des Besitzes vieler Neureicher war ebenso unklar wie ihre Verbindungen mit der früheren Staatssicherheit. Diese Zusammenhänge zu untersuchen, ist Teil des von der PiS propagierten Programms zur Errichtung einer „Vierten Republik".

Dieses Programm, das nach den Wahlniederlagen der PiS ab 2007 allerdings keine Chance auf eine Verwirklichung in absehbarer Zeit besitzt, ist auch weiterhin in Kraft.[19] Es ist auch gekennzeichnet durch Misstrauen gegenüber der Zivilgesellschaft und strebt entsprechend einen zentralisierten Staat mit einer starken Exekutive an, in der die Macht beim Präsidenten konzentriert ist. In diesem Punkt ist zumindest der PiS-Vorsitzende Jarosław Kaczyński möglicherweise durch seine politische Sozialisation in der Volksrepublik geprägt, nur haben die materiellen Inhalte der Politik umgekehrte ideologische Vorzeichen.[20]

Was eine Unterscheidung zwischen „formellem" und „informellem" Recht angeht, spricht der Krakauer Politologe Artur Wołek von einer 1989 eingeführten „Janus-Regel". Diese beruhe darauf, dass das überkommene Recht der Volksrepublik anerkannt und nur in Teilen durch neue Regelungen abgelöst worden sei. So sei ein hybrides System entstanden, in dem nach informellen Regeln die alten Eliten über die Einführung neuer Bestimmungen mit entschieden. Die Jahre nach 1989 seien dadurch gekennzeichnet, dass Entscheidungen nicht nur nach den formellen Regeln, sondern durch die in der Übergangsperiode eingeübten Praktiken getroffen würden (Wołek 2004: 60).

# 4 Das Wechselspiel von formellen und informellen Praktiken

Insgesamt hat sich nach 1989 ein politisches System herausgebildet, in dem die Prozeduren der wichtigsten Entscheidungen durch die Verfassung und die Gesetzgebung normiert werden.

---

**19** Vgl. das PiS-Programm von 2011, http://www.pis.org.pl/dokumenty.php?s=partia&iddoc=157 (zuletzt aufgerufen 26.05.2013).

**20** Nach Urteilen des Verfassungsgerichtshofs gegen mehrere von der PiS-dominierten Parlamentsmehrheit verabschiedete Gesetze warfen PiS-Politiker dem Gerichtshof Parteilichkeit vor und bezeichneten ihn als dritte Parlamentskammer, die mit der Opposition stimme. Dahinter stand möglicherweise die Erinnerung an das in der Volksrepublik zumindest dem Wortlaut der Verfassung nach geltende Prinzip, dass der Sejm das „höchste Staatsorgan" sei. Dieses Prinzip wurde erst mit der „Kleinen Verfassung" von 1992 aufgehoben. Ein anderes Beispiel für aus früheren Zeiten bekannte Muster ist das von Kaczyński durchgesetzte Verfahren zur Wahl der PiS-Regionalvorsitzenden. Kaczyński nominierte im Frühjahr 2012 als Parteivorsitzender jeweils einen oder eine ihm genehme Kandidatin, über die die jeweiligen Parteiversammlungen nur mit Ja oder Nein abstimmen konnten, ohne selbst eigene Kandidaten nominieren zu können. Diese an den einstigen „Demokratischen Zentralismus" erinnernden Praktiken wurden in der Presse auch als „Demokratie à la Putin" bezeichnet, vgl. Ziemer (2013: 221).

## 4.1 Partizipation

Die Ausübung politischer Macht beruht auf der Legitimation durch Wahlen, die regelmäßig in den verfassungsmäßig festgelegten Abständen abgehalten werden und rechtsstaatlichen Grundsätzen entsprechen. Etwas getrübt wird die Legitimation durch Wahlen in Polen durch die – auch im regionalen Vergleich – notorisch niedrige Wahlbeteiligung. Sie lag bei Sejmwahlen zwischen 53,88 % (2007) und 40,57 % (2005) und erreichte selbst bei den maximal mobilisierenden Wahlen von 1989, die zum Systemwechsel führten, nur 62,32 %. Präsidentschaftswahlen ziehen etwas mehr Wähler an, aber auch nur zwischen 49,7 % (erster Wahlgang 2005) und 68,2 % (zweiter Wahlgang 1995). Unter dem ohnehin niedrigen EU-Durchschnitt lagen auch die beiden Wahlen zum Europaparlament, an denen Polen teilnahm (20,87 % 2004, 24,53 % 2009). Geradezu delegitimierend niedrig liegt die Wahlbeteiligung bei Nachwahlen zum Senat,[21] weshalb bisweilen Forderungen laut werden, auf Nachwahlen zu verzichten und bei den allgemeinen Wahlen zum Senat Ersatzkandidaten mitwählen zu lassen. Bislang wurde am Grundsatz von Nachwahlen zum Senat jedoch festgehalten. Die Erhöhung der Wahlbeteiligung war eines der Ziele, die mit der Ausweitung der Möglichkeiten der Stimmabgabe bei Wahlen durch das Wahlgesetzbuch von Anfang 2011 intendiert waren.[22] Der Versuch, die Wahlbeteiligung durch effektivere Inklusion von Randgruppen zu erhöhen, zeigte bisher jedoch wenig praktischen Erfolg.

Gefährlich werden kann die geringe Mobilisierbarkeit von Wahl- bzw. Abstimmungsberechtigten für die Gültigkeit von Referenden, die auf nationaler Ebene erst bei einer Beteiligung von mehr als 50 % erreicht wird. Ausgenommen von dieser Regel war in kluger Voraussicht des Gesetzgebers das Verfassungsreferendum von 1997, an dem sich nur 42,9 % beteiligten (von denen nur 52,7 % zustimmten). Zum Referendum über den EU-Beitritt wurde die Abstimmung 2003 auf zwei Tage ausgedehnt, was zu einer Beteiligung von 58,9 % führte (77,5 % der gültigen Stimmen dafür). Dagegen scheiterte das Referendum über Privatisierungsmethoden 1996 trotz überwältigender Zustimmung bei den gültigen Stimmen an der niedrigen Beteiligung von nur 32,4 %.

Ein Referendum kann auch auf Gemeinde-, Kreis- und Wojewodschaftsebene durchgeführt werden, und zwar zu Fragen, für die die betreffende Einheit zuständig ist, sowie zur Abberufung der jeweiligen Exekutive und gegebenenfalls auch des ganzen Parlaments. 85 % der Referenden unterhalb der nationalen Ebene betreffen Abberufungsverfahren. Zwischen 2002 und 2006 gab es 112 solcher Versuche, in der Wahlperiode 2006 bis 2010 waren es 88. Erfolgreich waren dabei nur 14 bzw. 13 Referenden. Die meisten scheiterten daran, dass das geforderte Quorum von 30 % Abstimmungs-

---

**21** Z.B. 2,56 % bei einer Nachwahl 2007 im Wahlkreis Elbing [Elbląg] in der Wojewodschaft Ermland-Masuren.

**22** Eingeführt wurden u. a. Erleichterungen der Stimmabgabe für polnische Staatsbürger, die sich während der Wahl im Ausland aufhalten, für Behinderte und ältere Menschen etc.

beteiligung nicht erreicht wurde. Daher wurden 2006 die gesetzlichen Bestimmungen dahingehend geändert, dass für die Gültigkeit von Abberufungen 60 % der Höhe der Wahlbeteiligung der vorangegangenen Wahlen erreicht werden müssen. Diese Reduzierung der Anforderungen wurde einerseits als pragmatische Anpassung an das tatsächliche Verhalten der Bürger gewertet, andererseits als Konzession an ihre Passivität und als Absenken demokratischer Standards kritisiert (Ochremiak 2010). Kontroversen über das zugrunde liegende Demokratieverständnis löste bei dem Referendum zur Amtsenthebung der Warschauer Stadtpräsidentin Hanna Gronkiewicz-Waltz (PO) im Oktober 2013 die Empfehlung der PO-Führung aus, die hierin von Staatspräsident Komorowski unterstützt wurde, Befürworter der Amtsinhaberin sollten sich am Referendum nicht beteiligen. Diese Strategie erwies sich als erfolgreich. Zwar waren 94,86 % der Abstimmenden für die Amtsenthebung. Doch lag die Abstimmungsbeteiligung nur bei 25,66 %, so dass das in diesem Fall erforderliche Quorum um mehr als 3 % (50.000 Stimmen) verfehlt wurde.

Als erstaunlich hoch ist in diesem Kontext die Beteiligung an den Wahlen zur kommunalen und regionalen Selbstverwaltung zu bewerten. Sie lag 2010 zwischen 40,45 % und 52,02 %.[23] Hier dürfte der unterschiedlich hohe Grad an Zufriedenheit mit dem Funktionieren der staatlichen Institutionen auf den verschiedenen Ebenen eine Rolle spielen. Während die Beurteilung nationaler Institutionen (mit Ausnahme der Präsidenten Kwaśniewski und Komorowski) notorisch niedrig liegt (Februar 2013 Beurteilung des Sejm: positiv 17 %, negativ 71 %), hat die Wertschätzung für die Arbeit der lokalen und regionalen Behörden deutlich zugenommen und lag in den letzten Jahren bei rund zwei Dritteln positiver Beurteilung (September 2012: 63%). Auch wenn die Mehrheit der Bevölkerung in der Regel mit dem Funktionieren der Demokratie im Lande unzufrieden ist, hat im Laufe der Jahre die Überzeugung zugenommen, der Einzelne könne auf öffentliche Angelegenheiten Einfluss nehmen, von nur 7 % (1993) auf 36 % (2010) auf nationaler Ebene, und im selben Zeitraum von 16 auf sogar 52 %, was den Einfluss auf regionaler und lokaler Ebene betrifft.[24]

Das politische Personal auf nationaler Ebene wird fast ausschließlich über politische Parteien rekrutiert, deren Gründung frei ist. Ihnen fehlt jedoch eine echte Verankerung in der Gesellschaft. Die heute im Sejm vertretenen Parteien sind erst ab 2001 entstanden und mussten ihre Organisation völlig neu aufbauen, mit Ausnahme der beiden postkommunistischen Parteien SLD und PSL, die auf diese Weise einen beträchtlichen Wettbewerbsvorteil besaßen. Das Wahlgesetz zum Sejm sieht seit 1993 vor, dass Parteien nationaler Minderheiten von der Fünfprozentklausel auf nationaler

---

**23** Alle in Abschnitt 4.1 genannten Prozentzahlen nach Ziemer (2013), passim. Die Beurteilung des Sejm vom Februar 2013 bei CBOS: Oceny instytucji publicznych, Warschau Februar 2013, www.cbos.pl/SPISKOM.POL/2013/K_017_13.PDF (zuletzt aufgerufen 26.05.2013).

**24** Alle Zahlenangaben nach Erhebungen des Meinungsforschungsinstitut CBOS zum jeweiligen Zeitpunkt, abrufbar unter www.cbos.pl; zusammenfassende Tabellen bei Ziemer (2013) in Kapitel 12 (Politische Kultur).

Ebene ausgenommen sind, was tendenziell die Bereitschaft zur Inklusion auch von Minderheiten erkennen lässt und es der im Wahlkreis Oppeln (Opole) konzentrierten deutschen Minderheit erlaubt hat, in jedem Sejm seither vertreten zu sein.[25] Was die Parteienfinanzierung angeht, ist jedoch eine Tendenz zur Exklusion weiterer Wettbewerber und damit zur Bildung von Kartellparteien im Sinne von Mair und Katz (Mair/Katz 1995) zu erkennen. So werden Wahlkampfkosten erstattet, aber nur an diejenigen Parteien bzw. Wählerkomitees, die im Sejm und/oder im Senat sowie bei Wahlen zum Europäischen Parlament Mandate gewinnen konnten.

**Tab. 1:** Ergebnisse der Sejmwahlen vom 23.09.2001, 25.09.2005, 21.10.2007 und 09.10.2011

| | 2001 | | 2005 | | 2007 | | 2011 | |
|---|---|---|---|---|---|---|---|---|
| **Wahlberecht.** | 29.364.455 | | 30.229.031 | | 30.615.471 | | 30.762.931 | |
| **Wahlbeteilig.** | 13.591.681 | | 12.263.640 | | 16.495.045 | | 15.063.945 | |
| **Wahlbet. in v. H.** | 46,29 | | 40,57 | | 53,88 | | 48,92 | |
| **Gültige Stimmen** | 13.017.929 | | 11.804.676 | | 16.142.202 | | 15.050.027 | |
| | **Stimmen in v. H.** | **Sitze** | **Stimmen in v. H.** | **Sitze** | **Stimmen in v. H.** | **Sitze** | **Stimmen in v. H.** | **Sitze** |
| **SLD**[a] | 41,0 | 216 | 11,3 | 55 | 13,2 | 53 | 8,2 | 27 |
| **PSL** | 9,0 | 42 | 7,0 | 25 | 8,9 | 31 | 8,4 | 28 |
| **Dt. Minderheit** | 0,4 | 2 | 0,3 | 2 | 0,2 | 1 | 0,2 | 1 |
| **Samoobrona** | 10,2 | 53 | 11,4 | 56 | 1,5 | – | 0,1 | – |
| **AWS**[b] | 5,6 | – | – | – | – | – | – | – |
| **PO** | 12,7 | 65 | 24,1 | 133 | 41,5 | 209 | 39,2 | 207 |
| **PiS** | 9,5 | 44 | 27,0 | 155 | 32,1 | 166 | 29,9 | 157 |
| **LPR** | 7,9 | 38 | 8,0 | 34 | 1,3 | – | – | – |
| **RP**[c] | – | – | – | – | – | – | 10,0 | 40 |
| **Sonstige** | 3,7 | – | 11,0 | – | 1,3 | – | 4,1 | – |
| **Insgesamt** | 100,0 | 460 | 100,1 | 460 | 100,0 | 460 | 100,1 | 460 |

[a] Zum Teil mit Listenpartnern, darunter 2001 der Arbeitsunion (UP), die nach der Wahl mit 16 Abgeordneten eine eigene Fraktion bildete.
[b] „Wahlaktion Solidarność" des amtierenden Ministerpräsidenten Buzek; sie trat als Wahlbündnis an und scheiterte an der 8%-Hürde.
[c] Ruch Palikota (Palikot-Bewegung)
Quelle: eigene Zusammenstellung nach den jeweiligen Angaben der Staatlichen Wahlkommission

Eine zweite Form direkter staatlicher Parteienfinanzierung gilt für diejenigen Parteien, die bei den Sejmwahlen mindestens drei (bei Wahlbündnissen sechs) Prozent der gültigen Stimmen gewonnen haben. Dabei erhalten die Parteien jährlich pro erzielter Wählerstimme einen Betrag, der nach der Höhe des jeweiligen Wahlergebnisses in fünf Stufen gestaffelt ist. Bis 2010 erhielten Parteien, die unter fünf Prozent der gülti-

---

[25] Im 1991 gewählten Sejm, für dessen Wahl ein auf extremen Proporz ausgerichtetes Wahlgesetz galt, kam die deutsche Minderheit sogar auf sieben Abgeordnete.

gen Stimmen erhalten hatten, pro Stimme 10 PLN (Złoty, ca. 2,50 Euro) jährlich, Parteien, die über 30 Prozent gekommen waren, 1,50 PLN pro Stimme. Diese staatlichen Zuwendungen machen ausweislich des jährlich vorzulegenden Berichts über die Einnahmen und Ausgaben den Löwenanteil der Einnahmen der Parteien aus. 2012 waren dies bei der PO 48 von 52,3 Millionen PLN, bei der PiS 47 von fast 50 Millionen PLN (die PiS verzeichnete bei den Eigeneinnahmen immerhin fast 670.000 PLN aus Zinsen), bei der PSL 12 von 15 Millionen, bei der SLD 11,3 von 14,3 Millionen und bei der Palikot-Bewegung 7,3 von 8,5 Millionen PLN.[26] Welche dramatischen finanziellen Folgen der Absturz bei den Wahlen für Parteien nach sich ziehen kann, zeigten 2008 die Einkünfte der im Vorjahr mit 1,30 % bzw. 1,53 % der gültigen Stimmen aus dem Sejm ausgeschiedenen bisherigen Regierungsparteien LPR und *Samoobrona*. Sie hatten 2007 noch 9,43 bzw. 12,77 Millionen PLN Einnahmen verzeichnet und kamen 2008 nur mehr auf 50.000 bzw. 10.000 PLN, ca. 2.500 Euro.

Gegen den erbitterten Widerstand von PiS, SLD und PSL wurden Ende 2010 mit den Stimmen von PO, einer PiS-Abspaltung und weiteren einzelnen Abgeordneten die Zuwendungen an politische Parteien fast halbiert. Dies zwingt alle Parteien, selbst die finanziell relativ gut situierte PO, zu drastischen Einsparungen insbesondere im Personalbereich. Die Folge wird sein, dass die ohnehin mitgliederschwachen Parteien[27] noch mehr als bisher versuchen werden, über die Medien auf die Gesellschaft einzuwirken. Die geschickte Nutzung der Medien durch teilweise provokative Aktionen mit Happening-Charakter, die auch auf eine wachsende antiklerikale Stimmung abzielten, ermöglichte es immerhin dem bisherigen PO-Abgeordneten und Unternehmer Janusz Palikot mit relativ geringen finanziellen Mitteln bei den Sejmwahlen 2011 mit seiner gerade gegründeten Partei auf zehn Prozent der gültigen Stimmen zu kommen und dabei auch bisherige Nichtwähler zu mobilisieren.[28]

Nicht nur die Palikot-Bewegung, die sich im Oktober 2013 in „Deine Bewegung" (*Twój Ruch*) umbenannte, sondern auch PO und PiS sind ganz auf die Person des Parteivorsitzenden zugeschnitten. Donald Tusk hat es verstanden, als Regierungschef sämtliche innerparteilichen Rivalen auszuschalten. Das macht die PO jedoch auch anfällig bei Schwächeperioden der Regierung. Noch mehr dominiert Jarosław Kaczyński die PiS. Als Vorsitzender verfügt er schon statutenmäßig über eine fast unbe-

---

**26** Rzeczpospolita 08.05.2013, 1 und 5. Den weitaus größten Anteil der staatlichen Zuwendungen 2012 machten Erstattungen der Wahlkampfkosten für die Parlamentswahlen des Vorjahres aus.
**27** PO 40.300, PiS 21.800, PSL 123.600, SLD 36.300, Palikot-Bewegung 6.100. Alle Zahlen für 2012. Die Zahlen für die PSL sind mit großer Vorsicht zu behandeln. Ihre Mitglieder zahlten bis November 2012 64.400 PLN, die um das Dreifache kleinere Zahl der PO-Mitglieder dagegen 1.921.000 PLN; alle Zahlen nach Skory, Tomasz (2012): Polskie partie to fikcja (11.12.2012), http://www.rmf24.pl/fakty/polska/news-polskie-partie-to-fikcja,nId,724993 (zuletzt aufgerufen 26.05.2013).
**28** Die Palikot-Bewegung gab für den Wahlkampf nur 1,75 Millionen PLN aus, die SLD (8,24 % der gültigen Stimmen) dagegen 24,16, die PO 29,3 und die PiS 30,12 Millionen PLN; vgl. Ostaszewski, Maciej 2012: Wyborco, sprawdź, ile twój głos kosztował Palikota, Tuska, Kaczyńskiego i Napieralskiego, in: Gazeta Wyborcza 20.02.2012.

grenzte Machtfülle und schöpft diese in der Praxis auch voll aus.[29] Kaczyński versteht es, die PiS-Anhänger zu mobilisieren, wirkt aber auch so polarisierend, dass seine Person ein Hauptgrund für die Schwierigkeiten der PiS ist, weitere Wählerschichten zu erreichen. Die charismatischen Führungspersönlichkeiten können freilich nicht die organisatorische Schwäche fast sämtlicher Parteien verdecken.

Die Medienlandschaft hat sich seit 1989 stark differenziert. Bei der Tagespresse, bei der es in den vergangenen Jahren mehrfach zu Besitzwechseln ausländischer Konzerne gekommen ist, dominieren die meinungsbildenden Zeitungen *Gazeta Wyborcza* (liberal bis linksliberal, seit Beginn im Besitz des polnischen Verlags Agora) und die konservative *Rzeczpospolita* (seit 2012 im Alleinbesitz eines polnischen Verlegers). Die Verlagsgruppe Rongier Axel Springer konnte mit *Fakt* ein *Bild* nachempfundenes Boulevardblatt mit der höchsten Auflage an Tageszeitungen etablieren, das eher deutschlandkritisch ausgerichtet ist, während eine am Vorbild der *Welt* orientierte Tageszeitung von Beginn an finanzielle Probleme hatte. Die Regionalpresse wird heute dominiert von Blättern der Verlagsgruppe *Neue Passauer Presse*, die unter dem Mantel *Polskapresse* zusammengeschlossen sind. Trotz eines in den letzten Jahren insgesamt deutlichen Rückgangs der Auflagenhöhe der Zeitungen sind Pressetitel mit zwei Dritteln immer noch die am häufigsten zitierten Medien (Maliszewski 2013: 4).

In Wahlkämpfen weiterhin wichtigstes Medium ist das Fernsehen, das ebenso wie der Rundfunk seit Ende 1992 ein duales System öffentlich-rechtlicher und privater Anstalten (vor allem Polsat und TVN mit je mehreren Programmen) kennt. Eine im Auftrag des Think-Tanks-Batory-Stiftung durchgeführte Untersuchung zum Wahlkampf 2011 zeigt, dass TVN eher zu einer positiven Präsentation von Premierminister Tusk tendierte, während Polsat ausgewogener in seiner Berichterstattung war und im öffentlich-rechtlichen Fernsehen die Akzente je nach der (unterschiedlichen) parteipolitischen Ausrichtung des betreffenden Programms (TVP1, TVP2, TVP Info) variierte.[30] Den Parteien stehen während des Wahlkampfs im öffentlich-rechtlichen Rundfunk und Fernsehen genau festgelegte kostenlose Sendezeiten zu. Doch können darüber hinaus auch kostenpflichtige Sendezeiten gebucht werden, wovon 2011 insbesondere die Oppositionspartei PiS Gebrauch machte. Das Internet wird zwar von rund der Hälfte der erwachsenen Polen genutzt, doch informierten sich 2011 nur 44 % von ihnen (oder 24 % der Wahlberechtigten) auf diesem Wege über die Wahlen.[31] Von

---

**29** Vgl. u.a. Fn. 20.

**30** Vgl. den Bericht für die Wahlen von 2011 auf der Internetseite der Batory-Stiftung http://www.batory.org.pl/programy_operacyjne/masz_glos_masz_wybor/monitoring_programow_informacyjnych/monitoring/monitoring_programow_informacyjnych_tvp_tvn_i_polsat_w_wyborach_parlamentarnych_2011 (zuletzt aufgerufen 26.05.2013).

**31** Vgl. die entsprechende Untersuchung von CBOS: CBOS (2011): Społeczny odbiór kampanii wyborczej i aktywność polityczna w internecie, BS/156/2011, Warschau, Dezember 2011; www.cbos.pl/SPISKOM.POL/2011/K_156_11.PDF (zuletzt aufgerufen 26.05.2013).

den Parteien setzte die SLD am stärksten das Internet im Wahlkampf ein, allerdings nur mit sehr bescheidenem Erfolg.

Der Parlamentswahlkampf 2007 wurde offensichtlich durch zwei von Herausforderer Tusk (PO) gegen Ministerpräsident Kaczyński gewonnene Fernsehduelle entschieden. 2011 gaben in der letzten Woche des Wahlkampfs nicht nur, wie Kaczyński selbst einräumte, seine Unterstellungen, Bundeskanzlerin Merkel sei „durch dunkle Mächte" in ihr Amt gelangt, den Ausschlag gegen ihn. Vor allem mobilisierten Wahlspots der PO mit der Einblendung zweier Gruppen, für die die PiS hatte Sympathie erkennen lassen, die aber in großen Teilen der Bevölkerung heftige Antipathie hervorriefen,[32] die PO-Anhänger zu den Urnen.

## 4.2 Entscheidungsfindung

Politische Entscheidungen werden in aller Regel nach den in der Verfassung und anderen gesetzlichen Regelwerken vorgesehenen Prozeduren getroffen. Sollten diese Regeln verletzt werden, sorgen der Verfassungsgerichtshof, das Hauptverwaltungsgericht und andere Instanzen für entsprechende Korrekturen und die Einhaltung der Prozeduren.

Etliche faktische Entscheidungsprozesse, die den formalen Prozeduren vorausgehen, sind der Öffentlichkeit verborgen. Hierzu zählen etwa durch die Geschäftsordnung der Regierung normierte interministerielle Abstimmungsprozesse, die einer formellen Kabinettsentscheidung vorausgehen. Nicht normiert, sondern von situativen Konstellationen wie innerparteilichen Kräfteverhältnissen oder der Machtbalance zwischen Koalitionspartnern abhängig ist dabei das Vorgehen bei strittigen Fragen. So kann sich selbst innerhalb einer Wahlperiode auch das persönliche Standing eines Regierungschefs wandeln. Józef Buzek etwa galt zu Beginn seiner Amtszeit 1997 als unerfahren und entscheidungsschwach, gewann aber im Laufe der Wahlperiode deutlich an Statur, während der ihm als Premierminister folgende Leszek Miller aufgrund seiner großen Erfahrung, des hohen Wahlsiegs und seiner innerparteilichen Position zunächst als unanfechtbar galt, mit den zunehmenden Skandalen und der wachsenden Unpopularität aber auch an dramatischem Autoritätsverlust innerhalb der eigenen Partei und der Regierung litt (vgl. u. a. Zubek 2006: 98f.).

Ausgesprochen negativ besetzt ist in Polen der Begriff „Lobbyismus". Er wird fast automatisch mit Handlungen jenseits der Legalität assoziiert. Versuche, die Lobbytätigkeit durch gesetzliche Regelungen in geordnete Bahnen zu lenken,[33] sind nach

---

**32** „Verteidiger des Kreuzes" vor dem Präsidentenpalast zur Erinnerung an den tödlich verunglückten Zwillingsbruder von Kaczyński sowie Fußballrowdies. Besonders suggestiv wirkten in den Wahlspots jeweils die Schlussworte: „Die werden zur Wahl gehen".

**33** Den wichtigsten Versuch bildete das Gesetz vom 07.07.2005 über die Lobbytätigkeit beim Prozess der Gesetzgebung, Dz. U. 2005 Nr. 169, Pos. 1414.

einhelliger Meinung von Experten bisher fehlgeschlagen. Wenn die entsprechende Internetseite des Sejm ausweist, dass 2012 nur 30 juristische Personen Lobbytätigkeit gegenüber dem Sejm unternommen hätten, davon zehn mit mehr als einer Person (insgesamt 52 Personen),[34] kann es sich nur um die Spitze eines Eisbergs handeln, der hier sichtbar wird. Als erstes Gesetz der Dritten Republik, an dessen Ausarbeitung professionelle Lobbyisten mitbeteiligt waren, gilt das Gesetz über Glücksspiele von 1992. Wie ein im Auftrag der polnischen Regierung im Jahre 1999 erstellter Bericht der Weltbank enthüllte, sollen dabei rund eine halbe Million US-Dollar geflossen sein, während die Summe für vergleichbare Tätigkeiten sieben Jahre später bereits auf das Sechsfache geschätzt wurde.[35] Als im Oktober 2009 mit einer Presseveröffentlichung über Gespräche von Vertretern der Glücksspielbranche mit dem Vorsitzenden der stärksten Regierungsfraktion PO Chlebowski die sogenannte „Glücksspielaffäre" ausbrach, nutzte Premierminister Tusk diese zu einem Personalrevirement innerhalb von Regierung, Parlament und Partei, um seine innerparteiliche Machtposition in der PO zu stärken. Bereits ein Jahr später und damit ein Jahr vor den anstehenden Neuwahlen war die Arbeit des von der PO dominierten Untersuchungsausschusses zur „Glücksspielaffäre" weitgehend geräuschlos abgeschlossen.

Die bis heute größte politische Affäre der Dritten Republik ist mit dem Namen des Medienzaren Lew Rywin verbunden. Er bot 2002 Adam Michnik, dem Chefredakteur der vom Verlag Agora herausgegebenen Tageszeitung *Gazeta Wyborcza*, an, für 18,5 Millionen USD das in Vorbereitung befindliche Mediengesetz entsprechend den Wünschen von Agora zuschneiden zu lassen. Die aktuelle Planung sah vor, dass kein Konzern sowohl Printmedien als auch audiovisuelle Sender besitzen dürfe. Das hätte den von Agora geplanten Kauf der zweiten staatlichen Fernsehkette unmöglich gemacht. Als Michnik – ein halbes Jahr später – dieses Angebot öffentlich machte, setzte der Sejm den ersten Untersuchungsausschuss unter der neuen Verfassung ein. Dessen in vielen Fortsetzungen im polnischen Rundfunk und Fernsehen live übertragene Sitzungen brachten zwar kein Ergebnis, das einen einzigen persönlich Schuldigen identifiziert hätte. Die Vernehmungen der Kommission machten aber in etlichen Facetten deutlich, dass es zwischen Politik und Business eine Vielzahl informeller Beziehungen gab, bis hin zu kriminellen Rändern. Im Ergebnis wurde vom Sejm als Adressat der

---

34 Information vom 30.01.2013 über die Tätigkeiten gegenüber dem Sejm im Jahr 2012 durch „Subjekte, die berufliche Lobbytätigkeit ausüben", http://www.sejm.gov.pl/lobbing/informacja_roczna_ 2012.pdf (zuletzt aufgerufen 26.05.2013). Immerhin werden gewisse Schwerpunkte der Lobbytätigkeit deutlich. Berufslobbyisten nahmen nach diesen offiziellen Angaben 2012 an 39 Ausschusssitzungen des Sejm teil, darunter an 24 Sitzungen des Gesundheitsausschusses und an je vier des Ausschusses für Verteidigung sowie des Ausschusses für Innovation und moderne Technologie; vgl. ebenda.

35 Vgl. Corruption in Poland: Review of Priority Areas and Proposals for Action. The World Bank. Warsaw Office, October 11, 1999, S. 7, Fn. 13; http://www.wds.worldbank.org/external/default/ WDSContentServer/DSP/IB/2005/08/17/000090341_20050817144825/Rendered/PDF/ 333100P0671240Poland1Corruption01public1.pdf (zuletzt aufgerufen 02.11.2013).

von Rywin[36] in Aussicht gestellten Bemühungen eine (anonyme) „Gruppe, die Macht in den Händen hält" ausgemacht. Eine solche Feststellung konnte breitere Kreise der Gesellschaft nur in ihrer Überzeugung bestärken, dass das öffentliche Leben von unkontrollierten Mächten beherrscht werde, und Verschwörungstheorien weitere Nahrung geben.

Zur Vorbeugung von Korruption sind Abgeordnete und Senatoren, aber auch die Mitglieder der Exekutive auf regionaler und kommunaler sowie die Parlamentsmitglieder bis zur Gemeindeebene verpflichtet, zu Beginn der Wahlperiode den Stand ihres Vermögens bekannt zu geben, der in der Regel ebenso im Internet veröffentlicht wird wie die in jedem Jahr zum 30. April fällige Steuererklärung. Die von den Medien sehr genau verfolgten Einkommenserklärungen erlauben zumindest ein Minimum an Kontrolle über Einkommensveränderungen der Politiker. Deutlich weniger erfolgreich waren dagegen bisher Bemühungen, die Mechanismen des Zugangs zu über den Staat verteilte Posten zu kontrollieren.

Der Vorwurf des Nepotismus bei der Besetzung von Ämtern insbesondere auf der mittleren und der unteren Ebene wird immer wieder erhoben, vor allem (aber nicht nur) gegenüber Vertretern der PSL. Der langjährige Experte in der Beobachtung solcher Vorgänge Krzysztof Burnetko erklärte, bei der Vergabe von Posten gehe die PSL „skrupellos", die PO dagegen wesentlich „feiner" vor (Burnetko 2010).[37] Als im Sommer 2012 freilich im Internet ein mit verdeckter Kamera aufgenommenes Gespräch veröffentlicht wurde, in dem sich zwei hohe Beamte über Druck beschwerten, den Landwirtschaftsminister Marek Sawicki (PSL) bei der Besetzung von Positionen in Einrichtungen ausübe, die dem Landwirtschaftsministerium unterstellt seien, musste der Minister zurücktreten. In den Medien wurde allerdings bezweifelt, dass sich damit auch die grundlegenden Mechanismen verändern würden, die in der PSL als einer vor allem im ländlichen Bereich durch und durch von Patronageerwartungen geprägten Partei angelegt seien (Naszkowska 2012).

Ein besonders heikles Problemfeld stellen im Zusammenhang mit informellen Entscheidungen die Beziehungen zwischen Staat und Kirche dar. In der Volksrepublik waren diese Beziehungen u. a. dadurch gekennzeichnet, dass Polen kein Rechtsstaat war und der Staat bereits 1945 das Konkordat mit dem Vatikan aus dem Jahre 1925 für nicht mehr gültig erklärte. Das Verhältnis zwischen Staat und Kirche wurde in den folgenden Jahrzehnten in der Praxis vor allem durch die aktuelle Einschätzung des

---

**36** Rywin wurde für diese Bemühungen von einem Gericht zunächst zu zweieinhalb, in zweiter Instanz zu zwei Jahren Gefängnis verurteilt.

**37** Als 2008 Medienrecherchen ergaben, dass erstaunlich viele Verwandte und Freunde von PSL-Politikern Karriere in der Landwirtschaftlichen Sozialversicherungskasse machten, kommentierte Vizepremier Pawlak (PSL) das mit den Worten, es sollte freuen, wenn Kinder ähnliche Interessen wie die Eltern zeigten und in deren Fußstapfen träten; vgl. Mn: Nie ma nic złego w zatrudnianiu rodziny, in: Dziennik 04.08.2008, http://wiadomosci.dziennik.pl/polityka/artykuly/127202,nie-ma-nic-zlego-w-zatrudnianiu-rodziny.html (zuletzt aufgerufen 26.05.2013).

wechselseitigen Stärkeverhältnisses seitens der PZPR bestimmt. Nach dem brutalen Kampf gegen die Kirche im ersten Jahrzehnt nach dem Zweiten Weltkrieg wechselten ab 1956 Zeiten relativer Entspannung der beiderseitigen Beziehungen mit neuen Konflikten ab. Je schwächer die Partei in den 1980er-Jahren wurde, desto mehr wuchs die Bedeutung der Kirche. Institutionalisiert waren die Beziehungen in der gemeinsamen Kommission von Regierung und Episkopat, in der vor allem über die Wünsche des Episkopats nach Festlegung des rechtlichen und materiellen Status der Kirche verhandelt wurde. Für das politische Tagesgeschäft wichtiger waren informelle Kontakte zwischen der Regierung und dem Sekretär der Bischofskonferenz (1969–93), Bischof Bronisław Dąbrowski, sowie in den 1980er-Jahren auch dem Pressesprecher des Episkopats Alojzy Orszulik (1992 bis zur Emeritierung 2004 Bischof von Łowicz). Hier wurden in größter Diskretion und für die Öffentlichkeit unsichtbar drängende aktuelle Fragen wie die Freilassung verhafteter Oppositioneller oder die Herstellung von Kontakten zwischen der Regierung und der Führung der verbotenen Gewerkschaft *Solidarność* besprochen.[38] Nach Abschluss der Arbeiten des Runden Tisches, aber noch vor den „epochalen" Wahlen vom Juni 1989 verabschiedete der Sejm ein Gesetz, in dem der Kirche praktisch alle Forderungen erfüllt wurden, die sie seit Ende des Zweiten Weltkriegs vergebens gestellt hatte, etwa die Zuerkennung der Rechtspersönlichkeit.[39] Da die Kirche ganz wesentlich zum Erfolg des Runden Tisches und in der Konsequenz zur Überwindung der Volksrepublik beigetragen hatte, stand sie 1989 auf dem Höhepunkt ihres Ansehens in der Gesellschaft.[40]

Episkopat und Klerus waren jedoch nicht vorbereitet auf ein Wirken der Kirche unter den völlig veränderten Rahmenbedingungen einer pluralistischen Gesellschaft in einem Rechtsstaat. Das Andauern einer paternalistischen Grundhaltung von Teilen der Amtskirche gegenüber einer sich nun in einer demokratischen Rechtsordnung entfaltenden Gesellschaft und viele als Einmischung der Kirche in die Politik wahrgenommene Äußerungen kirchlicher Würdenträger führten zu einem dramatischen Vertrauensverlust der Kirche in der Gesellschaft. Erst als nach einer Ermahnung von Papst Johannes Paul II. kirchliche Erklärungen in der Öffentlichkeit deutlich einge-

---

**38** Einen einzigartigen Einblick in derartige Kontakte gibt Orszuliks Tagebuch der Jahre 1981 bis 1989, Orszulik, Alojzy (2006): Czas przełomu. Notatki ks. Alojzego Orszulika z rozmów z władzami PRL w latach 1981-1989, Warszawa – Ząbki.

**39** Vgl. Gesetz vom 17.05.1989 über die Beziehung des Staates zur Katholischen Kirche in der Volksrepublik Polen, Dz. U. vom 23.05.1989 Nr. 29, Pos. 154 sowie Gesetz über die Gewissens- und Bekenntnisfreiheit, Dz. U. 1989 Nr. 29, Pos. 155, jeweils mit späteren Änderungen.

**40** Vgl. u. a. Ziemer, Klaus (2009): Polen: Die Rolle der Katholischen Kirche beim politischen Systemwechsel 1988 bis 1990, in: Veen, Hans-Joachim/März, Peter/Schlichting, Franz-Josef (Hrsg.): Kirche und Revolution. Das Christentum in Ostmitteleuropa vor und nach 1989, Köln/ Weimar/ Wien, S. 75–99.

schränkt wurden, stabilisierte sich das Vertrauen zur Amtskirche wieder, allerdings auf niedrigerem Niveau.[41]

Beibehalten wurden von kirchlichen Amtsträgern offensichtlich auch einige Grundeinstellungen in ihrem Verhalten gegenüber politischen Entscheidungsträgern. Eine in den Jahren 2002 bis 2004 durchgeführte empirische Studie zum Lobbying der Kirche kam zu dem Ergebnis, dass, wie in der Volksrepublik, die Amtskirche offiziell nur mit Vertretern der Regierung, nicht aber der Parteien Kontakt hält. Die informellen Beziehungen zu Politikern konservativer Parteien seien aber so eng, dass für die Kirche relevante Informationen über Gesetzesprojekte u. Ä. auch weiterhin verfügbar seien und die Kirche ihre Positionen relativ problemlos in die Entscheidungsprozesse einspeisen könne. Die Kirche arbeite zwar mit den Methoden einer Interessengruppe, werde aber nicht als solche wahrgenommen (Hierlemann 2005: 259).

Neben den erwähnten Gesetzen vom 17. Mai 1989 wurde das rechtliche Verhältnis zwischen Staat und Kirche durch das 1993 von der Regierung Hanna Suchocka ausgehandelte Konkordat geregelt. Dieses erst unter der AWS-geführten Regierung Buzek 1998 ratifizierte Konkordat stellte in Art. 1 fest, die Republik Polen wie der Vatikan seien – jeder in seinem Bereich – unabhängig und autonom und verpflichteten sich zur vollen Achtung dieses Grundsatzes. Wie der Kirchenrechtler Paweł Borecki von der Universität Warschau 2012 feststellte, wurde dieser Grundsatz von kirchlicher Seite vielfach, von Regierungsseite mehrfach missachtet. Dies sei damit zu erklären, dass die beiderseitigen Beziehungen noch immer in erheblichem Maße durch Gewohnheiten geprägt seien, die in ihren Wurzeln bis in die Endphase der Volksrepublik zurückreichten (Borecki 2012).

Eine Analyse des Inhalts und der Häufigkeit von Erklärungen des Episkopats zeige, dass der polnische Episkopat versuche, eine permanente Aufsicht über Angelegenheiten des Staates zu führen, die von ihm einseitig als in der Sphäre der Interessen oder der Kompetenz der Kirche liegend betrachtet würden. Dies geschehe bei faktischer Billigung durch den Heiligen Stuhl. Als besondere Möglichkeit des Einwirkens der katholischen Hierarchie auf die Politik des Staates habe sich die auf der Grundlage des Gesetzes vom 17. Mai 1989 gebildete Gemeinsame Kommission von Vertretern der Regierung und des Episkopats erwiesen, die unter juristischen Aspekten jedoch nicht als Entscheidungsorgan für die Beziehungen zwischen Kirche und Staat betrachtet werden könne. Das Verhältnis habe sich je nach den Regierungen gestaltet. Für die Jahre 1997–2001 sowie 2006 könne man geradezu von Unterwürfigkeit seitens der Regierung und Paternalismus seitens des Episkopats sprechen. In letzter Zeit hätten die Bischöfe solche Materien wie die rechtliche Gleichstellung von Frau und Mann, die

---

**41** Nach den regelmäßig durchgeführten Erhebungen des Meinungsforschungsinstituts CBOS bewerteten 87,8 % der repräsentativ Befragten im November 1989 die Tätigkeit der Kirche positiv. Bis zum Mai 1993 brach dieser Wert auf 38 % ein, stieg danach wieder etwas an und stabilisierte sich dann um die 60 %; vgl. die Tabelle „Institutionenvertrauen in Polen (1989–2012)", in: Ziemer 2013: 304.

Festlegung des Tags der Erscheinung des Herrn (6. Januar) als gesetzlichen Feiertag, das Verbot verkaufsoffener Sonntage u. a. vorgebracht. Eine Verletzung der Unabhängigkeit des Staates im Bereich der Gesetzgebung sei auch die vielfach – und mit Erfolg – in der Gemeinsamen Kommission vorgetragene Forderung des Episkopats, die Regierung solle geplante Rechtsakte, und zwar nicht nur aus dem Bereich der Kirche oder von Bekenntnisfragen, zur Begutachtung zusenden (Borecki 2012: 9–13).

Zusammenfassend kommt Borecki zu dem Ergebnis, dass im Bereich der Bekenntnisbeziehungen im heutigen Polen das Recht nicht die entscheidende Determinante sei. Dies sei eine Folge des Opportunismus der politischen Entscheidungsträger, die sich um die Unterstützung oder zumindest Neutralität der institutionellen Kirche bemühten, der zögerlichen Haltung eines Teils der Justiz und des Verwaltungsapparats sowie einer weitgehenden Ignoranz hinsichtlich des Inhalts des Konkordats (Borecki 2012: 32).[42]

## 4.3 Implementierung

Der Staatspräsident verlor, wie erwähnt, zwischen dem Runden Tisch und der Verfassung von 1997 eine Reihe seiner verfassungsmäßigen Kompetenzen. Es spricht jedoch einiges für die These, dass das tatsächliche Verhalten einiger institutioneller Akteure, insbesondere des Staatspräsidenten, auf eingespielte Erwartungshaltungen aus der Zeit des Systemwechsels und den ersten Jahren danach zurückzuführen ist, auch wenn es dafür keine verfassungsmäßige Grundlage mehr gab. So wurde das ursprüngliche, in der Logik des Systemwechsels (Rücksicht auf Interessen der Sowjetunion sowie gegebenenfalls der PZPR) begründete Vetorecht des Staatspräsidenten gegenüber der Person des künftigen Außen-, Innen- und Verteidigungsministers bis 1997 völlig beseitigt. Präsident Wałęsa konnte bei einer extensiven Auslegung der Kleinen Verfassung noch durchsetzen, dass selbst in der (postkommunistischen) SLD-PSL-Regierung ab 1993 noch konservative Politiker diese Ämter wahrnahmen. Er musste allerdings beim Wechsel in der Position des Regierungschefs von Pawlak (PSL) auf Oleksy (SLD) 1994 hinnehmen, dass die Posten der Vizeminister bzw. Staatssekretäre dieser Ressorts von den Koalitionspartnern bestimmt wurden – was ebenso wie die Entscheidungen von 1993 nicht durch rechtliche Regulierungen, sondern durch situative Konstellationen bedingt war. Obwohl der Präsident unter der Verfassung von 1997 eigentlich nicht mehr über das Recht verfügt, Einfluss auf Personalentscheidungen der Regierung zu nehmen, setzte auch Aleksander Kwaśniewski unter „Kohabitationsbedingungen" gegenüber der Regierung Buzek (1997–2001) mehrfach ein Veto

---

42 Borecki schlussfolgert, die Praxis der Beziehungen zwischen Staat und Kirche seit dem Inkrafttreten des Konkordats liefere der staatlichen Seite zahlreiche Argumente für die Kündigung oder die Suspendierung der Anwendung des Konkordats entsprechend Art. 60, Abs. 1 der Wiener Konvention über Vertragsrecht.

gegen die Ernennung von Botschaftern durch, auch wenn diese bereits die Zustimmung der Kommission für Auswärtige Angelegenheiten des Sejm besaßen (Wołek
2008).[43]

Noch deutlicher lassen sich Abweichungen von den rechtlichen Normen bei der
Umsetzung der Vorschriften zur Rekrutierung des Verwaltungspersonals nachweisen.
Die Forderung nach einer professionell ausgebildeten und unabhängig von der parteipolitischen Zugehörigkeit der jeweiligen Regierung geführten Verwaltung zählte
seit Beginn der Dritten Republik zur politischen Agenda.

1996 wurde endlich ein Gesetz über den Öffentlichen Dienst mit dem Ziel verabschiedet, dessen Entpolitisierung herbeizuführen.[44] Es galt jedoch nur für die Angehörigen der zentralen Institutionen, nicht für die regionale und lokale Verwaltung. Ferner stellte der Bericht einer von der Regierung Buzek (im Amt ab Herbst 1997)
eingesetzten Kommission fest, dass etliche Positionen noch von der vorhergehenden
postkommunistischen Regierung unter Umgehung der gesetzlichen Vorschriften besetzt worden waren.[45] Das unter der Regierung Buzek 1998 verabschiedete und zum
Juli 1999 in Kraft getretene neue Gesetz[46] sah die Rekrutierung des Personals für die
öffentliche Verwaltung nach Wettbewerbskriterien vor, doch wurden Übergangsbe-
stimmungen massiv zu politischem Klientelismus genutzt.[47] Eine Untersuchung der
Personalpolitik gegenüber dem Öffentlichen Dienst der Regierungen Miller (SLD) ab
2001 und der PiS-geführten Regierung ab 2006 zeigte, dass das jeweilige Programm
eines „billig(er)en Staates" nur Rhetorik war und in der Wirklichkeit bestehende Institutionen nur aufgelöst wurden, um neue zu schaffen, die Pfründe für die eigene Klientel abgaben (Gwiazda 2008). Die Regierung Jarosław Kaczyński (2006–2007) ging
sogar so weit, im Grunde die bisherige Formel des Öffentlichen Dienstes aufzugeben
und einen unter der unmittelbaren Verfügungsgewalt des Premierministers stehenden
Pool von 2.000 Stellen für Spitzenpositionen zu schaffen. Der Zugang zu diesem Pool
war nicht an parteipolitische Neutralität geknüpft und die Aufnahmeprüfung konnte
durch eine gewisse Zeit der Zugehörigkeit zum Öffentlichen Dienst oder auch durch
einen Doktorgrad ersetzt werden. Die Ernennung nach diesem Muster wurde unter der

---

**43** Beispiele, wie sie Wołek für die Einflussnahme Kwaśniewskis auf Personalentscheidungen der
Regierung Miller anführt, lassen sich allerdings auch in anderen Ländern beobachten. Im semipräsidentiellen System Frankreichs etwa hat, wenn Präsident und Regierungsmehrheit demselben
politischen Lager entstammen, der Präsident informell erheblichen Einfluss auf Personalentscheidungen der Regierung, bis hin zum Rücktritt des Premierministers, vgl. das Verhältnis Mitterrand –
Bérégovoy 1992.
**44** Gesetz vom 05.07.1996 über den Öffentlichen Dienst (służba cywilna), Dz. U. 1996 Nr. 89, Pos. 402.
**45** Raport z przeprowadzonej analizy i oceny tworzenia służby cywilnej (sierpień 1996 – wrzesień
1997), www.kochanowski.pl/raport.doc (zuletzt aufgerufen 26.05.2013).
**46** Gesetz vom 18.12.1998 über den Öffentlichen Dienst, Dz. U. 1999 Nr. 49, Pos. 483, englische
Fassung: The Law on Civil Service of 18 December, 1998, http://www.lexadin.nl/wlg/legis/nofr/
eur/arch/pol/ CSA.pdf (zuletzt aufgerufen 26.05.2013).
**47** Vgl. die Analyse bei Burnetko (2010: 55).

Regierung Tusk ab 2007 beendet und das Ziel einer „zuverlässigen, unparteiischen und politisch neutralen Berufsbeamtenschaft" postuliert. An dieser Zielvorstellung hielt die Regierung Tusk ab 2007 zwar fest, doch wurde auch weiterhin häufig die Vorschrift unterlaufen, bei Freiwerden einer Stelle eine offene Ausschreibung vorzunehmen. Vielmehr wurden oft willkürlich Personen als „amtierende Amtsinhaber" eingestellt (Jaroń 2012: 103).

Ein weiteres Beispiel für das Auseinanderklaffen zwischen gesetzlicher Vorschrift und politischer Praxis bildet das Funktionieren des 1992 geschaffenen Landesrats für Rundfunk und Fernsehen (KRRiT). Er erhielt 1997 sogar Verfassungsrang und „hütet die Freiheit des Wortes, das Informationsrecht sowie das öffentliche Interesse an Rundfunk und Fernsehen" (Verf. Art. 231 Abs. 1).[48] Um die Unabhängigkeit des Landesrats von politischen Parteien sicherzustellen, dürfen seine Mitglieder keiner Partei angehören und werden von drei verschiedenen Institutionen ernannt.[49] Bereits bei der Berufung des ersten Landesrats kam es zu heftigen Auseinandersetzungen, da Präsident Wałęsa zunächst die Notwendigkeit bestritt, dass die von ihm benannten Kandidaten der Gegenzeichnung durch die Regierung bedürften. Er setzte sich in diesem Punkt ebenso durch wie bei der Abberufung des von ihm nominierten Vorsitzenden des Rates, dessen Entscheidung bei der Vergabe der ersten privaten Fernsehkonzession ihm missfiel. Dabei war die Abberufung im Gesetz nicht vorgesehen. Wałęsa setzte sich hierüber ebenso hinweg wie über das Urteil des Verfassungsgerichtshofs, das die Absetzung für nicht vereinbar mit dem Gesetz erklärte.[50]

Die personelle Besetzung des KRRiT war von Anfang an in hohem Maße parteipolitisch bestimmt, mit erkennbaren Folgen für die Personalpolitik insbesondere bei den Informationssendungen des Fernsehens. Die PiS-geführte Regierung ließ das Gesetz über den Landesrat 2006 dahingehend ändern, dass seine Mitgliederzahl von neun auf fünf verkleinert wurde, was zugleich Gelegenheit gab, den bisherigen Rat aufzulösen und ihn neu zu besetzen. Nach dem Flugzeugunglück von Smolensk 2010, bei dem u. a. Präsident Kaczyński ums Leben kam, schloss sich Bronisław Komorowski noch als amtierender Präsident der Ablehnung des KRRiT-Jahresberichts durch Sejm und Senat an. Damit waren die rechtlichen Voraussetzungen erfüllt, die bisherigen Mitglieder des Landesrats abzuberufen, und die Positionen wurden den aktuellen Parlamentsmehrheiten entsprechend neu besetzt.

---

**48** Ferner hat er nach dem Gesetz über den Landesrat vom 29.12.1992 (mit Änderungen, vgl. http://www.krrit.gov.pl/Data/Files/_public/Portals/0/angielska/Documents/Regulations/broadcasting _act_28022013.pdf) (zuletzt aufgerufen 26.05.2013) die Selbstständigkeit der Sender, die Interessen der Empfänger sowie einen offenen und pluralistischen Charakter von Rundfunk und Fernsehen sicherzustellen. Er beruft je einen Direktoren-, Verwaltungs- und Programmrat für Rundfunk und Fernsehen, ist Aufsichts- und Zulassungsbehörde und vergibt u. a. die Lizenzen auch an private Anbieter.

**49** Ursprünglich: vier Mitglieder vom Sejm ernannt, zwei vom Senat und drei vom Staatspräsidenten.

**50** Wałęsa argumentierte, dass das Urteil erst ab dem Tag bindend sei, an dem es erlassen worden sei. Daher sei die Ernennung eines Nachfolgers des von ihm abgesetzten Vorsitzenden des KRRiT rechtens.

Der Landesrat für Rundfunk und Fernsehen, der in der Verfassung im selben Kapitel wie die Oberste Kontrollkammer und die Ombudsperson aufgeführt wird, ist somit nicht dem Einfluss der politischen Parteien entzogen, sondern bildet bei der Besetzung seines Personals entgegen den Intentionen der Verfassung einen Teil der Posten, über die die jeweilige Parteienmehrheit verfügen kann. Durch die Konkurrenz der privatrechtlichen Rundfunk- und Fernsehanstalten ist allerdings eine pluralistische Berichterstattung auch in den elektronischen Medien weitgehend gegeben.

Die Konformität der Abläufe in den wichtigsten Bereichen des öffentlichen Lebens mit den von Verfassung und Gesetzen vorgegebenen Normen ist insgesamt relativ hoch, je Bereich aber differenziert. Wie eine von dem Warschauer Institut für öffentliche Angelegenheiten 2012 in Zusammenarbeit mit Transparency International erstellte Studie über Redlichkeit in den wichtigsten Bereichen des öffentlichen Lebens in Polen ergab, sind die rechtlichen Garantien relativ gut. Die Praxis ist je untersuchtem Feld jedoch unterschiedlich, am besten bei der in hohem Maße unabhängigen und professionell arbeitenden Obersten Kontrollkammer mit 88 von möglichen 100 Punkten, am schlechtesten beim Business, den NGOs, der Exekutive (Regierung) und der Verwaltung (zwischen 51 und 60 Punkten). Dabei seien die Bürger zu wenig interessiert an Tätigkeiten zur Verbesserung des öffentlichen Lebens. Zwischen Business und NGOs bestehe eine negative Rückkopplung insofern, als insbesondere Privatunternehmen kaum an der Tätigkeit von NGOs zur Eindämmung von Korruption interessiert seien. Der Politik fehle es an Entschlossenheit, Transparenz und Berechenbarkeit im öffentlichen Leben durchzusetzen.[51] Diese Kritik geht freilich von hohen normativen Ansprüchen aus.

Korruption wird in Polen von einer überwältigenden Mehrheit der Bevölkerung als großes Problem betrachtet (2013: 83 %), auch wenn es in den letzten Jahren leicht nachgelassen hat (2010: 87 %). An erster Stelle steht dabei mit 62 % die Korruption unter Politikern (Parteiaktivisten, Parlamentariern, Kommunalpolitikern).[52] Besondere Gelegenheiten zu Korruption bilden die Privatisierung staatlicher Unternehmen sowie die Verfügung über attraktive Posten in Staatsunternehmen.[53] Dass die Privatisierung nicht konsequent zu Ende geführt wird, wird zum Teil mit der Zugriffsmöglichkeit von

---

**51** Vgl. das zusammenfassende Kapitel „Czy można mówić o istnieniu ‚rzetelności życia publicznego w Polsce‘?", in: Mechanizmy przeciwdziałania korupcji. Raport z monitoringu. Pod redakcją Aleksandry Kobylińskiej/Grzegorza Makowskiego/ Marka Solona-Lipińskiego, Warszawa 2012: 14ff.
**52** Opinie o korupcji w Polsce, Komunikat z badań CBOS, BS/105/2013, Warschau, Juli 2013, http://www.cbos.pl/SPISKOM.POL/2013/K_105_13.PDF (zuletzt aufgerufen 02.11.2013).
**53** Ein aufsehenerregendes Beispiel war Ende Oktober 2013 die Abwahl von Donald Tusks wichtigstem innerparteilichen Rivalen Grzegorz Schetyna als Vorsitzendem der PO in Niederschlesien. Schetynas knappe Wahlniederlage soll u. a. dadurch zustande gekommen sein, dass einem der Delegierten des Parteitags für seine Stimme gegen Schetyna ein Aufsichtsratsposten im staatlichen Kupferkonzern KGHM angeboten wurde. Polnische Medien reagierten auf diese Nachricht mit dem Kommentar, dass Posten in KGHM seit jeher als Pfründe für die gerade regierende Partei/Koalition betrachtet würden, unabhängig von deren parteipolitischer Ausrichtung.

Politikern auf diese Pfründe erklärt. Häufig wird im Zusammenhang mit Korruption auch die Postenvergabe auf kommunaler Ebene erwähnt. Im internationalen Vergleich – etwa in Rankings von Transparency International – nimmt Polen in Bezug auf Korruption jedoch einen guten Mittelplatz ein.[54]

## 4.4 Rechtsschutz

Mit 57 Artikeln ist Kapitel II, das den „Freiheiten, Rechten und Pflichten des Menschen und Staatsbürgers" gewidmet ist, das mit Abstand umfangreichste Kapitel der Verfassung von 1997. Während die erst am Ende dieses Kapitels stehenden Pflichten (Treue zu Polen und Sorge um das gemeinsame Wohl, Achtung der Gesetze, Erfüllung der Steuerpflicht, Verteidigung, Schutz der Umwelt) in nur fünf Artikeln relativ knapp abgehandelt werden, wird der Durchsetzung der Freiheiten und Rechte nicht nur der polnischen Staatsbürger, sondern jenseits der politischen Rechte auch aller auf dem Gebiet Polens lebenden Personen breiter Raum gewidmet. Zur Durchsetzung individueller Rechte gegen deren mögliche Verletzung durch den Staat bestehen die in Abschnitt 2 genannten Gerichte und Gerichtshöfe sowie Institutionen wie die Ombudsperson, der/die Datenschutzbeauftragte u. a. Von den Möglichkeiten des individuellen Rechtsschutzes wird in großem Umfang Gebrauch gemacht. Besonders in Anspruch genommen wird dabei das Amt der Ombudsperson, bei dem 2011 27.500 neue Fälle eingingen, während die Zahl der Verfassungsbeschwerden vergleichsweise niedrig liegt (2012 67, Deutschland 5.818). Die Ombudsperson besitzt zwar selbst keine rechtsetzenden Kompetenzen, kann aber Anfragen an die zuständigen staatlichen Institutionen richten, die über die entsprechenden Kompetenzen verfügen, Rechtsakte zu korrigieren.[55] In dieser Hinsicht entspricht Polen in vollem Umfang den Erfordernissen eines Rechtsstaats. Zu den negativen Seiten des Rechtswesens seit 1989 zählt u. a. dessen schlechte Organisation. Diese äußert sich z. B. in einer extrem langen Dauer von Verfahren, obwohl Polen im internationalen Vergleich seine Gerichte personell sehr wohl ausreichend ausstattet.[56]

---

**54** Im Ranking von Transparency International nahm Polen, was die Wahrnehmung von Korruption betrifft, 2012 mit 58 von 100 möglichen Punkten bei der Bekämpfung von Korruption unter 176 Ländern mit Platz 41 einen sehr guten Mittelplatz ein (Spitzenreiter: Dänemark, Finnland und Neuseeland mit je 90 Punkten, Deutschland Rang 13 mit 79 Punkten, Estland Rang 32 mit 64 Punkten, Slowenien Rang 37 mit 61 Punkten, Ungarn Rang 46 mit 55 Punkten); vgl. http://www.ey.com/ Publication/vwLUAssets/2012_TI_CPI/$FILE/2012%20TI%20CPI.pdf (zuletzt aufgerufen 02.11.2013).
**55** Vgl. das Gesetz vom 15.07.1987 mit den nachfolgenden Änderungen, http://www.brpo.gov.pl/en/content/ombudsman-act (zuletzt aufgerufen 26.05.2013).
**56** Auch die polnische Helsinki-Stiftung für Menschenrechte und das Bürgerforum für Entwicklung betonen, dass keine Erhöhung der Mittel für die Gerichte, sondern deren effizienterer Einsatz erforderlich sei; vgl. Forum Obywatelskiego Rozwoju/ Helsińska Fundacja Praw Człowieka (2010), Efektywność polskiego sądownictwa w świetle badań międzynarodowych i krajowych, Warszawa.

# 5 Fazit

Polen ist seit Anfang der 1990er-Jahre ein Rechtsstaat. Die horizontale Gewaltenteilung wird grundsätzlich respektiert, institutionelle Kontrollen sind nicht nur in
Verfassung und Gesetzgebung verankert, sondern werden in der Praxis auch durchgeführt. Die 1997 verabschiedete Verfassung hat ein politisches System etabliert,
das das 1989 eingeführte semipräsidentielle System in ein weitgehend parlamentarisches verwandelt hat. Aus der Transitionsphase Ende der 1980er/Anfang der
1990er-Jahre überkommene Muster informeller Entscheidungsprozesse sowohl zwischen den Institutionen (dominierende Rolle des Präsidenten über seine verfassungsmäßigen Kompetenzen hinaus) als auch, was die Rolle der Kirche im öffentlichen Leben betrifft, konnten sich etliche Jahre halten, werden aber schwächer. Das
Verhalten des katholischen Episkopats, das nach 1989 fast tabu war, wird etwa seit
dem Tode von Papst Johannes Paul II. (2005) von größeren Teilen der Medien stärker hinterfragt als zuvor. Die bekannt gewordene Ablehnung eines Kandidaten für
das vakante Amt des Militärbischofs durch den Staatspräsidenten 2010[57] deutet auf
ein sich änderndes Rollenverständnis auch von Teilen konservativer Politiker gegenüber der Kirche hin.

   Bedenklich ist, dass die Legitimität der heutigen politischen Ordnung zumindest
in Teilen durch eine Partei infrage gestellt wird, die ein Drittel der polnischen Wähler
hinter sich hat und in Umfragen 2013 erstmals seit 2007 mit der Regierungspartei PO
gleichziehen oder sie sogar leicht überholen konnte. Politische Auseinandersetzungen
werden vor allem von der PiS in einer scharfen, den politischen Gegner nicht als Konkurrenten, sondern als Feind bezeichnenden Sprache geführt, was die Gesellschaft
tendenziell polarisiert. Während der Kern des politischen Institutionensystems trotz
der Forderungen der PiS nach Einführung eines Präsidialsystems nicht zur Disposition
steht, bleibt das Parteiensystem weiter in Fluss. Unter ihrem Vorsitzenden Jarosław
Kaczyński ist die PiS kaum koalitionsfähig. Spätestens nach seinem – gegenwärtig
allerdings nicht absehbaren – Rückzug aus der Politik wird sich die Parteienkonstella-
tion neu konfigurieren.

   Die Zivilgesellschaft kräftigt sich. Das öffentliche Leben wird von pluralisti-
schen Medien kritisch begleitet. Think Tanks untersuchen eine breite Palette von
Aspekten der Innen- und Außenpolitik und stellen ihre Ergebnisse in der Regel ins
Internet. Die junge Generation ist immer besser ausgebildet und auf westliche Nor-

---

**57** Der vorgesehene Kandidat soll am Nationalfeiertag in Anwesenheit höchster Vertreter der Politik
und des Militärs die Dritte Republik scharf angegriffen und ihre Wertgrundlagen infrage gestellt
haben. Staatspräsident Komorowski habe daraufhin Verteidigungsminister Klich zu verstehen
gegeben, dass er diesen auch im Episkopat umstrittenen Kandidaten ablehne; vgl. Wiśniewska,
Katarzyna/Wroński, Paweł 2010: Jak Pałac i Kościół szukają biskupa polowego, in: Gazeta Wyborcza
24.11.2010. Ernannt wurde ein anderer Bischof.

men ausgerichtet. Das Land ist fest im politischen, wirtschaftlichen und militärischen Institutionensystem des Westens verankert. Die Wirtschaftsordnung ruht auf einem soliden Fundament, Polen hat in der Weltwirtschaftskrise seit 2008 mit die besten Ergebnisse in der EU erzielt, wenngleich die Arbeitslosigkeit mit 13 % im Herbst 2013 relativ hoch ist. Die Rahmenbedingungen für die Stabilität des politischen Systems sind damit jedoch sehr positiv und die Chancen für eine weitere Abschwächung der für die Demokratie problematischen informellen Entscheidungsprozesse günstig zu beurteilen.

# Bibliographie

Arato, Andrew, 1981: Civil Society against the State: Poland 1980–81, in: Telos 47, S. 23–47.

Bingen, Dieter/Ruchniewicz, Krzysztof (Hrsg.) 2009: Länderbericht Polen. Geschichte. Politik. Wirtschaft. Gesellschaft. Kultur, Bonn.

Borecki, Paweł, 2012: Respektowanie Polskiego Konkordatu z 1993 roku. Wybrane problemy, Warszawa, 9; zugänglich auch unter http://www.isp.org.pl/publikacje,25,570.html.

Brier, Robert, 2009: The Roots of the „Fourth Republic". Solidarity's Cultural Legacy to Polish Politics, in: East European Politics and Societies 23 (1), S. 63–85.

Burnetko, Krzysztof, 2010: 20 years of public administration in independent Poland, in: Kucharczyk/Zbieranek, S. 51–61.

Chwalba, Andrzej, 2010: Kurze Geschichte der Dritten Republik Polen 1989 bis 2005, Wiesbaden.

Czapiński, Janusz/Panek, Tomasz (Hrsg.), 2011: Diagnoza społeczna 2011. Warunki i jakość życia Polaków. Raport, Warszawa;
auch zugänglich unter http://www.diagnoza.com/pliki/raporty/Diagnoza_raport_2011.pdf (zuletzt aufgerufen 26.05.2013).

„Eine Gesellschaft freier Bürger". Regierungserklärung des polnischen Premierministers Tadeusz Mazowiecki vor dem Sejm am 12.09.1989, ins Deutsche übersetzt von Wulf Schade, in: Blätter für deutsche und internationale Politik 34 (11), 1989, S. 1388–1400.

Fenchel, Rainer/Pietsch, Anna-Jutta (Hrsg.), 1982: Gesellschaft gegen den Staat, Hannover, S. 42–87.

Garlicki, Leszek, 2011: Polskie prawo konstytucyjne. Zarys wykładu, Warszawa, 15. Aufl.

Garsztecki, Stefan, 2010: Polen – Dezentralisierung im unitarischen Staat, in: Sturm, Roland/Dieringer, Jürgen (Hrsg.): Regional Governance in EU-Staaten, Opladen, S. 191–202.

Goetz, Klaus H./Zubek, Radoslaw, 2007: Government, parliament and lawmaking in Poland, in: Journal of Legislative Studies 13 (4), S. 517–538.

Gwiazda, Anna, 2008: Party Patronage in Poland. The Democratic Left Alliance and Law and Justice compared, in: East European Politics and Societies 22 (4), S. 802–827.

Hahn, Hans Henning 1988: Die Gesellschaft im Verteidigungszustand. Zur Genese eines Grundmusters der politischen Mentalität in Polen, in: Hahn, Hans Henning/Müller, Michael (Hrsg.): Gesellschaft und Staat in Polen. Historische Aspekte der polnischen Krise, Berlin, S. 15–48.

Hierlemann, Dominik, 2005: Lobbying der katholischen Kirche. Das Einflussnetz des Klerus in Polen, Wiesbaden.

Jaroń, Anna, 2012: Administracja publiczna, in: Mechanizmy przeciwdziałania korupcji w Polsce. Raport z monitoringu. Pod redakcją Aleksandry Kobylińskiej/Grzegorza Makowskiego/ Marka Solona-Lipińskiego, Warszawa, S. 103–121.

Jasiewicz, Krzysztof, 2008: The (not always sweet) uses of opportunism. Post-communist political parties in Poland, in: Communist and Post-Communist Studies 41 (4), S. 421–442.

Krześnicki, Ireneusz, 03.01.2011: Kodeks wyborczy – ustawa super bubel, abrufbar unter http://samorzad.lex.pl/artykul-aktualnosci/468 (zuletzt aufgerufen 26.05.2013).

Kubik, Jan/Lynch, Amy, 2006: The Original Sin of Poland's Third Republic. Discounting ‚Solidarity' and its Consequences for Political Reconciliation, in: Polish Sociological Review 1 (153), S. 9–38.

Kucharczyk, Jacek/Zbieranek, Jarosław (Hrsg.), 2010: Democracy in Poland 1989–2009. Challenges for the future, Warsaw; auch abrufbar unter http://www.isp.org.pl/files/8271284100947554001281523312.pdf (zuletzt aufgerufen 26.05.2013).

Liebscher, Marc/Zoll, Fryderyk, 2005: Einführung in das polnische Recht, München.

Mair, Peter/Katz, Richard S., 1995: Changing Models of Party Organization and Party Democracy. The Emergence of the Cartel Party, in: Party Politics 1 (1), S. 5–28.

Maliszewski, Michał, 2013: Die Entwicklungen des Medienmarktes in Polen, Polen-Analysen Nr. 126, 21.05.2013, http://www.laender-analysen.de/polen/pdf/PolenAnalysen126.pdf (zuletzt aufgerufen 26.05.2013).

Materska-Sosnowska, Anna, 2010: Poland, in: Nohlen, Dieter/Stöver, Philip (Hrsg.): Elections in Europe. A Data Handbook, S. 1471–1524.

Mechtenberg, Theo, 2011: Polens katholische Kirche zwischen Tradition und Moderne, Dresden.

Naszkowska, Krystyna, 2012: PSL – koniczynka więdnie, ale nie schnie, in: Gazeta Wyborcza 20.07.2012.

Ochremiak, Jędrzej, 2010: Referenda lokalne w sprawie odwołania władz, 2002–2010, in: Raciborski, Jacek (Red.): Praktyki obywatelskie Polaków, Warszawa, S. 273–280.

Orłowski, Wojciech, 2006: Sejm i Senat. Funkcja kontrolna, in: Skrydło, Wiesław (Hrsg.): Polskie prawo konstytucyjne, Lublin, S. 228–292.

Ost, David, 2009: The End of Postcommunism. Trade Unions in Eastern Europe's Future, in: East European Politics and Societies 23 (11), S. 13–33.

Paradowska, Janina, 2006: Aufarbeitung und Rache. Gründe und Abgründe der Lustration in Polen, in: Osteuropa 56 (11/12), S. 205–218.

Raciborski, Jacek, 2007: Forming government elites in a new democracy: The case of Poland, in: Communist and Post-Communist Studies 40, 17–40.

Raciborski, Jacek, 2005: Das System der territorialen Selbstverwaltung und die Lokalpolitik, in: Ders./Wiatr, Jerzy J. (Hrsg.): Demokratie in Polen. Elemente des politischen Systems, Opladen, S. 179–196.

Sulowski, Stanisław (Hrsg.), 2009: Polen heute. Geschichte. Politik. Gesellschaft, Warschau (Institut für Politikwissenschaft der Universität Warschau).

Trappmann, Vera, 2011: Die Gewerkschaften in Polen. Aktuelle Situation, Organisation, Herausforderungen, in: FES Internationaler Dialog, Dezember 2011, http://library.fes.de/pdf-files/id/08817.pdf (zuletzt aufgerufen 31.07.2012).

Tworzecki, Hubert, 2008: A disaffected new democracy? Identities, institutions and civic engagement in post-communist Poland, in: Communist and Post-Communist Studies 41 (1), S. 47–62.

Vetter, Reinhold, 2008: Wohin steuert Polen? Das schwierige Erbe der Kaczynskis, Berlin.

Wołek, Artur, 2004: Demokracja Nieformalna. Konstytucjonalizm i rzeczywiste reguły polityki w Europie Środkowej po 1989 roku, Warszawa (ISP PAN).

Wołek, Artur, 2008: Trwałość instytucji nieformalnych jako element oceny stosowania konstytucji RP, http://docs7.chomikuj.pl/9676418,PL,0,0,wolek-.doc (zuletzt aufgerufen 26.05.2013).

Ziemer, Klaus, 2013: Das politische System Polens. Eine Einführung, Wiesbaden.

Zioło, Karolina, 2009: From internationalism to the European Union: An ideological change in the Polish post-communist party?, in: Communist and Post-Communist Studies 42 (2), S. 253–264.

Zubek, Radoslaw, 2006: Poland: A Core Ascendant?, in: Dimitrov, Vesselin et al.: Governing after Communism. Institutions and Policymaking, Lanham et al., S. 83–127.

Zubek, Radoslaw, 2008: Parties, rules and government legislative control in Central Europe: The case of Poland, in: Communist and Post-Communist Studies 41 (1), S. 147–161.

Petra Stykow
# Russland

## 1 Ein politisches System zwischen Demokratie und Autokratie

Das politische System Russlands hat sich seit Ende der 1980er-Jahre tief greifend gewandelt. Nach dem Zusammenbruch des sowjetischen Staatssozialismus bildete sich
bis gegen Mitte der 1990er-Jahre eine fragile „elektorale Demokratie" heraus, deren
Dynamik spätestens seit Beginn des neuen Jahrtausends immer deutlicher autoritäre
Züge annahm. Unter westlichen und vielen russländischen Politikwissenschaftlern ist
unstrittig, dass im vergangenen Vierteljahrhundert zwar die Basisinstitutionen der
Demokratie entstanden sind, das Zusammenspiel der politischen Institutionen und
ihre tatsächliche Relevanz von demokratischen Standards jedoch erheblich abweichen.

Dennoch gibt es keinen Konsens über die Bewertung der Systemqualität, für die
Bezeichnungen wie „Fassaden-", „imitierte" oder „illiberale" Demokratie, „hybrides
Regime", aber auch „semi-" oder „kompetitiv-autoritäres" Regime anzutreffen sind.
*Freedom House* stufte Russland zwischen 1993 und 2003 als „elektorale Demokratie",
seit 2004 aber als „unfrei" ein; seit 2009 gilt es – ebenso wie Belarus, fast alle zentralasiatischen Länder sowie Aserbaidschan – als „konsolidiertes autoritäres Regime"
(FH 2013). Im Unterschied dazu diagnostiziert *Polity IV* eine „schwache", nicht-
institutionalisierte Demokratie (Marshall/Cole 2011: 33); ähnlich identifiziert der *Bertelsmann Transformation Index* eine „stark defekte" Demokratie (BTI 2012).

In der offiziellen Selbstbeschreibung ist Russland eine Demokratie. Zu Beginn des
vergangenen Jahrzehnts brachte die Präsidialadministration zunächst die Bezeichnung „gelenkte Demokratie" (genauer: „lenkbare Demokratie") auf. Damit sollte ein
weitgehender politischer Steuerungsanspruch durch Verweis auf das noch unzureichende Niveau der gesellschaftlichen Selbstorganisation legitimiert werden. Da die
Demokratie bisher nicht von unten herangereift sei, müssten ihre Funktionsbedingungen von oben geschaffen werden. Seit dem Frühjahr 2005 wurde dieses Konzept
durch das der „souveränen Demokratie" verdrängt, welches betonte, dass der völker-
rechtlichen Souveränität und globalen Wettbewerbsfähigkeit Russlands auch Eigenheiten des politischen Systems entsprächen, die vom „westlichen Modell" abweichen
(Suverennaja demokratija 2007; s. auch Richter 2009a).

Beide Konzepte dienen keineswegs nur dazu, die Re-Autoritarisierung des politischen Systems propagandistisch zu bemänteln, sondern sind auch als Versuche zu
sehen, die weitreichenden Gestaltungsansprüche des Staates intellektuell kohärent zu

formulieren, ideologisch zu begründen und normativ zu rechtfertigen.[1] Auch viele Politikwissenschaftler in Russland – darunter Kritiker der aktuellen Entwicklungen – vertreten die Auffassung, dass das Land einer besonderen, nicht-westlichen Form der Demokratie bedürfe, deren Institutionen traditionellen Werten der russländischen Gesellschaft wie Etatismus, Paternalismus, Egalitarismus und Konsensorientierung zu entsprechen hätten.

Angewandt auf Russland führt das Instrumentarium der vergleichenden Politikwissenschaft zu wichtigen Einsichten in den Charakter des politischen Systems, stößt aber auch an Grenzen. Dies wird deutlich, wenn ich im Folgenden auf der Grundlage zunächst einer formalen Verfassungsanalyse die internationale Diskussion über die Klassifizierung des Regierungssystems resümiere und zeige, dass letztlich keine der gängigen Interpretationen angemessen ist (Kap. 2). Im Anschluss daran gehe ich auf die eigentümliche Interdependenz formaler und informeller Institutionen und Organisationen ein, welche das politische System Russlands charakterisieren (Kap. 3). Anhand ausgewählter Beispiele für *political engineering* zeige ich danach, dass die Eliten formale Institutionen, wie sie aus Demokratien bekannt sind, mithilfe informeller Praktiken für die Reproduktion und Stabilisierung des Regimes umdeuten, modifizieren und „umnutzen" (Kap. 4).[2]

# 2 Analyse der formalen Institutionen: Das Regierungssystem

## 2.1 Verfassungsregelungen

Der Verfassungsgebungsprozess für das neue Russland begann im Juni 1990, noch vor dem Auseinanderbrechen der Sowjetunion am Jahresende 1991. Die seit 1978 geltende sowjetrussische Verfassung wurde in mehreren Schritten revidiert: Der Führungsanspruch der kommunistischen Partei wurde gestrichen. Eingeführt wurden die Prinzipien der Gewaltenteilung und des Föderalismus und das Amt des Präsidenten. Entsprechend des sowjetischen Prinzips der Gewalteneinheit blieb die oberste Staatsgewalt zunächst aber weiterhin beim Volksdeputiertenkongress.

Diese Widersprüchlichkeit der Verfassung ermöglichte es sowohl der Präsidialexekutive – welche seit der Wahl Boris Jelzins (Juni 1991) die Basis pro-demokratischer Akteure bildete – als auch dem Parlament – das aus den letzten sowjetischen Wahlen

---

1 Die genannten Begriffe sind in den letzten Jahren seltener verwendet worden, ihr Kern – ein eigenständiger, nicht von außen diktierter Weg zu einer Demokratie, welche institutionell und prozedural an den historisch-kulturellen Kontext ebenso angepasst ist wie an die Anforderungen der globalisierten Moderne – bleibt jedoch aktuell (Putin 2012).
2 Für Hinweise und Kommentare danke ich Nele Quecke und Fabian Burkhardt.

(März 1990) hervorgegangen war – konkurrierende Machtansprüche zu erheben, als sich Russland als souveräner Staat konstituierte. Die „Doppelherrschaft" von Präsident und Parlament führte zu einer Staats- und Verfassungskrise, die Jelzin im Oktober 1993 mit militärischer Gewalt zu seinen Gunsten beendete.

Im Dezember 1993 wurde die bis heute gültige und seitdem nur wenig veränderte neue Verfassung per Referendum angenommen.[3] Sie bezeichnet Russland als „demokratischen föderativen Rechtsstaat mit republikanischer Regierungsform" (Art. 1) und schreibt Grundprinzipien wie Menschenrechtsbindung des Staates, Sozialstaatlichkeit, Eigentumsgarantie, Gewaltenteilung, Pluralismus und Gleichheit der Religionen fest. Den institutionellen Aufbau des Staates regelt die Verfassung nach dem Prinzip der „Teilung in die gesetzgebende, vollziehende und rechtsprechende Gewalt" (Art. 10). Als Organe der Staatsgewalt werden der Präsident, die Föderalversammlung, die Regierung und die Gerichte der Föderation (Art. 11) genannt. Der Präsident ist „Staatsoberhaupt" und „Garant der Verfassung der Russländischen Föderation sowie der Rechte und Freiheiten des Menschen und Bürgers". Er verfügt über die Richtlinienkompetenz in der Innen- und Außenpolitik und ist Oberbefehlshaber der Streitkräfte. Der Präsident wird direkt für vier – seit 2012 für sechs – Jahre gewählt; er kann das Amt nur für zwei Amtszeiten in Folge innehaben.

Der in der Verfassung fixierte Föderalismus nimmt einige Anleihen beim deutschen unitarischen Modell. Er erscheint aber als deutlich asymmetrisch, weil seine Bestandteile sozioökonomisch und politisch sehr heterogen sind und keinen einheitlichen Rechtsstatus aufweisen (Heinemann-Grüder 2000, Ross 2012).[4] Die Verfassung sieht Politikfelder in der Alleinzuständigkeit des Zentrums (Geld-, Verteidigungs- und Außenpolitik), einige Gemeinschaftsaufgaben (Bildung, Umweltschutz) und nur wenige residuale Kompetenzen für die Regionen vor. Daneben werden wesentliche Bereiche der Staatsorganisation auf gesetzlicher Grundlage definiert (Vertrags- und Gesetzesföderalismus), was den russländischen Föderalismus vergleichsweise wenig verfassungsrechtlich abgesichert erscheinen lässt (Nußberger 2010a: 36–37).

Das Parlament, die Föderalversammlung, besteht aus zwei Kammern. Die erste Kammer ist die Staatsduma mit 450 Mitgliedern, welche alle vier (seit 2011: alle fünf) Jahre neu gewählt wird; Mandat und öffentliches Amt sind strikt voneinander getrennt. Das in seinen Kompetenzen schwächer ausgestattete Oberhaus, der Föderationsrat, vertritt die Interessen der Regionen, die jeweils zwei Repräsentanten entsenden. Der Wahlmodus für beide Kammern wird per Gesetz geregelt. Bis zum Jahre 2003

---

**3** Siehe Verfassung (1993); für eine ausführliche Verfassungsanalyse s. Nußberger (2010a); zum Verfassungsgebungsprozess siehe z. B. Bos (1996).

**4** Die Verfassung nennt nationalstaatliche (21 innerrussische Republiken), national-territoriale (zehn autonome Kreise, ein autonomes Gebiet) und administrativ-territoriale Gebilde (55 Regionen, darunter 49 Gebiete und sechs Bezirke, sowie zwei „Städte föderaler Bedeutung"). Seit 2008 beträgt die Anzahl dieser „Föderationssubjekte" aufgrund von Zusammenschlüssen nicht mehr 89, sondern nur noch 83.

wurden die Duma-Mandate zu gleichen Anteilen nach Mehrheits- und Verhältniswahl (mit fünfprozentiger Sperrklausel) vergeben (Grabenwahlsystem), seit 2005 gilt ein Verhältniswahlrecht mit sieben- (seit 2011 fünf-)prozentiger Sperrklausel. Der Modus für die Bestellung der Mitglieder des Föderationsrats wurde mehrfach geändert. Nach Direktwahlen (1993) rekrutierte er sich aus den Oberhäuptern der regionalen Exekutiven sowie Legislativen (1996–2000) und seit 2002 aus weisungsgebundenen gewählten bzw. ernannten Delegierten der Regionen.

Die Staatsorgane sind Kooperationszwängen unterworfen. Bei der Gesetzgebung müssen Präsident, Regierung und Parlament zusammenwirken: Ebenso wie der Föderationsrat und dessen Mitglieder, die Duma-Abgeordneten, die Regionalparlamente und die drei höchsten Gerichte haben der Präsident und die Regierung das Recht der Gesetzesinitiative. Der Präsident unterschreibt Gesetze, und er kann ein suspensives Veto einlegen, das nur durch eine Zweidrittelmehrheit in beiden Kammern zu überwinden ist. In einigen Politikfeldern sowie bei internationalen Verträgen müssen beide Kammern zustimmen. Der Präsident hat das Recht, Referenden anzusetzen. Ähnlich wie in lateinamerikanischen präsidentiellen Systemen verfügt er zudem über Dekretrechte in Fragen, für die kein föderales Gesetz existiert, tritt also auch alleinzuständig als Legislative auf.

Der Präsident muss bei der Ernennung des Vorsitzenden der Regierung mit dem Parlament kooperieren. Er schlägt der Duma seinen Kandidaten zur Bestätigung vor. Lehnt sie den Vorschlag drei Mal ab, muss der Präsident die Kammer auflösen und Neuwahlen ansetzen. Nur in zwei Situationen wagte das Parlament bisher diese Mutprobe; beim ersten Mal (Frühjahr 1998) erhielt der Kandidat des Präsidenten im dritten Wahlgang die Zustimmung der Mehrheit der Parlamentarier; beim zweiten Mal (Sommer 1998) gab Jelzin nach.

Die Rechtsprechung wird laut Verfassung von 1993 durch die Verfassungs-, Zivil-, Verwaltungs- und Strafgerichtsbarkeit ausgeübt, die Unabhängigkeit der Richter ist ebenfalls festgeschrieben. Die höchsten Gerichte sind das Verfassungsgericht, das Oberste Gericht und das Oberste Wirtschaftsgericht. In die Zuständigkeit des Verfassungsgerichts[5] fallen die Normenkontrolle, die Individualbeschwerde und die Schlichtung von Kompetenzkonflikten zwischen den Ebenen des Staates. Zudem verfügt das Gericht über das Recht der Verfassungsauslegung. Seine 19 Richter werden auf Vorschlag des Präsidenten vom Föderationsrat gewählt (Nußberger 2010a: 45–47).

Insgesamt räumt die Verfassung von 1993 dem Präsidenten eine dominante Stellung im politischen System ein. Eine vergleichende Vermessung seiner Kompetenzen und der des Parlaments erbringt einen klaren Befund: Entsprechend seiner konstitutionell verbrieften Vollmachten gehört er zu den stärksten Staatsoberhäuptern im post-

---

5 Es war bereits 1991 etabliert worden, wurde von Jelzin zwischen 1993 und 1995 jedoch suspendiert, da es in seine Auseinandersetzung mit dem Parlament intervenierte. Für Analysen der Tätigkeit des Verfassungsgerichts s. Trochev (2008), Thorson (2012).

sozialistischen Raum. Im Regionalvergleich erweist sich die Föderalversammlung zwar besser gestellt als die Parlamente der zentralasiatischen Länder und von Belarus, sie ist aber schwächer ausgestattet als zwei Drittel aller Parlamente weltweit (Fish/Kroenig 2008: 756–757, Fortin 2013, Schleiter/Morgan-Jones 2008).

## 2.2 Ein (semi-)präsidentielles Regierungssystem?

Die typologische Einordnung des Regierungssystems Russlands ist umstritten. Überwiegend wird eine Variante des Semipräsidentialismus identifiziert (z. B. Colton/Skach 2005, Schleiter/Morgan-Jones 2008, Steinsdorff 1995), jedoch finden sich auch Plädoyers zugunsten des präsidentiellen Typs (Blondel 2012, Luchterhandt 2002, White 1997). Für die Zuordnung sind folgende Argumente wesentlich: Präsident und Staatsduma sind, da beide direkt gewählt werden, autonom legitimiert; der Präsident kann nicht aus politischen Gründen seines Amtes enthoben werden („Präsidentialismuskriterium" laut Steffani 1979). Das Parlament verfügt mit dem Misstrauensvotum aber über ein Instrument, mit dem es die Regierung abberufen kann („Parlamentarismuskriterium"). Die Verfassung scheint zudem eine duale Exekutive aus Präsident und Regierung vorzusehen, wobei die Regierung vergleichsweise stärker an den Präsidenten als an das Parlament gebunden ist: Bei der Amtseinführung eines Präsidenten tritt das Kabinett zurück, nicht aber anlässlich der Neukonstituierung der Legislative. Ebenso wie das französische Staatsoberhaupt hat auch der russländische Präsident das Recht, Kabinettssitzungen zu leiten. Zudem ist er auch befugt, die Regierung nach eigenem Ermessen zu entlassen.

Angesichts dieser konstitutionellen Regeln scheint eine Zuordnung des Regierungssystems zum Semipräsidentialismus als einer Mischform aus parlamentarischem und präsidentiellem Regierungssystem nahezuliegen. Betrachtet man diese Regeln aber näher, wird diese Zuordnung recht schnell zweifelhaft, da dem Präsidenten faktisch ultimative Kompetenzen zustehen: Er darf ein Misstrauensvotum der Duma gegen die Regierung das erste Mal übergehen und ist nur zum Handeln gezwungen, falls innerhalb von drei Monaten ein zweites erfolgreiches Votum abgegeben wird. Dann aber steht es ihm frei, die Regierung zu entlassen – oder das Unterhaus aufzulösen und Neuwahlen auszuschreiben. Dieselben Optionen eröffnen sich dem Präsidenten, falls eine vom Regierungschef gestellte Vertrauensfrage von der Duma abschlägig beschieden wird. Damit können die Abgeordneten ohne Zustimmung des Präsidenten kein Kabinett zu Fall bringen, riskieren aber unabweislich ihre Mandate, wenn sie es dennoch versuchen. Es verwundert deshalb nicht, dass es zwischen 1994 und 2005 zwar sechs Abstimmungen über ein Misstrauensvotum gab, sich jedoch nur ein einziges Mal (1995) eine parlamentarische Mehrheit dafür fand. Jelzin reagierte mit der Entlassung dreier Minister, woraufhin ein erneutes Misstrauensvotum gegen die Regierung scheiterte.

Gegen die Semipräsidentialismus-These spricht weiterhin, wie russländische Regierungen operieren. Es handelt sich routinemäßig um „technische Kabinette", deren Mitglieder weder durch Parteien nominiert sind noch als deren Repräsentanten auftreten. Vielmehr verdanken sie ihre – durch den Präsidenten vollzogene – Auswahl ihren persönlichen Eigenschaften (Schleiter 2013). In diesem Sinne erscheinen sie als Präsidialkabinette; sie werden auch öffentlich so bezeichnet. In den vergangenen zwei Jahrzehnten wichen nur zwei Kabinette von diesem Muster ab, aber selbst diese Episoden schwächen die semipräsidentielle Interpretation: Die kurze Amtszeit der Regierung Primakow (September 1998–Mai 1999) stützte sich zwar auf eine Koalition aus drei oppositionellen Duma-Fraktionen, beruhte aber nicht auf einer formalen Koalitionsvereinbarung, wurde von einem parteilosen Minister geführt und konnte nicht auf stabile parlamentarische Unterstützung zählen. Daher stellte sie weder eine Parteienregierung dar noch eine echte *Cohabitation*, bei der sich Präsident und Premier als Mitglieder unterschiedlicher politischer Lager gegenüberstehen (Clark 2011). Die zweite Ausnahme, die Regierung Putin (2008–2012), lässt sich ebenfalls nicht sinnvoll semipräsidentiell deuten. Sie belegt vielmehr die hochgradige Personalisierung der politischen Macht, welche die Relevanz formal-institutioneller Regelungen begrenzt: Wladimir Putin (Präsident 2000–2008 und ab 2012) war es auf diesem Wege möglich, eine politische Schlüsselposition im Rahmen des „Tandems" mit Dmitrij Medwedjew (Präsident 2008–2012) zu bewahren.

Die entscheidenden Argumente gegen die Zuordnung des Regierungssystems zum semipräsidentiellen Typ finden sich gleichwohl bereits im Verfassungstext. Zum einen geht der Regierungschef nicht aus der Legislative hervor – ein Kriterium, das üblicherweise als wesentlich für den Semipräsidentialismus angesehen wird (Skach 2007: 97). Eine *Cohabitation* ist also sogar verfassungslogisch ausgeschlossen, weil der Regierungschef gar nicht an eine parlamentarische Machtbasis gebunden ist (Clark 2011). Zum anderen schreibt Art. 10 der Verfassung eine dreiteilige Gewaltenteilung fest – Art. 11 zählt aber vier Staatsorgane auf. Der Präsident erscheint dabei nicht als Teil der Exekutive, sondern als eigenständige Institution, deren Aufgabe darin besteht, „das koordinierte Funktionieren und Zusammenwirken der Organe der Staatsgewalt" zu gewährleisten (Art. 80).

Während überraschenderweise kaum ein westlicher Beobachter diesen Formulierungen Beachtung schenkt, sind sie für russländische Experten von zentraler Bedeutung. Sie interpretieren diese in dem Sinne, dass der Präsident weder der Exekutive angehöre noch eine vierte Gewalt darstelle – gleichwohl aber nicht „über", sondern vielmehr „jenseits" des Systems aus Legislative, Exekutive und Judikative stehe, indem er die Tätigkeit dieser drei Staatsorgane koordiniere. Diese Interpretation beherrscht die russländische Verfassungsinterpretation und wird auch in politikwissenschaftlichen Lehrbüchern popularisiert. Schaubild 1 verdeutlicht dieses Muster der Beziehungen zwischen Exekutive, Legislative, Judikative und Präsident.

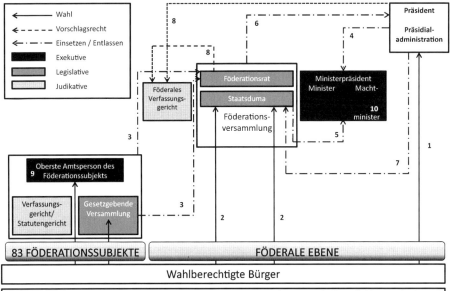

(1) Für 4 Jahre, seit 2012 für 6 Jahre direkt gewählt, Amt auf 2 Amtsperioden in Folge begrenzt. (2) Abgeordnete für 4, seit 2011 auf 5 Jahre gewählt. (3) Die regionale Exekutive und Legislative ernennen bzw. wählen jeweils einen Vertreter. (4) Ernennt mit der Zustimmung der Staatsduma den Vorsitzenden der Regierung der RF. (5) Misstrauensvotum. (6) Impeachment-Verfahren (Amtsenthebung aus nicht-politischen Gründen). (7) Kann im Zusammenhang mit der Ernennung des Ministerpräsidenten oder des Misstrauensvotums aufgelöst werden. (8) Auf Vorschlag des Präsidenten vom Föderationsrat ernannt. (9) Die Bezeichnungen variieren: Gouverneur, Oberhaupt der Republik, Chef der Administration, Regierungsvorsitzender. Zwischen 2005 und 2012 von der regionalen Legislative auf Vorschlag des Präsidenten ernannt, ab 2012 wieder von den Bürgern gewählt. (10) Nach §32 des Föderalen Verfassungsgesetzes „Über die Regierung der RF" vom 17.12.1997 sind die Machtministerien direkt dem Präsidenten unterstellt.

**Abb. 1:** Das Regierungssystem Russlands

Bilanziert man die hier vorgenommene Prüfung der einschlägigen typologischen Kriterien, erscheint die Schlussfolgerung zwingend, dass die traditionellen Typologien der Regierungssysteme (z. B. Lijphart 1992, Shugart/Carey 1992, Steffani 1979, Duverger 1980) für Russland nicht anwendbar sind, will man eine Begriffsüberdehnung vermeiden: Die Konzepte sowohl des präsidentiellen wie auch des semipräsidentiellen Typs setzen voraus, dass die Doktrin der Gewaltenteilung im Sinne der ideengeschichtlichen Traditionslinie verwirklicht ist, welche auf Montesquieu und Madison zurückgeht. Diese Doktrin besteht aus einem Bündel von ineinandergreifenden Prinzipien, darunter: (a) Gewaltenteilung (*separation of powers*) als organschaftliche Arbeitsteilung, (b) Machtaufteilung (*division of power*) zwecks Verhinderung einer exzessiven Machtkonzentration bei einer der Institutionen sowie (c) *checks and balances*, d. h. Mechanismen, welche gegenseitige Kontrolle und Kooperation der staatlichen Organe erzwingen können (Waldron 2013).

Es ist offensichtlich, dass eine Verfassung, die den Präsidenten „jenseits der Gewalten" konstituiert, nicht dieser klassischen Doktrin folgt. Tatsächlich ist das russländische Regierungssystem am zutreffendsten als eines der „separation of powers without checks and balances" (Partlett 2012) zu beschreiben. Die in der Literatur einhellig konstatierte Dominanz des Präsidenten und die schwache Position von Parlament und Regierung diesem gegenüber bedeuten, dass zumindest die beiden Prinzipien der Machtaufteilung sowie der *checks and balances* bereits auf formalkonstitutioneller Ebene nicht eingelöst werden – und dies unbenommen weiterer Abweichungen von der Doktrin der Gewaltenteilung, welche in der Verfassungswirklichkeit zu beobachten sind. Ungeachtet nachweislicher ausländischer Einflüsse auf die Verfassung von 1993 schuf diese demnach kein institutionelles Design für eine Demokratie westlichen Typs.

# 3 Informelle und formale Dimensionen der Politik

## 3.1 Ein neopatrimoniales Regime

Die in der Literatur übliche Zuordnung Russlands zum semipräsidentiellen oder präsidentiellen Typ der Exekutive-Legislative-Beziehungen erweist sich demnach als Kategorisierungsfehler. Einen Ausweg aus diesem Problem scheint zunächst das Begriffsangebot des „Superpräsidentialismus" zu bieten, welches die Dominanz des Präsidenten hervorhebt. Sie wird entweder unmittelbar aus dem Verfassungstext abgeleitet (Holmes 1993, Clark 2011) oder aber aus einer Verfassungsrealität, in welcher die konstitutionellen Spielräume durch den Präsidenten ausgereizt und gegebenenfalls gesprengt werden (Fish 2000, McFaul/Stoner-Weiss 2008). Das konzeptionelle Problem dieses Begriffs besteht aber darin, dass damit ein neuer Subtyp innerhalb der traditionellen Regierungssystem-Typologie der Vergleichenden Politikwissenschaft geschaffen wird. Da diese aber ein gewaltenteiliges System im oben skizzierten Sinne impliziert, liegt auch damit eine Begriffsüberdehnung vor.

Andere Begriffe gehen über den hergebrachten Rahmen hinaus, der sich auf die Beziehungen zwischen Exekutive und Legislative beschränkt. Sie entstammen überwiegend der politikwissenschaftlichen Area-Forschung. Das aktuelle politische System Russlands wird dabei entweder als unikaler Fall behandelt, was in der gängigen Rede vom „System Putin" (Mommsen/Nußberger 2007) anklingt, oder als paradigmatischer Fall, der auch für das Verständnis der meisten anderen Nachfolgestaaten der Sowjetunion zentral ist (z. B. Fisun 2012, Hale 2012). Gemeinsam ist den unterschiedlichen Konzepten, dass der Präsident nicht nur aufgrund seiner enormen Kompetenzen als Schlüsselakteur des politischen Systems verstanden wird, sondern mehr noch aufgrund seiner zentralen Stellung in einem verzweigten System klientelistischer Netzwerke. Konzeptionell berücksichtigt werden also nicht nur die Exekutive-Legislative-Beziehungen, sondern sowohl (formal und informell konstituierte) relevante Akteure als auch (formale und informelle) Regeln und Prozeduren, welche deren Interaktionen strukturieren.

Die einschlägigen Bezeichnungen für das aktuelle Regime – darunter „patronaler" (Hale 2005) oder „hegemonialer" (Willerton 2005) Präsidentialismus, „Netzwerk-" (Kononenko/ Moshes 2011) oder „Doppelstaat" (Sakwa 2010) und „(Russisches) System" (*sistema*) (Shevtsova 2003, Ledeneva 2013) – schließen mehr oder weniger explizit an einen Diskurs über nicht-westliche Formen der Herrschaftsorganisation an, der sich mit dem Phänomen des „Neopatrimonialismus" beschäftigt. Im Sinne Max Webers wird damit die Überlagerung von rational-legalen, unpersönlich geltenden Institutionen mit patrimonialen Elementen bezeichnet. Während in traditionell-patrimonialen Regimes alle Machtbeziehungen als interpersonelle Beziehungen organisiert sind und keine Abgrenzung zwischen privater und öffentlicher Sphäre besteht, ist diese Grenze in neopatrimonialen Regimes formal gezogen und akzeptiert – in der Realität verschwimmt sie allerdings (Erdmann/Engel 2007: 105). Als charakteristische Merkmale solcher Regime gelten autoritäre Präsidenten, systemischer Klientelismus und die Nutzung von Ressourcen des Staates für die Legitimitätsbeschaffung der Machtelite.

## 3.2 Der Dualismus formaler und informeller Akteure und Institutionen

Um den Dualismus von Formalem und Informellem verstehen zu können, der die politische Praxis prägt, muss analytisch zwischen Institutionen und Organisationen unterschieden werden (Helmke/Levitsky 2006: 4–8). Dies sei anhand des Konzepts des „elektoral-patronalen" Regimes (Hale 2010) näher erläutert: In Russland findet sich heute einerseits ein elektorales Regime, weil Wahlen als formale (und demokratische) Institution für die Bestellung des politischen Schlüsselpersonals unwidersprochen akzeptiert sind; es gibt keinen anderen legitimen Weg zur Macht als den Wahlsieg über die legale politische Opposition (s. auch Abschn. 4.4). Die kollektiven Akteure, welche Kandidaten für exekutive und legislative Ämter nominieren und öffentlich unterstützen, sind formale Organisationen (Parteien).

Andererseits ist das Regime jedoch auch patrimonial (bzw. „patronal"), weil es in der Realität informelle Organisationen sind, welche mit diversen Segmenten des Staates bis zur Ununterscheidbarkeit verflochten sind. Es handelt sich dabei um komplexe klientelistische Netzwerke, d. h. exklusive und intransparente Personenbündnisse, die partikulare Interessen organisieren. Sie werden umgangssprachlich oft als „Clans" bezeichnet, erreichen allerdings nicht die Kohäsion und Stabilität traditioneller Abstammungsgemeinschaften, sondern beziehen sich in ihren Identitäts- und Interessenkonstruktionen auf regionale bzw. lokale, sektorale oder andere Berührungspunkte ihrer Mitglieder (Ledeneva 2013: 33–36). An ihrer Spitze steht ein hochrangiger Politiker als Patron, der sich auf ein verzweigtes Netz von Subpatronen stützt. Den höchsten Punkt der aus solchen Netzwerken zusammengesetzten „Machtpyramide" bildet der Präsident.

Die solcherart umschriebene regierende Elite Russlands ist demnach einerseits auf den Präsidenten fokussiert, von dessen Integrationsfähigkeit, Popularität und persönlicher Autorität die Stabilität und Funktionsweise des gesamten Regimes abhängt. Dies bedeutet auch, dass die Präsidentschaft als Institution – wie sie in der

Verfassung kodifiziert ist – nicht vom jeweiligen Amtsinhaber zu trennen ist. Andererseits darf das elektoral-patronale Regime aber nicht auf eine personalistische Diktatur verengt werden, wie dies etwa die gängige Bezeichnung „System Putin" suggeriert. Hinter dem als Kürzel verwendeten Namen des Präsidenten verbirgt sich vielmehr ein mehr oder weniger großes „Führungsteam", also eine breitere, durchaus heterogene regierende Gruppe (Monaghan 2012; Kononenko/Moshes 2011).[6]

Die Elitennetzwerke bilden „politische Maschinen", deren wesentlichster Schmierstoff die sogenannte „administrative Ressource" ist, d. h. staatliche Ressourcen, deren eigentlicher Zweck darin besteht, öffentliche Güter zu produzieren. Die Patrone innerhalb der Netzwerke können deshalb über sie verfügen, weil sie – in der Welt der formalen Institutionen – aufgrund von Wahlen oder Ernennungen öffentliche Ämter besetzen. Sie operieren daher dualistisch: als Amtsinhaber innerhalb des Staats- und Verwaltungsapparats, die der Logik der bürokratischen Rationalität bzw. dem Wählerwillen verpflichtet sind, sowie als loyalitätsgebundene Mitglieder interpersoneller Netzwerke. Aufgrund dessen kann sich auch die Interaktion innerhalb der politischen Elite, zwischen den elitären Gruppen im Zentrum, den Regionen und der Wirtschaft sowie zwischen ihr und den Bürgern gleichzeitig in beiden „Welten" vollziehen: Geht es in formaler Hinsicht um den Tausch politischer Unterstützung gegen politische Programme, so findet dabei faktisch und informell meist auch ein Tausch dieser Unterstützung gegen klientelistische Güter statt. Solche Güter umfassen Leistungsversprechen gegenüber Individuen oder Gruppen, die von Jobs über privat gewährte Einkommenschancen bis zur Begünstigung von Verwandten oder lokalen Gemeinschaften, z. B. durch infrastrukturelle Leistungen, reichen.

In diesem Sinne erscheint der politische Prozess insgesamt als genuin dualistisch: Alle Akteure, die an ihm beteiligt sind, können sowohl formal als auch informell organisiert sein und bürokratisch-rationalisierten oder loyalitätsbasierten Normen folgen. Ob dieser Dualismus konfliktorisch ist oder aber komplementär und regimestabilisierend (vgl. Helmke/Levitsky 2006: 13–19), ist dabei zunächst ebenso eine empirische Frage wie die, ob in konkreten Situationen jeweils formale oder informelle Regeln dominieren. In diesem Zusammenhang kommt „informellen Praktiken" zentrale Bedeutung zu. Es handelt sich um Strategien, mit denen Akteure opportunistisch zwischen formalen und informellen Handlungsbeschränkungen navigieren und diese kreativ interpretieren (Ledeneva 2006: 21, 189–195). Sie umfassen ein weites Spektrum legaler und illegaler Phänomene, das von Investitionen in Beschaffungs- und Karrierenetzwerke über die Manipulation von Wahlen bis zu Korruption und Bestechung

---

6 Größe, Struktur, Kohärenz und Dynamik dieser Gruppe werden in der einschlägigen Literatur ausgiebig diskutiert. Der engere Kreis der Führungsgruppe um Putin mag etwa ein Dutzend Personen umfassen (Monaghan 2012, S. 7), das Netzwerk der relevanten Eliten, deren Interaktionen für die Stabilität und Reproduktion des Regimes entscheidend sind, ist jedoch wesentlich größer und besteht aus diversen, darunter funktional differenzierten Segmenten (s. z. B. Sakwa 2010, S. 186, Kryshtanovskaya/White 2005a,b, Ledeneva 2013, Kryshtanovskaia 2012).

reicht, wobei Inhaber öffentlicher Ämter private monetäre Vorteile aus ihrem Zugang zu administrativen Ressourcen des Staates ziehen.

## 3.3 Die Ursprünge des aktuellen Regimes

Als Ursachen für die Herausbildung des postsowjetischen elektoral-patronalen Regimes gelten mehrere, sich gegenseitig verstärkende Faktoren. Verwiesen wird zunächst auf staatssozialistische Hinterlassenschaften: Elitäre Netzwerke spielten auch für die Reproduktion des sowjetischen politischen und ökonomischen Systems eine zentrale Rolle, das seinerseits als patrimoniale Variante des Staatssozialismus gilt (Kitschelt et al. 1999, Willerton 1992). Die Traditionslinie reicht jedoch noch weiter zurück. In der Literatur wird auf eine Jahrhunderte alte politische Kultur verwiesen, die im sowjetischen und postsowjetischen Modell der Herrschaftsorganisation fortwirke (z. B. Pipes 2004, Hosking 2000). Sie spiegle sich auch in der bürokratischen, paternalistischen sowie rechtspositivistischen und -nihilistischen Tradition des Landes (z. B. Nußberger 2010b) und in seiner Tradition der Staatlichkeit wider: Spätestens seit Peter dem Großen sei für Russland eine starke politischen Exekutive und die Konzentration von Macht in den Händen einer kleinen Gruppe charakteristisch gewesen (z. B. Willerton 2005: 20–22).

Solcherart Argumentationen über die „pfadabhängige" Herkunft des aktuellen Regimes behaupten nicht unmittelbar das Überleben alter Netzwerke unter neuen Bedingungen. Vielmehr transportieren sie die Vorstellung, dass der gegenwärtige Dualismus aus formalen und informellen Akteuren und Institutionen in einer nie vollständig gebrochenen Kontinuität frühmoderner Staatlichkeit steht: Im Laufe der russländischen Geschichte erlebte sie diverse Transformationen in Richtung bürokratische Rationalisierung und Verrechtlichung, aber dieser Prozess ist bisher nicht abgeschlossen. Während das bolschewistisch-sowjetische Projekt des „Einparteistaats" und später das Perestrojka-Projekt des „sozialistischen Rechtsstaats" (Plaggenborg 2006: 179–244) tief greifende Veränderungen der Staatlichkeit bewirkten, brachten beide keinen modernen Rechtsstaat hervor, wie er in westlichen Gesellschaften in zeitlicher und sachlicher Nähe zur Demokratisierung des politischen Systems entstand. Mehr noch: Die radikalen politischen und ökonomischen Reformen zu Beginn der 1990er-Jahre erwiesen sich – zumal im Umfeld des Zusammenbruchs der Sowjetunion – als Faktoren, welche die Staatlichkeit schwächten und desorganisierten. Die allgemeine Unsicherheit über die Geltung von Regeln wurde durch interpersonelle Vertrauensnetzwerke abgefedert – in Wirtschaft und Gesellschaft ebenso wie in der Politik (Fish 2000: 179–181). So war es nicht zuletzt das Beispiel Russlands, aus dem die Systemwechselforschung seit Mitte der 1990er-Jahre die Schlussfolgerung zog, dass demokratische Institutionen nicht allein auf intraelitären Pakten basieren können, sondern auf die strukturelle Vorbedingung einer funktionierenden Staatlichkeit angewiesen sind (Linz/Stepan 1996).

Vor diesem Hintergrund ist auch der gescheiterte Demokratisierungsprozess Russlands differenziert zu würdigen. Viele westliche Beobachter halten die 1990er-Jahre in Russland für einen relativ demokratischen Zeitraum, in dem der politische Wettbewerb nach Jahrzehnten wieder neu erstand. Diese Zeit erwies sich aber als eine „permanent ausgehandelte Transition", in der Spielregeln und Politikinhalte von fragmentierten Elitengruppen immer wieder infrage gestellt wurden, weil große Teile von ihnen das formal-demokratische Institutionensystem nicht als legitim ansahen (Huskey 1999: 218). Bezeichnungen wie „feckless pluralism" (Carothers 2002: 10–11) und „pluralism by default" (Way 2005: 4) treffen den Kern dieser „phony democracy" (Sakwa 2010: 186): Sie war durch ein vergleichsweise hohes Maß an politischen Freiheiten und durch regelmäßige Wahlen gekennzeichnet, aber auch durch einen schwachen Staat, einen ausgeprägten, aber ineffektiven politischen Pluralismus, durch von der Politik zunehmend entfremdete Bürger sowie korrupte und selbstinteressiert agierende Eliten ohne umfassenden Gestaltungsanspruch.[7]

Der Dualismus formal-demokratischer und informeller Elemente bzw. seine Überbrückung durch informelle Praktiken führte zur Herausbildung einer im besten Fall „defekten" Demokratie. Gleichzeitig löste er aber auch politische Blockaden auf und verhinderte die Abkehr wichtiger Akteursgruppen vom neuen politischen System. Diese Prozesse vollzogen sich im Kontext einer fragilen Staatlichkeit: Gegen Mitte der 1990er-Jahre war die Föderation durch zentrifugale Tendenzen geprägt, die Zwangsapparate des Staates befanden sich in Auflösung, die Steuererhebungskapazität war extrem gering. Öffentliche Dienstleistungen wurden in geringem Maße bereitgestellt, die Bezahlung der öffentlich Bediensteten vollzog sich unregelmäßig oder blieb aus.

Die Bilanz von Jelzins Präsidentschaft (1991–1999) ist dementsprechend widersprüchlich. Zum einen wurden die Basisinstitutionen der Demokratie zügig eingeführt, zum anderen aber war der Führungsstil des Präsidenten durch Ignoranz gegenüber formalen Institutionen und Organisationen geprägt. Auf den ersten Blick paradox erscheinen mag, dass damit der Aufbau paralleler Institutionen („institutionelle Redundanz") und der Transformation der Präsidialadministration von einem konstitutionell marginalen Organ in das Zentrum der politischen Macht (Huskey 1995) einherging. Das aber entsprach der Tendenz zur Personalisierung formaler Institutionen, deren Bedeutung aufs Engste an ihre Amtsinhaber gebunden war. Die nachfolgenden Präsidenten Russlands behielten diese Grundtendenz bei. Das „System Putin" steht daher in Kontinuität zum Jelzin-Regime (s. auch Sakwa 2010), erlebte jedoch gleichzeitig einen erheblichen Wandel. Der „feckless pluralism" der 1990er-Jahre wich dem Syndrom von „dominant-power politics" (Carothers 2002: 12–13, Gel'man 2006): Staat und Regime konsolidierten sich.

---

7 Diese Phänomene sind in der Forschungsliteratur detailliert analysiert worden, so für die Beziehungen zwischen Exekutive und Legislative (Huskey 1999, Remington 2008), Zentrum und Peripherie (Ross 2010, Heinemann-Grüder 2000), Wirtschaftsinteressen und Staat (Stykow 2006).

Die These der folgenden Ausführungen besteht darin, dass der Prozess der Regimekonsolidierung dadurch gekennzeichnet ist, dass die Machtelite formale Institutionen und Normen, wie sie aus Demokratien bekannt sind, einerseits weitgehend akzeptiert und nur selten zu offen autoritären Reformen greift. Häufig werden Institutionen etabliert, die aus dem Repertoire von Demokratien stammen. Andererseits werden sie jedoch regelmäßig zum Zweck der Reproduktion und Stabilisierung eines im Kern nicht-demokratischen Regimes umgedeutet, modifiziert und „umgenutzt". Das ist deshalb prinzipiell möglich, weil Institutionen in unterschiedlichen Kontexten auch unterschiedliche Wirkungen entfalten. In diesem Zusammenhang gewinnen auch formale Organisationen an Bedeutung; die Patronage für regimeloyale zivilgesellschaftliche und politische Vereinigungen wird daher zu einer wesentlichen Dimension einer auf gesellschaftliche Strukturen bezogenen „Ordnungspolitik", die scheinbar demokratische Strukturen für den Erhalt eines faktisch autoritär operierenden Regimes zu nutzen vermag (*political engineering*).

# 4 Regimekonsolidierung in der Putin-Ära

## 4.1 Die Stärkung der „Machtvertikale"

Im Folgenden soll anhand einiger Dimensionen der Regimekonsolidierung seit Beginn des neuen Jahrtausends beispielhaft gezeigt werden, wie sich Kontinuität und Wandel des aktuellen Regimes manifestierten. Dazu werden Entwicklungen in drei verschiedenen Arenen skizziert, deren Interaktionen den politischen Prozess in Demokratien nicht nur garantieren, sondern geradezu konstituieren (Linz/Stepan 1996: 7–15). So wird es möglich, das Wesen des durch das „Putin-Regime" betriebenen *political engineering* herauszuarbeiten und das politische System Russlands einem impliziten Vergleich mit dem westlicher Demokratien zu unterziehen.

Die erste zu betrachtende Arena ist der Staatsapparat. Demokratische Regierungen müssen sich auf eine effiziente, rationalisierte Bürokratie stützen können (Linz/Stepan 1996: 10), aber auch moderne autoritäre Regime sind auf sie angewiesen. Bereits kurz nach seinem Amtsantritt im Jahre 2000 erklärte Putin, der sich einem fragilen, prinzipiell demokratiefähigen, jedoch kollabierenden Staat gegenübersah (Willerton et al. 2005), die Stärkung der Staatlichkeit zum wichtigsten Projekt. Er versuchte – ebenso wie später Medwedjew –, den Staat in ein effizientes, handlungsfähiges Herrschaftsinstrument des Präsidenten zu transformieren. Die Strategie des Ausbaus der sogenannten „Machtvertikale" zielte darauf, den Zentralstaat zu stärken, die multiplen Zentren staatlicher Machtausübung und Verwaltung in einen hierarchisch strukturierten Dienstweg einzugliedern und die Schaltstellen dieses Apparats mit loyalem Personal zu besetzen (Monaghan 2012). Faktisch bedeutete dies, dass sich der

Präsident keineswegs „jenseits" von Exekutive und Verwaltung stellte, sondern „über" diese, darunter unter Verwendung von Instrumenten des formalen Rechts.

Grundsätzliche Veränderungen vollzogen sich im föderalen Staatsaufbau, womit Einflusschancen der Regionaleliten auf die zentralstaatliche Politik reduziert wurden. Zentral dafür war die Schaffung „parakonstitutioneller Institutionen" (Sakwa 2010: 194). So wurden im Jahre 2000 sieben (später acht) supraregionale Föderationsdistrikte gebildet, die dem Präsidenten direkt unterstellt und durch von ihm ernannte Bevollmächtigte geführt wurden. Die Gouverneure wurden in den neu geschaffenen Staatsrat berufen (2000), die Sprecher der Regionalparlamente in den Rat der Legislatoren (2001), und beide Gruppen verloren ihre Zugehörigkeit zum Oberhaus des Parlaments (2002). Sie büßten damit den direkten legislativen Zugang zur föderalen Politik ein, was durch die Mitgliedschaft in lediglich konsultativen Gremien ersetzt wurde (Ross 2010: 173–178). Schließlich wurden 2004 (bis 2012) die seit 1996 üblich gewordenen Direktwahlen der Gouverneure abgeschafft; die Regionalparlamente bestätigten nunmehr die Personalvorschläge des Präsidenten. Wichtiger Reformbestandteil waren weiterhin mehrere Gesetze in den Jahren 2003–2006, welche die Kompetenzverteilung zwischen Zentrum und Regionen veränderten; während 70 Kompetenzen bei den Regionen verblieben, wurden 700 unter die Jurisdiktion des Zentralstaats gestellt. Der Fiskalföderalismus wurde durch Fiskalzentralismus ersetzt.

Der Großteil dieser Reformen wurde mit dem Verweis auf den Kampf gegen den Terrorismus begründet (Remington 2009), der auch die wichtigste Legitimation für die Reorganisation der staatlichen Zwangsapparate lieferte. Im Jahre 2006 wurden ein Antiterrorismusgesetz verabschiedet und das Nationale Antiterrorismus-Komitee geschaffen (Taylor 2011: 82–88). In der zweiten Amtszeit Putins nahmen repressive Polizeimaßnahmen gegen – ebenfalls als systemfeindlich wahrgenommene – oppositionelle Parteien, Kandidaten und Gruppen zu (Taylor 2011: 95–99). Weitere Dimensionen staatlicher Reformen betrafen insbesondere seit den Jahren 2003/04 den Öffentlichen Dienst und die Verwaltung (Huskey 2012), die lokale Selbstverwaltung (Lankina 2005), Justizwesen und Strafrecht (Solomon 2012) sowie seit 2008 das Militär (Gorenburg 2012).

In der Literatur werden die Erfolge dieser Reformen kritisch bewertet. Zum einen betrifft dies ihre Inkonsequenz und mangelnde Effektivität. So bleibe die Implementationsquote präsidentieller Dekrete und Anordnungen weiterhin gering, die „Machtvertikale" funktioniere nach wie vor nicht im Sinne eines effektiven Dienstwegs, Rivalitäten innerhalb und zwischen den bürokratischen Apparaten dauerten an (Monaghan 2012: 9–14). Zum anderen werden die autoritäre Tendenz der Reformen und die politische Instrumentalisierung des Rechts bemängelt. Zwar habe die Staatskapazität hinsichtlich der fiskalischen Handlungsfähigkeit und der Kriminalitätsbekämpfung zugenommen, damit sei aber auch die Repressionsfähigkeit gegenüber der Opposition gestiegen. Die „Staatsqualität" wiederum, welche Auskunft über die Gemeinwohlorientierung der Bürokratie gibt, bleibe niedrig (Taylor 2011: 284–301). Auch die Bilanz der Justizreformen fällt zwiespältig aus: In vielen zentralen Rechtsgebieten, wie etwa dem Straf- und Strafprozessrecht, seien rechtsstaatliche Kodifikationen entstanden, insgesamt geriet das Rechtswesen jedoch in stärkere Abhängigkeit von Exekutive und Präsident (Nußberger 2010c: 135). Auch die informelle Praxis der „Telefonjustiz" gilt als ungebrochen, wie etwa beim Prozess gegen Michail Chodorkowskij deutlich wurde (Ledeneva 2013). Als demokratietheoretisch bedenklich werden nicht zuletzt die Föderalismusreformen bewertet, die zu einer weitgehenden „Entföderalisierung" (Heinemann-Grüder 2007) oder gar zur Etablierung eines „Quasi-Einheitsstaats" (Ross 2012: 151) führten.

Im Grundsatz betrifft diese Kritik die anhaltende und revitalisierte – in westlichen Demokratien in diesem Ausmaß unübliche – Fusion von Politik und Staat (Huskey 2012). Sie ist auch mit einer Beamtenethik verbunden, welche den Staatsdienst als „Dienst am Herrscher" versteht. Nicht zuletzt manifestiert sie sich in der traditionellen Praxis der Rekrutierung von Spitzenpolitikern. Diese stammen überwiegend aus den bürokratischen Apparaten und haben nur selten Karriereabschnitte in Parteien, als gewählte Mandatsträger oder in der Wirtschaft zurückgelegt. Die Zahl von Politikern und hochrangigen Beamten aus dem Militär, den Sicherheitsdiensten und den „Machtministerien" (*siloviki*) nimmt seit den frühen 2000er-Jahren zu. Umstritten ist allerdings die Bedeutung dieser Entwicklungen. Während einige Autoren darin einen Trend zu einem offen repressiven autoritären Regime sehen (Kryshtanovskaya/White 2003), halten andere ihn für die Folge der ungebrochenen informellen Praxis, Ämter mit Personen zu besetzen, welche aus Vertrauensnetzwerken stammen, womit nicht zwangsläufig aber auch ein autoritär-repressives Herrschaftsprojekt transportiert werde (Renz 2006: 2012).

## 4.2 Die Zivilgesellschaft

Eine zweite Arena des politischen Systems ist die Zivilgesellschaft, in der sich Individuen und Gruppen autonom vom Staat organisieren, ihre Werte artikulieren und ihre Interessen vertreten können (Linz/Stepan 1996: 7–8). Bis in die späte Sowjetära existierte diese Sphäre in Russland nicht als öffentlicher Raum, weil das sowjetische Regime nach 1917 alle unabhängigen Vereinigungen aufgelöst und verboten hatte, während sie funktional spezialisierte „gesellschaftliche Massenorganisationen" mit zum Teil faktischer Zwangsmitgliedschaft schuf. Erst die Perestrojka-Reformen eröffneten günstige Gelegenheitsstrukturen für die Entstehung einer hoch politisierten „Bewegungsgesellschaft" (Fish 1995). Nach dem Abflauen dieser Mobilisierung wurde die Zivilgesellschaft im Verlaufe der 1990er-Jahre aber zu einer wenig organisierten, schwach strukturierten und politisch marginalen Arena. Ihre Akteure waren häufig vital auf Förderung aus dem Ausland angewiesen (Evans et al. 2006, Gilbert/Balzer 2012).

Im hier diskutierten Zusammenhang ist diese Arena von besonderer Bedeutung, weil sich mit dem Machtwechsel von Jelzin zu Putin ein grundsätzlicher Strategiewechsel im Umgang mit ihr vollzog – von einer Politik der Ignoranz gegenüber formalen nicht-staatlichen Organisationen zu einer von oben initiierten und gesteuerten Institutionalisierung der gesamten intermediären Sphäre als eines zentralen Bestandteils der „gelenkten Demokratie". Während auch in den meisten europäischen Demokratien der Staat gegenüber NGOs eine fördernde und ermächtigende Rolle spielt, wird in Russland das Prinzip der zivilgesellschaftlichen Autonomie nachhaltig verletzt.

Anzeichen dieser neuen Politik, deren Konturen sich bis 2005 formierten, wurden bereits unmittelbar nach Putins Amtsantritt deutlich. Bezeichnenderweise wurde sie zunächst an eine mächtige informelle Interessengruppe der Wirtschaft adressiert, die sogenannten „Oligarchen". In den letzten Jahren von Jelzins Amtszeit hatten Staat und Präsident als weitgehend ihrem Einfluss unterworfen gegolten (*state capture*). Um die Handlungsautonomie der Politik wiederzugewinnen, versuchte Putin im Frühjahr 2000 zunächst, die Kommunikation mit den Oligarchen vollständig abzubrechen. Ein Jahr später schwenkte er dann darauf um, ein differenziertes System von Unternehmerverbänden sowie konsultative Experträte bei den Ministerien zu fördern (Stykow 2006). Ebenso bezeichnend war, dass diese Institutionalisierung einer strukturierten Landschaft der Repräsentation von Wirtschaftsinteressen auf einem informellen, aber expliziten „Pakt" beruhte (Tompson 2005): Die Oligarchen sagten politische Loyalität zu, wofür sie mit der Zusage belohnt wurden, dass es keine politische Revision der postkommunistischen Eigentumsverhältnisse geben werde. Wie ernst es dem neuen Präsidenten damit war, wurde anhand der „Jukos-Affäre" (2003) und der Verurteilung Michail Chodorkowskijs (2005), des letzten politisch eigensinnig agierenden Großunternehmers, deutlich.

Nach dem Vorbild der Staat-Wirtschaft-Beziehungen wurde in der Folge der gesamte intermediäre Bereich reorganisiert. Es entstand eine „Quasi-Zivilgesellschaft" (Evans 2006). Zum einen wurden administrative Instrumente, wie beispielsweise steuer- und verwaltungsrechtliche Regelungen, genutzt, um die Tätigkeit existierender Organisationen einzuschränken. Zum anderen schufen die beiden NGO-Gesetze von 2006 und 2012 die rechtlichen Grundlagen dafür, die staatliche Kontrolle über zivilgesellschaftliche Akteure zu erweitern sowie insbesondere aus dem Ausland unterstützte Organisationen zu kontrollieren und als „ausländische Agenten" zu diskreditieren.

Schließlich wurden auch hier Projekte der von der Präsidialadministration gesteuerten und kontrollierbaren Institutionalisierung nicht-staatlicher Organisationen gestartet. Dies betraf die Schaffung und Förderung loyaler gesellschaftlicher Organisationen. Das bekannteste, aber bei Weitem nicht einzige, Beispiel für eine solche „government-organized non-governmental organization" (GONGO) ist die Jugendorganisation „Nashi" (Atwal/Bacon 2012, Hemment 2012). Als weitere parakonstitutionelle Institution (Sakwa 2010: 194), welche die zentralisierte und balancierte Repräsentation gesellschaftlicher Interessen übernehmen sollte, wurde im Jahre 2005 die „Gesellschaftskammer" gegründet, die schnell Modellcharakter für entsprechende regionale Körperschaften annahm und dabei auch bereits vorhandene Formen der Interessenrepräsentation ersetzte. Ihre Aufgaben bestehen darin, Analysen und Empfehlungen für bestimmte Politikfelder zu erarbeiten, umfangreiche staatliche Fördermittel an gesellschaftliche Organisationen zu verteilen und bei Bedarf zwischen Bürgern und Verwaltungsorganen zu vermitteln. Auf die Ernennung ihrer Mitglieder hat die jeweilige Exekutive – der Präsident bzw. Gouverneur – maßgeblichen Einfluss (Richter 2009a, b).

Insgesamt ist die Institutionalisierung einer strukturierten Zivilgesellschaft von oben als Versuch zu bewerten, den intermediären Bereich in die „Machtvertikale" einzubauen, um die Effizienz des Regierens zu erhöhen und gleichzeitig die Partizipation der Bürger zu steuern und einzuhegen. Daneben bleiben aber durchaus Spielräume für zivilgesellschaftliches Engagement erhalten, die nicht nur anekdotischer Natur sind und eine differenzierte Beurteilung der Dynamik in dieser Arena nahelegen (Javeline/Lindemann-Komarova 2010, Hemment 2012).

## 4.3 Die politische Gesellschaft

Die dritte Arena, in der sich seit dem Jahr 2000 deutliche Veränderungen vollzogen, ist die „politische Gesellschaft", d. h. der Raum, in dem in Demokratien der Wettbewerb um die temporäre Verfügungsgewalt über den Staat ausgetragen wird und in dem die Bürger als Wähler diesen Wettbewerb entscheiden. Es handelt sich um eine Arena, deren zentrale Akteure Parlamente, Parteien, Politiker und deren Bündnisse sind und die insbesondere durch Wahlen sowie das Wahl- und Parteienrecht als wichtigste Spielregeln strukturiert wird (Linz/Stepan 1996: 8–10). In Russland hat sich in den vergangenen beiden Jahrzehnten keine „Parteiendemokratie" herausgebildet: Auch in Russland gibt es heute zwar mehrere Parteien, diese stellen aber in keiner der für westliche Demokratien charakteristischen Dimensionen Schlüsselakteure des politischen Systems dar – weder sind sie ein wesentliches Vermittlungsglied zwischen Bürger und Politik noch spielen sie eine zentrale Rolle bei der politischen Willensbildung oder beim Regieren.

Das russländische Parteiensystem der 1990er-Jahre war dynamisch, ideologisch polarisiert und fragmentiert (s. z. B. Smyth 2012, Stykow 2008). Es zeigte keine Anzeichen einer Institutionalisierung. Mit Ausnahme der Kommunisten blieben alle Parteien organisatorisch instabil und mitgliederschwach. Sie waren existentiell auf das Engagement mehr oder weniger charismatischer und ressourcenstarker Führer angewiesen und ähnelten formalisierten klientelistischen Gefolgschaften weit mehr als modernen Mitgliederorganisationen. In den 1990er-Jahren konnten sie auch die Elitenselektion nicht monopolisieren, sondern konkurrierten mit „Parteisubstituten", d. h. informellen Netzwerken wie etwa „politischen Maschinen" der Regionaloberhäupter und anderen Organisationstypen (Hale 2006). So ging bei den Duma-Wahlen zwischen einem Drittel und fast der Hälfte der Mandate an parteiunabhängige Kandidaten. Aufgrund von Fraktionsübertritten der Abgeordneten, die in erheblichem Umfang stattfanden, war auch die Struktur der Duma instabil. Parteienbasierte Mehrheiten für Regierung oder Präsident bildeten sich nicht heraus. Unterstützerkoalitionen mussten vielmehr ad hoc geschmiedet werden, wobei sowohl Arrangements der intraparlamentarischen Machtaufteilung als auch klientelistische und offen korrupte Methoden gängig waren (Huskey 1996, Remington 2006, Chaisty 2006).

Die Struktur der politischen Gesellschaft veränderte sich in den ersten Jahren von Putins Präsidentschaft grundlegend: Die Zahl der offiziell zugelassenen Parteien sank auf unter ein Dutzend und das Parteiensystem nahm hegemoniale Gestalt an. Dies war das Ergebnis eines nachhaltigen Strategiewechsels gegenüber politischen Parteien und dem Parteiensystem, der analog zum Strategiewechsel gegenüber dem interme-diären Bereich zu verstehen ist: Hatte Jelzin Parteien ebenso wie Verbände und Verei-nigungen weitgehend ignoriert, so konzentrierte sich Putin auf deren Potenzial als korporative Akteure, d. h. als formale Organisationen mit mehr oder weniger ver-pflichtungsfähigen Mitgliedern und, von diesen relativ autonom agierenden, hierar-chischen Führungen. Unter den Bedingungen geringer gesellschaftlicher Mobilisie-rung von unten vergrößerte der Rückgriff auf solche Organisationen die Kontroll- und Steuerungschancen der Präsidialadministration erheblich.

Deren zentrales Projekt bestand in der Schaffung und Konsolidierung von „Eini-ges Russland", einer Partei, die seit dem Jahr 2001 gezielt institutionalisiert wurde (Smyth 2002, Stykow 2008, Reuter/Remington 2009, Reuter 2010). Sie entging damit dem Schicksal früherer sogenannter „Parteien der Macht", die in den 1990er-Jahren kurzfristig vor Wahlen ins Leben gerufen worden waren, diese aber – auch angesichts ihrer relativen Erfolglosigkeit – nicht lange überlebten (s. auch Tabelle 2). „Einiges Russland" hingegen entwickelte sich schnell zu einer Kaderpartei, die nicht nur der Kontrolle der Legislative, sondern auch der intraelitären Integration und der Rekrutie-rung von Politikern in öffentliche Ämter diente.[8] Zudem gelang es, sie als Massenpar-tei mit mehr als zwei Millionen Mitgliedern zu etablieren. Die überwältigenden Ergeb-nisse, welche die Partei bei nationalen und regionalen Wahlen in den 2000er-Jahren erzielte, verdankten sich nicht nur der großen Popularität Putins und der Schwäche der Opposition, sondern auch regionalen Elitengruppen und ihrer Fähigkeit, mithilfe „politischer Maschinen" und klientelistischer Netzwerke die Wähler zu mobilisieren (Reuter 2013).

„Einiges Russland" konnte sich stabilisieren, weil die Partei sich auf die Populari-tät Putins stützte und unter seiner anhaltenden Patronage stand. Davon profitierten auch eine Reihe sogenannter „Spoiler-Parteien", die ebenfalls durch die Präsidialad-ministration initiiert und koordiniert wurden. Sie sollten die Unterstützerbasis der legalen politischen Opposition schmälern, indem sie deren Elektorat ansprachen. So zielte „Gerechtes Russland", eine Partei, die sich politisch stärker „sozialdemokra-tisch" positionierte als „Einiges Russland", bei den Wahlen 2007 und 2011 auf die

---

8 Besonders sichtbar wird dies an der Attraktivität der Partei für regionale Eliten: 77 der 83 Gouver-neure gehörten ihr im Herbst 2010 als Mitglieder an (Slider 2012: 156).

Wählerschaft sowohl der Kommunistischen Partei als auch der von Jabloko, während die Partei „Rechte Sache" im Jahre 2011 an die Unternehmerschaft bzw. die Mittelschichten appellierte (White 2012).

Die Umgestaltung des Parteiensystems wurde gesetzgeberisch flankiert und abgesichert. Ein neues Parteiengesetz (2001, geändert 2004) verlangte mindestens 50.000 Mitglieder und den Nachweis von Parteiorganisationen in mindestens zwei Dritteln aller Regionen für die offizielle Registrierung, welche zur Voraussetzung für die Teilnahme an Wahlen wurde. Während die private Finanzierung von Parteien streng limitiert wurde, wuchs das Ausmaß der staatlichen Parteienfinanzierung erheblich (Hutcheson 2012). Diese Regelungen waren gegen die extreme Fragmentierung und Fluidität des Parteiensystems der 1990er-Jahre gerichtet, die nicht zuletzt die Demokratiefähigkeit des Parlaments als Institution erheblich beeinträchtigt hatte. Da sie neue und kleine politische Gruppierungen ohne landesweite Infrastruktur benachteiligten, behinderten sie effektiv aber in erster Linie die Opposition. Gleichzeitig stärkte die Einführung der Verhältniswahl Parteien als Organisationen und deren Führungen gegenüber individuellen Politikern sowie ihren (regional oder lokal verankerten) Netzwerken, da parteiunabhängige Kandidaturen nunmehr ausgeschlossen waren. Bemerkenswert ist, dass sich dieser Bedeutungszuwachs von Parteien nicht auf die Präsidentschaftswahlen erstreckte – diese blieben eindeutig Personenwahlen.

„Einiges Russland" ist paradigmatisch für ein Phänomen, das die Forschung als „dominante Partei" auch für andere autoritäre Regime im postsowjetischen Raum (Roberts 2012, Turovsky 2011) sowie in anderen Weltregionen (Greene 2010, Magaloni/Kricheli 2010) beschreibt. Solche Parteien schmieden als formalisierte, in Gestalt bürokratischer Massenparteien organisierte „politische Maschinen" eine umfassende Koalition regimetreuer Elitengruppen und binden Wähler. Mit ihrer Hilfe soll die Regimestabilität in den formalisierten Dimensionen der Politik – dem parteipolitischen Wettbewerb, der Gesetzgebung sowie der parlamentarischen Regierungskontrolle – abgesichert werden. „Dominante Parteien" stellen also rationalisierte Formen der Integration von Gefolgschaften der regierenden Elitengruppe dar. Sie sind eine Manifestation der Verflechtung mit dem Staat, welche die neopatrimoniale Überlagerung informeller und formaler Organisationsformen exemplarisch verkörpert. Im Unterschied zu kommunistischen Staatsparteien, mit denen postsowjetische „Parteien der Macht" mitunter verglichen werden, kommt ihnen aber nicht die Rolle des politischen Schlüsselakteurs zu (Roberts 2012, Sakwa 2012); sie begründen keinen Einparteistaat, sondern sind Instrumente der patronalen Präsidenten in der Region. Wegen ihrer diffusen Programmatik sind sie auch keiner bestimmten ideologischen Parteienfamilie zuzuordnen.

Die Dominanz von „Einiges Russland" veränderte auch die Duma nachhaltig. Seit dem Frühjahr 2001 bestand dort eine stabile, in den Jahren 2003 bis 2011 sogar verfassungsändernde, strukturelle Mehrheit für den Präsidenten. Auch hier wurde die politisch durchgesetzte präsidentielle Hegemonie formal-legal abgesichert. Dabei kam der Reform des Wahlrechts Schlüsselbedeutung zu. Die Einführung der Verhältniswahl nach Parteilisten und mit siebenprozentiger Sperrklausel (2005) führte dazu, dass die

Zahl der in der Duma vertretenen Parteien nach den Wahlen 2007 auf vier sank. Hinzu kamen Änderungen des Duma-Reglements, welche die im Ergebnis dieser Wahlen erzielte Dominanz von „Einiges Russland" abbildeten und weiter verstärkten (Chaisty 2008). Durch die bereits erwähnte Reform des Föderationsrats (2002) wurde zudem der Einfluss mächtiger Regionaleliten in der zweiten Kammer des Parlaments begrenzt. Wurde dort zwischen 1996 und 1999 noch fast ein Viertel der vom Unterhaus beschlossenen Gesetze abgelehnt, so passierten nun nahezu alle Gesetze. Präsidentielle Vetos wurden zur absoluten Ausnahme (Chaisty 2008). Der Präsident und seine Umgebung kontrollierten damit die Tätigkeit der Legislative weitgehend.

## 4.4 Wahlen und Proteste

Seit dem Zusammenbruch der Sowjetunion haben Parlaments- und Präsidentschaftswahlen in Russland regelmäßig stattgefunden, und anders als in den meisten anderen postsowjetischen Ländern haben sich die bisherigen Präsidenten auch formal an die Beschränkung ihrer Amtszeit auf zwei Wahlperioden gehalten. Die Qualität der Wahlen – als „demokratische Methode" der Elitenselektion (Schumpeter) – ist jedoch vielfach und begründet bestritten worden: Zum nachweislichen Repertoire der Manipulation gehören ebenso Zwang bei der Stimmabgabe, Stimmenkauf und die Fälschung von Wahlergebnissen wie Verzerrungen im Verlauf des Wahlprozesses, die sich z. B. in der administrativen Verweigerung der Registrierung von Wettbewerbern und ihrem asymmetrischen Zugang zu den Medien niederschlagen, in klientelistischer „Kirchturmpolitik" unter systematischer Nutzung administrativer Ressourcen durch die Amtsinhaber, in der Verbreitung kompromittierender Informationen über Konkurrenten (*kompromat*) und im Einsatz von Technologien des „negative campaigning" u. Ä. (z. B. Ledeneva 2006, Myagkov et al. 2009, Simpser 2013, Wilson 2005). Weil das Fernsehen zentral für die Information der Wähler über Politik ist, erscheint die zunehmende Kontrolle der Medienlandschaft seit Beginn der 2000er-Jahre als weitere Dimension, in der die regierende Elitengruppe ihre Macht stärkt. Zwar ist das Internet nach wie vor kaum reguliert, aber es bleibt für die politische Information der Bürger bisher marginal.

Mit Ausnahme von eventuell der Präsidentschaftswahl 1996 dürfte expliziter Wahlbetrug bisher nie entscheidend für den Wahlausgang gewesen sein (s. Tabelle 1). Putins Wahlsiege als Präsident waren – selbst wenn der Stimmenanteil künstlich überhöht worden sein sollte – im Kern seiner Popularität zu verdanken, und der Sieg der jeweils als am stärksten wahrgenommenen Partei bei Parlamentswahlen ließ diese dem überwiegenden Teil des Elektorats auch als „im Ergebnis fair" erscheinen (Rose/Mishler 2009). Die seit dem Jahr 2003 unbestrittene elektorale Dominanz der Partei „Einiges Russland" spiegelt gleichwohl deutlich den Verlust an Demokratiequalität in der Ära Putin wider, weil sie anzeigt, dass der (partei)politische Wettbewerb nahezu zum Erliegen gekommen ist (s. Tabelle 2).

**Tab.1:** Präsidentschaftswahlen in Russland

| Wahl | Wahlsieger | Stimmen (in Prozent) | „Bester Verlierer" | Stimmen (in Prozent) |
|------|------------|----------------------|--------------------|----------------------|
| 1991 | Jelzin | 58,6 | Ryshkow (KP der Sowjetunion) | 17,2 |
| 1996* | Jelzin | 54,4 | Sjuganow (KPRF) | 40,7 |
| 2000 | Putin | 53,4 | Sjuganow (KPRF) | 29,5 |
| 2004 | Putin | 71,9 | Charitonow (KPRF) | 13,8 |
| 2008 | Medwedjew | 70,3 | Sjuganow (KPRF) | 17,7 |
| 2012 | Putin | 63,6 | Sjuganow (KPRF) | 17,2 |

\* Ergebnisse des zweiten Wahlgangs (Stichwahl)
KPRF: Kommunistische Partei der Russländischen Föderation
LDPR: Liberal-Demokratische Partei Russlands
Quelle: zusammengestellt nach: Nohlen/Stöver (2010: 1659–1661), Protokoll (2012)

**Tab.2:** Parlamentswahlen in Russland

| Wahl | Stimmenanteil (in Prozent)* | | | | |
|------|------------------------------|------|------|---------|-------------------------------|
| | „Partei(en) der Macht" (Name) | KPRF | LDPR | Jabloko | Andere Parteien (Gesamtzahl) |
| 1993 | 14,5 (Russlands Wahl) | 11,6 | 21,4 | 7,3 | 34,6 (13) |
| 1995 | 10,1 (Unser Haus Russland) + 1,1 (Ivan-Rybkin-Block) | 22,3 | 11,2 | 6,9 | 37,2 (14) |
| 1999 | 23,3 (Einheit-Bär) + 13,3 (Vaterland-Ganz Russland) | 24,3 | 6,0 | 5,9 | 18,9 (12) |
| 2003 | 37,6 (Einiges Russland) + 9,0 (Heimat) | 12,6 | 11,5 | 4,3 | 16,9 (10) |
| 2007 | 64,3 (Einiges Russland) + 7,74 (Gerechtes Russland) | 11,57 | 8,14 | 1,59 | 5,55 (6) |
| 2011 | 49,3 (Einiges Russland) + 13,24 (Gerechtes Russland) | 19,19 | 11,67 | 3,43 | 1,57 (2) |

\* bis 2003: Stimmen der jeweiligen Partei im Proporzsegment des Grabenwahlsystems
Quelle: zusammengestellt und berechnet nach: CSPP (2013)

Die Gründe für Wahlmanipulationen sind in Russland wie in anderen nicht-demokratischen Regimes meist nicht in der Absicherung eines ansonsten gefährdeten Wahlsiegs zu suchen. Vielmehr liegen sie darin, eventuelle Unterstützer der Opposition zu entmutigen, die Loyalität der Klientel zu demonstrieren, latent unzufriedene Elitensegmente davon abzubringen, in politische Alternativen zu investieren, d. h. die Handlungsspielräume der Amtsinhaber zu demonstrieren und damit das existierende Regime zu konsolidieren. Die mitunter in der Literatur anzutreffende Ansicht, Wahlen würden schlicht „missbraucht" oder seien – wie während der Sowjetzeit – im Kern bedeutungslose Ereignisse, mit denen Demokratie „imitiert" wird, greift daher zu kurz. Tatsächlich erfüllen sie eine Reihe wesentlicher Funktionen für die Regimereproduktion (Gandhi/Lust-Okar 2009, Krastev/Holmes 2012: 34–40, Stykow 2013: 253–264). Parlamentswahlen sind eine der Formen des intraelitären Wettbewerbs, indem sie als Test für die Fähigkeit regionaler und lokaler Politiker wirken, Wähler zu mobilisieren und damit Loyalität zu demonstrieren. Präsidentschaftswahlen wiederum geben Hinweise auf die persönliche Popularität des Amtsinhabers bzw. seines Wunschnachfolgers, welche aufgrund der Personalisierung des Regimes die entscheidende Legitimationsquelle darstellt. Nicht zuletzt können Wahlen, von denen allseits bekannt ist, dass ihre Ergebnisse manipuliert sind, sogar als die einfachste Variante angesehen werden, mithilfe derer die Machteliten autoritäre Gestaltungsmacht demonstrieren – oder auch lediglich simulieren (Krastev/Holmes 2012: 38–40).

Wahlen sind daher ein funktionaler Bestandteil des russländischen neopatrimonialen Regimes. Sie werden so umgenutzt, dass sie keine „demokratischen Fremdkörper" darstellen, sondern in Interaktion mit anderen Institutionen regimestützend wirken. Das bedeutet, dass die Wahlergebnisse der 2000er-Jahre nur angemessen vor dem Hintergrund der in den vorhergehenden Abschnitten beschriebenen institutionen- und organisationenschaffenden Projekte der Präsidialadministration verstanden werden können: Die hohe Zustimmung zum Regime mag auch auf unmittelbare Verstöße gegen die Regeln fairer und freier Wahlen zurückgehen. Systematisch erwachsen sie aber aus einem viel breiteren Kontext – der von oben gestalteten Institutionalisierung des politischen Systems mit seiner dominanten Partei, der Fusion von Staat und Exekutivspitze sowie deren weitgehender Kontrolle über Legislative, intermediären Bereich und Medien, die sich unter den für das Regime günstigen Bedingungen zunehmender Staatskapazität und anhaltenden Wirtschaftswachstums vollzog.

Dies bedeutet allerdings nicht, dass das Regime unverwundbar wäre. Es steht vielmehr vor der ständigen Herausforderung, den Ausbruch intraelitärer Konkurrenz und ein Nachlassen der Unterstützung der Bevölkerung (bzw. beides) zu verhindern. Daher ist es zum einen zentral für die politische und Regimestabilität, die Leistungsbilanz in ökonomischer, sozial- und innen- sowie außenpolitischer Hinsicht zu erhalten und zu verbessern. Zum anderen gibt es in neopatrimonialen Regimes eine systemische Achillesferse. Sie besteht darin, einen loyalen Nachfolger an die Regimespitze zu bringen, wenn die konstitutionell zulässige Amtszeit des Präsidenten erschöpft ist (Hale 2005: 139–143). Faktisch wird diese Frage auf informellem Wege innerhalb der regierenden Elitegruppe reguliert, formal jedoch liegt diese Entscheidung im Sinne der „demokratischen Methode" bei Präsidentschaftswahlen. Wie die „Bunten Revolutionen" gezeigt haben, welche in einigen postsowjetischen Ländern angesichts von Nachfolgekrisen im Verein mit Wahlfälschungen ausbrachen, können sich oppositionelle Eliten auf diese formal-demokratische Funktion von Wahlen berufen und sie unter Umständen in Massenmobilisierung übersetzen (Stykow 2010).

In Russland ist das Nachfolgerproblem mit dem Wechsel von Jelzin zu Putin (2000), von Putin zu Medwedjew (2008) sowie der „Rochade", die Putin erneut ins Amt brachte (2012), bisher stets erfolgreich bearbeitet worden. Entsprechend der neopatrimonialen Regimelogik war es stets gelungen, eine intraelitäre Einigung über die Nachfolge im Amt des Präsidenten herbeizuführen und sie auf dem Wege von Wahlen bestätigen zu lassen. Dies war nicht nur auf die Nutzung der administrativen Ressource im unmittelbaren Wahlkampf oder die Manipulation der Wahlergebnisse zurückzuführen, sondern beruhte auch auf vielfältigen längerfristigen Strategien zur Prävention Bunter Revolutionen, darunter der Umgestaltung des Parteiensystems, der Institutionalisierung einer dominanten Partei und der „Zähmung" der Zivilgesellschaft. Wenngleich dieses Vorgehen die Regimereproduktion bisher trotz – oder dank – allgemeiner Wahlen ermöglichte, beschädigte es dennoch im Laufe der Zeit die Regimelegitimität.

Noch deutlicher als das letztlich schwache Abschneiden von „Einiges Russland" bei der Parlamentswahl 2011[9] wurde das durch die darauffolgenden Massenproteste signalisiert, welche nach den Parlamentswahlen 2011 ausbrachen, welche insbesondere durch gebildete, junge, urbane Teilen der Mittelschicht getragen wurden.[10] Die Demonstrationen brachten in fast hundert Städten mehrere Hunderttausend Menschen auf die Straße. Tatsächlich richteten sie sich gegen das Funktionsprinzip des neopatrimonialen Regimes selbst – gegen die informelle Reinterpretation und Umnutzung formal-demokratischer Institutionen, die sich anlässlich dieser Wahlen besonders unverbrämt gezeigt hatten.

Gleichzeitig demonstrierten die Ereignisse aber auch die Schwäche der organisierten Opposition, die – anders als etwa die „Orangen Revolutionäre" in der Ukraine (2004) – die massenhafte Unzufriedenheit nicht für sich zu nutzen vermochte. Das allmähliche Abflauen der Proteste im Frühjahr 2012 ist letztlich nicht auf massive Repressionen zurückzuführen, auch wenn es Prozesse gegen politische Akteure gab. Kurzfristig entscheidend war, dass es dem Regime gelang, zu den Präsidentschaftswahlen im März 2012 die Unterstützung der „russischen Provinz" zu mobilisieren und damit erneut Putins Popularität zu bekräftigen (Krastev/Holmes 2012). Im Zusammenhang mit den Protesten wurden auch einige formale Spielregeln des politischen Wettbewerbs geändert. Sie sind in einigen Fällen restriktiv (Verschärfung der NGO-Gesetzgebung und des Versammlungsrechts), signalisieren aber in anderen auf den ersten Blick politische Zugeständnisse. So werden seit Juni 2012 die Regionaloberhäupter wieder gewählt; die neue Redaktion des Parteiengesetzes (April 2012) hat die Parteienlandschaft deutlich belebt;[11] die Wiedereinführung des Grabenwahlsystems soll die Chancen oppositioneller Kandidaten bei legislativen Wahlen verbessern. Die politikrelevante Wirkung dieser veränderten Spielregeln bleibt jedoch abzuwarten.

---

9 Berechnungen, die auf der Auswertung offizieller Daten beruhen, gehen davon aus, dass die Partei nur ca. 39 Prozent statt der von der Wahlkommission verkündeten über 49 Prozent erhalten hat. Bei der Präsidentschaftswahl 2012 traten ähnliche statistische Anomalien auf wie bei den Parlamentswahl 2011, aber in geringerer Ausprägung (Kobak et al. 2012).

10 Für Analysen s. z. B. Gabowitsch (2013), Beiträge in *Problems of Post-Communism* 60(2013)2.

11 Parteien müssen nun nur noch mindestens 500 Mitglieder aufweisen und in der Hälfte der Regionen präsent sein (Details s. Hutcheson 2012). Die Zahl der registrierten Parteien stieg daraufhin von sieben im Jahr 2011 auf 72 im August 2013 (Minjust 2013).

# 5 Fazit

Insgesamt müssen die postsowjetischen Entwicklungen in Russland als zwei analytisch unterscheidbare Prozesse betrachtet werden, die in einem Spannungsverhältnis zueinander stehen: Seit der Konstituierung Russlands als souveräner Nationalstaat im Jahre 1991 geht es um die Schaffung einerseits eines funktionsfähigen politischen Systems, andererseits aber auch einer funktionsfähigen Staatlichkeit, die eine Voraussetzung für alle lebensfähigen Typen politischer Systeme darstellt. Während in der ersten Dimension die Frage nach Demokratie oder Autoritarismus beantwortet wird und nach denjenigen politischen Institutionen, die dem jeweiligen Kontext angemessen sind, bestehen die Alternativen in der zweiten Dimension im Gegensatzpaar „schwacher (von Interessengruppen gekaperter) vs. starker (rationalisierter, rechtsstaatlicher) Staat".

Die Überlagerung und eigentümliche Sequenz beider Prozesse hat die Dynamik des vergangenen Vierteljahrhunderts der russländischen Geschichte geprägt und belastet. Zugespitzt lässt sich zusammenfassen, dass Demokratisierungsversuche des politischen Systems der umfassenden Rationalisierung und Professionalisierung des Staates und seiner Beziehungen zur Gesellschaft vorausgingen, und erst unter den Präsidenten Putin und Medwedjew das Problem der Staatlichkeit zu einem wesentlichen Aspekt der Politik wurde. Die Bewertung der bisherigen Prozessresultate fällt in beiden Dimensionen ambivalent aus und diagnostiziert jeweils hinreichend dynamische „Hybride" – einerseits ein „Grauzonenregime" zwischen Demokratie und Autoritarismus, andererseits ein neopatrimoniales Regime mit seinem Dualismus aus formalen und informellen Institutionen, der durch informelle Praktiken überbrückt wird.

Das erste Jahrzehnt des neuen Russland war durch eine schwere Krise der Staatlichkeit und ein schwach institutionalisiertes politisches System charakterisiert. Es entstand ein äußerst verwundbares Regime, in dem formal-demokratische Regeln des politischen Wettbewerbs und informelle Regeln der intraelitären Konkurrenz und Konsensbildung koexistierten und interagierten, ohne eine lebensfähige Demokratie hervorzubringen. Dies wird insbesondere illustriert durch die Verfassung 1993, die demokratische Elemente der Gewaltenteilung enthielt, aber den Präsidenten in diesem Arrangement nur diffus verortete; ein System aus fragmentierten und instabilen Parteien; eine eher chaotische als pluralistische Landschaft von Interessenorganisationen, deren stärkste und informell verfasste Gruppen versuchten, den Staat zu „kapern".

Erst mit dem Wechsel des Präsidenten im Jahre 2000 gelang es der regierenden Elitengruppe, die Staatlichkeit zu konsolidieren und die formale Institutionalisierung des politischen Systems voranzutreiben. Ihre Versuche eines *political engineering* sind aber nicht als holistisches und kohärentes Reformprojekt zu verstehen, sondern beruhen auf Lernprozessen, die vorangegangene Erfahrungen auswerten. Wie der bisherige Verlauf zeigt, ging die Zunahme an Staatskapazität zu Lasten der Demokratiequalität des politischen Systems. Der Präsident und die Präsidialadministration wurden zum unanfechtbaren Machtzentrum, welches sich die gubernativen und administrativen Glieder der Exekutive unterordnete, über eine „Partei der Macht" die Legislative steuerte und über Projekte der gezielten Schaffung von Organisationen und parakonstitutionellen Institutionen sowie ihre gesetzgeberische Ausgestaltung auch den öffentlichen und den politischen Raum einer weitgehenden Kontrolle unterwarf.

Diese Prozesse legen einige abschließende Überlegungen nahe: Erstens ist sich die Demokratisierungsforschung einig, dass demokratische Institutionen und Arenen nicht nur notwendige Existenzbedingungen von Demokratien sind, sondern unter Umständen auch „hergestellt" werden können oder sogar müssen. Dieser Standpunkt wird nicht nur von der akteurszentrierten Transitionsforschung vertreten, sondern auch von Ansätzen, die strukturelle Vorbedingungen für den Erfolg von Demokratisierung anerkennen. Dem aktuellen russländischen Regime ist eine autoritative Variante des „top-down crafting" von Institutionen zu bescheinigen, das in eine autoritäre Politik der Regimekonsolidierung übergegangen ist – und dennoch kann nicht ignoriert werden, dass es dieses Vorgehen als Projekt einer Demokratie zu legitimieren bestrebt ist, welche die Traditionen Russlands mit den Anforderungen der globalen Moderne verbindet, also in einem tatsächlich relevanten Spannungsfeld operiert.

Zweitens betonen Erklärungen der autoritären Dynamik Russlands, die sich auf das konstitutionelle Regierungssystem konzentrieren, insbesondere die Defekte im Design der neugeschaffenen demokratischen Institutionen oder ihren Missbrauch durch die Machteliten. Eine neopatrimonialistische Interpretation hingegen lenkt die Aufmerksamkeit auf das Zusammenspiel aus demokratiekompatiblen Organisationen und Institutionen sowie Praktiken, welche die formalen Regeln verstärken, aber auch unterlaufen, umdeuten oder aushebeln können. Die Bedingung von Demokratie als „institutionalisierter Unsicherheit" (Adam Przeworski) ist aber die unverbrüchliche Geltung basaler formal-demokratischer Spielregeln. Unabhängig davon, ob Beobachter Russlands aktuelles politisches System für eine „stark defekte Demokratie" oder ein „kompetitiv-autoritäres Regime" halten, stimmen sie bezeichnenderweise darin überein, dass informelle Institutionen, Praktiken und Akteure von grundsätzlicher Bedeutung für den politischen Prozess bleiben. Paradoxerweise scheinen die institutionellen Reformen des vergangenen Jahrzehnts das grundsätzliche Problem – die Kopplung institutioneller Strukturen an Personen – im Kern verfehlt zu haben. Sie verfolgen vielmehr die „personalisierte Institutionalisierung" eines Regimes, dessen reibungsloses Funktionieren nach wie vor maßgeblich von der Handlungsfähigkeit des Präsidenten (nicht nur als Amtsinhaber, sondern auch als Person) und von seiner Fähigkeit abhängt, die rivalisierenden Elitengruppen zu integrieren. Die Fixiertheit auf personalisierte starke Führung (*exaggerated leadership*) bleibt weiterhin ein „metapolitisches Merkmal" des politischen Systems Russlands (Sakwa 2005).

Gleichzeitig offenbart diese Beobachtung auch, worin die tiefere Bedeutung der Protestmobilisierung 2011–2012 besteht: Hier wurde die Forderung erhoben, die zentrale demokratische Institution – die effektive Wahl der temporär regierenden Eliten durch die Bürger – in ihrer Geltung als formal institutionalisierte Regel zu respektieren. Um das substanzielle Ergebnis der Wahl ging es weit weniger als um den prozeduralen Aspekt. Die Kritik an der Verflechtung von Exekutive und „Einiges Russland", die als „Partei der Betrüger und Diebe" verspottet wurde, kann ebenfalls als eine Demokratieforderung interpretiert werden: In funktionierenden Demokratien wird Macht lediglich auf Zeit verliehen, um solch einer Verflechtung entgegenzuwirken. Da die Dimensionen von Staatlichkeit und Demokratie zwar miteinander verbunden, aber keineswegs deckungsgleich sind, zeigt sich hier eine interessante Nuance: Die beiden Akteursgruppen haben jeweils eine der beiden Dimensionen im Blick, zwischen denen ein Spannungsverhältnis besteht. Während die Machteliten auf eine – in der Tendenz deutlich autoritäre – Stärkung der Staatlichkeit fokussiert ist, betonen die Protestierenden die Demokratisierung des politischen Systems. Deren wichtigste Erfolgsbedingung wiederum besteht jedoch genau in der Stärkung von rationalisierter, rechtskonformer Staatlichkeit.

# Bibliographie

Atwal, Maya/Bacon, Edwin, 2012: The youth movement Nashi: contentious politics, civil society, and party politics, in: East European Politics 28, S. 256–266.

Blondel, Jean, 2012: „Presidentialism" in the Ex-Soviet Union, in: Japanese Journal of Political Science 13, S. 1–36.

Bos, Ellen, 1996: Verfassunggebungsprozeß und Regierungssystem in Rußland, in: Merkel, Wolfgang/ Sandschneider, Eberhard/Segert, Dieter (Hrsg.), Systemwechsel 2. Die Institutionalisierung der Demokratie. Opladen, S. 179–211.

BTI 2012: Bertelsmann Stiftung, Russia Country Report. Gütersloh 2012.

Carothers, Thomas, 2002: The End of the Transition Paradigm. Journal of Democracy 13(1), S. 5–21.

Chaisty, Paul, 2006: Legislative politics and economic power in Russia, New York.

Chaisty, Paul, 2008: The Legislative Effects of Presidential Partisan Powers in Post-Communist Russia, in: Government & Opposition 43, S. 424–453.

Clark, William A., 2011: Boxing Russia: Executive-Legislative Powers and the Categorization of Russia's Regime Type, in: Demokratizatsiya 19, S. 5–22.

Colton, Timothy J./Skach, Cindy, 2005: The Russian Predicament, in: Journal of Democracy 16, S. 113–126.

CSPP Centre for the Study of Public Policy, University of Strathclyde 2013: Russia Votes: The Duma Election 2011; Results of Previous Elections to the Russian State Duma, http://www.russiavotes.org/duma/duma_elections_93-03.php, http://www.russiavotes.org/duma/duma_today.php (letzter Zugriff: 04.09.2013).

Duverger, Maurice, 1980: A New Political System Model: Semi-Presidential Government, in: European Journal of Political Research 8, S. 165–187.

Erdmann, Gero/Engel, Ulf, 2007: Neopatrimonialism Reconsidered: Critical Review and Elaboration of an Elusive Concept. In: Commonwealth and Comparative Politics 45, S. 95–119.

Evans, Alfred B., 2002: Recent Assessments of Social Organisations in Russia, in: Demokratizatsiya 10, S. 322–342.

Evans, Alfred B., 2006: Vladimir Putin's Design for Civil Society, in: Russian Civil Society, in: Evans, Alfred B. Evans/ Henry, Laura A./McIntosh Sundstrom, Lisa (Hrsg.), Armonk, S. 147–158.

Evans, Alfred B. Evans/ Henry, Laura A./McIntosh Sundstrom, Lisa (Hrsg.), 2006: Russian Civil Society: A Critical Assessment, Armonk.

FH 2013: Freedom House, Nations in Transit 2012. http://www.freedomhouse.org/report/nations-transit/nations-transit-2013 (letzter Zugriff: 26.08.2013).

Fish, M. Steven, 2000: The Executive Deception: Superpresidentialism and the Degradation of Russian Politics, in: Sperling, Valerie (Hrsg.): Building the Russian state. Institutional crisis and the quest for democratic governance. Boulder, S. 177–192.

Fish, M. Steven, 1995: Democracy from scratch: Opposition and regime in the new Russian Revolution, Princeton.

Fish, Michael S./Kroenig, Matthew, 2008: The Handbook of National Legislatures: A Global Survey. New York.

Fisun, Oleksandr, 2012: Rethinking Post-Soviet Politics from a Neopatrimonial Perspective, in: Demokratizatsiya 20, S. 87–96.

Fortin, Jessica, 2013: Measuring presidential powers: Some pitfalls of aggregate measurement, in: International Political Science Review 34, S. 91–112.

Gabowitsch, Mischa, 2013: Putin kaputt!?, Berlin.

Gandhi, Jennifer/Lust-Okar, Ellen, 2009: Elections under Authoritarianism, in: Annual Review of Political Science 12, S. 403–422.

Gel'man, Vladimir, 2006: From „Feckless Pluralism" to „Dominant Power Politics"? The Transformation of Russia's Party System, in: Democratization 13, S. 545–561.

Gilbert, Leah/Balzer, Harley, 2012: Civil Society, in: Graeme, J. Gill/Young, James (Hrsg.), Routledge Handbook of Russian Politics and Society, Milton Park/New York, S. 364–374.

Gorenburg, Dmitry, 2012: The Military, in: Graeme, J. Gill/Young, James (Hrsg.), Routledge Handbook of Russian Politics and Society, Milton Park/New York, S. 220–231.

Greene, Kenneth F., 2010: The Political Economy of Authoritarian Single-Party Dominance, in: Comparative Political Studies 43, S. 807–834.

Hale, Henry E., 2005: Regime Cycles. Democracy, Autocracy, and Revolution in Post-Soviet Eurasia, in: World Politics 58, S. 133–165.

Hale, Henry E., 2006: Why not parties in Russia? Democracy, federalism, and the state, Cambridge.

Hale, Henry E., 2010: Eurasian Polities as Hybrid Regimes: The Case of Putin's Russia, in: Journal of Eurasian Studies 1, S. 33–41.

Hale, Henry E., 2012: Two Decades of Post-Soviet Regime Dynamics, in: Demokratizatsiya 20, S. 71–77.

Heinemann-Grüder, Andreas, 2000: Der heterogene Staat: Föderalismus und regionale Vielfalt in Russland, Berlin.

Heinemann-Grüder, Andreas, 2007: Ein Schritt vorwärts, zwei zurück. Vom Ethnoföderalismus zum „Russland der Russen", in: Osteuropa 57, S. 135–162.

Helmke, Gretchen/Levitsky, 2006: Gretchen: Introduction, in: Helmke, Gretchen/Levitsky (Hrsg.), Informal Institutions and Democracy, Baltimore, S. 1–30.

Hemment, Julie, 2012: Nashi, Youth Voluntarism, and Potemkin NGOs: Making Sense of Civil Society in Post-Soviet Russia, in: Slavic Review 71, S. 234–260.

Holmes, Stephen, Superpresidentialism and its Problems, in: East European Constitutional Review (Fall 1993–Winter 1994) 2–3, S. 123–126.

Hosking, Geoffrey, 2000: Patronage and the Russian State, in: The Slavonic and East European Review 78, S. 301–320.

Huskey, Eugene, 1995: The State-Legal Administration and the Politics of Redundancy, in: Post-Soviet Affairs 11, S. 115–143.

Huskey, Eugene, Democracy and Institutional Design in Russia, in: Demokratizatsiya, S. 453–473.

Huskey, Eugene, 1999: Presidential Power in Russia, Armonk.

Huskey, Eugene, 2012: The Bureaucracy, in: Graeme, J. Gill/Young, James (Hrsg.), Routledge Handbook of Russian Politics and Society, Milton Park/New York 2012, S. 175–185.

Hutcheson, Derek S., 2012: Party Finance in Russia, in: East European Politics 28, S. 267–282.

Javeline, Debra/Lindemann-Komarova, Sarah, 2010: A Balanced Assessment of Russian Civil Society, in: Journal of International Affairs 63, S. 171–188.

Kitschelt, Herbert/Mansfeldova, Zdenka/Markowski, Radoslaw/Tóka, Gábor, 1999: Post-communist Party Systems: Competition, Representation, and Inter-party Cooperation, Cambridge.

Kobak, Dmitry/Shpilkin, Sergey/Pshenichnikov, Maxim S., 2012: Statistical anomalies in 2011–2012 Russian elections revealed by 2D correlation analysis, http://arxiv.org/abs/1205.0741 (letzter Zugriff: 20.11.2013).

Kononenko, Vadim/Moshes, Arkadii (Hrsg.), 2011: Russia as a network state: What works in Russia when state institutions do not?, Basingstoke/New York.

Krastev, Ivan/Holmes, Stephen, 2012; An Autopsy of Managed Democracy, in: Journal of Democracy 23, S. 33–45.

Kryshtanovskaya, Ol'ga/White, Stephen, 2003: Putin's Militocracy, in: Post-Soviet Affairs 19, S. 289–306.

Kryshtanovskaya, Ol'ga/White, Stephen, 2005a: Inside the Putin Court: A Research Note, in: Europe-Asia Studies 57, S. 1065–1075.

Kryshtanovskaya, Ol'ga/White, Stephen, 2005b: Losing Power in Russia, in: Journal of Communist Studies and Transition Politics 21, S. 200–222.

Kryshtanovskaia, Ol'ga, 2012: Formats of Russian State Power, in: Russian Politics and Law 50, S. 7–18.

Lankina, Tomila, 2005: President Putin's Local Government Reforms, in: Reddaway, Peter/Orttung, Robert W. (Hrsg.), Dynamics of Russian politics, Lanham.

Ledeneva, Alena V., 2013: Can Russia Modernise?, Cambridge.

Ledeneva, Alena V., 2006: How Russia really works, Ithaca.

Lijphart, Arend, 1992: Parliamentary versus Presidential Government.

Linz, Juan J./Alfred, Stepan, 1996: Problems of Democratic Transition and Consolidation, Baltimore/London.

Luchterhandt, Otto, 2002: Präsidentialismus in den GUS-Staaten, in: Luchterhandt, Otto, Neue Regierungssysteme in Osteuropa und der GUS, 2. Aufl., Berlin, S. 255–371.

Magaloni, Beatriz/Kricheli, Ruth, 2010: Political Order and One-Party Rule, in: Annual Review of Political Science 13, S. 123–143.

Marshall, Monty G./Cole, Benjamin R., 2011: Global Report 2011: Conflict, Governance, and State Fragility. Fairfax: Center for Systemic Peace und Center for Global Policy. http://www.systemicpeace.org/GlobalReport2011.pdf (letzter Zugriff: 30.07.2012).

McFaul, Michael/Stoner-Weiss, Kathryn, 2008: The Myth of the Authoritarian Model: How Putin's Crackdown Holds Russia Back, in: Foreign Affairs, S. 68–84.

Minjust 2013: Verzeichnis registrierter Parteien. http://minjust.ru/ru/nko/gosreg/partii. Zugriff: 27.8.2013.

Mommsen, Margareta/Nußberger, Angelika, 2007: Das System Putin: Gelenkte Demokratie und politische Justiz in Russland, München.

Monaghan, Andrew, 2012: The Vertikal: Power and Authority in Russia, in: International Affairs 88, S. 1–16.

Myagkov, Mikhail/Ordeshook, Peter C./Shakin, Dimitry, 2009: The Forensics of Election Fraud: Russia and Ukraine. New York.

Nohlen, Dieter/Stöver, Philip (Hrsg.), 2010: Elections in Europe, Baden-Baden.

Nußberger, Angelika, 2010a:Staats- und Verfassungsrecht, in: Nußberger, Angelika (Hrsg.), Einführung in das russische Recht. München, S. 19–59.

Nußberger, Angelika, 2010b: Rechtsgeschichte und Rechtskultur in Russland, in: Nußberger, Angelika (Hrsg.), Einführung in das russische Recht. München 2010b, S. 1–12.

Nußberger, Angelika, 2010c: Rechtswesen und Rechtskultur, in: Pleines, Heiko/Schröder, Hans-Henning (Hrsg.), Länderbericht Russland, Bonn, S. 131–152.

Partlett, William, 2012: Separation of Powers without Checks and Balances: The Failure of Semi-Presidentialism and the Making of the Russian Constitutional System, 1991–1993, in: Simons, William B./Borisova, Tatiana (Hrsg.), The Legal Dimension in Cold-War Interactions, S. 105–140.

Pipes, Richard, 2004: Flight from Freedom: What Russians Think and Want, in: Foreign Affairs 83, S. 9–15.

Plaggenborg, Stefan, 2006: Experiment Moderne, Frankfurt a.M.

Protokoll (2012): Протокол Центральной избирательной комиссии Российской Федерации о результатах выборов Президента Российской Федерации 4 марта 2012 года, http://www.cikrf.ru/banners/prezident_2012/itogi/result.html (letzter Zugriff: 30.10.2013).

Putin, Vladimir V., 2012: Demokratija i kačesvto gosudarstva, in: Kommersant 06.02.2012, http://putin2012.ru/#article-4 (letzter Zugriff: 08.02.2012).

Remington, Thomas F., 2006: Presidential Support in the Russian State Duma, in: Legislative Studies Quarterly 31, S. 5–32.

Remington, Thomas, 2008: Patronage and the Party of Power: President–Parliament Relations under Vladimir Putin, in: Europe-Asia Studies 60, S. 959–987.

Remington, Thomas F., 2009: Putin, Parliament, and Presidential Exploitation of the Terrorist Threat, in: Journal of Legislative Studies 15, S. 219–238.

Renz, Bettina, 2006: Putin's Militocracy? An Alternative Interpretation of Siloviki in Contemporary Russian Politics, in: Europe-Asia Studies 58, S. 903–924.

Renz, Bettina, 2012: The Russian Power Ministries and Security Services, in: Graeme, J. Gill/Young, James (Hrsg.), Routledge Handbook of Russian Politics and Society, Milton Park/New York, S. 209–219.

Reuter, Ora John/Remington, Thomas F., 2009: Dominant Party Regimes and the Commitment Problem: The Case of United Russia, in: Comparative Political Studies 42, S. 501–526.

Reuter, Ora John, 2013: Regional patrons and hegemonic party electoral performance in Russia, in: Post-Soviet Affairs 29, S. 101–135.

Reuter, Ora John, 2010: The Politics of Dominant Party Formation: United Russia and Russia's Governors, in: Europe-Asia Studies 62, S. 293–327.

Richter, James, 2009a: Putin and the Public Chamber, in: Post-Soviet Affairs 25, S. 39–65.

Richter, James, 2009b: The Ministry of Civil Society? The Public Chambers in the Regions, in: Problems of Post-Communism 56, S. 7–21.

Roberts, Sean P., 2012: United Russia and the Dominant-Party Framework: Understanding the Russian Party of Power in Comparative Perspective, in: East European Politics 28, S. 225–240.

Rose, Richard/Mishler, William, 2009: How Do Electors Respond to an „Unfalr" Election? The Experience of Russians, in: Post-Soviet Affairs 25, S. 118–136.

Ross, Cameron, 2010: Federalism and Inter-governmental Relations in Russia, in: The Journal of Communist Studies and Transition Politics 26, S. 165–187.

Ross, Cameron, 2012: Federalism and Defederalisation in Russia, in: Graeme, J. Gill/Young, James (Hrsg.), Routledge Handbook of Russian Politics and Society, Milton Park/New York, S. 140–152.

Sakwa, Richard, 2005: Perestroika and the Challenge of Democracy in Russia, in: Demokratizatsiya 13, S. 255–275.

Sakwa, Richard, 2010: The Dual State in Russia, in: Post-Soviet Affairs 26, S. 185–206.

Sakwa, Richard, 2012: Party and Power: Between Representation and Mobilisation in Contemporary Russia, in: East European Politics 28, S. 310–327.

Schleiter, Petra/Morgan-Jones, Edward, 2008: Russia: The Benefits and Perils of Presidential Leadership, in: Elgie, Robert/Moestrup, Sophia (Hrsg.), Semi-presidentialism in Central and Eastern Europe. Manchester/New York, S. 159–179.

Schleiter, Petra, 2013:Democracy, Authoritarianism, and Ministerial Selection in Russia, in: Post-Soviet Affairs 29, S. 31–55.

Shevtsova, Lilia, 2003: Putin's Russia. Washington, D.C.

Shugart, Matthew S./Carey, John M., 1992: Presidents and Assemblies: Constitutional Design and Electoral Dynamics, Cambridge.

Slider, Darrell, 2012: Regional Governance, in: Graeme, J. Gill/Young, James (Hrsg.), Routledge Handbook of Russian Politics and Society, Milton Park/New York, S. 153–163.

Skach, Cindy, 2007: The „newest" separation of powers: Semipresidentialism, in: International Journal of Constitutional Law 5, S. 93–121.

Simpser, Alberto, 2013: Why governments and parties manipulate elections. Cambridge.

Smyth, Regina, 2002: Building State Capacity from the Inside Out: Parties of Power and the Success of the President's Reform Agenda in Russia, in: Politics & Society, 30, S. 555 – 578.

Smyth, Regina, 2012: Political Preferences and Party-Development in Post-communist States, in: Demokratizatsiya 20, S. 113–132.

Solomon, Peter H., JR., 2012: Law Courts and Human Rights, in: Graeme, J. Gill/Young, James (Hrsg.), Routledge Handbook of Russian Politics and Society, Milton Park/New York, S. 186–197.

Steffani, Winfried, 1979: Parlamentarische und präsidentielle Demokratie: Strukturelle Aspekte westlicher Demokratien. Opladen.

Steinsdorff, Silvia von, 1995: Die Verfassungsgenese der Zweiten Russischen und der Fünften Französischen Republik im Vergleich, in: Zeitschrift für Parlamentsfragen, 26, S. 486–504.

Stykow, Petra, 2006: Staat und Wirtschaft in Russland. Interessenvermittlung zwischen Korruption und Konzertierung. Wiesbaden.

Stykow, Petra, 2008: Die Transformation des russischen Parteiensystems: Regimestabilisierung durch personalisierte Institutionalisierung, in: Zeitschrift für Parlamentsfragen 39, S. 772–794.

Stykow, Petra, 2010: „Bunte Revolutionen" – Durchbruch zur Demokratie oder Modus der autoritären Systemreproduktion?, in: Politische Vierteljahresschrift 51, S. 137–162.

Stykow, Petra, 2013: Wahlen in autoritären Regimen: Die postsowjetischen Länder im Vergleich, in: Kailitz, Steffen/Köllner, Patrick (Hrsg.), Autokratien im Vergleich, Baden-Baden, S. 237–271.

Suverennaja demokratija. Ot idei k doktrine. Moskva 2007.

Taylor, Brian D., 2011: State Building in Putin's Russia: Policing and coercion after communism, Cambridge.

Thorson, Carla, 2012: Politics, Judicial Review and the Russian Constitutional Court, Houndmills.

Tompson, William, 2005: Putting Yukos in Perspective, in: Post-Soviet Affairs 21, S. 159–181.

Trochev, Alexei, 2008: Judging Russia: Constitutional Court in Russian politics 1990–2006, Cambridge.

Turovsky, Rostislav, 2011:Party Systems in Post-Soviet States: The Shaping of Political Competition, in: Perspectives on European Politics & Society 12, S. 197–213.

Verfassung 1993: Konstitucija Rossijskoj Federacii, in: Rossijskaja gazeta, Nr. 197, 25.12.93; deutsche Übersetzung: http://www.constitution.ru/de (letzter Zugriff: 17.3.2013).

Waldron, Jeremy, 2013: Separation of Powers or Division of Power?, in: Boston College Law Review 54, S. 433–468.

Way, Lucan A., 2005: Authoritarian State Building and the Sources of Regime Competitiveness in the Fourth Wave: The Cases of Belarus, Moldova, Russia, and Ukraine, in: World Politics 57, S. 231–261.

Wedel, Janine R., 2003: Clans, Cliques and Captured States: Rethinking ‚Transition' in Central and Eastern Europe and the Former Soviet Union, in: Journal of International Development 15, S. 427–440.

White, David, 2012: Re-conceptualising Russian Party Politics, in: East European Politics 28, S. 210–224.

White, Stephen, 1997: Russia: Presidential Leadership under Yeltsin, in: Taras, Ray (Hrsg.), Postcommunist Presidents, Cambridge/York, S. 38–66.

Willerton, John P., 2005: Putin and the Hegemonic Presidency, in: White, Stephen/Gitelman, Zvi/Sakwa, Richard (Hrsg.), Developments in Russian Politics 6. Houndmills, S. 18–39.

Willerton, John P., 2005: Mikhail Beznosov und Martin Carrier, Addressing the Challenges of Russia's „Failing State": The Legacy of Gorbachev and the Promise of Putin, in: Demokratizatsiya 13, S. 219–239.

Willerton, John P., 1992: Patronage and Politics in the USSR, Cambridge.

Wilson, Andrew, 2005: Virtual Politics: Faking Democracy in the Post-Soviet World. New Haven.

Taylan Yildiz
# Türkei

## 1 Regimezuordnung

Gemäß Artikel 2 ihrer Verfassung[1] ist die Türkei ein demokratischer, laizistischer und sozialer Rechtsstaat. Zwar spricht viel für die Annahme, dass das Land nicht nur seinem konstitutionellen Selbstentwurf nach, sondern auch erfahrungswissenschaftlich dem Typus einer modernen Demokratie zuzurechnen ist (Lewis 1998: 83; Rustow 1995: 1277). Allerdings bestehen nach nun mehr als 60 jährigem Bestehen noch immer berechtigte Zweifel an der Funktionsfähigkeit und normativen Substanz der türkischen Demokratie. Wurden bisher die politischen und ökonomischen Privilegien der Militärführung (Parla 1998; Insel/Bayramoğlu 2004; Jenkins 2007) bemängelt, gilt die Kritik heute dem autoritären Führungsstil der Regierung Erdoğans. Auch der politische Umgang mit den ethnischen und religiösen Minderheiten des Landes lässt sich nur bedingt mit den Prozeduren einer liberalen Demokratie in Einklang bringen (Oran 2007). Dieser ambivalente Befund spiegelt sich trotz etwaiger Reformen weiterhin in den jüngsten Messungen von *Polity* (7 2010), *Freedom House* (3PR/4CL 2013) und des *BTI* (7,65 2012) wieder.[2]

Da in der Türkei unter den Bedingungen formal-demokratischer Institutionen noch immer autoritäre Herrschaftspraktiken möglich und wirksam sind, lässt sich das politisches System des Landes nicht eindeutig klassifizieren, wenngleich Freedom House es als Wahldemokratie bezeichnet. Vielmehr durchkreuzt die Türkei die herkömmlichen Regimetypologien und scheint – wie neuerdings konstatiert wird – eher ein *hybrides Regime* darzustellen (Vaner 2009: 16–31; Yildiz 2012), das durch eine Reihe noch zu spezifizierender Demokratiedefizite charakterisiert ist. Diese Einschätzung erhärtet sich gerade auch am Beispiel des eingangs zitierten Verfassungsartikels. Denn dort werden die staatsorganisatorischen Leitbegriffe an die „in der Präambel beruhenden Grundprinzipien" rückgebunden und damit paternalistisch aufgeladen. So wird in der Präambel, die anders als im deutschen Grundgesetz integraler Bestandteil des Verfassungstexts ist, die „ewige Existenz des türkischen Vaterlandes" postu-

---

**1** Siehe hierzu die deutsche Übersetzung des türkischen Verfassungstexts (hiernach TV) von Christian Rumpf, http://www.tuerkei-recht.de/verfassung-und-verwaltung/index.php (Stand: 01.01.2012, eingesehen am 24.05. 2013).
**2** Center for Systemic Peace: Polity IV Project: Political Regime Characteristics and Transitions, 1800–2011, http://www.systemicpeace.org/polity/Turkey2010.pdf (eingesehen am 15.04.2013); Freedom House, Turkey, http://www.freedomhouse.org/country/turkey (eingesehen am 15.04.2013); Bertelsmann Transformationsindex 2012, Turkey, http://www.bti-project.de/fileadmin/Inhalte/reports/2012/pdf/BTI%202012%20Turkey.pdf (eingesehen am 15.04.2013).

liert, die „Unteilbarkeit von Staatsgebiet und Staatsvolk" ebenso wie die „geschichtlichen und ideellen Werte des Türkentums" hervorgehoben, die „heiligen religiösen Gefühle" betont und der Anspruch formuliert, dass ein „würdiges Leben" nur innerhalb einer so verstandenen „nationalen Kultur-, Zivilisations- und Rechtsordnung" möglich sei. Damit zeichnet sich bereits auf der Ebene der semantischen Codierung der Verfassung ein höchst ambivalentes Demokratiebild ab, das sich auf der Ebene institutioneller Praktiken schließlich fortsetzt und sich insbesondere zum Nachteil ethnischer und religiöser Minderheiten auswirkt.

## 2 Regierungssystem und Staatsgliederung

In ihrer Grundstruktur ist die heutige Türkei ein republikanisch verfasster Nationalstaat, der am 23. Oktober 1923 unter der Führung von Mustafa Kemal Paşa [Atatürk] ausgerufen wurde und trotz massiver Brüche und radikaler Restrukturierungen noch immer den „revolutionären" Reformideen ihres Gründungsakts verpflichtet ist. So weist die bereits zitierte Präambel eigens darauf hin, dass die Verfassung des Landes jenem Nationalismus entspreche, „wie sie Atatürk, (...) der unsterbliche Führer und einzigartige Held, verkündet hat." Dass die Leitfigur der nationalen Befreiung derart verehrt wird, macht einerseits deutlich, dass die mit ihm in Verbindung gebrachte Modernisierungsideologie – der *Kemalismus* – als politische Religion rekonstruiert werden kann und in der politischen Alltagspraxis auch entsprechende Effekte erzeugt.[3] Andererseits zeigt es, dass das darin enthaltene Heilsversprechen in der Geschichte des Landes mehrfach verteidigt werden musste und dadurch immer wieder normativ überhöht wurde.

Geht man von der politisch-strukturbildenden Bedeutung sozialer Konflikte aus, lässt sich die politische Entwicklung der Türkei heuristisch in *fünf Phasen* einteilen. Die *erste Phase* umfasst die kemalistische Reformdiktatur (1923–1950), die ihren Ausgang in der Ausrufung der Republik und ihr anvisiertes Ende in den ersten freien Wahlen des Landes fand. Zentral für diese Phase war der Konflikt zwischen den neuen nationalen Kräften und den alten Autoritäten des Reiches, sowohl auf staatlicher (Dynastie) wie auf lokaler Ebene (Notabeln). Konstitutiv für die türkische Demokratie war diese Phase insofern, weil sich die Basisinstitutionen der Demokratie (z. B. säkulare Parteien, souveränes Parlament) erst in expliziter Abgrenzung zum osmanischen Herrschaftsverband etablieren konnten und in dem Maße, wie sich der Konflikt zugunsten national-säkularer Kräfte löste, „ein wichtiger Schritt zu einem *modernen Rechtsstaat* getan" (Rumpf/Steinbach 2010:1056) schien. Der Konfliktverlauf zeigt aber auch, dass die demokratischen Institutionen letztlich mittels totalitärer Herr-

---

3 Vgl. zur Alltagsbedeutung des Kemalismus: Navara-Yashin (2002); Özyürek (2006).

schaftspraktiken[4] eingeführt wurden und das Volk auch nach der Republikgründung als führungsbedürftiges Mängelwesen galt, wenngleich unter *Volk* (millet) nun etwas gänzlich anderes verstanden wurde. (Cagaptay 2006)

Die weiteren Entwicklungsphasen sind post-transitionaler Art und durch steigende Kontingenzerfahrungen mit der Praxis demokratischer Wahlen gekennzeichnet. Die *zweite Phase* erstreckte sich von den ersten freien Wahlen bis zur ersten Militärintervention des Landes (1950–1960). Auch ihr Ablauf zeigt ein hochgradig ambivalentes Bild. Auf der einen Seite war sie durch die Stärkung der Verfassungsstaatlichkeit und dem Aufbau eines Senats gekennzeichnet, der als zweite Kammer in den Dienst der Regierungskontrolle gestellt wurde. Zugleich aber wurde mit der Konzeption des Nationalen Sicherheitsrats (*MGK*) auch die politische Macht der Militärs institutionalisiert und mithilfe des Aufbaus eines Stiftungsfonds der Armee (*OYAK*) der Grundstein für ein privatwirtschaftliches Imperium der Generäle gelegt. (Parla 1998; Akça 2004)

Die *dritte Phase* umfasst eine Dauer von zwei Jahrzehnten (1960–1980). Sie fand ihren ersten Höhepunkt in einer 1971 durch die Militärführung erzwungenen Revision des liberalen Bestands der Verfassung (Adanir 1995: 95–99; Parla/Öncü 1990) und spitzte sich dann in einer weiteren Militärintervention zu (1980–1983), die weitaus umfassendere Eingriffe in die demokratische Substanz der Verfassungsordnung vornahm. Auch für die daran anschließende *vierte Phase* (1983–2002) ist Ambivalenz ein elementares Charakteristikum, weil die politische Ordnung einerseits erneut auf das Ziel hin neu bestimmt wurde, die Funktionsfähigkeit der Demokratie wiederherzustellen, dafür aber eine Verfassungsordnung installiert wurde, die – wie es Christian Rumpf und Udo Steinbach treffend formulierten – „den Staat vor der Gesellschaft zu schützen versuchte und über den Bürger stellte." (Rumpf/Steinbach 2009: 1057) Die Ambivalenz dieses heute kontrovers diskutierten Eingriffs macht sich insbesondere darin bemerkbar, dass der Generalstab es für die Stärkung demokratischer Institutionen für notwendig hielt, alle politischen Parteien aufzulösen, ihre Spitzenfunktionäre mit einem zehnjährigen Politikverbot zu belegen und eine beachtliche Anzahl von politischen Aktivisten einzukerkern und zum Tode zu verurteilen.

Zwar ist die so geschaffene Verfassungsordnung nach wie vor gültig. Mit der Regierungsübernahme durch die AKP 2002 aber wurde eine *fünfte Phase* in der türkischen Demokratieentwicklung eingeläutet, die in der einschlägigen Literatur als post-kemalistische oder post-nationale Wende beschrieben wird. (Yavuz 2006; Kieser 2006) Die Ambivalenz dieser neuen noch unabgeschlossenen Phase macht sich insbesondere daran erkennbar, dass sich die darin vollziehenden Veränderungen der politischen Ordnung einerseits als eine Normalisierung lesen lässt, die sich zwischen der politischen Kultur des Landes und seinen elitär abgerückten Herrschaftsinstitutionen vollzieht. Andererseits können die Reformbestrebungen der Regierung aber auch als eine

---

4 Dies gilt insbesondere für die staatliche Umsiedlungs- und Türkifizierungspolitik der 1930er-Jahre. Vgl. dazu: Beşikçi (1991); Yeğen (1996); Cagaptay (2004); Koçak (2005).

radikale Abkehr von den säkularen Grundlagen der Verfassungsordnung verstanden werden. (Keyman 2007) Da ein adäquates Bild vom derzeitigen Zustand der türkischen Demokratie also nur schwer zu zeichnen ist, bleibt abzuwarten, ob die neuen Reformentwicklungen den Hybriditätsstatus der politischen Ordnung grundsätzlich aufheben, oder ihr lediglich eine neue Qualität und Stoßrichtung verleihen. Der Umgang mit den Protestierenden im Istanbuler Gezi-Park (Yildiz 2013), aber auch die zunehmende Sichtbarkeit von Korruptionsaffären hinterlassen aber einen eher skeptischen Eindruck.

## 2.1 Die Exekutive

Die Exekutive setzt sich aus dem Ministerrat und dem Staatspräsidenten zusammen. Der Ministerrat besteht aus dem Ministerpräsidenten und den Staats- und Ressortministern. Das verfassungsrechtlich vorgesehene Besetzungsverfahren sieht zunächst vor, dass der Staatspräsident den Spitzenkandidaten der siegreichen Partei zum Ministerpräsidenten ernennt und dieser dann dem Parlament eine Ministerliste und ein Regierungsprogramm zur Vertrauensabstimmung vorlegt. Erst wenn beiden Vorschlägen das parlamentarische Vertrauen ausgesprochen wird, kann der Staatspräsident auch die weiteren Anwärter in den Ministerrat berufen. Die Aufgabe des Ministerrats besteht fortan darin, dem Parlament Gesetzesvorlagen zu unterbreiten und, sofern durch die Legislative bevollmächtigt, Rechtsverordnungen mit Gesetzeskraft zu erlassen.

Mit der durch die Militärführung installierten Verfassung von 1982 wurde die Stellung des Ministerpräsidenten sowohl im Ministerrat als auch in den parlamentarischen Beziehungen gestärkt. Seine herausgehobene Position im Ministerrat wird dadurch gewährleistet, dass er im Unterschied zu den übrigen Kabinettsmitgliedern mittels einer Wahl legitimiert wird. Hinzu kommt, dass ihm keine Minister oder Ressortleiter aufgezwungen werden können, diese vielmehr stets von seiner Gunst abhängen. Dies gilt nicht nur für die Zusammenstellung des Kabinetts nach den Wahlen, sondern auch für den laufenden Exekutivbetrieb, da der Ministerpräsident den Staatspräsidenten jederzeit dazu veranlassen kann, einzelne Regierungsmitglieder zu entlassen. Da nun der Staatspräsident seinerseits über keine verfassungsrechtlichen Möglichkeiten verfügt, ein Amtsenthebungsverfahren gegen den Ministerpräsidenten einzuleiten, verschaffen diese Regelungen dem Ministerpräsidenten eine erkennbare Führungsposition innerhalb des Kabinetts. Nicht unerheblich ist in diesem Zusammenhang auch, dass die Kabinettsangehörigen über keinen eigenen Verwaltungsapparat verfügen und damit kaum die Möglichkeit haben, im Konfliktfall der Macht des Ministerpräsidenten ernsthaft entgegenzutreten. Auch wenn die türkische Verfassung keine Richtlinienkompetenz wie im deutschen Grundgesetz kennt und der Ministerrat für die Bestimmung und Durchführung der Politik letztlich gemeinschaftlich verantwortlich ist (Art. 112 TV), so übt der Ministerpräsident als Vorsitzender des Ministerrats einen maßgeblichen Einfluss auf die politische Richtungsbestimmung der Exekutive aus. Seine Wiederwahl ist verfassungsrechtlich nicht begrenzt. In der derzeitigen Situation verhindert allein das Parteistatut der AKP eine vierte Amtszeit Erdoğans.

Das Verhältnis zwischen Parlament und Ministerpräsident dagegen ist zwar weniger hierarchisch geordnet und der Ministerrat kann in seiner Amtszeit durch ein parlamentarisches Misstrauensvotum zu Fall gebracht werden – was im Übrigen auch in den Dienst der Disziplinierung des Kabinetts durch den Ministerpräsidenten gestellt werden kann.[5] Da im Normalfall die Regierung aber Teil der Parlamentsmehrheit ist, kann sich in der Türkei kaum eine systemimmanente Alternative zur Regierung formieren. Das allerdings ist im Sinne der durch die Militärintervention vollzogenen Stärkung politisch exekutiver Handlungskapazitäten verfassungsrechtlich auch so gewollt. Denn insbesondere die in der dritten Phase der türkischen Demokratieentwicklung erlebte Gewalt zwischen linken und rechten Gruppierungen lieferte den Urhebern der geltenden Verfassungsordnung einen Grund dafür, den Schwerpunkt ihrer Restrukturierungsbemühungen eindeutig auf die institutionelle Stabilisierung der Exekutivmacht zu legen.

Diese Schwerpunktsetzung drückt sich insbesondere in der Konstruktion des Staatspräsidentenamtes aus. Die militärischen Auftraggeber der Verfassung wollten zwar die Regierungsstabilität institutionell über ein demokratisch verfasstes Wahlregime gewährleisten, misstrauten aber zugleich der Dynamik partikularistischer Kämpfe und sahen es deshalb für notwendig, einen Hüter der Verfassung zu bestimmen, der jenseits parteipolitischer Nutzenbestrebungen das hohe Gut der nationalen Einheit und des kemalistischen Erbes auch außerhalb des militärischen Apparats verkörpern könnte.[6] In diesem Sinne wird der Staatspräsident einmalig auf sieben Jahre gewählt und hat seine politische Neutralität durch Parteiaustritt und der Niederlegung des Abgeordnetenmandats zu bekunden. Der Staatspräsident muss aber nicht aus dem Kreis der Abgeordneten gewählt werden. Auf schriftlichen Vorschlag von mindestens einem Fünftel der Gesamtzahl der Mitglieder der Nationalversammlung ist es auch möglich, das Amt mit Kandidaten außerhalb des Parlaments zu besetzen. Ähnlich wie die Richter der Hohen Gerichte kann aber das Amt des Staatspräsidenten nur von solchen Personen bekleidet werden, die die Voraussetzungen für die Annahme eines Abgeordnetenmandats erfüllen, darüber hinaus über ein abgeschlossenes Hochschulstudium verfügen und das 40. Lebensjahr nicht unterschreiten. Bisher wurde das Amt mittels eines geheimen Wahlgangs mit einer Mehrheit von zwei Dritteln der Gesamtzahl der Mitglieder der Großen Nationalversammlung besetzt (Art. 102

---

5 Verfassungsrechtlich ist es zwar möglich, dass das Parlament einzelnen Ministern das Vertrauen entzieht. Aber dies kam in der Geschichte der türkischen Politik nur 1980 vor, als Außenminister Hayrettin Erkmen aus dem Kabinett von Süleyman Demirel gedrängt wurde.

6  Die herausragende Bedeutung des Amtes wurde in der umstrittenen Wahl Abdullah Güls deutlich. Die politische Kontroverse ging weit über eine bloße Personalfrage hinaus und berührte die Grundsätze der türkischen Republik.

TV). Erstmals in der Geschichte des Landes wird der Staatspräsident am 10. August 2014 direkt gewählt, an dem auch im Ausland lebende türkische Wahlberechtigte über Briefwahl, durch Stimmabgabe in Konsulaten oder in elektronischer Form (Internet) teilnehmen können. Das Vorhaben der AKP aber, das Präsidialsystem einzuführen, ist vorerst gescheitert.

Gemäß der aktuellen Verfassungsordnung handelt es sich beim Staatspräsidenten um ein traditionell säkulares Amt, dessen besondere Stärke auf einer Reihe exekutiver, legislativer und judikativer Kompetenzen beruht. So ist er gemäß Art. 104 TV Oberhaupt des Staates, verkörpert die politische Einheit des Landes und „beaufsichtigt die Anwendung der Verfassung und die ordentliche und harmonische Tätigkeit der Staatsorgane." Im Zusammenhang der Gesetzgebung etwa steht ihm neben der Erfüllung routinemäßiger Aufgaben – wie das Halten der jährlichen Eröffnungsrede in der Großen Nationalversammlung und die Verkündung und nötigenfalls auch Rücksendung von Gesetzesvorhaben zur erneuten Verhandlung – die Möglichkeit zu, verfassungsändernde Maßnahmen zur Volksabstimmung vorzulegen oder eine Anfechtungsklage vor dem Verfassungsgericht wegen eines formellen und materiellen Verstoßes von Gesetzen, Rechtsverordnungen mit Gesetzeskraft und der Geschäftsordnung der Großen Nationalversammlung anzustrengen (Art. 104 TV). Im Hinblick auf die vollziehende Gewalt sind vor allem seine Funktionen als Oberbefehlshaber der Streitkräfte zu nennen. Er entscheidet über ihren Einsatz, ernennt den Generalstabschef, ruft den Nationalen Sicherheitsrat an, ratifiziert völkerrechtliche Verträge, ernennt die Mitglieder und Vorsitzenden des Staatskontrollrats und wirkt an der Wahl der Mitglieder des Hochschulrats und der Universitätsrektoren mit. Im Bereich der judikativen Gewalt liegen ihm schließlich weitreichende Ernennungs- und Wahlmöglichkeiten zur Verfügung, wie die Wahl der Verfassungsrichter, des Staatsrats, des Generalstaatsanwalts am Kassationsgerichtshof, des Hohen Militärverwaltungsgerichtshofs und des Hohen Richter- und Staatsanwälterats.

Eine starke Exekutive aber liefert noch keine hinreichende Begründung für die eingangs formulierte Annahme, dass es sich im Falle der Türkei um ein hybrides Regime handele. Dafür müssten hier die weiteren Ebenen der Exekutive berücksichtigt werden; etwa die Rolle des Nationalen Sicherheitsrats (MGK), des Berufungsorgans der Universitäten (YÖK), der Hohen Atatürk Gesellschaft für Kultur, Sprache und Geschichte und des Amtes für Religionsangelegenheiten. Staatsorganisatorisch gehören diese Institutionen der Exekutive an und operieren in den jeweiligen Politikfeldern als paternalistische Institutionen, die auf die Bevormundung und ideologische Bindung der Bevölkerung an die kemalistischen Revolutionsideale abzielen.

## 2.2 Die Legislative

Das politische System der Türkei ist trotz einer dominanten Exekutive als ein parlamentarisches System zu begreifen,[7] das auf eine wechselreiche Geschichte zurückblicken kann. 1877 als *Meclis-i Umumi* eröffnet, wurde es nur wenig später auf unbestimmte Zeit aufgelöst, nach der Machtübernahme der Jungtürken (1908) schließlich wieder eingeführt und dann mit der kemalistischen Republikgründung fest etabliert. Wenngleich mit ihrer Etablierung die politische Entscheidungsmacht den Prämissen der nationalen Volkssouveränität unterzogen und zur Aufgabe der Großen Türkischen Nationalversammlung erklärt wurde – wie das türkische Parlament seitdem genannt wird –, konnte sich darin zunächst kein demokratischer Entscheidungsmodus herausbilden. Denn das Parlament war als autoritäres Repräsentativorgan konzipiert, das den nationalen Autoritäten die möglichst rasche Konsolidierung moderner Staatsinstitutionen ermöglichen sollte und nicht, wie man heute erwarten würde, darauf gerichtet war, die Gesetzgebung innerhalb kontingenter Verfahren politisch auszubalancieren. Denn dies, so wurde argumentiert, würde die institutionelle Aufbauphase und damit den Anschluss des Landes an das westeuropäische „Zivilisationsniveau" aufhalten, wenn nicht gar unmöglich machen.

In seiner heutigen Form wurde das türkische Parlament folglich als ein Ort konstruiert, in dem die säkulare Macht ein überaus ambitioniertes Entwicklungsprojekt vorantreiben sollte. Allein aus pragmatischen Gründen und nur für eine Übergangszeit, so hieß es, musste sich das Regime mit einer antidemokratischen Modernisierungssemantik verbünden. Auf lange Sicht aber würde das Projekt selbst darauf hinauslaufen, die Einparteienherrschaft überflüssig werden zu lassen. (Ahmad 1989: 346) Sobald die Institutionen des modernen Einheitsstaats etabliert sind, könne man den politischen Entscheidungsprozess einer institutionell eingehegten Dynamik pluralistischer Entscheidungsverfahren überlassen. So geschah es dann auch mit dem kontrollierten Übergang zum Mehrparteiensystem nach 1946. (VanderLippe 2005) War das Parlament während der ersten Phase der türkischen Demokratieentwicklung nur bedingt pluralistisch, öffnete es sich spätestens nach den ersten freien Wahlen von 1950 für den parteipolitischen Wettbewerb. Allerdings waren die für den Pluralismus notwendigen legislativen Kontrollinstrumente noch schwach ausgeprägt und das institutionelle Design des Parlaments eröffnete der mit großer Mehrheit gewählten Menderes-Regierung – die selbst aus den Reihen der kemalistischen Modernisierungseliten hervorgegangen war – damit vielfache Möglichkeiten für unilaterales Handeln.

---

**7** Zu beachten ist hier, dass die oben erwähnte Verfassungsreformdiskussion insbesondere vom amtierenden Ministerpräsidenten mit der Erwartung geführt wird, die Türkei in seiner nun letzten Amtsperiode in ein präsidentielles Regierungssystem zu verwandeln.

Kritisiert wurde neben den zunehmenden Bespitzelungen von Regierungs- und Oppositionsmitgliedern insbesondere die Tatsache, dass sich unter den neuen Regierungseliten die Religion erneut zu einem politischen Faktor entwickelt hatte und die Außenpolitik vom Neutralitätsgebot Atatürks abzuweichen begann. Das für Demokratien typische Wechselspiel von Kritik und Bestätigung überstieg recht bald die institutionellen Kapazitäten des Parlaments. Das, was aus demokratietheoretischer Sicht im Parlament stattfinden und durch entsprechende Regeln zu strukturieren war, musste sich nun in einer Öffentlichkeit vollziehen, die über keine gehaltvollen Öffentlichkeitserfahrungen verfügte. Sowohl innerhalb des kemalistischen Establishments sowie in der politisierten Jugend verwandelte sich die zunehmende Abwehrhaltung gegenüber der Menderes-Regierung in eine Anerkennung der gewaltenteiligen Logik von *Checks und Balances*. Nach dem ersten Militärputsch und der Hinrichtung von Adnan Menderes wurde dieses Prinzip dann auch verfassungsrechtlich gewürdigt.

Mit der 1962 eingeführten Verfassung wurde dann auch die Macht der Legislative gestärkt und das parlamentarische System mit der Einführung des Bikameralismus grundlegend verändert. Neben der Nationalversammlung war es nun auch einem republikanischen Senat möglich, Einfluss auf die Regierungstätigkeit auszuüben. Die verfassungsgebende Versammlung, die von der Generalität einberufen wurde, weitete ferner die Grundrechte aus und hielt zudem die Einrichtung eines Verfassungsgerichts für notwendig, um der politischen Opposition Wege einer rechtsstaatlichen Kontrolle der Regierungsarbeit zu eröffnen. Der Verfassungsentwurf wurde am 9. Juli 1961 mit 61,7 % Zustimmung durch das türkische Volk angenommen.

Allerdings war mit der Annahme der neuen Verfassung der Streit über die politische Ordnung nicht abgeschlossen. Er weitete sich im Zuge der 68er Bewegung aus und führte zu massiven Auseinandersetzungen zwischen linken und rechten Jugendlichen. Die Generalität griff schließlich zweimal ein. 1971 zwang sie der Regierung massive Änderungen an der liberalen Verfassung auf. 1980 nahm sie schließlich für eine Dauer von drei Jahren die gesamten Regierungsgeschäfte in die Hand und bereitete eine völlige Neustrukturierung des politischen Raumes vor. Der Restaurationsgeist der Generäle folgte dem Einheitsideal der kemalistischen Reformdiktatur und schloss alle Träger einer pluralen Streitkultur systematisch aus der verfassungsgebenden Versammlung aus. So wurde der Senat abgeschafft, die liberalen Grundrechte eingeschränkt, eine 10-prozentige Sperrklausel eingeführt und die Rolle des Nationalen Sicherheitsrats und des Staatspräsidenten gestärkt. Ferner wurden die Parteien einer stärkeren ideologischen Reglementierung unterzogen und im Parlament ließen sich fortan nur solche Forderungen artikulieren, die sich mit dem nationalen Einheitsinteresse verbünden konnten, nicht mit irgendeiner möglichen Auslegung, sondern möglichst im Sinne der Deutungsarbeit staatlicher Kräfte. Für die „Wesensmerkmale" der nationalen Einheit wurde die Hohe Atatürk-Gesellschaft verantwortlich gemacht, und für die Frage, ob durch einen bestimmten Sachverhalt nun die nationale Einheit gefährdet sei oder nicht, der Nationale Sicherheitsrat.

Mit diesen Bindungen wurde einerseits die kurdische Frage aus dem Parlament ausgeschlossen, weil das Prinzip der ethnischen Vielfalt weiterhin als inkompatibel mit der nationalen Einheit galt. Andererseits sorgte diese Art der ideologischen Bindung dafür, dass die politischen Parteien ihre gesellschaftlichen Beziehungen besonders zu Gewerkschaften und linken Gruppierungen nicht mehr pflegen konnten. Denn die nationale Einheit wurde nicht nur von der ethnischen Homogenität des Volkes abhängig gemacht, sondern auch von seiner solidarischen Beziehung zu den staatlichen und wirtschaftlichen Eliten des Landes. Allerdings setzte sich ab den 1990er-Jahren eine gewisse Liberalisierungstendenz ein, die sich seit der Aufnahme von Beitrittsverhandlungen in die EU signifikant stärken konnte, wenngleich durchaus auch wieder Rückschritte zu verbuchen sind.

In der aktuellen Verfassungsordnung wird die legislative Arbeit durch die in Art. 4 und 174 TV aufgestellten Grundsätze zur Staatsverfassung und zu den Revolutionsgesetzen (*Inkılap Kanunları*) eingeschränkt. Die Legislative besteht aus 550 Sitzen und wird seit 2007 auf 4 Jahre (zuvor 5) direkt aus den 81 Provinzen und 85 Wahlkreisen gewählt. Bis zur Regierungsübernahme durch die AKP 2002 litt das türkische Parlament unter massiver Volatilität. Erst seit der Amtsübernahme der AKP hat sich eine bemerkenswerte Stabilität in den parlamentarischen Verhältnissen der Parteien herausgebildet.

Gemäß Art 87 TV bestehen die Aufgaben und Befugnisse der Großen Türkischen Nationalversammlung im Erlassen, Ändern und Aufheben von Gesetzen, in der Kontrolle des Ministerrates und der Minister ebenso wie in der Möglichkeit „dem Ministerrat für bestimmte Gegenstände die Kompetenz zum Erlass von Rechtsverordnungen mit Gesetzeskraft zu übertragen." Ferner obliegt es dem türkischen Parlament die „Gesetzentwürfe zu Haushalt und Haushaltsabrechnung zu verhandeln und anzunehmen, über den Druck von Geld und über Kriegserklärungen zu entscheiden, die Ratifizierung völkerrechtlicher Verträge zu billigen, mit der Mehrheit von drei Fünfteln der Gesamtzahl der Abgeordneten der Großen Nationalversammlung über die Verkündung einer allgemeinen oder besonderen Amnestie zu entscheiden und die in den übrigen Vorschriften der Verfassung vorgesehenen Kompetenzen und Aufgaben auszuüben und zu erfüllen."

Abgesehen von der hohen Sperrklausel ist Hybridität auf der legislativen Ebene der türkischen Politik kein strukturelles, sondern eher ein ideologisches, politisch-kulturelles Phänomen. Das wird schon am kemalistischen Leitspruch des türkischen Parlamentarismus deutlich, wonach die Souveränität bedingungslos der Nation gehöre (*egemenlik kayıtsız, şartsız milletindir*). Demokratietheoretisch betrachtet sind hier zwei Aspekte problematisch. Zunächst, dass der Begriff der Nation und nicht der des Volkes als normative Referenz des türkischen Parlamentarismus dient. Schließlich folgt die Nation einer imaginären Konstruktion von kollektiver Einheit, die sich im kemalistischen Staatsapparat und seinen institutionellen Errungenschaften verkörpert und nicht aus einem pluralen Verfahren hervorgeht oder gar in die gesellschaftlichen Kämpfe um politische Ressourcen eingebettet wäre. Ein weiteres damit zusammenhängendes Problem liegt in der Betonung der *Bedingungslosigkeit*. Da die Nation als ethno-kulturell homogenes Gebilde verstanden wird und seine Einheit als staatliche Aufgabe gilt, wird damit ein Paternalismus legitimiert, der besonders die ethnischen Minderheiten belastet. Dies kommt nicht nur in der politischen Arbeitsweise des Nationalen Sicherheitsrates und den inhaltlichen Bestimmungen der Hohen-Atatürk-Gesellschaft zum Ausdruck, sondern auch in den institutionellen Riten des Parlaments (z. B. Eid Art. 81 TV).

## 2.3 Die Judikative

In der Türkei spielt sich die legislative Rechtserzeugung innerhalb eines Dualismus von Regierung und Opposition ab. Dem steht eine Judikative gegenüber, die durch die Institution des Verfassungsgerichts (*anayasa mahkemesi*) über die Möglichkeit zur rechtlichen Kontrolle des Regierungshandelns verfügt. Während der Opposition also die politische Kontrolle und Ausbalancierung von Exekutiventscheidungen zusteht, obliegt es der Judikativen, die verfassungsrechtliche Kohärenz dieser Entscheidungen zu prüfen. Wie für die anderen Gewalten trifft auch für die Judikative grundsätzlich zu, dass sie in unterschiedlichen Ländern mit unterschiedlichen Mechanismen operieren kann und nicht alle Unterschiede qualitativ bedeutsam sein müssen. Worin liegen aber nun die Besonderheiten der verfassungsgerichtlichen Kontrolle in der Türkei und durch welche Beobachtungen lässt sich die eingangs formulierte Hybriditätsannahme auch auf dieser Ebene des politischen Systems untermauern?

Das türkische Verfassungsgericht wurde 1961 mit der Installation der zweiten Verfassung der Republik eingeführt. Ziel seiner Einführung war es, die Regierungsmehrheit institutionell mit der Kraft normativer Erwägungen zu konfrontieren und sie so zu dauerhaft responsivem Handeln zu veranlassen – ein Mangel, der zum Ende des Menderes-Kabinetts stark problematisiert wurde. Mit der Abschaffung des republikanischen Senats durch die Militärführung unter Generalstabschef Kenen Evren nahm die Bedeutung des Verfassungsgerichts im Hinblick auf die Möglichkeiten der politischen Kontrolle sogar zu.

In der geltenden Rechtsordnung genießt das Verfassungsgericht den Status eines Verfassungsorgans. Es besteht aus siebzehn Mitgliedern, die gemäß Art. 146 TV von der Nationalversammlung (2), dem Staatspräsidenten (14) und dem Verfassungsgericht selbst (1) durch Wahl bestimmt werden – wobei der Staatspräsident aus einer Kandidatenliste auswählt, für deren Zusammenstellung andere staatliche Institutionen wie der Kassationshof, der Staatsrat, der Militärverwaltungsgerichtshof, der Hochschulrat und leitende Beamte aus den Ministerien verantwortlich sind. Die Richter werden einmalig für die Dauer von 12 Jahren gewählt und sind in ihrer Amtsführung von der politischen Führung und Ministerialverwaltung unabhängig. Es unterliegt allein dem Recht. Seine Entscheidungen sind im Rückbezug zur Verfassung zu begründen.

Die Aufgabe des Gerichts besteht neben der Überwachung von Gesetzesverstößen durch die Exekutive insbesondere in der Prüfung der formellen und materiellen Rechtmäßigkeit von Gesetzen und Rechtsverordnungen mit Gesetzeskraft, der Geschäftsordnung des Parlaments und verfassungsändernder Maßnahmen. (Tanör/Yüzbaşıoğlu 2000: 475–480) Der Erfüllung dieser Aufgaben kann es nur infolge fremder Initiative folgen, und dies nur, wenn der ordentliche Rechtsweg ausgeschöpft ist. Es arbeitet in zwei Abteilungen, aber allein das Plenum entscheidet über politisch brisante Anträge wie Parteiverbotsverfahren, das zuletzt 2008 gegen die regierende AKP angestrengt wurde. Es übernimmt zudem die Funktion des Staatsgerichtshofs.

Mit diesen Regelungen wird zwar die Unabhängigkeit des Verfassungsgerichts garantiert und damit die Rechtsstaatlichkeit der Türkei. Das bedeutet aber nicht, dass die politische Praxis dadurch auf ein demokratietheoretisch unbedenkliches Maß reduziert worden wäre. Als Problemfelder sind hier zunächst die staatslastigen Rekrutierungsregeln zu nennen. Aber auch die ideologische Bindung des Gerichts an die kemalistischen Revolutionsideale, wie sie in der Präambel festgelegt sind, ist problematisch – insbesondere weil diese Bindung dem Gericht die terminologische Einheit von *Ethnos* und *Demos* (Habermas 1996) aufzwingt und damit Ansätze einer systemimmanenten Verbesserung des Status von ethnischen und religiösen Minderheiten auch auf juristischer Ebene massiv erschwert. Hybridität bringt sich hier aber auch durch die zahlreichen Möglichkeiten zum Ausdruck, die die Verfassung zum Zweck ihrer eigenen Suspension vorsieht. (Alexander et al. 2008: 13–99) Die verfassungskonforme Eröffnung ausnahmerechtlicher Prozeduren, die gemäß Art. 148 TV selbst nicht der Verfassungsprüfung unterliegen, entzieht eine Reihe außerordentlicher Exekutivmaßnahmen der höchstrichterlichen Kontrolle. (Öden 2009) Die Zahl der in diesem Rahmen entstandenen Menschenrechtsverletzungen und extralegalen Hinrichtungen ist jedenfalls erschreckend, wie die Berichte des Türkischen Menschenrechtsvereins IHD seit Jahren belegen.

In diesem Zusammenhang äußert sich zudem ein weiteres Problem, insofern die rechtliche Verhandlung von Terrordelikten nicht nur einem weichen Terrorbegriff unterliegt, sondern auch, weil solche Fälle in die Kompetenz der Staatssicherheitsgerichte fallen, die vor wenigen Jahren noch als *Gerichte für schwere Strafen mit speziellen Befugnissen* reorganisiert wurden. Nicht selten werden in diesen Gerichten unfaire Gerichtsverfahren festgestellt, die „weiterhin die Menschenrechtsbilanz der Türkei beflecken", wie die türkische Koordinationsstelle von amnesty international festgestellt hat.[8]

---

8 Koordinationsgruppe Türkei 2006: Gerechtigkeit verzögert und verweigert, http://amnesty-tuerkei.de/wiki/Gerechtigkeit_verz%C3%B6gert_und_verweigert (zuletzt aufgerufen 22.04.2013).

## 2.4 Wahlen

Unter rein formalen Gesichtspunkten kann die Türkei spätestens mit den Wahlen von 1950 als demokratisch bezeichnet werden. Zwar hatte sich die Partei- und Staatsführung bereits acht Jahre nach dem Tod Atatürks (1946) dazu entschlossen, mit der Demokratischen Partei (*Demokrat Partisi* – DP) eine Opposition zuzulassen. Eine freie Wahl aber kam erst 1950 zustande. Diese folgenreiche Strukturveränderung im politischen System der Türkei lässt sich einerseits mit der Dynamik parteiinterner Machtkämpfe erklären. Vor dem Hintergrund der Vorgabe Atatürks, die Türkei möge nach ihrer institutionellen Gründungsinitiative demokratisiert werden, gelang es insbesondere dem wirtschaftsliberalen Flügel des Regimes einen Parteiwerdungsprozess voranzutreiben und sich als Alternative zu den bürokratischen Eliten des Landes zu etablieren. Andererseits hängt die Einführung freier Wahlen auch mit den geopolitischen Veränderungen der Nachkriegszeit und der Entstehung des Ost-West-Konflikts zusammen. (VanderLippe 2005; Yilmaz 1997)[9] Unter dem außenpolitischen Druck der sowjetischen Siegermacht ließ sich das Neutralitätsgebot Atatürks jedenfalls kaum mehr aufrechterhalten und mit dem Eintritt in das westliche Sicherheitsbündnis nahmen schließlich auch die Anreize für politische Strukturreformen in Richtung westlicher Demokratie zu.

Das türkische Wahlsystem (Özbudun 2011: 93–99; Rumpf 1996: 151–154; Önder 2009) folgt seither demokratischen Grundsätzen, hat aber im Zuge der Militärinterventionen teilweise massive Wandlungsprozesse erfahren. Abgesehen von marginalen Anpassungen im politischen Normalbetrieb wurde das demokratische Legitimationsverfahren zweimal grundlegend verändert. Nach dem Putsch von 1960 wurde zunächst ein einfaches, listenbasiertes Mehrheitswahlrecht eingeführt, das nach der politischen Restrukturierung von 1980–83 mit einer bemerkenswert hohen Sperrklausel (10 %) versehen wurde. Seither folgt das türkische Wahlsystem einer Variante des d'Hondtschen Höchstzählverfahrens, das die Direktwahl von Kandidaten, deren Parteien an der hohen Sperrklausel scheitern, ausschließt. Da eine solche Möglichkeit nur für Parteiunabhängige besteht, entscheiden sich insbesondere prominente Kandidaten dazu, ihre Wahlkämpfe mitunter in bewusster Distanzierung zur „eigenen" Partei zu führen. Zugleich sorgt die hohe Hürde neuerdings aber auch dafür, dass sich vorwiegend pro-kurdische Parteien dazu entschließen, ihre Hauptkandidaten parteilos ins Rennen zu schicken. Eine weitere Besonderheit des türkischen Wahlsystems besteht in den sogenannten Zwischenwahlen. Da kein Nachrückverfahren vorgesehen ist, eröffnet das Wahlrecht die einmalige Möglichkeit innerhalb einer Legislaturperiode frei gewordene Mandate neu zu besetzen.

---

[9] Das Argument der Ko-Konstitution von nationaler und internationaler Ordnung hatte etwa Benno Teschke (2007) dargelegt.

Einige Regelungen, die infolge der Wahlrechtsreform von 1987 und 1995 den *Mehrheitsbias* des türkischen Wahlrechts verstärkten, hat das Verfassungsgericht inzwischen zu Fall gebracht. Dazu gehört a) die Reform der Wahlkreishürde, wonach der Erfolg in einem Wahlkreis das Erreichen von mindestens 25 % der dort gültig abgegebenen Stimmen voraussetzen sollte und b) die Einführung des überregionalen Mandats, das unabhängig von den Wahlkreisergebnissen ein Kontingent von 100 Sitzen nach dem Höchstzählverfahren auf die landesweit erfolgreichen Parteien verteilt hätte.

Mit diesen notwendigen Revisionen wurden die systembedingten Legitimationsprobleme des türkischen Wahlrechts jedoch keineswegs behoben. Obgleich die Verfassung ein Wahlgesetz verlangt, das mit der „Repräsentationsgerechtigkeit und der Stabilität der Staatsführung vereinbar ist" (Art. 67 TV), unterliegt ihre konkrete Gestaltung einem starken Disproportionalitätsfaktor, der zu künstlichen Mehrheiten führt. (Özbudun 2011: 97) Bedingt durch die hohe Sperrklausel und das aktive Umrechnungsverfahren werden die großen Parteien systematisch übervorteilt. 2002 etwa erreichte die AKP mit „nur" 34,28 % der Stimmen eine parlamentarische Zweidrittelmehrheit. Aber auch im Hinblick auf die Zurechnung der Wahlkreismandate zu den Parteien wird sichtbar, dass das türkische Wahlrecht mit teilweise massiven Verzerrungen des Wählervotums einhergeht. Denn immer dann, wenn eine kleine Partei einen Wahlkreis erringt, aber an der landesweiten Sperrklausel scheitert, fallen ihre Stimmen anderen Parteien zu. So profitierten in den pro-kurdischen Wahlkreisen meist konservativ-religiöse Parteien – insofern das landesweite Wahlpotenzial pro-kurdischer Parteien traditionell bei ca. 7 % liegt –, sodass ein beachtlicher Teil der gültig abgegebenen Stimmen gerade in dieser politisch sensiblen Region des Landes oftmals nicht im Sinne der Präferenzen der Wahlberechtigten gewertet wird.

## 2.5 Zentralismus

In der spätosmanischen Reformperiode hatte sich Prinz Sabahattin für eine Dezentralisierung der Verwaltung und für die Anerkennung der kulturellen Vielfalt des Reiches ausgesprochen. Aber mit der Machtübernahme der Jungtürken 1908 ist eine Einheitsdoktrin im politischen Denken des Landes dominant geworden, die den Staat als kulturell geschlossenen, hierarchisch organisierten Herrschaftsverband versteht. Das Verhältnis von Politik und Verwaltung ist dementsprechend zentralistisch ausgeprägt, was aber nicht bedeutet, dass die Verwaltung bloßer Befehlsempfänger der gewählten Exekutive wäre. Vielmehr ist die Verwaltungsapparatur als Medium der Staatskommunikation konzipiert, die in letzter Instanz den kemalistischen Idealen verpflichtet ist und sich deshalb gegenüber den wechselnden Regierungskonstellationen auch versperren kann – wie im Kontext der Implementation des *Acquis Communautaire* mehrfach deutlich wurde.

Die innere Organisation des Verwaltungsapparats gliedert sich in eine Zentrale und eine Reihe unterschiedlich großer Provinzverwaltungen (81), die von Präfekten (*Vali*) geleitet werden. Als oberste Beamte des Landkreises unterliegen sie juristisch der Aufsicht der Zentralverwaltung. Daneben existieren auch lokale Verwaltungen, die in fünfjährigem Abstand von der örtlichen Bevölkerung direkt und mit absoluter Stimmenmehrheit gewählt werden (Bürgermeisterwahlen). Auch sie unterliegen der Aufsicht durch die Zentralverwaltung und sind auch in finanzieller Hinsicht von ihr abhängig – was den politischen Handlungsspielraum der lokalen Politikebene massiv beschränkt und entsprechende Anpassungsprobleme mit sich führt.

Der Zentralismus in der Türkei ist allerdings kein rein strukturelles Organisationsprinzip. Er ist zugleich eine kulturelle Größe, die den diskursiven Raum in zweierlei Hinsicht maßgeblich mitbestimmt. Einerseits, weil die kemalistische Einheitsdoktrin im politischen Diskurs die Funktion eines normativen Referenzwerts übernimmt und damit die politischen Akteure einem entsprechenden Rechtfertigungsimperativ unterzieht. Andererseits, weil der Zentralismus eine ethnische Vorstellung von der nationalen Einheit zum Ausdruck bringt, insofern die Sprache des unteilbaren Staates Türkisch ist (Art. 3 TV) und die Hohe Atatürk-Gesellschaft für Kultur, Sprache und Geschichte als juristische Persönlichkeit des öffentlichen Rechts die konkrete Auslegung und Gestaltung der ideologischen Grundlagen des kemalistischen Staates zu verwalten hat. (Yildiz 2012: 129–150)

# 3 Informelle Regierungspraktiken und Kultur

Da eine politische Ordnung nicht mit ihrer kodifizierten Verfassung identisch ist, bleibt eine politikwissenschaftliche Länderanalyse nicht auf die Frage der normativen Kohärenz von Rechtsordnungen beschränkt. Vielmehr ist sie um die Bedeutung der darin enthaltenen Rechtssätze für die Praxis des Regierens bemüht. Obgleich in der Disziplin doch durchaus argumentiert wird, dass mit der Zunahme der normativen Kohärenz einer Rechtsordnung auch die Bedingungen dafür steigen würden, dass sich das politisch relevante Geschehen innerhalb berechenbarer Rechtswerke abspielt, sollte eine empirische Studie die politische Rolle ungeschriebener Handlungsregeln nicht unterschätzen. Denn es ist davon auszugehen, dass formale Institutionen stets kontextabhängig sind und informell gefiltert werden können (Lauth 2012) – sei es über körperliche Gesten, kulturelle Praktiken oder auch sprachliche Konventionen. Akzeptiert man diese Annahme, so stellt sich die theoretisch keineswegs einfach zu bewältigende Aufgabe, das Verhältnis geschriebener zu ungeschriebenen Handlungsvorgaben theoretisch zu reflektieren. Denn manchmal scheinen sie sich wechselseitig zu unterstützen, manchmal zu widersprechen. Auch ist denkbar, dass sie weitgehend unberührt nebeneinander existieren können. Ihr Verhältnis kann sich zudem im Zeitverlauf verändern oder in verschiedenen Situationen verschiedene wechselseitige Effekte erzeugen.

Diese Fragen lassen sich nun ebenso unterschiedlich theoretisieren wie empirisch beschreiben. Daher ist es sinnvoll, eine erste Annäherung an das Verhältnis von Formalität und Informalität bereits auf der Ebene forschungsstrategischer Grundsatzentscheidungen anzusetzen. Dabei lassen sich grob zwei Alternativen unterscheiden. So kann das angesprochene Verhältnis entweder aus der Perspektive rationalistischer Ansätze als eine Dichotomie gelesen werden, die neben dem Sichtbaren auf jene verdeckten Handlungsräume verweist, die auf stille aber nicht notwendigerweise weniger effektive Weise Einfluss auf Politikabläufe nehmen. Oder aber man geht im Rückbezug zur kulturwissenschaftlichen Theorietradition davon aus, dass es sich dabei eher um eine ambivalente Relation miteinander verzahnter Orientierungsvorgaben handelt, die nicht durch materielle Interessen, sondern durch „kollektive Wissensordnungen, Deutungsschemata und symbolische Codes" (Reckwitz 2006: 95)[10] verbunden sind. Während der Kulturbegriff in der ersten Perspektive auf die Dimension informeller Ordnungen beschränkt ist, ohne dass die rationalistischen Grundannahmen hinterfragt werden, durchkreuzt die kulturwissenschaftliche Sicht die Dichotomie von *Formalität* und *Informalität* und löst sie im Begriff der Praktiken auf, (Büger/ Gadinger 2014) womit das zwischen formellen und informellen Ordnungen oszillierende Praxiswissen um die „Beherrschung von Richtigkeiten" (Nullmeier/Pritzlaff 2009: 11) in den Fokus rückt.

In der Vergleichenden Politikwissenschaft wird die These eines bloßen Nebeneinanders von formellen und informellen Institutionen nicht mehr prominent vertreten. Auch die Annahme, dass Akteure als rein rational kalkulierende Wesen zu betrachten wären, wird seit geraumer Zeit kritisch hinterfragt. Insbesondere neo-institutionalistischen Ansätzen ist es zu verdanken, dass das Verhältnis heute als ein vielfältiges Beziehungsgeflecht wahrgenommen wird, in dem sich tätige Akteure jenseits vorgefertigter Handlungsmodelle politisch organisieren und aktiv werden. Deshalb soll in diesem Abschnitt der Informalitätsbegriff zunächst aus der neo-institutionalistischen Perspektive veranschaulicht werden (Kap. 3.1), bevor er dann aus einem kulturwissenschaftlich erweiterten Blickwinkel heraus rekonstruiert wird (Kap. 3.2). Dazu wird die für die Türkei zentrale Kontroverse um die politische Rolle der Armee und ihr neuerliches Abweichen in informelle Handlungsräume aufgegriffen. Auf der einen Seite scheint das Abweichen in die Informalität eine rational motivierte Konsequenz der programmatischen Veränderung zu sein, die sich in der Regierungspolitik seit der Amtsführung Erbakans und der Regierungsübernahme durch die AKP beobachten lässt.

Mit der kulturwissenschaftlichen Betrachtung wird dann aber deutlich, dass sich diese Konsequenz nicht rein rationalistisch gestaltet. Vielmehr wird erkennbar, dass

---

10 Bei Koschorke (2012: 142) heißt es etwa, dass „der Kreis dessen, was man sieht, weiß und aussprechen kann, (immer) von einem Hinterland des Halb- und Unwissens umschlossen sein" wird.

sich die Unterscheidung von Formalität und Informalität in ein janusköpfiges Bild vom türkischen Staat verwandelt. Für alle sichtbar ist ein formal säkular verfasster Staat, der sich als progressive Kraft versteht und mithilfe eines entsprechenden Vokabulars gegen existenzielle Bedrohungen (*Separatismus* und *Islamismus*) vorgeht. Weniger sichtbar dagegen ist seine nach innen gekehrte Seite, die sich in diesem Bemühen mit paramilitärischen Kräften verbündet und entgegen ihrer öffentlichen Selbstinszenierung massive Menschenrechtsverletzungen begeht. (Bruinessen 1996; Beşe 2006) In der türkischen Öffentlichkeit wird dieser Sachverhalt unter dem Begriff des „tiefen Staates" (*derin devlet*) verhandelt, eben weil das verdeckte Zurechtrücken politischer Verhältnisse niemals spurenlos bleibt, sondern stets Irritationen erzeugt, die sich in der Sprache formeller Ordnungen zu artikulieren vermögen – sei es in den Reden kurdischer Abgeordnete, in der Politik der islamisch-konservativen Regierung oder in den Mahnungen des Europäischen Menschenrechtsgerichtshofes.[11]

Die kulturwissenschaftliche Sicht macht aber zudem erkennbar, dass der Gegensatz von Islamismus und Laizismus kein fundamentaler Gegensatz ist, sondern durch vielfache Überlappungen ineinander übergehende Zonen aufweist, die sich sowohl auf der semantischen wie der organisatorischen Ebene der Politik zum Ausdruck bringen. So ist das islamisch-konservative Weltbild ebenso wie der Kemalismus letztlich vom Ideal einer kulturell einheitlichen Nation inspiriert, für dessen Verkörperung beiderseits der sunnitische Islam vorgesehen ist (*türkisch-islamische Synthese*). Auch stellt der traditionelle Staatspaternalismus und das bisher ausgeprägte Vertrauen auf die exekutiven Sicherheitskräfte, wie die Gezi-Park- Ereignisse verdeutlichen, eine Verbindung zwischen den alten laizistischen Führungseliten und den neuen wertkonservativen Kräften in der Politik her.

## 3.1 Informalität aus neo-institutionalistischer Perspektive

Die türkische Verfassung räumt in Art. 118 der Generalität weite Befugnisse in der Definition und strategischen Ausrichtung der nationalen Sicherheitspolitik ein. In Erfüllung dieser Aufgabe tritt sie regelmäßig im Nationalen Sicherheitsrat mit der Kernexekutive zusammen, die aus dem Ministerpräsidenten, seinem Stellvertreter und den Ministern der Verteidigung, des Inneren und des Äußeren besteht. Im Normalfall arbeitet dieses Gremium im Stillen und ist in seiner Beschlussfassung trotz hohem Formalisierungsgrad wenig transparent. Als aber 1996 mit Necmettin Erbakan eine

---

11 Es mag derweil so aussehen, als ob sich der tiefe Staat in unwiderruflicher Auflösung befände (Ergenekon-Prozesse). Das täuscht aber einerseits darüber hinweg, dass sich die Kräfte des tiefen Staates zu reorganisieren imstande sind. Andererseits bleibt eine solche Einschätzung recht unsensibel dafür, dass mit dem Versuch, den tiefen Staat auszuheben, selbst wiederum tiefe Kerben in die Staatsstrukturen geschlagen werden. Nicht anders sind die laufenden Debatten über die Herausbildung eines türkischen Polizeistaats unter der amtierenden Regierung zu bewerten.

politische Kraft die Regierungsgeschäfte des Landes übernahm, die dem Laizismus-Verständnis des kemalistischen Staates und seiner Westbindung traditionell kritisch gegenüberstand, vertiefte sich die sonst typische Spannung zwischen den Militär- und Regierungsangehörigen des Rates zu einem tiefen Bruch. Dies führte dazu, dass sich die Formierung der Nationalen Sicherheitspolitik sukzessive in das informelle Netzwerk der Streitkräfte verlagerte. Denn nur so wurde es möglich, auch jene Akteure sicherheitspolitisch zu problematisieren, die selbst Angehörige des Rates sind, sich aber seinem ideologisch und verfassungsrechtlich bestimmten Zweck entziehen. Da die Konstrukteure der geltenden Verfassung den Fall für möglich hielten, dass über das Vehikel demokratischer Wahlen die „Feinde der Republik" Regierungsmacht erlangen könnten, wurde die Wahrung der Verfassung und der kemalistischen Revolutionsideale letztlich der Dienstordnung der Streitkräfte überlassen. (Arslan 2006)

Gerade hier wird deutlich, dass formale Regelungen die Tür für informelle Praktiken eröffnen können. Denn im Streitfall verlangte die Wahrung der Republik den Generälen eine hohe informelle Netzwerkleistung ab und dem kamen sie, da die Zeit radikaler Drohgebärden abgelaufen schien, durch weitgehend untypische Maßnahmen und Bündnisse nach. (Bayramoğlu 2004; Yildiz 2012: 184–196) Auf der einen Seite richteten sie unterhalb der Generalität eigenständige Projekt- und Arbeitsgruppen ein, die nicht nur den Stand islamistischer Aktivitäten breitestmöglich erheben sollten, sondern auch das Ziel hatten, die türkische Öffentlichkeit für die islamistische Gefahr zu sensibilisieren. Auf der anderen Seite legte die Generalität großen Wert darauf, mithilfe dieses Materials diskursiven Druck auf die Regierung auszuüben und durch Briefings und Pressekonferenzen vergleichsweise sanfte Legitimationszwänge zu erzeugen.

So wurden zahlreiche Daten über regierungsnahe Gruppen selbst innerhalb des Militärs und Verwaltungsapparats gesammelt und in Berichte und Ratsempfehlungen übersetzt.[12] Zugleich wurden zahlreiche Journalisten für die regierungskritische Öffentlichkeitsarbeit angeworben, ebenso wie kemalistische Vereine dazu gebracht wurden, das Gespür für die islamistische Gefahr zu veralltäglichen. Im parlamentarischen Feld wurden die alten kemalistischen Parteien in Stellung gebracht, insbesondere durch Deniz Baykal und Süleyman Demirel. Im Staatsapparat hatte Staatspräsident Ahmet Necdet Sezer über die politischen Aktivitäten der Regierung gewacht und auf der Grundlage der erhobenen Daten gar ein Verbotsverfahren gegen die regierende AKP angestrengt. Und weil diese Intervention damit nicht dem typischen Muster militärischer Eingriffe entsprach und mit einem beeindruckend großen Aufgebot neuer Kräfte operierte, wurde zu seiner Bezeichnung der treffende Begriff des *postmodern Coups* entwickelt. (Sarıibrahimoğlu 2006: 59)

---

**12** Auf Grundlage dieses Datenmaterials legte die Militärführung der Regierung Erbakan am 28. Februar 1997 einen 18-Punkte-Plan zur Bekämpfung radikal-islamischer Tendenzen vor. Damit wurde die Regierung ohne Mitwirkung innerhalb des Rates dazu gebracht, gegen ihre politische Programmatik und Unterstützung vorzugehen.

Wird dieser postmodern Coup nun in der konventionellen Sprache der Politikwissenschaft beschrieben, tendiert man dazu, die Interessen und Ressourcen der Protagonisten einander gegenüberzustellen und in der Informalität nur ein weiteres Schlachtfeld zu sehen, auf dem sich die bestehenden Interessengegensätze strategisch entfalten können. So gesehen wirkt die Macht der Generalität erdrückend, was durch die Größe des Aufgebots und der Mutlosigkeit Erbakans untermauert wird. Allerdings wird damit ein auf die engeren Ereignisse verkürztes Bild skizziert, das die grundlegenden Veränderungen im zivil-militärischen Verhältnis des Landes kaum nachvollziehbar lässt. Denn gerade infolge des postmodernen Eingreifens konnte sich im Zwischenraum von Formalität und Informalität – zunächst unbemerkt aber seit dem Amtsantritt Erdoğans dann durchaus sichtbar – die politische Legitimationsachse verschieben, also das Schlachtfeld selbst sowie die Motive und Identitäten der darin interagierenden Akteure. Aus europafeindlichen Islamisten wurden schließlich konservative Befürworter der EU (AKP), aus Laizisten dagegen radikal-nationalistische EU Skeptiker (CHP) und der Nationale Sicherheitsrat wurde im Sinne der zivilen Kontrolle reformiert. Was ein postmoderner Coup daher benötigt, ist ein postmodernes, kulturwissenschaftliches Beschreibungsvokabular, das den Raum zwischen Formalität und Informalität zumindest perspektivisch zu erschließen erlaubt.

## 3.2 Informalität aus kulturwissenschaftlicher Perspektive

Eine kulturwissenschaftliche Beschreibung setzt also dort an, wo eine rationalistische Erklärung sich oftmals mit kurzen Beschreibungsformeln zufriedenstellt. Sie würde sich nun auf die Frage konzentrieren, wie die neuen Assoziationen im türkischen Sicherheitsregime arbeiten und welche Ordnungsleistungen sie erzielen. Sie würde dabei das Tempo der Analyse drosseln und mithilfe hermeneutisch inspirierter Arbeitstechniken (Yanow/Schwartz-Shea 2006; Flick 2010) die Praktiken des Verknüpfens neuer Bündnisse fallnah zu rekonstruieren (Herborth 2009; Vogd 2011) versuchen – mit der Absicht, dem stillen Wandel von Identitäten und Grenzziehungen auf die Spur zu kommen und einen „Mikrofokus auf den dinglichen und interaktiven Vollzug sozialer Praxis" (Knorr-Cetina 2008: 35) zu legen. Mit Informalität würde sie keinen verdeckten Ort meinen, an dem sich das konventionelle Spiel um Machterhalt und Machterweiterung schweigsam aber unbeirrt fortsetzen würde. Vielmehr bezöge sich die kulturwissenschaftliche Perspektive auf die kreative Generierung von Machtstrategien- und -potenzialen und wäre darum bemüht, die von institutionellen Handlungsvorgaben nicht durchdringbaren Spielräume nach politisch bedeutsamen Veränderungen abzufragen. Ein solcher Zugang würde Kultur nicht auf den Bereich des Informellen beschränken. Er würde Kultur vielmehr als elementare Voraussetzung des zwischenmenschlichen Lebens verstehen, als Bindeglied zwischen Formalität und Informalität sozusagen, in dem die *Un*förmigkeit des praktischen Handelns subjekt- und kontingenztheoretisch mitgedacht wird.

Diese kurze Einführung in die alternative Konzeption von Informalität steht im Konjunktiv, weil die Vergleichende Politikwissenschaft kaum Ansätze kulturwissenschaftlichen Arbeitens kennt und an dieser Stelle allenfalls perspektivische Andeutungen vorgenommen werden können.[13] Dass eine solche Perspektive aber politikwissenschaftlich durchaus innovativ sein kann, zeigt sich besonders in Yael Navaro-Yashins Studie zur Doppelgesichtigkeit des türkischen Staates. Ihr gelingt es, mittels ethnografischer Verfahren aufzuzeigen, dass die politische Ordnung in der Türkei ihre zentralen Impulse aus einem stetigen Wechselspiel von Kritik und Bestätigung bezieht und dieses Wechselspiel sich nicht nur auf der hohen Ebene der Politik vollzieht, in Parteien und Parlamenten, Sicherheitsräten und Kabinetten, sondern auch im Alltag der Menschen. Entscheidend sind nicht die Elitestrategien allein, sondern ihre gesellschaftliche Relevanz, Aufnahme und Weiterverarbeitung in der Praxis des öffentlichen Lebens. Ihre kulturwissenschaftliche Beobachtung des sich wandelnden Verhältnisses zwischen den staatlichen Formalstrukturen und dem gesellschaftlichen Leben drückte sie schon recht früh in folgendem Zitat aus:

„There is a level of agency and spontaneity among the so-called people, a willing initiative to stand for the state. But, there is also an enforcement of support for the state. The difference between the two, spontaneity and enforcement, is blurred. It is perhaps within this blurred zone that power so effectively operates (...) in contemporary Turkey and the statist world we live in today." (Navaro-Yashin 2002: 154)

Gegen diese Feststellung ließe sich nun argumentieren, dass die Hervorhebung des Verschwommenen gewiss nicht dafür geeignet sei, Klarheit in das sich wandelnde zivil-militärische Verhältnis des Landes zu bringen. Aber gerade die gezielte Auseinandersetzung mit den fließenden Formen von Spontanität und Zwang macht es möglich, nachzuvollziehen, wie sich die Interessen der Militärführung und die Identität von „Islamisten" im Konnex ihrer formellen und informellen Beziehungen verändern. Die ethnografische Arbeit – setzte man sie im Kontext der AKP-Dominanz etwa fort – würde in gleich mehrfacher Hinsicht zeigen, dass sich innerhalb und außerhalb des ungewöhnlichen Bündnisses von militärischen Führungseliten und Projektgruppen, Vereinen, Parteifunktionären, Journalisten, Akademikern, Dorfschützern und Juristen der bisherige Zusammenhang von Laizismus und Demokratie auflöst und eine neue Hybridisierungsdynamik entfaltet.

Sie würde erstens zeigen, dass gerade jene Kräfte einer europa- und amerikafeindlichen Gesinnung verfallen sind, die noch vor wenigen Jahren radikal gegen jede sich öffentlich formierende Kritik an der Westbindung des Landes vorzugehen pflegten. (Ganser 2004) Damit könnte sie einerseits deutlich machen, dass das Laizismus-Prinzip nicht wie bisher angenommen den normativen und moralischen Prämissen einer liberalen Demokratievorstellung unterliegt, vielmehr anti-theologisch motiviert ist und im Kontext einer noch immer fest etablierten „statist culture of violence" (Navaro-Yashin

---

13 Zu den Ausnahmen siehe u. a.: Rohe (1996); Schwelling (2001); Chabal/Daloz (2006).

2002: 202; Söyler 2013; Şık 2012) steht, die auf ausnahmerechtlichen Praktiken beruht. Andererseits könnte sie erkennbar machen, dass die militärischen Machtbeziehungen letztlich gar nicht so einseitig verlaufen, wie eine rationalistische Betrachtung suggeriert. Die von der Militärführung in Bewegung gesetzten Kräfte sehen sich mit der Armeeführung offenbar auf Augenhöhe, behandeln sie gar als Spielball ihrer geopolitischen Visionen,[14] was letztlich auf die Komplexität und Zirkularität von Machtbeziehungen und damit auf die Möglichkeit verweist, dass sich das Sicherheitsregime nicht nur durch seine formalen Würdenträger, sondern auch durch die Kraft ziviler Gruppen und demokratischer Institutionen hindurch zu artikulieren vermag.[15]

Zweitens könnte der offene Umgang mit den neuen Uneindeutigkeiten sichtbar machen, dass sich auch die Identitäten und Strategien der Islamisten verändern. Das postmoderne Eingreifen hat jedenfalls eine Neupositionierung und Ausdifferenzierung innerhalb des religiösen Parteienspektrums begünstigt und dort Raum für transformative Reformideen eröffnet. Mit der Gründung der AKP hat sich der Nachwuchs Erbakans vom anti-europäischen Kurs verabschiedet und dem Laizismus des kemalistischen Einheitsstaats einen liberalen Säkularismusbegriff gegenübergestellt, in dem die Möglichkeit eines „zivilen Islams" angelegt ist. Dass diese Öffnung kein bloßes Täuschungsmanöver ist, wie das Narrativ der *hidden agenda*[16] unterstellt, zeigt sich insbesondere daran, dass die programmatischen Veränderungen sowohl auf intellektuellen wie sozioökonomischen Leistungen beruht. (Kuru 2006; Yavuz, 2006; Turam 2007, Kapitel 6) So ist eine moderne und marktkonforme religiöse Identität entstanden, die sich vom kemalistischen Staat keineswegs mehr so kontrollieren lässt, wie es in den beiden nationalen Front Koalitionen der 1970er-Jahre noch der Fall war.

Überdies ließe sich zeigen, dass unterhalb der kampfbetonten Kontroverse auch gemeinsame Verbindungslinien zwischen Islamisten und Laizisten bestehen. Die Polizeigewalt im Istanbuler Gezi-Park zeigt jedenfalls, dass sich Erdoğan in seiner bisherigen Amtsführung offenbar gut an die paternalistische Konzeption der Exekutive angepasst hat und ihre Sicherheitspraktiken weiterhin zu verteidigen weiß. Dabei spielt es für die Funktionslogik des tiefen Staates keine Rolle, ob das nationale Einheitsprinzip in einem strikt laizistischen oder islamisch-konservativen Weltbild verankert wird. Solange Differenzbehauptungen als Bedrohungen wahrgenommen werden, bleibt seine Funktionalität gewahrt.

---

**14** Seit dem Ende des Ost-West-Konflikts verstärken sich die Debatten über die strategische Neuausrichtung des Landes an Moskau und Zentralasien. Vgl. hierzu: Fuller (1994); Bilgin (2005).
**15** Vgl. zum zivilen Militarismus in der Türkei Altınay (2004).
**16** Durch die laizistischen Kräfte wurde eine verschwörungstheoretische Erzählung verbreitet, die die Regierungsspitze in die Rolle eines „Wolfes im Schaftspelz" versetzt. Nur vordergründig handele es sich um Demokratisierungsreformen. Vielmehr seien diese funktional auf das verdeckte Projekt der Etablierung einer islamischen Ordnung gerichtet. Dass diese Kraft aber gar nicht so einheitlich oder angriffslustig ist, wie die Wolfsmetapher suggeriert, zeigt sich an dem neuerlichen Aufbrechen des innerkonservativen Konflikts zwischen der Gülen-Bewegung und den Erdoğan-Sympathisanten.

# 4 Das Wechselspiel von formellen und informellen Praktiken

Diese Darstellung zeigt, dass das Wechselspiel von formellen und informellen Regierungspraktiken ein komplexes und im Falle der Türkei auch demokratietheoretisch bedenkliches ist. Wie nun aber bringt sich die janusköpfige Gestalt des türkischen Staates unter diesen veränderten Bedingungen auf den verschiedenen Ebenen des politischen Prozesses zum Ausdruck?

## 4.1 Partizipation

Die Beteiligung der türkischen Bürger und Bürgerinnen an den politischen Willens- und Entscheidungsprozessen wird formal über das Wahlgesetz und über die im Grundrechtekatalog garantierte Meinungs- und Versammlungsfreiheit gewährleistet. Jedoch ist einschränkend festzuhalten, dass die Exekutive über wirksame Mittel der Grundrechtsbeschränkung verfügt. Insbesondere die Medienfreiheit wird in jüngster Zeit massiv beschnitten. Eine weitere Problematik im Hinblick auf Partizipation ist in der hohen Sperrklausel (10 %) zu sehen, wodurch kleine Parteien systematisch benachteiligt werden. Hinzu kommen informelle Praktiken der politischen Einflussnahme sowie exekutive Strategien zur Unterdrückung politischen Protests, die sich restriktiv auf die partizipativen Prozesse des Landes auswirken.

In Kapitel drei wurde bereits angedeutet, dass in der neueren Entwicklung der Türkei eine paradoxe Situation im Hinblick auf die politischen Partizipationsformen des Landes entstanden ist. Während sich die kemalistische Staatselite in untypischen Protestformen reorganisiert, bringt sich der politische Protest des politischen Islams über die formal vorgesehenen Kanäle der politischen Einflussnahme zum Ausdruck. Seit den Wahlen von 2002 regiert die AKP – gestärkt durch die mehrheitsbildenden Effekte des türkischen Wahlrechts – mit einer für das Land ungewöhnlichen Stabilität. Von den 550 Sitzen der Großen Nationalversammlung übernahm sie 2002 365 Sitze, 2007 341 Sitze und 2011 327 Sitze und war auf dieser Grundlage imstande, das Land auf einen bemerkenswerten ökonomischen Erfolgskurs zu bringen.

Die militärische und bürokratische Staatselite dagegen übt ihren Einfluss auf die Politik des Landes über zivile Proteststrategien aus, insbesondere über die sogenannten Fahnenmärsche, die die Türkei in Zusammenhang mit der Wahl Abdullah Güls zum Staatspräsidenten so zahlreich erlebt hat. Das allerdings ist keineswegs so überraschend, wie man auf den ersten Blick vermuten könnte. Denn einerseits unterliegt die Staatselite einem politischen Neutralitätsgebot, das nur über informelle Praktiken ausgehebelt werden kann. Andererseits kann der diskursive Druck der Generäle nur dann glaubhaft erzeugt werden, wenn er hauptsächlich von zivilen Kräften artikuliert und damit über Bande gespielt wird.

Die wichtigsten formellen Mittel, die dem Sicherheitsregime zur Strukturierung einer aus ihrer Sicht entgleisten Realität zur Verfügung stehen, liegen in der Strafjustiz und im Antiterrorgesetz. Für eine Untersuchung politischer Partizipationsverhältnisse ist dieses Feld deshalb so wichtig, weil sie in das undurchsichtige Innenleben eines Sicherheitsregimes (*derin devlet*) verweist, das unter der sichtbaren Oberfläche formaler Rechtsregelungen die Meinungs- und Pressefreiheit beschränkt. Nicht zufällig wird die Türkei in der jüngsten Rangliste der *Pressefreiheit* auf Platz 154 geführt. Dokumentiert sind mindestens 42 Journalisten und 4 Medienmitarbeiter, die aufgrund ihrer journalistischen Tätigkeit in Haft sitzen. Reporter ohne Grenzen beklagen ferner, dass in diesen Verfahren oftmals „weder Angehörige noch Anwälte Informationen über die Anklage und Zugang zu den Akten" erhalten.[17]

Das Feld informeller Partizipationsformen hat in den vergangenen Jahren aber auch positive, demokratiekompatible Entwicklungstendenzen erfahren. Immer dann, wenn der politische Druck des Sicherheitsregimes zunimmt, generiert sich innerhalb staatskritischer Kräfte kreatives Aktionspotenzial und es scheint so, als ob mit der Zunahme der Verknüpfungen auf der Seite des Sicherheitsstaats sich auch die unterschiedlichsten Kritiken an den kollektiv erlebten Freiheitsbeschränkungen zu einer gemeinsamen Protestbewegung verbünden würden.

Ein beeindruckendes Beispiel hierfür ist etwa die Kampagne *hepimiz Hrantz, hepimiz Ermeniyiz* (Wir alle sind Hrant, wir alle sind Armenier). Nach der politischen Ermordung des armenischen Journalisten und Intellektuellen Hrant Dink im Januar 2007 haben eine Reihe lose verbundener links-liberaler Kräfte Massenproteste organisiert und die Verbindungen des Sicherheitsstaats zum faschistischen Terrorismus auf den Hauptstraßen der türkischen Metropolen lautstark beklagt. Hatte man zuvor noch den Eindruck, dass sich Armenier und Türken aufgrund der Genozid-Frage feindlich gegenüberstünden, ist mit diesen Protesten deutlich geworden, dass sich in der Verknüpfung unterschiedlichster Diskriminierungserfahrungen (linke, kurdische, alevitische und christliche Minderheiten, Kriegsdienstverweigerer u. a.) auch eine beeindruckende Abwehrhaltung gegenüber der offiziellen Geschichts- und Identitätsschreibung des türkischen Staates generiert.

Zu erwähnen sind in diesem Zusammenhang auch die Samstagsmütter, die durch wöchentliche Sit-ins am Galatasaray Platz auf das Schicksal verschwundener Kinder aufmerksam machen. Die extralegale Hinrichtung unliebsamer Kritiker durch unbekannte Täter (*faili meçhul*[18]), die man aus der Geschichte lateinamerikanischer Diktaturen kennt, ist in den 1990er-Jahren nahezu zu einem Massenphänomen in den Ostprovinzen des Landes geworden. Der stumme Protest der Mütter, der dem argentinischen Vorbild folgt, wurde zunächst unbemerkt, zeichnete sich dann aber

---

**17** Vgl. Reporter ohne Grenzen, Die Jahresbilanz 2012, 19.12.2012, http://www.reporter-ohne-grenzen.de/fileadmin/rte/docs/2012/ROG-Jahresbilanz_2012.pdf, (zuletzt aufgerufen 07.05.2013).
**18** Vgl. hierzu den parlamentarischen Kommissionsbericht, Faili Meçhul Araştırma Komisyonu Raporu, http://www.tbmm.gov.tr/sirasayi/donem19/yil01/ss897.pdf, (zuletzt aufgerufen 07.05.2013).

durch eine erstaunliche Beharrlichkeit aus und trug damit zu einer besonderen Dynamik der Unrechtsdiskurse des Landes bei. Bestandteile dieses Protestvokabulars etwa werden von der AKP zur Bekämpfung des politischen Gegners aus dem kemalistischen Establishment instrumentalisiert.

Ein weiteres Indiz für die Zunahme informeller Partizipationsformen liefert die jüngste Protestbewegung vom Gezi-Park – auch als Beweis dafür, dass die strategische Vereinnahmung des Protestvokabulars durch die amtierende Regierung kläglich gescheitert ist. Denn hier eröffneten sich jenseits abgeriebener Identitätspolitiken diskursive Räume, „wo die Ansprüche auf Freiheit, Demokratie und Anerkennung der Differenzen zusammen mit den Ansprüchen eines gerechten sozialen Systems, gerechter Einkommensverteilung und der Beseitigung sozialer Ungleichheit" (Al-Rebholz 2013: 47) artikulierbar wurden.

## 4.2 Entscheidungsfindung

Auf der Ebene der politischen Entscheidungsfindung drücken sich informelle Strukturen für die Vergleichende Politikwissenschaft weitgehend als klientelistische Beziehungen aus. Dabei handelt es sich im Kern um auf Loyalitätsbindungen beruhenden und hierarchisch strukturierten Tauschbeziehungen zwischen einem Patron, der um die Anerkennung seiner Autorität bemüht ist, und einem Klienten, der die Zuweisung bestimmter Güter (z. B. soziales, kulturelles oder symbolisches Kapital (Bourdieu 1983)) erwirken möchte. (Lauth 2012: 52; Roniger 2004) Inwiefern dieses Muster auch bestimmend für die türkische Politik ist, ist bisher kaum systematisch erforscht worden. (Sayarı 2011) Allerdings lassen sich hier einige Überlegungen dazu anstellen.

Die Wirksamkeit klientelistischer Beziehungen ließe sich zunächst aus den formellen Regelungen der Kabinettsbildung herleiten. (Sayarı/Bilgin 2011) Da die Minister auch im laufenden Politikbetrieb von der Gunst des Ministerpräsidenten abhängig sind, kann zumindest eine Praxis des wechselseitigen Gebens und Nehmens innerhalb der Exekutive vermutet werden. Historisch gesehen ist aber das vertikale Verhältnis zwischen lokalen Autoritäten und der örtlichen Bevölkerung weitaus bedeutender. Bis in die formative Phase der Republik brachte sich der Klientelismus weitgehend als klassische Patron-Klient-Beziehungen zum Ausdruck. Mit dem Übergang zum Mehrparteiensystem allerdings spitzte er sich dann auf die Mobilisierung von Wählerstimmen zu. (Sayari 2011: 86–88) Während in der prätransitionalen Phase also Treueverpflichtungen zwischen Privatpersonen dominant waren, verlagerten sich die klientelistischen Praktiken unter den Bedingungen demokratischer Institutionen auf die vergleichsweise anonyme Beziehung zwischen Wählern und Kandidaten. Diese Verengung des Klientelismus auf den Modus demokratischer Wahlen und seine Einbettung in die verfassungsrechtlichen Strukturen des Landes wurde insbesondere durch die Demokratische Partei von Adnan Menderes forciert, ist aber nach wie vor wirksam, wie beispielsweise die Verteilung kostenloser Kühlschänke in der Provinz Tunceli durch die regierende AKP im Jahre 2008 belegt.

Unterstützt werden solche informelle Mobilisierungspraktiken auch jenseits des parteipolitischen Wahlkalküls im Alltag gewöhnlicher Akteure. Jedenfalls ist die Erwartung in der Bevölkerung weit verbreitet, dass man über den Abgeordneten seines Wahlkreises an begehrte Stellen in der öffentlichen Verwaltung oder in den Genuss anderer Vorteile gelangen könne; etwa an die Anbindung an die städtische Strom- und Wasserversorgung. Oft macht sich die Widerwahl eines Kandidaten davon abhängig, ob er der örtlichen Bevölkerung derartige Vorteile verschaffen konnte.

Korruption ist ein weiteres Indiz für die Wirksamkeit informeller Praktiken im Bereich der politischen Entscheidungsfindung. Zwar hat ihre politische Relevanz in den letzten beiden Jahrzehnten abgenommen[19] und das Land schien bis vor kurzem noch die Korruptionsaffären der Mitte-Rechts-Koalitionen von Tansu Ciller und Mesut Yılmaz überwunden zu haben. (Meyer 1997; Gorvett 1999) Aber nach wie vor misst *Transparency International* überdurchschnittliche Korruptionswerte im Land.[20] Trotz politischem Bekenntnis zum Ausbau von Anti-Korruptionsmaßnahmen mangelt es nach wie vor an der behördlichen Organisation routinierter Evaluationen und an der Koordination entsprechender Aktivitäten. Bemängelt wird ferner die fehlende Einbindung unabhängiger Experten in die Formulierung strategischer Aktionspläne zur Korruptionsbekämpfung.

Begleitet wird diese strukturelle Problematik von teilweise massiven Korruptionsaffären, die erstmals durch die sogenannte „Leuchtturmaffäre" öffentlich sichtbar wurden. Es handelte sich dabei um einen skandalösen Fall der Veruntreuung von Spendengeldern in Millionenhöhe, in dem Funktionäre der AKP involviert waren und der vermutlich bis an die Spitze der Partei reichte. Der in Deutschland geführte pro-islamische Wohltätigkeitsverein *Deniz Feneri e.V.* (Leuchtturm e.V.) hatte zwischen 2002 und 2007 unter frommen türkischstämmigen Migranten Spenden in Höhe von insgesamt 41 Millionen Euro gesammelt und in großem Umfang (16 Mio. Euro) „im Umfeld der AKP-Bewegung" veruntreut, wie das Landgericht Frankfurt in einem Urteil befand.[21] Auch weisen jüngere Korruptionsfälle darauf hin, dass einige Kabinettsangehörige in großem Umfang öffentliche Mittel veruntreut haben (z. B. Halkbank) oder sich durch die Privatisierungspolitik der AKP bereichert haben.

---

19 Vgl. Weltbank, Worldwide Governance Indicators. Country Data Report for Turkey, 1996–2011.
20 Vgl. Transparency International, Overview of corruption and anti-corruption in Turkey, U4 Expert Answer, 2012.
21 Vgl. Landgericht Frankfurt am Main, Schriftliche Urteilsgründe in Sachen Deniz Feneri e. V., Presseinformation vom 25.11.2008; dazu auch: FAZ vom 17.09.2008, Haftstrafe für türkischen Spendensammler; Die Zeit vom 18.09.2008, Staat im Schlamm.

## 4.3 Implementierung

Die eben beschriebenen Strukturen und Fälle des Klientelismus und der Korruption sind nicht auf den Bereich der Entscheidungsfindung beschränkt. Ihre volle Reichweite wird erst sichtbar, wenn auch die Ebene der praktischen Verteilung in ihrer Eigenlogik berücksichtigt wird – d. h. unabhängig davon, ob die Vergabepolitik selbst unter dem Verdacht der Korruption steht. Da in einem modernen Staat die Implementierung und Überwachung von Politikentscheidungen Aufgabe der Bürokratie ist, sind auch klientelistische Verhältnisse in der Beamtenschaft der untersuchten Fälle zu berücksichtigen.

Eine besondere Problematik der Türkei stellt sich hier in der Erteilung von Baugenehmigungen und in der Kontrolle der Einhaltung genehmigter Bauprojekte durch die verantwortlichen Behörden dar. Aufgrund des hohen Erdbebenrisikos weist dieses Untersuchungsfeld für die Türkei eine besondere politische Relevanz auf. Zahlreiche Fälle belegen, dass Korruption in diesem Feld der staatlichen Regulierungspraxis nicht nur mit außerordentlich hohen materiellen Wohlstandsverlusten verbunden ist (Wiederaufbau der Infrastruktur), sondern auch den Verlust zahlreicher Menschenleben fordert. Nach dem verheerenden Erdbeben in Izmit 1999 beispielsweise, an dem fast 18.000 Menschen starben, wurde nicht zu Unrecht argumentiert, dass die hohe Opferzahl auf das Konto einer korrupten Bauaufsicht ginge. Offenbar hatten einige Beamte in informeller Zusammenarbeit mit unseriösen Bauunternehmern elementare Bauvorschriften verletzt und sich damit persönlich bereichert.[22] Diese Kritik wiederholte sich nach dem letzten Erdbeben in Van 2011 und wurde auch infolge des Soma-Grubenunglücks im Mai 2014 artikuliert.[23]

Ein weiteres Feld, an dem sich die Bedeutung informeller Praktiken auf der Ebene der Implementierung zeigt, lässt sich im Zusammenhang der Übernahme von EU-Reformen sichtbar machen. Zwar ist zu erwarten, dass ein derart umfangreiches Projekt schon aus Komplexitätsgründen allein auf größere Umsetzungsprobleme stößt. Aber in der Türkei zeigte sich eine bürokratische Verwässerung der Reformen, die vor allem im Bereich des Minderheitenschutzes und der Grundrechtsgewährleistung wirksam ist. Zu nennen sind hier insbesondere administrative Blockaden in der Einrichtung muttersprachlichen Unterrichts und weiterer kultureller Kollektivrechte für die kurdische Bevölkerung (etwa Fernsehen, Printmedien etc.). Hier wird deutlich, dass die Türkei auf der einen Seite beachtliche Fortschritte erzielt, wie etwa im Kommissionsbericht der EU festgestellt wird. Zugleich zeigt sich aber auch, dass die Situation der Minderheiten in der Türkei insgesamt noch prekär und nach wie vor reformbedürftig ist.

---

22 Vgl. hierzu Tobias Mayer, http://www.dradio.de/dkultur/sendungen/kalenderblatt/1016350/, (zuletzt aufgerufen 08.05.2013).
23 Vgl. hierzu den Beitrag von Michael Mertens in der FAZ vom 24.10.2011, Erdbeben in der Türkei. Baugesetz und Naturgesetz.

Es ist also paradoxerweise so, dass sich mit der im Rahmen des Europäisierungsprozesses vollzogenen Vertiefung des kulturellen Minderheitenschutzes auch die gegenläufigen Praktiken verstärken. Insbesondere die oben beschriebenen Assoziationen im türkischen Sicherheitsregime wirken darauf hin, die politische Diskussion um Minderheitenrechte entgegen dem politisch angestrengten EU-Reformkurs zu problematisieren und einer strafrechtlichen Verfolgung durch den vielfach kritisierten Paragraphen 301 TStG auszusetzen (siehe unten). Zwar ist seit der Reformierung die Verwendung der „Muttersprache" in Schule und in der öffentlichen Kommunikation erlaubt. Das bedeutet aber nicht, dass sich damit die politische Kritik am Minderheitenregime des Landes unbekümmerter artikulieren könnte, auch wenn dies im Möglichkeitshorizont der Reformen durchaus angelegt ist. Denn die Kritik muss in der Praxis des Kritisierens mit gesteigerten Restriktionen rechnen – mit Versuchen also, das, was sich politisch nicht verbieten lässt, mit den Mitteln der Bürokratie und der Strafjustiz zu unterbinden. Nicht anders ist der massive Anstieg der Zahl inhaftierter Journalisten zu erklären, die hauptsächlich wegen Äußerungen zur Kurden- oder Armenier-Frage in Haft sitzen.

Die Brisanz dieses Themenfelds liegt also an der darin enthaltenen Spannung zwischen der traditionell kemalistisch geprägten Staatsbürokratie und der proislamischen Regierung, die sich seit dem Sturz Necmettin Erbakans sichtlich darum bemüht, die EU-Reformen zur Entmachtung der alten Eliten nutzbar zu machen. Dass sich gerade ein derart sensibles Politikfeld wie der Minderheitenschutz eher entlang dieser Spannung als an einer sachbezogenen Diskussion zur Lage der Minderheiten ausrichtet, zeigt, dass ein politischer Beschluss nicht gleichbedeutend mit seiner Realisierung ist. Sie zeigt aber auch, dass sich die religiöse Identität im politischen Kampf gegen das laizistische Establishment sukzessive zugunsten des europäischen Menschenrechtsregimes reformiert hat. Wenngleich diese Entwicklung strategischen Motiven geschuldet ist und gerade im Bereich der Medienfreiheit massiv begrenzt wird, so setzte sie doch eine strategisch kaum kontrollierbare Tendenz innerhalb des religiösen Identitätsmarkts frei, die mit der Entwicklung eines neuen AKP-Liberalismus einen ersten Niederschlag in der türkischen Parteipolitik gefunden hat.

## 4.4 Rechtsschutz

Die Menschenrechtslage in der Türkei ist aufgrund der bürokratischen Verwässerung der EU-Reformen nach wie vor problematisch.[24] Hinzu kommt, dass die rechtsstaatlichen Möglichkeiten, gegen staatlich verübte Grundrechtsverletzungen juristisch vorzugehen, wegen der staatszentrierten Verfassungsordnung weiterhin eingeschränkt sind. Zwar hat die Türkei im Zusammenhang der EU-Reformen auch beachtliche Fort-

---

**24** Vgl. hierzu den jüngsten Bericht des Türkischen Menschenrechtsvereins IHD.

schritte im Bereich der Rechtsstaatlichkeit erzielt – durch die Abschaffung der Todesstrafe, der Reformierung des Strafgesetzbuchs und der Geschlechtergleichstellung etwa. Aber auch hier fördert die Zustands- und Prozessbeschreibung ein eher ambivalentes Bild zutage. Kritisiert wird neben der mangelnden Unabhängigkeit der Judikative und der aus demokratietheoretischer Sicht defizitären Qualität des Normengefüges auch das Spannungsverhältnis zwischen der normativen Ordnung der Rechtssätze und der Rechtspraxis. (Aşık 2012)

Seit der Regierungsübernahme durch die AKP ist die Judikative zum Streitobjekt der Parteipolitik geworden und sieht sich entsprechenden Instrumentalisierungsversuchen ausgesetzt, wie im Zusammenhang des AKP-Verbotsverfahrens oder auch des sogenannten Kopftuchstreits deutlich wurde. Setzt man sich mit dem politischen und sozialen Kontext dieser Verfahren näher auseinander, wird deutlich, dass sich das Problem der judikativen Unabhängigkeit nicht nur als Folge externen Drucks begreifen lässt, sondern auch innerhalb der Judikative selbst erzeugt wird. Denn ihre Träger verstehen sich als Verteidiger der kemalistischen Staatsordnung und lassen sich im Streitfall mit entsprechender ideologischer Tendenz durchaus in das politische Geschehen des Landes einbeziehen.

Problematisch ist ferner die spezifische Normativität der Rechtsordnung. In einigen Fällen etwa bietet das Recht keinen Schutz vor Eingriffen in die Grundrechte, sondern wirkt als Mittel ihrer Restriktion. Das wird am umstrittenen Art. 301 des türkischen Strafgesetzbuchs[25] (TStG) besonders deutlich. Er setzt die „Verunglimpfung des Türkentums" der Verfolgung durch die Sicherheitskräfte des Landes aus und schränkt – selbst wenn keine Verurteilung erfolgt – die friedliche Äußerung kritischer Kommentare in der türkischen Öffentlichkeit massiv ein. Prominente Betroffene des Artikels sind der oben genannte Hrant Dink, der kurz vor seiner Ermordung auf Grundlage dieses Artikels rechtskräftig verurteilt wurde. Aber auch der Literaturnobelpreisträger Orhan Pamuk und der Verleger Ragip Zarakolu sind bekannte Opfer dieses Rechtssatzes. Während Pamuk wegen seiner Äußerungen zum historischen Leid der Armenier verfolgt wurde, kam Zarakolu wegen der Herausgabe einer türkischen Übersetzung von „Erlebnisse eines armenischen Arztes" (Dora Sakayan) in Konflikt mit Art. 301 TStG.[26]

---

**25** Vgl. Algan (2008); amnesty international, Turkey: Article 301: How the law on denigrating Turkishness is an insult to free expression, Document: EUR 44/003 (2006); Liedtke 2011.

**26** Zu erwähnen ist in diesem Zusammenhang auch das Verfahren gegen die Professoren Ibrahim Kaboğlu und Baskın Oran. Beide wurden aufgrund ihrer Berichtstätigkeit im Menschenrechtsbeirat des Ministerpräsidenten der „Verunglimpfung des Türkentums" und der „Anstiftung zu Feindschaft und Hass in der Bevölkerung" (Art. 216 TStG) angeklagt. Sie hatten in ihren Empfehlungen unter anderem angeregt, aus Gründen der Etablierung eines Minderheitenschutzes den Satz „Seine Sprache ist Türkisch" aus den in Artikel 3 TV vorgegebenen Merkmalen der Republik zu streichen. Vgl. Oran (2007).

Im Hinblick auf das Wechselspiel von formellen und informellen Institutionen ist das Spannungsverhältnis von Rechtssätzen und Rechtspraxis besonders interessant. Denn trotz positiver Entwicklungsprozesse im Formellen leidet der Bereich des Rechtsschutzes in seiner Praxis insbesondere unter einer zeitlichen Überdehnung der Verfahrenswege. Haft und Strafverfahren liegen nicht selten weit auseinander und auch die Qualität des Rechtsbeistands – insbesondere in politischen Fällen (sogenannten Terrordelikten) – bleibt in der Praxis des Rechts prekär.

> The broad application of the provisions in the Criminal Procedure Code relating to arrest seems to be used as a punitive measure. In the same vein, the extraordinary length of pre-trial detention, combined with the failure to give detailed grounds for detention and the fact that defense lawyers have no or very limited access to documents pointing to the innocence or guilt of their clients, constitute a source of concern on the effective judicial guarantees for all concerned. (Aşık 2012: 151)

# 5 Fazit

Politische Regierungssysteme als hybride Regime zu bezeichnen wie im Falle der Türkei, stellt die politikwissenschaftliche Forschung vor große Herausforderungen. Denn sie muss zwei sich widersprechende Funktionslogiken in eine einheitliche und geordnete Beziehung zueinander setzen können. Vor dem Hintergrund dieser Problematik hat sich der vorliegende Beitrag, ausgehend vom kemalistischen Modernisierungsprojekt, mit den zahlreichen Versuchen auseinandergesetzt, eine aus der Sicht ihrer Eliten mehrfach entrückte Welt mittels militärischer und bürokratischer Interventionen in die Logik des Projekts zurückzuführen. Dass dieses Zurückführen keiner einheitlichen Linie gefolgt ist, wie der Vergleich der drei Militärinterventionen deutlich macht, zeigt, dass nicht nur demokratische Wahlen und die mit ihr verbundene Grundrechtsgewährleistung ein Stück Kontingenz in das politische Leben der Türkei gebracht haben, sondern auch, dass die Erinnerung an den Sinn und Zweck des kemalistischen Projekts selbst hochgradig kontingent ist. Ist nun das Ideal einer demokratisch und rechtsstaatlich verfassten Republik oder eher die Praxis des staatlich organisierten Ausräumens ihrer Hindernisse maßgeblich für die Beurteilung des türkischen Regierungssystems? Beides trifft in gewisser Weise zu und so leidet das Land unter einer widersprüchlichen Logik, einerseits Teil einer demokratischen Staatengemeinschaft zu sein, sich andererseits aber mit all jenen Praktiken zu identifizieren, die eine Reihe differenzbildender Artikulationen subversiv überhöhen und der restriktiven Logik ausnahmerechtlicher Regelungen unterziehen. Politik in der Türkei, so kann zusammenfassend festgehalten werden, vollzieht sich unter den Prämissen dieses Spannungsfelds. Immer dann, wenn es um die Reformierung der politischen Ordnung geht, rücken zwei Motive in den Fokus; mit den großen Nationen dieser Welt gleichzuziehen, dabei aber nicht seine Einheit und nationale Charakteristik preiszugeben.

So gesehen ist der Streit der kemalistischen Autoritäten mit den neuen Eliten aus dem religiösen Umfeld des Landes kein Streit zwischen den Idealen „Einheit und Vielfalt", wie oftmals resümiert wird, sondern ein Streit über die Bestimmung des einheitlichen Wesenszugs der türkischen Nation. Selbst dann, wenn die AKP den historischen Sieg davontragen sollte, wird das Land ein hybrides Regime bleiben – zumindest so lange, wie sie mit einem Aufgebot undemokratischer Mittel ihre demokratische Einheit zu erzwingen versucht.

# Bibliographie

Adak, Hülya, 2003: National Myths and Self-Na(rra)tions: Mustafa Kemal's Nutuk and Halide Edib's Memoirs and the Turkish Ordeal, in: South Atlantic Quarterly 102: 2/3, S. 509–527.

Adanir, Fikret, 1995: Geschichte der Republik Türkei, München.

Ahmad, Feroz, 1989: Die Suche nach einer Ideologie in der kemalistischen Türkei 1919–1939, in: Schatkowski, Linda/Scharf, Claus (Hrsg.): Der Nahe Osten in der Zwischenkriegszeit 1919–1939. Die Interdependenz von Politik, Wirtschaft und Ideologie, Stuttgart, S. 341–354.

Akça, Ismet, 2004: Kollektiv bir Sermayedar olarak Türk Silahlı Kuvvetleri, in: Insel, Ahmet/Bayramoğlu, Ali (Hrsg.), Bir Zümre, Bir Parti, Türkiye'de Ordu, Istanbul, S. 225–269.

Al-Rebholz, Anil, 2013: Die Entwicklung der Zivilgesellschaft in der Türkei, in: Rill, Bernd (Hrsg.), Türkische Innenpolitik. Abschied vom Kemalismus, München, S. 39–49.

Alexander, Jonah/Brenner, Edgar H./Tutuncuoglu Krause, Serhat, 2008: Turkey. Terrorism, Civil Rights and the European Union, London/New York: Routledge.

Algan, Bülent, 2008: The Brand new Version of Article 301 of Turkish Penal Code and the Future of Freedom of Expressions Cases in Turkey, in: German Law Journal 9: 12, S. 2237–2252.

Altınay, Ayşe Gül, 2004: The Myth of the Military Nation. Militarism, Gender, and Education in Turkey, Basingstoke.

Arslan, Zühtü, 2006: Government, in: Cizre, Ümit (Hrsg.), Almanac Turkey 2005. Security Sector and Democratic Oversight, Istanbul, S. 26–35.

Aşık, Özgür, 2012: Legal Reforms in Turkey: Ambitious and Controversial, in: Turkish Policy Quarterly 11: 1, S. 145–153.

Bayramoğlu, Ali, 2004: Asker ve Siyaset, in: Insel, Ahmet/Bayramoğlu, Ali (Hrsg), Bir Zümre, Bir Parti, Türkiye'de Ordu, Istanbul, S. 97–105.

Beşe, Ertan, 2006: Intelligence Activities of the Gendarmerie Corps (JITEM & JIT), in: Cizre, Ümit (Hrsg.), Almanac Turkey 2005. Security Sector and Democratic Oversight, Istanbul, S. 172–189.

Beşikçi, Ismall, 1991: Tunceli Kanunu (1935) ve Desim Jenosidi, Bonn.

Bilgin, Pınar, 2005: Turkey's changing security discourses: the challenge of globalization, in: European Journal of Political Research 44: 1, S. 175–201.

Bourdieu, Pierre, 1983: Ökonomisches Kapital, soziales Kapital und kulturelles Kapital, in: Kreckel, Reinhard (Hrsg.), Soziale Ungleichheiten. Soziale Welt Sonderband 2, Göttingen, S. 183–198.

Büger, Christian/Gadinger, Frank, 2014: Die Formalisierung der Informalität: Praxistheoretische Überlegungen, in: Bröchler, Stephan/Grunden, Timo (Hrsg.), Informelles Regieren. Konzepte, Akteure, Prozesse, Wiesbaden, S. 81–98.

Bruinessen, Martin van, 1996: Turkey's Death Squads, in: Middle East Report 199, S. 20–23.

Cagaptay, Soner, 2006: Islam, Secularism, and Nationalism in Turkey. Who is a Turk?, London/New York.

Cagaptay, Soner, 2004: Race Assimilation, and Kemalism: Turkish Nationalism and the Minorities in the 1930s, in: Middle Eastern Studies 40: 3, S. 86–101.

Chabal, Patrick/Daloz, Jean-Pascal, 2006: Culture Troubles. Politics and the Interpretation of Meaning, Chicago.

Cizre, Ümit, 2006 (Hrsg.), Almanac Turkey 2005. Security Sector and Democratic Oversight, Istanbul.

Czarniawska, Barbara, 2004: Narratives in Social Science Research, London.

Flick, Uwe, 2010: Qualitative Sozialforschung. Eine Einführung, Reinbek bei Hamburg.

Fuller, Graham/Lesser, Ian O., 1994: Turkey's New Geopolitics. From the Balkans to Western China, Boulder/CO.

Ganser, Daniele, 2004: NATO's Secret Armies. Operation Gladio and Terrorism in Western Europe, London/New York.

Gorvett, Jon, 1999: Turkey's Government Crisis, in: The Middle East 286.

Habermas, Jürgen, 1996: Die Einbeziehung des Anderen. Studien zur politischen Theorie, Frankfurt a. M.

Herborth, Benjamin, 2009: Rekonstruktive Forschungslogik, in: Masala, Carlo/Sauer, Frank/Wilhelm, Andreas (Hrsg.), Handbuch der Internationalen Politik, Wiesbaden, S. 261–280.

Insel, Ahmet, Bayramoğlu, Ali, (Hrsg.), 2004: Bir Zümre, Bir Parti, Türkiye'de Ordu, Istanbul.

Insel, Ahmet, 2001: Kemalizm. Modern Türkiye'de Siyasal Düşünce, Cilt 2, Istanbul.

Jenkins, Gareth, 2007: Continuity and Change: prospects for civil-military-relations in Turkey, in: International Affairs 83: 2, S. 339–355.

Kemal Pascha, Mustafa, 1928: Die nationale Revolution. Rede gehalten von Gasi Mustafa Kemal Pascha in Angora vom 15.–20. Oktober 1927 vor den Abgeordneten und Delegierten der Republikanischen Volkspartei, Leipzig.

Keyman, Fuat, 2007: Modernity, Secularism, and Islam. The Case of Turkey, in: Theory, Culture & Society 24: 2, S. 215–234.

Kieser, Hans-Lukas (Hrsg.), 2006: Turkey beyond Nationalism. Towards Post-Nationalist Identities, London/New York.

Knorr-Cetina, Karin, 2008: Theoretischer Konstruktivismus. Über die Einnistung von Wissensstrukturen in soziale Strukturen, in: Kalthoff, Herbert/Hirschauer, Stefan/Lindemann, Gesa (Hrsg.): Theoretische Empirie. Zur Relevanz qualitativer Forschung, Frankfurt a. M., S. 35–78.

Koçak, Cemil, 2005: Ayın karanlık yüzü: tek-parti döneminde gayrı-müslim azınlıklar hakkında açılan Türklüğü tahkir davaları, in: Tarih ve Toplum 241: 1, S. 147–208.

Koschorke, Albrecht, 2012: Wahrheit und Erfindung. Grundzüge einer Allgemeinen Erzähltheorie, Frankfurt a. M.

Kuru, Ahmet, 2006: Reinterpretation of Secularism in Turkey. The Case of the Justice and Development Party, in: Yavuz, M. Hakan (Hrsg.): The Emergence of a New Turkey. Democracy and the AK Parti, Salt Lake City, S. 136–159.

Lauth, Hans-Joachim, 2012: Informal Governance and Democratic Theory, in: Christiansen, Thomas/Neuhold, Christine (Hrsg.): International Handbook on Informal Governance, Cheltenham, S. 40–64.

Lewis, Bernard, 1998: Der Atem Allahs. Die islamische Welt und der Westen – Kampf der Kulturen?, München.

Liedtke, Bernd, 2011: Entwicklung, Wandlung und Perspektiven Innerer Sicherheit in der Türkei, Frankfurt/Main.

Maier, Michael/Berktaş, Aylin, 2010: Fokus Türkei. Die Verfassungsreform 2010, Istanbul 2010, http://library.fes.de/pdf-files/bueros/tuerkei/07351-20100721.pdf (zuletzt eingesehen am 24.05.2013).

Meyer, James H., 1997: Turkey's Leaders – Çiller's Scandals, in: Middle East Quarterly IV: 3, S. 27–31.

Navara-Yashin, Yael, 2002: Faces of the State. Secularism and Public Life in Turkey, Princeton/Oxford.

Nullmeier, Frank/Pritzlaff, Tanja, 2009: Zu einer Theorie politischer Praktiken, in: Österreichische Zeitschrift für Politikwissenschaft 38: 1, S. 7–22.

Öden, Merih, 2009: The Turkish Constitutional Court and Judicial Review of the Constitutionality of the Decrees Having Force of Law Issued during a State of Emergency and Martial Law, in: Ankara Üniversitesi Hukuk Fakültesi Degisi 58: 3, S. 659–691.

Önder, Tuncay, 2009: Seçim Sistemleri, in: Türköne, Mümtaz'er (Hrsg.): Siyaset, Istanbul, S. 293–314.

Oran, Baskın, 2007(a): Minority Concepts and Rights in Turkey. The Lausanne Peace Treaty and Current Issues, in: Kabasakal Arat, Zehra F. (Hrsg.), Human Rights in Turkey, Philadelphia, S. 35–56.

Oran, Baskın, 2007(b): The Minority Report Affair in Turkey, in: Regent Journal of International Law 5, S. 1–93.

Özbudun, Ergun, 2011: Türkiye'de Parti ve Seçim Sistemi, Istanbul.

Özyürek, Esra, 2006: Nostalgia for the Modern. State Secularism and Everyday Politics in Turkey, Durham/London.

Paker, Evren Balta/Akça, Ismet (Hrsg.), 2011: Türkiye'de Ordu, Devlet ve Güvenlik Sistemi, Istanbul.

Parla, Taha/Öncü, Ayse, 1990: Militarismus und Korporatismus in der türkischen Politik, in: Aumüller, Jutta/Blaschke, Jochen/Ersöz, Ahmet/Germershausen, Andreas/Schwarz, Thomas (Hrsg.): Jahrbuch für Vergleichende Sozialforschung (1987/88), Berlin, S. 9–39.

Parla, Taha, 1998: Mercantile Militarism in Turkey, 1960–1998, in: New Perspectives on Turkey 19: 1, S. 29–52.

Reckwitz, Andreas, 2006: Die Transformation der Kulturtheorien. Zur Entwicklung eines Theorieprogramms, Weilerswist.

Rohe, Karl, 1996: Politische Kultur. Zum Verständnis eines theoretischen Konzepts, in: Niedermayer, Oskar/Beyme, Klaus von (Hrsg.): Politische Kultur in Ost- und Westdeutschland, Opladen, S. 1–21.

Roniger, Luis, 2004: Political Clientelism, Democracy, and Market Economy, in: Comparative Politics 36: 3, S. 353–375.

Rumpf, Christian, 1996: Das türkische Verfassungssystem. Eine Einführung mit vollständigem Verfassungstext, Wiesbaden.

Rumpf, Christian/Steinbach, Udo, 2010: Das politische System der Türkei, in: Ismayr, Wolfgang/Richter, Solveig/Soldner, Markus (Hrsg.): Die politischen Systeme Osteuropas, Wiesbaden, S. 1053–1095.

Rustow, Dankwart A., 1995: Turkey, in: Lipset, Seymour Martin (Hrsg.), Encyclopedia of Democracy, Vol. IV, London, S. 1272–1277.

Sarıibrahimoğlu, Lale, 2006: The Turkish Armed Forces, in: Cizre, Ümit (Hrsg.): Almanac Turkey 2005. Security Sector and Democratic Oversight, Istanbul, S. 59–118.

Sayarı, Sabri, 2011: Clientelism and patronage in Turkish politics and society, in: Toprak, Binnaz/Birtek, Faruk (Hrsg.), The Post Modern Abyss and the New Politics of Islam: Assabiyah Revisited, Istanbul, S. 81–94.

Sayarı, Sabri, 2011: Hasret Dikici Bilgin, Paths to Power: The Making of Cabinet Minsiters in Turkey, in: Parliamentary Affairs 64:4, S. 737–762.

Schwelling, Birgit, 2001: Politische Kulturforschung als kultureller Blick auf das Politische: Überlegungen zu einer Neuorientierung der Politischen Kulturforschung nach dem „cultural turn", in: Zeitschrift für Politikwissenschaft 11: 2, S. 601–629.

Şık, Ahmet, 2012: Ergenekon as an Illusion of Democratization, in: Perspectives. Political analysis and commentary from Turkey #1.12, S. 12–15.

Söyler, Mehtap, 2013: Informal institutions, forms of state and democracy: the Turkish deep state, in: Democratization 20: 2, S. 310–334.

Tanör, Bülent/Yüzbaşıoğlu, Necmi, 2000, 1982 Anayasasına göre Türk Anayasa Hukuku, Istanbul.

Teschke, Benno, 2007: Mythos 1648. Klasse, Geopolitik und die Entstehung des europäischen Staatensystems, Darmstadt.

Turam, Berna, 2007: Between Islam and the State. The Politics of Engagement, Princeton.

VanderLippe, John M, 2005: The Politics of Turkish Democracy. Ismet İnönü and the Formation of the Multiparty System, 1938–1950, New York.

Vaner, Semih, 2009: Giriş, in: ders. (Hrsg.), 21. yüzyıla girerken Türkiye, Istanbul, S. 16–31.

Vogd, Werner, 2011: Systemtheorie und rekonstruktive Sozialforschung, Leverkusen.

Weick, Karl E., 1995: Der Prozess des Organisierens, Frankfurt a. M.

Yanow, Dvora/Schwartz-Shea, Peregrine (Hrsg.), 2006: Interpretation and Method. Empirical Research Methods and the Interpretive Turn, New York/London.

Yavuz, Hakan M. (Hrsg.), 2006: The Emergency of a New Turkey. Democracy and the AK Parti, Utah.

Yavuz, M. Hakan, 2006: Introduction. The Role of the New Bourgeoisie in the Transformation of the Turkish Islamic Movement, in: ders. (Hrsg.), The Emergence of a New Turkey. Democracy and the AK Parti, Salt Lake City, S. 1–22.

Yeğen, Mesut, 1996: The Kurdish State Discourse and the Exclusion of Kurdish Identity, in: Middle Eastern Studies 32: 2, S. 216–229.

Yildiz, Taylan, 2012: Demokratie und Staatstechnik. Eine praxeologische Rekonstruktion von Regime-Hybridität in der Türkei, Baden-Baden.

Yildiz, Taylan, 2013: Staatskunst auf der Straße? Eine kritische Anmerkung zu den Istanbuler Protesten, erschienen in: Regierungsforschung.de, Politische Kommunikation. http://www.regierungsforschung.de/dx/public/article.html?id=202.

Yılmaz, Hakan M., 1997: Democratization from Above in Response to the International Context: Turkey, 1945–1950, in: New Perspectives on Turkey 17: 3, S. 1–38.

Birgit Oldopp
# United States of America

## 1 Regimezuordnung

Die USA gehören schon lange zu den etablierten Demokratien.[1] Der *Polity IV Country Report* 2010[2], der von 164 Staaten die Regimecharakteristika und Transformationen erfasst, beantwortet die Frage, ob die USA eine Demokratie sei, mit der vollen Punktzahl von +10 (das Rating geht von +6 bis +10). Nichtsdestoweniger werden in dem Report kritische Aspekte vermerkt oder anders gesagt, die USA erzielen nicht überall die Bestnoten. Moniert wird z. B., dass bei den Präsidentschaftswahlen ein Bewerber unterliegen kann, obwohl er die Mehrheit der Wählerstimmen (*Popular Vote*) erreicht hat, die hohen Kosten der Wahlkämpfe, dass Präsidenten die Rechte des Kongresses umgehen und dass partizipatorische Diskriminierungen (früher verstärkt die Schwarzen, heute Immigranten) vorkommen. Die USA sind also eine Demokratie, in der noch Verbesserungspotenzial vorhanden ist.[3] Dies gilt übrigens für jede Demokratie.

Das US-amerikanische Demokratieverständnis ist geprägt von einer starken Gewichtung der Freiheit und der konstitutionellen Kontrolle. Beide Komponenten prägen von Beginn an die Erwartungen, die US-Amerikaner mit ihrer Demokratie verbinden. In einer aktuellen Umfrage wird auf das Verhältnis von Individuum und Staat abgehoben.[4] Auf die Frage, was wichtiger sei, seine Ziele ohne Einmischung des Staates verfolgen zu können oder dass der Staat sich um Bedürftige kümmere, antworteten 58 % der Befragten, die individuelle Freiheit sei wichtiger, für 35 % war der soziale Staat prioritär. In Deutschland lauten die Zahlen 36 % zu 62 %. Die individuelle Freiheit und die Rolle des Staates werden in den USA und in Deutschland höchst unter-

---

[1] Allerdings ist die US-amerikanische Verfassung von 1789 nach heutigem Maßstab nicht als demokratisch (Männerwahlrecht, Sklaven) zu werten, aber sie wurde im Verlauf der Zeit durch Verfassungsergänzungen demokratisiert. Eine weitere Demokratisierung fand durch die politische Praxis und Institutionen statt, wie die rasche Etablierung von politischen Parteien, die von den Verfassungsvätern noch kritisch bewertet wurde (Dahl 2001: 29).

[2] Der entsprechende Bericht findet sich unter: http://www.systemicpeace.org/polity/polity4.htm.

[3] Andere Autoren sehen die Bewertung skeptischer (Braml/Lauth 2011). Von der Hand zu weisen sind die Kritikpunkte der Autoren nicht. Dennoch ist es eine Frage der Gewichtung, wann der Demokratiestatus „aberkannt" wird. Fehlentwicklungen sind in den USA zweifelsohne zu konstatieren. Der Hinweis des US-Justizministers Eric Holden im Auslieferungsersuchen an seinen russischen Kollegen, der früherer US-Geheimdienstmitarbeiter, Edward Snowden, würde im Falle einer Rücküberstellung in die USA auch nicht gefoltert, ist in einem demokratischen Staat unüblich.

[4] Pew Research Global Attitudes Project, American Exceptionalism Subsides: The American-Western European Values Gap, Pew Research Center for the People and the Press, 17.11.2011 (updated 29.02.2012), http://www.pewglobal.org/2011/11/17/the-american-western-european-values-gap/.

schiedlich bewertet, mit dem US-Schwerpunkt auf der individuellen Freiheit. Individuelle Freiheit bedeutet aber nicht nur Freiheit vom Staat, sondern auch Freiheit im Staat, d. h. es werden Bürgerrechte garantiert. Freiheit vom Staat und Freiheit im Staat sind wichtige Komponenten im Bewusstsein der Amerikaner. Damit ist bereits ein kultureller Rahmen (oder frame) angesprochen, der in vielen Politikfeldern zum Ausdruck kommt. Auch wenn viele Amerikaner mit dem Washingtoner Politikestablishment seit längerem unzufrieden sind, gilt das nicht für „the governmental framework set out in the Constitution. By 64 to 19 they endorse the system of checks and balances as necessary to prevent one branch from dominating the Government" (Penn 2010).

# 2 Typus des Regierungssystems

In den USA ist ein präsidentielles Regierungssystem verwirklicht worden. Nicht, dass die Verfassungsväter es schon so genannt hätten. Die Einteilung in parlamentarisches oder präsidentielles Regierungssystem verdankt die Wissenschaft dem Politikwissenschaftler Winfried Steffani (Steffani 1976). Beide Systeme zeichnen ganz charakteristische Eigenschaften aus, die das Miteinander von Regierungschef und Parlament determinieren. Wir werden zu einem späteren Zeitpunkt darauf eingehen. Ein Blick in die schlanke US-Verfassung samt ihrer 27 Ergänzungen zeigt die wichtigsten Bausteine des US-Regierungssystems auf Bundesebene: Kongress, Präsident und *Supreme Court*. Diese stehen jedoch nicht wie monolithische Blöcke nebeneinander, sondern sind – um im Bild zu bleiben – miteinander verbaut. Die Verfassungsväter haben ein sehr ausgeklügeltes System von *Checks and Balances* kreiert, indem die einzelnen Gewalten nicht nur klare Kompetenzen zugewiesen bekommen haben, sondern sich auch gegenseitig kontrollieren. Eine gehörige Portion Misstrauen gegenüber einem Missbrauch politischer Herrschaft liegt dieser Konzeption zugrunde, wie die Argumentation in den Federalist Papers verdeutlicht.

Der US-Kongress besteht aus zwei Kammern, dem Repräsentantenhaus und dem Senat. Er ist die Legislative.[5] Nur der Kongress hat das Gesetzesinitiativrecht. Beide Kammern müssen einen Gesetzesentwurf im gleichen Wortlaut verabschieden, damit er Gesetz werden kann. Nachdem ein Gesetz vom Kongress verabschiedet worden ist, wird es dem Präsidenten zur Unterschrift vorgelegt. Das Repräsentantenhaus besteht heute aus 435 Abgeordneten, die in Einerwahlkreisen mit relativem Mehrheitswahlrecht gewählt werden. Abgeordnete werden für die kurze Zeitspanne von zwei Jahren gewählt. Der Senat setzt sich aus 100 Senatoren zusammen, die für sechs Jahre gewählt werden, wobei der gesamte Bundesstaat, für den sie kandidieren, den Wahlkreis bildet. Der Senat wird als permanente Institution bezeichnet, da er nie als Gan-

---

5 Artikel 1 (Abschnitt 1): Alle in dieser Verfassung verliehene gesetzgebende Gewalt ruht im Kongress der Vereinigten Staaten, der aus einem Senat und einem Repräsentantenhaus besteht.

zes zur Wahl steht, sondern alle zwei Jahre ein Drittel der Senatoren neu gewählt wird. Jeder Bundesstaat ist mit zwei Senatoren in Washington, D.C. vertreten. Die Ursprungsverfassung sah keine direkte Wahl der Senatoren vor, diese wurde erst mit der 17. Verfassungsergänzung (1913) verwirklicht. Vorher wurden die Senatoren von den Einzelstaatenparlamenten bestimmt, d. h. die Einzelstaaten waren direkt (ähnlich dem Deutschen Bundesrat) an den bundespolitischen Entscheidungen beteiligt. Diese direkte Teilhabe haben die Bundesstaaten aufgegeben, was sie seitdem des Öfteren bereut haben dürften. Müssen sie doch jetzt wie beliebige Interessengruppen mittels Lobbytechniken versuchen, Bundesentscheidungen zu beeinflussen. Sowohl der Senat als auch das Repräsentantenhaus haben Sonderrechte über die die andere Kammer nicht verfügt. So haben Haushaltsgesetze ebenso im Repräsentantenhaus ihren Ausgang zu nehmen, wie Impeachment-Verfahren. Der Senat hat bei Ernennungen und in der Außenpolitik Sonderbefugnisse (Oldopp 2005: 7ff.).

Die Kompetenzen, die dem US-Präsidenten durch die Verfassung zugesprochen werden, sind vielfältig. Er ist die Exekutive.[6] Darüber hinaus ist er Oberbefehlshaber der Armee (Commander in Chief), er ist das Staatsoberhaupt, und der Präsident ist der Regierungschef. Eingefangen wird diese „Machtfülle" des Präsidenten durch die politische Realität. Auch dazu später mehr.

Gesetze werden entweder vom Präsidenten unterzeichnet oder er legt sein Veto ein.[7] Der Präsident hat also das Recht, ein ihm missfallendes Gesetz mit einem Veto zu belegen. Formal handelt es sich lediglich um ein suspensives, d. h. ein aufschiebendes Veto. Da aber das Superquorum von einer Zweidrittelmehrheit in beiden Kongresskammern benötigt wird, um das präsidiale Veto zurückzuweisen, bedeutet ein eingelegtes Präsidentenveto im Regelfall das Aus für das Gesetzesvorhaben (Stanley/ Niemi 2011: 251f.).

Mit unerschütterlicher Routine wird alle vier Jahre in den USA der Präsident gewählt. Sollte der Präsident vorzeitig aus dem Amt ausscheiden, was immerhin neunmal geschehen ist, gibt es keine Neuwahlen, sondern für die verbleibende Amtszeit rückt der Vize-Präsident nach. Bei der Präsidentenwahl handelt es sich de jure um eine indirekte Wahl, da zwischen Wähler und Wahl das Wahlmännerkollegium (Electoral College) geschaltet ist. De facto wird allerdings der Wählerwille vom Electoral College umgesetzt. Allerdings hat das geltende Wahlrecht bisweilen dazu geführt, dass Präsidentschaftskandidaten, die die Mehrheit der Wählerstimmen gewannen, nicht zum Präsidenten gekürt wurden. So unterlag Al Gore (D) dem Republikaner George W. Bush in der Präsidentschaftswahl 2000, obwohl er die Mehrheit der Wäh-

---

6 Artikel 2 (Abschnitt 1): Die vollziehende Gewalt liegt beim Präsidenten der Vereinigten Staaten von Amerika.

7 Gesetze treten zehn Tage nachdem sie dem Präsidenten zugestellt worden sind – auch ohne seine Unterschrift – in Kraft. Es gibt die Ausnahmeregelung des sogenannten Pocket Veto, d. h. wenn der Kongress sich innerhalb dieser Zehntagesfrist vertagt, verhindert die fehlende Unterschrift des Präsidenten das Inkrafttreten des Gesetzes (Artikel 1, Abschnitt 7).

lerstimmen erhalten hat. Bisher fand sich kein ernsthafter Versuch, die Modalitäten der Präsidentenwahl zu ändern. Der US-Präsident ist der einzige Politiker in Washington, D.C., der sich einer bundesweiten Wahl gestellt hat. Dieser Umstand verschafft ihm eine besondere Legitimation, repräsentieren die übrigen Gewählten doch lediglich Ausschnitte der USA.

Präsident und Kongress werden in getrennten Wahlen ermittelt. Als Folge der getrennten Wahlen kann sich ein *Unified* oder ein *Divided Government* ergeben. *Unified Government* bedeutet, dass der Präsident und die Mehrheit in beiden Kongresskammern von einer Partei gestellt werden. *Divided Government* bedeutet hingegen, dass Präsident und mindestens eine Kammer im Kongress verschiedenen Parteien angehören. Da eine Auflösung des Kongresses und eine Abwahl des Präsidenten in der Verfassung nicht vorgesehen sind, müssen sich beide – unabhängig von den Mehrheiten – arrangieren.

Der *Supreme Court* ist das einzige Bundesgericht, welches explizit in der Verfassung genannt wird.[8] Seine Funktion als Verfassungsgericht hat es sich „erarbeitet". In der Verfassung selber steht nicht, dass es diese Aufgabe ausüben soll, aber implizit ist die Aufgabenstellung dort enthalten. Dass das Gericht die Aufgabe eines Verfassungsgerichts wahrnimmt, ist anerkannt und unstrittig. Zum Streit kommt es lediglich, wenn dem Gericht *Judicial Activism*, d. h. ein aus Sicht der Kritiker ungebührlicher Aktivismus oder eine zu großzügige Interpretation der Verfassung vorgeworfen wird, wo richterliche Zurückhaltung gefordert wird (Abraham 1996: 45ff.).

Der Supreme Court kann nicht von sich aus aktiv werden, er muss warten, bis er angerufen wird. Dieses Schicksal teilt er mit anderen Verfassungsgerichten (und zwar aus gutem Grund). Allerdings kann das Oberste Gericht der USA Fälle ablehnen (Political Question Doktrin), d. h. es kann sich aus bestimmten Streitigkeiten heraushalten, etwas, was das deutsche Bundesverfassungsgericht nicht darf. Stand der Supreme Court in der Gunst der Bevölkerung bisher prinzipiell hoch, bröckeln seine Zustimmungswerte und liegen gegenwärtig bei 52 % (Pew Research Center 2012). Das ist eine bedenkliche Entwicklung, die auf die politischen Urteile der letzten Zeit zurückzuführen ist. Zu nennen ist hier z. B. die Entscheidung zu den Super PACs, die von der Bevölkerung mehrheitlich abgelehnt wird.[9]

Die Supreme-Court-Richter werden vom Präsidenten vorgeschlagen und ernannt, aber es gibt einen wichtigen Zwischenschritt, der Senat muss den vorgeschlagenen Kandidaten billigen, d. h. er muss seiner Ernennung zustimmen. Die Bestellung von Supreme-Court-Richtern ist ein Politikum. Sie werden auf Lebenszeit ernannt und können noch lange nach dem Ausscheiden des Präsidenten – so zumindest dessen

---

**8** Artikel 3 (Abschnitt 1): Die richterliche Gewalt der Vereinigten Staaten liegt bei einem Obersten Bundesgericht.
**9** Pew Research Center, A Majority See Super PACs as Having a Negative Impact, Pew Research Center fort he People and the Press, 24.01.2012, http://www.pewresearch.org/daily-number/a-majority-see-super-pacs-ashaving-nagative-impact/.

Hoffnung – die Politik des Landes in seinem Sinne beeinflussen. Nicht immer erfüllen die Richter die in sie gesetzten Erwartungen, aber so manches Mal eben doch. Da Verfassungsergänzungen schwer durchzusetzen sind, übernehmen die Obersten Bundesrichter mit ihrer Rechtsprechung bzw. der Verfassungsinterpretation de facto die Fortschreibung der Verfassung. Etwas, was die Verfassungsväter sich so nicht gedacht hatten. Denn bereits in den *Federalist Papers* haben die Verfassungsväter geschrieben, dass die nachfolgenden Generationen die Verfassung an ihre Bedürfnisse anpassen sollen. Allerdings erwiesen sich die Bestimmungen zur Änderung der Verfassung – vor allem mit dem Voranschreiten der einzelstaatlichen Erweiterung – als kaum zu nehmende Hürde. Beide Kongresskammern müssen mit einer Zweidrittelmehrheit zustimmen. Doch damit nicht genug: Ebenso müssen drei Viertel aller Staaten zustimmen.[10] Diese „Supermehrheit" wird selten erreicht. Seit dem Bestehen der US-Verfassung konnten lediglich 27 Verfassungsergänzungen durchgesetzt werden. Als Konsequenz nimmt der Supreme Court mit seiner Rechtsprechung die Anpassungen der Verfassung an die jeweilige Zeit vor.

An einigen Stellen ist die notwendige Kooperation der Gewalten oder ihre Kontrollmöglichkeiten bereits angeklungen. Betrachten wir das System von *Checks and Balances* im Nachfolgenden (siehe Abb. 1) systematischer: Der Kongress verabschiedet die Gesetze, er kann präsidiale Vetos mit einer Zweidrittelmehrheit in beiden Kammern zurückweisen sowie den Präsidenten anklagen (Impeachment), wobei das Repräsentantenhaus die Anklage erhebt und der Senat das Urteil fällt. Der Kongress hat die Organisationsgewalt über die Verwaltung, er ruft Exekutivbehörden ins Leben, wie jüngst das Heimatschutzministerium, und legt ihre Aufgabengebiete fest. Der Senat muss Verträgen zustimmen, damit sie Gültigkeit erlangen. Ebenso benötigen zahlreiche Präsidentenernennungen, z. B. Supreme-Court-Richter, Kabinettsmitglieder oder hohe Verwaltungsbeamte (wie die Spitzenposition von CIA und FBI) seiner Zustimmung. Der Kongress besitzt laut Verfassung das Recht, die unteren Bundesgerichte zu schaffen und ihre Zuständigkeiten festzulegen, die Anzahl der Supreme-Court-Richter zu bestimmen, ebenso ihr Gehalt.

Der Präsident wiederum schlägt dem Kongress in seiner *State of the Union Address* ein Legislativprogramm vor, er hat das Recht, Gesetzesentwürfe, die den Kongress passiert haben mit einem Veto, allerdings ein suspensives, zu belegen, und er führt die vom Kongress beschlossenen Gesetze (was ein erhebliches Interpretationspotenzial birgt) aus. Die stärksten Bindungen entfalten wohl die detaillierten Haushaltsbestimmungen.

Der Präsident nominiert die Bundesrichter (inklusive die für den Supreme Court) und setzt Gerichtsurteile um. Die Bundesgerichte können Verwaltungshandeln des Präsidenten für verfassungswidrig erklären. Sie entscheiden, ob die Exekutive Gesetze im Sinne des Kongresses ausführt. Ebenso kann der Supreme Court Gesetze des Kon-

---

**10** Artikel 5 der US-Verfassung.

gresses kassieren, d. h. für nicht verfassungsgemäß erklären. Der Gedanke der Kontrolle durch Mitwirkungsrechte durchzieht das US-Regierungssystem. Es ging den Verfassungsvätern nicht um ein möglichst reibungslos funktionierendes System, sondern um ein gegen Machtmissbrauch resistentes.

Welche Merkmale führen nun aber dazu, dass die USA als präsidentielles Regierungssystem klassifiziert werden? In Deutschland, als parlamentarischem Regierungssystem, wählen die wahlberechtigten Bürger den Bundestag. Der Bundestag bzw. die Mehrheit der Mitglieder des Bundestags (Regierungsmehrheit) wählt den Kanzler (Regierungschef). In den USA, als präsidentiellem Regierungssystem, wählen die wahlberechtigten Bürger in getrennten Wahlen die Mitglieder des Kongresses und den Präsidenten bzw. das *Electoral College*. In Deutschland stützt die Regierungsmehrheit die Regierung, die Mehrheit hat den Regierungschef schließlich gewählt. In den USA hat der Kongress den Präsidenten nicht gewählt. Die Partei des Präsidenten verfügt nicht einmal zwingend über die Mehrheit im Kongress (*Divided Government*). In Deutschland kann der Regierungschef über ein konstruktives Misstrauensvotum abgewählt werden. Der Präsident ist nicht vom Kongress ins Amt gehievt worden, folgerichtig kann er auch nicht vom Kongress aus dem Amt entfernt werden. In Deutschland werden disziplinierende Parteien, die die Regierung tragen, benötigt, in den USA wäre eine Fraktionsdisziplin, mit der Möglichkeit eines *Divided Government*, sogar kontraproduktiv. Im parlamentarischen Regierungssystem bilden Regierung und Regierungsmehrheit eine Einheit, d. h. die Regierung kann sich bei ihren legislativen Vorhaben auf die sie tragende Regierungsmehrheit im Bundestag stützen. Scheitern Pläne am Widerstand der eigenen Mehrheit, wird von einer Regierungskrise gesprochen. Anders in den USA: Die Regierung, oder besser der Präsident, muss sich für seine Gesetzespläne eine Mehrheit im Kongress suchen, sie ist keine gegebene Größe.

Zwei weitere Aspekte komplementieren die Unterscheidungsmerkmale. Während in Deutschland die Verbindung von Ministeramt und Abgeordnetenmandat zulässig ist, duldet das präsidentielle Regierungssystem der USA keine Ämterkombination (Kompatibilitätsverbot). Das Kompatibilitätsverbot wird an einer Stelle durchbrochen. Der Vizepräsident ist der Vorsitzende des Senats. Von Belang ist diese Bestimmung nur bei einem Stimmenpatt im Senat, denn dann gibt die Stimme des Vizepräsidenten den Ausschlag. Im Amt des Präsidenten sind die zeremoniellen und politischen Funktionen vereinigt, d.h. die Staatsrepräsentation und die politische Leitung liegen in der Hand einer Person (geschlossene Exekutive).

Die USA sind ein Bundesstaat mit zwei politischen Ebenen, der nationalen Ebene (Bundesebene) und der Einzelstaatenebene (50 Bundesstaaten). Geprägt ist er durch einen Wettbewerbsföderalismus, indem ein horizontaler Finanzausgleich nicht vorgesehen ist. Beiden Ebenen werden von der Verfassung politische Zuständigkeitsbereiche zugewiesen (Artikel 1, Abschnitt 8). Eine beiderseitige Kooperation ist in der Verfassung nicht vorgesehen. Wie bereits dargelegt, hat die Einzelstaatenebene ihre über den Senat institutionell abgesicherten Mitwirkungsmöglichkeiten an bundespolitischen Entscheidungen aufgeben. Der Bundesstaat in den USA ist als dualer Bun-

desstaat konzipiert. Jede Ebene hat ihre Aufgabenbereiche, die sie mit eigener Gesetzgebung und eigener Verwaltung in Eigenregie bearbeitet. Diese klar getrennten Strukturen sind im Laufe der Zeit aufgeweicht (Kern 1997: 1–26; Walker 1995). Die Bundesebene hat ihre Einflusssphäre ausgedehnt. Stichworte, die hier zu nennen sind:
kooperativer Föderalismus und Mandate.

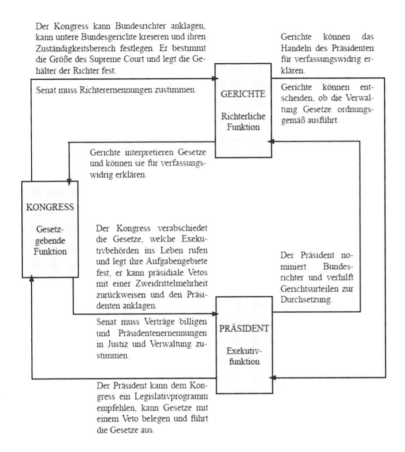

**Abb. 1:** Das US-amerikanische Verfassungssystem der getrennten Gewalten und der Checks und
Balances

Beim kooperativen Föderalismus handelt es sich um einen Finanzföderalismus. Die
Bundesebene legt Programme auf, denen sich die Einzelstaaten anschließen können.
Das Ziel der Bundesebene ist es, in den Politikfeldern, die laut Verfassung in den Zuständigkeitsbereich der Einzelstaaten fallen, Einfluss auf die Politikgestaltung zu
nehmen. Der Bund trägt dabei einen Anteil der Kosten. Einzelstaaten, die mitmachen,
akzeptieren die inhaltliche Federführung durch den Bund. Der Supreme Court hat den
kooperativen Föderalismus gebilligt, da es sich um eine freiwillige Form der Zusammenarbeit handelt. Nicht zwingend gerichtsfest sind die Mandate (Federal Mandates).

Auf der Basis von Bundesrecht bricht Landesrecht (Supreme Law of the Land) und der in der Verfassung enthaltenen Generalklauseln[11] werden vom Kongress Gesetze verabschiedet, die in Einzelstaatenkompetenzen eingreifen. Da hier der Freiwilligkeitsaspekt fehlt, läuft dieses Vorgehen der Bundesebene Gefahr, vor dem Supreme Court angefochten zu werden. Nach dem Trial-and-Error-Ansatz sucht die Bundesebene ihre Zuständigkeit auszubauen, wobei der Supreme Court als Schiedsrichter fungiert. Die 50 Bundesstaaten variieren in vielerlei Hinsicht, aber allen ist gemeinsam, dass sie jeweils ein präsidentielles Regierungssystem im Kleinen etabliert haben (Haas 2007: 459–496). Deutliche Unterschiede zeigen sich beispielsweise in der Finanzverfassung (Steuergesetze) und im Strafrecht (Todesstrafe).

# 3 Informelle Regeln und Praktiken

In der Politikwissenschaft wird schon lange zwischen dem geschriebenen Verfassungstext und der tatsächlichen Verfassungspraxis unterschieden. Studierende, die sich nur mit dem Verfassungstext beschäftigen, werden nicht erfassen, wie das System wirklich funktioniert. Die Regeln des Spiels, die das politische Handeln der Akteure determinieren, lassen sich nicht in den formalen Texten finden. Außerdem ist die Wirkung der formalen Institutionen von dem Kontext abhängig, in dem sie eingebettet sind. Das heißt, das gleiche konstitutionelle Gerüst funktioniert je nach informeller Einbettung deutlich unterschiedlich (vgl. Präsidentialismus in Nord- und Südamerika). In den USA sind die formalen Institutionen durch eine zutiefst demokratiebejahende Bevölkerung abgesichert. Für Dahl ist „the strength of the democratic commitment among Americans" (Dahl 2001: 39) eine Erklärung für das Funktionieren der Demokratie in den USA. Der Amerikanismus ist mit einem charakteristischen Wertesystem verbunden. Die zugrunde liegenden Werte sind: Individualismus, Freiheit und Gleichheit, Demokratie und freie ökonomische Betätigung (Vorländer 2007: 28f.). Diese Werte haben sich zu einer Zivilreligion entwickelt und werden auch von der politischen Elite nicht infrage gestellt.

Die formalen Institutionen in den USA sind stark und effektiv, gerade weil sie von den relevanten gesellschaftlichen Normen und informellen Praktiken getragen werden (Köllner 2012: 19).[12] In den USA und anderen westlichen Demokratien sind politische Gemeinschaftsstrukturen entstanden, die sich auf die Herrschaft des Gesetzes stützen. Verstöße gegen die Verfassung oder Gesetze würden eine juristische Ahn-

---

**11** Die US-Verfassung enthält drei Generalklauseln, die der Bundeslegislative einen weiten Interpretationsspielraum bieten. Die Necessary-and-Proper-Klausel, die Commerce-Klausel, und die General-welfare-Klausel, siehe: Artikel 1 Abschnitt 8 der US-Verfassung.
**12** Köllner spricht nicht explizit von den USA, aber von etablierten Demokratien.

dung nach sich ziehen, das ist den Beteiligten bewusst. Politik findet unter den Augen kritischer Medien und einer aufmerksamen Bevölkerung statt.

Wie andernorts auch, haben sich informelle Praktiken etabliert. „Informality is an integral part of every political system" (Lauth 2012: 51). In Demokratien kann davon ausgegangen werden – so Köllner –, „dass formale Institutionen die grundlegende Struktur und den Korridor vorgeben, innerhalb derer sich die politischen Akteure bewegen" (Köllner 2012: 20). Das gilt auch für die USA. Die informellen Regeln sind im Großen und Ganzen mit den legalen Institutionen kompatibel. Im Nachfolgenden bleiben wir bei den informellen Praktiken, die auf den politischen Entscheidungsprozess einwirken.[13] Informelle Praktiken haben sich über die Gewalten hinweg etabliert oder kommen innerhalb einer formalen Institution zum Tragen. Informelle Institutionen finden sich in der Exekutive, in der Legislative, im Zusammenspiel der beiden und auch in der Judikative. Dabei ist eine informelle Institution nicht an eine bestimmte Mitgliederzahl gebunden, sie kann auch nur von zwei Akteuren angewendet werden.

Es gehört zu den informellen Praktiken, dass der Präsident eigene Gesetzesentwürfe über befreundete Parlamentarier in den Kongress einbringen lässt. Die Verfassung sieht für den Präsidenten eine Rolle in der Gesetzgebung vor, wie die *State of the Union Address* oder sein suspensives Vetorecht, aber definitiv kein Gesetzesinitiativrecht. Hat sich hier also eine informelle Praktik eingeschlichen, die eine Gefahr für die Demokratie darstellt? Mitnichten! Spätestens seit der Weltwirtschaftskrise hat es sich durchgesetzt, dass der Präsident eine aktive Rolle im Gesetzgebungsvorgang spielt. Aber anstatt einer Verfassungsänderung, die schwer durchzusetzen ist, wurde eine informelle Lösung bevorzugt. Mit dieser Praxis wird eine Unpraktikabilität der Verfassung abgefangen oder anders formuliert, eine Lücke wird mit einer demokratiestützenden informellen Praxis gefüllt.

Eine weitere informelle Praxis ist das exekutive Lobbying. Der Präsident oder seine Mitarbeiter suchen, über den persönlichen Kontakt zu den Kongressmitgliedern, Mehrheiten zu generieren. In diesem Bereich wird durchaus mit Belohnungen (Sanktion gleich keine Belohnung) gearbeitet. Wahlauftritte des Präsidenten im Wahlkreis des Parlamentariers werden angeboten oder die Mitnahme in der Air Force One. Auch Fördermaßnahmen im Wahlkreis der Abgeordneten können angeboten werden.

Im Kongress wird – wenn auch in abgeschwächter Form – nach wie vor die Senioritätsregel angewendet (Helmke/Levitsky: 2003). Diese informelle Regel beinhaltet, dass das dienstälteste Ausschussmitglied den Vorsitz übernimmt. Ebenfalls eine Regel, die nicht im Widerspruch zur Verfassung steht, sondern die Organisationsbedürfnisse des Kongresses befriedigt.

---

13 Die vorgestellten informellen Praktiken erheben keinerlei Anspruch auf Vollständigkeit. Es handelt sich vielmehr um eine erste Sammlung.

Das Organisieren von parlamentarischen Mehrheiten ist im fragmentierten Kongress der USA ein extrem aufwendiges Unterfangen. Vor allem im kleineren Senat hat sich eine Form des politischen „Handels" etabliert, das *Bargaining*. Es handelt sich dabei um ein Tauschgeschäft: deine Stimme für mein Projekt, meine Stimme für dein Projekt. Entweder wird eine Bringschuld eingefordert oder eine Person geht in Vorleistung. Dieser Stimmenhandel ruft beim interessierten Publikum Unbehagen hervor (Ist das denn noch demokratisch oder nicht doch schon korrupt?). Diese informelle Praxis unterminiert nicht die Demokratie. Sie hat da ihre Grenzen, wo politische Überzeugungen ins Spiel kommen. Diese informelle Praxis ist eine Reaktion der Akteure auf die Fragmentierung des Senats. Es geht nicht um das Ersetzen der formalen Texte, sondern darum, die Aufgabe als Gesetzgeber erfüllen zu können, indem Mehrheiten gefunden werden. Die Erwartungshaltung ist klar: wichtige Gesetze, die nicht zuletzt die eigenen Wiederwahlchancen mit Absichern helfen, durchzusetzen. Die zunehmenden atmosphärischen Störungen zwischen Demokraten und Republikanern im Senat reduzieren die Bedeutung dieser Form der informellen Kooperation (ebd.).

*Iron Triangles* oder *Issue Networks* (Lösche 1989) sind weitere informelle Institutionen mit folgenden Beteiligten: Kongressausschuss, Behörde und Interessengruppe. Sie arbeiten zum gegenseitigen Nutzen. Die Gemeinwohlausrichtung der verfolgten Politik steht hier durchaus infrage. Eine derartige Kooperation ist nirgends in den formalen Dokumenten zu finden.

Ebenfalls zu den informellen Praktiken gehört, dass Präsidenten ihr Vorschlagsrecht für Bundesrichter an die Senatoren ihrer Partei abtreten, in deren Bundesstaat das entsprechende Bundesgericht liegt (*Courtesy*). Ein klarer Verstoß gegen geltendes Recht, aber er wird nicht begangen, um demokratische Strukturen auszuhöhlen. Einerseits bedeutet dieses Verfahren eine Arbeitserleichterung für den Präsidenten, andererseits sorgt es für eine Verbundenheit. Der Senator ist bei nächster Gelegenheit einem Wunsch des Präsidenten gegenüber vielleicht aufgeschlossener.

Im Supreme Court gilt die informelle Regel der *Rule of Four*. Schriftlich fixiert ist sie nirgends. Es geht aber nicht um die Aushöhlung der Demokratie, sondern um eine großzügige Handhabung bei der Annahme von Fällen. Sprechen sich vier der neun Richter für die Annahme eines Falles aus, wird er angehört. Es wurde auf ein Mehrheitsvotum zugunsten einer abgeschwächten Regelung verzichtet.

Eine weitere informelle Institution sind Gesprächsrunden beim Präsidenten. Hier treffen sich der Präsident, Parteiführungen beider Parteien im Kongress und wichtige Abgeordnete, um nach Lösungen für akute Probleme zu suchen. Was wir hier beobachten, ist ein Auswandern aus den formalen Institutionen. Es steht zu erwarten, dass diese informelle Institution, angesichts der Polarisierung des Kongresses, an Gewicht gewinnen wird. Positiv zu vermerken ist, dass die Entscheidungsgewalt bei den formalen Institutionen, sprich den beiden Kongresskammern, verbleibt. Angesichts der unabhängigen US-Parlamentarier ist zudem ungewiss, ob die bei den Gesprächsrunden gefundenen Kompromisse durchgesetzt werden können.

Eine informelle Organisation, die sich jüngst etabliert hat, ist die *Tea Party*, deren Mitglieder sich jeglichen Steuererhöhungen widersetzten. Diese zahlenmäßig nicht unwichtige Gruppe, erschwert oder verhindert Konsenslösungen im Kongress. Die Tea-Party-Mitglieder ihrerseits versprechen sich durch dieses Verhalten verbesserte Wahlchancen. Konkret wurde eine informelle Institution von dem Steuerlobbyisten Grover Norquist eingeführt, demnach verpflichten sich republikanische Abgeordnete öffentlich, an keiner Steuererhöhung mitzuwirken.[14] Bislang hat sich noch kein Unterzeichner gewagt, aus diesem Block auszuscheren, da ihm dann erheblicher öffentlicher Protest aus dem Tea-Party-Umfeld entgegenweht und sich finanzkräftige Förderer zurückzuziehen (Klingst 2011). Entsprechend schwierig gestaltet sich die aktuelle Haushaltskonsolidierung. Diese problematische und tendenziell demokratiesperrige informelle Institution ist zwischen den Lobbyisten und dem Kongress angesiedelt und arbeitet mit der selektiven Mobilisierung der Wählerschaft.

Laut Köllner erhöhen komplementäre informelle Institutionen die Stabilität der formalen Institutionen (Köllner 2012: 19). Geht man von der Korrektheit der vorherigen Aussage aus, zeugt die Stabilität des institutionellen Gefüges in den USA davon, dass es sich bei den informellen Institutionen im Regelfall um komplementäre handelt. Die formalen Institutionen in den USA stehen nicht zur Disposition, weder Demokraten noch Republikaner haben Ambitionen, hier etwas zu ändern (Vorländer 2007: 31). In den USA nehmen die informellen Regeln nicht den Rang einer zweiten oder eigentlichen Verfassung ein, die maßgeblich den Prozess prägt. Allerdings lassen sich Entwicklungen beobachten, die die Funktionsweise negativ beeinträchtigen.

# 4 Zusammenspiel formaler und informeller Regelsysteme

## 4.1 Partizipation

Die USA sind eine kompetitive, etablierte Demokratie, die traditionell von zwei Parteien dominiert wird, so die bereits erwähnte Polity-IV-Studie.[15] Um an den Wahlen teilnehmen zu können, müssen sich die Wahlberechtigten registrieren lassen. Allerdings gibt es keine bundeseinheitlichen Regeln für die Wählerregistrierung, über diese entscheiden die Einzelstaaten selbst. Die sich hier bietenden Möglichkeiten zur Diskrimi-

---

14 Der Schwur lautet: „Taxpayer Protection Pledge: I, _____, pledge to the taxpayers of the _____ district of the state of _____ and to the American people that I will: One, oppose any and all efforts to increase the marginal income tax rates for individuals and/or businesses; and Two, oppose any net reduction or elimination of deductions and credits, unless matched dollar for dollar by further reducing tax rates.", (http://www.atr.org/taxpayer-protection-pledge).
15 http://www.systemicpeace.org/polity/polity4.htm.

nierung werden zum Teil auch genutzt, wie verschiedene Beispiele zeigen (Mann/ Ornstein 2012: 131ff.).[16]

Bei der Registrierung gibt der potenzielle Wähler seine Parteipräferenz an. Er gibt Auskunft darüber, ob er sich als Demokrat, als Republikaner oder als Independent (Unabhängiger) eintragen lassen will. Diese Informationen werden für die Vorwahlen, aber auch für den *Caucus* benötigt. Der *Caucus* ist mit dem bundesdeutschen System zur Kandidatennominierung vergleichbar. Parteiintern wird über Delegiertenkonferenzen die Kandidatenkür vorgenommen. Eine Registrierung als Republikaner berechtigt, am republikanischen *Caucus* teilzunehmen.

Im Regelfall werden die Kandidaten über Vorwahlen ermittelt (Oldopp 2005: 159ff.). Zu unterscheiden sind *Open* und *Closed Primaries*. An den geschlossenen Vorwahlen nehmen nur die registrierten „Parteimitglieder" teil; um an den offenen Vorwahlen teilnehmen zu können, ist die einzige Bedingung die Registrierung. Mit der Einführung der Vorwahlen hat die Partei bzw. das Parteiestablishment den Einfluss darüber verloren, wer für sie antrat. Jeder beliebige Interessent kann seinen Hut in den Ring werfen und zur Vorwahl einer Partei antreten.

Die Wahlbeteiligung bei den Vorwahlen ist jedoch relativ gering (Hetherington/Keefe 2007: 75), sie liegt bei unter 20 %, d.h. dass es gut organisierten Gruppen gelingen kann, ihren Wunschkandidaten in der Vorwahl durchzubringen. Und hier liegt auch die „Macht" der Tea-Party-Bewegung. Das republikanische Establishment hat Respekt vor der Tea Party, weil sie insbesondere 2010 gezeigt hat, dass sie in der Lage ist, verdiente und langjährige republikanische Mandatsträger durch Tea-Party-Newcomer in den Vorwahlen zu ersetzen (Davidson/Oleszek/Lee 2012: 66). Vor allem die niedrige Vorwahlbeteiligung wird für die Polarisierung des Parteiensystems, oder besser der Akteure im Kongress, verantwortlich gemacht (Mann/Ornstein 2012). Fakt ist, dass zurzeit kooperationswillige republikanische Kandidaten Mangelware im Kongress sind. „Amerikas innere Spaltung hat ein neues, bedenkliches Stadium erreicht. Eigentlich unstrittige Gesetzesvorhaben bleiben jahrelang blockiert, höchste Posten in Justiz und Behörden unbesetzt. [...] Sie [die Republikaner] agieren so stur, dass sie sogar Gesetzesvorhaben blockieren, die sie fast wortgleich einst selbst betrieben haben" (Fichtner/Hujer/Schmitz 2012: 84).

Die Partei hält sich in wettbewerborientierten Rennen in der Nominierungsphase zurück. Der politische Schaden, den ,falschen' Kandidaten unterstützt zu haben, wäre wahrscheinlich irreparabel. Nachdem die Parteinominierung erreicht ist, tritt der Kandidat in der Hauptwahl (*General Election*) gegen den Kandidaten der Gegenpartei

---

16 Texas erlaubt keine Studentenausweise als Identifizierungsnachweis, in anderen Wahlkreisen schrecken teure Dokumente für die Registrierung sozial Schwache ab. Das Redistricting, d. h. der Neuzuschnitt der Wahlkreise (zumindest dort, wo es fällig wird), bietet der Mehrheit der Einzelstatenparlamente Manipulationsspielraum. Wahlkreise werden so zugeschnitten, dass die Wahlaussichten der eigenen Partei abgesichert werden. Diese Manipulationen haben sogar einen Namen: Gerrymandering.

an. So die Theorie! In der Praxis führen die hohen Wiederwahlquoten dazu, dass zahlreiche erneut kandidierende Amtsinhaber nicht herausgefordert werden (Davidson/Oleszek/Lee 2012: 96). Interessant sind die Wahlkreise, in denen der Amtsinhaber nicht wieder antritt oder politisch angeschlagen scheint (aufgrund von Skandalen etc.). Hier werden die Wahlen gewonnen oder verloren.

Viele Wahlkreise gelten als sicher (solid Democrat oder solid Republican). Und auch bei den Präsidentschaftswahlen geht es um die wenigen Swing States, die bezeichnenderweise auch *Battle Ground States* genannt werden, und nicht um die sicheren Blue und Red States (Blue: demokratisch; Red: republikanisch). Die Wahlbeteiligung an den Hauptwahlen ist mittelmäßig. In den *Midterm Elections*, d. h. in den Wahlen, in denen der Präsident nicht zur Wahl steht, liegt sie um die 40 %.

**Tab. 1:** Ergebnisse der Präsidentschaftswahlen und Midterm Elections

| Präsidentschaftswahlen | | Midterm Elections | |
|---|---|---|---|
| **1980** | 54.2 | 1982 | 42.1 |
| **1984** | 55.2 | 1986 | 38.1 |
| **1988** | 52.8 | 1990 | 38.1 |
| **1992** | 58.1 | 1994 | 41.1 |
| **1996** | 51.7 | 1998 | 38.1 |
| **2000** | 54.2 | 2002 | 39.5 |
| 2004 | **60.1** | **2006** | **40.4** |
| 2008 | **61.6** | **2010** | **40.9** |
| **2012** | 58.2 | | |

Quelle: Bis 2010 stammen die Zahlen aus: Stanley/Niemi 2011.

Wahlen in den USA sind kostenintensiv. Eine öffentliche Finanzierung ist für die Kongresswahlen nicht vorgesehen.[17] Die Bewerber sind bei der Finanzierung ihrer Wahlkämpfe auf sich gestellt, was zu dem Phänomen des politischen Unternehmers beiträgt. Präsidentschaftskandidaten können optional auf eine Subventionierung zurückgreifen (Vorwahl: abhängig von den Vorwahlerfolgen; Hauptwahl: fester Betrag). Im letzten Präsidentschaftswahlkampf (2012) haben sowohl Barack Obama als auch Mitt Romney auf die öffentlichen Subventionen verzichtet. Ein Kandidat, der die öffentlichen Gelder akzeptiert, ist an Ausgabelimits gebunden. Bewerber mit üppig gefüllter Wahlkampfkasse werden sich bei den Ausgaben keinen Restriktionen unterwerfen wollen. Obama hat sehr erfolgreich Kleinspenden per Internet eingeworben. Das Engagement der Bürger in den Wahlkämpfen ist bemerkenswert, sei es finanziell oder zeitlich.

---

17 Es gibt in den USA ein Wahlkampffinanzierungsgesetz. Dessen Einhaltung wird von der Federal Election Commission überwacht. Alle Informationen zur Wahlkampffinanzierung (Einnahmen und Ausgaben) werden im Internet zur Verfügung gestellt (fec.gov).

Das relative Mehrheitswahlrecht führt zu einer engen Bindung der Kongressmitglieder an ihren Wahlkreis. Ein Vertrauensverlust unter den Wählern führt zur Abwahl, d. h. die Parlamentarier sind für die Erwartungen der Wähler ihres Wahlkreises aufgeschlossen. Zudem sind die Abgeordneten und Senatoren den verschiedenen Einflussbemühungen direkt ausgesetzt, es gibt keine Fraktionsdisziplin hinter der sie sich argumentativ verschanzen könnten. Deshalb sind die Grassroots-Aktivitäten der Interessenverbände durchaus effektiv. Über die Wähler (indem Interessenverbände sie auffordern, sich an ihren Abgeordneten zu wenden) bauen sie Druck auf die Politiker auf, um eine bestimmte Entscheidung zu befördern oder zu verhindern. Die Abgeordneten reagieren aus den oben genannten Gründen durchaus responsiv!

Interessenverbände setzten viel Geld ein, um die politische Meinung zu beeinflussen. Sie sind auch direkt an der Wahlkampffinanzierung der Kandidaten beteiligt. Geld an die Kandidaten fließt über ihre extra gegründeten Ableger, sogenannten PACs (*Political Action Committees*). Allerdings treten sie als einseitige Geldgeber auf, d. h. sie finanzieren in erster Linie Amtsinhaber.[18]

Die Medienentwicklung in den USA ist kritisch zu betrachten. Sie ist gekennzeichnet durch eine Konzentration auf dem Medienmarkt, einer Verflachung der Inhalte und einem weitgehenden Verlust der Objektivität in der Berichterstattung (Hübner/Münch 2013: 110ff.). Qualitätsjournalismus ist in den USA eher die Ausnahme als die Norm.

Das politische Engagement der Parteien, der Medien, der Interessenverbände und der Bürger ist durch den ersten Verfassungszusatz – der freien Rede – abgedeckt. Die nationale Ebene der USA kennt keine direktdemokratischen Beteiligungsverfahren. Anders die Einzelstaaten. Hier sind die Bürgerinnen und Bürger über Referenden oder Recall-Verfahren in die aktive Politik eingebunden, wobei die Intensität direktdemokratischer Beteiligungskompetenzen deutlich variiert; die stärkste Ausprägung findet sich in Kalifornien (Haas 2012: 459–496; Heußner 2012: 175–234).

## 4.2 Entscheidungsfindung

Betrachten wir die Akteure oder Akteurskonstellationen im Gesetzgebungsprozess. Präsident und Kongress sind im Gesetzgebungsprozess als Vetospieler zu klassifizieren. Die Politikoptionen für das Miteinander von Präsident und Kongress im Gesetzgebungsprozess sind Stillstand (*Gridlock*) oder Konsenslösung. Die Stillstandkomponenten sind schnell benannt. Der Präsident bremst Kongressentwürfe durch sein Veto aus.

---

**18** PACs und Super PACs sind unterschiedliche Dinge. Erstere sind Ableger von Interessengruppen, spenden direkt an einen Kandidaten und unterliegen einer strengen Berichtspflicht. Letztere unterliegen keinen Restriktionen und dürfen beliebige Summen einsetzen, allerdings – so der Supreme Court – nicht in Absprache mit dem Kandidaten. Der Realitätsgehalt dieser Vorschrift sei dahingestellt.

Zweidrittelmehrheiten für ein Zurückweisen des Vetos kommen selten zustande (Stanley/Niemi 2011: 251f.). Die Kongressmehrheit kann den Präsidenten durch Nichtbearbeiten seiner Vorschläge ausbremsen. Tendenziell sind die Gridlock-Komponenten eher im *Divided Government* anzutreffen.

Vom Präsidenten wird Führung erwartet – auch im Gesetzgebungsprozess. Deutlich wird das an dem von Franklin Delano Roosevelt geprägten Satz: „It is the duty of the President to propose and it is the privilege of the Congress to dispose." Der Präsident macht aber nicht nur Vorschläge (beispielsweise in dem Bericht zur Lage der Nation, grob vergleichbar mit einer Regierungserklärung), sondern lässt auch ganz konkret Gesetzesentwürfe in seinen Ministerien erarbeiten. Da er kein Gesetzesinitiativrecht besitzt, lässt er seinen Entwurf von einem befreundeten Abgeordneten in den Kongress einbringen. Das Verhältnis von Exekutivvorlagen zu Legislativvorlagen beträgt ein Drittel zu zwei Drittel, im *Unified Government* steigt der Wert auf 50 % (Edward/Barrett 2000: 109ff.). Der Präsident ist ein wichtiger Agenda-Setter. Zudem sind die Erfolgsaussichten einer präsidialen Gesetzesvorlage besser als die einer Kongressvorlage.

Ein erfolgreicher Gesetzesentwurf muss beide Kammern des Kongresses im gleichen Wortlaut passieren. Im Kongress sind nun aber so viele Fallstricke ausgelegt, dass es eher verwundert, wenn ein Gesetz durchgeht, als wenn es scheitert. Ein geflügeltes Wort besagt: „Moses hätte Schwierigkeiten, seine zehn Gebote durch den Kongress zu bringen."

Das Repräsentantenhaus muss schon allein aufgrund seiner personellen Stärke von 435 Abgeordneten straffer organisiert sein, als der Senat mit seinen 100 Senatoren. Im Repräsentantenhaus besitzen der Speaker, der *Majority Leader*, die Ausschussvorsitzenden und auch das *Rules Committee* (Geschäftsordnungsausschuss) herausgehobene Steuerungsfunktionen. Und je nachdem, ob ein *Unified* oder *Divided Government* vorliegt, können die Akteure dem Präsidenten das politische Leben erleichtern oder erschweren. Im *Divided Government* kann der Speaker zum politischen Gegenspieler des Präsidenten werden. Der *Speaker* ist die Anlaufstelle für alle Gesetzesentwürfe, die ins Repräsentantenhaus eingebracht werden. Er verteilt die Vorlagen an die zuständigen Ausschüsse. Hier eröffnet sich für den *Speaker* die erste taktische Möglichkeit. Je mehr Ausschüsse beteiligt werden, desto länger dauert im Regelfall die Bearbeitungszeit der Vorlage.

In den Ausschüssen sind nach wie vor die Ausschussvorsitzenden die Schlüsselakteure. Sie entscheiden über die Tagesordnung und damit auch darüber, wann welche Vorlage im Ausschuss zur Abstimmung gestellt wird. Ein Präsident, dessen Agenda von den Ausschussvorsitzenden kritisch betrachtet wird, hat es nicht leicht, seine favorisierte Politik durchzusetzen. Hat eine Vorlage den oder die Ausschüsse erfolgreich passiert, geht sie an den Geschäftsordnungsausschuss. Dieser entscheidet u. a., wann sie dem Plenum zur Lesung vorgelegt wird. Auch hier findet sich wieder erhebliches Verzögerungs- oder Blockadepotenzial. Die Rolle der Parteiführungen im Kongress kann von konstruktiver Opposition bis Obstruktion gehen.

Aber ein *Speaker* kann eben nicht von einer Gefolgschaft seiner Parteikollegen ausgehen, wie der republikanische *Speaker* John Boehner bei einer Probeabstimmung zum *Fiscal Cliff* Anfang 2013 erlebt hat. Denn die Abgeordneten können bei abweichendem Stimmverhalten nicht diszipliniert werden. Sie verdanken ihre Wahl in erster Linie ihren eigenen Anstrengungen und nicht der Partei. Die Androhung einer Nichtwiederaufstellung läuft ins Leere, da nicht das Parteiestablishment, sondern die Wähler im Wahlkreis darüber entscheiden. Wenn ein Entwurf vom Plenum des Repräsentantenhauses gebilligt worden ist, muss noch der Senat zustimmen (umgekehrt gilt es natürlich auch).

Der Senat hat Sonderrechte, der es einer Minderheit oder Einzelnen erlaubt, die Mehrheit zu blockieren (und das übrigens auch im *Unified Government*). Schauen wir uns die beiden effektivsten Instrumente an: Filibuster ist ein Dauerreden, um die Abstimmung über nicht-gewollte Gesetzesvorlagen zu verhindern. Es werden 60 Stimmen gebraucht, um ein Filibuster zu beenden. 41 Senatoren können das Regieren erschweren bzw. einen Kompromiss nötig machen oder gar das Regieren verhindern. Der Filibuster steht nicht in der Verfassung, sondern in der Geschäftsordnung des Senats.

Ein anderes, sehr effektives Instrument der Politikblockade ist ein *Rider*, wie das folgende Beispiel zeigt (Sinclair 2000: 147). In seiner Rede zur Lage der Nation (24. Januar 1996) sprach sich Bill Clinton (D) für die Anhebung der Mindestlöhne aus. Für die republikanische Kongressmehrheit war das ein No-Go-Thema. Da aber Senatoren das Recht haben, Gesetzesentwürfe mit beliebigen Ergänzungen – auch themenfremden – zu versehen (das nennt man Rider), gelangte die Mindestlohnanhebung immer wieder in die Gesetzesentwürfe. Robert Dole, der damalige republikanische Mehrheitsführer im Senat, sah sich daraufhin gezwungen, die entsprechenden Vorlagen zurückzuziehen und damit den Entscheidungsprozess zu blockieren. In der Presse machte sich das Wort *Gridlock* breit. Parallel dazu wurde das Thema von Gewerkschaften, dem Weißen Haus, der demokratischen Kongressminderheit in der Presse am Leben gehalten. Mit dem Näherrücken der Kongresswahlen und Befürwortungsraten von 85 % in der Bevölkerung gaben die Republikaner nach – der Mindestlohn wurde angehoben. Ein Beispiel, in dem die demokratische Senatsminderheit den Republikanern das Leben schwer machte.

Ein Regieren im *Divided Government* gehört zu den Normalleistungen des US-Systems. Es ist seit dem Zweiten Weltkrieg sogar eher anzutreffen als ein *Unified Government* (21 zu 13). Was aber seit Längerem feststellbar ist und für Verwerfungen im politischen System sorgt, ist eine zunehmende Parteigeschlossenheit. Das Procedere zur Ermittlung der Parteigeschlossenheit sieht folgendermaßen aus: Bei den *Roll Call Votes* wird die Stimmabgabe der Kongressmitglieder namentlich erfasst. Die so gewonnenen Informationen werden ausgewertet. Stehen sich 50 % plus X der Demokraten und 50 % plus X der Republikaner gegenüber, wird von einer *Party Unity Vote* gesprochen. Gleichzeitig wird eruiert, wie viele Parlamentarier bei einer *Party Unity Vote* mit ihrer Partei gestimmt haben. Im Zeitverlauf sind zwei Entwicklungen zu beobachten. Die *Party Unity Votes* haben zugenommen, ebenso wie der Prozentsatz der Parlamentarier, die in einem solchen Fall mit ihrer Partei gestimmt haben (Zeller 2011: 30–42)[19]. Diese Ergebnisse bedürfen weiterer Erklärungen, da sie für das gegenwärtige Miteinander von Präsident und Kongress von zentraler Bedeutung sind.

Verschiedene ältere Studien, die sich auf die Jahre 1947–1994 bezogen, haben nachgewiesen, dass es auch in einem *Divided Government* nicht zum Stillstand oder zu Dauerblockaden gekommen ist. Ein gewichtiger Grund hierfür lag in der fehlenden Parteigeschlossenheit bei Abstimmungen im Kongress. Das politische Personal der Demokratischen oder Republikanischen Partei war heterogen. In der Republikanischen Partei fanden sich z. B. die Ostküstenliberalen und in der Demokratischen die Südstaatenkonservativen. Es gab also sogenannte Cross-Over-Gruppen, die auch in einem *Divided Government* zur Mehrheitsbeschaffung ‚zur Verfügung‘ standen bzw. häufig – auch bei wichtigen Vorhaben – mit der anderen Partei stimmten. Fleisher/Bond sprechen in diesem Zusammenhang von einem faktischen Vierparteiensystem (Fleisher/Bond 2000: 154ff.). Ein Präsident im *Divided Government* hatte ‚Zugriff‘ auf die Überkreuzgruppe.

Seit den 1990ern wird von einer neuen Parteilichkeit gesprochen. Ursächlich hierfür sind die homogeneren Parteien. Konservative finden sich heute in der Republikanischen Partei oder, wie Norman Ornstein, der renomierte Politikwissenschaftler, schrieb: „There is little room for ideological conversation in the GOP" (Ornstein, zitiert nach Seabrock 2010). Und Liberale suchen ihre Heimat bei den Demokraten. Mit der Abnahme der ideologischen Diversität schrumpft diese Überkreuzgruppe. Die sogenannten Cross-Over-Gruppen sind rückläufig. Als Konsequenz stehen sich die beiden Parteien im Kongress oftmals als Blöcke gegenüber. Das alte Vierparteisystem hat sich zu einem Zweiparteiensystem entwickelt (Fleisher/Bond 2000: 154ff.).

Auch wenn dem oben dargestellten Befund zuzustimmen ist, muss ergänzend darauf verwiesen werden, dass sich die Demokratische Partei intern heterogener darstellt als die Republikanische Partei (Etzioni 2012: 1–49). Während die Republikanische Partei über keinen nennenswerten liberalen Flügel verfügt[20], sehen sich die Liberalen in der Demokratischen Partei einem recht starken konservativen Flügel gegenüber. Trotz eines *Unified Government* musste im 111. Kongress (2009–2011, den ersten zwei Jahren von Obamas Amtszeit) auf die gut 52-Mann starke konservative

---

**19** Als Ronald Reagan (R) sich mit einem Divided Government arrangieren musste, lag die Parteigeschlossenheit der Demokraten bei den Party Unity Votes im Repräsentantenhaus bei 69 % und im Senat bei 71 %. Es gab also eine Gruppe von 31 % bzw. 29 %, die nicht mit ihrer Partei abstimmten. Die Zahlen stellen sich im Divided Government für Barack Obama (D) 2011 anders dar. Wenn es zu Party Unity Votes kam, stimmten 91 % der Republikaner im Repräsentantenhaus und 86 % der republikanischen Senatoren mit ihrer Partei. Eine deutlich abgeschmolzene Überkreuzgruppe.
**20** Pew Research Center, Partisan Polarization Surges in Bush, Obama Years: Trends in American Values 1987–2012, Pew Research Center for the People and the Press, 04.06.2012, http:www.people-press.org/files/legacypdf/06-04-12%20Values%20Release.pdf, S.14.

Blue Dog Coalition in der Demokratischen Partei Rücksicht genommen werden. Dies zeigte sich auch bei der Gesundheitsreform (Terkel 2010). Die Aufgabe, die eigenen Abgeordneten zusammenzuhalten und zur einheitlichen Stimmabgabe zu bewegen, machten zu liberale Vorschläge von vorneherein aussichtslos, d. h. die Vorhaben der Demokraten hatten per se einen konservativen Touch. Aber selbst das sicherte nicht immer deren Zustimmung, wie die nachfolgende Tabelle zeigt. Dennoch gelang es Nancy Pelosi, der Speakerin des Repräsentantenhauses, in der ersten Amtszeit Obamas, den konservativen Flügel, bzw. Teile davon, einzubinden. Dem 111. Kongress wird eine hohe Produktivität bescheinigt, wenngleich die hierbei eingesetzten Strategien negativ kommentiert werden. „This Congress is on a course of becoming the most productive in history, but in a worst, most difficult, most rancorous and partisan fashion." (Ornstein, zitiert nach Seabrock 2010). Dank der komfortablen Mehrheiten der Demokraten im Kongress setzten diese ihre zentralen Vorhaben um.

**Tab. 2:** Wichtige Gesetzesinitiativen der Obama-Administration im 111. Kongress (2009–2011)

| Gesetzesinitiative | Repräsentantenhaus | | | | Senat | | | |
|---|---|---|---|---|---|---|---|---|
| | Demokraten 257 Sitze | | Republikaner 178 Sitze | | Demokraten 59 Sitze | | Republikaner 41 Sitze | |
| | Ja | Nein | Ja | Nein | Ja | Nein | Ja | Nein |
| American Recovery and Reinvestment Act 2009 | 246 | 6 | 0 | 177 | 58 | 0 | 2 | 38 |
| Dodd-Frank Wall Street Reform and Consumer Protection Act | 234 | 19 | 3 | 173 | 57 | 1 | 3 | 38 |
| Health Care and Education Reconciliation Act 2010 | 220 | 32 | 0 | 175 | 56 | 3 | 0 | 40 |

Quelle: mit Änderungen aus: Siewert/Haas 2012, S. 209

Betrachten wir kurz die Gesundheitsreform genauer. Präsident Obama setzte die Gesundheitsreform – gegen den Rat seiner Berater – als Topppriorität auf seine Agenda (Haeder 2012: 68). Die gesetzliche Ausgestaltung überließ er den Mitgliedern des Kongresses. Hier übernahmen einzelne Meinungsführer – prominent Max Baucus – die konzeptionelle Gestaltung und trieben das Thema voran. Um eine Mehrheit zustande zu bekommen, wurde auf zu liberale Inhalten verzichtet. Im Senat konnte – dank einer 60-Stimmen-Koalition von Demokraten und den beiden Unabhängigen – ein Filibuster beendet werden (Wolf/Parker 2009). Die republikanische Minderheit im Senat machte – nicht nur bei der Gesundheitsreform – von dem Obstruktionsinstrument regen Gebrauch, was den Mehrheitsführer Harry Reid (D) frustrierte, wie sein Statement deutlich macht: „60 votes are required for just about everything" (Klein 2012). Dies stellte eine neue Qualität im Regierungsgeschäft dar. Früher wurde ein

Filibuster selten initiiert und brachte besonders starke Vorbehalte gegen ein Vorhaben zum Ausdruck, heute ist ein eher inflationärer Einsatz zu beobachten (Etzioni 2012: 16; Beth/Heitshusen 2012).[21] Als den Senat erneut eine leicht geänderte Repräsentanten- hausversion erreichte, wurde mit einem Verfahrenstrick (Murray/Montgomery 2010) die Möglichkeit eines Filibusters ausgeschlossen. Nötig wurde diese Verfahrensweise, weil nach dem Tod von Senator Ted Kennedy – einem demokratischen Urgestein – eine Nachwahl in Massachusetts stattfand, die von dem Tea-Party-Mitglied Scott Brown gewonnen wurde, was gleichzeitig zum Verlust der filibustersicheren Mehrheit führte. Zusammenfassend kann festgehalten werden, dass der Erfolg der Gesundheits- reform das Ergebnis „of Democratic cohesion and persistence" war (Haeder 2012: 70). Einen grundlegenden Politikwechsel stellt die Gesundheitsreform nicht dar.

Das Kernproblem eines Präsidenten im *Divided Government* ist dieser Tage eine Entwicklung hin zu mehr Geschlossenheit, wenn es zu *Party Unity Votes* kommt. Und zu *Party Unity Votes* kommt es insbesondere bei großen Reformprojekten und nicht im Kleinklein des politischen Alltags. Als Konsequenz ergibt sich für den Präsidenten, dass er im *Divided Government* auf jeden Fall seine eigene Partei hinter sich wissen sollte, aber die Möglichkeit in der gegnerischen Partei Stimmen zu gewinnen, ist mehr als reduziert bzw. gestaltet sich als überaus schwieriges Unterfangen. Während der 111. Kongress (*Unified Government*) recht produktiv war, gehört der 112. Kongress (*Divided Government*, die Republikaner hatten das Repräsentantenhaus gewonnen) – gemessen am legislativen Output – zu den unproduktivsten (Terkel 2012).

Und auch zu Beginn seiner zweiten Amtszeit sieht sich Barack Obama (D) einem *Divided Government* gegenüber. Im Repräsentantenhaus haben erneut die Republika- ner die Mehrheit, und im Senat sichern die Minderheitenrechte den Republikanern weiterhin Blockademöglichkeiten. Um sein in der *State of the Union Address* vom 12. Februar 2013 entworfenes Regierungsprogramm verwirklichen zu können, setzt Obama auf die Öffentlichkeit. „Ich habe immer viel von Lincoln gelesen, und ich erin- nere mich gern an seinen Spruch, dass es nichts gibt, was man nicht mit der öffentli- chen Meinung im Rücken erreichen kann – und ohne kommt man nicht weit" (Fischer 2013).

Das Auffälligste in der aktuellen US-Politik ist, dass informelle Praktiken, wie zum Beispiel das *Bargaining*, nicht mehr erfolgversprechend sind, weil sich das politische Klima zwischen den politischen Akteuren im Kongress geändert hat. Gleiches ist für das exekutive Lobbying des demokratischen Präsidenten zu vermuten, wenn es sich

---

**21** Die exakte Zahl der Filibuster ist nicht zu beziffern. Filibuster werden nicht formal erfasst. Es gibt keine „rules for filibustering". Statistiken gibt es zu den Senate Action on Cloture Motions, http://www.senate.gov/pagelayout/reference/cloture_motions/clotureCounts.htm. Erfasst wird, wenn der Antrag gestellt wird, eine Debatte zu beenden und damit zur Abstimmung zu kommen. Daraus kann aber nicht geschlossen werden, dass ausschließlich das Ziel verfolgt wird, ein Filibuster zu been- den, es kann auch bedeuten, dass ein befürwortetes Gesetz endlich zur Abstimmung gebracht werden soll. Filibustering wird von Gegnern eines Gesetzes praktiziert; Cloture von den Befürwortern.

auf die Cross-Over-Gruppe bezieht. Die Parteipolitisierung wirkt sich auf die informellen Praktiken aus! Dort, wo die informellen Praktiken parteiübergreifend angelegt sind, funktionieren sie gegenwärtig nicht oder werden extrem reduziert angewendet. Die Tea-Party-Mitglieder sind an dieser Entwicklung wesentlich beteiligt. Und die Aufkündigung informeller Praktiken stellt die formalen Institutionen in den USA ganz offensichtlich vor Probleme.

Angesichts der größeren Gruppe konservativer Abgeordneter in der Demokratischen Partei wären die Aussichten eines republikanischen Präsidenten im *Divided Government*, dort Verbündete zu finden, höher einzuschätzen. Die informellen parteiübergreifenden Praktiken würden in einer solchen Konstellation vermutlich wieder besser funktionieren. Allerdings würden sich damit die Inhalte gleichfalls signifikant verändern.

## 4.3 Implementierung

Mit der Verabschiedung eines Gesetzes hat der Kongress seine Aufgabe als Gesetzgeber erfüllt. Nun beginnt die Kernarbeit der Exekutive – das Administrieren. Allgemein gehaltene Gesetze bieten der Exekutive Interpretationsspielraum. Dass es diesen Spielraum gibt, ist den beteiligten Akteuren bewusst. Das heißt, insbesondere bei umstrittenen Gesetzen, dass die Auseinandersetzung um Policies nicht mit der Unterschrift des Präsidenten unter einem Gesetz endet, sondern sich in anderes Terrain – sprich die Verwaltung[22] – verlagert. Betroffene (insbesondere Interessenverbände und Einzelstaatenverwaltungen) suchen die Formulierungen der Bundesverwaltungen zu beeinflussen, d. h. gesetzliche Vorgaben zu entschärfen. Staatliche und nicht-staatliche Akteure sind über verschiedene Verfahren an der Formulierung von Veraltungsvorschriften beteiligt (Oldopp 2012: 81ff.). Dort, wo die einzelstaatlichen Verwaltungen Bundesgesetze ausführen, ist die Gefahr von Reibungsverlusten höher einzuschätzen. Die Schwierigkeiten bei der Weiterentwicklung des Führerscheins zu einem einheitlichen nationalen Identifikationsausweis macht dies deutlich (ebd.: 88ff.). Aber ist eine Verwaltungsvorschrift erlassen, ist die Exekutive in der Lage, diese angemessen umzusetzen. Ob dies auf effizientestem Wege stattfindet, bleibt fraglich. Lösche schreibt sehr anschaulich über das administrative Chaos von Verwaltungsüberlappungen und Zuständigkeitsüberschneidungen in der US-Behördenstruktur (Lösche 1989: 125).

Die finanziellen Mittel werden im Prinzip adäquat verwendet. Dass der Kongress Abweichungen der Exekutive von seinen Gesetzen nur bedingt duldet, zeigt der *Budget and Impoundment Control Act* von 1974. Das Gesetz verlangt vom Präsidenten, vom

---

22 Gerichte sind weitere Orte, an denen gegen missliebige Gesetze vorgegangen werden kann. Bei Klagen ist das Ziel ein Gesetz zu kippen, beim Versuch die Ausführungsbestimmungen zu einem Gesetz zu beeinflussen geht es um Schadensbegrenzung.

Kongress bewilligte Gelder auch auszugeben; ebenso ist er an die Begrenzung der Mittelausgabe gebunden. Der Kongress ist nicht nur im Gesetzgebungsprozess ein wirkmächtiger Gegenspieler des Präsidenten, sondern auch als Kontrolleur der Exekutive. Dies gilt auch für die *Signing Statements* des Präsidenten. Mit den *Signing Statements* zeigt ein Präsident an, wie er ein Gesetz auszulegen gedenkt (Sonnicksen 2010: 163ff.). Dies kann auch durchaus im Widerspruch zum Wortlaut oder Gedanken des Gesetzes stehen. Sollte dem Kongress diese Interpretationsfreiheit zu weit gehen, würde er reagieren.

## 4.4 Rechtsschutz

Die USA sind ein Rechtsstaat. Bürger können ihre Rechte einklagen, d. h. sie sind auch faktisch garantiert (Braml/Lauth 2011: 103–132). Staatliche Übergriffe werden sanktioniert. Aber garantierte Rechte, wie z. B. die freie Rede, die Unverletzlichkeit der Wohnung oder Habeas Corpus, sind interpretierbar. Dies zeigte sich deutlich in der Formulierung des Homeland Security Act von 2002 und in der anhaltenden kontroversen Debatte um die Schließung des Gefangenenlagers in Guantanamo. Gleichfalls zu nennen ist die aktuelle Diskussion über den Drohneneinsatz im Ausland. Wie die Gerichte beispielsweise den Abschuss von US-Bürgern im Ausland ohne konkrete Bedrohungsgefahr bewerten würden, bleibt fraglich. Vom designierten CIA-Chef John Brennan ist die Praxis vehement verteidigt worden. Bürgerrechtsgruppen sehen darin einen Verstoß gegen die US-Verfassung (Diekmann 2013). Dennoch, der Ausgang der richterlichen Entscheidung wäre ungewiss – ein Indiz für eine unabhängige Justiz.

Dass die Judikative unabhängig vom exekutiven Bereich ist, haben zahlreiche Präsidenten aus eigener Erfahrung erlebt. In den 1930ern scheiterten Reformvorhaben Franklin Delano Roosevelts (D), die die Auswirkungen der Weltwirtschaftskrise abmildern sollten, oftmals am Veto des Supreme Court, Richard Nixon (R) wurde im Zuge des Watergate-Affäre zur Herausgabe mitgeschnittener Bänder aus dem Weißen Haus gezwungen, was dann zu seinem Rücktritt führte, George W. Bush (R) erlitt des Öfteren Niederlagen mit seiner Sicherheitspolitik (Greenhouse 2008) und Barack Obama (D)[23] kritisierte die Entscheidung des Supreme Court Super PACs zu legalisieren. Darüber hinaus entscheidet der Supreme Court, Kompetenzstreitigkeiten zwischen Exekutive und Legislative, aber auch zwischen dem Bund und den Einzelstaaten verbindlich. Er ist der Schiedsrichter und seine Urteile werden von allen Beteiligten akzeptiert. Die Judikative in den USA ist unabhängig. Eine systemische Korruption gibt es nicht, was nicht bedeutet, dass ein Fehlverhalten einzelner auszuschließen ist.

---

**23** „With all due deference to separation of powers, last week the Supreme Court reversed a century of law that I believe will open the floodgates for special interests - including foreign corporations – to spend without limit in our elections", so Barack Obama in seiner State of the Union Address vom 28. Januar 2010.

# 5 Fazit

Der Politikprozess in den USA richtet sich prominent nach den formalen Regeln, aber auch informelle Praktiken werden für einen ergebnisoffenen bzw. optimalen Ablauf benötigt. Der Präsident trifft von jeher auf einen selbstbewussten Kongress, in dem Mehrheiten hergestellt werden müssen. Das war auch lange Zeit kein Problem. Aber seit den 1990ern ist immer häufiger eine extrem hohe Parteigeschlossenheit zu beobachten. Die parteipolitische Polarisierung ist das Phänomen, welches das Regieren in den USA in den letzten Jahren verändert hat. Denn die informellen Praktiken, die benötigt werden, um zu Kompromissen zu gelangen, sind oftmals von Parteikonflikten überlagert. Und es zeigt sich, dass das Wegbrechen informeller Praktiken die formalen Institutionen vor Probleme stellt. Die Funktionsfähigkeit wird umso mehr beeinträchtigt, wenn sich gegenläufige informelle Regeln (wie der ‚Steuerschwur‘) etablieren. Das Regierungssystem der USA ist nicht auf strikt parteilich handelnde Akteure ausgelegt, es lebt von Kooperation, Aushandeln, Aufeinander zugehen und dem Finden von Kompromissen. So haben es sich auch die Verfassungsväter vor über 200 Jahren gedacht.

Was bedeutet die zunehmende parteipolitische Polarisierung für das Regierungssystem? In einem parteilich agierenden Kongress kann sich entweder einen hohe Produktivität (*Unified Government*) oder eine geringe Produktivität (*Divided Government*) zeigen. Beides konnte in der ersten Amtszeit Obamas beobachtet werden. Im *Divided Government* droht politischer Stillstand. Ambitionierte Reformvorhaben eines Präsidenten sind nur schwer zu verwirklichen. Die von Obama für seine zweite Amtszeit gewählte Strategie des *Going Public*, also das Werben um Unterstützung für seine Politikpläne bei den Bürgern, kann sich als sinnvoll erweisen. Zumal die Bevölkerung – so zumindest die Umfragen – liberaler eingestellt ist als die Wähler, also diejenigen, die das politische Personal nach Washington, D.C. geschickt haben (Etzioni 2012: 33). Generell ist das kulturelle Framing – die Einbettung der Politik in ein liberales Credo – ein nicht zu unterschätzender Faktor für alle politischen Entscheidungen.[24]

Gegenwärtig zeigen sich aufgrund der parteipolitischen Polarisierung – überspitzt formuliert – Tendenzen eines parlamentarischen Regierungssystems (siehe zunehmende Fraktionsgeschlossenheit). Aber während ein *Unified Government* prinzipiell mit einem parlamentarischen Regierungssystem vereinbar ist, passen ein *Divided Government* und ein parlamentarisches Regierungssystem nicht zusammen. Es bleibt abzuwarten, wie sich das Miteinander von Präsident und Kongress in den USA entwickeln wird. Zu wünschen wäre den USA, dass die Wählerinnen und Wähler künftig moderate, kompromissbereite Politiker auswählen.

---

24 Dies zeigt sich auch deutlich in der Anlage der Außenpolitik (Dittgen 1995), die wiederum eng mit der Innenpolitik und der amerikanischen Gesellschaft verzahnt ist.

# Bibliographie

Abraham, Henry J., 1996: The Judiciary, 10. Aufl., New York.

Beth, Richard S./Heitshusen, Valerie, 2012: Filibusters and Cloture in the Senate, Congressional Research Service, 29.11.2012, http://www.senate.gov/CRSReports/crs-publish.cfm?pid=%270E%2C*PLW%3D%22P%20%20%0A.

Braml, Josef/Lauth, Hans-Joachim, 2011: The United States of America – A Deficient Democracy, in: Erdmann, Gero/Kneuer, Marianne (Hrsg.): Regression of Democracy?, Wiesbaden, S. 103–132.

Dahl, Robert A., 2001: How Democratic Is the American Constitution? New Haven/London.

Davidson, Roger H./Oleszek, Walter J./Lee, Frances E., 2011: Congress and Its Members, 13. Aufl., Los Angeles/London/New Delhi/Singapore/Washington, D.C.

Diekmann, Florian, 2013: Drohnen Strategie: US-Regierung weicht Regeln für Tötung von Terroristen auf, 05.02.2013, http://www.spiegel.de/politik/ausland/drohnenangriffe-auf-terroristen-us-regierung-weicht-regeln-auf-a-881516.html.

Dittgen, Herbert, 1995: Amerikanische Demokratie und Weltpolitik, Paderborn.

Edward III, George C./Barrett Andrew, 2000: Presidential Agenda Setting in Congress, in: Bond, Jon R./Fleisher, Richard (Hrsg.), Polarized Politics. Congress and the President in a Partisan Era, Washington, D.C., S. 109–133.

Etzioni, Amitai, 2012: Gridlock?, in: The Forum, 10/3, Article 9, S. 1–42.

Fichtner, Ulrich/Hujer, Marc/Schmitz, Peter Georg, 2012: Der große Graben, in: Spiegel, 24 (2012), S. 82–92.

Fischer, Sebastian, 2013: Rede zur Lage der Nation: Obama lässt sich nichts mehr bieten, 13.02.2013, http://www.spiegel.de/politik/ausland/rede-zur-lage-der-nation-obama-sagt-kongress-den-kampf-an-a-883029.html.

Fleisher, Richard/ Bond, Jon R., 2000: Partisanship and the President's Quest for Votes on the Floor of Congress, in: Bond, Jon R./Fleisher, Richard (Hrsg.), Polarized Politics. Congress and the President in a Partisan Era, Washington, D.C., S. 154–185.

Greenhouse, Linda, 2006: Supreme Court Blocks Guantanamo Tribunals, in: The New Times, 29.6.2006, http://www.nytimes.com/2006/06/29/washington/29cnd-scotus.html?pagewanted=all&_r=0.

Haas, Christoph M., 2007: Die Regierungssysteme der Einzelstaaten, in: Jäger, Wolfgang/Haas, Christoph M./Welz, Wolfgang (Hrsg.), Regierungssystem der USA. Lehr- und Handbuch, 3. Aufl., München, S. 459–496.

Haeder, Simon F., 2012: Beyond Path Dependence: Explaining Healthcare Reform and Its Consequences, in: Political Studies Journal, 40/1, S. 65–87.

Helmke, Gretchen/Levitsky, Steven, 2003: Informal Institutions and Comparative Politics: A Research Agenda. Kellogg Institute for International Studies at the University of Notre Dame, Working Paper # 307.

Helms, Ludger, 1999: Präsident und Kongress in der legislativen Arena. Wandlungstendenzen amerikanischer Gewaltenteilung am Ende des 20. Jahrhunderts, in: Zeitschrift für Parlamentsfragen, 4, S. 841–864.

Hetherington, Marc J./Keefe, William J., 2007: Parties, Politics, and Public Policy in America, 10. Aufl., Washington, D.C.

Heußner, Hermann K., 2012: Die Krise Kaliforniens – Die Schuld der direkten Demokratie?, in: Feld, Lars P./Huber, Peter M./Jung, Otmar/Lauth, Hans-Joachim/Wittreck, Fabian (Hrsg.): Jahrbuch für direkte Demokratie. Baden-Baden, S. 175–234.

Hübner, Emil/Münch, Ursula, 2013: Das Politische System der USA, 7. Aufl., München.

Kern, Kristine, 1997: Die Entwicklung des Föderalismus in den USA. Zentralisierung und Devolution in einem Mehrebenensystem, in: Swiss Political Science Review, 3/3, S. 1–26.

Klein, Ezra, 2012: Is the filibuster unconstitutional?, in: The Washington Post, 15.5.2012, http://www.washingtonpost.com/blogs/wonkblog/post/is-the-filibuster-unconstitutional/2012/05/15/gIQAYLp7QU_blog.html.

Klingst, Martin, 2011: Der Staatsfeind, in: ZEIT online, 25.11.2011, http://www.zeit.de/2011/48/USA-Norquist.

Köllner, Patrick, 2012: „Informelle Politik" und „informelle Institutionen": Konzeptionelle Grundlagen, analytische Zugänge und Herausforderungen für das Studium autoritärer und anderer politischer Herrschaftssysteme. German Institute of Global and Area Studies, Hamburg, Working Paper # 192.

Lauth, Hans-Joachim, 2012: Informal Governance and Democratic Theory, in: Christiansen, Thomas/Neuhold, Christine (Hrsg.), International Handbook on Informal Governance, Cheltenham 2012, S. 40–64.

Lösche, Peter, 1989: Amerika in Perspektive. Politik und Gesellschaft der Vereinigten Staaten, Darmstadt.

Mann, Thomas E./Ornstein, Norman J., 2012: It's even worse than it looks, New York.

Murray, Shailagh/Montgomery, Lori, 2010: Obama calls for reconciliation to prevent filibuster on health-care reform, in: Washington Post, 4.3.2010, A7, http://www.washingtonpost.com/wp-dyn/content/article/2010/03/03/AR2010030302213.html.

Oldopp, Birgit, 2012: Uniforme Standards, Kompetenzerweiterungen und Vetomöglichkeiten. Das Politikfeld innere Sicherheit in den USA, in Deutschland und der Europäischen Union, Baden-Baden.

Oldopp, Birgit, 2005: Das politische System der USA. Eine Einführung. Lehrbuch, Wiesbaden.

Penn, Mark, 2010: Poll Shows People Support Checks and Balances, But Want More Limits. On Supreme Court Justices, 9.7.2010, http://www.huffingtonpost.com/mark-penn/poll-shows-people-support_b_640864.html?view=screen.

Seabrock, Andrea, 2009: Was The Most Partisan Year Ever, 11.1.2010, http://www.npr.org/templates/story/story.php?storyId=122441095.

Siewert, Markus B/Haas, Christoph M., 2012: Change (un)limited? – Präsident Obamas politischen Handlungsmöglichkeiten zwischen Anspruch und Wirklichkeit, in: Haas, Christoph M./Jäger, Wolfgang (Hrsg), What a President Can, Baden-Baden, S. 207–218.

Sinclair, Barbara, 2000: Hostile Partners: The President, Congress, and Law Making in the Partisan 1990s, in: Bond, Jon R./Fleisher, Richard (Hrsg.), Polarized Politics: Congress and the President in a Partisan Era, Washington, D.C., S. 134–153.

Sherman, Mark, 2008: Supreme Court Rules Guantanamo Detainees Have Constitutional Right to Challenge Detention, in: Huffington Post, 16.06.2008, http://www.nytimes.com/2006/06/29/washington/29cnd-scotus.html?pagewanted=all&_r=0.

Sonnicksen, Jared, „That unity is conducive to energy and will not be disputed": Die Einheit der Exekutive als problematisches Erbe der Federalist Papers, in: Lhotta, Roland (Hrsg.): Die hybride Republik. Die Federalist Papers und die politische Moderne, Baden-Baden 2010, S. 151–169.

Stanley, Harold/Niemi, Richard G., 2011: Vital Statistics on American Politics 2011–2012, Los Angeles/London/New Delhi/Singapore/Washington, D.C.

Steffani, Winfried, 1976: Parlamentarische und präsidentielle Demokratie: Strukturelle Aspekte westlicher Demokratien, Opladen 1976.

Terkel, Amanda, 2012: 112th Congress Set To Become the Most Unproductive Since 1940s, in: Huffington Post, 28.12.2012, http://www.huffingtonpost.com/2012/12/28/congress-unproductive_n_2371387.html.

Terkel, Amanda, 2010: Blue Doc Coalition Crushed by GOP Wave Election, in: Huffington Post 3.11.2010, http://www.huffingtonpost.com/2010/11/03/blue-dog-coalition-gop-wave-elections_n_778087.html.

Vorländer, Hans, 2007: Gesellschaftliche Wertvorstellungen und politische Ideologien, in: Jäger, Wolfgang/Haas, Christoph M./Welz, Wolfgang (Hrsg.), Regierungssystem der USA. Lehr- und Handbuch, 3. Aufl., München, S. 25–44.

Walker, David, B.,1995: The Rebirth of Federalism. Slouching toward Washington, 2. Aufl., New York/London.

Wolf, Byron/Parker, Jennifer, 2009: Democrats Unite to Hold Off Senate GOP Health Care Filibuster, in: abs News, 21.11.2009, http://abcnews.go.com/Politics/health-care-bill-democrats-overcome-gop-filibuster-bid/story?id=9141122.

Zeller, Shawn, 2010: The divisions between parties on Capitol Hill were at near record level in 2010, in: CQ Weekly: Congressional Quarterly, 69/1 (2011), S. 30–42.

Pew Research Global Attitudes Project, American-Western European Values Gap, Pew Research Center for the People and the Press, 17.11.2011 (updated 29.02.2012), http://www.pewglobal.org/2011/11/17/the-american-western-european-values-gap/.

Pew Research Center, Supreme Court favorability reaches new low, Pew Research Center for the People and the Press, 01.05.2012, http://www.people-press.org/2012/05/01/supreme-courtfavorability-reaches-new-low/.

Pew Research Center, A Majority See Super PACs as Having a Negative Impact, Pew Research Center for the People and the Press, 24.01.2012, http://www.pewresearch.org/daily-number/a-majority-see-super-pacs-ashaving-negative-impact/.

Pew Research Center, Partisan Polarization Surges in Bush, Obama Years: Trends in American Values 1987–2012, Pew Research Center for the People and the Press, 04.06.2012, http:www.people-press.org/files/legacypdf/06-04-12%20Values%Release.pdf.

# III   Vergleichsstudien politischer Systeme

Sven Jochem
# Skandinavien

## 1 Einleitung

Die politischen Systeme der nordeuropäischen Territorialstaaten sind bunter und vielschichtiger, als es vorhandene Vorstellungen von einem uniformen nordischen Modell
der Demokratie nahelegen. Wenn daher im Folgenden vom (europäischen) Norden
oder den skandinavischen Ländern die Rede ist, dann sind dies mitunter unpräzise
Generalisierungen, die der Kürze der hier gebotenen Darstellung geschuldet sind (vgl.
differenzierend Alestalo/Hort/ Kuhnle 2009, Bengtsson et al. 2013, Bergmann/
Strøm 2011, Henningsen/Jochem 2014, Jochem 2012).

Jenseits notwendiger Differenzierungen im Detail rangieren die nordischen Demokratien bei unterschiedlichsten empirischen Messverfahren der empirischen Demokratieforschung stets in der Gruppe der weltweit führenden Demokratien.[1] Die
Qualität nordischer Demokratien, die Qualität nordischen Regierens wird im internationalen Vergleich als besonderes Leistungsmerkmal des Nordens hervorgehoben. Die
sehr gut ausgeprägte demokratische Transparenz und Zurechenbarkeit werde im
Norden kombiniert mit einem ausgeprägten politischen Pragmatismus jenseits partei-
programmatischer Grabenkämpfe sowie einer in Geschichte und Kultur des Nordens
tief verankerten Vorstellung umfassend ausgeprägter individueller Autonomie und
individueller Emanzipation auf gesellschaftlicher Ebene (vgl. hierzu beispielhaft Henningsen 2013, Holmberg/Rothstein 2012).

Die politischen Systeme des Nordens können in genuin parlamentarische Systeme
(Dänemark, Norwegen, Schweden) und in semi-präsidentielle Systeme (Island, Finn-
land) unterteilt werden. In diesem Beitrag wird jedoch gezeigt, wie die semi-
präsidentiellen Systeme in den vergangenen zwei Dekaden zusehends Prinzipien des
Parlamentarismus adaptierten. Dieser Trend wurde mit einer Verfassungsreform in
Finnland (2000) verfassungsrechtlich festgeschrieben; in Island kann die geplante
Verfassungsänderung allerdings mit der Wahl zum Parlament im April 2013 als ge-
scheitert angesehen werden (Jochem 2013c).

Die meisten nordischen Staaten demokratisierten sich bereits relativ früh; dieser
Prozess setzte sich bis in die Gegenwart ohne größere Rückschläge oder nationale
Katastrophen fort. Einzig in Finnland stand die Demokratisierung in der Zwischen-
kriegszeit auf der Kippe. Aufbauend auf die Studien von Stein Rokkan (1999) und der

---

[1] Als zwei von vielen Beispielen sei verwiesen auf: Freedomhouse (http://www.freedomhouse.org),
Democracybarometer (http://www.democracybarometer.org). Vgl. auch Tabelle 11 in Kapitel 3
dieses Beitrags.

dort verwendeten Metapher der vier Stufen einer Demokratisierung (Pressefreiheit, universelles Wahlrecht, proportionales Wahlrecht, parlamentarische Verantwortung) können die jeweiligen historischen Wegmarken in Skandinavien aus den Daten in Tabelle 1 abgelesen werden. Hieraus wird ersichtlich, dass vor allem in Finnland die demokratische Entwicklung spät startete und spät vollendet wurde.

**Tab. 1:** Demokratisierung und Staatsbildung in Skandinavien

|  | Legitimität: Pressefreiheit | Einbindung: Universelles Wahlrecht | Repräsentation: Proportionales Wahlrecht | Exekutive Macht: Parlamentarismus |
|---|---|---|---|---|
| Dänemark | 1849 | 1915 | 1915 | 1901 |
| Finnland | 1917 | 1906 | 1906 | 1917 |
| Island | 1849 | 1915 | 1959 (1942)[1] | 1904 |
| Norwegen | 1814 | 1913 | 1919 | 1884 |
| Schweden | 1809 (1766) | 1921 | 1909 | 1917 |

Anmerkung: Die Jahreszahlen können je nach Quelleninterpretation schwanken. [1] Einige der Sitze im Althingi waren bereits seit 1942 dem proportionalen Wahlrecht unterworfen. Auf das gesamte Parlament wurde dies jedoch erst 1959 angewendet.
Quelle: Heidar 2004, S. 18

Die politischen Prinzipien der Gleichheit, des gesellschaftlichen Vertrauens, eines ausgeprägten politischen Pragmatismus sowie einer durch wenige institutionelle Politikverflechtungen gebremsten Mehrheitsherrschaft sind für die nordischen Länder charakteristisch. Im Norden – mit der Ausnahme Islands – wird eine durchschlagskräftige institutionelle Mehrheitsdemokratie kombiniert mit informellen Routinen der Konsenssuche und eines offenen Verhandelns und Debattierens in den hierfür vorgesehenen demokratischen Gremien als auch auf zivilgesellschaftlicher Ebene. Die spezifisch nordische Kombination aus lutherischer Reformation mit früher nationaler Staatsgründung sowie einer ebenso frühen staatlichen Modernisierung ist für diese Form der nordischen Verhandlungsdemokratie ebenso prägend gewesen wie die Einbettung staatlicher Institutionen in liberale und karitative Volksbewegungen (vgl. für Schweden: Jochem 2013b).

# 2 Typen nordischer Regierungssysteme

Als Gemeinsamkeiten der politischen Systeme des Nordens kann festgehalten werden, dass alle Territorialstaaten zentralistisch organisiert sind, sie hierbei aber auch über eine große Autonomie der regionalen bzw. lokalen Gebietskörperschaften verfügen. Ebenso ist den nordischen Demokratien gemein, dass sie in der klassischen Gewaltenteilungslehre über starke Parlamente und Exekutiven verfügen und die Judikative im politischen Prozess mit einem eher schwächeren Vetopotenzial ausgestattet ist. Die detaillierte Analyse dieser Aspekte wird im Folgenden durchgeführt. Zuvor sollen jedoch die drei autonomen Regionen des Nordens vorgestellt werden.[2]

*Grönland* ist Teil des dänischen Königreichs. Seit 1979 wurde Grönland eine weitreichende innenpolitische Autonomie eingeräumt. Am 25. November 2008 stimmte die Mehrheit der grönländischen Bevölkerung (mit über 75 Prozent der gültigen Stimmen) für eine weitgehende Unabhängigkeit Grönlands von Dänemark; die neuen Regelungen traten am 21. Juni 2009 in Kraft. Grönland besitzt ein eigenes Parlament („Inatsisartut") sowie eigenständige politische Akteure. Einzig im Bereich der Außenpolitik erfolgt noch eine Vertretung durch die dänische Regierung. Auch aus diesem Grunde entsenden die Grönländer zwei Abgeordnete ins dänische Parlament. Als Besonderheit ist der 1985 vollzogene Austritt Grönlands aus der EU zu interpretieren, seither hat Grönland den Status eines „assoziierten überseeischen Landes" mit den Vorteilen der Zollunion sowie spezifischen Beziehungen insbesondere in den Bereichen Bildung und Umweltschutz.

Die *Färöer Inseln* sind völkerrechtlich ebenfalls ein Teil des dänischen Königreichs. Ähnlich wie Grönland besitzt die kleine Inselgruppe im Nordatlantik seit 1948 eine große innenpolitische Autonomie, wohingegen die Außen- und Sicherheitspolitik von der dänischen Regierung ausgeführt wird. Ebenso wie Grönland entsenden die Färöer Inseln daher zwei Abgeordnete in das dänische Parlament. Während die grönländische Bevölkerung für einen Austritt aus der EU stimmte, weigerte sich die Bevölkerung der Färöer Inseln in einem Referendum 1972 überhaupt erst, der EU beizutreten. Anders als Grönland mit seinem speziellen Status regelt die Regierung der Färöer die Beziehungen zur EU über bilaterale Verträge.

*Åland* schließlich stellt das dritte autonome Gebiet in Skandinavien dar. Historisch und sprachlich bestehen engste Verbindungen zu Schweden, allerdings war die Inselgruppe stets Teil der finnischen Republik. Bereits im Jahre 1856 wurde die Inselgruppe entmilitarisiert. Als im Jahr 1921 die Bewohner Ålands eine Aufnahme in das schwedische Königreich forderten, entschied sich der Völkerbund für einen staatsrechtlichen Status quo, räumte den Bewohnern der Inseln jedoch eine weitreichende innenpolitische Autonomie ein. Der Präsident der finnischen Republik hat ein Vetorecht, falls das åländische Parlament (,Lagting') die Grenzen der innenpolitischen Autonomie überschreiten sollte. Das åländische Parlament kann einen Repräsentanten in das finnische Parlament entsenden. Im Gegensatz zu Grönland und den Färöer Inseln wurde Åland mit Finnland Mitglied der Europäischen Union. Allerdings konnten steuerrechtliche Sonderregeln für diese Inselgruppe vertraglich festgeschrieben werden.

---

**2** Das Symbol der nordischen politischen Zusammenarbeit ist der *achtflügelige* Schwan. Die Anzahl der Flügel repräsentiert also neben den fünf nordischen Territorialstaaten die autonomen Regionen Grönland, die Färöer Inseln sowie Åland (vgl. http://www.norden.org).

## 2.1 Parlamentarische Regierungssysteme und Monarchien – Dänemark, Norwegen, Schweden

Die Monarchinnen und Monarchen des Nordens (vgl. Tabelle 2) erfüllen als staatsrechtliche Staatsoberhäupter nahezu ausschließlich repräsentative Aufgaben oder füllen zeremonielle Funktionen in den parlamentarischen Demokratien aus. So sind sie mitunter befugt, an den Kabinettssitzungen der nationalen Regierungen teilzunehmen. Auch besteht in allen nordischen Monarchien die Pflicht der Parlamente sowie Regierungen, die Königshäuser über die aktuellen Amtsgeschäfte zu informieren. Die nordischen Monarchien zeichnen sich ferner dadurch aus, dass sie im 20. Jahrhundert rasch eine Entpolitisierung ihrer Funktion akzeptierten, sich in der jüngeren Geschichte als erste Repräsentanten ihrer Nation weitgehend bewährten und – was keineswegs selbstverständlich ist – die vorwiegend sozialdemokratischen Regierungspolitiken der Nachkriegszeit nicht unterminierten, sondern neutral begleiteten. Die integrative Wirkungsweise volksnaher Monarchien konnte jüngst in Norwegen beobachtet werden: Im Sommer 2011 reagierte das norwegische Königshaus emotional und sehr volksverbunden auf das Attentat in Oslo sowie das Massaker auf der Insel Utøya.

**Tab. 2:** Die skandinavischen Königinnen und Könige nach 1900

| Dänemark | Norwegen | Schweden |
| --- | --- | --- |
| Christian IX (1863–1906) | Oskar II (1872–1905) | Oskar II (1872–1907) |
| Friedrich VIII (1906–1912) | Haakon VII (1905–1957) | Gustav V (1907–1950) |
| Christian X (1912–1947) | Olav V (1957–1991) | Gustav VI Adolf (1950–1973) |
| Friedrich IX (1947–1972) | Harald V (seit 1991) | Carl VI Gustaf (seit 1973) |
| Margrethe II (seit 1972) | | |

Quelle: eigene Zusammenstellung

Das politische System in Dänemark besticht durch seine historische Kontinuität. Mit der 1848er Revolution wurde eine konstitutionelle Monarchie errichtet, in welcher der Monarch zwar noch beachtliche Kompetenzen besaß, er jedoch mit einem aus zwei Kammern bestehenden Parlament kooperieren musste. Im 20. Jahrhundert setzte sich die verfassungsrechtliche Traditionslinie ohne größere Zäsuren weiter fort. Nur drei offizielle Verfassungsänderungen (1915, 1920 sowie 1953) entwickelten die verfassungsrechtlichen Traditionen Dänemarks weiter. Mit der letzten Verfassungsrevision wurden die beiden parlamentarischen Kammern zu einer Kammer mit 179 Parlamentsmitgliedern zusammengefasst.[3]

---

3 Vgl. in englischer Sprache: http://www.thedanishparliament.dk/Democracy/The_Constitutional_Act_of_Denmark.aspx, ebenso die deutsche Übersetzung: http://www.verfassungen.eu/dk/ (zuletzt aufgerufen 14.10.2013).

Eine weitere Innovation der Verfassungsrevision von 1953 war die Einführung direktdemokratischer Elemente. Als Barriere gegen eine befürchtete uneingeschränkte parlamentarische Mehrheitsherrschaft wurde festgelegt, dass ein Drittel der Parlamentsmitglieder umstrittene Gesetzesentwürfe des Parlaments einem Referendum unterwerfen kann. Zwar sind bestimmte politische Bereiche (vor allem Haushalt und Steuern) einem solchen Verfahren entzogen. Dennoch stellt diese direktdemokratische Partizipationsmöglichkeit eine Besonderheit der dänischen Politik dar. Hinter der Schweiz, Italien und Irland kann sich Dänemark auf dem vierten Platz einer europäischen Rangliste direktdemokratischer Abstimmungen in der Nachkriegszeit behaupten.[4] Allerdings gibt es in Dänemark keine Möglichkeit einer Volksinitiative.

Die Regierung wird von der Königin oder dem König ernannt. Ihre Existenz ist jedoch einzig vom Rückhalt im Parlament abhängig. Das *Prinzip des negativen Parlamentarismus* in Dänemark impliziert, dass ein Minister bzw. die Regierung dann zurücktreten muss, wenn eine absolute Mehrheit des Parlaments dies fordert (Misstrauensvotum); Enthaltungen bei diesen Abstimmungen sichern allerdings den Machterhalt der Regierung ab. Die Regierung kann jederzeit durch die Einberufung von Neuwahlen einen solchen Schritt des Parlaments konterkarieren. Ferner impliziert dieses parlamentarische Prinzip, dass die Regierung keine aktive Mehrheit von Ja-Stimmen im Parlament hinter sich vereinigen muss, sondern auch durch Enthaltungen oder Absenzen geduldet werden kann. Diese Prinzipien ermöglichten die lange Tradition von Minderheitsregierungen in der dänischen Geschichte sowie die hohe Anzahl der Parlamentsauflösungen und vorzeitigen Neuwahlen (vgl. Tabelle 3 sowie hier wie im Folgenden ausführlicher Jochem 2012).

Die dänische Form des Regierens impliziert einen bedeutsamen Einfluss der parlamentarischen Opposition auf die Gesetzgebung, wie dies in allen Ländern mit Minderheitsregierungen der Fall ist.[5] Tatsächlich ist das dänische Parlament ein dezidiertes Arbeitsparlament. Die Ausschussarbeit eröffnet den oppositionellen Fraktionen Mitwirkungsrechte, die über bloße Kontrollmöglichkeiten im Plenum hinausgehen. Durch die Tradition der Minderheitsregierungen, aber auch durch die seit 1973 zu beobachtende Zerfaserung des dänischen Parteiensystems, sind Verhandlungen zwischen Regierung und oppositionellen Fraktionen vielschichtiger, unkalkulierbarer sowie zahlreicher geworden. So bestimmte die sozialdemokratische Opposition in der Ära Schlüter zentrale Aspekte dänischer Außenpolitik. Und bis 2011 hinterließ die rechtspopulistische Dänische Volkspartei als Oppositionspartei und parlamentarische Mehrheitsbeschafferin ihre programmatischen Spuren im Bereich der Rechts-, Sozial- und Immigrationspolitik. Insofern kann von einer klar bestimmbaren Opposition in

---

**4** Vergleiche Schmidt (2006: 360), Jochem (2012: 70). Eine aktuelle Datenbank direktdemokratischer Partizipationsmuster ist abrufbar unter: http://www.c2d.ch/index.php (Centre for Research on Direct Democracy) (zuletzt aufgerufen 14.10.2013).
**5** Der klassische Beitrag zu den Formen, Vorzügen und Nachteilen von Minderheitsregierungen stammt von Strøm (1990).

Dänemark nur schwerlich die Rede sein. Zu wechselhaft und verschwommen verlaufen – insbesondere nach 1982 – die Grenzen zwischen Regierung und Opposition im Gesetzgebungsprozess (Arter 2008, 193–255, Bergmann/Strøm 2011).

**Tab. 3:** Regierungen in Dänemark seit 1980

| Premierminister | Parteipolitische Regierungs- Zusammensetzung | Zeitraum (Monat/Jahr) | Prozentualer Sitzanteil der Regierungs- parteien | Prozentualer Sitzanteil der stärksten Opposi- tionspartei |
|---|---|---|---|---|
| Jørgensen V (SD) | SD | 11/79–11/81 | 38,9 | 12,6 |
| Jørgensen VI (SD) | SD | 12/81–09/82 | 33,7 | 14,9 |
| Schlüter I (KF) | KF, V, CD, KRF | 10/82–01/84 | 37,7 | 33,7 |
| Schlüter II (KF) | KF, V, CD, KRF | 02/84–09/87 | 44,0 | 32,0 |
| Schlüter III (KF) | KF, V, CD, KRF | 10/87–05/88 | 40,0 | 30,9 |
| Schlüter IV (KF) | KF, V, RV | 06/88–12/90 | 38,3 | 31,4 |
| Schlüter V (KF) | KF, V | 01/91–01/93 | 33,7 | 39,4 |
| P.N. Rasmussen I (SD) | SD, CD, RV, KRF | 02/93–09/94 | 50,9 | 17,1 |
| P.N. Rasmussen II (SD) | SD, CD, RV | 10/94–12/96 | 42,9 | 24,0 |
| P.N. Rasmussen III (SD) | SD, RV | 01/97–03/98 | 40,0 | 24,0 |
| P.N. Rasmussen IV (SD) | SD, RV | 04/98–11/01 | 40,0 | 24,0 |
| A.F. Rasmussen I (V) | V, KF | 12/01–02/05 | 41,1 | 29,7 |
| A.F. Rasmussen II (V) | V, KF | 03/05–11/07 | 40,0 | 26,9 |
| A.F. Rasmussen III (V) | V, KF | 11/07–04/09 | 36,6 | 25,7 |
| L. L. Rasmussen (V) | V, KF | 04/09–09/11 | 36,6 | 25,7 |
| H. Thorning-Schmidt (SD) | SD, RV, SF | 10/11– | 43,0 | 26,3 |

Abkürzungen der Parteien: SD = Socialdemokratiet/Sozialdemokratische Partei; V = Venstre/ Liberale Partei; KF = Konservative Folkeparti/Konservative Volkspartei; RV = Radikale Venstre/ Radikal – Liberale Partei; RF = Denmarks Retsforbund/Dänische Rechtspartei; CD = Centrum – Demokraterne/Zentrumsdemokraten; KRF = Kristelig Folkeparti/Christliche Volkspartei; SF = Socialistisk Folkeparti/Sozialistische Volkspartei.
Quelle: eigene Zusammenstellung nach den Angaben der Regierungskanzlei des dänischen Ministerpräsidenten (http://www.stm.dk/Index/mainstart.asp/_p_7812.html) sowie Daten in http://www.parties-and-elections.eu/denmark.html (zuletzt aufgerufen 14.10.2013).

Das politische System *Norwegens* basiert auf einer Verfassung aus dem Jahr 1814. Seither wurden zahlreiche Modifikationen durchgeführt. Ähnlich wie in Dänemark entwickelte sich eine parlamentarische Demokratie mit starkem Parlament sowie einer starken Exekutive, das Königshaus erfüllt lediglich repräsentative und zeremonielle Funktionen. In Norwegen existieren hohe Hürden für Verfassungsreformen. Bei einer Anwesenheit von zwei Dritteln der Parlamentsmitglieder muss ein Quorum von mindestens zwei Dritteln der anwesenden Mitglieder für die anvisierte Verfassungsänderung stimmen. Zudem wird von der Verfassung eingefordert, dass erst das nächste Parlament diese Verfassungsänderung schlussendlich gutheißen kann.

Zentrale Gewalten des norwegischen Regierungssystems sind das Parlament („Stortinget'), der König sowie die Oberste Gerichtsbarkeit mit einem Verfassungsgericht („Norges Høyesterett'). In der Verfassung werden direktdemokratische Mechanismen nicht erwähnt. Es sind jedoch fakultative und konsultative Referenden auf Initiative des Parlaments möglich. Bis zum heutigen Tag erfolgten sechs Referenden, die allesamt die politische Geschichte des Landes prägten und in der Europapolitik Norwegens Zäsuren bewirkten (Jochem 2012: 75f.).

Das norwegische Parlament bestand bis ins Jahr 2009 aus einem ‚qualifizierten‘ unikameralen System. Ohne Anwendung einer Sperrklausel – es existiert eine 4-Prozent-Hürde lediglich für die Berechnung von Ausgleichsmandaten – werden 169 Abgeordnete in das Parlament gewählt, wobei das Parlament nicht aufgelöst werden kann – eine Besonderheit Norwegens. Das bis 2009 wirksame ‚qualifizierte‘ unikamerale Parlament bestand allerdings im Gegensatz zu heute aus zwei Versammlungen. Die norwegischen Verfassungsväter waren bestrebt, eine Art Oberhaus in das nationale Parlament zu integrieren, welches die Verfassungsmäßigkeit der Gesetzesinitiativen prüfen sollte. Nach der allgemeinen Wahl zum ‚Stortinget‘ bestellten die Abgeordneten aus ihrer Mitte ein Viertel der Mitglieder proportional zum sogenannten ‚Lagting‘. Der verbleibende Rest des Parlaments bildete die zweite Kammer, den ‚Odelsting‘, welcher allein befugt war, Gesetzesinitiativen in den Prozess der parlamentarischen Beschlussfassung einzuspeisen. Der ‚Lagting‘ diente also quasi als erste Kammer. Erst wenn beide Kammern der Reform zustimmten, galt das Gesetz als vom Parlament verabschiedet. Hätte der ‚Lagting‘ einer Reform nicht zugestimmt, dann hätte ein solches Veto durch eine gemeinsame Sitzung des vereinigten ‚Storting‘ mit einem Zweidrittelbeschluss aufgehoben werden können.

Da jedoch beide Kammern auf einer gemeinsamen parlamentarischen Mehrheit beruhten und der ‚Lagting‘ proportional zu den Mehrheitsverhältnissen bestückt wurde, existierten praktisch keine Vetos dieser Kammer. Mit der Reform aus dem Jahr 2007 wurde diese Differenzierung des ‚Storting‘ mit großer Mehrheit beseitigt. Seit den Parlamentswahlen im Jahre 2009 existierte also ein unikamerales Parlament in Norwegen. Der formale Gesetzgebungsweg wurde insofern verändert, als nun zwei Lesungen vorgesehen sind. Werden in der zweiten Lesung Veränderungen der Gesetzesinitiative vom Parlament beschlossen, wird eine abschließende dritte Lesung erforderlich.

In der norwegischen Nachkriegszeit dominieren parlamentarische Minderheitsregierungen (vgl. Tabelle 4). Ähnlich wie in Dänemark und Schweden existiert in Norwegen das Prinzip des *negativen Parlamentarismus*; seit 1960 vereinigten nur wenige Regierungen mehr als 50 Prozent der parlamentarischen Sitze auf sich. Seit dem Zweiten Weltkrieg dominierten bis ca. Mitte der 1960er-Jahre die norwegischen Sozialdemokraten die Regierungsgeschäfte. Seit dieser Zeit wechseln sich bürgerliche Koalitionsregierungen und Regierungen der sozialdemokratischen Partei Norwegens ab. Seit 2005 regierte die Sozialdemokratie erstmals in der Nachkriegszeit in einer offiziellen Koalition mit der Zentrumspartei sowie der linkssozialistischen Partei. Und erstmals seit den frühen 1980er-Jahren verfügen diese Regierungen über eine (wenn auch knappe) parlamentarische Mehrheit.

Die sozialdemokratisch geführte Koalition wurde bei der Wahl am 9. September 2013 abgewählt. Obgleich die ökonomischen Rahmendaten für Norwegen einzigartig

positiv sind und sich die Koalition als durchaus produktive Regierung beweisen konnte, verlor sie bei den Wahlen die parlamentarische Mehrheit. Der Wahlkampf drehte
sich um genuin wohlfahrtsstaatliche Themen, allerdings plädierte keine der norwegischen Parteien für Einschnitte ins soziale Netz. Insbesondere die Konservative Partei
verfolgte in den vergangenen Jahren – wie ihre schwedische Schwesterpartei bereits
zuvor – einen imposanten programmatischen Schwenk in die politische Mitte.

Eindeutige Gewinnerin der Wahl ist die konservative Rechtspartei (H), die ihren
Stimmen- und Sitzanteil deutlich erhöhen und die rechtspopulistische Fortschrittspar-
tei als zweitgrößte Fraktion im Parlament ablösen konnte, die wiederum deutlich an
Stimmen verlor. Die konservative Partei unter Führung von Erna Solberg strebt seit der
Wahl die Bildung einer bürgerlichen Koalition bestehend aus Konservativer Partei (H),
rechtspopulistischer Fortschrittspartei (FRP), Christdemokraten (KRF) und Liberaler
Partei (V) an. Die Regierungsbildung erwies sich als langwierig, da die Fortschrittspartei für die anderen bürgerlichen Parteien Probleme aufwirft. Letztlich konnte Erna
Solberg lediglich eine aus den zwei stärksten bürgerlichen Parteien bestehende Min-
derheitsposition schmieden. Die oppositionellen Sozialdemokraten sind weiterhin
stärkste Fraktion im norwegischen Parlament.

**Tab. 4:** Regierungen in Norwegen seit 1980

| Premierminister bzw. Premierministerin | Parteipolitische Regierungs- zusammensetzung | Zeitraum (Monat/Jahr) | Prozentualer Sitz- anteil der Regie- rungsparteien | Prozentualer Sitzan- teil der stärksten Oppositionspartei |
|---|---|---|---|---|
| Nordli II (DNA) | DNA | 10/77–01/81 | 49,0 | 26,5 |
| Brundtland I (DNA) | DNA | 02/81–09/81 | 49,0 | 26,5 |
| Willoch I (H) | H | 10/81–05/83 | 34,8 | 41,9 |
| Willoch II (H) | H; KRF; SP | 06/83–09/85 | 51,6 | 41,9 |
| Willoch III (H) | H; KRF; SP | 10/85–04/86 | 40,1 | 45,2 |
| Brundtland II (DNA) | DNA | 05/86–09/89 | 45,2 | 31,8 |
| Syse (H) | H; KRF; SP | 10/89–10/90 | 37,6 | 38,2 |
| Brundtland III (DNA) | DNA | 11/90–08/93 | 38,2 | 22,4 |
| Brundtland IV (DNA) | DNA | 09/93–10/96 | 40,6 | 19,4 |
| Jagland (DNA) | DNA | 11/96–10/97 | 40,6 | 19,4 |
| Bondevik I (KRF) | KRF, SP, V | 11/97–03/00 | 25,5 | 39,4 |
| Stoltenberg I (DNA) | DNA | 04/00–10/01 | 39,4 | 15,2 |
| Bondevik II (KRF) | KRF, V, H | 11/01–10/05 | 37,6 | 26,1 |
| Stoltenberg II (DNA) | DNA, SV, SP | 10/05–09/09 | 51,5 | 22,5 |
| Stoltenberg III (DNA) | DNA, SV, SP | 10/09–09/13 | 50,9 | 24,3 |
| Solberg (H) | H, FRP | 10/13– | 45,6 | 32,5 |

Abkürzungen der Parteien: DNA = Det Norske Arbeiderparti/Norwegische Arbeiterpartei; SP = Senter-
partiet/Zentrumspartei; H = Høyre/Konservative Partei; KRF = Kristelig Folkeparti/Christliche Volkspartei; V = Venstre/Liberale Partei; SV = Socialistisk Venstreparti/Linkssozialisten; FRP = Fremskrittspartiet
(Fortschrittspartei).
Quelle: Informationen der norwegischen Regierung (http://www.regjeringen.no/en/the-
government/previous-governments.html?id=85847) sowie Daten in http://www.parties-and-
elections.eu/norway.html (zuletzt aufgerufen 14.10.2013)

Das politische System *Schwedens* beruht auf einer Verfassung, die maßgeblich aus vier Dokumenten besteht. Die sogenannte Regierungsform („regeringsformen') stammt aus dem Jahre 1974 und beinhaltet die zentralen politischen Institutionen und Regeln. In dem aus dem Jahre 1810 stammenden Thronfolgegesetz („sucessionsordningen') werden Belange der Königsfolge reguliert. Die Pressefreiheitsverordnung („tryckfrihetsförordningen', 1766/ 1949) sowie das Gesetz zur freien Meinungsäußerung („yttrandefrihetsförordningen', 1991) regeln hingegen die entsprechenden Grundrechte und Grundfreiheiten des demokratischen Prozesses. Ergänzt werden diese zentralen Dokumente mit Verfassungsrang von der Rechtsordnung des Reichstags („Riksdagsordningen') aus dem Jahre 1974. All diese Verfassungstexte basieren auf einem ursprünglichen Verfassungstext aus dem Jahr 1809. Die damalige Verfassungskrise (und militärische Niederlagen) führte dazu, dass König Gustav IV Adolf erstmals in seiner absolutistischen Machtfülle eingeschränkt wurde.

Das Machtzentrum Schwedens liegt im Reichstag sowie der aus ihm hervorgehenden Regierung. Als Staatsoberhaupt wird in der Verfassung zwar ausgeführt, dass ein König (oder eine Königin) erste Person im Staate sei, allerdings wird ebenso betont, dass die Monarchie über keinerlei politische Macht verfüge. Weder ist im Kriegsfall der Monarch als oberster Befehlshaber vorgesehen, noch hat der König irgendwelche Rechte auf Information durch die Regierung bzw. Teilnahme an Kabinettssitzungen. Das schwedische Königshaus ist somit explizit auf rein repräsentative Aufgaben beschränkt.

Das schwedische Parlament („Riksdag') besteht seit 1971 aus einer Kammer. Die (seit 1976) 349 Abgeordneten werden in allgemeinen Wahlen bestimmt, wobei landesweit eine 4-Prozent Sperrklausel existiert. Seit 1994 wurde die Legislaturperiode von drei auf vier Jahre ausgeweitet. Hierfür war der breite politische Konsens maßgebend, dass drei Jahre zu wenig Zeit seien, um der Regierung Gestaltungschancen zu eröffnen, bevor der erneute Wahlkampf ein zielgerichtetes Regieren erschwere. Der schwedische Reichstag kann als dezidiertes Arbeitsparlament verstanden werden. Eine Vielzahl von Ausschüssen strukturiert den Gesetzgebungsprozess. In diesen Ausschüssen werden mitunter Sachkompromisse verfolgt, die unter den Bedingungen von Minderheitsregierungen das Regieren erst ermöglichen. Ebenso auffallend ist die hohe Fraktionsdisziplin bei allen im ‚Riksdag' vertretenen politischen Parteien.

Die schwedischen Regierungen sind einzig vom Vertrauen und der politischen Unterstützung des Reichstags abhängig. Das Prinzip des *negativen Parlamentarismus* impliziert auch in Schweden, dass der Regierungschef nicht eine absolute Mehrheit für sich im Parlament erlangen muss. Es darf nur nicht die Mehrheit gegen ihn oder sie stimmen. Nach erfolgreicher Wahl bestimmt der Ministerpräsident seine Kabinettsmitglieder ohne erneute Bestätigung durch das Parlament.

Wie in den Nachbarländern dominieren Minderheitsregierungen die schwedische Nachkriegsgeschichte (vgl. Tabelle 5). Die Regierungsgeschichte nach dem Zweiten Weltkrieg wird eindeutig von der sozialdemokratischen Partei Schwedens dominiert. Diese hegemoniale Machtstellung wurde zwischen 1976 und 1982, zwischen 1991 und

1994 sowie seit 2006 unterbrochen. Die gegenwärtige bürgerliche Koalition stellt eine programmatisch kohärente Allianz dar, bestehend aus der Konservativen Partei, der Zentrumspartei, der liberalen Volkspartei sowie der kleinen Christdemokratischen Partei (Jochem 2011a).

**Tab. 5:** Regierungen in Schweden seit 1980

| Premierminister | Regierungs-zusammenset-zung | Zeitraum (Monat/Jahr) | Prozentualer Sitz-anteil der Regie-rungsparteien | Prozentualer Sitz-anteil der stärksten Oppositionspartei |
|---|---|---|---|---|
| Fälldin II (C) | C; FP; M | 10/79–04/81 | 50,1 | 44,1 |
| Fälldin III (C) | C; FP | 05/81–09/82 | 29,2 | 44,1 |
| Palme IV (SAP) | SAP | 10/82–09/85 | 47,6 | 24,6 |
| Palme V (SAP) | SAP | 10/85–02/86 | 45,6 | 21,8 |
| Carlsson I (SAP) | SAP | 03/86–09/88 | 45,6 | 21,8 |
| Carlsson II (SAP) | SAP | 10/88–09/91 | 44,7 | 18,9 |
| Bildt (M) | M; FP; C; KDS | 10/91–09/94 | 48,7 | 39,5 |
| Carlsson III (SAP) | SAP | 10/94–03/96 | 46,1 | 22,9 |
| Persson I (SAP) | SAP | 04/96–09/98 | 46,1 | 22,9 |
| Persson II (SAP) | SAP | 10/98–09/02 | 37,5 | 23,5 |
| Persson III (SAP) | SAP | 10/02–09/06 | 41,3 | 15,8 |
| Reinfeldt I (M) | M, C, KDS, FP | 10/06–09/10 | 51,0 | 37,2 |
| Reinfeldt II (M) | M, C, KDS, FP | 10/10– | 49,6 | 32,1 |

Abkürzungen der Parteien: SAP = Socialdemokratiska Arbetarepartiet/Sozialdemokratische Arbeiterpartei; C = Centerpartiet/Zentrumspartei; FP = Folkpartie /Liberale Volkspartei; M = Moderaterna/Konservative Partei; KDS = Kristen Demokratisk Samling/Christdemokraten
Quelle: Jahn (2009) sowie eigene Berechnung nach Informationen der schwedischen Regierung (http://www.regeringen.se/sb/d/4393) sowie Daten aus http://www.parties-and-elections.eu/sweden.html (zuletzt aufgerufen 14.10.2013).

## 2.2 Semi-Präsidentielle Regierungssysteme im Wandel – Finnland und Island

Die politischen Systeme Islands und Finnlands werden nach gängigen Klassifikationen dem Semi-Präsidentialismus zugeordnet. Die dortigen Präsidenten werden direkt vom Volk gewählt und konnten über lange Etappen der Nachkriegsgeschichte aktiv und mit großer Vetomacht die Außen-, aber auch die Innenpolitik mitgestalten. Beiden Ländern gemein ist in der jüngsten Vergangenheit der Trend hin zur Stärkung parlamentarischer Prinzipien im demokratischen Institutionengefüge.

Das politische System *Finnlands* folgte von 1919 bis 1946 eindeutig parlamentarischen Prinzipien. Durch die prekäre weltpolitische Lage Finnlands zwischen den beiden Machtblöcken nach dem Zweiten Weltkrieg sowie aufgrund der wechselhaften Beziehungen des Landes zur UdSSR entwickelte sich nach 1946 eine finnische Form des Semi-Präsidentialismus (als auch eine besondere Form ausgleichender Außenpolitik, die mitunter als „Finnlandisierung" pejorativ umschrieben wird).

Insbesondere Urho Kekkonen, Präsident von 1956 bis 1982 (vgl. Tabelle 6), dominierte im Zeitalter des Kalten Krieges mit seiner mächtigen Präsidentschaft die finnische Außen- und Innenpolitik. Kekkonen, aber bereits auch Paasikivi, füllten diese mächtige Rolle in der finnischen Politik charismatisch aus. Die alte Verfassung ermöglichte dem Präsidenten innenpolitisch ein Vetorecht gegen Regierung und Parlament. Und beide Präsidenten machten unmissverständlich klar, dass sie sich dieses Instrumentes auch bedienen würden. In dieser Zeit waren die finnischen Regierungen oft von kurzer Dauer (vgl. Tabelle 7), insbesondere Kekkonen löste wiederholt Parlament oder Regierungen auf. Die starke Rolle des Präsidenten, so lautet der Tenor in der Literatur, diente als Stabilitätsfaktor für das gesamte politische System in dieser politisch prekären Lage (Arter 1987, 2008).

**Tab. 6:** Finnlands Präsidenten

| Präsident/Präsidentin | Präsidentschaft | Partei |
|---|---|---|
| K.J. Ståhlberg | 1919–1925 | Jungfinnen |
| Lauri Dristian Relander | 1925–1931 | KESK |
| Pehr Evind Svinhufvud | 1931–1937 | KOK |
| Kyösti Kallio | 1937–1940 | KESK |
| Risto Ryti | 1940–1944 | Nationalliberale Partei |
| C.G. Mannerheim | 1944–1946 | Parteilos |
| Juho Kusti Paasikivi | 1946–1956 | KOK |
| Urho Kekkonen | 1956–1982 | KESK |
| Mauno Koivisto | 1982–1994 | SDP |
| Martti Ahtisaari | 1994–2000 | SDP |
| Tarja Halonen | 2000–2012 | SDP |
| Sauli Niinistö | 2012– | KOK |

Anmerkungen: Bei der sich als ‚Jungfinne' bezeichnenden Partei handelt es sich um eine liberale Absplitterung von der konservativ-nationalen Finnischen Partei (‚Altfinnen'), SDP = Sosialdemokraattinen Puo-lue/Sozialdemokratische Partei; KESK = Suomen Keskusta/Zentrumspartei; KOK = Kansallinen Kokoomus/Nationale Sammlungspartei.
Quelle: http://www.presidentti.fi/public/default.aspx?nodeid=44829&contentlan=3&culture=sv-FI, http://www.presidentti.fi/public/default.aspx?culture=sv-FI&contentlan=3 (zuletzt aufgerufen 14.10.2013)

Die Verfassungsreform aus dem Jahr 2000 hat nicht nur die verschiedenen Verfassungstexte in einem ‚Grundgesetz' vereint.[6] Die Reform hat zudem die Rolle des Präsidenten neu justiert und die ‚Parlamentarisierung' Finnlands rechtlich befestigt. Die neue Verfassung gliedert sich – wie in Deutschland – in einen allgemeinen Teil der

---

6 Der aktuelle Verfassungstext ist auch in deutscher Sprache abrufbar unter: http://www.om.fi/21910.htm (zuletzt aufgerufen 14.10.2013).

Grundrechte sowie einen staatsorganischen Teil, in welchem die Funktionsweise der Staatsorgane sowie die grundlegenden politischen Spielregeln festgelegt sind. Als neue Schwerpunkte der finnischen Verfassung können folgende Punkte festgehalten werden:

*Erstens* wurde in vielen Belangen die Position des Präsidenten geschwächt. Während die Präsidentin oder der Präsident gemäß der alten Verfassung ein blockierendes Veto im Gesetzgebungsprozess geltend machen konnte, steht ihr oder ihm heute nur noch ein aufschiebendes Vetorecht zu. *Zweitens* ist zwar die Außenpolitik weiterhin Kerndomäne des Präsidentenamts. Allerdings wird in der neuen Verfassung erstmals festgeschrieben, dass internationale Verträge vom Parlament gebilligt werden müssen. In der Außenpolitik kann der Präsident also nicht mehr am Parlament vorbei regieren. Hierbei ist auch zu erwähnen, dass die EU-Politik explizit und eng an das Parlament geknüpft wurde. Im sogenannten ‚Großen Rat' (‚Suuri Valiokunta'), einem parlamentarischen Ausschuss, ist die Regierung verpflichtet, vor Tagungen des Europäischen Rates die Parlamentarier umfassend und rechtzeitig über Belange der Europapapolitik zu informieren. *Drittens* – und mit entscheidender Wirkung – kann der Präsident unter der neuen Verfassung nicht mehr das Parlament auflösen oder die Regierung entlassen. In der Verfassung wird explizit festgehalten, dass der Präsident die vom Parlament gewählten Minister und Ministerpräsidenten nur noch ernennt. Damit hat sich das politische System Finnlands hinsichtlich der zentralen politischen Spielregeln deutlich verändert.

Das finnische Parlament (‚Eduskunta') ging 1906 aus einem Vierkammernparlament hervor und hat seither nur eine Kammer mit 200 Abgeordneten.[7] Im Parlament arbeiten verschiedene Ausschüsse am Gesetzgebungsverfahren mit. Insbesondere der ‚Große Rat' nimmt eine wichtige Funktion ein. Seit Gründung der Eduskunta diente dieser Ausschuss quasi als zweite Kammer, in der alle Gesetzesentwürfe nochmals aus verfassungsrechtlicher Perspektive geprüft werden. Heute besitzt dieser Ausschuss insbesondere in der EU-Politik Finnlands eine zentrale Bedeutung.

Die 200 Mitglieder des finnischen Parlaments werden in geheimer und direkter Wahl nach dem Verhältniswahlrecht ohne Sperrklausel gewählt. Der parlamentarische Vertreter Ålands wird hingegen nach dem Mehrheitswahlrecht ermittelt. Bis 1955 erstreckte sich die Legislaturperiode auf drei Jahre, seither – sofern das Parlament nicht vorzeitig aufgelöst wurde – auf vier Jahre. Per Gesetz ist der dritte Sonntag im März als Wahltag festgelegt.

Mit der Verfassungsreform aus dem Jahr 2000 wurde nicht nur das Parlament, sondern auch die nationale Regierung im politischen Prozess gestärkt. Vor dieser Reform war die Position der Regierung eher schwach. Hierfür war *erstens* die bereits erwähnte dominante Stellung des finnischen Präsidenten verantwortlich. Der schottische

---

7 Vergleiche für aktuelle sowie historische Informationen zum finnischen Parlament: www.eduskunta.fi (zuletzt aufgerufen 14.10.2013).

Finnlandexperte David Arter hat die Macht der Regierung *vor* der Verfassungsreform folgendermaßen umschrieben: „the foremost duty of the government is to execute presidential decisions" (Arter 1987: 50). *Zweitens* weist Finnland ein stark ausgeprägtes Mehrparteiensystem auf, was Koalitionsbildungen erschwert. *Drittens* schließlich existierten in der alten Verfassung zahlreiche Klauseln, die in bestimmten Sachthemen qualifizierte Mehrheiten (in der Regel 2/3 der Sitze) einforderten. In vielen ökonomisch und steuerpolitisch relevanten Belangen führte dies zur finnischen Besonderheit, dass breite parlamentarische Mehrheiten für die Gesetzgebung unerlässlich waren. In der Konsequenz implizierte dies, dass die finnischen Parteien zu Verhandlungen über Partei- und Blockgrenzen gezwungen wurden. Nicht zuletzt das jährliche Budget erforderte eine solche qualifizierte Mehrheit und nicht selten waren die Budgetverhandlungen in Finnland langwierig und mündeten oft in Großen Koalitionen.

Der Trend hin zu offiziellen Großen Koalitionen setzte seit den 1960er-Jahren ein. Mit der Schwächung des Präsidenten nach 1982 wurden dann verstärkt offizielle Große Koalitionen zur Absicherung parlamentarischer Mehrheiten eingegangen. Die parlamentarischen Mehrheiten der Großen Koalitionen schwanden in der letzten Dekade. Die gegenwärtige Große Koalition unter der Führung des konservativen Premierministers Jyrki Katainen (KOK) kann jedoch mit über 60 Prozent der parlamentarischen Sitze wieder eine deutliche Mehrheit hinter sich vereinigen – allerdings ist die Anzahl der Regierungsparteien auf sechs angestiegen (vgl. Tabelle 7).

Die finnische Regierungsgeschichte weist folgende Besonderheiten auf. *Erstens* handelt es sich in den allermeisten Jahren der Nachkriegsgeschichte um Koalitionsregierungen. Seit den 1970er-Jahren zumeist um Große Koalitionen, die bis zu 70 Prozent der Sitze auf sich vereinigten. Eine besondere Stellung nehmen *zweitens* die finnischen Kommunisten und späteren Linkssozialisten ein. Während in den anderen nordischen Ländern diese Parteien meist nur in der Opposition waren oder als (mehr oder wenig passive) Mehrheitsbeschaffer für sozialdemokratische Minderheitsregierungen dienten (wie zum Beispiel in Schweden), hatten sie in Finnland einen größeren politischen Einfluss auf Regierungsebene. *Drittens* ist die Zahl der Regierungen sehr hoch. Die kurzen Amtszeiten finnischer Regierungen können historisch auf die ehemals mächtige Rolle des Präsidenten sowie die Unwägbarkeiten von Koalitionsregierungen mit mehreren Partnern zurückgeführt werden. *Viertens* ist zu notieren, dass noch vor der rot-grünen Regierungszeit in Deutschland die finnischen Grünen den Sprung in die nationale Regierung schafften. *Fünftens* dominieren drei Parteien die Regierungsgeschäfte der finnischen Nachkriegszeit: Die Zentrumspartei, die Sozialdemokraten sowie die liberale Partei der schwedischsprachigen Minderheit in Schweden, die ‚Svenska Folkpartiet' (SFP). Diese Parteien sind in der Mehrzahl der nationalen Regierungen vertreten. Erst in jüngster Vergangenheit (nach 1987) konnte die Konservative Partei Finnlands (KOK) erstmals in der Nachkriegszeit in eine nationale Regierung einziehen und in jenem Jahr auch erstmals in der Nachkriegsgeschichte den Regierungschef stellen. Die gegenwärtige Regierung wird nach langer Zeit erneut von einem konservativen Regierungschef geleitet, von Jyrki Katainen.

**Tab. 7:** Regierungen in Finnland seit 1980

| Premierminister | Parteipolitische Regierungszusammensetzung | Zeitraum (Monat/Jahr) | Prozentualer Sitzanteil der stärksten Oppositionspartei | Prozentualer Sitzanteil der Regierungsparteien |
|---|---|---|---|---|
| Koivisto II (SDP) | SDP; KESK; SFP; Volk.dem | 05/79–01/82 | 23,5 | 66,5 |
| Sorsa IV (SDP) | SDP; KESK; SFP; Volk.dem. | 02/82–12/82 | 23,5 | 66,5 |
| Sorsa V (SDP) | SDP; KESK; SFP | 01/83–03/83 | 23,5 | 49,0 |
| Sorsa VI (SDP) | SDP; KESK; SFP; SMP | 04/83–03/87 | 22,0 | 61,5 |
| Holkeri (KOK) | KOK; SDP; SFP; SMP | 04/87–03/91 | 20,0 | 65,5 |
| Aho I (KESK) | KESK; KOK; SFP; SKL | 04/91–06/94 | 24,0 | 57,5 |
| Aho II (KESK) | KESK; KOK; SFP | 07/94–03/95 | 24,0 | 53,5 |
| Lipponen I (SDP) | SDP, KOK, SFP, VIHR, VAS | 04/95–03/99 | 22,0 | 72,5 |
| Lipponen II (SDP) | SDP, KOK, SFP, VIHR, VAS | 04/99–04/02 | 24,0 | 70,0 |
| Lipponen III (SDP) | SDP, KOK, SFP, VAS | 05/02–03/03 | 24,0 | 64,5 |
| Jäätteenmäki (KESK) | KESK, SDP, SFP | 04/03–06/03 | 20,0 | 58,5 |
| Vanhanen I (KESK) | KESK, SDP, SFP | 07/03–04/07 | 20,0 | 58,5 |
| Vanhanen II (KESK) | KESK, KOK, VIHR, SFP | 05/07–06/10 | 22,5 | 58,4 |
| Kiviniemi (KESK) | KESK, KOK, VIHR, SFP | 07/10–05/11 | 22,5 | 58,4 |
| Katainen (KOK) | KOK, SDP, VAS, VIHR, SFP, KD | 06/11– | 19,5 | 62,5 |

Abkürzungen der Parteien: Volk.dem. = Volksdemokraten; SDP = Sosialdemokraattinen Puo-lue/Sozialdemokratische Partei; KESK = Suomen Keskusta/Zentrumspartei; SFP = Svenska Folkpar-tiet/Schwedische Volkspartei; KOK = Kansallinen Kokoomus/Nationale Sammlungspartei; SMP = Suomen Maaseudun Puolue/Finnische Landvolk Partei; SKL = Suomen Kritillinen Liitto/Christlicher Bund; VAS = Vasemmisto Liitto/Linksallianz; VIHR = Vihreä Liitto/Grüne Allianz, KD = Suomen Kristillis-demokraatit/Christdemokraten.
Quellen: Berechnungen aufbauend auf Informationen der finnischen Regierung (http://valtioneuvosto.fi/tietoa-valtioneuvostosta/hallitukset/vuodesta-1917/en.jsp) sowie auf Daten aus http://www.parties-and-elections.eu/finland.html (zuletzt aufgerufen 14.10.2013)

Das politische System Finnlands hat sich in den vergangenen Dekaden gewandelt. Die ‚Parlamentarisierung' der finnischen Politik wurde mit der Verfassungsreform aus dem Jahre 2000 auch in Rechtsform festgeschrieben. Zentrale Machtbefugnisse des Präsidentenamts wurden aufgehoben; allerdings schwelt weiterhin ein latenter Konflikt zwischen dem Präsidentenamt und den Regierungen über die präzise Aufteilung der außenpolitischen Kompetenzen. Eine erneute Verfassungsrevision soll in Zukunft die Aufgabenverteilung zwischen Präsidentin und Regierung präziser justieren. Mit dem Wegfall qualitativer Mehrheitsanforderungen im finnischen Gesetzgebungsprozess hat sich der Wettbewerbscharakter der finnischen Innenpolitik verstärkt. Offizielle Große Koalitionen werden nicht mehr in dem Maße angestrebt, wie dies früher der Fall war. Allerdings ist die pragmatische Koalitionsfähigkeit finnischer Parteien außerordentlich groß, dies kann nicht zuletzt an der gegenwärtigen Großen Koalition abgelesen werden.

Die Verfassung *Islands* ähnelt aufgrund historischer Verbindungen in vielen Punkten der dänischen Verfassung.[8] Mit der nationalen Unabhängigkeit und dem Ausscheiden aus dem dänischen Königreich (1944) wurde der (direkt vom Volk gewählte) isländische Präsident quasi als Ersatz für den dänischen König in die Verfassung aufgenommen. Insofern verfügt er über vielfältige Kompetenzen, mittels denen er zusammen mit dem Parlament die Gesetzgebung vollzieht. Er ist allein für die Regierungsbildung verantwortlich und weist nach dem Verfassungstext den Ministern der nationalen Regierung ihre Aufgaben zu (Artikel 15 der isländischen Verfassung).

In der Realität haben die isländischen Präsidenten den Verfassungstext teilweise ignoriert und eine davon abweichende Verfassungswirklichkeit ins Leben gerufen. Zwar ist der isländische Präsident im Prozess der Regierungsbildung involviert, allerdings weniger als ‚Königsmacher' sondern vielmehr als ‚Moderator'. Ihm obliegt de jure die Macht, einzelne Minister zu berufen und abzuberufen sowie das nationale Parlament aufzulösen. Damit nimmt der vom Volk gewählte Präsident laut Verfassung eine zentrale Stellung im politischen System ein. Aber in der Verfassungswirklichkeit zeigt sich, dass die maßgeblichen politischen Verhandlungen im Parlament stattfinden und sich die isländischen Präsidenten diesen Ergebnissen fügen. Tatsächlich wird Island in der Literatur aufgrund seiner effektiven Verfassungswirklichkeit meist als ‚semi-präsidentielle' Demokratie bezeichnet. Arend Lijphart kommt in diesem Punkt zu dem Ergebnis, dass das formal präsidentielle Regierungssystem Islands eigentlich (ähnlich wie in Österreich, Irland oder Portugal nach 1982) weitestgehend wie ein parlamentarisches System funktioniere (Lijphart 1999: 121).

Der isländische Präsident ist in seiner realen Funktion weitgehend auf Repräsentation ausgerichtet. Allerdings ist er oder sie auch eine zentrale Person im öffentlichen Leben und kann aufgrund seiner Wortmeldungen die politische Debatte prägen. Welche Symbolkraft diesem Amt innewohnt, offenbarte sich nach 1980, als Vigdís Finnbogadóttir zur ersten Präsidentin gewählt wurde (vgl. Tabelle 8). Ihre Amtszeit lenkte die internationale Aufmerksamkeit auf die Insel im Nordpazifik und Vigdís Finnbogadóttir konnte das Amt so geschickt mit Leben füllen, dass sie vier Jahre später mit fast 95 % der Stimmen im Amt bestätigt wurde. Insgesamt amtierte sie 16 Jahre als Präsidentin der isländischen Republik. Olafur Ragnar Grimson übernahm das Präsidentenamt im Jahr 1996 und kann gegenwärtig auf eine bereits längere Amtszeit als Finnbogadóttir zurückblicken. Die politische Rolle des Präsidenten wurde von Olafur Ragnar Grimson in der isländischen Finanzkrise nach 2008 extrem ausgeweitet. So nahm er nicht nur auf die öffentliche Diskussion im Zusammenhang mit den Verhandlungen zur Kom-

---

8 Die Verfassung Islands ist in englischer Sprache im Internet unter http://www.government.is/ constitution/ abrufbar, in deutscher Sprache unter http://www.verfassungen.eu/is/index.htm einsehbar (zuletzt aufgerufen 14.10.2013).

pensation ausländischer Gläubiger ('Icesave') direkt Stellung, sondern machte auch aus seiner ablehnenden Haltung gegenüber einer Verfassungsrevision keinen Hehl. Letztlich verweigerte er einem Abkommen der isländischen Regierung mit den Regierungen der Niederlande und Großbritanniens zur Kompensation ausländischer Gläubiger seine Unterschrift, was zwei Referenden nach sich zog. In beiden Referenden unterlag die isländische Regierung und dieser außenpolitische Streitfall gelangte bis zum Gerichtshof der EFTA, wo letztlich die Position des Präsidenten gestärkt wurde.

**Tab. 8:** Die Präsidenten Islands

| Name | Amtszeit |
|------|----------|
| Sveinn Björnsson | 1944–1952 |
| Ásgeir Ásgeirsson | 1952–1968 |
| Kristján Eldjárn | 1968–1980 |
| Vigdís Finnbogadóttir | 1980–1996 |
| Ólafur Ragnar Grímsson | 1996– |

Quelle: http://english.forseti.is/ (zuletzt aufgerufen 14.10.2013)

Das faktische Zentrum der Macht stellt in Island allerdings in der Regel das Parlament und die aus ihr hervorgehende Exekutive dar. Der 'Alþingi' (Althingi)[9] ist eines der ältesten Parlamente der Welt, es wurde bereits im Jahre 930 gegründet und erlebte eine nahezu ununterbrochene historische Kontinuität – war allerdings in den frühen Jahren kein demokratisches Parlament nach heutigem Verständnis. Das dänische Königtum schaffte den Althingi im Jahre 1800 ab, musste ihn jedoch 1845 auf Druck des isländischen Volkes wieder zulassen. Allerdings besaß das Parlament danach einzig eine beratende Funktion und verfügte über keine effizienten Machtmittel gegenüber Regierung und dänischem König.

Erst im Jahre 1874 erlangte das Parlament erste gesetzgebende Funktionen. Der dänische König räumte eine gemeinsame Gesetzgebung zwischen Krone und Althingi in den rein auf isländische Belange ausgerichteten Gesetzgebungsverfahren ein. Mit der von der dänischen Krone im Jahre 1903 (in Grenzen) zugestandenen isländischen Autonomie erfuhr das isländische Parlament eine weitere deutliche Aufwertung. Im Jahre 1915 wurde das allgemeine Wahlrecht gleichzeitig für Männer und Frauen eingeführt, im Jahre 1922 wählten die Isländer die erste Frau in das nationale Parlament. Mit der nationalen Unabhängigkeit (am 17. Juni 1944) wurde das Parlament schließlich das faktische Zentrum der isländischen Politik. Graduell wurde das Wahlalter auf heute 18 Jahre abgesenkt. Die letzte große Parlamentsreform fand im Jahr 1991 statt. Island folgte hierbei dem dänischen und schwedischen Beispiel und vereinigte beide Kammern des Parlaments. Heute sitzen im unikameralen isländischen Parlament 63 Abgeordne-

---

**9** Vgl. die Homepage des isländischen Parlaments http://www.althingi.is/vefur/upplens.html (zuletzt aufgerufen 14.10.2013).

te, die in einem vierjährigen Rhythmus in freier, gleicher und geheimer Wahl gewählt werden. Es existiert keine Sperrklausel im proportionalen Wahlrecht Islands.

Die zweite Zentrale des isländischen Staates ist die nationale Regierung. Entgegen dem skandinavischen Trend sind Minderheitsregierungen in Island (ebenso wie in Finnland nach 1960) die Ausnahme. Die konservativ-liberale Unabhängigkeitspartei, die sozialdemokratische Partei sowie die Fortschrittspartei als Partei der agrarisch-liberalen Mitte dominieren die Koalitionsregierungen der Nachkriegszeit. Einzelne Minister bzw. die gesamte Regierung sind vom Vertrauen der Mehrheit im Parlament abhängig – und nicht vom isländischen Präsidenten. Misstrauensvoten kommen in der isländischen Geschichte selten vor. Dies hängt damit zusammen, dass in Krisensituationen, in denen die parlamentarische Mehrheit der Regierung gefährdet ist, die Exekutive (formal der Präsident) das Recht hat, das Parlament aufzulösen und Neuwahlen einzuberufen. Dies erklärt die (ebenso wie in Dänemark und Finnland) große Anzahl von Regierungen in der isländischen Nachkriegszeit.

Im Gesetzgebungsprozess liegt die Initiative bei der Regierung. Das in 12 Ausschüsse gegliederte Parlament behandelt Gesetzesinitiativen in drei Lesungen; die Rechtskräftigkeit wird dann vom Präsidenten der Republik verkündet. Zwar liegen nach Verfassung die außenpolitischen Vertragskompetenzen einzig beim Präsidenten, in der Realität wird die Außenpolitik allerdings von der Regierung betrieben.

Etwaige Verfassungsänderungen sind mit einer unbedingten Neuwahl des Parlaments verbunden. Wenn die absolute Mehrheit im Parlament eine Verfassungsänderung verabschiedet, wird das Parlament aufgelöst und Neuwahlen werden einberufen. Bestätigt das neu gewählte Parlament den Beschluss des Vorgängerparlaments, dann ist die Verfassungsänderung angenommen und wird vom Präsidenten mit Rechtskraft versehen. Verfassungsänderungen in Bezug auf die isländische Staatskirche bedürfen eines Referendums. Ebenso soll das Volk direkt abstimmen, wenn der Präsident sich weigern sollte, Gesetzesvorlagen des Parlaments zu verabschieden oder wenn der Präsident vom Parlament abgesetzt werden soll. Die Loslösung vom dänischen Königreich wurde 1944 mithilfe eines landesweiten Referendums herbeigeführt, ebenso erfolgte im Herbst 2012 ein konsultatives Referendum zur geplanten Verfassungsreform. Erstmals kam es 2010 und 2011 zu Referenden, da sich der Präsident weigerte, Entschädigungsgesetze im Zusammenhang mit dem Konkurs der isländischen Onlinebank icesave zu unterzeichnen (Gylfason 2012; Jochem 2013c).

Die Nachkriegsgeschichte Islands wird insgesamt von der Hegemonie der Unabhängigkeitspartei Islands charakterisiert. Diese liberal-konservative Partei war nicht nur fast ohne Ausnahmen seit 1960 in den Regierungen vertreten. Zudem war sie auch bis in die jüngste Zeit die dominante Partei im isländischen Parteienwettbewerb. Die Sozialdemokraten, sonst in den nordischen Ländern stets bedeutsame politische Akteure, konnten in Island nie die Hegemonie der Unabhängigkeitspartei sowie der in jüngerer Vergangenheit ebenso dominanten Fortschrittspartei herausfordern. Erst mit den politischen Erschütterungen im Zusammenhang mit der globalen Finanzkrise gelang es der isländischen Sozialdemokratie (in Koalition mit der grün-sozialistischen

Partei) die Regierungsgeschäfte zu übernehmen und erstmals seit 1979 wieder die Ministerpräsidentin zu stellen (vgl. Tabelle 9).[10]

**Tab. 9:** Regierungen in Island seit 1980

| Premierminister | Parteipolitische Regierungs- zusammensetzung | Zeitraum (Monat/Jahr) | Prozentualer Sitzanteil der Regierungs- parteien | Prozentualer Sitzanteil der stärksten Oppo- sitionspartei |
|---|---|---|---|---|
| Gröndal (AF) | AF | 11/79–01/80 | 16,7 | 35,0 |
| Thoroddsen (FSF) | SSF, FSF, AB | 02/80–05/83 | 53,3 | 28,3 |
| Hermannsson I (FSF) | SSF, FSF | 05/83–07/87 | 68,3 | 16,7 |
| Palsson (SSF) | SSF, FSF, AF | 07/87–09/88 | 65,1 | 15,9 |
| Hermannsson II (FSF) | FSF, AB, AF, BP (ab 89) | 09/88–04/91 | 50,8 (ab 89: 61,9) | 28,6 |
| Oddsson I (SSF) | SSF, AF | 04/91–04/95 | 57,1 | 20,6 |
| Oddsson II (SSF) | SSF, FSF | 04/95–05/99 | 63,5 | 14,3 |
| Oddsson III (SSF) | SSF, FSF | 05/99–05/03 | 60,3 | 27,0 |
| Oddsson IV (SSF) | SSF, FSF | 05/03–09/04 | 54,0 | 31,7 |
| Asgrimsson (FSF) | SSF, FSF | 09/04–06/06 | 54,0 | 31,7 |
| Haarde I (SSF) | SSF, FSF | 06/06–05/07 | 54,0 | 31,7 |
| Haarde II (SSF) | SSF, S | 05/07–02/09 | 68,3 | 14,3 |
| Sigurdardottir I (S) | SA, VG | 02/09–04/09 | 42,9 | 39,7 |
| Sigurdardottir II (S) | SA, VG | 05/09–04/13 | 54,0 | 25,4 |
| Gunnlaugsson (SSF) | SSF, FSF | 05/13– | 60,3 | 14,3 |

Anmerkungen: SSF = Sjálfstæðisflokkurinn /(konservative) Unabhängigkeitspartei; FSF = Framsóknarflokkurinn/Fortschrittspartei (nichtchristliche Mitte); AF = Volkspartei (Sozialdemokraten); AB = Volksallianz (Linkssozialisten); SF = Liberale Linke (Sozialdemokraten); SA = Samfylkingin/Sozialdemokratische Allianz (Zusammenschluss von vier Mitte-Links Parteien); VG = Vinstrihreyfingin - Grænt frambod/Links-Grüne Bewegung.
Quelle: Eythorsson/Jahn (2009), eigene Zusammenstellung auf der Grundlage der Datenhandbücher des European Journal of Political Research sowie den Daten aus http://www.parties-and-elections.eu/iceland.html (zuletzt aufgerufen 14.10.2013)

Die Finanzkrise mündete in eine isländische ,Revolution'. Bereits in der Vorweihnachtszeit 2008 kam es zu Protestkundgebungen, vor allem in der Hauptstadt Reykjavik. Die sogenannte Revolution der ,Kochtöpfe und Pfannen' (mit denen die Protestierenden ihrem Unmut lautstark Gehör verschafften) verfolgte als Ziel die Abdankung der Regierung aus Unabhängigkeitspartei sowie sozialdemokratischer Partei sowie den Rücktritt von David Oddsson als Zentralbankchef. Jedoch zögerten die Regierungsparteien, die Verantwortung für die Bankenkrise zu übernehmen. Nach dem

---

**10** Die beiden bisherigen sozialdemokratischen Ministerpräsidenten der isländischen Geschichte, Emil Jonsson sowie Benedikt Gröndal, führten die Amtsgeschäfte jeweils nur knapp ein Jahr (1958–1959 bzw. 1979–1980). Dies zeugt ebenso von der relativen Schwäche der isländischen Sozialdemokratie.

Jahreswechsel 2008/2009 eskalierte die – für isländische Verhältnisse – Gewalt[11] und die sozialdemokratische Regierungspartei kündigte die Zusammenarbeit mit der Unabhängigkeitspartei auf. Mit parlamentarischer Unterstützung durch die liberale Fortschrittspartei konnte eine sozialdemokratisch-grüne Minderheitsregierung die Amtsgeschäfte übernehmen. Die neue Regierung kündigte auf dem schnellsten Wege Neuwahlen an, eine Fortführung der Verhandlungen mit dem IWF (die von der Unabhängigkeitspartei ausgesetzt worden waren), stärkere sozialpolitische Anstrengungen für die von der Finanzkrise betroffenen Menschen sowie einen raschen Mitgliedsantrag an die Europäische Union.

Die Wahl am 25. April 2009 bestätigte die bisherige Minderheitsregierung und verschaffte ihr eine knappe parlamentarische Mehrheit. Neu im Parlament vertreten ist die Partei der ‚Bürgerbewegung‘, die sich aus den Protestierenden der ‚Kochtöpfe- und Pfannen-Revolution‘ speist. Damit sind im isländischen Parlament auch die Parteien in der Mehrheit, die sich explizit für eine Mitgliedschaft Islands in der EU aussprechen. Das Mitgliedsverfahren wurde eröffnet, allerdings ist diese politische Initiative ebenso wie die Initiative einer von zivilgesellschaftlichen Akteuren getragenen Verfassungsreform mit der Wahl im Jahr 2013 vorerst gescheitert.

Bereits seit 2010 kündigte sich ein Regierungswechsel in den Umfragen an. Die regierende Links-Koalition verlor stetig an Rückhalt in der Bevölkerung. Hierfür kann die umstrittene Verfassungsreform als Grund genannt werden. Die Reform sollte das Wahlrecht reformieren, von dem die ländlichen Bevölkerungsteile stark bevorzugt werden. Zudem wollte die Verfassungsreform die Lizenzvergabe der Fischereiindustrie neu regeln bzw. ‚vergesellschaften‘. Auch dies stieß vor allem in den ländlichen Regionen auf Widerstand. Als zudem die Regierung bei zwei Referenden zur Lösung der Icesave-Krise unterlag, schien die Autorität der Koalition gebrochen – und fast parallel stiegen die Umfragewerte für die Unabhängigkeitspartei (und die Fortschrittspartei) stark an. Mit der Wahl im April 2013 ergab sich dann eine deutliche Mehrheit für die ‚alten‘ Parteien der isländischen Demokratie. Mit über 60 Prozent der Sitze ist die Mehrheit deutlich (vgl. Tabelle 9). Und mit der Wahl von 2013 scheint auch die Funktionsweise der ‚alten‘ isländischen Demokratie restauriert worden zu sein: Die neue isländische Regierung brach die Beitrittsverhandlungen mit der EU ab und legte die Verfassungsreform auf Eis. Ob jedoch die alten, eher nepotistischen Beziehungen zwischen den jetzigen Regierungsparteien und der isländischen Wirtschaft und Fischereiindustrie nach der Finanzkrise und den damit einhergehenden öffentliche Protesten wiederhergestellt werden kann, erscheint fraglich (Jochem 2013c).

---

11 Die ‚Gewaltanwendungen‘ hielten sich in engen Grenzen. Zwar wurden teilweise ‚Wurfgeschosse‘ von den Protestierenden auf das isländische Parlament geworfen. Allerdings wird als einziger ‚Personenschaden‘ ein Schneeballwurf auf den Ministerpräsident Haarde in den Chroniken verzeichnet. Die Polizei setzte zwar Tränengas gegen die Demonstranten ein, blieb insgesamt allerdings betont passiv.

## 2.3 Oberste Gerichtsbarkeit und Rechtssystem

In allen nordischen Staaten wird die Unabhängigkeit der Judikative verfassungsmäßig abgesichert. Letztlich unterscheiden sich die Rechtssysteme der nordischen Länder in einigen Details. Grundlegend ist jedoch ein Aufbau unterschiedlicher Instanzen und vor allem in Schweden und Finnland eine starke Ausrichtung der Rechtstradition auf Deutschland. Gleichwohl ist zu betonen, dass im Norden die Obersten Gerichtshöfe keineswegs ein politisches Gewicht einnehmen, wie dies in Deutschland der Fall ist. International vergleichende Studien zur Gewichtung des politischen Einflusses der Obersten Gerichtshöfe attestieren den nordischen Gerichtshöfen nur einen geringen Einfluss. Dies bezieht sich nicht nur auf die Routine des gewöhnlichen Policy-Makings sondern auch auf die Kompetenzen der obersten Gerichtshöfe im Prozess der Verfassungsauslegung und -kontrolle (Lijphart 1999: 216–230).

Entscheidend für die nordischen Rechtssysteme sind jedoch die Europäisierungstendenzen der jüngsten Vergangenheit. Trotz unterschiedlicher Integrationsschritte der nordischen Länder wirkt die Europäisierung des Nordens in der gesamten Region. Die europäische Rechtsentwicklung wird dabei im Norden rasch und ohne nennenswerte Veränderungen in nationales Recht umgesetzt.

## 2.4 Zentralbanken

Eine weitere wichtige Institution im politischen Entscheidungsprozess stellen die nationalen Zentralbanken dar. Wie im Bereich der Obersten Gerichtshöfe kann hier für einige Länder des Nordens eine Europäisierung attestiert werden. Während historisch betrachtet die Zentralbanken bis in die 1980er-Jahre eher von den Vorgaben der jeweiligen Regierungen abhängig waren, wurde seither die Autonomie und Unabhängigkeit schrittweise ausgebaut. Mit der zunehmenden europäischen Integration des Nordens sowie dem finnischen Beitritt zum Euroraum (als auch der faktischen Ankoppelung der dänischen Krone an die Vorgaben der EZB) ist dort eine zunehmende Unabhängigkeit der Zentralbank gemäß den europäischen Vorgaben institutionalisiert – mit allen Konsequenzen für die Freiheitsgrade der Politikgestaltung seitens der Regierungen, wie in Kapitel 4 erörtert wird. Auf der anderen Seite der Skala rangiert die faktische Abhängigkeit der isländischen Zentralbank von der Regierung (bzw. der Unabhängigkeitspartei). Erst mit der finanz-, geld- und währungspolitischen Kernschmelze wurde die Stellung der isländischen Zentralbank von der rot-grünen Koalition gestärkt – es wurde zudem festgeschrieben, dass der zukünftige isländische Zentralbankchef eine fachspezifische Ausbildung genossen haben muss. Hiermit soll eine nepotistische Verflechtung zwischen isländischer Politik, dem Bankenwesen sowie der Zentralbank für die Zukunft verhindert werden. Zudem wurde als erster Zentralbankchef Islands nach David Oddsson – wenn auch nur für sieben Monate – der Norweger Svein Harald Øygard berufen, dies sollte die intimen Verbindungen zwischen isländischer Politik und isländischem Bankenwesen in der Hochphase der isländischen Finanzkrise aufbrechen.

## 2.5 Administrativer Aufbau

Die Behörden in Skandinavien sind prinzipiell dreifach strukturiert. Auf zentralstaatlicher Ebene befinden sich die (kleinen) Ministerien und (ebenfalls kleine) zentralstaatliche Administrationen. Auf regionaler und vor allem lokaler Ebene sind die Verwaltungsbehörden weiter differenziert. Der Schwerpunkt der Verwaltung im Norden ist dabei auf lokaler Ebene angesiedelt, die regionalen als auch lokalen Gebietskörperschaften besitzen gewisse Besteuerungskompetenzen. Daher ist es nicht verwunderlich, dass in den zentralisierten Staaten des Nordens zwar der Großteil des gesamten Steueraufkommens auf den Zentralstaat entfällt, dieser Anteil jedoch deutlich niedriger ausfällt als in anderen zentralisierten Demokratien (Lijphart 1999: 191–195).

Dieser skandinavische Verwaltungsaufbau trägt mit dazu bei, dass zum einen die Lebensbedingungen im Norden von Region zu Region variieren sowie zum anderen die Verbindungen der Menschen zu den lokalen Verwaltungseinheiten und politischen Gremien stark ausgeprägt ist. Die regionalen und lokalen Gebietskörperschaften können zwar nicht die zentralstaatlich festgelegten Bedingungen der Politik (und insbesondere der Sozialpolitik) konterkarieren, aber sie können Freiräume zur eigenen Politikgestaltung nutzen und gegenüber der regionalen und lokalen Wahlbevölkerung unmittelbar vertreten.

So ist es zum Beispiel zu erklären, dass im Großraum Stockholm – einer Hochburg der bürgerlichen Parteien in Schweden – die Steuern tendenziell niedriger aber auch der Anteil des privatisierten Gesundheitsbereichs höher ausfällt als im Norden des Landes, wo die linken Parteien immer noch die politischen Geschicke dominieren. Ferner ermöglicht die in Grenzen gegebene Besteuerungskompetenz auch eine unmittelbare Verbindung dieser Politik mit den Prozessen der lokalen Demokratie. Die Bevölkerung vor Ort kann sehr unmittelbar über Steuerpolitiken mit entscheiden. Einer solchen Politik wird mitunter eine höhere demokratische Akzeptanz attestiert.

Die Verwaltungsstruktur in Island ist stärker zentralisiert als in den anderen nordischen Demokratien. Unterhalb der zentralstaatlichen Ebene sind lediglich kommunale Verwaltungseinheiten eingerichtet, eine mittlere Ebene fehlt (auch wegen der geringen Größe der Inselrepublik). Aufgrund der zum Teil sehr kleinen Kommunen in Island übernimmt der Zentralstaat die meisten Verwaltungsaufgaben.

## 2.6 Politikverflechtung mit der EU

Die europäische Integration des Nordens erfolgt in unterschiedlichem Tempo und mit unterschiedlichen Strategien. Die kleinen Länder des Nordens waren stets darauf

ausgerichtet, ihre eigenständigen – und mitunter moralisch ambitionierten – Politikziele zu verfolgen. Mit dem Voranschreiten der Integration in Europa kam es zu ver-
mehrten Integrationsprozessen auch im Norden, mit den daraus resultierenden Politikverflechtungen zwischen den souveränen Territorialstaaten und vor allem den
Institutionen der Europäischen Union. In Tabelle 10 wird aufgezeigt, welch unterschiedliche Einbettung die nordischen Länder in außen- und sicherheitspolitische
Organe erfahren.

**Tab. 10:** Muster außen- und sicherheitspolitischer Verflechtungen im Norden

| | NATO | | EU | | | |
|---|---|---|---|---|---|---|
| | Mitglied | PfP[1] | Mitglied | Eurozone | EFTA/EWR[2] | Schengen |
| **Dänemark** | X | | X | | | X |
| **Finnland** | | X | X | X | | X |
| **Island** | X | | | | X | X |
| **Norwegen** | X | | | | X | X |
| **Schweden** | | X | X | | | X |

Anmerkungen: [1] Partnership for Peace, [2] EWR = Europäischer Wirtschaftsraum
Quelle: eigene Zusammenstellung; Stand Herbst 2013 (vgl. Jochem 2012)

Insbesondere die Institutionen der Europäischen Union üben einen unterschiedlichen
Einfluss auf die politischen Systeme des Nordens aus. Während drei von fünf Ländern
des Nordens Mitglied in der EU sind, partizipieren alle Länder am sogenannten
‚Schengenabkommen'. Während einzig in Finnland der Euro eingeführt wurde und
Dänemark sich unbedingt mit der dänischen Krone an den Euro angekoppelt hat, sind
die politischen Freiräume in Schweden größer; noch größer sind die politischen Freiräume in der Währungspolitik in Norwegen und Island (vgl. Kapitel 4 für Details).
Insofern kann für den Norden attestiert werden, dass die territorialstaatlichen formalen Institutionen in unterschiedlicher Weise von transnationalen Prozessen der Politikgestaltung beeinflusst werden. Bevor auf die Funktionsweise detailliert eingegangen werden kann, sollen jedoch die informellen Institutionen der nordischen Politik
kurz erläutert werden.

# 3 Informelle Routinen demokratischer Politik

Die nordischen Demokratien erfüllen hohe Anforderungen an eine autonome und
verlässliche Rechtsstaatlichkeit sowie an eine demokratische Transparenz; zudem ist
ökonomische oder politische Korruption nahezu inexistent, und die Akteure demokratischer Politik profitieren von einem hohen Maß gesellschaftlichen Vertrauens (Ervasti

et al. 2008; Kangas/Palme 2005, Jochem 2012).[12] Einige staatliche Institutionen im Norden schreiben politische Systeme vor, die in zentralstaatlicher Verfassung dem Mehrheitsprinzip – also dem Prinzip des parteipolitischen Wettbewerbs – durchaus einen Vorrang gewähren. In den Worten von Arend Lijphart (1999) wären die Mehrzahl der formalen Institutionen in den politischen Systemen des Nordens eher einem Typus der tendenziellen Mehrheitsdemokratie zuzuordnen (Arter 2006; Esaiasson/Heidar 2000). Gleichwohl erscheinen uns die nordischen Demokratien als Vorbilder eines konsensualen Regierens, eines pragmatischen Interessenausgleichs sowie eines unaufgeregten Beilegens politischer Konflikte. Es wird in diesem Kapitel zu zeigen sein, dass dieses Bild konsensualer Demokratien auf informelle politische Routinen zurückzuführen ist – diese informellen Routinen schwächten sich jedoch in den vergangenen Jahrzehnten tendenziell ab.

Hinsichtlich der demokratischen Qualität repräsentieren die nordischen Länder eine eindeutig abgrenzbare Spitzengruppe. Verschiedene Messungen demokratischer Qualität bezeugen den nordischen Ländern ihre jeweiligen Spitzenpositionen im internationalen Vergleich (vgl. Tabelle 11). Allgemeine (und grobe) Einstufungen von Freedom-House bezeugen eine allgemeine freiheitliche Ordnung. Differenziertere Messung vom Economist, der Bertelsmann Stiftung oder des Democracy-Barometers bekräftigen die internationale Spitzenstellung, ermöglichen aber länderspezifische Differenzierungen. Während der Economist und der Democracy-Barometer zum Beispiel Island in die internationale Spitzengruppe mit einrechnen, sprechen die Messungen der Bertelsmann Stiftung eher für vorsichtigere Einstufungen. Diese vorsichtigere Einstufung der isländischen Demokratie wird unterstützt durch international vorgenommene Einschätzungen, inwieweit Korruption ein Problem für demokratische Prozesse darstellt.

Informelle Routinen demokratischer Politik sind schwerlich auf präzise Begriffe und Konzepte zu bringen. In Skandinavien haben sich spätestens seit den 1930er-Jahren Routinen und politische Verhaltensweisen herausgebildet, die grob vereinfachend auf die begrifflichen Nenner des Vertrauens, des Pragmatismus sowie des Korporatismus zu bringen sind. Diese Routinen sind keineswegs nur kulturell begründet. Vielmehr sind sie eingebettet in einen Begründungszusammenhang aus erstens kulturellen (oder religiösen) Normen und Wertvorstellungen sowie zweitens historisch sich entwickelnden Effekten, die von den formalisierten Institutionen des politischen Systems wieder zurück auf die Gesellschaft ausstrahlen. Letztlich basiert das Zusammenspiel zwischen formalen politischen Institutionen und informellen Regeln des politischen Wettbewerbs auf einer spezifischen Machtverteilung in der Gesellschaft, die im historischen Kontext allerdings variabel ist (Esping-Andersen 1985; Ervasti et al. 2008).

---

12 Es ist zu betonen, dass die isländische Demokratie von diesem nordischen Muster eindeutig abweicht. Vgl. hierzu die Ausführungen am Ende des Unterkapitels.

**Tab. 11:** Nordische Demokratiequalitäten

| | SGI Bertelsmann-Stiftung | | Freedom-House Index | Economist Demokratie Messung | Democracy Barometer | Korruption |
|---|---|---|---|---|---|---|
| | **Status Index** | **Management Index** | | | | |
| | **Stand 2011 (Rangplätze in Klammern)** | | **Stand 2012** | **Stand 2012 (Rangplätze in Klammern)** | **Stand 2005 (Rangplätze)** | **Stand 2012 (Rangplätze in Klammern)** |
| **Dänemark** | 8,34 (5) | 7,90 (3) | Free | 9,52 (4) | 1 | 90 (1) |
| **Finnland** | 8,52 (3) | 7,79 (4) | Free | 9,06 (9) | 2 | 90 (1) |
| **Island** | 7,65 (10) | 7,23 (8) | Free | 9,65 (3) | 4 | 82 (11) |
| **Norwegen** | 8,64 (2) | 8,20 (2) | Free | 9,93 (1) | 6 | 85 (7) |
| **Schweden** | 8,65 (1) | 8,29 (1) | Free | 9,73 (2) | 5 | 88 (4) |
| **„N" der Studien** | 31 | 31 | 195 (und 14 Territorien) | 167 | 30 | 174 |

Quelle:Sustainable Governance Indicators 2011 der Bertelsmann Stiftung: http://www.sgi-network.org/index.php?page= download_2011; Freedom in the World 2013: Democratic Break-throughs in the Balance: http://www.freedomhouse.org/sites/default/files/FIW%202013%20 Charts%20and%20Graphs%20for%20Web_0.pdfThe Economist Intelligence Unit Limited 2013: https://portoncv.gov.cv/dhub/porton.por_global.open_file?p_doc_id=1034. Democracy Barome-ter, Rangliste der Demokratiequalität: http://www.democracybarometer.org/ranking_de.html. Corruption Perception Index, Transparency International: http://cpi.transparency.org/cpi2012/ results/ (zuletzt aufgerufen 14.10.2013)

Die nordischen Länder belegen bei empirischen Untersuchungen zum *gesellschaftlichen und politischen Vertrauen* stets obere Rangplätze. Diese empirischen Ergebnisse lösen mitunter Irritationen aus, da erwartet wird, der umfassende nordische Sozialstaat schließe gesellschaftliches Engagement, Freiwilligkeit oder solidarische Aktivitäten jenseits staatlicher Obhut im weiteren Sinne aus (‚Crowding-out-These'). Wie Bo Rothstein aber in mehreren Publikation ausführt, sind es just die spezifischen Formen nordischer Sozialstaatlichkeit (Universalismus, Egalitarismus, rechtsstaatliche Neutralität), die dafür sorgen, dass eine umfassend ausgebaute Sozialpolitik eher gesellschaftliches und politisches Vertrauen stärkt als schwächt (Rothstein 2010, 2012).

Eine international vergleichende Messung unterschiedlicher Aspekte des gesellschaftlichen Vertrauens belegt die nordischen Spitzenpositionen (vgl. Tabelle 12). Dänemark, Norwegen, Finnland und Schweden führen in dieser Studie, die sich auf Daten des European Social Surveys bezieht, die Rangliste des generalisierten Vertrauens deutlich an. Aber auch in anderen Aspekten des Vertrauens, wie der Mitgliedschaft in freiwilligen Organisationen, freiwilliges Engagement im allgemeinen Sinne oder gar die Spendentätigkeit nordischer Bürger führen nordische Länder die europäische Rangliste an. Lediglich für Finnland wird in den genannten Teilbereichen eine eher durchschnittliche Rangfolge dokumentiert. Leider werden Daten für Island nicht aufgeführt. Neuere Studien zeigen jedoch, dass zu Beginn des neuen Jahrhunderts die Werte für gesellschaftliches Vertrauen auch in Island hoch waren, durchaus vergleichbar mit dem schwedischen Niveau. Und diese Studien zeigen zudem den bemerkenswerten Befund, dass trotz rapide sinkenden Vertrauens der isländischen Bevölkerung in politische Gremien und Akteure das zwischenmenschliche Vertrauen und das freiwillige Engagement tendenziell während der Finanzkrise eher zugenommen haben (Growiec/Vilhelmsdóttir/Cairns 2012).

**Tab. 12:** Sozialkapital und freiwilliges Engagement im internationalen Vergleich

| Generalisiertes Vertrauen | | Mitgliedschaft in freiwilligen Organisationen | | Freiwilliges Engagement | | Spenden und Geldleistungen für freiwillige Organisationen | |
|---|---|---|---|---|---|---|---|
| Land | Wert | Land | Wert | Land | Wert | Land | Wert |
| Dänemark | 6,81 | Dänemark | 92 | Norwegen | 37 | Niederlande | 44 |
| Norwegen | 6,53 | Schweden | 90 | Schweden | 35 | Schweden | 44 |
| Finnland | 6,34 | Niederlande | 84 | Niederlande | 29 | Norwegen | 41 |
| Schweden | 6,25 | Norwegen | 84 | Dänemark | 28 | UK | 40 |
| Irland | 5,80 | Luxemburg | 78 | Deutschland | 26 | Österreich | 38 |
| Schweiz | 5,72 | Finnland | 76 | Belgien | 23 | Deutschland | 34 |
| Niederlande | 5,72 | Österreich | 75 | UK | 23 | Dänemark | 34 |
| UK | 5,34 | Belgien | 71 | Frankreich | 19 | Irland | 32 |
| Österreich | 5,31 | Deutschland | 71 | Irland | 16 | Belgien | 26 |
| Deutschland | 5,10 | UK | 70 | Luxemburg | 15 | Frankreich | 23 |
| Luxemburg | 5,06 | Irland | 68 | Österreich | 14 | Finnland | 19 |
| Belgien | 4,96 | Frankreich | 50 | Finnland | 12 | Luxemburg | 19 |
| Spanien | 4,84 | Spanien | 36 | Spanien | 7 | Portugal | 16 |
| Frankreich | 4,81 | Italien | 35 | Griechenland | 6 | Spanien | 15 |
| Portugal | 4,43 | Portugal | 29 | Portugal | 6 | Italien | 12 |
| Italien | 4,40 | Griechenland | 25 | Italien | 5 | Griechenland | 9 |
| Griechenland | 3,45 | | | | | | |

Anmerkungen: Die Analysen von Friedberg und Kangas beruhen auf dem European Social Survey (ESS) aus dem Jahr 2002. Die Variable ‚Generalisiertes Vertrauen' ist ein Durchschnittsindikator aus drei Fragen, die im ESS zur Auswahl standen und die Aspekte des Vertrauens, der Hilfsbereitschaft sowie der Fairness umfassen. Der Indikator erstreckt sich von 0 bis 10, wobei hohe Werte ein hohes Maß an generalisiertem Vertrauen ausdrücken. Die anderen Indikatoren sind Prozentangaben. Im EES wurde gefragt, ob die Befragten innerhalb der letzten 12 Monate Mitglied in einer freiwilligen Organisation waren, ob sie sich in den Organisationen freiwillig betätigt haben, oder ob sie diesen Organisationen Geld gespendet haben.
Quelle: Fridberg/Kangas (2008: 70, 71, 78), vgl. Jochem (2012: 115)

Die nordischen Demokratien sind auf vielschichtige Weise in dieses Fundament eines umfassend ausgeprägten gesellschaftlichen Vertrauens eingebettet. Zum einen bewirkt das Vertrauen eine grundsätzliche Offenheit gegenüber politischen Akteuren. Ebenso beinhaltet dieses Vertrauen auch tendenziell – wenngleich nicht universell –

eine Offenheit gegenüber ‚Fremden'.[13] Zum anderen impliziert das hohe gesellschaftliche Vertrauen eine besondere Legitimationsbasis für politische Akteure. Eine ‚Parteien-' oder ‚Politikverdrossenheit' ist zwar in Ansätzen auch im Norden zu beobachten, allerdings ist das Ausmaß dieser Erosionstendenzen (noch) eher gering ausgeprägt, insbesondere wenn man die nordische Situation mit der Situation in Kontinental- und vor allem Südeuropa vergleicht.

Das gesellschaftliche und politische Vertrauen ermöglicht in der Konsequenz eine ausgeprägte Form des *politischen Pragmatismus*. Seit den 1930er-Jahren zeichneten sich die politischen Akteure im Norden dadurch aus, dass sie pragmatische Koalitionen eingingen, die über ideologische bzw. programmatische Lagergrenzen hinweg Sachlösungen anbahnten. Diese Kompromisse waren keineswegs konfliktfrei. Im Gegenteil implizierten sie nicht nur zwischen den ungewohnten Koalitionspartnern intensive Konflikte, sondern vor allem auch innerhalb der jeweiligen Lager. Diese frühen Formen des lagerübergreifenden Pragmatismus in den 1930er-Jahren werden in der Literatur gerne als ‚Kuhhandel' zwischen sozialdemokratischen Parteien einerseits und agrarischen Zentrumsparteien andererseits beschrieben (Esping-Andersen 1985). Seit den 1980er-Jahren gingen jedoch Formen pragmatischer Kooperation über politische Lagergrenzen in fast ganz Skandinavien eher zurück.

Die finnische Politik allerdings zeichnet sich bis auf den heutigen Tag durch eine mitunter atemberaubend anmutende Pragmatik aus: „Governments have proceeded on an ‚anything goes' basis, coalitions have involved the cohabitation of strange bedfellows" (Arter 2008b: 235). In Finnlands Großen Koalitionen kamen parteipolitische Akteure zusammen, die nur schwerlich aus einer kontinentaleuropäischen Perspektive in dieser breiten Konstellation vorstellbar wären. Es ist zu betonen, dass dieser Pragmatismus zwar auf dem Fundament des gesellschaftlichen Vertrauens fußt, dass dieser Pragmatismus aber auch durch formale Institutionen geprägt wurde (siehe die Ausführungen oben).

Die Fundamente des politischen Pragmatismus sind in jüngster Zeit brüchig geworden. Wichtige parteipolitische Akteure folgen nicht mehr unbedingt den pragmatischen Routinen politischer Konsenssuche. Am Beispiel von Schweden wird deutlich, wie sich die bürgerlichen Parteien zum einen programmatisch annäherten und zum anderen die – dominierende – Konservative Partei (M) explizit einen Lagerwahlkampf forciert. Die gegenwärtige Notwendigkeit zu pragmatischen Verhandlungen über die politischen Lagergrenzen hinaus wird einzig durch fehlende parlamentarische Mehrheiten erzwungen. In den anderen Ländern hingegen sind diese Formen des Pragmatismus immer noch zu beobachten (wie in Finnland oder Norwegen bis zur Wahl 2013)

---

**13** Hier ist zu betonen, dass diese tendenzielle Offenheit gegenüber Fremden vereinbar zu sein scheint mit durchaus sehr erfolgreich im politischen Wettbewerb auftretenden rechtspopulistischen Parteien. Vgl. hierzu die Publikationen von Jens Rydgren (2009, 2010, 2011).

bzw. versuchen politische Akteure einen solchen Pragmatismus wieder neu zu bele-ben (Dänemark nach 2011).

Mit dem Begriff des *Korporatismus* werden politische Routinen umschrieben, die eine systematische Integration von Interessenverbänden in den Prozess der Politikges-taltung und Politikimplementierung ebenso umfassen wie eine gewisse Selbststeue-rungskompetenz der Interessenverbände in bestimmten Politikfeldern (,Private Inte-rest Government'). Beide Aspekte korporatistischer Interessenvermittlung sind im Norden vergleichsweise stark ausgeprägt.

Empirische Messungen der korporatistischen Interessenvermittlung und Politik-konzertierung existieren – sie sind allerdings aus vielen Gründen umstritten. Gleich-wohl rangieren die nordischen Länder bei diesen metrischen Schätzungen meist in der Spitzenposition. In der klassischen Studie von Siaroff (1999) werden zum Beispiel Norwegen, Schweden und Dänemark einem eher starken Korporatismus zugeordnet, Finnland hingegen einem moderaten Korporatismus und Island schließlich ist von der Analyse ausgeschlossen, da zu diesem Land zu wenige Studien vorliegen.

In institutionalistischer Hinsicht stellen sowohl tripartistisch besetzte Verwal-tungsleitungen als auch dauerhaft auf Verbandsbeteiligung ausgerichtete Kommissi-onen der nordischen Parlamente wichtige korporatistische Anreize zur Öffnung des Entscheidungsprozesses hin zu gesellschaftlichen Interessen dar. In beiden Hinsich-ten berichten empirische Studien von einer rückläufigen Integration der Verbandsin-teressen im politischen Entscheidungs- und Implementationsprozess (Öberg et al. 2011). Statt einer systematischen Integration der von der Entscheidung betroffenen Verbände werde tendenziell stärker auf sogenannte ,Experten' aus dem Wissen-schaftsbereich rekurriert.

Jenseits institutionalisierter Routinen wird in kultureller Hinsicht eine Sozialpart-nerschaft zwischen den wichtigsten Verbänden auf den nordischen Arbeitsmärkten attestiert. Allerdings scheint auch diese informelle Regel in vielen nordischen Ländern brüchig geworden zu sein. Einerseits erodiert die Selbststeuerungskraft der Verbände in vielen Bereichen, nicht zuletzt in so zentralen Bereichen wie der Lohnpolitik oder bei der Ausgestaltung der Bildungs- und Arbeitsmarktpolitik. Andererseits kämpfen auch im Norden die Verbände mit einer rückläufigen Organisationsstärke, was die Bereitschaft der Verbandseliten schmälert, sich auf für die Mitgliederinteressen nicht unbedingt unumschränkt vorteilhafte Paketverhandlungen einzulassen. Diese ge-nannten Entwicklungen legen es nahe, dass in vielen Aspekten korporatistischer Konzertierung im Norden die informellen Praktiken des Interessenausgleichs sowie der verbandlichen Steuerung zwar noch existieren, sie allerdings in ihrer Intensität rückläufig bzw. in ihrer Verpflichtungsfähigkeit prekär sind.

Die genannten informellen Routinen einer konsensualen demokratischen Interes-senvermittlung weichen in *Island* vom Muster der anderen nordischen Länder ab. Bereits vor der Finanzkrise erschien die Demokratie in Island zwar aus formaler Hin-sicht von hoher Qualität zu sein, allerdings führte die Dominanz der beiden großen bürgerlichen Parteien (Unabhängigkeitspartei sowie Fortschrittspartei) zu ,nichtnordischen' Routinen des Nepotismus, einer für nordische Verhältnisse hohen Korruption sowie einer eingeschränkten demokratischen Transparenz. So intervenierte zum Beispiel die bürgerliche Koalition nicht nur in die Rechtsprechung des Obersten Gerichtshofs (der in seiner personalen Besetzung weitgehend von der Unabhängigkeitspartei bestimmt wurde), auch die Vergaberoutinen gewisser politischer Ämter – nicht zuletzt des Präsidentenamts der isländischen Zentralbank – und die Vergabe von Ämtern in den frisch privatisierten Geschäftsbanken sind eher Beispiele eines ausgeprägten isländischen Nepotismus (wenn diese Verfahren aus nordischer Perspektive und nicht aus südeuropäischer Perspektive bewertet werden). Wie intensiv sich diese geschlossenen Zirkel zwischen Wirtschaft und Politik auch mit den entscheidenden Akteuren der aufstrebenden Finanzwirtschaft verbündeten, wurde erst nach Ausbruch der Finanzkrise in Island deutlich und dokumentiert – unter anderem in einem voluminösen und detaillierten Bericht des isländischen Parlaments (Gylfason 2012; Jochem 2013c).

Formale Institutionen und informelle Routinen des demokratischen Prozesses haben sich lange Zeit im Norden ergänzt und in der Summe eher konsensuale Verhandlungsdemokratien befördert. Allerdings zeigen die jüngsten Entwicklungen, wie prekär vor allem die informellen Routinen im Norden verankert sind. Welche Konsequenzen diese veränderten Wechselbeziehungen zwischen formalen und informellen Routinen der nordischen Demokratien auf die Politikgestaltung haben, kann am Beispiel des Krisenmanagements in der globalen Finanzkrise gezeigt werden.

# 4 Formales und informelles Regieren in der Finanzkrise

Die ‚Great Recession' traf die nordischen Länder mit ihren kleinen und offenen Marktwirtschaften unvermittelt und stark. Während in Island das dortige Finanzsystem im weiteren Verlauf der Krise eine ‚Kernschmelze' durchlief – mit gravierenden politischen Auswirkungen –, konnte hingegen in Norwegen, Schweden und Finnland die Krise rasch durchschritten werden. In Dänemark hingegen sehen sich die politischen Akteure mit ökonomisch-strukturellen Verwerfungen konfrontiert, die auf politische Fehlentscheidungen der vergangenen Jahre zurückzuführen sind und sich gegen Ende des Jahres 2013 noch nicht aufgelöst haben.

Für Norwegen, Schweden und Finnland äußerte sich die Finanzkrise zuförderst als Krise der Exportwirtschaft (Dølvik/Goul Andersen/Vartiainen 2011, 2012). Mit dem ökonomischen Abschwung nach 2007 gerieten die exportorientierten Sektoren dieser Länder in große Probleme; und die politischen Akteure konnten sowohl durch ‚Selbststeuerung' (wie in Schweden) aber auch mithilfe staatlicher Politiken flexible Lösungen zur Vermeidung lang anhaltender hoher Arbeitslosigkeit finden (Svalund et al. 2013).

In Dänemark ist die Krise seit 2007 nur zum Teil auf internationale Quellen zurückzuführen (Goul Andersen 2011). Durch eine prozyklische Wirtschafts- und Finanzpolitik und politische Weichenstellungen bei der Regulierung des Finanz- und Wirtschaftssystems vor 2007 manövrierte sich die dänische Ökonomie in ihre schwerste Wirtschaftskrise in Friedenszeiten (Goul Andersen 2013) – und bis zum Ende des Jahres 2013 sind noch keine deutlichen Signale einer raschen Wirtschaftsbelebung in Dänemark zu vernehmen.

Das isländische Beispiel hingegen zeugt von einer fundamentalen Krise des Finanz- und Wirtschaftssystems in der westlichen Welt. Ohne Zweifel waren wichtige Krisenfaktoren nicht allein der isländischen Politik geschuldet. Aber ebenso kann ohne Zweifel auch die These vertreten werden, dass sich die isländische Politik seit den 1990er-Jahren nicht nur durch nepotistische Ämterkumulation und eine Aushöhlung der Rechtsstaatlichkeit auszeichnete, sondern auch im Finanzbereich wichtige Weichenstellungen für eine tiefe Krise in Reykjavik gestellt wurden (Gylfason 2012; Jochem 2013c).

Die nordischen Varianten des Kapitalismus (Mjøset 2011) fußen auf dezidierten Verhandlungslösungen zwischen politisch-demokratischen und politisch-wirtschaftlichen Akteuren. Mit der Finanzkrise nach 2007 gerieten diese Verhandlungsformen, das Zusammenspiel formaler und informeller Institutionen im Norden zumindest in einen Stresstest (Svalund et al. 2013; Dølvik/Goul Andersen/Vartiainen 2012). Inwiefern diese Institutionen diesen Stresstest aus welchen Gründen bestanden, wird im Folgenden erörtert.

## 4.1 Partizipation

Krisen können Fenster öffnen für eine Stärkung der Bürgerbeteiligung, mitunter gar für ‚Revolutionen'. Das isländische Beispiel zeigt, wie im Kielwasser der Finanzkrise nicht nur die defekte Funktionsweise der isländischen Demokratie offenbart wurde, sondern mit der Finanzkrise auch das gesellschaftliche Engagement unmittelbar anstieg. In der Finanzkrise wehrte sich ein großer Teil der isländischen Bevölkerung gegen die parteipolitische Elite im Allgemeinen sowie gegen die Machtstellung der konservativen Unabhängigkeitspartei im Besonderen. Die untypischen Formen der politischen Mobilisierung führten zum Rücktritt der Regierung, vorgezogenen Neuwahlen, dem Entstehen neuer Parteien sowie politischen Zäsuren von historischer Bedeutung (Beitritt zur EU, deliberative Verfassungsreform), die allerdings nach nur einer Legislaturperiode mit der Wahl im April 2013 wieder rückgängig gemacht wurden (Jochem 2013c). Island ist insofern beispielhaft für die direktdemokratische Ausweitung der Partizipation in der Krise.

Eine Finanzkrise kann aber auch zur Stärkung des parteipolitischen Wettbewerbs sowie einer Stärkung von (als erfolgreich eingeschätzten) Regierungen führen. In Norwegen sah sich eine Mitte-Links-Koalition, in Schweden eine rein bürgerliche

Vierparteienkoalition mit den Herausforderungen des Krisenmanagements konfrontiert. Während die norwegische Regierung rasch relativ große Krisenpakete auflegte (Dølvik/Goul Andersen/Vartiainen 2011), implementierte die bürgerliche Koalition in Schweden nur zögerlich eher überschaubare kontrazyklische Maßnahmen. Trotz des unterschiedlichen Engagements zu Beginn der Krise konnten beide Koalitionen (und vor allem die stärksten Parteien in den jeweiligen Koalitionen, also die norwegische Sozialdemokratie bzw. die schwedische Konservative Partei) vom jeweiligen Krisenmanagement an der Wahlurne profitieren. Während 2007/2008 die Umfragewerte in Schweden und Norwegen eine Abwahl der bestehenden Koalitionen nahe legten, konnten im Verlauf der Krise die jeweiligen Regierungen in der Gunst der Wähler wieder zulegen. In Norwegen verteidigte die Mitte-Links-Koalition 2009 ihre parlamentarische Mehrheit (wenn auch knapp), in Schweden gewann die bürgerliche Koalition zwar die Wahl im Jahr 2010, verlor jedoch ihre parlamentarische Mehrheit, da eine rechtspopulistische Partei (Schwedendemokraten) in den Reichstag einziehen konnte.

In Dänemark und Finnland führte die Finanzkrise bzw. das Krisenmanagement zur Abwahl von Regierungen (2011). Insbesondere in Finnland kam es im Wahlkampf zu einer Mobilisierung gegen die EU und die europäischen Krisenpakete für südeuropäische Länder. Diese kritische Stimmung resultierte in einem beachtlichen Wahlerfolg für die rechtspopulistischen Wahren Finnen, die ihren Wähleranteil fast verfünffachen konnten und nun mit 19 Prozent der Wählerstimmen die drittstärkste Fraktion im finnischen Parlament (Eduskunta) bilden (Arter 2013).

Andere Wege der Bürgerbeteiligung ereigneten sich in öffentlichen Debatten sowie einer zunehmenden Mobilisierung nordischer Verbände in der Krise. Die öffentlichen Debatten im Norden sind nicht nur lebhaft, sie verzahnen zudem Akteure aus der Wissenschaft mit Akteuren aus der Politik und insgesamt verschieben sie sich immer stärker auf digitalisierte Medien. So forcierte eine über internetbasierte soziale Medien verlaufende Debatte in Island die Verfassungsreform. In den anderen nordischen Ländern mobilisierten Verbände alternative Vorschläge zur Krisenpolitik. Allerdings waren diese alternativen Vorschläge nur zum Teil erfolgreich. Während in Norwegen und Finnland die Gewerkschaftsbewegungen mit Erfolg eine Verstärkung der staatlich subventionierten Kurzarbeit verlangten, scheiterte die schwedische Gewerkschaftsbewegung mit ihren Forderungen nach einer stärkeren Unterstützung für die einheimische Automobilindustrie (Jochem 2010, 2011b).

Die Bürgerinnen und Bürger des Nordens nutzten klassische Partizipationskanäle der repräsentativen und pluralistischen Demokratie. Nur in Island verstärkten sich zivilgesellschaftliche bzw. direktdemokratische Partizipationsformen. In den anderen Ländern waren hauptsächlich Wahlen ein Forum des bürgerlichen Plebiszits in der Krise. Und diese Plebiszite honorierten unterschiedliche Wege des Krisenmanagements in Norwegen und Schweden ebenso wie sie zur Abwahl von als nicht leistungsfähig eingestuften Krisenmanagern in Dänemark und Finnland führten.

## 4.2 Entscheidungsfindung

Krisen sind die Stunden der Exekutive. Unter Zeitdruck Unsicherheiten abwägen, politisch riskante Entscheidungen fällen und diese in adminstrates Handeln überführen, dies sind die Maximen in politisch ‚unsicheren' Zeiten. Auch für die Finanzkrise treffen diese politikwissenschaftlichen Binsenweisheiten zu. Die formalen Institutionen der nordischen Wettbewerbsdemokratien ohne zahlreiche Vetopunkte, aber mit in höchstem Maße effizienten Staatsverwaltungen, bieten optimale institutionelle Rahmenbedingungen für rasches politisches Handeln.

Der Entscheidungsmodus der nordischen Krisenpolitik wurde vor allem von Verhandlungen zwischen Koalitionsparteien geprägt. Im dänischen Minderheitsparlamentarismus waren es intensive Verhandlungen mit der rechtspopulistischen Dänischen Volkspartei, die zentrale Aspekte des Krisenmanagements bestimmten. In den anderen Ländern mit parlamentarischen Mehrheiten erfolgten die Verhandlungen auf der Spitzenebene zwischen den Koalitionspartnern. Gleichzeitig – und nicht verwunderlich – dominierten die Ministerien mit ihrem Sachverstand (und ihren Interessen) die wichtigsten Entscheidungen (Jochem 2012: 161–167).

Eine breite Einbeziehung von Verbänden in die politische Entscheidungsfindung und -implementation fand hingegen im Norden kaum statt. Die nordischen Varianten des Korporatismus führten in der Vergangenheit zu politischen Konzertierungen mit den wichtigsten Verbänden von Arbeit und Kapital. Während in der unmittelbaren Krisenphase eine solche Konzertierung aufgrund des Zeitdrucks nicht angebracht erschien, so ist zu konstatieren, dass auch nach den unmittelbaren Krisenjahren keine Konzertierungspraktiken im Norden zu beobachten sind (mit der partiellen Ausnahme Norwegens). In Schweden sind die Anläufe für eine Revitalisierung des grundlegenden Arbeitsmarktabkommens aus den 1930er-Jahren (‚saltsjöbadsavtalet') bis auf den heutigen Tag blockiert. Die Lohnverhandlungen führten zwar in der unmittelbaren Krise zu moderaten Abschlüssen und durchaus flexiblen Verhandlungslösungen auf betrieblicher oder sektoraler Ebene (Svalund et al. 2013). Allerdings verblieben diese Kooperationen sehr oft auf betrieblicher Ebene, eine gesamtwirtschaftliche Konzertierung konnte im Norden (mit der teilweisen Ausnahme von Norwegen) nicht mehr erreicht werden.

Die Schwächung dieser informellen Formen der Entscheidungsfindung wird in Schweden durch eine gezielte Regierungspolitik zur Schwächung der Gewerkschaften verstärkt. Während die Machtbasis der Gewerkschaften überall im Norden rückläufig ist, bricht sie in Schweden nahezu ein (Jochem 2012: 117; Kjellberg 2013). Die bürgerliche Koalition hat seit 2006 die finanziellen Rahmenbedingungen der Arbeitslosenversicherungen verschlechtert. Als Konsequenz verlassen immer mehr Arbeitnehmer die freiwilligen Arbeitslosenversicherungen und dies führt nicht nur zu Problemen bei der finanziellen Absicherung von Arbeitslosen, sondern auch – da diese Versicherungskassen von den Gewerkschaften verwaltet werden – zu stark rückläufigen Mitgliederzahlen der Gewerkschaften. In den anderen nordischen Ländern schwächt sich zwar die Machtbasis der Gewerkschaftsbewegungen ebenfalls, allerdings ist nur in Schweden ein solchermaßen expliziter Rückgang zu verzeichnen.

Im Norden dominieren in der Krise immer stärker Expertengremien die demokratische Entscheidungsfindung. Es setzt sich auch im Norden ein Trend durch, rein akademisch besetzte Expertengremien ohne Verankerung an gesellschaftliche Verbände die demokratische Beschlussfassung vorbereiten zu lassen. Ein prominentes Beispiel ist der Finanzpolitische Rat (,finanspolitiksa rådet') in Schweden. Ökonomen evaluieren die Bandbreite der fiskalischen und ökonomischen Politik der Regierungen und intervenieren beständig in den Medien (und nicht nur zu einem bestimmten Termin im Jahr, wie zum Beispiel der Sachverständigenrat zur Begutachtung der gesamtwirtschaftlichen Entwicklung in Deutschland). Der Einfluss dieses Gremiums auf die faktische Krisenpolitik der schwedischen Regierung ist schwer abzuschätzen. Zumindest in wichtigen Punkten nahmen die Experten eine kritische Position gegenüber den Regierungsmaßnahmen ein. Vor dem Hintergrund abgeschwächter korporatistischer Beratungsgremien öffnen sich solchen akademisch dominierten Expertenzirkeln immer stärker Einflusskanäle auf die öffentliche Meinung.

Die nordischen Länder sind aber auch eingebettet in internationale Prozeduren der Entscheidungsfindung, insbesondere auf europäischer Ebene. Während für die meisten nordischen Länder diese Verflechtung keine unmittelbar gravierenden Einschränkungen der nationalen Handlungsfreiheit bewirkte, war dies im isländischen Fall anders.[14] Mit Beginn der Finanzkrise und den enormen fiskalischen Belastungen für den Staathaushalt war Island auf ausländisches Kapital angewiesen. Im Herbst 2008 konnte sich die isländische Regierung mit dem IWF auf ein Hilfspaket einigen, gleichzeitig unterstützten die nordischen Nachbarländer (aber auch Russland) die Inselrepublik. Diese finanzielle Abhängigkeit wirkte sich auf die politische Entscheidungsfindung aus. Die beeindruckenden Konsolidierungsbemühungen des Landes seit 2008 sind nicht zuletzt auch auf Forderungen des IWF zurückzuführen. Und der Konflikt über die Icesave-Abkommen zeigt, welchen Spagat die isländische Regierung zwischen einerseits demokratischen Interessen der Bürger und internationalen Verpflichtungen andererseits auszuhalten hatte.

Ebenso wirken sich formale Regeln der Europäischen Zentralbank auf die territorialstaatlichen Entscheidungsprozesse im Norden aus. Island, Schweden und Norwegen konnten durch ihre währungspolitischen Freiheiten die nationalen Währungen auf den Märkten floaten lassen (Dølvik/Goul Andersen/Vartiainen 2011). Die sich daraus ergebenden faktischen Abwertungen beflügelten unmittelbar und – vor allem in Island – in nicht unerheblichem Ausmaße die Wettbewerbsfähigkeit der nationalen

---

**14** Hier liegt die Betonung auf *unmittelbare* Konsequenzen für die nordischen Regierungen. In einem längeren Zeithorizont wirken die Vorgaben europäischer Gremien und Akteure auch auf die anderen nordischen Regierungen ein. Das Primat der Haushaltskonsolidierung zum Beispiel kann auch von den nordischen Ländern nicht ignoriert werden, die nicht unmittelbar Mitglied der EU bzw. des Euroraums sind.

Exportindustrien. Anders ist die Ausgangslage in Finnland und Dänemark. Die dortige Dominanz des Euro versperrt einen solchen Reformweg, über eine externe Abwertung die nationale Wettbewerbsfähigkeit zu beflügeln. In diesen Ländern wird in der Finanzkrise zwangsläufig auf ,interne Anpassungen', also Lohnanpassungen sowie Strukturreformen der Arbeitsmärkte gesetzt.

Eine augenscheinliche Abhängigkeit der nordischen Länder in ihrer Entscheidungsfähigkeit wurde in der Vergangenheit vor allem im Hinblick auf den Europäischen Gerichtshof (EuGH) deutlich. In einer Reihe von Verfahren hat der EuGH die Freizügigkeitsprinzipien über nationales Recht und nationale Institutionen gesetzt. Vor allem durch das Laval- und Viking-Verfahren wurden die schwedischen und finnischen Sozialpartner in ihrer Regulierungskompetenz von höchstrichterlicher Seite eingeschränkt (Blanke 2008; Höppner 2008; Dølvik/Visser 2009). Just diese Einschränkung nationaler Entscheidungskompetenz untergräbt in hohem Maße die Möglichkeit der Selbstregulierung von in hohem Maße organisierten Akteuren auf den nordischen Arbeitsmärkten.

Demokratische Entscheidungsprozeduren konzentrierten sich in der Finanzkrise auf die Regierung und die Exekutive. Auch im weiteren Verlauf der Krise kam es kaum zu Konzertierungsversuchen oder einer weiteren Öffnung der Entscheidungsfindung auf gesellschaftliche Akteure. Insbesondere im isländischen Fall wird deutlich, wie stark die Entscheidungsfindung durch Verhandlungen mit internationalen Akteuren und dem IWF geprägt wurde. Aber auch für die anderen nordischen Mitglieder der Europäischen Union zeigen die Fälle Laval und Viking, wie sich europäisches Recht auf die nordische Entscheidungsfreiheit auswirkt und hierbei die Selbststeuerung gesellschaftlicher Akteure, also informelle Institutionen demokratischer Herrschaft, ausgehöhlt werden.

## 4.3 Implementierung

Die nordischen Demokratien verfügen über effiziente Implementationsroutinen politischer Entscheidungen. In keinem der nordischen Länder – mit der Ausnahme Islands – konnten politische Entscheidungen während der Krise nicht effizient umgesetzt werden. Diese Effizienz des Implementationsprozesses bezieht sich nicht nur auf die Ausgabenseite der öffentlichen Haushalte. Auch die Besteuerungseffizienz ist im Norden immer noch sehr hoch.[15] So besteht im Norden zwar ein nicht unerheblicher Steuerdruck auf die Bevölkerungen, und die starken rechtspopulistischen Parteien

---

15 Die nordischen Länder haben jüngsten Schätzungen zufolge durchaus mit einer gewissen Schattenwirtschaft zu kämpfen (Schneider/Buehn 2012). Zum einen ist jedoch der Anteil des am Staat vorbei erwirtschafteten Wohlstands immer noch niedriger als in vielen Ländern Kontinental- und vor allem Südeuropas. Zum anderen führen einfache Steuersysteme mit wenigen Ausnahmeregelungen im Norden nicht zu gravierenden Steuerausfällen für die öffentlichen Haushalte.

des Nordens fordern zudem weitergehende Steuersenkungen ein. Allerdings wird die Steuersenkungspolitik im Norden durchaus mit Bedacht gewählt, wenngleich auch hier die Länderunterschiede beachtlich sind. So ist die bürgerliche Regierungspolitik in Dänemark zögerlicher gewesen, Steuerreduzierungen durchzuführen, als dies am jüngsten Beispiel bürgerlicher Steuersenkungspolitik in Schweden zu beobachten ist. Gleichwohl kann festgestellt werden, dass in Dänemark, Finnland und Schweden ebenso wie in Norwegen die Haushaltspolitik äußerst solide ist – so sind die nordischen Länder und Luxemburg die einzigen Mitgliedsländer der EU, die auch in der Krise die Konvergenzkriterien von Maastricht weiter eingehalten hatten (Dølvik/Goul Andersen/Vartiainen 2012: 15f.).

Mitunter wurden zentrale Akteure der Politikimplementation aber auch in der Krise explizit gestärkt. Mit dem ökonomischen Abschwung gerieten insbesondere die regionalen und lokalen Gebietskörperschaften in fiskalische Bedrängnis. Auf Drängen der betroffenen Akteure und der Gewerkschaften des öffentlichen Sektors erhöhte zum Beispiel die schwedische Regierung die zentralstaatlichen Zuwendungen an diese Gebietskörperschaften. Damit sollte die Funktionsweise der sozialen Sicherungssysteme, also vor allem die auf lokaler und regionaler Ebene angesiedelte Implementation der noch weitgehend öffentlichen sozialen Humandienstleistungen, in der Krise abgesichert werden (Jochem 2010).

## 4.4 Rechtssicherheit

Der Grad der Rechtsstaatlichkeit ist im Norden – mit Abstrichen für Island – sehr umfassend ausgeprägt. In den großen nordischen Territorialstaaten sind juristische Wege für die Bevölkerung gegeben, ihren Widerstand gegen politische Entscheide auszudrücken. Dieser Weg wird im Norden noch ergänzt durch eine Vielzahl von Ombudsmännern (und Ombudsfrauen), die als Anwälte der Bürgerinteressen in unterschiedlichen Belangen agieren.

Das isländische Rechtssystem wird hingegen von nepotistischen Tendenzen geprägt. Durch die politische Hegemonie der Unabhängigkeitspartei und (in eingeschränktem Maße) der Fortschrittspartei konnten diese Parteien die Besetzung der höchsten Richter für sich monopolisieren. Auch Ämter im Obersten Gerichtshof wurden teilweise Verhandlungsmasse im engen Beziehungsgeflecht zwischen Politik, Wirtschaft und Finanzsystem. Zum Teil versuchten bürgerliche Regierungen, Entscheide des Obersten Gerichtshofs zu ignorieren. Während zum Beispiel 1998 der Oberste Gerichtshof die bestehenden Regulierungen der Fischfangquoten als nicht verfassungskonform zurückwies, reagierte die Politik nicht mit einer Reform der Fischereipolitik, sondern übte Druck auf den Obersten Gerichtshof aus. Dieser revidierte schließlich im Jahr 2000 seinen Entschluss, allerdings intervenierte im Jahr 2007 das UN-Menschenrechtskommitee und bekräftigte explizit das ursprüngliche Urteil des Obersten Gerichtshofs (Gylfason 2012). Im Verlauf der direktdemokratisch forcierten

Verfassungsreform intervenierte schließlich der Oberste Gerichtshof Islands, indem er eine Wahl zur verfassungsgebenden Versammlung 2010 für ungültig erklärte. Die rotgrüne Regierung umging dieses Urteil und lud alle 25 gewählten Vertreter in ein anderes Gremium ein, das konkrete Vorgaben für eine Verfassungsreform erarbeiten sollte. Diese Beispiele zeigen, wie brüchig die Rechtssicherheit in Island in der vergangenen Dekade war (Jochem 2013c).

# 5 Fazit

Die politischen Systeme des europäischen Nordens sind bunter und vielschichtiger als gemeinhin angenommen (Alestalo/Hort/Kuhnle 2009; Bengtsson et al. 2013; Bergmann/Strøm 2011; Jochem 2012). Jenseits innerskandinavischer Unterschiede ist für alle fünf nordischen Territorialstaaten hervorzuheben, dass ihnen in den meisten Studien der empirischen Demokratieforschung eine hohe Demokratiequalität zugesprochen wird. Just diese demokratische Qualität, die demokratische Transparenz und Nachvollziehbarkeit des politischen Prozesses, der politische Pragmatismus sowie die breite Integration unterschiedlichster Interessen in den politischen Entscheidungsprozess sind allerdings keine kulturell determinierten Konstanten nordischer Politik. Diese Qualität der nordischen Demokratien ist kontingent in dem Sinne, dass in der jüngsten Vergangenheit sowohl im Bereich der formalen, vor allem aber im Bereich der informellen Institutionen Veränderungen stattfanden. In der Mehrzahl der beobachtbaren Fälle stärken diese weniger die konsensuale Seite des demokratischen Prozesses, sondern eher Aspekte des Wettbewerbs, der Konkurrenz sowie abnehmender Verhandlungsnotwendigen mit den hiermit einhergehenden Anreizen zur Kompromissbildung.

Die *formalen Institutionen* entwickelten sich in den vergangenen Jahren im europäischen Norden in Richtung einer Stärkung parlamentarischer Prinzipien sowie einer Stärkung der Exekutive. Dies wird augenscheinlich in der Verfassungsreform in Finnland, der angestrebten (aber gescheiterten) Verfassungsrevision in Island sowie der jeweiligen Stärkung des parlamentarischen Wettbewerbs in Schweden und Dänemark.

Die *informellen Institutionen* wirkten lange Zeit als funktionales Korrektiv gegen das institutionell angelegte Wettbewerbsprinzip im Norden. Sei es die breite Integration verbandlicher Interessen in korporatistischen Institutionen, sei es die – mitunter aus parlamentarischer Not geborene – Bereitschaft zu blockübergreifenden Koalitionen mit dem einhergehenden Pragmatismus der politischen Akteure, stets wirkten solche informellen Institutionen mäßigend auf den durch die formalen Institutionen vorgegebenen Prozess des Wettbewerbs und der elektoralen Konkurrenz. Keineswegs kann für die fünf nordischen Territorialstaaten jedoch ein Gleichklang bei der Erosion dieser informellen Institutionen konstatiert werden. Insbesondere das für die skandinavischen Demokratien beispielhafte schwedische Modell offenbart jedoch eine rapide voranschreitende Ausdünnung informeller Institutionen der Kompromissbildung sowie der integrativen demokratischen Politik.

Letztlich bleibt die Frage nach den Gründen und Konsequenzen dieser institutionellen Entwicklungen in den fünf nordischen Demokratien. *Erstens* kann argumentiert werden, dass der Siegeszug des individualistisch-rationalen Wettbewerbsgedankens auch an den Grenzen des ehemals sozialdemokratisch-solidarisch geprägten Nordens nicht halt gemacht hat. Veränderte Wertvorstellungen und Erwartungen an legitimes politisches Handeln verändern dort nicht nur informelle Institutionen, sondern wirken sich im Laufe der Zeit auch auf die formalen Institutionen aus. Nicht nur im Norden erodiert zum Beispiel die Machtbasis der Arbeiterbewegung. Allerdings ist diese Erosion für die sozialdemokratisch dominierten Demokratien in Skandinavien von besonderer Relevanz. *Zweitens* impliziert die europäische Integration mit ihren Freizügigkeitsimperativen sowie einer daraus resultierenden negativen Integration auch die Erosion politischer Regeln, die im Norden dynamische Märkte und Gesellschaften lange Zeit gezügelt hatten. Die arbeits- und tarifrechtlichen Konflikte in den Fällen Viking und Laval zeigen besonders offensichtlich (Blanke 2008, Höppner 2008, Dølvik/Visser 2009), wie sich nationalstaatliche Regeln am EU-Recht reiben – und der EuGH mit Macht europäisches Recht auch gegen nationale Rechtstraditionen und informelle Institutionen durchsetzt.

„The Nordic Model never existed – but does it have a future?" Auf diesen Nenner brachte Lars Mjøset bereits vor mehr als zehn Jahren (Mjøset 2001) einerseits die demokratische Vielfalt im Norden, andererseits beantwortete er die Frage nach der Zukunft des nordischen Modells durchaus hoffnungsvoll. Nimmt man diese Frage zur Zukunft der eigentümlichen nordischen Demokratien zwischen Wettbewerbsimperativen und Kompromissnotwendigkeiten wieder auf, dann erscheinen heute die Zukunftsaussichten des nordischen demokratischen Modells deutlich unsicherer als dies Lars Mjøset vor über zehn Jahren prognostizierte. Die international zunehmende Bewunderung der nordischen Demokratien auch und gerade in der globalen Finanzkrise (Economist 2013) fällt zeitlich zusammen mit einer augenscheinlichen Erosion bedeutsamer Institutionen in den nordischen Demokratien. Die Modelle werden also hinsichtlich ihrer Leistungskraft gegenwärtig hoch geschätzt; nur selten wird allerdings dabei wahrgenommen, dass unter der Oberfläche vorzüglicher Leistungsbilanzen sich die institutionellen Fundamente deutlich verändern.

# Bibliographie

Alestalo, Matti/Hort, Sven E.O./Kuhnle, Stein, 2009: The Nordic Model: Conditions, Origins, Outcomes, Lessons, Hertie School of Governance Working Papers No. 41, June 2009, Berlin: Hertie School of Governance.

Arter, David, 1987: Politics and Policy-Making in Finland, Sussex: Wheatsheaf Books/New York: St. Martin's Press.

Arter, David, 2006: Democracy in Scandinavia, Manchester: Manchester UP.

Arter, David, 2008: Scandinavian Politics, Second Edition, Manchester: Manchester UP.

Arter, David, 2013: The „Hows", not the „Whys" or the „Wherefores": The Role of Intra-party Competition in the 2011 Breakthrough of the True Finns, in: Scandinavian Political Studies 36, No. 2,
S. 99–120.

Aylott, Nicholas, 2011: Parties and Party Systems in the North, in: Bergmann, Torbjörn/ Strøm,
Kaare (Hrsg.): The Madisonian Turn. Political Parties and Parliamentary Democracy in Nordic
Europe, Michigan, S. 297–328.

Bengtsson, Åsa/Hansen, Kasper M./Hardarson, Olafur P./Narud, Hanne Marthe/ Oscarsson, Henrik,
2013: The Nordic Voter. Myths of Exceptionalism, Essex: ECPR Press.

Bergmann, Torbjörn/Strøm, Kaare (Hrsg.), 2011: The Madisonian Turn. Political Parties and Parliamentary Democracy in Nordic Europe, Michigan, Michigan UP.

Blanke, Thomas, 2008: Die Entscheidungen des EuGH in den Fällen Viking, Laval und Rueffert –
Domestizierung des Streikrechts und europaweite Nivellierung der industriellen Beziehungen,
Oldenburger Studien zur Europäisierung und zur transnationalen Regulierung Nr. 18/2008,
Universität Oldenburg.

Dølvik, Jon Erik/Visser, Jelle, 2009: Free Movement, Equal Treatment and Worker Rights: Can the EU
solve its Trilemma of Fundamental Principles?, in: Industrial Relations Journal 49 (6), S. 315–
350.

Dølvik, Jon Erik/Goul Andersen, Jørgen/Vartiainen, Juhana, 2011: The Nordic Social Models: Crisis,
Consolidation and Transformation, Paper for the Council for European Studies, Symposium
„The European Social Models Facing Global Economic Crisis", 20–22 June 2011, Amsterdam.

Dølvik, Jon Erik/Goul Andersen, Jørgen/Vartiainen, Juhana, 2012: Nordic Models in Turbulent Times.
Developments in Social and Labour Market Governance since the Crisis in the 1990s, Back-
ground Paper RC 19 Conference „Welfare States Facing Global Turbulence, Ageing and Migration: Rising to the Occasion, Coping or Adjusting Downwards?", S. 23–24 August 2012, Oslo.

Economist 2013, Special Report: The Nordic Countries, Northern Lights (online:
http://www.economist.com/news/special-report/21570840-nordic-countries-are-reinventing-
their-model-capitalism-says-adrian) (zuletzt aufgerufen 14.10.2013)

Esaiasson, Peter/Heidar, Knut (Hrsg.), 2000: Beyond Westminster and Congress: The Nordic Experience, Ohio State University Press.

Esping-Andersen, Gøsta, 1985: Politics Against Markets: The Social Democratic Road to Power,
Princeton: Princeton UP.

Eythórsson, Grétar Thór/Jahn, Detlef, 2009: Das politische System Islands, in: Ismayr, Wolfgang
(Hrsg.), 2009: Die politischen Systeme Westeuropas, 4. aktualisierte und erweiterte Aufl.,
Wiesbaden: VS Verlag, S. 195–218.

Fridberg, Torben/Kangas, Olli, 2008: Social Capital, in: Ervasti, Heikki/Fridberg, Torben, Hjerm,
Mikael/Ringdal, Kristen (eds.), 2008: Nordic Social Attitudes in a European Perspective, Cheltenham: Edward Elgar, S. 65–85.

Goul Andersen, Jørgen, 2013: Danmarks selvskabte økonomiske krise – et økonomisk og politisk
paradoks, (online: http://videnskab.dk/politologisk-arbog-2013/danmarks-selvskabte-
okonomiske-krise-et-okonomisk-og-politisk-paradoks) (zuletzt aufgerufen 14.10.2013).

Growiec, Katarzyna/Vilhelmsdóttir, Sjöfn/Cairns, David, 2012: Social Capital and the Financial
Crisis: The Case of Iceland, CIES e-Working Papers No. 138/2012, Lisboa: CIES.

Gylfason, Thorvaldur, 2012: From Collapse to Constitution: The Case of Iceland, CESifo Working
Paper No. 3770, Munich: CESifo.

Heidar, Knut (Hrsg.), 2004: Nordic Politics. Comparative Perspectives, Oslo: Universitetsforlaget.

Henningsen, Bernd, 2013: Gemeinschaft versus Staat, Nation versus Europa. Nordeuropäische
Gemeinschaftskonstruktionen und die modernen Traditionsbrüche, in: Lehnert, Detlef (Hrsg.):

Gemeinschaftsdenken in Europa. Das Gesellschaftskonzept „Volksheim" im Vergleich, 1900–1938, Köln u. a.: Böhlau Verlag, S. 39–72.

Henningsen, Bernd/Jochem, Sven (Hrsg.), 2014: Sonderheft Skandinavien, Der Bürger im Staat, Stuttgart: Landeszentrale für politische Bildung (i. E.).

Hilson, Mary, 2008: The Nordic Model. Scandinavia since 1945, London: Reaktion Books.

Höppner, Martin, 2008: Social Europe? The European Project after Viking and Laval, in: Die Mitbestimmung (English Online Issue).

Holmberg, Sören/Rothstein, Bo (Hrsg.), 2012: Good Government.The Relevance of Political Science, Cheltenhamn: Edward Elgar.

Jahn, Detlef, 2009: Das politische System Schwedens, in: Ismayr, Wolfgang (Hrsg.), 2009: Die politischen Systeme Westeuropas, 4. aktualisierte und erweiterte Aufl., Wiesbaden: VS Verlag. 107–149.

Jochem, Sven, 2010: Comparative Crisis Management. Country Report on Sweden, Bertelsmann Stiftung, Gütersloh: Bertelsmann Stiftung.

Jochem, Sven, 2011a: Die schwedische Reichstagswahl vom 19. September 2010 – Zur Logik einer sich auflösenden sozialdemokratischen Hochburg, in: Zeitschrift für Parlamentsfragen 1/2011, S. 98–111.

Jochem, Sven, 2011b: Nordic Employment Policies – Change and Continuity Before and During the Financial Crisis, in: Social Policy & Administration 45, 2, S. 131–145.

Jochem, Sven, 2012: Die politischen Systeme Skandinaviens, Wiesbaden: VS Verlag.

Jochem, Sven, 2013a: Abkehr vom Minderheitenparlamentarismus? Die skandinavischen Koalitionsdemokratien, in: Decker, Frank/Jesse, Eckhard (Hrsg.): Die deutsche Koalitionsdemokratie vor der Bundestagswahl 2013, Baden-Baden: Nomos, S. 597–618.

Jochem, Sven, 2013b: Religion und Wohlfahrtsstaat in Schweden – Der Einfluss lutherischen Glaubens jenseits der Staatskirche, in: Gabriel, Karl/Reuter, Hans-Richard (Hrsg.): Religion und Wohlfahrtsstaatlichkeit in Europa, Tübingen: Mohr (i. E.).

Jochem, Sven, 2013c: Habermas on Ice – Deliberative Verfassungsexperimente, demokratischer Nepotismus und Parteienwettbewerb in Island, unveröffentlichtes Manuskript.

Kjellberg, Anders, 2013: Växande avgiftsskillnader i a-kassan – ökad social polarisering, Studies in Social Policy, Industrial Relations, Working Life and Mobility, Research Reports 2010:2 (Aktualisierung 10.09.2013).

Lijphart, Arend, 1999: Patterns of Democracy. Government Forms and Performance in Thirty-Six Countries, New Haven and London: Yale University Press.

Mjøset, Lars 2001: The Nordic Model Never Existed, but Does it Have a Future?, in: Jessop, Bob (Hrsg.): Regulation Theory and The Crisis of Capitalism, Vol. 2: European and American Perspectives on Regulation, Cheltenham, Edward Elgar, S. 283–303.

Mjøset, Lars (Hrsg.), 2011: The Nordic Varieties of Capitalism, Bingley: Emerald.

Öberg, PerOla/Svensson, Torsten/Christiansen, Peter Munk/Nørgaard, Asbjørn Sonne/Rommetvedt Hilmar/Thesen, Gunnar, 2011: Disrupted Exchange and Declining Corporatism: Government Authority and Interest Group Capability in Scandinavia, in: Government and Opposition 46, No. 3, S. 365–391.

Rothstein, Bo, 2010: Happiness and the Welfare State, in: Social Research 77, S. 1–28.

Rydgren, Jens, 2009: Social Isolation? Social Capital and Radical Right-wing Voting in Western Europe, in: Journal of Civil Society, 5, 2, S. 129–150.

Rydgren, Jens, 2010: Radical Right-wing Populism in Denmark and Sweden: Explaining Party System Change and Stability, in: SAIS Review, 30, 1, S. 57–71.

Rydgren, Jens, 2011: A legacy of ‚uncivicness'? Social capital and radical right-wing populist voting in Eastern Europe, in: Acta Politica 46, S. 132–157.

Schmidt, Manfred G. 2006: Demokratietheorien, Wiesbaden: VS.

Schneider, Friedrich/Buehn, Andreas, 2012: Shadow Economies in Highly Developed OECD Countries: What are the Driving Forces?, IZA DP No. 6891, Bonn: IZA.

Siaroff, Alan, 1999a: Corporatism in 24 industrial democracies: Meaning and Measurement, in: European Journal of Political Research 36, S. 175–205.

Rokkan, Stein, 1999: State Formation, Nation Building and Mass Politics: The Theory of Stein Rokkan, Oxford: Oxford UP.

Strøm, Kaare, 1990: Minority Government and Majority Rule, Cambridge: Cambridge University Press.

Svalund, Jørgen/Bergström Casinowsky, Gunilla/Dølvik, Jon Erik/Håkansson, Kristina/Jarvensivu, Anu/Kervinen, Heidi/Møberg, Rasmus Juul/Piirainen, Tatu, 2013: Stress testing the Nordic models: Manufacturing labour adjustments during crisis, in: European Journal of Industrial Relations (online first).

Uslaner, Eric M./Rothstein, Bo, 2012: Mass Education, State-Building and Equality. Searching for the Roots of Corruption, The Quality of Government Institute, Working Paper Series 2012: 5, Göteborg, QoG.

Marianne Kneuer
# Südeuropa im Vergleich

Griechenland, Portugal und Spanien stellen die Gruppe von Ländern dar, die 1974 bzw. 1975 rechtsautoritäre Diktaturen abschüttelten und deren demokratische Transitionen die Dritte Welle der Demokratisierung initiierten.[1] Die historisch eher zufällige Gleichzeitigkeit dieser Regimewechsel führte zu zeitlich weitgehend parallel verlaufenden Demokratisierungs- und Europäisierungsprozessen, was sie zu interessanten Untersuchungsfällen macht. Im Zuge der Finanz- und Verschuldungskrise in Europa sind es gerade diese drei Länder Südeuropas, die sich als besonders krisengeschüttelt präsentieren. Ob dies wiederum zufällig ist, darauf wird die folgende Darstellung eingehen und eine Antwort versuchen. Dazu werden Faktoren in den formalen Institutionengefüge und informeller Regelwerken betrachtet, aber auch die Demokratisierungspfade, die darauf Hinweise geben.

Der Beitrag arbeitet zu diesem Zweck die Transformationsverläufe (Kap. 1), die formalen Merkmale der Regierungssysteme (Kap. 2) sowie die informellen Regeln und Muster (Kap. 3) der drei südeuropäischen Länder vergleichend heraus. Das Zusammenspiel von formalen und informellen Regelsystemen wird am Beispiel der Wirtschafts- und Finanzkrise veranschaulicht (Kap. 4). Die hier analysierten drei ,semiperipheren' Länder Südeuropas gehören zu politischen Systemen, die in der Vergleichenden Politikwissenschaft – zumal in der deutschsprachigen – deutlich seltener als die westeuropäischen ,Klassiker' Großbritannien, Frankreich und Deutschland beachtet werden. Die starke Aufmerksamkeit, die Spanien, Portugal und Griechenland in der Transformationsforschung der 1980er bis in die 1990er-Jahre zuteilwurde, hat sich nicht in einem entsprechenden Interesse für intraregionale Analysen Südeuropas oder auch Vergleichen mit West- oder Nordeuropa fortgesetzt. Insofern gibt es ein Desiderat an vergleichenden Studien zu dieser Region.

# 1 Die Transformationsverläufe in Südeuropa

Die Gleichzeitigkeit der Regimewechsel, der Demokratisierungsprozesse und der Europäisierung dürfen nicht darüber hinwegtäuschen, dass es sich bei Griechenland, Portugal und Spanien um drei Länder mit unterschiedlichen historischen Hintergründen und politischen Kulturen handelt, mit ebenso unterschiedlichen Genesen des Regimeendes, Transitionsverläufen und Konsolidierungsergebnissen. So verliefen die

---

1 Anders als Italien, das nach dem Zweiten Weltkrieg den Übergang zur Demokratie einleitete und Gründungsmitglied der EWG war, erlebten Griechenland, Portugal und Spanien den Fortbestand ihrer Diktaturen. Dieser Artikel beschränkt sich daher auf diese drei Länder, da sie gemeinsame, sprich synchrone Demokratisierungs- und Europäisierungspfade aufweisen.

Ablösungen der autoritären Systeme in den drei Ländern nach gänzlich verschieden-artigen Mustern[2]:

In Griechenland lag ein Regimekollaps vor, da das Obristenregime, das sich 1967 an die Macht geputscht hatte, nach dem provozierten Einmarsch der türkischen Trup-pen auf Zypern im Juli 1974 abrupt auseinanderbrach.[3] In Portugal und Spanien dage-gen endeten jahrzehntelange Diktaturen. In Portugal, wo seit 1932 António de Oliveira Salazar geherrscht hatte (und nach dessen Schlaganfall Marcelo Caetano), führte die sich zuspitzende Unzufriedenheit der Bevölkerung, aber vor allem der Militärs, die sich an den zermürbenden und erfolglosen Kriegen in den Kolonien festmachte, im April 1974 zur sogenannten Nelkenrevolution. Militärs mittlerer Ränge begehrten auf und entzogen dem Regime seine Unterstützung. Es handelte sich somit um einen von unten erzwungenen Systemwechsel.

In Spanien endete die Diktatur im November 1975 mit dem Tod von General Fran-cisco Franco, der 1936 maßgeblich daran beteiligt war, das Land in den Bürgerkrieg zu stürzen, aus dem er 1939 auf der Seite der Nationalisten als Sieger hervorging und seither die Macht innehatte. Aber selbst Francos Tod hätte nicht das Ende des von ihm konstruierten Systems bedeuteten müssen. Es war vielmehr die Steuerung in Richtung Demokratie von Seiten des Königs, der allein imstande war, die Militärs und ehemali-gen Eliten des Franco-Regimes (*bunker*) zu moderieren und so die Zeichen für den demokratischen Übergang setzte. Insofern geschah die Abwendung von dem Franco-System von oben und durch alte Regimeeliten gelenkt (so war der erste Ministerpräsi-dent Carlos Arias Navarro noch ein Franquist).

In der Transformationsforschung wird Spanien als Modell für einen gelungenen Übergang von Diktatur zu Demokratie bewertet. Es fand ein paktierter Übergang (*rup-tura pactada* oder *reforma pactada*) statt, der auf dem in verschiedenen Pakten nie-dergelegten Elitenkonsens beruhte, der innerhalb des weiter bestehenden franquisti-schen Rahmens zwischen alten und neuen Kräften ausgehandelt wurde. In Spanien dauerte der Transitionsprozess am längsten. Im Dezember 1978 wurde nach Parla-mentsbeschluss und Volksentscheid eine neue Verfassung in Kraft gesetzt. Anders als in Griechenland wurde die spanische Monarchie nach 1975 re-installiert und stellt insofern ein Spezifikum dar. Die Bedeutung von König Juan Carlos für die Demokrati-sierung Spaniens wird bildhaft als ‚Motor des Wechsels‘ beschrieben. Tatsächlich leistete der König einen erheblichen Beitrag für den Umbau des franquistischen Sys-

---

**2** Nach Geddes (1999) lassen sich das griechische Obristenregime als reines Militärregime und das Salazar- und das Franco-Regime als personalistische Diktaturen einordnen, wobei der Franquismus zusätzlich von einem stark militaristischen Element geprägt war und insofern als Mischform gilt. Zu den verschiedenen Verlaufsformen von Systemwechseln siehe Merkel 2010: 101–104.

**3** Aber auch vor 1967 kann man Griechenland nicht als vollständige Demokratie bezeichnen. Nach Polity IV wird Griechenland in der Zeitspanne von 1961 bis 1967 als „open anocracy" eingeordnet, d. h. als ein Regime, das weder vollständig demokratisch noch autokratisch ist (http://www.systemicpeace.org/polity/Greece2010.pdf.).

tems sowie bei der Einrichtung und Absicherung der Demokratie, und zwar sowohl nach innen als auch nach außen (Kneuer 2008, Bernecker 1993, Palacio Atard 1989).

Griechenlands Transition zeichnet sich durch seine Schnelligkeit aus: In 142 Tagen hatte der dem Exil zurückgekehrte Konstantinos Karamanlis das Ruder übernommen, die Verfassung von 1952 überarbeitet und in Kraft gesetzt, und es wurden erste demokratische Wahlen abgehalten. Es handelte sich um einen relativ ‚sanften‘ Übergang ohne interne Konflikte. In Griechenland wurde über die künftige Staatsform per Referendum abgestimmt (Dezember 1974). Dabei entschied sich die Mehrheit der Bürger – ähnlich übriges wie auch in Italien 1944 – für die Republik.

In Portugal dagegen verlief die Transition deutlich brüchiger: Nach dem erfolgreichen Aufstand der Militärs, der auf die Bevölkerung übersprang, kam es zu einer Radikalisierung. Die weitere Entwicklung deutete nicht unweigerlich auf die Einführung einer liberalen Demokratie hin, die faktisch erst ab Mitte 1976 nach den Gründungswahlen und der Verabschiedung der Verfassung vollzogen wurde. Vielmehr waren ein orthodox-kommunistisches Modell, das die starke Kommunistische Partei befürwortet hatte, ebenso wahrscheinlich wie ein Militärregime nach dem Format Algeriens oder Ägyptens (Bruneau/Macleod 1986: 3). Maxwell weist darauf hin, dass das Land 1975 kurz vor dem Bürgerkrieg stand; Portugal sei damals ein gespaltenes Land gewesen mit hoch mobilisierten Kräften auf beiden Seiten des politischen Spektrums (Maxwell 1986: 4).[4]

In den neuen demokratischen Regierungen aller drei Länder gab es zwei klare Ziele: Zum einen die nachhaltige Demokratisierung ihrer Länder, zum anderen der Beitritt zur Europäischen Gemeinschaft (EG). Zu den ersten Handlungen nach den Gründungswahlen gehörte daher der Beitrittsantrag an die EG. Griechenland trat relativ zügig 1981 bei, Spanien und Portugal wurden nach schwierigen Verhandlungen erst 1986 Mitglieder der EG. Die Bedingungen des Beitritts waren – und dies spielt eine wichtige Rolle für die Bewertung bestimmter Defizite, die im Zuge der Verschuldungs- und Finanzkrise zutage traten –, für Griechenland andere als für Spanien und Portugal (siehe dazu Kneuer 2007: 118f.). So hatte die Europäische Kommission für alle drei Länder eine Vorbereitungsphase (pre-accession phase) empfohlen, was bei Ministerpräsident Karamanlis aber auf heftigen Widerstand stieß. Er konnte daraufhin in dem französischen Präsidenten Giscard d'Estaing einen Befürworter einer schnellen Aufnahme von Beitrittsverhandlungen (inklusive einer Abkoppelung von den anderen beiden südeuropäischen Ländern) gewinnen, sodass der Rat schließlich eine politische Entscheidung hinsichtlich Griechenlands traf.[5] Mit dem EG-Beitritt erhielten die drei Staaten das Gütesiegel als konsolidierte Demokratien. *Freedom House* bewertet Griechenland seit 1975, Portugal seit 1976 und Spanien seit 1978 als frei.

---

4 Referenzwerke zu den Transitionen und Konsolidierungen in Südeuropa sind inter alia: O'Donnell/Schmitter/Whitehead (1986), Linz/Stepan (1996); Gunther/Diamandouros/Puhle 1995).

5 Griechenland ist somit das einzige Land in der Erweiterungsgeschichte der EG/EU, das ohne Heranführungsphase beigetreten ist.

Dennoch wirken die autoritären Vergangenheiten nach. So kam eine politische Debatte über die Bewältigung der franquistischen Vergangenheit und des Bürgerkriegs in Spanien erst vor wenigen Jahren auf, die in dem 2007 vom Parlament verabschiedeten Erinnerungsgesetz (*Ley de la memoria*) Form annahm. In Portugal bezogen sich die Protestierenden gegen Haushaltskürzungen Anfang 2013 bewusst auf die Aufstände der Nelkenrevolution, indem sie das damalige Revolutionslied „Grândola, Vila Morena" bei ihren Märschen anstimmten. Etliche Wunden sind auch nach fast vierzig Jahren noch nicht geschlossen, und manche Erbschaft wirkt noch fort. Als Erbschaften können dabei ebenso aus der autoritären Periode stammende Strukturen oder Mentalitäten gelten wie Entwicklungspfade, Zwänge oder Pakte der Transitionsphase, deren Folgen sich erst sehr viel später materialisieren, sei es als inzwischen eingespielte politische Verfahrensweisen jenseits der Verfassungsnorm oder des formalen institutionellen Gefüges, sei es als Reformdesiderate, die man aus der Transitionsphase mitgeschleppt hat.

Hinsichtlich der Ausprägung der politischen Kultur ist es schwierig, ein gemeinsames Merkmal für Südeuropa zu finden, ähnlich wie es der Pragmatismus bei den skandinavischen Ländern ist.[6] In der mediterranen Region lassen sich konfliktive Denk- und Verhaltensmuster ausmachen, die sich in gesellschaftlicher und politischer Polarisierung niederschlagen. Charakteristisch ist, was Diamandouros für Griechenland als *Schismus* bezeichnet, nämlich die Spaltung der Nation in zwei Lager, bei dem sich eine ‚Underdogkultur' und die Modernisierungskultur gegenüberstehen (zuerst Diamandouros 1986: 140, später ausgeführt: Diamandouros 1993). Angelehnt an diese Unterscheidung ergibt sich für alle drei Länder eine Dichotomie zwischen einerseits einer introvertierten, statischen, dem Kapitalismus ambivalent gegenüberstehenden, protektionistischen, paternalistischen, autoritären Kultur, die auf vormodernen Arrangements beruht, und andererseits einer offenen, europäischen und kosmopolitischen Kultur, die maßgeblich vom Westen und dem politischen Liberalismus inspiriert ist, reform-, und marktorientiert, innovationsfreundlich sowie an den Zielen von Konstitutionalismus und Demokratie ausgerichtet.

Eine andere, aber gleichermaßen treffende Einordnung nehmen Egner und Terizakis vor, wenn sie von der „Gleichzeitigkeit von Semiperipherie und Postmoderne" (Egner/Terizakis 2009: 14) sprechen. Diese Charakterisierung Griechenlands lässt sich auf die Iberische Halbinsel ausdehnen. Ähnliches gilt für die etwas anders gelagerten These der „Spätmodernisierer und demokratischen Seiteneinsteiger" (Terizakis 2006: 43). Die iberischen Länder kennzeichnet diese Semiperipherie nicht nur im Sinne der geografischen Lage („Afrika beginnt hinter den Pyrenäen"), sondern auch durch die politische Marginalisierung, die sie seit dem Verlust ihres großkolonialen Einflusses in Europa erfahren haben. „Die portugiesische Gesellschaft hat ihren Status als Gesellschaft mittlerer Entwicklung oder als semiperiphere Gesellschaft im europäischen

---

6 Siehe den Beitrag von Sven Jochem in diesem Band.

Kontext, den sie mit Griechenland, Irland und einen gewissen Grad auch mit Spanien teilt." (Sousa Santos 2012: 33)

Spanien litt zusätzlich an einem Isolationstrauma, denn anders als Portugal, das Gründungsmitglied der NATO und der EFTA gewesen war, haftete dem Franco-Regime das Stigma des Bürgerkriegs an, was sich bis 1953 in einer Ächtung durch die gesamte westliche Welt manifestierte. Und auch nach der Annäherung zu den USA 1953 blieb das Land bis zum Tode Francos ohne engere Beziehungen mit der Europäischen Gemeinschaft (siehe dazu ausführlich Kneuer 2007: 151–157, 188–197). Für alle drei Länder Südeuropas markierte der EG-Beitritt sowohl die Rückkehr auf die europäische Bühne als auch den Prozess einer nachgeholten Modernisierung, von der man abgeschnitten gewesen war. Die Länder katapulierten sich von einem rückständigen Status sozusagen direkt in die komplexe europäische Realität – mit entsprechenden Konsequenzen.

## 2 Das institutionelle Gefüge und seine Akteure

Die diktatorische Vergangenheit Griechenlands, Portugals und Spaniens fand ihren Niederschlag auch bei der Ausgestaltung der Verfassungen und den politisch-institutionellen Strukturen. Ähnlich wie Deutschland und Italien und später dann die post-kommunistischen Staaten legten die Verfassungsgeber in Südeuropa nach der Erfahrung unterdrückter Freiheitsrechte Wert darauf, die Grundrechte besonders umfassend zu formulieren und ihnen eine verstärkte Bestandsgarantie zu geben (Kimmel 2008: 63, 67). Desgleichen lässt sich das Bemühen erkennen, die Regierungssysteme so zu konstruieren, dass sie gegen Instabilität – als Grund für den Zusammenbruch von Demokratie – oder eine Beseitigung der demokratischen Ordnung gesichert sind. Diese Stabilisierung der neuen Demokratien wurde – wenn auch auf unterschiedliche Weise ausgestaltet – durch die Stärkung der Exekutive vorgenommen (Kimmel 2008: 64). In diesem Kapitel werden Staatsform, Regierungssystem und die Organisation der staatlichen Struktur (föderal oder zentralistisch) betrachtet; geleitet sowohl an der klassischen Typologie (präsidentiell, semi-präsidentiell, parlamentarisch) ebenso wie an Aspekten der Machtverteilung nach Lijphart und der Vetospieler nach Tsebelis. Dabei zeigt sich, dass der gemeinsame Nenner der untersuchten Länder die im institutionellen Gefüge starke Position der Exekutive – in Spanien und Griechenland des Regierungschefs – darstellt. Andere staatliche Strukturkriterien – wie Staatsform und staatliche Organisation –unterscheiden sich jedoch.

## 2.1 Staatsform und Regierungssystem

Zwar waren alle drei südeuropäischen Staaten vormals Monarchien – Spanien und Portugal mit langer historischer Tradition –, seit spätestens der letzten Hälfte des 19. Jahrhunderts hatte sich jedoch eine Dichotomie zwischen Royalisten und Republikanern herausgebildet, die sich dann im 20. Jahrhundert konfliktiv manifestierte: In Portugal wurde 1910, in Spanien 1931 die Republik ausgerufen; der griechische König floh nach dem Militärcoup ins Exil. In den Demokratisierungsprozessen Griechenlands und Portugals stand eine Rückkehr zur Monarchie nicht zur Debatte; bei der Volksabstimmung im Dezember 1974 stimmten knapp siebzig Prozent der Griechen für die „Präsidierte Demokratie" als künftige Staatsform und damit gegen eine parlamentarische Monarchie. In Spanien dagegen waren Demokratisierung und Reinstallierung der Monarchie sogar aufs engste verknüpft.

Während Spanien somit als parlamentarische Monarchie mit einem rein repräsentativen Staatsoberhaupt und einem infolgedessen starken Regierungschef einzuordnen ist, orientierten sich die ersten Verfassungen Griechenlands und Portugals bei der Ausgestaltung der Funktion des Staatspräsidenten am französischen Modell und wiesen ihm daher nicht nur eine zeremonielle Rolle, sondern weitgehende Kompetenzen zu. Portugals erste Phase (1976–1982) ist unbestritten semi-präsidentiell, die Einordnung insbesondere nach der Verfassungsänderung von 1982 erweist sich in der Literatur allerdings als kontrovers.[7] Die griechische Verfassung sah ebenso zunächst (1974–1986) eine starke Stellung des Präsidenten vor. Auch wenn die Einordnung Portugals strittig bleibt, so ist dennoch festzuhalten, dass sowohl Griechenland als auch Portugal im Laufe der 1980er-Jahre die präsidentiellen Domänen einschränkten und Elemente des parlamentarischen Typus verstärkten. Insofern sind die Unterschiede der drei Staaten bezüglich des *Regierungssystems* seit Mitte der 1980er-Jahre nicht stark ausgeprägt.

---

**7** Nach Robert Elgie ist Portugal auch nach 1982 dem semi-präsidentiellen Typus zuzuordnen aufgrund der beiden Merkmale von Direktwahl eines Staatspräsidenten mit fester Amtszeit und einem Premierminister und Kabinett, die sowohl dem Präsidenten als auch dem Parlament verantwortlich sind (Elgie 1999: 13f.). Diametral anders lautet die Interpretation von Merkel/Stiehl (2006: 653), bei der die Verfassungsreform eindeutig ein parlamentarisches Regierungssystem hervorbrachte. Legt man die differenziertere Typologie von Shugart und Carey (1992) zugrunde, fand ein Wandel von einem *presidential-parlamentarian* (vor 1982) zu einem *premier-presidential system* statt. Der entscheidende Unterschied liegt in der Möglichkeit des Präsidenten, den Premier zu entlassen, die dann entfallen ist. Vor allem jüngere Publikationen, die längere Untersuchungszeiträume abdecken, wie Lobo/Neto (2009), argumentieren dezidiert gegen die Einordnung Portugals als parlamentarisch. Sie berufen sich dabei auf die *de jure* und *de facto* Vetomacht als *Ex-post*-Kontrolle von Premier und Legislative sowie auf die Auflösungsrechte. In Bezug auf beide Merkmale ist der portugiesische Präsident gleich stark ausgestattet wie der französische und stärker noch als der österreichische (Döring/Hönnige 2008: 467).

Die erste Verfassung Portugals von 1976 ist eindeutig als semi-präsidentiell zu bezeichnen, da sie zum einen die Direktwahl des Präsidenten vorsah und ihm zum anderen weitgehende Kompetenzen zuwies: die Ernennung und Entlassung des Regierungschefs, die Auflösung des Parlaments sowie legislative Vetorechte. Zudem war der Präsident nicht nur Oberbefehlshaber der Streitkräfte, sondern auch Vorsitzender des Revolutionsrats, einer Reservedomäne, die sich das Militär vorenthalten hat. Der Regierungschef (*primeiro-ministro*) war demnach nicht nur dem Parlament verantwortlich, sondern auch dem Präsidenten. Diese Verteilung der exekutiven Macht auf zwei Pfeiler entsprang der Furcht vor einer Machtkonzentration in einer Hand wie während der Salazar-Diktatur. Gleichzeitig sollte diese stark konstruierte Exekutive einer parlamentarischen Instabilität vorbeugen, wie man sie in der Ersten Republik erlebt hatte (Bruneau/Macleod 1986: 120, 127f., Merkel/Stiehl 2006: 653).

Dass dem Staatspräsidenten eine Schüsselrolle für die Stabilität des portugiesischen Systems zukommt, ist nicht nur von der Verfassung abzuleiten. Der erste Präsident, General Ramalho Eanes (1976–1986), erlangte große Popularität und Legitimität, da sein Handeln entscheidend war für das Absichern der jungen Demokratie. Eine Mehrheit der Portugiesen schrieb dem Präsidenten die größten Verdienste bei der Verteidigung von Freiheit und Demokratie zu (Bruneau/Macleod 1986: 128, 131). Es deutete sich bereits damals an, dass die *De-facto*-Rolle des Präsidenten von dem Zusammenspiel mit den jeweiligen Regierungen abhing: Sein exekutives Handeln war schwächer, wenn stabile Regierungen an der Macht waren, und stärker bei instabilen Regierungen (Bruneau/Macleod 1986: 128).

Die Verfassungsreform von 1982 richtete sich vor allem auf die Machtbalance der Organe: Die Kompetenzen des Präsidenten wurden zurückgeschnitten, die Rolle der Parteien und des Parlaments gestärkt. Der Präsident kann seither die Regierung nur unter bestimmten Voraussetzungen entlassen, auch die Auflösung des Parlaments wurde begrenzt und die „politische Verantwortlichkeit" der Regierung gegenüber dem Präsidenten in lediglich „verantwortlich" reduziert. Wenngleich hier bei der Formulierung weiterhin Ambiguität herrscht, so wurden Parlament und Regierung eindeutig gestärkt (Bruneau/Macleod 1986: 122f.). Weitere Verfassungsänderungen folgten 1989, 1992, 1997 und 2001. Bedeutsam für die weitere Entwicklung des Landes war vor allem die 1989 vorgenommene Streichung der noch aus der revolutionären Emphase stammenden sozialistischen Ziele, wie etwa Verstaatlichung.

Griechenland entschied sich in enger Anlehnung an das französische Modell für eine „Präsidierte Demokratie", die dem vom Parlament auf fünf Jahre gewählten Staatspräsidenten *de jure* weitgehende Kompetenzen zugestand (Tsakalidis 1999: 20f.; Zervakis 2009; Zervakis 2006; Terizakis 2005: 76ff.). Ähnlich wie in Portugal bildete die Instabilität der Jahre zwischen 1922 und 1967 den Hintergrund für die Überlegung, eine starke Exekutive zu konstruieren. Nach seiner Rückkehr aus dem Exil führte Konstantinos Karamanlis recht eigenmächtig eine neue Verfassung ein, bei der er seinem Vorbild de Gaulle folgend die Rolle des Präsidenten als dominant entwarf (Tsakalidis 1999: 20f., Zervakis 2009: 63). Anders als de Gaulle übernahm Karamanlis aber nicht diese Funktion. Die Tatsache, dass somit Karamanlis als erster Premierminister und als charismatischer „Übervater" (Zervakis 2009: 63) die ersten Jahre der neuen Demokratie dominierte, führte wohl in der politischen Wirklichkeit zu der weitaus gewichtigeren Position des Premierministers (Πρωθυπουργός – Prothypourgós). Auch als Karamanlis dann zum Staatspräsidenten gewählt wurde (1980–1985, 1990–1995), änderte sich an diesem Zusammenspiel der beiden Exekutiven nichts. Tatsächlich hatte von Beginn an keiner der Staatspräsidenten auf die erheblichen Rechte zurückgegriffen, sondern sich auf eine repräsentative Funktion beschränkt. Unter der Regierung Papandreou wurden 1986 in einer Verfassungsreform die verfassungsrechtlichen Kompetenzen des Staatspräsidenten zurückgeschnitten und damit die Premierdominanz auch *de jure* festgeschrieben.

Eine weitere Verfassungsreform (2001) zielte vor allem darauf, die Funktionsdefizite des griechischen Systems zu beheben, indem die klientelistischen Auswüchse des paternalistischen und zentralistischen Staatsapparats beschnitten werden sollten.[8] So wurde eine Transparenzregel im öffentlichen Dienst und der Justiz eingeführt und die hauptstadtlastige Staatsverwaltung dezentralisiert (Zervakis 2009: 68). Das neu geschaffene Amt eines Ombudsmanns, mit dem bezeichnenden Titel „Nationaler Beauftragter des Parlamentes zum Schutz des Bürger vor behördlicher Willkür", sollte gegen Missstände in der Staatsverwaltung vorgehen (Zervakis 2006: 703). Dem Ombudsman wurde eine besondere Bedeutung zugeschrieben, denn aufgrund der parteipolitischen Polarisierung war an einen Konsens zur Reform der Verwaltung nicht zu denken; daher schien dieses neutrale, über den Parteien stehende Amt als Ausweg, um Auswüchse zurückzuschneiden.[9] Angesichts dieser Erwartungen und auch der tatsächlichen Ausübung des Amts ist die Stellung des griechischen Ombudsmanns höher einzuschätzen als in Spanien und Portugal, wo diese Kontrollinstanz ebenso eingeführt wurde.

Spanien stellt – wie bereits angedeutet – als einzige parlamentarische Monarchie Südeuropas ein Spezifikum dar. Die Verfassung schreibt dem Monarchen die Rolle eines repräsentativen, zeremoniellen Staatsoberhaupts zu, vergleichbar mit der britischen oder den nordischen Monarchien (Kneuer 2008). Nach dem lenkenden Einfluss während der Transition übernahm Juan Carlos diese Rollenzuweisung, blieb aber Moderator und „Schutzschild der Transition" (Tussell 2000: 11), insbesondere bei dem Militärputsch 1981, den er mit dem Gewicht seiner Autorität als Oberbefehlshaber des Militärs mit einem eindeutigen Votum für die Demokratie beendete.[10] Juan Carlos Ein-

---

**8** Siehe dazu detaillierter Tsakalidis 1999, Fyrippis 2005.

**9** Der erste griechische Ombudsman (1998–2003), P. Nikiforos Diamandouros, ein international renommierter Politikwissenschaftler, hatte 2003–2013 das Amt des Europäischen Bürgerbeauftragten inne.

**10** Siehe zur Rolle von Juan Carlos I für die spanische Transition inter alia: Bernecker, Walther L. 1993: Die Rolle von König Juan Carlos, in: ders. (Hrsg.), Spanien nach Franco. Der Übergang von der Diktatur zur Demokratie 1975–1982, München: 150–171. Powell, Charles, 1996: Juan Carlos. Self-Made Monarch, Houndmills. Seco Serrano, Carlos 1996: La Corona en la Transición Española, in: Tusell, Javier/Soto, Alvaro (Hrsg.), Historia de la transición (1975–1986), Madrid, 138–159. Uboldi,

satz für die Demokratie sicherte der Monarchie in Spanien breite Zustimmung bei der Bevölkerung. Befragungen Ende der 1990er-Jahr ergaben, dass eine Mehrheit der Spanier seine Rolle auch für das künftige Funktionieren der Demokratie für wichtig halten und eine überwiegende Mehrheit von fast 90 Prozent ihn als in der ganzen Bevölkerung für sehr beliebt wahrnahm (CIS 1998). In diese positive Bewertung mischt sich allerdings auch eine zunehmende Skepsis; die Hälfte der Bürger hält die Monarchie inzwischen für längst überholt (CIS 2001). Im Zuge der Skandale im Königshaus sank die Zahl zeitweise sogar unter 50 % (Sigma Dos 2014). In der krisenhaften Entwicklung der jüngsten Zeit beweist sich gleichwohl die Monarchie als diejenige Institution, der die Bevölkerung noch am meisten Vertrauen entgegenbringt (CIS 2010).

Machtzentrum im spanischen Regierungssystem ist eindeutig der Regierungschef. Die Verfassungsväter Spaniens orientierten sich in vielen Punkten an der Bundesrepublik Deutschland und legten, dem Vorbild der Kanzlerdemokratie folgend, die Machtbalance zugunsten eines starken Regierungschefs (*Presidente del Gobierno*) fest. Spanien nähert sich somit stark dem westeuropäischen Phänomen eines Machtzuwachses für den Regierungschef an (Magone 2009: 93). So spricht die Verfassung ihm einerseits das Recht zu, das Parlament aufzulösen, andererseits aber ist eine Abwahl des Regierungschefs erheblich erschwert durch das aus dem deutschen Grundgesetz übernommene konstruktive Misstrauensvotum.

Die Legislative besteht in Griechenland (*Voulí*) und Portugal (*Assembleia*) aus einem Einkammersystem, wie es für kleinere Länder üblich ist; in dem größeren und zudem dezentral organisierten Spanien existiert neben dem Abgeordnetenhaus (*Congreso de los Diputados*) auch eine Territorialkammer (*Senado*). In Griechenland und Portugal ging die oben beschriebene Beschneidung präsidentieller Rechte nicht nur mit der Stärkung des Premiers, sondern auch mit der Erweiterung parlamentarischer Rechte einher. So wurden die Kontrollrechte des griechischen Parlaments 1986 und 2001 ergänzt; zuvor war aufgrund verschiedener Beschränkungen die öffentliche Kritik das effektivste Instrument der parlamentarischen Opposition. Daher spricht Terizakis davon, dass das griechische Parlament sich „zum Zentrum der politischen Deliberation" entwickelt hat (Terizakis 2005: 89, siehe auch Zervakis 2006: 699). Alle Parteien nutzten das Parlament zu hochkonfliktiven Debatten, gefördert durch die mediale Berichterstattung.[11]

Dennoch sind die Kontrollrechte des Parlaments durchaus weitgehend: So kann das Parlament nicht nur der Regierung, sondern auch jedem einzelnen Mitglied das Misstrauen aussprechen (allerdings mit absoluter Mehrheit) und es kann Untersu-

---

Raffaello 1985: Juan Carlos. La España de ayer, hoy y mañana, Barcelona. Villalonga, José Luis de 1993: El Rey, Barcelona.

**11** „Der legislative Prozess ist weniger eine Prozedur mit tiefen Diskussionen der Themen, denn mehr Raum für spektakuläre Konfrontationen und gesamtgesellschaftliche Diskurse von öffentlichem Interesse. Es ist mehr Forum (...) denn ein Kontrollorgan der Regierung." (Terizakis 2005: 89)

chungsausschüsse einsetzen, ein Recht, das innerhalb der EU nur wenige Parlamente besitzen (neben Griechenland nur Deutschland und Portugal) (Zervakis 2006: 695, Tsakalidis 1999: 18–20).

Anders als in Griechenland und Spanien steht das portugiesische Parlament zwei stark konstruierten Exekutiven gegenüber (siehe hierzu: Bruneau/Macleod 1986: 146ff.). Zwar sind sowohl Präsident als auch Regierung formal der parlamentarischen Kontrolle unterworfen, umgekehrt aber besitzen die beiden Exekutiven ebenso Einflussmöglichkeiten in der Legislative. Während für die Regierung gilt, dass sie von der Parlamentsmehrheit abhängig ist und sich im Parlament die übliche Verzahnung von Regierung, Regierungspartei und Parlamentsmehrheit spiegelt, steht der Präsident über den Parteien, und somit ergibt sich eine gewisse Rivalität dieser beiden getrennten Institutionen. Wichtige Kompetenzen des Präsidenten wie die Erklärung von Notstand oder von Krieg bedürfen der Zustimmung des Parlaments. Selbst längere Auslandsreisen muss es absegnen.

Andererseits aber ist die Stellung des Parlaments gegenüber dem Präsidenten vor allem durch zwei gewichtige präsidiale Machtinstrumente beschnitten: durch das Auflösungsrecht gegenüber dem Parlament und das Veto gegen Gesetze, das von der Legislative gleichwohl überwunden werden kann. Obwohl die Rechte des Parlaments in der Verfassungsreform von 1982 gestärkt wurden (siehe oben: das in der EU seltene Recht, Untersuchungsausschüsse einzusetzen), zeigt die politische Wirklichkeit, dass diese Instrumente nicht effektiv genutzt werden. Somit fokussieren sich die Aufmerksamkeit und die Bedeutung des Parlaments auf große Debatten, etwa die Diskussion des Regierungsprogramms, Vertrauensabstimmungen oder Misstrauensanträge (Bruneau/Macleod 1986: 157).

In Spanien hat die erste Kammer, das Abgeordnetenhaus (*Congreso de los Diputados*), das eindeutig größere Gewicht. Es wählt den Regierungschef und kann ihn per Misstrauen stürzen. Der Senat dagegen besitzt nur eine schwache Kompetenzausstattung. Beide Kammern können Gesetze einbringen, und diese müssen wiederum durch *Congreso* und *Senado* verabschiedet werden. Das Veto des Senats wirkt dabei nur aufschiebend (siehe dazu Rubio Llorente 1993). Der Senat wird zwar in der Verfassung als „territoriale Vertretungskammer" (Art. 69.1 Constitución Española) bezeichnet, ist aber tatsächlich kein Organ territorialer Repräsentation – wie etwa in Deutschland. Der Senat ist ein typischer ‚Transitionsrest'. Seine schwache Stellung beruht auf einer Kompromissfindung in der Verfassungskommission, wobei man dort eigentlich immer im Blick hatte, seine Rolle später anders zuzuschneiden.[12] Magone nennt den spanischen Parlamentarismus daher auch „unfertig" (Magone 2009: 105, siehe dazu auch: Nohlen/Hildenbrand 2005: 335).

---

**12** Es gab in der Verfassungskommission Vertreter, die den Senat nach dem deutschen Vorbild des Bundesrats konstruieren wollten. Dies ließ sich damals nicht durchsetzen (Interview der Autorin mit Pedro Pérez Llorca, einem Mitglied der Verfassungskommission; siehe zum Institutionentransfer während der Transitionsphase, Kneuer 2007: 214f.).

Interessant ist, dass zwar die südeuropäischen Parlamente formal durchaus starke Rechte besitzen, keines der Parlamente aber in der politischen Wirklichkeit eine starke Kontrollinstanz der Regierung darstellt. Der arbeitsfähigen und stabilen Regierung gebührt eindeutig der Vorrang: Die Regierungen sind schwer zu stürzen, nämlich nur mit einem Misstrauensvotum auf Basis einer absoluten Mehrheit, bei der Vertrauensfrage hingegen reicht ihnen die einfache Mehrheit (Zervakis 2006: 699f., Döring/Hönnige 2006: 462, Nohlen/Hildenbrand 2005: 260). Für die betrachteten Parlamente gilt, dass sie einen ‚rationalisierten Parlamentarismus' widerspiegeln.

Weitere Analogien sind, dass die überwiegend (in Spanien und Griechenland) bzw. häufig vorkommenden (Portugal) Minderheitenregierungen, erstens einen majoritären Stil prägten, der zu einer relativ starken Polarisierung (vor allem im Verhalten) führte und zudem auf Kosten der Responsivität gegenüber den Bevölkerungen ging (Pasquino 1995: 274). Eine weitere Konsequenz der Minderheitenregierungen besteht in einer starken Fraktionsdisziplin. Dies gilt vor allem für Spanien und Griechenland, „where cohesion and discipline were most clearly visible, a *streamlined style of decision making* and the quiescence of legislatures has been a salient feature of politics" (Pasquino 1995: 279; Hervorhebung – MK). Für Portugal lässt sich ab 1985 ebenfalls ein „majoritarian turn" (Magalhães 2011: 255) feststellen. Dennoch hat Portugal letztlich jedoch mehr institutionelle Flexibilität bewiesen als die beiden anderen Länder (Pasquino 1995: 280).

Vergleicht man die Konstruktion und das Zusammenspiel von Exekutive und Legislative, so lässt sich bei den drei südeuropäischen Staaten als erste Gemeinsamkeit somit eine klare Dominanz des Regierungschefs feststellen. Im Falle Griechenlands und Spaniens gehören sie zu den mächtigsten in Europa (Kimmel 2008: 80). Das Verhältnis von Exekutive und Legislative wird davon geprägt, dass der Regierungschef nicht nur das Kabinett leitet (mit Richtlinienkompetenz in Griechenland und Spanien), sondern zugleich Führer der parlamentarischen Mehrheit sowie Parteiführer der Mehrheits- und damit Regierungspartei ist. Diese Konstellation führt zu einer erheblichen Machtkonzentration im Amt und in der Person des Premiers (Zervakis für Griechenland 2008: 65ff.; Magone 2009: 93ff. für Spanien). Befördert von mehrheitsbildenden Wahlsystemen und polarisierten Parteiensystemen, aus denen in Griechenland und Portugal seit Mitte der 1980er-Jahre fast ausschließlich und in Spanien[13] ausschließlich Einparteienregierungen hervorgehen, stützt sich der Regierungschef dabei auf Parlamentsmehrheiten, die ihm weitreichende Handlungsmöglichkeiten einräumen.

---

13 Spanien ist das einzige EU-Land, das durchgehend Einparteienregierungen hatte.

## 2.2 Parteien und Wahlsystem

Charakteristisch für die südeuropäischen Systeme ist zudem als zweite Gemeinsamkeit die Parteienstaatlichkeit.[14] In den Verfassungen aller drei Staaten wird die Rolle der Parteien in besonderer Weise betont und hervorgehoben. Griechenland orientiert sich dabei in Art. 29 der Verfassung am verfassungsrechtlichen Schutz der Parteien, wie es das deutsche Grundgesetz (Art. 21) vorsieht. Seit 2001 ist zudem die staatliche finanzielle Unterstützung (Wahlausgaben) geregelt. Auch in der portugiesischen Verfassung erhält die Stellung der Parteien im politischen System besondere Beachtung. „The extent and detail of the articles in the Constitution of 1976, and of legislation emanating from it, dealing with political parties is incredible" (Bruneau/Macleod 1986: 29). So wird in Art. 114 festgehalten, dass die Parteien beteiligt sind an den Organen, die aus allgemeiner und direkter Wahl hervorgehen (Constituição da República Portuguesa). Die wesentliche Bedeutung, die die spanische Verfassung den Parteien zumisst, lässt sich an ihrer Stellung ablesen: Art. 6, der besagt, dass die politischen Parteien den politischen Pluralismus ausdrücken und fundamentales Instrument der politischen Partizipation darstellen (Constitución Española), ist noch vor dem Grundrechtekatalog unter den Präliminararartikeln platziert.

Aber auch in der politischen Praxis stiegen die Parteien in allen drei Ländern zu den maßgeblichen politischen Akteuren innerhalb der unterschiedlichen institutionellen Gefüge auf. Sie stießen – teils noch vor der Konstruktion der Institutionen – in das Vakuum, das nach dem Fall der Diktaturen vorherrschte; in allen drei Ländern im Übrigen unterstützt durch deutsche Parteien bzw. Parteistiftungen.[15] Auf die Bedeutung der Parteien im Sinne ihres Einflusses auf die – auch informellen – politischen Prozesse und die Interaktion mit anderen gesellschaftlichen Akteuren wird später einzugehen sein (siehe Kap. 3). Wichtig an dieser Stelle ist festzuhalten, dass die Parteienstaatlichkeit zusammen mit dem Zweiparteiensystemen (Griechenland, Spanien) bzw. der Bipolarität aller drei Parteiensysteme zu einer klaren Dichotomie von Regierung und Opposition geführt hat, die nicht nur den Parlamentsbetrieb, sondern die politischen Landschaften insgesamt charakterisieren. Dabei handelt es sich zum einen

---

**14** So charakterisiert Colomer die portugiesischen und spanischen Systeme als „rule by party leadership" (Colomer 2009, siehe Kap. 6), und Featherstone konstatiert die „party supremacy" (Featherstone 2006: 8), Zervakis spricht davon, dass in Griechenland Staat und Verwaltung fest im Griff der Parteien sind (Zervakis 2009). Siehe dazu auch Tsakalidis 1999: 22f., 58; Terizakis 2006: 92. Beispielhaft für Portugal vermerken Bruneau und Macleod (1986: 5f.), dass alle Macht den Parteien zugeschlagen wurde.

**15** Insbesondere die SPD bzw. die Friedrich-Ebert-Stiftung praktizierte die Parteienförderung intensiv. So wurde die portugiesische Partei PS in Bad Münstereifel mit Unterstützung der SPD gegründet. Willy Brandt engagierte sich als Vorsitzender der Sozialistischen Internationale dabei in allen drei südeuropäischen Ländern (Kneuer 2007: 208f. sowie Kneuer 2012). Auch die Konrad-Adenauer-Stiftung war aktiv, hatte es allerdings schwerer, einen Partner zu identifizieren. Eine Parteigründung mit christlichdemokratischem Profil stellte sich als schwierig heraus (siehe dazu Kneuer 2012).

um eine inhaltliche Polarität im Sinne eines klassischen Arbeit-Kapital-Cleavage. Zusätzlich aber wird der Parteienwettbewerb durch eine rhetorische Polarisierung geprägt (Heinelt/Bekridaki 1998) und durch konfrontatives Verhaltens, das Aushandlungen und Interessenausgleich oft schwierig macht.

Der Typus der Parteiensysteme folgt aus *Wahlsystemen*, die – obgleich unterschiedlich ausgestaltet – in allen drei Ländern mehrheitsbildend sind, was auf eine Begünstigung der stimmstärkeren und Benachteiligung der kleineren Parteien hinausläuft. Zwar liegen allesamt Verhältniswahlsysteme vor, dennoch hat jedes Land mit zusätzlichen Vorkehrungen dafür gesorgt, dass die genuinen Effekte proportionaler Vertretung abgemildert werden zugunsten einer stabilen Mehrheitsbildung.

Das Strukturprinzip eines Alternierens zwischen beiden dominanten griechischen Kräften, der konservativen Nea Demokratika (ND) und der sozialdemokratischen PASOK wurde aber erst mit der Wahl im Mai 2012 durchbrochen: Beide großen Parteien verloren dramatisch an Wählerunterstützung, die Alleinregierung einer Partei wurde damit unmöglich und eine Koalition notwendig. Zudem gelangten drei neue Parteien ins Parlament (Anel, Chrysi Avgi, Dimar). Dieses vor dem Hintergrund der Verschuldungskrise zu bewertende Ergebnis (siehe dazu detailliert Kap. 3) wurde durch die Neuwahlen einen Monat später, im Juni 2012, teilweise wieder korrigiert: Die ND ging gestärkt hervor, allerdings bildete die bislang eher marginale Syriza den zweiten Pol, während die PASOK abgeschlagen nur noch die dritte Kraft stellt. Die rechtsextremen Parteien wurden auch in der letzten Wahl bestätigt. Ihr Erfolg erklärt sich zweifelsohne aus der populistischen Stimmungsmache im Kontext der Verschuldungskrise und der EU-Politik gegenüber dem Land. Zudem profitierten sie durch die Wahlrechtsänderung von 2007.

Auch Portugal verfügt über ein Verhältniswahlrecht ohne Sperrklausel, das aber durch das Stimmverteilungsverfahren nach d'Hondt ebenfalls größere Parteien begünstigt. Zudem wirken die Mehrpersonenwahlkreise wie Sperrklauseln und verhindern so die ungewollte Fragmentierung des Parteiensystems (Bruneau/Macleod 1986: 30ff., 127ff.; Colomer 2009: 176ff., Merkel/Stiehl 2006: 667). Den maßgeblichen, neu entstandenen demokratischen Parteien war ebenfalls daran gelegen, sich selbst zu perpetuieren und gleichzeitig kleinere Parteien kleinzuhalten, analog zu Griechenland, geleitet von dem Wunsch nach stabilen Regierungen. Dadurch waren vor allem die Sozialistische Partei (PS) und die Sozialdemokratische Partei (PSD) überrepräsentiert. Dies hat dazu geführt, dass sich in Portugal vor Parlamentswahlen kleinere Parteien zu Wahlkoalitionen zusammenschließen.

Ähnlich wie in Spanien stellte sich ab Anfang der 1980er-Jahre eine Verfestigung des Parteiensystems ein – ein „majoritarian turn" nach vorheriger endemischer Kabinettsinstabilität (Magalhães 2011: 225, Lobo/Costa Pinto/Magalhães 2012: 38–41). Die Zahl der Parlamentsparteien reduzierte sich, die Kabinettsstabilität stieg und damit auch die Machtkonzentration in der Exekutive. Obgleich sich in Portugal kein vergleichbar klares Zweiparteiensystem wie in Griechenland herausbildete, da als stabile Größen die Kommunisten (PCP) und das Demokratische Soziale Zentrum (CDS) stets präsent waren, sondern ein Mehrparteiensystem, existiert eine starke Polarisierung und eine hohe Konzentration der Wählerstimmen auf die beiden großen Parteien (Colomer 2009: 175). Seither alternieren die Sozialisten (PS) als Minderheitsregierung und die konservativ-liberale PSD, die regelmäßig Koalitionen mit der CDS-PP bildet.

Auch die spanischen Gesetzgeber entschieden sich für ein Verhältniswahlrecht sowie für das d'Hondt'sche System; zusätzlich aber führten sie eine Dreiprozentklausel (allerdings nur in den großen Wahlbezirken) ein. Zentral aber ist die Wahlkreisgröße, die es kleineren Parteien schwierig macht, Mandate zu erringen (Nohlen/Hildenbrand 2005: 264; Colomer 2009). Alles in allem finden wir in Spanien gleichermaßen wie in Griechenland und Portugal ein stark mehrheitsbildendes Wahlsystem vor, das ebenfalls der Rationale folgt, möglichst Instabilität zu vermeiden. Damit ergibt sich auch in Spanien eine Bevorzugung der großen Parteien, den Sozialisten (PSOE) und der konservativen Volkspartei (PP); wenngleich sich ein Alternieren erst verzögert einstellt – nämlich seit der ersten Regierungsübernahme durch die PP 1996 –, da sich die Kräfte in der Mitte bzw. Mitte-Rechts erst konsolidieren mussten.

Das Wahlsystem ebnet zudem regionalen Parteien den Zugang zum nationalen Parlament. Es stellt ein spanisches Spezifikum dar, dass baskische, katalonische und kanarische Regionalparteien immer wieder eine wesentliche Rolle spielen für die Regierungsfähigkeit, denn von den elf Regierungen konnten sich nur vier auf eine Parlamentsmehrheit stützen.[16] Koalitionen sind in Spanien ebenso unüblich wie in Griechenland; vielmehr hat sich der Usus eingestellt, dass Regionalparteien informell, also ohne Koalitionsvertrag, die Minderheitsregierung unterstützen. Die katalanische CiU und die baskische PNV sind dabei mehrfach, auch für unterschiedliche Regierungen, zum Zünglein an der Waage geworden: 1993 für die Sozialisten, 1996 für die Konservativen.

Griechenland verfügt über ein sogenanntes „verstärktes Verhältniswahl" (Egner 2009; Tsakalidis 1999: 32; Zervakis 2006: 706ff.). Dieser spezifisch griechische und relativ komplexe Wahlmodus, bei dem die Stimmauszählung in mehreren Schritten erfolgt, war 1951 eingeführt worden, um die großen Parteien zu stärken. Es entspricht der politischen Kultur in Griechenland, sich an stabilen politischen Verhältnissen zu orientieren, die sich in Einparteienregierungen spiegeln; Koalitionen waren bis 2012 unüblich.[17] Eine grundlegende Wahlrechtsreform fand 2007 statt. Damit sollten vor allem kleineren Parteien mehr Chancen gegeben werden. Tatsächlich konnten 2007

---

**16** 1982–1986, 1986–1989 unter Ministerpräsident Felipe González (PSOE) sowie 2000–2004 unter Ministerpräsident José María Aznar und zurzeit (2011–heute) unter Ministerpräsident Mariano Rajoy (PP). 1989 fehlte González eine Stimme zur absoluten Mehrheit.

**17** bis auf das Jahr 1989, als die regierende PASOK vor der Parlamentswahl die einfache Verhältniswahl einführte; nachdem sich die Regierungsbildung jedoch als schwierig herausstellte, und infolgedessen im selben Jahr Neuwahlen stattfinden mussten, kehrte man 1990 wieder zum vorherigen System zurück.

das linke Parteienbündnis Syriza und die rechtsextrem-ultranationalistische Laos ins Parlament einziehen.

Griechenland ist einer der seltenen Fälle mit Wahlpflicht. Nichtsdestotrotz ist die Wahlbeteiligung erstaunlich „durchschnittlich", also kaum höher als in EU-Ländern ohne Wahlpflicht.[18] So konnte selbst die erste demokratische Wahl nur knapp 80 % der Bürger an die Urnen locken, 1989 wurde mit 84,5 % die bislang höchste Wahlbeteiligung erreicht, in den 2000er-Jahren bewegte sie sich um die Marke von 75 %. Die Wahlen im Mai und Juni 2012 ergaben ein Rekordtief von 65,1 bzw. 62,5 Prozent. Auch in Portugal ist die Wahlbeteiligung stetig gefallen und bewegt sich nun um die 60-Prozent-Marke. Anders dagegen in Spanien; dort lässt sich nur ein leichter Rückgang feststellen.

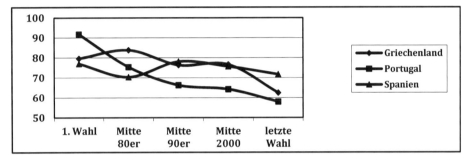

**Abb. 1:** Wahlbeteiligung in Südeuropa
Quelle: eigene Zusammenstellung auf der Grundlage von IDEA

Direktdemokratische Elemente sind in allen drei Systemen verankert, wenngleich in unterschiedlicher Form. Gemäß der Unterteilung von Kaufmann et al. (2004), die Staaten in Demokraten, Vorsichtige, Ängstliche und Schlusslichter in Bezug auf die Installation von Direktdemokratie typologisieren, gehören Spanien und Portugal zu der zweiten Gruppe, Griechenland zur dritten (Walter-Rogg 2006: 248ff.). In Spanien sind Abstimmungen auf allen Ebenen möglich, ebenso konsultative Volksabstimmungen, Volksinitiativen, und dies ohne Intitiativquorum. In Portugal wurden Referenden erst mit der dritten Verfassungsrevision 1989 auf nationaler Ebene möglich (allerdings nur als Initiative von Regierung und Parlament, nicht als Volksinitiative). Seit 1997 sind auch Volksinitiativen vorgesehen. Das „ängstliche" Griechenland schließlich erlaubt nur nationale Referenden und keine Volksinitiativen. Spanien hatte vor allem während der Transition das Volk mehrfach befragt, um den Verfassungsprozess abzusichern. Auch bei dem Dezentralisierungsprozess wurden zu den Autonomiestatuten Referenden abgehalten. Seither aber ist die Anzahl der Referenden

---

18 Das liegt wohl daran, dass bei Nichtbefolgung der Wahlpflicht keine Sanktionen drohen wie in anderen Ländern (z. B. Luxemburg).

gesunken. Seit 1989 wurden lediglich drei erfolgreich abgehalten, in Portugal eines und in Griechenland keines.

Zusammengefasst: Alle drei Vergleichsstaaten konstruierten mit dem Ziel stabiler Regierungsbildung Wahlsysteme, die mehrheitsbildende Effekte erzeugen. Es entstanden infolgedessen als gemeinsames Merkmal stark polarisierte und konzentrierte Parteiensysteme, in denen jeweils die beiden großen Parteien alternierten und kleine Parteien im allgemeinen eine marginale Bedeutung haben. In der parteienstaatlichen Prägung, die sich in Südeuropa vorfinden lässt, haben zudem andere Elemente wie Direktdemokratie wenig Einfluss erlangt und wenig Raum gelassen für Bürgerbeteiligung jenseits der klassischen Kanäle. In allen drei Fällen liegt eine majoritäre und exekutivlastige Form politischer Willens- und Entscheidungsfindung vor, erwachsen aus den elitengesteuerten Transitionsprozessen, die wenig Wert auf Responsivität gelegt und die Entstehung einer breiten und lebendigen Zivilgesellschaft erschwert haben.

## 2.3 Staatsorganisation, Vetospieler und Zivilgesellschaft

Legt man Lijpharts Modell zugrunde (Lijphart 1999: 312), so gehören die drei südeuropäischen Länder unterschiedlichen Typen an: Spanien stellt dabei das einzige föderal organisierte Land dar und wird zudem als majoritär charakterisiert, während Portugal dem konsensuell-unitarischen und Griechenland dem majoritär-unitarischen Typus zugeordnet wird. Prägende Faktoren für diese Strukturen sind zum einen die unterschiedlichen historischen Entwicklungen, aber auch die gesellschaftliche Zusammensetzung der drei Staaten. In Spanien legt nicht nur die geografische Größe und Einwohnerzahl eine dezentrale bzw. föderale Struktur nahe.

Anders als die homogenen Gesellschaften Portugals und Griechenlands besteht der spanische Staat als „unteilbare spanische Nation" aus mehreren nationalen Gemeinschaften (*nacionalidades*), wie etwa den Basken, den Katalanen, den Galiziern, die jeweils auch eigene Sprachen und Kulturen aufweisen (siehe Art. 2 Constitución Española). Während der Franco-Diktatur wurden die nationalen Eigenheiten, aber auch sogenannte *fueros*, seit dem Mittelalter zugestandene Sonderrechte, unterdrückt. Die extreme Ausprägung der Gegenreaktion auf diese Repression stellt die baskische Untergrundorganisation ETA dar.[19] Die Föderalisierung Spaniens war daher ein zentraler Punkt für und während des Demokratisierungsprozesses, und die Einrichtung der sechzehn Autonomen Gemeinschaften (*autonomias*) stellte einen großen, wenngleich nicht einfachen Durchbruch dar. Dennoch blieb das Verhältnis zwischen zentraler Ebene und föderalen Einheiten nicht spannungsfrei. Insbesondere das Baskenland und Katalonien forderten immer mehr Rechte und Kompetenzen ein – oft

---

**19** Siehe dazu ausführlicher Kap. 3.

gekoppelt an die Zusage einer Regierungsunterstützung. Längst lassen sich zentrifugale Tendenzen erkennen, die nicht unproblematisch sind für den Zusammenhalt des Gesamtstaats. So werden die Fundamente des spanischen Staates seit 2012 durch das Unabhängigkeitsstreben Kataloniens erschüttert, das auch die baskische Regierung erneut befeuert hat.

In Bezug auf die *Vetospieler* lässt sich eine klare Rangfolge innerhalb der drei Staaten feststellen: Griechenland weist dabei die wenigsten und Spanien die meisten Vetospieler auf. Portugal ist in der Mitte anzusiedeln. Gemäß Tsebelis (2002) werden hierbei institutionelle Vetospieler, also solche, die in der Verfassung festgelegt sind, von *partisan veto players,* nämlich eben solchen, die sich nicht aus der Verfassung, sondern aus dem „politischen Spiel" ergeben, unterschieden. Stoiber/Abromeit differenzieren weiterhin in effektive Vetospieler, deren Vetomacht keinen Restriktionen unterliegen, und situative Vetospieler (Abromeit/Stoiber 2006). Nach diesem Muster existieren in Griechenland unter den institutionellen Vetospielern mit Premierminister, Regierung und Parlament drei effektive, somit starke, Vetospieler. Das Volk (qua Referendum) und der Sondergerichtshof stellen sehr schwache und nachträgliche Vetospieler dar, die nur sehr bedingt einen Status-quo-Wechsel herbeiführen könnten. *Partisan vetoplayers* mit situativem Veränderungspotenzial sind nicht vorhanden (Stoiber 2009: 29–36). Stoiber/Abromeit charakterisieren demnach das griechische System als eines mit einem eindeutigen Machtzentrum, dem Premier, und einer hohen Machtkonzentration, die auf die weithin übliche Einparteienregierung zurückzuführen ist. Dazu kämen Parlament, Ministerrat und Mehrheitspartei. Alle anderen Vetospieler seien stark eingeschränkt (Abromeit/Stoiber 2006: 36).

In Spanien verkörpern Regierungschef, Regierung und die erste Kammer ebenfalls starke effektive Vetospieler. Dazu kommt aber ein in seiner Bedeutung stärker einzuschätzendes Verfassungsgericht, während das Volk qua Referendum und auch der Senat als zweite Kammer als schwacher Vetospieler einzuschätzen sind. Starke situative Vetospieler sind aufgrund der dezentralen Struktur die Ministerpräsidenten der *autonomías*, vor allem jene, die als Mehrheitsbeschaffer der Regierung agieren und *blackmail*-Potenzial haben. Bis zum Putsch 1981 stellte auch das Militär noch einen situativen Vetospieler dar, der aber seither neutralisiert ist. Ähnlich wie in Griechenland finden wir daher in Spanien ein starkes Machtzentrum im Regierungschef und jene Verflechtung von Regierungspartei und Parlamentsmehrheit vor. Daneben kommen jedoch jene regionalen Kräfte zum Tragen, die sich im Zuge der Sicherung von Regierungsmehrheiten mehr Rechte erkauft haben, und so im doppelten Sinne zu Vetospielern geworden sind, weil sie gleichzeitig erheblich zu den vorherrschenden zentrifugalen Tendenzen im spanischen Machtgefüge beigetragen haben.

Portugal schließlich weist vier effektive institutionelle Vetospieler auf (Präsident, Regierungschef und Regierung, Parlament). Andererseits fehlen dem Land starke situative Vetospieler. Durch drei starke Vetospieler in der Exekutive ergibt sich auch hier eine starke Machtkonzentration, wobei Voraussetzung für eine Veränderung die Kohärenz zwischen Präsident und Regierungschef sowie Parlament ist. Portugal war in seiner Anfangsphase noch stärker als Spanien vom Militär als Vetospieler geprägt, da sein Einfluss in die staatlichen Institutionen (Revolutionsrat, Kabinett) reichte oder als parallele Domäne (durch die weitgehenden Kompetenzen des Generalstabs) bestand.

Die Schwäche der Zivilgesellschaft wurde lange Zeit als gemeinsames Merkmal der drei südeuropäischen Länder angeführt (Schmitter 1986: 6–8, Giner 1986, Magone 2003, Encarnación 2008, Colomer 2009, Terizakis 2006, Sotiropoulos/Karamagioli 2006). Dies wird in der Literatur damit begründet, dass die Bürger in diesen Ländern über längere Perioden hinweg erdrückende Staaten und starke Parteien erfahren hatten. In dem Maße, wie danach in den post-autoritären Gesellschaften die Parteien stark blieben und Einfluss ausübten, blieben auch die Zivilgesellschaften schwach.

In Griechenland lässt sich das sehr gut beobachten anhand des asymmetrischen Verhältnisses von Parteien und Zivilgesellschaft, bei dem die gut organisierten und ressourcenstarken Parteien die entwickelten Teile der Zivilgesellschaft durchdrungen haben (Terizakis 2006: 107). Diese angedeutete Korrelation zwischen Parteienstärke und Schwäche des Dritten Sektors lässt sich auch an dem Wendepunkt 1989 belegen; als nämlich das Parteiensystem 1989/90 in die Krise geriet, führte dies zu einer Aufwertung der zivilgesellschaftlichen Interessenvermittlung (Terizakis 2006: 154). Geblieben sind aber weiterhin sowohl die Fragmentiertheit des Dritten Sektors als auch die Adressierung der Parteien und nicht der Regierung, des Parlaments oder der Bürokratie. Dass die Parteien als legitime Ansprechpartner für die Zivilgesellschaft erscheinen und nicht das politische Zentrum, nennt Terizakis ein Defizit in der Funktionslogik der Konkurrenzdemokratie (Terizakis 2006: 158). Schließlich sieht er die Schwäche der Zivilgesellschaft in den beiden Phänomenen Klientelismus und Populismus begründet. Seit den 1990er-Jahren – möglicherweise auch verstärkt durch das neue technologische Potenzial, das die Kommunikation über das Internet bereithält –, ist eine eher informale Form zivilgesellschaftlichen Ausdrucks festzustellen; nicht durch Mitarbeit in NGOs oder anderen Organisationen des Dritten Sektors, sondern in losen, netzwerkartigen Gruppen kollektiver Akteure, oft auch auf lokaler oder regionaler Ebene (Sotiropoulos 2004: 25).[20]

In Spanien lässt sich neben dem oben ausgeführten, auf Südeuropa gemünzten Argument ein weiteres anführen: Die besondere Form des paktierten Übergangs, der von dem Leitmotiv getragen war, gesellschaftlichen Konsens herzustellen, hat zwar einerseits überaus erfolgreich zur demokratischen Konsolidierung des Landes geführt, andererseits aber auch politische Partizipation niedrig gehalten oder gar unterdrückt. Die praktisch ausschließlich elitengesteuerte Transition und die so vorherrschende Arkanpolitik der Transitionspakte erzeugte ein Defizit an Bürgerpartizipation und

---

**20** Dazu gehören auch xenophobe Gruppierungen, weswegen Sotiropoulos letztlich zu Recht problematisiert, ob diese Akteure tatsächlich als Zivilgesellschaft bezeichnet werden können (Sotiropoulos 2004: 25).

schürte Politikverdrossenheit in der Bevölkerung (Encarnación 2008: 7, Colomer 200: 58ff.). Zudem führte taktische Mobilisierung der kollektiven Akteure (wie Gewerkschaften) zu der verspäteten und unvollständigen Entwicklung der Zivilgesellschaft.

Wachsende Unzufriedenheit mit dem Funktionieren der Demokratie und sinkendes Vertrauen in die Politiker sind kein isoliert südeuropäisches Problem, sondern fügen sich eher in eine gesamteuropäische Entwicklung von Politikverdrossenheit. Problematisch – auch für die demokratische Qualität – kann es werden, wenn die daraufhin vermehrt erhobenen Rufe nach Reformen entweder verpuffen oder die Reformversuche nicht gelingen. So lassen sich die Proteste in Spanien 2011 (*Movimiento 15-M* – Bewegung 15. Mai) und Portugal *(Movimento 12 de Março – Bewegung 12. März)* als Ausbruch einer solchen aufgestauten Unzufriedenheit interpretieren. Zwar waren die Proteste zweifellos veranlasst durch die Wirtschaftskrise; die geäußerte Kritik bezog sich aber nicht nur auf die Banken oder die von außen oktroyierten Sparvorgaben, sondern vielmehr richteten sich Botschaften explizit auf Defizite in den jeweiligen politischen Systemen (siehe dazu detaillierter Kap. 3). „Ein demokratisches System, das zunehmend in sich selbst geschlossen ist und in dem zwar Alternieren, aber ohne Alternative stattfindet", so brachte ein spanischer Journalist die Kritik auf den Punkt (Ramoneda 2011).[21] Daher lautete das Leitmotiv der spanischen Protestbewegung „Democracia Real ya!" – „Endlich echte Demokratie!" Untersuchungen zeigen, dass sich die Bürger nicht von der Demokratie an sich enttäuscht fühlten, sondern sie verspüren eine tiefe Unzufriedenheit mit der politischen Klasse und der Art, wie diese die Demokratie gestaltet (CIS 2011-Estudio 2921 für Spanien; Costa Pinto et al. 2012). Somit kann die erneute Krise der Parteien in allen drei Ländern durchaus zu einem stärkeren Erwachen der Zivilgesellschaft führen. Die Anzeichen dafür sind deutlich.

Zusammenfassend wird deutlich: Bei allen Unterschieden der drei südeuropäischen Staaten besteht ein gemeinsames Merkmal in der exekutiven Machtkonzentration, der ein majoritäres Politikverständnis zugrunde liegt. Parteienstaatlichkeit stellt in dieser Verflechtung von Einparteienregierung und Parlamentsmehrheit ein zentrales Charakteristikum der Machtkonstellation dar, wobei insbesondere in Spanien und Griechenland der Person des Ministerpräsidenten als Führer der Mehrheitspartei großes Gewicht zukommt. Diese hohe Machtkonzentration hat in der Konsolidierung der drei Staaten zur politischen Stabilität beigetragen. Die polarisierte Struktur der Parteiensysteme bildete klare Alternativen für die Wähler und Bürger heraus. Ähnlich wie in anderen Mehrheitsdemokratien – siehe etwa Großbritannien – können sich allerdings auch negative Effekte bemerkbar machen, wie etwa eine Schwächung der Zivilgesellschaft, abnehmende (Wahl)Beteiligung und die Perzeption geringer Einflussmöglichkeiten auf die politischen Prozesse und Entscheidungen in der Bevölkerung.

---

21 „Y un sistema democrático cada vez más cerrado sobre sí mismo, en el que se produce la alternancia pero sin alternativa ..." (Übersetzung durch die Autorin).

# 3 Informale Institutionen

Politische Systeme funktionieren nicht nur auf der Grundlage des formalen institutionellen Gefüges, sondern folgen auch informalen Praktiken oder verdichten sich zu informalen Institutionen (Lauth 2000, Helmke/Levitsky 2004, Lauth 2012). Man könnte sogar noch weiter gehen und sagen, dass die Analyse eines politischen Systems unvollständig bleibt, wenn man nicht jene informalen Regeln und Institutionen erfasst und deren Zusammenspiel mit den formalen Institutionen nachzeichnet. Nun wäre dies für die hier betrachteten drei Länder ein Unterfangen, das den Rahmen dieses Textes sprengen würde; daher können hier nur einige besonders hervorstechende Aspekte herausgegriffen werden.

Informale Institutionen werden hier nach Lauth (2012) verstanden als solche, die nicht offiziell kodifiziert sind, deren Regelverletzung aber sanktioniert wird, die ihre Legitimität aus sich selbst heraus begründen und kein Zentrum besitzen, das ihre Handlungen koordiniert oder leitet. Informale Institutionen können im Wettbewerb mit dem Staat stehen, wenn es darum gehen soll, verbindliche Entscheidungen zu treffen; das kann durch parallele Kompetenzbereiche sein oder durch Beeinflussung der politischen Entscheidungsprozesse (Lauth 2012: 50). Wichtig für eine genauere Bewertung informaler Institutionen ist die Unterscheidung in einerseits einen *civic pool*, also informale Institutionen, die sich auf staatsbürgerliche Traditionen wie Vertrauen, Toleranz und universale Rechte stützen, und einen *anti-civic pool,* der partikularistische Werte verkörpert (Lauth 2012: 55). In Bezug auf das Verhältnis zwischen formalen und informalen Institutionen macht Lauth drei Beziehungstypen aus, nämlich erstens, den komplementären Typ, bei dem beide Formen sich gegenseitig verstärken und stützen, der substitutive Typ, bei dem entweder formale oder informale Institutionen effektiv funktionieren, und drittens, der konfliktive Typ, bei dem die beiden Systeme inkompatibel sind. Helmke und Levistky haben dieses Schema um einen weiteren Typ erweitert, nämlich den akkommodierenden; dabei können die informalen Institutionen die Regeln der formalen Sphäre verändern und damit auch die Wirkung der Regeln beeinflussen, ohne sie jedoch legal zu verletzen (Helmke/Levitsky 2004: 729).

Die Aufmerksamkeit für informale Institutionen richtet sich häufig auf Klientelismus und Korruption, die unter den konfliktiven Typ zu zählen sind. Korruption als eine informale Institution stellt ein pathologisches Phänomen dar und konterkariert das (effektive) Funktionieren politischer Systeme. Im südeuropäischen Vergleich ist Korruption unterschiedlich ausgeprägt. Griechenland ragt hierbei im Vergleich zu Spanien und Portugal heraus. Griechenland ist zurzeit das EU-Land mit der höchsten Wahrnehmung von Korruption, weit hinter den iberischen Ländern, die sich auf etwa gleichem Niveau befinden. Nimmt man einen größeren Zeitraum in den Blick, wird deutlich, dass Griechenland bereits länger die letzte Position im südeuropäischen Vergleich (und im Übrigen auch im EU-Vergleich) belegte, dass aber zudem in den letzten zehn Jahren der Wert signifikant angestiegen ist, während sich Spanien, Portugal nur wenig verschlechtert haben.

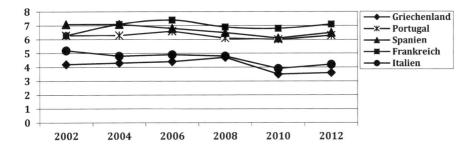

**Abb. 2:** Wahrnehmung von Korruption in Südeuropa
Quelle: eigene Zusammenstellung nach CPI; wiedergegeben werden die Scores (10 als bester, 0 als schlechtester Wert). Frankreich und Italien wurden als Vergleichsgrößen ergänzt.

Korruption bezieht sich in den drei Ländern auf a) enge persönliche Beziehungen zwischen Politikern und der Wirtschafts-, Finanz- und Bankenwelt, b) auf Personen der öffentlichen Verwaltung, die ihre Position zur persönlichen Bereicherung nutzen oder c) auf Missbrauch von Ämtern in Politik und Verwaltung für bestimmte politische Zwecke. Ein weiterer Aspekt ist illegale Parteienfinanzierung.[22] In Griechenland stellt Korruption einen Hauptgrund für das anhaltende Spannungsverhältnis zwischen Gesellschaft und Staat dar, „bei dem die pflichtbewusste Erfüllung privater und professionelle Ziele ohne die Anwendung korrupter Praktiken kaum möglich erscheinen." (Glick, zit. n. Fyrippis 2005: 3). Dieser Aspekt soll hier nicht weiter vertieft werden, zumal in Griechenland eine funktionelle Abhängigkeit der Korruption vom Klientelismus besteht, sodass das Augenmerk auf Letzteren zu richten ist. Die Verankerung von Klientelismus und Korruption wird gemeinhin mit der politisch-kulturellen Entwicklung erklärt, vor allen Dingen mit der langen osmanischen Herrschaft, die zweierlei bewirkte: Zum einen den Modernisierungsrückstand, zum anderen eine negative Einstellung gegenüber dem Staat, den die Griechen über Jahrhunderte als fremden Unterdrücker wahrgenommen hatten. „Der Staat wurde als Feind betrachtet, gegen den jedes Mittel erlaubt war." (Ganslandt 1990: 31).[23] Das lokale Klient-Patron-Austausch-

---

22 Diese Typenbildung basiert auf Powell 2011: 528–539, die er auf Grundlage der Regierung González vorgenommen hat.

23 Das während der osmanischen Besatzung eingeschliffene System beinhaltete, dass die Dorfchefs ihre Leute von der Willkür staatlicher türkischer Institutionen schützten und ihre Interessen vertraten im Gegenzug zur Loyalität und Machtmehrung vonseiten der Gemeindemitglieder. „Diese gegenseitige Abhängigkeit bildete den Ausgangspunkt für das heute noch stark ausgeprägte Klientelsystem." (Fyrippis 2005: 21)

verhältnis ordnete sich dann nach 1974 in ein „Rahmenwerk von staatlicher Zentraladministration und Parteimechanismen" (Auernheimer 2009: 96).

In der Literatur wird diese Variante als „bürokratischer Klientelismus" oder als „Parteien-Klientelismus" bezeichnet (Lyrintzis 1984). Politische Parteien agieren dabei als kollektive Patrone, die politische Tauschgeschäfte vermitteln und den Staatsapparat systematisch infiltrieren. In Griechenland trifft dies zu, insofern als die beiden großen Parteien das administrative System durchdrungen, der Parteidomäne untergeordnet und für parteipolitische Zwecke instrumentalisiert haben (Zervakis 2006: 714, Zervakis 2009: 63ff.; Tsakalidis 1999: 58ff.; Fyrippis 2005: 29ff.). Der öffentliche Dienst ist so „zu einem Instrument parteipolitischer Pfründe" (Zervakis 2006: 703) geworden.

„Im Fall von Griechenland kann der öffentliche Dienst als eine Ressource angesehen werden, die vollkommen von den politischen Akteuren kontrolliert wird. (...) Der Staat und seine Verwaltung sind einem politischen Klientelsystem ausgeliefert, bei dem die Auswahl der Beamten nicht nach ihrer Eignung, sondern vielmehr nach Parteizugehörigkeit abläuft." (Fyrippis 2005: 32)

Vor diesem Hintergrund ist erklärbar, warum sich die Zahl der Beschäftigten im öffentlichen Dienst zwischen 1981 und 1995 verdoppelt hat, insbesondere unter der PASOK-Regierung von Andreas Papandreou (Axt 1994: 96; Magone 2003: 108; Mavrogordatos 1997). Loyalitäten wurden mit Stellen des öffentlichen Dienstes als Gegenleistung gehandelt. Die Vereinnahmung und Ausweitung des öffentlichen Sektors durch die Parteien führte zum einen zu einem aufgeblähten und ineffizienten Verwaltungsapparat, bei dem es an qualifiziertem Personal mangelte; zum anderen setzte diese Praxis zugleich eine Spirale in Gang, bei der korrupte Praktiken zu einem festen Bestandteil des öffentlichen Dienstes wurden, und die Korruption als solche den Klientelismus finanzierte. „Es entsteht ein Teufelskreis, bei dem sich der Klientelismus zum Nährboden für Korruption entwickelt." (Fyrripis 2005: 29)

Begünstigt wurde dies durch die zentralistische, nach französischem Vorbild konstruierte Verwaltung. Auch die von der EU vorgegebene Dezentralisierung im Rahmen der Strukturförderung konnte dies nicht nachhaltig ändern. Diese Dysfunktionalität wurde zusätzlich verstärkt durch die Ausweitung des produktiven Staatssektors; der Anteil des Staates am Wirtschaftsleben betrug Mitte der 2000 Jahre noch 70 Prozent (Zervakis 2006: 703). So umfasst die DEKO als ‚Dachverband' der Staatsbetriebe nicht nur Energiebetriebe (Gas, Strom), die Post, Telekom, Fluggesellschaft und Bahn, sondern auch Banken (Tsakalidis 1999: 91).

Kurzum: Der im griechischen System verankerte Klientelismus und die von ihm generierte Korruption stellen einflussreiche informale Institutionen dar, die die Effektivität, aber auch den gleichen Zugang zu den Willensbildungs- und Entscheidungsprozessen signifikant und dauerhaft stören. Die schwache zivilgesellschaftliche Struktur und die ebenfalls schwachen, da fragmentierten Interessenverbände können kaum etwas entgegensetzen. In Bezug auf die daraus entstehenden Steuerungsdefizite und Modernisierungsblockaden stellen Heinelt und Bekridaki fest, dass der griechische Staat einerseits von der zivilen Gesellschaft abgekoppelt ist, andererseits von

„informellen Strukturen durchsetzt", die ihn für „partikuläre Interessen instrumentalisierbar machen" (Heinelt/Bekridaki 1998: 361). Zwar gibt es durchaus horizontale Selbstkoordination, die aber die staatlichen Steuerungsprobleme nicht lösen können, sondern aufgrund ihrer Fragmentiertheit und Selektivität eher ergänzen (Heinelt/Bekridaki 1998: 362).

Während in Griechenland Klientelismus als dominante informale Institution festgestellt werden kann, liegen in Spanien andere Phänomene vor: Zum einen ist als konfliktives, also mit dem Staat konkurrierendes Phänomen der Separatismus zu nennen, wobei hier zwischen dem moderaten parteiförmigen Separatismus der nationalistischen Parteien (PNV, EA, IU-EB) und dem nichtparteiförmigen, radikalen und kriminellen Separatismus der baskischen terroristischen Organisation ETA zu unterscheiden ist (Kneuer 2011). Beides – sowohl das gemäßigte politische als auch das illegale-terroristische Unabhängigkeitsstreben - stellt den spanischen Staat an sich infrage und ist insofern gegen die Verfassung gerichtet. Während aber die von den nationalistischen Parteien (PNV, EA) betriebenen Versuche der Abspaltung vom spanischen Parlament abgelehnt wurden[24] und somit auf politischem Wege bislang zumindest größtenteils eingehegt werden konnten, stellte die Terrororganisation ETA für die spanische Demokratie eine dauerhafte Bedrohung dar, der sie bislang kaum Herr werden konnte.

ETA hat über Jahrzehnte nicht nur ein militärisches, sondern auch ein politisches und gesellschaftliches Netzwerk aufgebaut. Neben dem erheblichen Einfluss, den die ETA auf ihre politischen Partner HB bzw. EH ausübt, und den personellen Verquickungen, gibt es ein breites radikal-nationalistisches Lager, das in Gruppen und Verbänden organisiert ist und der ETA nahesteht (Mata 2005). Des Weiteren hat die ETA mafiöse Strukturen aufgebaut, was darauf hindeutet, dass sich aus der Terrororganisation „ein weit verzweigtes Unternehmen mit ökonomischen und finanziellen Interessen krimineller Art entwickelt hat" (Däumer et al. 2008). Zu diesem System gehört ein Geflecht informeller Institutionen wie Schutzgelderpressungen, Einschüchterungen, Drohungen und massiver Druck auf Nicht-ETA-Sympathisanten. Tatsächlich herrschen im Baskenland in breiten Teilen der Gesellschaft Angst, Misstrauen und ein zunehmender Vertrauensverlust in die Problemlösungsfähigkeit der politischen Institutionen. Die ETA ist seit 1968 für über 850 Morde verantwortlich, davon fast die Hälfte an Zivilisten.

Weitere informelle Praktiken hängen mit diesen zentrifugalen Bestrebungen zusammen. Wie in Kap. 2 beschrieben, hat sich angesichts der oft fehlenden Mehrheit für die Regierungspartei und aufgrund des majoritären Politikverständnisses, das

---

24 2004 verabschiedete das baskische Parlament den nach dem Ministerpräsidenten benannten „Plan Ibarretxe", mit dem das Baskenland seine Unabhängigkeit erlangen wollte. Der Plan wurde dem spanischen Parlament zugeleitet und dort mehrheitlich abgelehnt. Die regionalen Parteien des Baskenlands (PNV, EA), Kataloniens (EA, ERC), Galiziens (BNG) und Navarras (Na-Bai) stimmten dafür, die der Kanaren (CC) und Aragoniens (CHA) dagegen.

nicht zu Koalitionsregierungen neigt, eine informale Konvention herausgebildet, bei der die Regionalparteien Minderheitsregierungen stützen, was letztlich zu einem Tauschgeschäft geführt hat, bei dem die Zentralregierung weitgehende Eingeständnisse der Kompetenzübertragung eingeht, um sich die nötige parlamentarische Unterstützung zu sichern. Dies traf sowohl auf die sozialistische Regierung González (1993–1996) als auch auf die konservative Regierung Aznar (1996–2000) zu. Interessant ist dabei, dass gerade in dieser Legislatur Aznars, der von der Programmatik seiner Partei her einer Dezentralisierung generell ablehnend gegenübersteht, die Föderalisierung Spanien erheblich vorangeschritten ist, da der Regierungschef weitgehende Zugeständnisse bei administrativen und finanziellen Rechten machen musste. Es handelt sich bei dieser Form ungeschriebener Konvention um einen komplementären beziehungsweise akkommodierenden Typus einer informellen Beziehungsstruktur, da damit die Stabilität des Systems gefördert, also zumindest prima facie nicht konterkariert wird, und es werden auch keine formalen Regeln verletzt. Man könnte lediglich argumentieren, dass diese so generierte exekutive Stabilität langfristig auf Kosten der gesamtstaatlichen Kohärenz und Steuerungsfähigkeit geht.

Diese *Do-ut-des*-Praxis zwischen Zentrum und Peripherie weist auf die dadurch inzwischen fortgeschrittene Föderalisierung Spaniens hin, die in dieser Form eine Mischung darstellt aus gesetzlich festgelegten Föderalisierungsschritten einerseits, und jenseits verfassungsrechtlicher Regeln verfestigten informalen Praktiken andererseits. Die Verfassung hatte eine bewusst offene Formel gewählt im Geiste der Konsensorientierung der Transition. Längst aber ruft diese Formel nach einer Revision, um den inzwischen erreichten Zustand formal zu institutionalisieren (Magone 2009: 194; Moreno 2008, dort bes. S. 128, 157, Gunther et al. 2004: 304f.). Der spanische Föderalisierungsprozesses resultierte in einem Konsoziationalismus, bei dem ein hybrides System von regionaler Governance und Zentralstaatlichkeit vorliegt (Encarnación 2008: 92). Dieses System ist weitgehend konsensuell – sowohl in der politischen Elite als auch in der Bevölkerung. Unbestritten ist auch, dass die Devolution zur Dämpfung des lange bestehenden ethnopolitischen Konflikts und damit zum Fortbestand des spanischen Einheitsstaats beigetragen hat. Insofern ist diese Form der spanischen Föderalisierung als akkommodierend zu bewerten. Die werteorientierte Einordnung ist hingegen ambivalent, denn einerseits werden Toleranz und Solidarität (*civic pool*) gefördert, andererseits hat die regionale Autonomie eine – zumindest im Baskenland und Katalonien teils intransigente – Verhärtung regionaler Identität erzeugt (*anti-civic pool*).

Des Weiteren findet sich eine informale Konvention in dem Konsensbestreben, das die spanische Transition geprägt hat. Gut erklärbar vor dem Hintergrund der gesellschaftlichen Polarisierung im Bürgerkrieg und der von Franco danach betriebenen Perpetuierung einer gesellschaftlichen Spaltung in Sieger und Besiegte, die ihm als Instrument der Sozialkontrolle diente, erfüllte diese Konsensorientierung der neuen Eliten eine wichtige Funktion zur Versöhnung der Gesellschaft für die Demokratisierung. Nicht nur die Elitenpakte der Transition, auch die Politik der lang dominanten

PSOE-Regierung unter Felipe González machten diese Konsensorientierung zum Leitbild spanischer Politik, quasi zum *raison d'Etat*. In diesem Sinne ist der spanische Konsensansatz zu vergleichen mit dem niederländischen Konsoziationalismus als informale, ungeschriebene Regel des *elite settlements* und entspricht daher dem Typus der akkommodierenden informalen Institution, denn es wurde ein Anreiz geschaffen zu einem bestimmten Verhalten, das die formalen Regeln veränderte (Wettbewerb der Ideen, offene Debatte von Alternativen u. Ä.), ohne sie aber direkt zu verletzen.

Der Konsensansatz war auf Konfliktreduktion angelegt und sollte demokratische Stabilität erzeugen, was auch gelang. Dabei wurde nicht nur der außerordentliche hohe Grad an Kooperation zwischen den politischen Kräften von Links bis Rechts und die soziale Konzertation von Regierung, Sozialpartners und *autonomias* von Konsensorientierung geleitet, sondern es bildete sich eine politische Kultur heraus, die – neu in der spanischen Geschichte – auf Konsens, Kompromiss und Mäßigung basierte (Encarnacion 2008: 5f.). Das Festhalten an diesem zweifelsohne während der Transition durchaus funktionalen Konsensansatz versteinerte jedoch während und nach der Konsolidierung zu einem Konsens-Zwang. Einige Themen, die man bewusst und teils seinerzeit mit guten Gründen nicht anrühren wollte, verlangten zunehmend nach Be- und Verarbeitung, die aufgrund jenes Konsens-Diktats ausblieb. Das prominenteste Beispiel ist die historische Aufarbeitung des Bürgerkriegs sowie der Franco-Zeit insgesamt. Unter der Regierung González schloss der so genannte „Pacto de Olvido" (Pakt des Vergessens) oder „Pacto de Silencio" (Pakt des Schweigens) jedwede Aufarbeitung – sei sie justiziell, politisch oder gesellschaftlich aus (Humlebak 2011, Encarnación 2008: 131–150). Es dauerte über dreißig Jahre, bis sich eine Regierung des Themas annahm.[25]

Der langfristige Effekt des Konsensdenkens verkehrte sich – das lässt sich aus der heutigen Sicht feststellen – in der Vermeidung, ja Unterdrückung einer öffentlichen Debatte aus einer Furcht heraus, die mit dem Etikett einer Staatsräson behafteten Transitionspakte anzurühren. Das demokratische Spanien hatte mehrere solche Transitionsreste – wie ich sie nenne – in die Konsolidierungsphase mitgenommen, aber sie nie final bearbeitet, auch wenn das durchaus so vorgesehen war. Dies betrifft etwa die Reform des Senats sowie die Reform des Justizsystems. Zunehmend wurde von der Bevölkerung eine Veränderung und Weiterentwicklung bestimmter offen gelassener Aspekte gefordert, bis hin zu dem Punkt, da die Bürger die fehlende Bearbeitung durch die Politik als Verschleppung und sogar als Versagen empfanden, was unweigerlich zu der Wahrnehmung führte, dass keine Regierung Problemlösungskompetenz in diesen durchaus als dringlich empfundenen Punkten besaß. Hierbei handelt es sich um einen für die demokratische Qualität und Legitimität problematischen Um-

---

25 Das „Erinnerungsgesetz" (Ley de memoria) wurde von der Regierung Zapatero 2007 verabschiedet.

stand, der auf Vertrauensverlust in die Politiker und Entfremdung von demokratischen Prozessen hinauslaufen kann (siehe dazu 4.1.).

Portugal weist ähnlich wie Griechenland klientelistische Strukturen auf. Sie haben allerdings andere Entstehungshintergründe. Zum einen setzte sich aus der autoritären Periode unter Salazar dessen patrimoniales Muster, das er als Gegenmodell zu Individualismus und Liberalismus eingeführt hatte, in der demokratischen portugiesischen Gesellschaft fort (Magone 1997: 18). Der Estado Novo basierte auf der paternalistischen Familie und auf korporatistischen Strukturen. Diese „organische Vision" Salazars wurde durch die ländliche Struktur Portugals zusätzlich gefördert; und dort lebte sie auch vor allem fort. Dieses patrimoniale Denken verband sich mit einem zweiten Phänomen, nämlich der starken Intervention des Staates in allen Bereichen der Wirtschaft nach der Revolution (Bruneau/MacLeod 1987: 182–187). Zwischen März 1975 und Juli 1976 enteignete der Staat in direkter Form 244 Unternehmen in Schlüsselbereichen der Wirtschaft, darunter die größten und wichtigsten des Landes.

Die Verfassung von 1976 schrieb die umfassende und interventionistische Rolle des Staates in der Wirtschaft fest, der Grundidee eines „Übergangs zum Sozialismus" (so Artikel 2) folgend. Ein weiteres Gesetz verbat 1977 private Unternehmen in bestimmten Bereichen, die allein staatlicher Jurisdiktion unterstellt waren, nämlich Banken und Versicherungen, Infrastruktur (wie Energie, Transport, Kommunikation) und grundlegende Industrie (Öl, Petrochemie, Stahl, Zement etc.). Mit einem weiteren Gesetz von 1982 wurde sogar festgeschrieben, die Bedingungen (Gehalt etc.) sowie die Entlassung von Managerposten in diesen Staatsunternehmen in die Hand der Regierung übergeben.

Der Zugriff der Parteien auf diese Mehrzahl der portugiesischen Unternehmen hat dazu geführt, dass die Vergabe von hohen Posten den partikularen Interessen der verschiedenen Regierungen unterworfen war. Da bis 1985 relativ viele Regierungswechsel stattfanden, ergab sich dadurch auch eine hohe Instabilität bei der Führung der Unternehmen, denn diese wurde jeweils ausgewechselt gemäß Parteiräson. Zudem verfügten die von Parteignaden eingesetzten Manager über mehr politische denn technische Expertise. Diese Praxis bewirkte erhebliche Fluktuation und somit auch Instabilität im Wirtschaftssektor. Diese sozialistischen Elemente der 1976er Verfassung wurden 1989 einer Revision unterzogen und „de-ideologisiert"; gleichermaßen begann die Regierung Cavaco Silva (PSD) 1985 mit einer Politik der Privatisierung, und es setzte ein Prozess der Professionalisierung der Elite ein. Dennoch blieb ganz offensichtlich eine gewisse Kultur der engen Verbindung zwischen Regierungspartei und Wirtschaft bestehen. Rezente Skandale etwa, bei denen Korruptionsvorwürfe gegen den ehemaligen Premierminister Socrates erhoben wurden[26], deuten darauf

---

26 So etwa der „Hidden-Face"-Skandal, dessen Hintergrund der vermeintliche Versuch von Premierminister Socrates war, den kritischen Fernsehsender TVI zu kontrollieren, indem er Portugal Telecom zu dessen Kauf ermutigt haben soll (Magone 2011: 1105) und der „Freeport"-Fall, der 2009

hin. Hier handelt es sich somit um eine konfliktive informale Institution, bei der die Regierung zu enge und korruptive Beziehungen zur Wirtschafts-, Finanz- und Bankenwelt unterhält.[27] Darüber hinaus aber handelt es sich um jenen Typus von Transitionsrest, wie er bereits für Spanien festgestellt wurde. Denn trotz der Verfassungsänderung von 1989 scheint sich jener in den 1980er-Jahren noch völlig „legale" staatliche Zugriff auf den Wirtschaftssektor seither als informale Praxis fortgesetzt zu haben, wenn auch zweifelsohne deutlich abgemildert. In diesem Zusammenhang sei zudem darauf verweisen, dass der portugiesische Staat auch 2006 noch direkte Beteiligungen an 150 Unternehmen hatte. Das heißt, hier mögen die Grenzen des ‚legalen' und illegalen Zugriffs verschwimmen.

Ein weiterer Aspekt, der auch mit dem noch bestehenden patrimonialen oder Patronage-Denken, verbunden ist, bezieht sich auf den beschränkten Zugang zu politischen Ämtern. Dies ist teils bedingt durch das Wahlrecht, nämlich die starren Listen, bei denen die Parteien alleinige Kontrolle über die Rekrutierung des Personals haben, teils aber auch durch die starke Machtposition des Parteiführers in den Parteien. Daraus folgt, dass die Partizipation der Parteibasis, eine Sozialisierung über die Partei und eine Durchlässigkeit innerhalb der Partei eher gering sind. Zugleich findet dann parteiintern eine stromlinienförmige Meinungsbildung statt, denn wer auf die Liste will, wird es sich nicht mit dem Parteichef verderben wollen. Hierbei handelt es sich um den komplementären Typ informeller Institutionen, da die informale Praxis (Verengung des Zugangs zu politischen Ämtern auf die politische Elite) die Wirkung der formalen Regel (starre Liste) verstärkt.

Der Befund über die herausgearbeiteten Transitionsreste ergänzt die konzeptionellen Modelle der bisherigen Forschung zu informalen Institutionen insoweit, als sich zeigt, dass sich die Wirkung einer informalen Institution über die Zeit – insbesondere bei jungen Demokratien über die einzelnen Demokratisierungsphasen – verändern kann: Eine zunächst funktional wirkende (komplementäre oder akkommodierende) informale Institution, die entsteht, um staatsbürgerliche Werte zu stützen, kann in einer anderen Entwicklungsphase des demokratischen Systems anachronistisch und dysfunktional wirken und damit konfliktiv werden.

---

öffentlich wurde, und bei dem Socrates als Umweltminister Anfang der 2000er-Jahre ein Naturschutzgebiet in Bauland umgewandelt haben soll (Magone 2010: 1033f.).

**27** Siehe dazu auch die Typenbildung auf S. 19 bzw. Fußnote 23.

## 4 Südeuropa und die Verschuldungskrise – Ursachen und Wirkungen auf die politischen Prozesse

Die Staatsschuldenkrise stellte nicht nur ein Erdbeben für die Europäische Union dar, von dessen Erschütterungen sie sich immer noch nicht erholt hat. In etlichen Mitgliedsstaaten akkumulierten sich hohe Verschuldung, die Rezession im Zuge der in den USA ausgelösten globalen Banken- und Wirtschaftskrise, steigende Arbeitslosigkeit und sinkende Produktionsraten zu verheerenden Folgen sowohl für die nationalen Volkswirtschaften als auch für die Bevölkerung und nicht zuletzt für den innerstaatlichen Frieden. Zu diesen Staaten gehören insbesondere die hier betrachteten drei südeuropäischen Fälle: Griechenland als Epizentrum des Erdbebens, dessen Schockwellen dann die iberische Halbinsel erreichten. Zwei Fragen interessieren hier:

Welche Wirkungen hatte und hat die Krise für die politischen Prozesse in den südeuropäischen Staaten? Diese Frage wird im Folgenden in Bezug auf a) die Ebene der politischen Institutionen und Entscheidungsträger, b) die Ebene der intermediären Institutionen (Parteien, Verbände, Medien) und c) die Ebene der Bürger und neuer sozialer Mobilisierung beleuchtet.

Lassen sich die Verschuldungsproblematiken – oder weiter gefasst: bestimmte finanz- oder wirtschaftspolitische (Fehl-)Entwicklungen – ansatzweise durch formale oder informale Aspekte der einzelnen politischen Systeme erklären, wie sie in den vorherigen Kapiteln skizziert wurden?

### 4.1 Die Wirkungen der Krise auf die politischen Prozesse

Zunächst der Blick auf die formal-institutionelle Ebene: Ganz ohne Zweifel hat die globale Bankenkrise nicht nur die Finanzwelt und die Volkswirtschaften, sondern auch die politischen Entscheidungsträger unter exorbitanten Stress gesetzt. Als erster Indikator kann das frühzeitige Ende von Regierungen gelten, sei es, weil Regierungschefs zurücktreten, zurücktreten müssen und ersetzt werden oder sei es, weil Neuwahlen ausgerufen werden. Dies ist in allen drei Ländern seit 2009 geschehen.

In Griechenland kommt hinzu, dass die Neuwahl nach dem Rücktritt Papandreous im Mai 2012 keine Mehrheit der beiden großen Parteien ergeben hat. Nach drei erfolglosen Versuchen der Regierungsbildung musste – so sieht es die Verfassung vor – im Juni 2012 erneut gewählt werden. Bis auf den portugiesischen Ministerpräsidenten Sócrates kandidierten die zurückgetretenen Regierungschefs bei Neuwahlen nicht mehr. Dies lässt die Spekulation zu, dass entweder Amtsmüdigkeit (siehe Zapatero) oder aber auch eine gewisse Ratlosigkeit bezüglich möglicher Lösungen zu diesen endgültigen Rückzügen führten (Papandreou).

**Tab. 1:** Frühzeitiges Ende der Regierungen in Südeuropa

| Zeitpunkt | Regierungschef | Form | Grund |
|---|---|---|---|
| 9/2009 | Karamanlis (Gr) | Vorgezogene Wahlen | Wirtschaftskrise, Regierung braucht neues Mandat |
| 3/2011 | Sócrates (Pt) | Rücktritt, Neuwahlen | Fehlende Unterstützung für Sparpaket im Parlament |
| 7/2011 | Zapatero (Sp) | Vorgezogene Wahlen | Wachsender Druck, fehlende Unterstützung im Parlament, Amtsmüdigkeit |
| 11/2011 | Papandreou (Gr) | Rücktritt | |
| 5/2012 | Papadimos (Gr) | Neuwahlen | Übergangsregierung |
| 6/2012 | Pikrammenos (Gr) | Neuwahlen | Regierungsbildung gescheitert |
| 6/2013 | Samaras (Gr) | Umbildung der Regierung | Austritt des Koalitionspartners DIMAR |

Quelle: eigene Zusammenstellung

Dies zeigt, dass auch die Gewissheit einer Parlamentsmehrheit in dieser Krisensituation nicht allein ausreicht; es bedarf sowohl des Rückhalts in der Bevölkerung als auch – aufgrund der europäischen und internationalen Implikationen der Krise – des Rückhalts in den relevanten Kreisen (EU, Troika von Kommission, EZB und IWF). Einen zusätzlichen Stressfaktor stellen die Börsen dar, die jegliche politische Schritte wie ein Seismograph in Punktabfall oder -zuwachs umsetzen. Dies verweist auf den zentralen Faktor externer Zwänge bzw. Auflagen externer Akteure wie EU oder Troika, die die Handlungsspielräume für nationale Regierungen und Parlamente stark einschränken. Dies mussten die griechischen Exekutive und Legislative besonders schmerzhaft erfahren. Die Auflagen der sogenannten Troika wurden als Maßregelung, als Oktroi, ja als Eingriff in die nationale Souveränität empfunden.

Ein neues, und daher delikates Problem in den drei südeuropäischen Ländern, in denen – wie dargestellt – ein majoritärer Politikstil bei oft in der Minderheit regierenden Parteien üblich war, ergab sich aus dem Zwang, möglichst breite parlamentarische Unterstützung für die Sparprogramme zu erreichen und infolgedessen, mehr als sonst, Mehrheiten zu suchen. Als der portugiesische Premier Sócrates die notwendige Unterstützung der anderen großen Partei PSD im März 2011 nicht mehr hatte, konnte er nicht mehr weiterregieren. Der spanische Regierungschef Zapatero bekam sein Sparprogramm im Mai 2010 nur mit einer Stimme Mehrheit durch. Damit kulminierte der bereits länger bestehende Eindruck, dass die Regierung Zapatero quasi nicht mehr handlungsfähig war. Wenngleich derartige Krisensituationen nach Gemeinwohl orientiertem Handeln aller maßgeblichen Akteure verlangt, war zu beobachten, dass sich ebenfalls Möglichkeiten für machtstrategisches Kalkül eröffnen. Die portugiesische PSD entzog der Regierung Sócrates die Unterstützung kurz nach den großen Protestmärschen am 12. März 2011 (12-M) mit der Begründung, dass sich das Sparprogramm gegen die Bedürfnisse der Bevölkerung richte. Damit war das Ende der Regierung vorprogrammiert und gleichzeitig eine gute Ausgangsposition für die dann kommenden Neuwahlen geschaffen. Tatsächlich gewann die PSD diese Wahl, setzte dann aber die gleiche Austeritätspolitik um, die sie zuvor bei der PS kritisiert hatte. Eine Ausnahme mag da die katalanische CiU sein, die im Sinne der Staaträson wiederum bei jener erwähnten Abstimmung über Zapateros Sparpaket bewusst nicht dagegen stimmte, sondern sich enthielt, um eine ähnliche Situation wie in Griechenland (durch den Rücktritt von Karamanlis) zu vermeiden.

Betrachtet man die drei Länder unter dem Indikator Regierungsstabilität, zeigt sich eindeutig, dass Griechenland den größten Einschnitt erlebte: Seit 2009 hatte es sechs neue Regierungen[28], während in Portugal und Spanien die Regierung einmal wechselte und dies zudem nach dem gewohnten, alternierenden Muster: In Portugal löste die übliche Mitte-Rechts-Koalition die Sozialisten ab; in Spanien folgten die Konservativen auf die Sozialisten. Es wäre zu simpel argumentiert, wenn man die Tatsache, dass in Griechenland der Einschnitt deutlich prononcierter ausfiel, auf die größere Dimension der Krise in jenem Land zurückführen würde. Ein anderer Faktor kann die verzögerte Wirkung des neuen Wahlgesetzes von 2007 sein, das auch kleineren Parteien den Einzug ins Parlament ermöglicht. Aber auch dieser Aspekt lässt sich nur in Kombination mit weiteren Faktoren erklären, die im Bereich der intermediären Institutionen und der Bevölkerung liegen.

Bei den intermediären Institutionen richtet sich der Blick zuvorderst auf die Parteien und Parteiensysteme. Ähnlich wie in Bezug auf die institutionelle Stabilität manifestieren sich auch hier stärkere Verwerfungen in der griechischen Parteienlandschaft als in der spanischen oder portugiesischen. Als Indikatoren dienen hier die Zunahme der Fragmentierung bzw. die Konzentration auf die beiden großen Parteien sowie der Einzug neuer Parteien in das Parlament. Das Ergebnis der ersten Wahl in 2012 (Mai) ergab eine für Griechenland völlig ungewöhnliche Fragmentierung der Parteienlandschaft: Sieben Parteien übersprangen die Drei-Prozent-Hürde, fast zwanzig Prozent Wählerstimmen waren für ‚andere‘ Parteien vergeben worden und damit verloren. PASOK verlor über dreißig Prozent Stimmanteil und fiel somit zur drittstärksten Partei ab. Im Zuge der öffentlichen Empörung über das Spardiktat vonseiten „der EU" hatten es sowohl extreme rechte als auch extreme linke Parteien leicht, mit einfachen populistischen Parolen Wählerstimmen zu gewinnen.[29]

---

28 Karamanlis 2007–9/2009; Papandreou 10/2009–11/2011; Papadimos 11/2011–5/2012; Pikrammenos 5/2012–6/2012; Samaras I 6/2012–6/2013; Samaras II 6/2013.

29 Die bereits länger bestehende, aber bislang kaum relevante neonazistische Partei Chrysi Avgi erhielt enormen Zulauf (7 %), ebenso wie die rechtspopulistische, von der ND abgespaltene Anexártitoi Elines (10,2 %). Das Parteienbündnis SYRIZA (Koalition der radikalen Linken), das erklärte hatte, die Vereinbarungen mit der Troika und die zugesagten Sparmaßnahmen nicht einzuhalten, wurde zweitstärkste Partei mit 16,8 % (2009: 4,6 %). Zwar konnte auch 2009 eine rechtsextreme Partei (LAOS) ins Parlament einziehen, blieb aber letztlich eine Eintagsfliege, die 2012 nur 2,9 % (Mai 2012) und 1,32 % (Juni 2012) erreichte.

Es deutete sich eine neue Konfliktlinie an zwischen jenen Parteien, die den Vorgaben der Troika zu folgen und Reformschritte vorzunehmen vorhatten (ND und PASOK) und jenen, die den Austeritätskurs ablehnten (SYRIZA, Anexártitoi Elines, Chrysi Avgi, Kommunistische Partei KKE). Dieses Wahlergebnis spiegelte nicht nur die in Teilen der Bevölkerung vorhandene Ablehnung des Sparkurses wider, sondern insgesamt die ungeheure Frustration und zugleich die Entfremdung der Bürger von den großen Parteien. Die erneuten Wahlen, die dann einen Monat später wegen der missglückten Regierungsbildung folgten, ergaben zwar eine Mehrheitspartei (ND mit 29,7 %), korrigierten aber nicht das Gesamtbild, denn es sind weiterhin jene sieben Parteien inklusive der Extremisten vertreten. PASOK blieb auf dem dritten Rang, während SYRIZA sogar noch zulegen konnte (auf 26,9 %). Ob dieses *reshuffling* der Parteienlandschaft eine dauerhaft neue Verteilung der Gewichte eingeläutet hat, dürfte wohl auch von dem Erfolg der derzeitigen und in den nächsten Jahren weiterhin fortgesetzten Krisenbewältigung abhängen. Je stärker sich die wirtschaftliche Lage und die der Bürger verbessern wird, desto weniger Raum werden populistische Allokutionen haben.

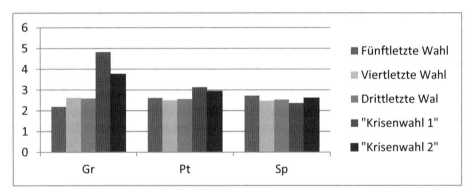

**Abb. 3:** Fragmentierung der südeuropäischen Parteiensysteme bei den letzten fünf Wahlen
Quelle: gemessen als effektive Zahl der parlamentarischen Parteien (Sitzanteil) nach der Laakso-Taagepera-Formel. Berechnung nach Michael Gallagher (2013).
Für Griechenland: die Wahlen von 2004, 2007, 2009 und 2012a, 2012b; in Griechenland kann neben 2012 a und 2012b auch die drittletzte Wahl (2009) als Krisenwahl bezeichnet werden. Für Portugal: die Wahlen 1999, 2002, 2005, 2009, 2011 (2009 und 2011 als „Krisenwahlen"); für Spanien: die Wahlen 1996, 2000, 2004, 2008, 2011 (2008 und 2012 als „Krisenwahlen").

An den Zahlen lässt sich ablesen, dass die ‚Krisenwahlen' von 2012 in Griechenland stärkere Effekte auf das Parteiensystem hatten als in Spanien und Portugal. Dieses Bild wird bestätigt von der Konzentration auf die beiden größten Parteien:

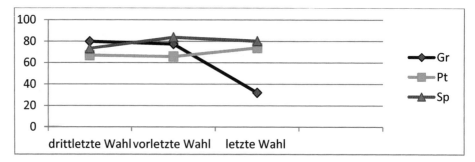

**Abb. 4:** Parteienkonzentration in Südeuropa bei den letzten drei Wahlen
Quelle: eigene Berechnungen. Stimmanteile der beiden traditionellen großen Parteien in Prozent.
Im Zuge der Übersichtlichkeit wurde für Griechenland nur die letzte Wahl in 2012 aufgeführt.

Die ohnehin erstaunlich hohe Zwei-Parteien-Konzentration der iberischen Länder hat sich in Spanien nur geringfügig reduziert und in Portugal sogar erhöht. In Griechenland dagegen ist sie um mehr als die Hälfte gesunken. In Spanien und Portugal haben zudem keine neuen Parteien Einzug ins Parlament gehalten, während dies in Griechenland mit drei neuen Parteien der Fall ist, die 23,7 Prozent (2012a) und 20,7 Prozent (2012b) der Stimmen erreichen konnten. Wohl haben spanische kleine Parteien Zugewinne erfahren, aber nicht in dem Maße wie in Griechenland.[30] Auch dies deutet darauf hin, dass dort die populistische Aufladung größer ist als in den anderen beiden Ländern. Alle drei Indikatoren – Fragmentierung, Zwei-Parteien-Konzentration, Einzug neuer Parlamentsparteien – unterstreichen somit, dass das griechische Parteiensystem einen signifikanten Einschnitt erlebte, bei dem die großen Parteien drastisch abgestraft wurden und damit Raum für neue – und zwar extremistische – Wettbewerber geschaffen wurde. In Spanien und Portugal dagegen herrscht im Großen und Ganzen Kontinuität.

In allen drei südeuropäischen Ländern hat der Zwang zur Befolgung von außen vorgegebenen Politiken wie Haushaltssanierung, Budgetkontrolle etc. die Spielräume von programmatischen Unterschieden zwischen den jeweils konkurrierenden großen Parteien extrem verengt und damit den Trend zur Ununterscheidbarkeit verstärkt. Sowohl ND und PASOK in Griechenland als auch PS und PSD in Portugal sowie PSOE und PP in Spanien hatten sich in den letzten zwanzig bis fünfundzwanzig Jahren ideologisch-programmatisch in der Mitte akkommodiert; Polarisierung verlief über den Gegensatz von Regierung und Opposition und die rhetorische Auseinandersetzung. Dieses Muster wurde infolge der Verschuldungskrise nur in Griechenland durchbrochen. Dort kam die breite ablehnende Haltung, aber auch die Verschlechterung der wirtschaftlichen Lage den kleinen, populistisch agierenden und gegen die EU aufstachelnden Parteien an den Polen zugute. In Spanien, Portugal und auch in Griechen-

---

**30** Die Vereinte Linke (IU) von 3,8 % auf 6,9 %, die Union, Fortschritt und Demokratie (UPD) von 1,2 % auf 4,7 %.

land wurden die Parteien abgestraft, die bei Beginn der Krise an der Regierung waren und die dort ebenfalls unbeliebten Maßnahmen durchsetzten, nämlich in beiden Ländern die Sozialisten. Dabei haben die konservativen Oppositionsparteien (ND, PP und PSD) anfangs zwar den Sparkurs dieser Regierungen getragen; als jedoch deutlich wurde, dass diese den Rückhalt bei den Gewerkschaften, der Zivilgesellschaft und in der Bevölkerung verloren, folgten die Konservativen ausschließlich dem Machtkalkül, entzogen ihre Unterstützung und führten so die Regierungswechsel herbei, um dann an der Regierung die gleichen Sparkurse zu beschließen.

Es greift zu kurz, diese Verengung des Handlungsspielraums und die parteiunabhängige Konvergenz der Lösungsansätze allein auf die Auflagen durch die EU zurückzuführen. Es gehe um Reformen, die schon hätten vor zehn Jahren gemacht werden müssen, so der vormalige spanische Regierungschef González, und man müsse diese Reformen ernst nehmen. Dies sei keine Frage von links oder rechts, sondern von Gemeinwohl (González, zit. von Pérez 2011). Diese Feststellung insinuiert, dass zum einen die Ursachen für die Krise in der Vergangenheit zu suchen sind und zum anderen die Reformen unabhängig von den Vorgaben der EU und unabhängig von parteipolitischer Ausrichtung von Staat und Gesellschaft bewältigt werden müssen.

Haben sich nun im Zuge der Krise die Aushandlungsprozesse mit intermediären Institutionen verändert? Sind die Parteien von ihren majoritären Entscheidungsmustern abgewichen zugunsten von Verfahren, bei denen intermediäre Interessen stärker inkludiert werden und insgesamt mehr Konsensorientierung gesucht wird? Zunächst ein Blick auf die Gewerkschaftslandschaft in den drei südeuropäischen Ländern. Den Gewerkschaften, die sich traditionell eher fragmentiert und schwach darstellen, hat die Krise zu einem Bedeutungsaufschwung als Protestakteur verholfen. Die neokorporatistischen Gewerkschaften in Spanien und Portugal werden gemeinhin unter das Modell des *political unionism* eingeordnet, die einen niedrigen Organisationsgrad, aber eine hohe Streik- und Mobilisierungskraft aufweisen und durch miteinander konkurrierende, politische Richtungsgewerkschaften gekennzeichnet sind (Nohlen/ Hildenbrand 2005: 199ff., Magone 2009: 282; Magone 2003: 195ff.). Die Hauptkonkurrenzsituation ergibt sich zwischen den kommunistischen Gewerkschaften (CCOO in Spanien, CGTP in Portugal) und den sozialdemokratisch/sozialistischen (UGT in Spanien, UGT in Portugal).

In Spanien hat sich das Verhältnis zwischen der sozialistischen Regierung González und den Gewerkschaften insgesamt aufgrund seiner Wirtschaftspolitik (vor allem durch die Liberalisierung des Arbeitsmarkts) verschlechtert; zwischen 1988 und 1996, vor allem seit dem großen Generalstreik 1989, war es gar gestört. Der Zugang zu den Parteien und ein sozialer Dialog entstanden erst wieder unter der konservativen Aznar-Regierung ab 1996. In Portugal führte die Deregulierung des Arbeitsmarkts ebenfalls zu starker Opposition in der Zeit zwischen 1985 und 1995, der Regierung Cavaco Silva (PSD).

Die Situation der Gewerkschaften in Griechenland – die wichtigste Gewerkschaft ist die GSEE – unterscheidet sich insofern, als man von einem Staatskorporatismus sprechen muss, da der Staat versucht, die „Interessenartikulation und -vermittlung in sich selbst zu inkorporieren." (Heinelt/Bekridaki 1998: 364). Das ist einerseits auf den dominanten Einfluss des Staats auf die Wirtschaft zurückzuführen (siehe auch Kap. 3); dieser staatliche Paternalismus hat zu einer subalternen Haltung der Interessengruppen geführt (Magone 2003: 202). Andererseits folgt auch das System intermediärer Interessenvermittlung der polarisierten Parteienstruktur und der Einvernahme durch die übermächtigen Parteien selbst. Insgesamt waren die neo-korporatistischen Ansätze, die sich in allen drei Ländern in den 1980er finden ließen, nicht sehr erfolgreich. Erst innerhalb des Handlungsrahmens, den die Wirtschafts- und Währungsunion Anfang der 1990er-Jahre setzte, entwickelten die Länder Systeme intermediärer Interessenvermittlung entlang tatsächlicher kollektiver Verhandlung, und dies auch mit unterschiedlichem Erfolg (Magone 2003: 191, 203–209), wobei das griechische System weiterhin die größeren strukturellen Schwäche aufweist. Im Zuge der Sparmaßnahmen, die alle Regierungen – unabhängig welcher Couleur – unternahmen, engagierten sich alle Gewerkschaften in Form von Protestaktionen (Märsche, Demonstrationen) sowie Streiks.

Interessant ist, dass sich in Spanien und Portugal die konkurrierenden Gewerkschaften gegen die Regierungen und Parteien zusammenschlossen, und zwar sowohl gegen die sozialistische Regierung Sócrates und Zapatero als auch gegen die konservativen Regierungen Rajoy und Coelho. Ein Einbeziehen der Gewerkschaften in die Entscheidungsprozesse vonseiten der Regierungen geschah jedoch nicht oder kaum. Das intensive Nutzen von Generalstreiks und Protestmärschen belegt die Kontinuität im Rollenverständnis der Gewerkschaften als Mobilisierungskraft; eine Veränderung hin zu konstruktiven Gesprächspartnern oder Gestaltern vollzog sich nicht. Die Parteien wiederum suchten kaum das Gespräch mit den Gewerkschaften.

Insgesamt lässt sich somit nur ein geringer Effekt der Krise feststellen in Bezug auf die Kommunikations- und Entscheidungsprozesse zwischen Regierenden, Parteien und Interessengruppen. Die Entscheidungsprozesse blieben dominiert von der Exekutive, die äquivalent ist mit der Mehrheitspartei; weder diese noch die Gewerkschaften suchten den Dialog im Sinne einer „konzertierten Aktion" gegen die Krise oder für Reformanstrengungen.

Nun der Blick auf die Zivilgesellschaft und die Bürger: Neben den Gewerkschaften wurden die Zivilgesellschaft und der umfassend mobilisierte Bürgerprotest zu den zentralen Gegenspielern und zu einer neuen „Kontrollgewalt" der Regierungen. Den Anfang machte die Mobilisierung in Lissabon am 12. März 2011, die größte Demonstration seit der Nelkenrevolution 1974, die aber weniger prominent und transnational verbreitet wurde als die spanische Variante der *Acampada* an der Puerta del Sol am 15. Mai, die in ihrer Symbolik der Besetzung mit Zelten an dem wichtigsten Platz der Stadt das Vorbild wurde für etliche andere und schließlich für die Occupy-Bewegung, die dann im September 2011 am Zucotti-Platz in New York ihren Ursprung hatte. Weit mehr als nur eine punktuelle Demonstration war sowohl die portugiesische Movimento 12-M (Bewegung 12. März) – auch *Geração à Rasca* genannt – als auch die spanische Movimiento 15-M (Bewegung 15. Mai) oder *¡Democracia Real Ya!* als breite Protestbewegung angelegt. Roland Roth konstatiert, dass sich weltweit soziale Bewegungen als einflussreiche politische Akteure zurückgemeldet haben, fragt aber zugleich, ob es sich bei diesen seit 2011 manifesten Bewegungen um „Vorboten einer neuen Protestgeneration" handelt (Roth 2012). Als distinktive Merkmale streicht er das Situative, die niedrige ideologische Fixierung, die geringe Organisations- und Ressourcenabhängigkeit sowie die neuen Kommunikations- und Mobilisierungschancen aufgrund des Internets hervor (Roth 2012: 42f.).

Die geringe ideologische Fixierung der Bewegungen lässt sich in Portugal und Spanien gut beobachten: Die dortigen Bewegungen hoben von Anfang an hervor, dass sie unabhängig von Parteien und Gewerkschaften sein wollten und hielten insofern auch Distanz zu diesen. Sie fühlten sich von beiden nicht repräsentiert. Damit ist eine neue und genuine soziale Kraft entstanden, die sich nicht in das „übliche" politische Spiel einfügen möchte. Tatsächlich spielte die Mobilisierung über Facebook eine zentrale Rolle, insbesondere etwa die Verbreitung des Manifests des Movimento 12-M über das Internet und soziale Medien. Dabei sind gleichwohl Online- und Offline-Protest gekoppelt, und Letzterer erlangt durch die Symbolik des Zeltens auf Hauptplätzen durchaus hohe Bedeutung. Die breite gesellschaftliche Aufmerksamkeit – auch transnational – verdankte sich letztlich der Verbreitung durch das Fernsehen. Die Bilder von den immensen Menschenansammlungen in Madrid, die vom Fernsehen international aufgenommen wurden, und die Tatsache der zeitlichen Dauer dieser Besetzung der *Puerta del Sol* hielten den Nachrichtenwert hoch.

Die Motive der Bewegungen sind – etwas anders als die Proteste in Griechenland – mehrschichtig: In allen drei Ländern geht es um Protest gegen den Sparkurs und darum, sich gegen die dadurch besonders kristallisierte Ausweglosigkeit der jüngeren Generation aufzubegehren. In Portugal und Spanien jedoch kommt ein zentraler Punkt hinzu, nämlich die politischen Forderungen. So formuliert die portugiesische Bewegung 12-März folgende Ziele: die Demokratie in allen Bereichen zu verstärken, Formen der partizipativen Demokratie zu aktivieren (Volksinitiativen, Petitionen u. Ä.), die repräsentative Demokratie durch die Verwirklichung partizipativer Demokratie zu verstärken (Movimento12m). Das Manifest der spanischen Bewegung *¡Democracia Real Ya!* verlangt, dass die Stimme des Volkes zu den Institutionen vordringen müsse, die Partizipation der Bürger auf direktem Wege ermöglicht werden müsse, statt dem Diktat der Wirtschaft zu folgen oder statt sich an die „Parteidiktatur („dictatura partitocrática") zu klammern (Manifiesto ‚Democracia Real Ya'). So forderten die Demonstranten in Spanien die Überwindung des geschlossenen Zweiparteiensystems, das die Interessen der Bürger nicht mehr zu repräsentieren imstande sei.

Ähnlich äußerte sich auch die Kritik in Portugal; in beiden Ländern nannten sich daher die Protestbewegungen „unparteiisch", auch wenn „fast alle unsere Mitglieder links sind", so einer der Protagonisten von M12M.[31] Teil der Kritik war auch die Korruption. Insgesamt waren die Proteste in Griechenland am heftigsten, da auch gewalttätig; solche sozialen Unruhen gab es in Portugal nicht (Royo 2012: 14). In Spanien stellte sich die Acampada als besonders nachhaltig und dauerhaft dar. In allen drei Ländern aber lässt sich ein wachsender Pessimismus feststellen.

Qualitative Studien bestätigen, dass die Bewegungen zwar im Kontext einer wirtschaftlichen Krise entstanden, letztlich aber Ausdruck einer politischen Wertekrise sind, die bereits länger in den Gesellschaften schwelte. So kommt das spanische Sozialforschungsinstitut CIS zu dem Schluss: „In Wirklichkeit hat die Wirtschaftskrise zur Demaskierung einer profunden politischen Krise beigetragen." (CIS 2011: 5) Das heißt, die Wirtschaftskrise wirkte als ein Katalysator für die längst erfolgte Diskreditierung und das Misstrauen gegen die Politiker ebenso wie für die Unzufriedenheit mit dem Funktionieren des politischen Systems (ungerechtes Wahlsystem, da zu wenig proportional; Wunsch nach anderen, alternativen Parteien). Erschwerend kommt hinzu, dass das Vertrauen in die Lösungskompetenz, vor allem auch das Vertrauen in den als notwendig erachteten Wandel, erschreckend gering ist.

Anhand der Indikatoren „Zufriedenheit mit dem Funktionieren des politischen Systems" und „Vertrauen in politische Institutionen bzw. Politiker" lässt sich ablesen, dass die Verschuldungskrise in Griechenland ein drastischstes Abfallen der Zustimmungswerte verursacht hat. In Spanien verläuft die Einbuße an Zufriedenheit mit der nationalen Demokratie nicht ganz so steil. Interessant ist, dass in Portugal bereits Anfang der 2000er-Jahre die Zufriedenheit sinkt, was zweifelsohne der Tatsache geschuldet ist, dass in Portugal bereits damals die Verschuldung zu hoch war und alle Regierungen seither (die Rechts-Mitte-Koalition von erst Baroso, dann Santana ebenso wie die sozialistische Regierung unter Sócrates) Austeritätsprogramme verordneten. Das heißt, dass die Phase des Sparens und Reformierens ebenso wie die Phase schlechterer Wirtschaftsdaten und höherer Arbeitslosigkeit bereits früher einsetzte, was das frühe Absinken der Demokratiezufriedenheit erklärt.

Vor allem die sozialen Bewegungen, die ebenfalls zu einem kollektiven, wenn auch heterogenen Akteur der politischen Kontrolle geworden sind, haben die Regierungen und Parteien unter Druck gesetzt, nicht nur Problemlösungen in Bezug auf die Wirtschaftskrisen und die Reform der wirtschaftlichen Strukturen zu präsentieren, sondern auch zu beweisen, dass sie willens und in der Lage sind, die aus der Bevölkerung und Zivilgesellschaft auf sie treffenden Forderungen und Bedürfnisse aufzunehmen und umzusetzen, die auf der lang schwelenden Unzufriedenheit der Bürger mit der Reformunfähigkeit der politischen Akteure und auf der Ohnmacht gegenüber informalen Regeln und Prozessen (wie Korruption, Klientelismus und Patrimonialismus) beruhen.

---

**31** Alexandre Sousa Carvalho („... os eus membros serem quase todos de esquerda"), zit. n. Simoes, Bruno, „Um ano despois, a geração à rasca deu lugar ao Portugal à rasca", in: Negocios, 12.03.2012; http://www.jornaldenegocios.pt/economia/detalhe/um_ano_depois_a_geraccedilatildeo_agrave_r asca_deu_lugar_ao_portugal_agrave_rasca.html

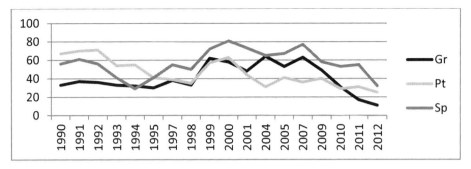

**Abb. 5:** Zufriedenheit mit dem Funktionieren der Demokratie im eigenen Land
Quelle: eigene Darstellung. Werte nach Eurobarometer 33 (4/1990), 35 (3/1991), 37 (4/1992), 39 (4/1993), 41 (5/1994), 43 (5/1995), 48 (11/1997), 49 (5/1998), 51 (4/1999), 53 (5/2000), 55 (5/2001), 61 (3/2004), 63 (6/2005), 68 (11/2007), 71 (11/2009), 73 (5/2010), 74 (11/2011), 78 (11/2012).

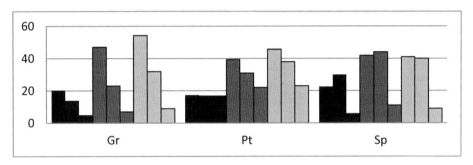

**Abb. 6:** Vertrauen in Parteien, Regierung und Parlament in dem jeweiligen Land
Quelle: eigene Darstellung. Werte nach Eurobarometer 60 (11/2003), 70 (11/2008), 78 (11/2012). Schwarze Kolumnen von links nach rechts: Vertrauen in Parteien 2003, 2008, 2012; graue Kolumnen von links nach rechts: Vertrauen in die nationale Regierung 2003, 2008, 2012; helle Kolumne von links nach rechts: Vertrauen in Parlament 2003, 2008, 2012.

## 4.2 Ursachen der Krise

Eine umfassende Ursachenanalyse bedarf eingehender Untersuchungen und kann mitnichten im Rahmen dieses Textes geleistet werden. Der hier vorgenommene Vergleich der drei südeuropäischen Länder und die dabei herausgearbeiteten Unterschiede verdeutlichen gleichwohl, dass sich einfache oder pauschalisierende Erklärungsversuche im Kontext der Verschuldungskrise verbieten, die auf ein ‚südeuropäisches Modell' abstellen. Es ist zwar nicht Aufgabe dieses Aufsatzes, die wirtschaftlichen bzw. wirtschaftspolitischen Aspekte der Verschuldungskrise aufzuzeigen; dass aber auch diese ganz unterschiedliche Ursachen hat, sei hier zumindest kurz erwähnt:

In Griechenland handelt es sich zuvorderst um die unproduktive, zum großen Teil vom Staat vereinnahmten Wirtschaft sowie eine ineffektive und aufgeblähte, von den

Regierungsparteien (und dem Staat) beherrschte öffentliche Verwaltung. In Spanien wird vor allem die während der wirtschaftlichen Boom-Jahre der 1990er das zu stark auf die Immobilienbranche basierte Wachstum angeführt, sodass dann im Kontext der Finanzkrise 2007/08 ebenfalls diese „Immobilienblase" platzte. In Portugal dagegen spielt keiner dieser Aspekte die maßgebliche Rolle, vielmehr handelt es sich hier um die seit jeher fehlende internationale Wettbewerbsfähigkeit der portugiesischen Wirtschaft, die durch die Krise zusätzlich getroffen wurde. Während Griechenland – ähnlich wie Italien – schon vor der Krise an einer überhohen Staatsverschuldung gelitten hatte, war dies bei Spanien und Portugal nicht der Fall.

Zugleich darf nicht vergessen werden, dass auch Irland, Island, Lettland und Litauen sowie Ungarn entweder Hilfen internationaler Organisationen in Anspruch nehmen mussten oder angesichts der Probleme nach der Finanzkrise strikte Sparprogramme in Gang setzen mussten. In Südeuropa scheint sich allerdings ein Phänomen zu kristallisieren, das im Kontext der in den Jahrzehnten nach der Transition und nach dem EG-Beitritt ausgebliebenen Reformen, nicht nur der Wirtschaftsstrukturen, sondern auch der politischen formalen Strukturen zu sehen ist. Obwohl diese insbesondere in Spanien und Griechenland bewusst als vorläufig angelegt worden waren mit der Intention, sie umzugestalten, gelang dies nicht. Des Weiteren verfestigten sich durch die langen Regierungszeiten charismatischer Führungspersönlichkeiten nach der Transition (Papandreou 1981–1989, die Regierungszeit Cavaco Silvas, bezeichnenderweise auch *Cavaquismo* genannt 1985–1995, ebenso die Regierungszeit Felipe González' – *Felipismo* – 1982–1996) informale Regelwerke, unter denen sich die klientelistische Vernetzung in Griechenland verstärkten und patrimoniale Züge seither in Portugal und Spanien die politische Realität wie ein Geflecht durchweben. Portugal unterscheidet sich von den anderen beiden Fällen insofern, da es in sukzessiven Verfassungsänderungen das Transitionsregime signifikant umgestaltet hat. In Spanien ist jedoch die Ordnung des Zentrum-Peripherie-Verhältnisses nur teilweise, die Reform des Justizsystem gar nicht gelungen; das gleiche gilt für das Zurückschneiden des staatlichen bzw. Parteieneinflusses in öffentliche Verwaltung und Wirtschaft in Griechenland.

Diese Reformunfähigkeit hat nicht nur einen Beitrag zur Krise selbst geleistet, sondern stellt auch eine Hürde bei ihrer Bewältigung dar. Selbst dann, wenn die politische Elite dieses Desiderat zumindest in Bezug auf bestimmte Teilaspekte erkannt hat und angehen wollte (so Zapatero bei der Senatsreform oder Sócrates hinsichtlich des Wahlsystems, Simitis sehr viel ausgeprägter in Bezug auf die öffentliche Verwaltung) stellten die majoritären und nicht konsensorientierten Handlungsmuster oder die Besitzstandswahrung informaler Strukturen (wie im öffentlichen Dienst in Griechenland) das Haupthindernis dar. Auf den Punkt gebracht: Die Reform formaler Institutionen in Spanien und Portugal wurden durch informale Regeln oder Usancen des „Elitenspiels" be- oder verhindert. In Griechenland waren es derweil die informalen Regeln selbst, die das Problem darstellten und die hätten verändert werden müssen.

Es wäre daher zu kurz gegriffen, wenn man den Einbruch an Zufriedenheit der Bürger mit dem eigenen System allein als Folge der Krise ab 2008 identifiziert. Es handelt sich vielmehr zum einen um einen länger sichtbaren Prozess der Entfremdung zwischen Bürgern und politischen Institutionen und Funktionsträgern, den wir im Übrigen auch in Westeuropa beobachten. Zum anderen aber hat sich anlässlich der Krise und der ungeliebten Sparprogramme eine ebenfalls bereits länger bestehende Verdrossenheit der Bürger in Spanien und Portugal Bahn gebrochen, die sich aufgrund jener fehlenden Reformperspektive und der sichtbaren Problemlösungsunfähigkeit der politischen Akteure aufgestaut hat – und zwar ungeachtet der parteipolitischen Couleur. So erklärt sich sowohl in Portugal als auch in Spanien die bewusste Distanzierung der sozialen Protestbewegungen von Parteien und Gewerkschaften und in Griechenland das Sinken der Zustimmung zu den beiden großen Parteien.

Die griechischen und spanischen Bürger gehören im europäischen Vergleich zu den Reformbewusstesten: Eine überwältigende Mehrheit (93 bzw. 95 Prozent) meint, ihr Land brauche Reformen, um für die Zukunft gerüstet zu sein. In Portugal liegt die Zahl dagegen mit 83 % leicht unter dem europäischen Durchschnitt (Eurobarometer 74: 169). Überdurchschnittlich ist in allen drei Ländern die Zustimmung zu der Feststellung, Reformen müssten für die künftigen Generationen durchgeführt werden, selbst wenn dies mit einigen Opfern verbunden sei (Eurobarometer 74: 168). Eine deutliche Mehrheit folgt zudem der Auffassung, dass Maßnahmen zur Verringerung des Defizits und der Verschuldung keinen Aufschub dulden.[32] Dabei wird interessanterweise in Griechenland deutlich stärker und im europäischen Vergleich überdurchschnittlich der Aussage widersprochen, dass solche Maßnahmen derzeit keinen Vorrang haben.[33] Bemerkenswert ist, dass die Bürger in allen drei europäischen Staaten der EU ein erfolgreicheres Handeln bei der Bekämpfung der Krise bescheinigen als ihren nationalen Regierungen. Und die Werte für die nationalen Regierungen sind alles andere als schmeichelhaft: Als erfolgreich wird die nationale Regierung in Griechenland von 16 %, in Portugal von 24 % und in Spanien von 10 % der Bürger bewertet.[34] Gerade in Portugal und Spanien, wo die Unzufriedenheit sich auf die politischen Handlungsmuster und begrenzte Lösungskompetenz der politischen Akteure bezieht, wird es künftig sehr auf die Responsivität der Politiker ankommen, nämlich inwieweit sie diese Kritik und Unzufriedenheit der Bevölkerung aufnehmen und ernst nehmen werden und die Proteste der Bürger als Katalysator, aber auch als Legitimation für Reformen begreifen.

---

**32** Befürwortet wird dies zu 78 % von griechischen, zu 72 % von portugiesischen und zu 74 % von spanischen Bürgern (Eurobarometer 74: 172). Der EU-Durchschnitt liegt bei 78 %.

**33** Dem widersprechen in Griechenland 68 %, in Portugal 37 %, in Spanien 45 %. Der EU-Durchschnitt liegt bei 53 % (Eurobarometer 74: 173).

**34** Die Arbeit der EU wird als erfolgreich bewertet von 27 % der Griechen, von 47 % der Portugiesen und von 30 % der Spanier (Eurobarometer 74: 191).

# 5 Fazit

Der hier vorgenommene Vergleich hat fünf zentrale Befunde erbracht:

*Erstens*, entscheidende Grundparameter der drei Staaten ähneln sich: so die semiperiphäre Ausgangssituation samt nachgeholter Modernisierung und Sprung in die Postmoderne; auf der institutionellen Ebene die starke Machtkonzentration in der Exekutive, die Parteienstaatlichkeit und der majoritäre Politikstil gepaart mit geringer Kooperationsbereitschaft und polarisierendem Verhalten; auf der gesellschaftlichen Ebene die Schwäche der Zivilgesellschaft und der niedrige Partizipations- und Organisationsgrad der Bevölkerung; sowie schließlich die relativ starken informalen Regel- und Netzwerke, die die formalen Institutionen teils ergänzen, teils aber auch unterminieren.

Auf der formal-institutionellen Ebene erweist sich die gemeinsame Transitionserfahrung als der prägendste Faktor. Hier fällt insbesondere die Analogie auf, Stabilität als prioritäres Ziel zu betrachten. So wurden *de jure* in den Verfassungen bzw. gesetzlichen Vorkehrungen (Wahlgesetz) die Rahmenbedingungen für stabile Machtverhältnisse geschaffen und gleichermaßen *de facto* solche Stabilität in Form starker und majoritär agierender Regierungen umgesetzt. Die dominante Rolle der Parteien und Parteieliten (oft als charismatische Persönlichkeiten wie Karamanlis und Papandreou, González und Soares) passt in dieses Bild. So unterschiedlich die Transitions- und Konsolidierungsverläufe in Griechenland, Portugal und Spanien waren, stimmen sie in zwei zentralen Aspekt überein: in der elitenlastigen Steuerung und in der dominanten Rolle der Parteien, die das Merkmal der Parteienstaatlichkeit herausbildete. Diese eindeutige Wahl aller drei südeuropäischen Staaten für die Option einer starken Regierung geht derweil, darauf verwies bereits Karl Loewenstein, auf Kosten der Responsivität.

*Zweitens*, zeigte sich gleichzeitig, dass Genese und Kontext etlicher Merkmale unterschiedlich sind. Interessanterweise trifft dies insbesondere auf die informalen Institutionen zu, die sehr viel stärker von kulturellen und historischen Mustern geprägt zu sein scheinen. Als unterschiedlich erwiesen sich zudem sowohl die Ursachen als auch die Wirkungen der Wirtschafts- und Verschuldungskrise. Die Analyse zeigte, dass die Krise in Griechenland deutlich stärkere Wirkungen auf Regierungsstabilität und Parteiensystem sowie auf die Zufriedenheit der Bevölkerung mit dem Funktionieren der Demokratie hatte als in den anderen beiden Staaten. In Bezug auf das Verhalten von Eliten und Bürgern während der Krise ist Portugal aus mehreren Gründen ein bemerkenswerter Fall. Zum einen setzten bereits vor der Finanzkrise 2007/08 Sparbemühungen ein wegen des Budgetdefizits. Premierminister Socrates verfolgte größere Reformanstrengungen (Rente, Bildung und Gesundheit, Modernisierung öffentlicher Sektor) und hatte dabei im Großen und Ganzen die Unterstützung der Oppositionspartei PSD. Nur so konnte eine Justizreform sowie eine Reform der Sozialversicherung durchgeführt werden. Auch während der Krise wurde – zumindest streckenweise–

das konfliktive Handlungsmuster von Regierung und Opposition durchbrochen. In Spanien und Griechenland war das Handeln der beiden großen Parteien dagegen stärker von machtpolitischen Aspekten oder Parteiräson geleitet und weniger am *common sense* orientiert.

*Drittens*, wurde deutlich, dass ohne den Rekurs auf informale Institutionen weder die deskriptive Analyse der Systeme vollständig noch eine Ursachenanalyse der Krisensituation schlüssig ist.

*Viertens*, macht dieser Befund deutlich: Bei der Analyse informaler Praktiken kristallisierte sich heraus, dass solche Praktiken während der Transitions- und Konsolidierungsphase funktional, später in der konsolidierten Demokratie aber dysfunktional wirken können. Dies deutet auf die Notwendigkeit einer sequenzorientierten Betrachtung hin, die jedoch nicht nur für die informale, sondern auch die formal-institutionelle Dimension gilt. Die Funktionalität bestimmter Muster des Verhältnisses zwischen Exekutive und Legislative scheint ebenfalls von der Phase des Demokratisierungsprozesses abzuhängen. Eine hohe Machtkonzentration auf Regierungsseite trägt zur politischen Stabilität und zu effektiven Entscheidungsprozessen während der Konsolidierungsphase bei. Ist das Regime jedoch konsolidiert, dann kann exzessive Machtkonzentration zu einer Belastung für die Demokratie führen (Pasquino 1995: 279f.). Formale oder informale Regeln, die in der Transitionsphase demokratisierungsförderlich wirken, können in der Konsolidierungsphase zu problematischen Transitionsresten und Reformklötzen werden und schließlich in der konsolidierten Demokratie zu demokratischen Qualitätsverlusten führen. Dies gilt für das Aufrechterhalten oder gar die Zementierung hoher Machtkonzentration ohne entsprechende Einflussmöglichkeiten der Bürger oder Zivilgesellschaft. Defizite werden dann auf der Input-Seite wahrnehmbar. Wenn sich dann zudem auf der Output-Seite Defizite bemerkbar machen (ineffektives Regierungshandeln – siehe fehlende Reformfähigkeit; als ungerecht empfundene politische Entscheidungen – siehe Sparprogramme), kann dies die Legitimität des demokratischen Systems ankratzen. Außerdem lässt sich vermuten, dass auch die demokratische Qualität unter solchen festgefrorenen Handlungsmustern (machtkonzentriert und majoritär) Einbußen erfährt.

*Fünftens*, konnten sowohl bei der Analyse der formal-institutionellen Dimension als auch bei der informalen Dimension das Phänomen der „Transitionsreste" identifiziert werden. Diese können formalen ebenso wie informalen Charakter besitzen. Es handelt sich zum einen um Festlegungen der institutionellen Struktur während der Transitionsphase, die – selbst wenn es ursprünglich so beabsichtigt war –, nach der Transition mit zunehmender Zementierung nicht mehr verändert wurden. Das Ausbleiben der Beseitigen solcher Transitionsreste – oder einfach: die Reformunwilligkeit oder Reformunfähigkeit der politischen Eliten – kann nicht nur institutionelle Disbalancen hervorrufen (siehe schwacher Senat in Spanien), zu Einbußen demokratischer Qualität führen (siehe Politisierung der Justiz), sondern auch zu Unzufriedenheit der Bürger. Eine andere Ursache der politischen Krise findet sich in informalen Praktiken. So konnte als etwa ein wesentliches Problem identifiziert werden, dass notwendige

Reformen auf der institutionellen Ebene durch informale Usancen des „Elitenspiels" be- oder verhindert wurden.

Welche Schlüsse können nun daraus gezogen werden? Soll vermieden werden, dass sich die profunde Unzufriedenheit der Bürger in Südeuropa mit der Funktionsweise ihrer politischen Systeme zu einer Legitimitätskrise auswächst, dann müssten die politischen Eliten Reform- und Lösungskompetenz nicht nur in den wirtschaftlichen Problemfeldern beweisen, sondern ebenso bei politischen Fragen, die der Bearbeitung harren. Die Finanz- und Wirtschaftskrise könnte letztlich sogar einen Anlass bieten, ein Umdenken auf der politischen und der Werteebene einzuleiten. Drei Punkte sollen hier dazu kurz genannt werden.

Dazu gehört, *erstens*, die Restrukturierung des Verhältnisses zwischen Staat und Zivilgesellschaft. „The overdominance of the state in former authoritarian regimes and afterwards the creation of patrimonial democratic regimes such as the First Republic (1948–1992) under Christian Democracy (DC) in Italy, the period of patrimonial socialism in Spain (1982–1996), and Greece (1981–1989) or Cavaquismo in Portugal (1985–1995) asphyxiated the sound development of civil society in these countries." (Magone 2003: 306)

Die oben ausgeführte Exekutivlastigkeit engte den Raum ein für die Entstehung bzw. Entwicklung eines starken intermediären Bereiches. Die inzwischen größere Komplexität politischer Prozesse muss sich aber in entsprechenden gesellschaftlichen Strukturen und deren Mitsprache niederschlagen. Gefordert wäre demnach eine neue Balance zwischen Staat und Gesellschaft. Die Protestbewegungen in Spanien und Portugal deuten darauf hin, dass sich gerade in den iberischen Ländern, wo bislang eher passive Bevölkerungen zu beobachten waren, neue Formen von Partizipation eingefordert werden. Allerdings haben die politischen Akteure noch nicht darauf reagiert. Folgende beide Szenarien lassen sich dabei denken: Ein sequenzielles Szenario, bei dem die politischen Akteure zunächst die wirtschaftliche Krise zu lösen versuchen und danach auf die politische Kritik aus der Bevölkerung reagieren oder ein Vogel-Strauss-Szenario, bei dem die politischen Eliten, sobald wirtschaftliche Stabilität wieder hergestellt sein wird, keine Veranlassung sehen werden, auf die politischen Kritikpunkte einzugehen und keine politischen Reformen anpacken werden.

*Zweitens* gehört zu den zentralen Reformerfordernissen das, was Magone „creating a rational-legal state" (Magone 2003: 306) nennt. Nach Jahrzehnten von Patrimonialismus und Klientelismus gilt es, eine Kultur von Rationalität und Legalität in die öffentliche Verwaltung zu verankern. Wesentlich sind dabei Transparenz und Verantwortlichkeit, die in den südeuropäischen Staaten noch verstärkt werden müssen. Für Griechenland bedeutet dies letztlich nichts anderes als die endgültige Transformation von einem neo-patrimonialen Regime in eine rechtsstaatliche Demokratie.

*Drittens* beziehen sich Handlungsempfehlungen vor allem auf die gewaltenteiligen Aspekte. Das gehört die Reform der Justizsysteme, mit der auch Vorkehrungen für die Depolitisierung der Justiz getroffen werden müssten. Ein von den Parteien unabhängigeres Justizsystem wird eine stärkere Kontrollfunktion gegenüber der Exekutive ausüben können. Des Weiteren ist im Bereich der vertikalen Gewaltenteilung an Dezentralisierung und Stärkung der lokalen Ebene zu denken (auch im dezentralisierten Spanien, wo die *autonomías* stark sind, kann die lokale Ebene noch gestärkt werden). Dezentralisierung und die Stärkung der lokalen Ebene sind dazu angetan, eine stärkere Machtdispersion zu fördern und somit die Zementierung der Macht in den nationalen Regierungsparteien möglicherweise zu lockern.

Wollte man das Wagnis begehen und einige Prognosen wagen ob der Reformfähigkeit der drei südeuropäischen Länder, so könnte man aus der Entwicklung der 2000er-Jahre ableiten, dass Portugal bislang am ehesten Schritte von parteiübergreifenden Maßnahmen und Übereinkünften treffen konnte, was in Spanien weiterhin mit großen Schwierigkeiten behaftet ist – und zwar sowohl in Bezug auf die beiden großen Parteien als auch zwischen Regierung und Sozialpartnern. Griechenland dürfte dagegen mit den größten Schwierigkeiten konfrontiert werden.

Eine weiterer möglicher Erklärungsfaktor für den Zuschnitt der politischen Systeme in Südeuropa konnte hier nicht verfolgt werden: nämlich der Einfluss der Europäischen Gemeinschaft (EG) bzw. Union (EU). Dass hier nicht eingehend auf Europäisierungseffekte eingegangen wurde, bedeutet mitnichten, dass sie für irrelevant gehalten werden. Ganz im Gegenteil lassen sich aus einer Analyse von Einflüssen auf die politischen Institutionen, Prozesse und Ausgestaltung der Politikfelder zweifelsohne weiterführende Erkenntnisse gewinnen. Dies dürfte insbesondere für die Wirtschaft- und Finanzpolitik im Rahmen des Beitritts zur WWU gelten und die Ursachenforschung der derzeitigen Krise. Solche eine vergleichende Untersuchung muss gleichwohl einer anderen Studie vorenthalten bleiben.

# Bibliographie

Abromeit, Heidrun/Stoiber, Michael, 2006: Demokratien im Vergleich. Eine Einführung in die vergleichende Analyse politischer Systeme, Wiesbaden, 2006.

Bernecker, Walther L., 1993: Die Rolle des Königs Juan Carlos, in: Bernecker, Walther L./Collado Seidel, Carlos (Hrsg.), Spanien nach Franco. Der Übergang von der Diktatur zur Demokratie, München, S. 150–171.

Bruneau, Thomas C./Macleod, Alex, 1986: Politics in Contemporary Portugal: parties and the consoldation of democracy, Boulder/Colo.

Centro de Investigaciones Sociológicas (CIS), Representaciones Políticas y Movimiento 15-M. Proyecto de Investgació cualitative, Estudio No. 2921 (Junio 2011); http://www.cis.es/cis/export/sites/default/-Archivos/NotasdeInvestigacion/NI008_Cualitativo15M_Informe.pdf [zuletzt aufgerufen am 15.07.2013].

Centro de Investigaciones Sociológicas (CIS), Barómetro de Noviembre 2010, Estudio No. 2.853, Madrid 2010 (Frage 15); http://www.cis.es/cis/opencm/ES/2_bancodatos/estudios/ver.jsp?estudio=10704 [zuletzt aufgerufen am 15.07.2013].

Centro de Investigaciones Sociológicas (CIS), Constitución e Instituciones (III). 20 Aniversario de la Constitución, Madrid 1998 (Frage 36); http://www.cis.es/cis/export/sites/default/Archivos/Marginales/2300_2319/2309/e230900.html [zuletzt aufgerufen am 15.07.2013].

Colomer, Josep M., 2008: Spain and Portugal. Rule by Party Leadership, in: Colomer, Josep M., Comparative European Politics, London, S. 174–208.

Däumer, Michael/Grundberger, Sebastian/Jenninger, Karolina, 2008: Spanien und sein Trauma: 40 Jahre ETA-Terror und die Ohnmacht der Politik, in: KAS-Auslandsinformationen 6 (2008), S. 75–97.

Diamandouros, Nikiforos P., 1993: Politics and Culture in Greece. 1974–1991: An Interpretation, in: Clogg, Richard (Hrsg.), Greece, 1981–1989. The Populist Decade, London, S. 1–25.

Döring, Herbert/Hönnige, Christoph, 2008: Parlament, Regierung, Staatsoberhaupt, in: Gabriel, Oscar W./Kropp, Sabine (Hrsg.), Die EU-Staaten im Vergleich, Wiesbaden, S. 451–481.

Elgie, Robert, 1999: Semi-presidentialism in Europe, Oxford.

Encarnación, Omar G., 2008: Spanish politics: democracy after dictatorship, Cambridge.

Eurobarometer, in: European Commission, 5685 (11/2012).

Eurobarometer, in: European Commission, 5567 (11/2011).

Eurobarometer, in: European Commission, 5234 (5/2010).

Eurobarometer, in: European Commission, 4819 (11/2008).

Eurobarometer, in: European Commission, 4565 (11/2007).

Eurobarometer, in: European Commission, 4412 (6/2005).

Eurobarometer, in: European Commission, 4056 (3/2004).

Eurobarometer, in: European Commission, 3938 (11/2003).

Eurobarometer, in: European Commission, 3507 (5/2001).

Eurobarometer, in: European Commission, 3296 (5/2000).

Eurobarometer, in: European Commission, 3171 (4/1999).

Eurobarometer, in: European Commission, 3052 (5/1998).

Eurobarometer, in: European Commission, 2959 (11/1997).

Eurobarometer, in: European Commission, 2637 (5/1995).

Eurobarometer, in: European Commission, 2490 (5/1994).

Eurobarometer, in: European Commission, 2346 (4/1993).

Eurobarometer, in: European Commission, 2031 (3/1991).

Eurobarometer, in: European Commission, 1753 (4/1990).

Featherstone, Kevin, 2006: Politics and policy in Greece: the challenge of Modernisation, London/Abingdon.

Field, Bonnie N., 2011: Spain's 'second transition?: the socialist government of Jose Luis Rodriguez Zapatero, Milton Park London/Oxford.

Font, Joan/Navarro, Clemente/Wojcieszak, Magdalena/Alarcón, Pau, 2012: ¿„Democracia sigilosa" en España? Preferencias de la ciudadanía española sobre las formas de decisión política y sus factores explicativos, (in der Reihe Opiniones y Actitudes des CIS, No. 71), Madrid.

Fyrippis, Dimitrios, 2005: Korruption in Griechenland – Ursachen, Folgen und Maßnahmen, Erlangen (unveröffentlichte Magisterarbeit).

Gallagher, Michael, 2013: Electoralsystem, Dublin; http://www.tcd.ie/Political_Science/staff/michael_gallagher/ElSystems/index.php (zuletzt aufgerufen 15.07.1013).

Ganslandt, Herbert R., 1990: Politische Kultur und politisches System in Griechenland, in: Aus Politik und Zeitgeschichte, Band 51, S. 29–38.

Geddes, Barbara, 1999: What do we know about democratization after 20 years?, in: Annual Review of Political Science, vol. 2, no. 1, S. 115–144.

Giner, Salvador, 1986: Political Economy, Legitimation, and the State in Southern Europe, in: O'Donnell, Guillermo/Schmitter, Philippe/Whitehead, Laurence (Hrsg.), Transitions from authoritarian rule: Southern Europe Baltimore/London, S. 11–14.

Gunther, Richard/Montero, José Ramón/Botella, Joan, 2004: Democracy in Modern Spain, New Haven.

Heinelt, Hubert/Bekridaki, Georgia, 1998: Modernisierungsblockaden. Probleme politischer Steuerung in Griechenland, in: Südosteuropa Mittelungen, 4 (1998), S. 360–376.

Helmke, Gretchen/Levitsky, Steven, 2004: Informal Institutions and Comparative Politics: A Research Agenda, in: American Political Science Association, Perspectives on Politics, Vol. 2, No. 4 (Dec. 2004), S. 725–740.

Humlebak, Carsten, 2011: Party Attitudes towards the Authoritarian Past in Spanish Democracy, in: Costa Pinto, António /Morlino, Leonardo (Hrsg.), Dealing with the Legacy of Authoritarianism – The „Politics of the Past" in Southern Europeans Democracies, London, S. 73–88.

Kimmel, Adolf, 2008: Verfassungsrechtliche Rahmenbedingungen: Grundrechte, Staatszielbestimmungen und Verfassungsrichtlinien, in: Gabriel, Oscar W./Kropp, Sabine (Hrsg.), EU-Staaten im Vergleich: Strukturen, Prozessen, Politikinhalte, Wiesbaden, S. 62–88.

Kneuer, Marianne, 2012: Demokratieförderung durch Parteien, Symposium: Internationale Parteienverbände, Universität Rostock, 28.–30.6.2012 (unveröffentlichtes Manuskript).

Kneuer, Marianne, 2011: Politischer Extremismus in Spanien, in: Jesse, Eckhard/Thieme, Tom (Hrsg.), Politischer Extremismus in den EU-Staaten, Wiesbaden, S. 377–397.

Kneuer, Marianne, 2008: Die spanische Monarchie, in: Riescher, Gisela/Thumfart, Alexander (Hrsg.), Monarchien. Eine Einführung, Baden-Baden, S. 270–281.

Kneuer, Marianne, 2007: Demokratisierung durch die EU. Süd- und Ostmitteleuropa im Vergleich, Wiesbaden.

Lauth, Hans-Joachim, 2012: Informal Governance and Democratic Theory, in: Christiansen, Thomas/Neuhold, Christine (Hrsg.), International Handbook on Informal Governance, Cheltenham/UK, S. 40–64.

Lauth, Hans-Joachim, 2000: Informal Institutions and Democracy, in: Democratization, Vol. 7, No. 4, S. 21–50.

Lijphart, Arend/Bruneau, Thomas C./Diamandouros, P. Nikiforos/Gunther, Richard, 1988: A Mediterranean Model of Democracy? The Southern European Democracies in Comparative Perspectives, in: West European Politics, 11 (1), S. 7–25.

Lyrintzis, Christos, 1984: Political Parties in Post Junta Greece: A Case of Bureaucratic Clientelism?, in: Pridham, Geoffrey (Hrsg.), The New Mediterranean Democracies: Regime Transition in Spain, Greece and Portugal, London, S. 99–118.

Magalhães, Pedro C., 2011: Elections, Parties and Policy-Makings Institutions in Democratic Portugal, in: Costa Pinto, António (Hrsg.), Contemporary Portugal: politics, society and culture, New York, S. 225–248.

Magone, José Maria, 2011: Portugal, in: European Journal of Political Research, S. 1102–1107.

Magone, José Maria, 2010: Portugal, in: European Journal of Political Research, S. 1130–1138.

Magone, José Maria, 2009: Contemporary Spanish Politics, London.

Magone, José Maria, 2003: The politics of southern Europe: integration into the European Union, Westport/London.

Magone, José Maria, 1997: European Portugal. The Difficult Road to Sustainable Democracy, New York.

Mata, José Manuel, 2005: The weakness of democracy in the Basque Country, in: Balfour, Sebastian (Hrsg.), The Politics of Contemporary Spain, Milton Park, S. 81–106.

Mavrogordatos, George Th., 1997: From traditional clientelism to machine politics: the Impact of PASOK Populism in Greece, in: South European Society and Politics, 2 (1997), S. 1–28.

Maxwell, Kenneth, 1986: At the Crossroads, in: ders., Portugal in the 1980's. Dilemmas of Democratic Consolidation, New York/Westport/Connecticut/London, S. 3–17.

Merkel, Wolfgang, 2010: Systemtransformation, Wiesbaden.

Merkel, Wolfgang/Stiehl, Volker, 2003: Das politische System Portugals, in: Ismayr, Wolfgang (Hrsg.), Die politischen Systeme in Westeuropa, 3. Aufl., Opladen, S. 651–688.

Moral, Félix, 2001: Veinticinco años después. La memoria del franquismo y de la transición a la democracia en los españoles del año 2000, Madrid (Bd. 36 der Reihe Opiniones y Actitudes, Centro de Investigaciones Sociológicas).

Moreno, Luis, 2008: La federalización de España. Poder político y territorio, Madrid.

Nohlen, Dieter/Hildenbrand, 2005: Andreas: Spanien. Wirtschaft, Gesellschaft, Politik. Ein Studienbuch, 2. Aufl., Wiesbaden.

Neto, Octavio Amorim/Costa Lobo, Marina, 2012: Portugal's Semi-Presidentialism (Re)Considered: An Assessment of the President's Role in the Policy Process, 1976–2006, in: Royo, Sebastián (Hrsg.), Portugal in the twenty-first century: politics, society, and economics, Lanham/Md (u. a.), S. 49–68.

Palacio Atard, Vincente, 1989: Juan Carlos I y el advenimiento de la democracia, Madrid.

Pasquino, Gianfranco, 1995: Executive-Legislative Relations in Southern Europe, in: Gunther, Richard/Diamandouros, P. Nikiforos/Puhle, Hans-Jürgen (Hrsg.), The Politics of Democratic Consolidation. Southern Europe in Comparative Perspective, Baltimore/London, S. 261–283.

Pérez Gonzàlez, José María, 2011: No me quita el sueño que gane la derecha o la izquierda, sino que no sepan qué hacer con España, in: El País, 07.01.2011; http://elpais.com/elpais/2011/01/07/actaulidad/1294391819_850215 (zuletzt aufgerufen 15.07.2013).

Pinto, António Costa, 2011: Contemporary Portugal: politicy, society and culture, New York.

Pinto Costa, António/Magalhães, Petro/Sousa, Louis de/Gorbunova, Ekaterina, 2012: A Qualidade da Democracia em Portugal: A Perspectiva dos Cuidadãos. Barómetro da Qualidade da Democracia (Instituto de Ciências Sociais da Universidade de Lisboa), 2012; http://www.bqd.ics.ul.pt/index.php?option=com_phocadownload&view=category&id=1&Itemid=75&lang=en (zuletzt aufgerufen 15.07.2013).

Polity IV, Polity IV Country Report 2010: Greece 2010; http://www.systemicpeace.org/polity/Greece2010.pdf (zuletzt aufgerufen 15.07.2013).

Public Issue, The party system one year after elections, Newspaper ΕΦΗΜΕΡΙΔΑΤΩΝΣΥΝΤΑΚΤΩΝ (2013); http://www.publicissue.gr/en/1780/party-system-one-year-after/view/print/ (zuletzt aufgerufen 15.07.2013).

Rojo, Javier, 2010: Interview, in: Públicomil, Madrid; http://www.publico.es/espana/324895/javier-rojo-la-reforma-del-senado-es-ya-imposible-no-hay-un-buen-clima (zuletzt aufgerufen 15.07.2013).

Royo, Sebastián, 2012: Introduction: Crises e Oportunidades em Tempos de Mudança (Crisis and Opportunities in Transition Times), in: ders.: Portugal in the Twenty-First Century. Politics, Society, and Economics, Lanham/Boulder/New York/Toronto/Plymouth, S. 1–23.

Sotiropoulos, Dimitris A., 2004:Formal Weakness and Informal Strength: Civil Society in Contemporary Greece, The London School of Economics and Political Science, in: The Hellenic Observatory The European Institute, 2 (2004); http://eprints.lse.ac.uk/5683/1/sotiropoulos16.pdf (zuletzt aufgerufen 15.07.2013).

Sotiropoulos, Dimitri A./Karamagioli, Evika, 2006: Greek Civil Society: The Long Road to Maturity, in: Civicus Civil Society Index shortened Assessment Tool Report for the Case of Greece, Athen 2006, http://www.civicus.org/new/media/CSI_Greece_Executive_Summary.pdf (zuletzt aufgerufen 15.07.2013).

Sousa Santos, Boaventura de, 2012: Portugal. Ensaio contra a autoflagelação, Coimbra.

Stoiber, Michael, 2009: Griechenland im Vergleich politischer Systeme. Eine Bestandsaufnahme mit Hilfe der Vetospielertheorie, in: Egner, Björn/Terizakis, Georgios (Hrsg.), Das politische System Griechenlands: Strukturen, Akteure, Politikfelder, Baden-Baden, S. 19–38.

Terizakis, Georgios, 2006: Zivilgesellschaft in Griechenland: Eine Untersuchung am Beispiel der Umweltgruppen, Baden-Baden.

Tsakalidis, Georgios, 1999: Das politische System Griechenlands nach 1974, Münster.

Walter-Rogg, Melanie, 2008: Direkte Demokratie, in: Gabriel, Oscar/Kropp, Sabine (Hrsg.), Die EU-Staaten im Vergleich: Strukturen, Prozesse, Politikinhalte, Wiesbaden, S. 236–267.

Zervakis, Peter A., 2003: Das politische System Griechenlands, in: Ismayr, Wolfgang (Hrsg.), Die politischen Systeme Westeuropas, 3. Aufl., Opladen, S. 687–730.

Zervakis, Peter, A., 2009 Staat und Verwaltung im festen Griff der Parteien: Kontinuität und Wandel des griechischen Parteienstaates, in: Egner, Björn/ Terizakis, Georgios (Hrsg.), Das politische System Griechenlands: Strukturen, Akteure, Politikfelder, Baden-Baden, S. 61–90.

# IV Anhang

# Tabellen

**Tab. 1:** Demokratiequalität politischer Systeme und Regimeklassifikation

| Jahr | | 1996 | 1998 | 2000 | 2002 | 2004 | 2006 | 2008 | 2010 | 2012 |
|---|---|---|---|---|---|---|---|---|---|---|
| **Brasilien** | KID – Wert | 6,07 | 6,06 | 6,35 | 6,02 | 6,58 | 6,53 | 6,78 | 7,05 | 6,98 |
| | KID – Regimetyp | DD | DD | DD | DD | DD | DD | DD | DD | DD |
| | Rule of Law | –0,3 | –0,3 | –0,3 | –0,3 | –0,4 | –0,4 | –0,4 | 0,0 | –0,1 |
| | State-Fragility-Index | 7 (1995) | : | 6 | : | : | : | : | 6 | 6 |
| **China** | KID – Wert | 0,00 | 0,00 | 0,00 | 0,00 | 0,00 | 0,00 | 0,00 | 0,00 | 0,00 |
| | KID – Regimetyp | A | A | A | A | A | A | A | A | A |
| | Rule of Law | –0,4 | –0,4 | –0,5 | –0,4 | –0,4 | –0,5 | –0,3 | –0,3 | –0,5 |
| | State-Fragility-Index | 12 (1995) | : | 12 | : | : | : | : | 8 | 6 |
| **Dänemark** | KID – Wert | 9,58 | 9,66 | 9,60 | 9,48 | 9,39 | 9,23 | 9,42 | 9,48 | 9,37 |
| | KID – Regimetyp | FD | FD | FD | FD | FD | FD | FD | FD | FD |
| | Rule of Law | 1,8 | 1,8 | 1,8 | 1,9 | 2,0 | 2,0 | 2,0 | 1,9 | 1,9 |
| | State-Fragility-Index | 0 (1995) | : | 0 | : | : | : | : | 0 | 0 |
| **Deutsch-land** | KID – Wert | 9,63 | 9,62 | 9,54 | 9,13 | 8,89 | 9,23 | 9,44 | 9,16 | 9,13 |
| | KID – Regimetyp | FD | FD | FD | FD | FD | FD | FD | FD | FD |
| | Rule of Law | 1,6 | 1,6 | 1,6 | 1,6 | 1,6 | 1,8 | 1,7 | 1,6 | 1,6 |

**Tab. 1:** Fortsetzung

| Jahr | | 1996 | 1998 | 2000 | 2002 | 2004 | 2006 | 2008 | 2010 | 2012 |
|---|---|---|---|---|---|---|---|---|---|---|
| **Finnland** | State-Fragility-Index | 1 (1995) | .. | 0 | .. | .. | .. | .. | 0 | 0 |
| | KID – Wert | 9,78 | 9,78 | 9,89 | 9,89 | 9,96 | 9,96 | 9,80 | 9,94 | 9,98 |
| | KID – Regimetyp | FD | FD | FD | FD | FD | FD | FD | FD | FD |
| | Rule of Law | 1,9 | 2,0 | 1,9 | 1,9 | 2,0 | 2,0 | 1,9 | 2,0 | 1,9 |
| **Frankreich** | State-Fragility-Index | 0 (1995) | .. | 0 | .. | .. | .. | 0 | 0 | .. |
| | KID – Wert | 9,10 | 8,86 | 8,87 | 8,67 | 8,46 | 8,44 | 8,62 | 8,83 | 8,62 |
| | KID – Regimetyp | FD | FD | FD | FD | FD | FD | FD | FD | FD |
| | Rule of Law | 1,5 | 1,4 | 1,4 | 1,2 | 1,5 | 1,5 | 1,5 | 1,5 | 1,4 |
| **Griechen-land** | State-Fragility-Index | 1 (1995) | .. | 1 | .. | .. | .. | .. | 1 | 1 |
| | KID – Wert | 8,29 | 8,03 | 8,45 | 8,25 | 8,25 | 8,37 | 8,23 | 7,63 | 7,11 |
| | KID – Regimetyp | FD | FD | FD | FD | FD | FD | FD | FD | FD |
| | Rule of Law | 1,0 | 0,7 | 0,8 | 0,7 | 0,9 | 0,9 | 0,8 | 0,6 | 0,4 |
| **Groß-britannien** | State-Fragility-Index | 1 (1995) | .. | 0 | .. | .. | .. | .. | 1 | 1 |
| | KID – Wert | 9,36 | 9,26 | 9,36 | 8,74 | 8,57 | 8,83 | 8,85 | 8,72 | 8,68 |
| | KID – Regimetyp | FD | FD | FD | FD | FD | FD | FD | FD | FD |

**Tab. 1:** Fortsetzung

| Jahr | | 1996 | 1998 | 2000 | 2002 | 2004 | 2006 | 2008 | 2010 | 2012 |
|---|---|---|---|---|---|---|---|---|---|---|
| | *Rule of Law* | 1,6 | 1,7 | 1,7 | 1,6 | 1,6 | 1,8 | 1,7 | 1,8 | 1,7 |
| | *State-Fragility-Index* | 2 (1995) | .. | 2 | .. | .. | .. | .. | 0 | 0 |
| *Indien* | *KID – Wert* | 5,73 | 6,04 | 6,09 | 5,09 | 5,90 | 5,90 | 6,04 | 5,39 | 5,32 |
| | *KID – Regimetyp* | DD | DD | DD | DD | DD | DD | DD | DD | DD |
| | *Rule of Law* | 0,3 | 0,3 | 0,3 | –0,1 | 0,0 | 0,2 | 0,1 | –0,1 | –0,1 |
| | *State-Fragility-Index* | 17 (1995) | .. | 14 | .. | .. | .. | .. | 13 | 13 |
| *Island* | *KID – Wert* | .. | .. | .. | .. | .. | .. | .. | .. | .. |
| | *KID – Regimetyp* | | | | | | | | | |
| | *Rule of Law* | 1,6 | 1,7 | 1,8 | 1,9 | 2,0 | 1,9 | 1,9 | 1,7 | 1,7 |
| | *State-Fragility-Index* | .. | .. | .. | .. | .. | .. | .. | .. | .. |
| *Japan* | *KID – Wert* | 9,25 | 9,48 | 9,27 | 9,08 | 9,14 | 9,31 | 9,17 | 9,11 | 9,21 |
| | *KID – Regimetyp* | FD | FD | FD | FD | FD | FD | FD | FD | FD |
| | *Rule of Law* | 1,3 | 1,3 | 1,3 | 1,1 | 1,3 | 1,4 | 1,3 | 1,3 | 1,3 |
| | *State-Fragility-Index* | 0 (1995) | .. | 0 | .. | .. | .. | .. | 0 | 0 |

**Tab. 1:** Fortsetzung

| Jahr | | 1996 | 1998 | 2000 | 2002 | 2004 | 2006 | 2008 | 2010 | 2012 |
|---|---|---|---|---|---|---|---|---|---|---|
| **Kenia** | KID – Wert | 0,00 | 2,07 | 2,18 | 3,90 | 4,96 | 5,07 | 4,61 | 4,59 | 4,42 |
| | KID – Regimetyp | A | A | A | A | HR | HR | A | A | A |
| | Rule of Law | -1,0 | -1,0 | -0,9 | -0,9 | -0,9 | -0,9 | -1,0 | -1,0 | -0,9 |
| | State-Fragility-Index | 15 (1995) | : | 16 | : | : | : | : | 12 | 10 |
| **Norwegen** | KID – Wert | 9,83 | 9,81 | 9,72 | 9,73 | 9,73 | 9,63 | 9,79 | 9,82 | 9,89 |
| | KID – Regimetyp | FD | FD | FD | FD | FD | FD | FD | FD | FD |
| | Rule of Law | 1,9 | 2,0 | 1,8 | 1,8 | 2,0 | 2,0 | 2,0 | 1,9 | 1,9 |
| | State-Fragility-Index | 1 (1995) | : | 2 | : | : | : | : | 2 | 2 |
| **Polen** | KID – Wert | 8,26 | 8,31 | 7,93 | 8,12 | 7,79 | 7,92 | 8,64 | 8,91 | 8,99 |
| | KID – Regimetyp | FD | FD | FD | FD | FD | FD | FD | FD | FD |
| | Rule of Law | 0,7 | 0,8 | 0,6 | 0,6 | 0,4 | 0,4 | 0,5 | 0,7 | 0,7 |
| | State-Fragility-Index | 3 (1995) | : | 2 | : | : | : | : | 0 | 0 |
| **Portugal** | KID – Wert | 9,30 | 9,36 | 9,30 | 9,30 | 8,99 | 8,91 | 9,14 | 8,77 | 8,86 |
| | KID – Regimetyp | FD | FD | FD | FD | FD | FD | FD | FD | FD |
| | Rule of Law | 1,2 | 1,2 | 1,2 | 1,3 | 1,2 | 1,0 | 1,0 | 1,0 | 1,0 |

**Tab. 1:** Fortsetzung

| Jahr | | 1996 | 1998 | 2000 | 2002 | 2004 | 2006 | 2008 | 2010 | 2012 |
|---|---|---|---|---|---|---|---|---|---|---|
| **Russland** | State-Fragility-Index | 0 (1995) | .. | 0 | .. | .. | .. | .. | 0 | 0 |
| | KID – Wert | 4,38 | 4,04 | 3,86 | 3,78 | 3,26 | 3,29 | 3,17 | 3,15 | 3,14 |
| | KID – Regimetyp | A | A | A | A | A | A | A | A | A |
| | Rule of Law | -0,9 | -1,0 | -1,1 | -0,9 | -0,9 | -0,9 | -0,9 | -0,8 | -0,8 |
| | State-Fragility-Index | 11 (1995) | .. | 7 | .. | .. | .. | .. | 7 | 7 |
| **Schweden** | KID – Wert | 9,77 | 9,78 | 9,68 | 9,54 | 9,68 | 9,58 | 9,55 | 9,59 | 9,71 |
| | KID – Regimetyp | FD | FD | FD | FD | FD | FD | FD | FD | FD |
| | Rule of Law | 1,8 | 1,8 | 1,8 | 1,8 | 1,9 | 1,8 | 1,9 | 2,0 | 1,9 |
| | State-Fragility-Index | 1 (1995) | .. | 1 | .. | .. | .. | .. | 0 | 0 |
| **Spanien** | KID – Wert | 8,44 | 8,57 | 8,91 | 8,31 | 8,26 | 8,03 | 7,96 | 7,77 | 7,88 |
| | KID – Regimetyp | FD | FD | FD | FD | FD | FD | FD | FD | FD |
| | Rule of Law | 1,4 | 1,3 | 1,4 | 1,2 | 1,1 | 1,1 | 1,2 | 1,2 | 1,0 |
| | State-Fragility-Index | 2 (1995) | .. | 0 | .. | .. | .. | .. | 1 | 0 |
| **Türkei** | KID – Wert | 4,37 | 5,12 | 5,11 | 4,71 | 5,66 | 5,92 | 6,02 | 5,59 | 5,26 |
| | KID – Regimetyp | HR | HR | DD | HR | DD | DD | DD | DD | DD |

**Tab. 1:** Fortsetzung

| Jahr | | 1996 | 1998 | 2000 | 2002 | 2004 | 2006 | 2008 | 2010 | 2012 |
|---|---|---|---|---|---|---|---|---|---|---|
| | Rule of Law | 0,0 | 0,0 | 0,0 | 0,0 | 0,1 | 0,1 | 0,1 | 0,1 | 0,0 |
| | State-Fragility-Index | 12 (1995) | .. | 11 | .. | .. | .. | .. | 9 | 7 |
| **USA** | KID – Wert | 9,34 | 9,31 | 9,46 | 8,07 | 8,15 | 8,58 | 8,87 | 8,54 | 8,94 |
| | KID – Regimetyp | FD | FD | FD | FD | FD | FD | FD | FD | FD |
| | Rule of Law | 1,5 | 1,6 | 1,5 | 1,5 | 1,4 | 1,6 | 1,6 | 1,6 | 1,6 |
| | State-Fragility-Index | 0 (1995) | .. | 1 | .. | .. | .. | .. | 3 | 3 |

Legende: KID (Kombinierter Index der Demokratie): 0 Autokratie bis 10 voll funktionierende Demokratie, Regimetypen: (A) Autokratie, (HR) Hybrides Regime, (DD) Defekte Demokratie, (FD) Funktionierende Demokratie

Rule-of-Law Indikator der Weltbank (Governance Indicators): –2,5 (schlechtester Wert) bis +2,5 (höchster Wert);

State-Fragility-Index (Center for Systematic Peace): 0–25 points possible (0: no fragility; 4–11: low fragility, 12–15: moderate fragility; 16 and more: high fragility)

Quelle: KID: http://www.politikwissenschaft.uni-wuerzburg.de/lehrbereiche/vergleichende/forschung/kombinierter_index_der_demokratie_kid/;

Rule-of-Law Indikator: http://info.worldbank.org/governance/wgi/index.aspx#reports;

State Fragility Index: http://www.systemicp eace.org/inscr/inscr.htm.

**Tab. 2:** Vertrauen in Institutionen in europäischen Staaten

| Vertrauen (in %) in ausgewählte Institutionen | | EU-Parlament | Nationales Parlament | Politiker | Parteien | Polizei | Rechts-system | Vereinte Nationen | Bedeutung von Demokratie allgemein* | Zufriedenheit mit der Demokratie im Land* |
|---|---|---|---|---|---|---|---|---|---|---|
| *Dänemark* | gering | 19,3 | 13,1 | 21,3 | 18,5 | 2,6 | 3,4 | 7,6 | 1,0 | 4,8 |
| | mittel | 43,6 | 27,3 | 50,2 | 49,9 | 12,3 | 16,9 | 29,6 | 3,3 | 19,9 |
| | hoch | 37,1 | 49,6 | 28,5 | 31,5 | 85,1 | 79,7 | 62,8 | 95,8 | 75,3 |
| *Deutschland* | gering | 34,5 | 30,0 | 46,0 | 45,6 | 8,0 | 18,8 | 23,2 | 2,1 | 13,7 |
| | mittel | 42,2 | 43,9 | 44,1 | 45,1 | 27,7 | 34,4 | 45,3 | 7,6 | 38,1 |
| | hoch | 23,4 | 26,1 | 9,9 | 9,3 | 64,3 | 46,6 | 31,5 | 90,3 | 48,3 |
| *Finnland* | gering | 22,2 | 13,7 | 25,4 | 23,8 | 1,0 | 6,7 | 6,8 | 1,2 | 5,1 |
| | mittel | 47,0 | 40,1 | 51,8 | 52,2 | 10,4 | 23,2 | 32,2 | 5,7 | 25,6 |
| | hoch | 30,8 | 46,2 | 22,8 | 24,0 | 87,6 | 70,1 | 60,9 | 93,1 | 69,2 |
| *Frankreich** | gering | 35,1 | 37,3 | 55,4 | 56,7 | 17,5 | 26,9 | 23,3 | .. | 38,1 |
| | mittel | 46,1 | 46,2 | 37,4 | 38,5 | 42,2 | 45,0 | 48,0 | .. | 42,5 |
| | hoch | 18,8 | 16,5 | 7,2 | 4,9 | 40,2 | 28,1 | 28,7 | .. | 19,4 |
| *Griechenland** | gering | 62,5 | 74,0 | 85,5 | 84,9 | 34,0 | 45,3 | 62,2 | .. | 60,0 |
| | mittel | 25,5 | 20,1 | 12,0 | 12,3 | 36,2 | 33,6 | 24,3 | .. | 29,7 |

**Tab. 2:** Fortsetzung

| Vertrauen (in %) in ausgewählte Institutionen | | EU-Parlament | Nationales Parlament | Politiker | Parteien | Polizei | Rechts-system | Vereinte Nationen | Bedeutung von Demokratie allgemein* | Zufriedenheit mit der Demokratie im Land* |
|---|---|---|---|---|---|---|---|---|---|---|
| | hoch | 12,0 | 5,9 | 2,5 | 2,8 | 29,8 | 21,1 | 13,6 | .. | 10,2 |
| Großbritannien | gering | 44,2 | 36,2 | 46,3 | 45,1 | 10,2 | 18,9 | 20,2 | 2,8 | 16,4 |
| | mittel | 32,5 | 43,0 | 42,0 | 43,6 | 29,7 | 40,4 | 37,0 | 12,3 | 40,3 |
| | hoch | 23,3 | 20,8 | 11,7 | 11,2 | 60,1 | 40,7 | 42,8 | 84,9 | 43,3 |
| Island | gering | 27,3 | 37,1 | 40,4 | 45,9 | 3,1 | 17,6 | 9,0 | 1,3 | 16,2 |
| | mittel | 32,2 | 41,9 | 46,7 | 42,4 | 12,2 | 35,1 | 30,7 | 2,8 | 39,2 |
| | hoch | 40,4 | 21,0 | 12,9 | 11,7 | 84,7 | 47,3 | 60,2 | 95,9 | 44,5 |
| Norwegen | gering | 18,0 | 13,2 | 22,5 | 20,8 | 6,3 | 7,9 | 5,5 | .. | 5,7 |
| | mittel | 48,0 | 40,2 | 54,6 | 59,2 | 21,0 | 25,7 | 33,7 | .. | 27,5 |
| | hoch | 34,0 | 46,6 | 22,9 | 20,0 | 72,7 | 66,3 | 60,9 | .. | 66,7 |
| Polen | gering | 33,7 | 61,1 | 73,3 | 71,5 | 24,0 | 46,7 | 22,1 | 3,8 | 26,4 |
| | mittel | 37,3 | 29,1 | 21,2 | 22,4 | 40,7 | 37,8 | 35,7 | 15,9 | 42,1 |
| | hoch | 29,0 | 9,8 | 5,5 | 6,1 | 35,3 | 15,5 | 42,3 | 80,3 | 31,5 |

**Tab. 2:** Fortsetzung

| Vertrauen (in %) in ausgewählte Institutionen | | EU-Parlament | Nationales Parlament | Politiker | Parteien | Polizei | Rechtssystem | Vereinte Nationen | Bedeutung von Demokratie allgemein* | Zufriedenheit mit der Demokratie im Land |
|---|---|---|---|---|---|---|---|---|---|---|
| *Portugal* | gering | 49,6 | 66,3 | 80,0 | 79,4 | 21,5 | 48,3 | 33,1 | 2,3 | 39,5 |
| | mittel | 35,8 | 27,7 | 17,2 | 17,7 | 41,3 | 38,9 | 40,7 | 17,9 | 43,5 |
| | hoch | 14,7 | 6,0 | 2,9 | 2,9 | 37,2 | 12,8 | 26,2 | 79,8 | 17,0 |
| *Schweden* | gering | 25,1 | 14,7 | 26,0 | 23,7 | 7,9 | 11,2 | 10,0 | 0,9 | 5,7 |
| | mittel | 47,4 | 36,8 | 51,7 | 52,4 | 29,7 | 33,7 | 34,8 | 4,0 | 23,6 |
| | hoch | 27,6 | 48,5 | 22,3 | 23,9 | 62,5 | 55,1 | 55,2 | 95,1 | 70,7 |
| *Spanien* | gering | 38,2 | 48,7 | 75,6 | 76,8 | 16,5 | 47,4 | 26,2 | 3,1 | 39,8 |
| | mittel | 40,6 | 35,4 | 19,9 | 18,2 | 37,7 | 35,3 | 41,0 | 12,5 | 41,9 |
| | hoch | 21,2 | 15,9 | 4,5 | 5,0 | 45,8 | 17,3 | 32,8 | 84,4 | 18,3 |
| *Türkei*** | gering | 52,6 | 25,3 | 62,5 | 62,5 | 20,8 | 20,6 | 53,5 | .. | 40,2 |
| | mittel | 21,4 | 26,5 | 22,6 | 23,4 | 22,6 | 24,8 | 21,4 | .. | 38,1 |
| | hoch | 26,0 | 48,2 | 14,9 | 14,0 | 56,5 | 54,6 | 25,1 | .. | 21,6 |

Legende: Angaben in % sind *gültige Prozente*, ohne Berücksichtigung der *fehlenden Werte*; Variablen umkodiert aus [0;10] Skala in (0–3) gering, (4–6) mittel, (7–10) hoch.

Quelle: European Social Survey, online unter europeansocialsurvey.org; wenn nicht anders angegeben: ESS 6 (2012), *ESS 5 (2010); **ESS 4 (2008).

**Tab. 3:** Vertrauen in Institutionen in nicht-europäischen Staaten

| Vertrauen (%) in ausgewählte Institutionen | | Nationales Parlament | Vereinte Nationen | Parteien | Regierung | Presse | Armee | Rechts-system | Bedeutung der Demokratie allg.* | Zufriedenheit mit Demokratie im Land* |
|---|---|---|---|---|---|---|---|---|---|---|
| *Brasilien* | Kein/wenig Vertrauen | 75,1 | 50,6 | 79,0 | 53,7 | 56,7 | 30,4 | 50,5 | 7,0 | 19,3 |
| | *Mittel* | 22,2 | 34,6 | 19,2 | 36,5 | 36,7 | 44,8 | 38,0 | 13,9 | 34,3 |
| | *Hoch* | 2,7 | 14,8 | 1,8 | 9,7 | 6,6 | 24,9 | 11,4 | 79,1 | 46,5 |
| *China* | Kein/wenig Vertrauen | 7,6 | 33,8 | 12,2 | 7,3 | 27,8 | 8,2 | 17,5 | 23,0 | 34,7 |
| | *Mittel* | 52,5 | 53,9 | 54,6 | 52,7 | 54,5 | 56,5 | 58,1 | 10,7 | 23,5 |
| | *Hoch* | 39,9 | 12,3 | 33,2 | 40,0 | 17,7 | 35,2 | 24,4 | 66,3 | 41,8 |
| *Indien* | Kein/wenig Vertrauen | 37,6 | 36,0 | 53,6 | 45,1 | 24,2 | 16,7 | 31,1 | 24,4 | 36,8 |
| | *Mittel* | 35,0 | 31,7 | 27,1 | 32,4 | 39,6 | 33,1 | 34,4 | 38,3 | 31,8 |
| | *Hoch* | 27,4 | 32,3 | 19,3 | 22,5 | 36,2 | 50,2 | 34,5 | 37,3 | 31,4 |
| *Japan* | Kein/wenig Vertrauen | 76,7 | 36,0 | 81,7 | 69,0 | 25,4 | 25,4 | 18,0 | 8,2 | 13,0 |
| | *Mittel* | 22,0 | 57,6 | 16,9 | 29,5 | 67,0 | 62,6 | 64,8 | 10,3 | 30,7 |
| | *Hoch* | 1,2 | 6,5 | 1,4 | 1,6 | 7,6 | 12,1 | 17,2 | 81,5 | 56,4 |
| *Russland* | Kein/wenig Vertrauen | 70,1 | 54,1 | 78,0 | 54,8 | 63,1 | 33,5 | 61,7 | 15,3 | 44,5 |
| | *Mittel* | 27,5 | 36,1 | 20,2 | 39,0 | 33,3 | 45,1 | 31,7 | 21,0 | 39,4 |

**Tab. 3:** Fortsetzung

| Vertrauen (%) in ausgewählte Institutionen | | Nationales Parlament | Vereinte Nationen | Parteien | Regierung | Presse | Armee | Rechtssystem | Bedeutung der Demokratie allg.* | Zufriedenheit mit Demokratie im Land* |
|---|---|---|---|---|---|---|---|---|---|---|
| USA | Hoch | 2,4 | 9,7 | 1,8 | 6,3 | 3,6 | 21,4 | 6,6 | 63,7 | 16,1 |
| | Kein/wenig Vertrauen | 79,5 | 66,0 | 84,7 | 61,8 | 76,1 | 17,7 | 42,7 | 5,5 | 15,5 |
| | Mittel | 19,1 | 29,6 | 13,5 | 33,2 | 21,5 | 47,7 | 48,6 | 13,7 | 33,7 |
| | Hoch | 1,5 | 4,4 | 1,9 | 5,0 | 2,4 | 34,7 | 8,8 | 80,8 | 50,8 |

Legende: Angaben der gültigen Prozente, ohne Berücksichtigung der fehlenden Werte; Umkodierung aus den Werten 1 (a great deal), 2 (quite a lot), 3 (not very much), 4 (not at all) in kein/wenig Vertrauen (3,4), mittel (2), hoch (1); *(Demokratie) Umkodierung der Skala [0;10] in kein/wenig (0–3), mittel (4–6), hoch (7–10).

Quelle: World Value Survey 2005, online unter http://www.worldvaluessurvey.org/index_html; für Kenia liegen im WVS 2005 keine Daten vor.

**Tab. 4:** Entwicklung der Korruptionswahrnehmung

| Corruption Perceptions Index, Score (Rank) | 1996 (max.10) | 1998 (max.10) | 2000 max.10 | 2002 (max.10) | 2004 (max.10) | 2006 (max.10) | 2008 (max.10) | 2010 (max.10) | 2011 (max.10) | 2012 (max.100) | 2013 (max.100) |
|---|---|---|---|---|---|---|---|---|---|---|---|
| Brasilien | 2,96 (40) | 4,0 (46) | 3,9 (49) | 4,0 (45) | 3,9 (59) | 3,3 (70) | 3,5 (80) | 3,7 (69) | 3,8 (73) | 43 (69) | 42 (72) |
| China | 2,43 (50) | 3,5 (52) | 3,1 (63) | 3,5 (59) | 3,4 (71) | 3,3 (70) | 3,6 (72) | 3,5 (78) | 3,6 (75) | 39 (80) | 40 (80) |
| Dänemark | 9,33 (2) | 10,0 (1) | 9,8 (2) | 9,5 (2) | 9,5 (3) | 9,5 (4) | 9,3 (1) | 9,3 (1) | 9,4 (2) | 90 (1) | 91 (1) |
| Deutschland | 8,27 (13) | 7,9 (15) | 7,6 (17) | 7,3 (18) | 8,2 (15) | 8,0 (16) | 7,9 (14) | 7,9 (15) | 8,0 (14) | 79 (13) | 78 (12) |
| Finnland | 9,05 (4) | 9,6 (2) | 10,0 (1) | 9,7 (1) | 9,7 (1) | 9,6 (1) | 9,0 (5) | 9,2 (4) | 9,4 (2) | 90 (1) | 89 (3) |
| Frankreich | 6,96 (19) | 6,7 (21) | 6,7 (21) | 6,3 (25) | 7,1 (22) | 7,4 (18) | 6,9 (23) | 6,8 (25) | 7,0 (25) | 71 (22) | 71 (22) |
| Griechenland | 5,01 (28) | 4,9 (36) | 4,9 (35) | 4,2 (44) | 4,3 (49) | 4,4 (54) | 4,7 (57) | 3,5 (78) | 3,4 (80) | 36 (94) | 40 (80) |
| Großbritannien | 8,44 (12) | 8,7 (11) | 8,7 (10) | 8,7 (10) | 8,6 (11) | 8,6 (11) | 7,7 (16) | 7,6 (20) | 7,8 (16) | 74 (17) | 76 (14) |
| Indien | 2,63 (46) | 2,9 (66) | 2,8 (69) | 2,7 (71) | 2,8 (90) | 3,3 (70) | 3,5 (85) | 3,3 (87) | 3,1 (95) | 36 (94) | 36 (94) |
| Island | .. | 9,3 (5) | 9,1 (6) | 9,4 (4) | 9,5 (3) | 9,6 (1) | 8,9 (7) | 8,5 (11) | 8,3 (13) | 82 (11) | 78 (12) |
| Japan | 7,05 (17) | 5,8 (25) | 6,4 (23) | 7,1 (20) | 6,9 (24) | 7,6 (17) | 7,3 (18) | 7,8 (17) | 8,0 (14) | 74 (17) | 74 (18) |
| Kenia | 2,21 (52) | 2,5 (74) | 2,1 (82) | 1,9 (96) | 2,1 (129) | 2,2 (142) | 2,1 (147) | 2,1 (154) | 2,2 (154) | 27 (139) | 27 (136) |
| Norwegen | 8,87 (6) | 9,0 (8) | 9,1 (6) | 8,5 (12) | 8,9 (8) | 8,8 (8) | 7,9 (14) | 8,6 (10) | 9,0 (6) | 85 (7) | 86 (5) |
| Polen | 5,57 (24) | 4,6 (39) | 4,1 (43) | 4,0 (45) | 3,5 (67) | 3,7 (61) | 4,6 (58) | 5,3 (41) | 5,5 (41) | 58 (41) | 60 (38) |
| Portugal | 6,53 (22) | 6,5 (23) | 6,4 (23) | 6,3 (25) | 6,3 (27) | 6,6 (26) | 6,1 (32) | 6,0 (32) | 6,1 (31) | 63 (33) | 62 (33) |
| Russland | 2,58 (47) | 2,4 (76) | 2,1 (82) | 2,7 (71) | 2,8 (90) | 2,5 (121) | 2,1 (147) | 2,1 (154) | 2,4 (143) | 28 (133) | 28 (127) |
| Schweden | 9,08 (3) | 9,5 (3) | 9,4 (3) | 9,3 (5) | 9,2 (6) | 9,2 (6) | 9,3 (1) | 9,2 (4) | 9,3 (4) | 88 (4) | 89 (3) |
| Spanien | 4,31 (32) | 6,1 (23) | 7,0 (20) | 7,1 (20) | 7,1 (22) | 6,8 (23) | 6,5 (28) | 6,1 (30) | 6,2 (31) | 65 (30) | 59 (40) |
| Türkei | 3,54 (33) | 3,4 (54) | 3,8 (50) | 3,2 (64) | 3,2 (77) | 3,8 (60) | 4,6 (58) | 4,4 (56) | 4,2 (61) | 49 (54) | 50 (53) |
| USA | 7,66 (15) | 7,5 (17) | 7,8 (14) | 7,7 (16) | 7,5 (17) | 7,3 (10) | 7,3 (18) | 7,1 (22) | 7,1 (24) | 73 (19) | 73 (19) |

Quelle: Transparency International, Corruption Perceptions Index 1996–2013, online unter: http://cpi.transparency.org/cpi2013/
Legende: Indizes von 1996–2011: Werte 0 (highly corrupt) bis 10 oder 100 (very clean), Indizes 2012/2013 Werte 0 bis 100.

**Tab. 5:** Parteiensysteme

| Jahr | | 1981–2010 | Letzte Wahl zum Parlament (Stand 14.02.14) |
|---|---|---|---|
| Dänemark | Effektive Zahl an Parteien | 4,95 | 5,334 (2007) |
| | Disproportionalitäts-Index | 1,60 | 0,718 (2007) |
| | Wahlbeteiligung | .. | 87,7 % |
| Deutschland | Effektive Zahl an Parteien | 3,30 | 4,402 (2009) |
| | Disproportionalitäts-Index | 2,55 | 3,557 (2009) |
| | Wahlbeteiligung | .. | 71,6 % |
| Finnland | Effektive Zahl an Parteien | 5,05 | 5,119 (2007) |
| | Disproportionalitäts-Index | 3,34 | 3,133 (2007) |
| | Wahlbeteiligung | .. | 67,4 % |
| Frankreich | Effektive Zahl an Parteien | 2,94 | 2,373 (2007) |
| | Disproportionalitäts-Index | 19,56 | 13,809 (2007) |
| | Wahlbeteiligung | .. | 55,4 % |
| Großbritannien | Effektive Zahl an Parteien | 2,27 | 2,573 (2010) |
| | Disproportionalitäts-Index | 16,00 | 15,097 (2010) |
| | Wahlbeteiligung | .. | 65,8 % |
| Griechenland | Effektive Zahl an Parteien | 2,32 | 2,592 (2009) |
| | Disproportionalitäts-Index | 6,64 | 7,728 (2009) |
| | Wahlbeteiligung | .. | 62,5 % |
| Indien | Effektive Zahl an Parteien | 5,25 | 5,015 (2009) |
| | Disproportionalitäts-Index | 8,51 | 7,679 (2009) |
| | Wahlbeteiligung | .. | 58,2 % |
| Island | Effektive Zahl an Parteien | 4,01 | 4,182 (2009) |
| | Disproportionalitäts-Index | 2,48 | 2,577 (2009) |
| | Wahlbeteiligung | .. | 81,4 % |
| Japan | Effektive Zahl an Parteien | 3,66 | 2,174 (2009) |
| | Disproportionalitäts-Index | 10,50 | 16,932 (2009) |
| | Wahlbeteiligung | .. | 59,3 % |
| Norwegen | Effektive Zahl an Parteien | 4,11 | 4,067 (2009) |
| | Disproportionalitäts-Index | 3,79 | 3,318 (2009) |
| | Wahlbeteiligung | .. | 78,2 % |
| Portugal | Effektive Zahl an Parteien | 2,85 | 3,132 (2009) |
| | Disproportionalitäts-Index | 4,85 | 5,628 (2009) |
| | Wahlbeteiligung | .. | 58,0 % |
| Schweden | Effektive Zahl an Parteien | 3,82 | 4,149 (2006) |
| | Disproportionalitäts-Index | 1,95 | 2,902 (2006) |
| | Wahlbeteiligung | .. | 84,6 % |
| Spanien | Effektive Zahl an Parteien | 2,61 | 2,336 (2008) |
| | Disproportionalitäts-Index | 6,53 | 4,519 (2008) |
| | Wahlbeteiligung | .. | 75,3 % |
| USA | Effektive Zahl an Parteien | 2,37 | 2,430 (2008) |
| | Disproportionalitäts-Index | 13,35 | 3,908* (2008) |
| | Wahlbeteiligung | .. | 68,0 % |

Legende: Effektive Zahl an Parteien und Disproportionalitäts-Index nach Lijphart, Arend (2012): Patterns of Democracy; Wahlbeteiligung siehe und IDEA International Database; aufgeführt sind Demokratien nach Lijphart (2012).

Rechte Spalte: Wahlbeteiligung bezieht sich auf die letzten Wahlen zum nationalen Parlament, abweichende Jahreszahlen sind in Klammern angegeben.

*Disproportionalität in den USA: der Wert 3,908 bezieht sich auf den Mittelwert aus den Parlaments- und den Präsidentschaftswahlen. Die *presidential disproportionality (2008)* beträgt 46,375.

Quelle: Lijphart, Arend (2012): Patterns of Democracy; IDEA http://www.idea.int/uid/.

**Tab. 6:** Repräsentation von Frauen im Parlament

| | Frauen im Parlament (in %) Juni 2000 | Frauen im Parlament (in %) Juli 2009 | Veränderung 2000–2009 in % | Frauen im Parlament (in %) Februar 2014 | Gender-Gap Index 2010 Score(Rank) | Civil Society-Index (Structure/Impact) |
|---|---|---|---|---|---|---|
| **Brasilien** | 5,7 | 9,0 | 3,3 | 44/513 (8,6 %) | 0,6949 (62) | .. |
| **China** | 21,8 | 21,3 | -0,5 | 699/2987 (23,4 %) | 0,6908 (69) | 1,0/1,5 |
| **Dänemark** | 36,0 | 38,0 | 2,0 | 70/179 (39,1 %) | 0,7779 (8) | .. |
| **Deutschland** | 30,9 | 32,2 | 1,3 | 229/630 (36,3 %) | 0,7583 (14) | 1,8/2,6 |
| **Finnland** | 36,5 | 41,5 | 5 | 85/200 (42,5 %) | 0,8421 (2) | .. |
| **Frankreich** | 6,4 | 18,2 | 11,8 | 155/577 (26,9 %) | 0,7089 (45) | .. |
| **Griechenland** | .. | 14,7 | .. | 63/300 (21 %) | 0,6782 (81) | 0,9/1,3 |
| **Großbritannien** | 18,4 | 19,5 | 1,1 | 164/650 (22,5 %) | 0,7440 (18) | .. |
| **Indien** | 8,8 | 10,7 | 1,9 | 59/545 (10,8 %) | 0,6551 (101) | 1,2/1,2 |
| **Island** | 34,9 | 42,9 | 8 | 25/63 (39,7 %) | 0,8731 (1) | .. |
| **Japan** | 5,0 | 9,4 | 4,9 | 39/480 (8,1 %) | 0,6498 (105) | .. |
| **Kenia** | 3,6 | 9,8 | 6,2 | 65/350 (18,6 %) | 0,6803 (78) | .. |
| **Norwegen** | 36,4 | 36,1 | -0,3 | 67/169 (39,6 %) | 0,8417 (3) | .. |
| **Polen** | 13,0 | 20,2 | 7,2 | 110/460 (23,9 %) | 0,7031 (54) | 1,2/1,8 |
| **Portugal** | 17,4 | 28,3 | 10,9 | 61/230 (26,5 %) | 0,7056 (51) | .. |
| **Russland** | 7,7 | 14,0 | 6,3 | 61/450 (13,6 %) | 0,6983 (61) | 1,1/1,2 |
| **Schweden** | 42,7 | 47,0 | 4,3 | 157/349 (45%) | 0,8129 (4) | .. |
| **Spanien** | 28,3 | 36,3 | 8,0 | 126/350 (36%) | 0,7266 (30) | .. |
| **Türkei** | 4,2 | 9,1 | 4,9 | 78/550 (14,2%) | 0,6081 (120) | 0,9/1,3 |
| **USA** | 10,9 | 16,8 | 5,9 | 77/432 (17,8%) | 0,7392 (23) | .. |

Legende: Frauen im Parlament, Daten beziehen sich auf aktuelles Parlament (Erste Kammer), Stand Februar 2014, Quelle: *IDEA global quota project* und Inter-Parliamentary Union

Global Gender Gap Index 2010 des World Economic Forum, Werte zwischen 0 (inequality) und 1 (equality)

Civicus Civil Society Index: Messzeitraum von 2003 bis 2006; die Kategorien *Struktur* und *Einfluss* werden hier abgebildet; Werte zwischen 1 (schlechtester) und 3.

Quelle: IDEA http://www.quotaproject.org/; Inter-Parliamentary Union http://www.ipu.org/wmn–e/world.htm; World Economic Forum http://www.weforum.org/issues/global–gender–gap; Civicus http://csi.civicus.org/.

**Tab. 7:** Repräsentation von Frauen im Parlament – Anteil nach Regionen (Stand Juli 2009)

| | Unterhaus oder einzige Kammer | Oberhaus oder Senat | Beide Häuser zusammen |
|---|---|---|---|
| **Nordische Länder/ Skandinavien** | 42.0 | .. | .. |
| **Nord- und Südamerika** | 21.3 | 19.4 | 20.9 |
| **Europa OSCE (mit nordischen Ländern)** | 20.5 | 18.6 | 20.2 |
| **Asien** | 19.3 | 19.4 | 19.3 |
| **Europa OSCE (ohne nordische Länder)** | 18.3 | 16.7 | 18.2 |
| **Afrika (Subsahara)** | 18.3 | 21.0 | 18.6 |
| **Pazifik** | 13.0 | 32,6 | 15.2 |
| **Arabische Staaten** | 9.7 | 7.0 | 9.1 |

Quelle: Inter-Parliamentary Union: Women in Parliaments: World and Regional Averages 31. July 2009, URL: http://www.ipu.org/wmn-e/world.htm (abgerufen am 10.09.09).

**Tab. 8:** Wirtschaftsdaten

| Jahr | | 2000 | 2001 | 2002 | 2003 | 2004 | 2005 | 2006 | 2007 | 2008 | 2009 | 2010 | 2011 | 2012 |
|---|---|---|---|---|---|---|---|---|---|---|---|---|---|---|
| Brasilien | BIP/pro Person | 3,694 | 3,128 | 2,811 | 3,040 | 3,607 | 4,739 | 5,788 | 7,194 | 8,623 | 8,373 | 10,978 | 12,576 | 11,340 |
| | BIP-Wachstum% | 4 | 1 | 3 | 1 | 6 | 3 | 4 | 6 | 5 | 0 | 8 | 3 | 1 |
| | Steuerquote | .. | .. | .. | .. | .. | .. | .. | .. | .. | .. | .. | .. | .. |
| | Staatshaushalt/BIP | .. | .. | .. | .. | .. | 1.6 | 1.3 | 0.1 | -1.7 | -1.5 | -2.2 | -2.1 | -2.4 |
| | Verschuldung/BIP | .. | .. | .. | .. | .. | .. | 56 | 57 | 57 | 60 | 52 | 53 | .. |
| China | BIP/pro Person | 949 | 1,042 | 1,135 | 1,274 | 1,490 | 1,731 | 2,069 | 2,651 | 3,414 | 3,749 | 4,433 | 5,447 | 6,091 |
| | BIP-Wachstum% | 8 | 8 | 9 | 10 | 10 | 11 | 13 | 14 | 10 | 9 | 10 | 9 | 8 |
| | Steuerquote | .. | .. | .. | .. | .. | .. | .. | .. | .. | .. | .. | .. | .. |
| | Staatshaushalt/BIP | .. | .. | .. | .. | .. | 5.9 | 8.5 | 10.1 | 9.3 | 4.9 | 4.0 | 1.9 | 2.3 |
| | Verschuldung/BIP | .. | .. | .. | .. | .. | .. | .. | .. | .. | .. | .. | .. | .. |
| Dänemark | BIP/pro Person | 29,980 | 29,946 | 32,344 | 39,443 | 45,282 | 47,547 | 50,462 | 57,021 | 62,596 | 56,227 | 56,486 | 59,889 | 56,326 |
| | BIP-Wachstum% | 0 | 2 | 2 | 3 | 2 | -1 | -6 | 2 | -1 | -6 | 2 | 1 | 0 |
| | Steuerquote | .. | 48.4 | 47.8 | 48.0 | 49.0 | 50.8 | 49.6 | 48.9 | 47.8 | 47.8 | 47.4 | 47.7 | 48.0 |
| | Staatshaushalt/BIP | .. | .. | .. | .. | .. | 4.3 | 3.0 | 1.4 | 2.9 | 3.5 | 5.9 | 5.7 | 5.5 |
| | Verschuldung/BIP | 53 | 51 | 50 | 48 | 45 | 37 | 33 | 25 | 32 | 40 | 43 | 51 | .. |
| Finnland | BIP/pro Person | 23,530 | 24,025 | 25,994 | 31,509 | 36,163 | 37,319 | 39,487 | 46,538 | 51,186 | 44,838 | 43,846 | 48,634 | 45,721 |
| | BIP-Wachstum% | 5 | 2 | 2 | 2 | 4 | 3 | 4 | 5 | 0 | -9 | 3 | 3 | -1 |
| | Steuerquote | .. | 44.6 | 44.6 | 44.0 | 43.5 | 44.0 | 43.5 | 43.0 | 42.8 | 42.8 | 42.5 | 43.7 | 44.1 |
| | Staatshaushalt/BIP | .. | .. | .. | .. | .. | 4.0 | 5.6 | 5.4 | 3.3 | 2.8 | 2.5 | -0.6 | -1.5 |
| | Verschuldung/BIP | 57 | 51 | 48 | 50 | 48 | 44 | 41 | 37 | 33 | 43 | 49 | 48 | .. |

**Tab. 8:** Fortsetzung

| Jahr | | 2000 | 2001 | 2002 | 2003 | 2004 | 2005 | 2006 | 2007 | 2008 | 2009 | 2010 | 2011 | 2012 |
|---|---|---|---|---|---|---|---|---|---|---|---|---|---|---|
| Frankreich | BIP/pro Person | 21,774.9 | 21,812.2 | 23,494.4 | 28,794.1 | 32,784.8 | 33,819.0 | 35,457.0 | 40,341.9 | 43,991.7 | 40,487.9 | 39,186.0 | 42,521.8 | 39,771.8 |
| | BIP-Wachstum% | 3.7 | 1.8 | 0.9 | 0.9 | 2.5 | 1.8 | 2.5 | 2.3 | -0.1 | -3.1 | 1.7 | 2.0 | 0.0 |
| | Steuerquote | .. | 44.0 | 43.4 | 43.2 | 43.5 | 43.9 | 44.0 | 43.5 | 43.1 | 42.5 | 42. | 44.1 | 45.3 |
| | Staatshaushalt/BIP | .. | .. | .. | .. | .. | -0.5 | -0.6 | -1.0 | -1.8 | -1.4 | -1.3 | -1.8 | -2.2 |
| | Verschuldung/BIP | 61.5 | 61.3 | 65.5 | 69.5 | 71.4 | 72.9 | 68.5 | 67.4 | 73.3 | 84.9 | 89.1 | 93.7 | .. |
| Deutschland | BIP pro Person | 22,945.7 | 22,840.3 | 24,325.7 | 29,367.4 | 33,040.1 | 33,542.8 | 35,237.6 | 40,403.0 | 44,132.0 | 40,270.2 | 40,144.5 | 44,315.0 | 41,862.7 |
| | BIP-Wachstum% | 3.1 | 1.5 | 0.0 | -0.4 | 1.2 | 0.7 | 3.7 | 3.3 | 1.1 | -5.1 | 4.0 | 3.3 | 0.7 |
| | Steuerquote | .. | 36.1 | 35.4 | 35.5 | 34.8 | 34.8 | 35.6 | 36.2 | 36.4 | 37.4 | 36.2 | 36.9 | 37.6 |
| | Staatshaushalt/BIP | .. | .. | .. | .. | .. | 5.1 | 6.3 | 7.5 | 6.2 | 6.0 | 6.3 | 6.2 | 7.0 |
| | Verschuldung/BIP | 39.5 | 38.1 | 39.3 | 41.0 | 43.0 | 44.7 | 43.5 | 40.8 | 43.1 | 47.6 | 55.6 | 55.3 | .. |
| Griechen-land | BIP/pro Person | 11,396.2 | 11,857.7 | 13,292.3 | 17,494.4 | 20,607.2 | 21,620.7 | 23,475.3 | 27,288.3 | 30,398.8 | 28,451.9 | 25,850.5 | 25,630.8 | 22,082.9 |
| | BIP-Wachstum% | 4.5 | 4.2 | 3.4 | 5.9 | 4.4 | 2.3 | 5.5 | 3.5 | -0.2 | -3.1 | -4.9 | -7.1 | -6.4 |
| | Steuerquote | .. | 32.9 | 33.6 | 32.2 | 31.1 | 31.4 | 31.2 | 32.0 | 31.3 | 30.5 | 31.6 | 32.2 | 33.8 |
| | Staatshaushalt/BIP | .. | .. | .. | .. | .. | -7.6 | -11.3 | -14.6 | -15.0 | -11.2 | -10.4 | -9.9 | -2.5 |
| | Verschuldung/BIP | 125.0 | 127.9 | 128.9 | 124.3 | 128.1 | 125.4 | 128.5 | 125.6 | 121.3 | 136.9 | 129.2 | 106.5 | .. |
| Groß-britannien | BIP/pro Person | 25,362 | 25,126 | 27,322 | 31,480 | 37,095 | 38,545 | 40,977 | 46,848 | 43,780 | 35,722 | 36,703 | 39,503 | 39,093 |
| | BIP-Wachstum% | 4.4 | 2.2 | 2.3 | 3.9 | 3.2 | 3.2 | 2.8 | 3.4 | -0.8 | -5.2 | 1.7 | 1.1 | 0.1 |
| | Steuerquote | .. | 36.1 | 34.6 | 34.3 | 34.9 | 35.8 | 36.6 | 36.1 | 35.7 | 34.2 | 34.9 | 35.7 | 35.2 |
| | Staatshausha.t/BIP | .. | .. | .. | .. | .. | -2.6 | -3.3 | -2.5 | -1.5 | -1.7 | -3.3 | -1.3 | -3.8 |
| | Verschuldung/BIP | 44.9 | 40.2 | 40.6 | 41.1 | 43.5 | 45.6 | 45.5 | 46.4 | 56.5 | 72.2 | 85.5 | 99.8 | .. |

**Tab. 8:** Fortsetzung

| Jahr | | 2000 | 2001 | 2002 | 2003 | 2004 | 2005 | 2006 | 2007 | 2008 | 2009 | 2010 | 2011 | 2012 |
|---|---|---|---|---|---|---|---|---|---|---|---|---|---|---|
| Island | BIP/pro Person | 30,928.7 | 27,803.1 | 30,979.1 | 37,889.8 | 45,370.1 | 54,885.3 | 54,814.0 | 65,566.3 | 53,028.8 | 38,039.3 | 39,507.1 | 44,030.6 | 42,416.0 |
| | BIP-Wachstum% | 4.3 | 3.9 | 0.1 | 2.4 | 7.8 | 7.2 | 4.7 | 6.0 | 1.2 | -6.6 | -4.1 | 2.7 | 1.4 |
| | Steuerquote | .. | 35.4 | 35.3 | 36.7 | 38.0 | 40.6 | 41.5 | 40.9 | 36.0 | 33.9 | 35.2 | 36.0 | 37.2 |
| | Staatshaushalt/BIP | .. | .. | .. | .. | .. | -16.3 | -24.0 | -15.6 | -26.6 | -11.6 | -8.1 | -6.3 | -5.5 |
| | Verschuldung/IP | 60.5 | 62.7 | 58.9 | 56.7 | 50.4 | 39.4 | 44.4 | 43.0 | 82.9 | 105.3 | 111.5 | 119.1 | .. |
| Indien | BIP/pro Person | 457.3 | 466.2 | 486.6 | 565.3 | 649.7 | 740.1 | 830.2 | 1,068.7 | 1,042.1 | 1,147.2 | 1,419.1 | 1,533.7 | 1,489.2 |
| | BIP-Wachstum% | 3.8 | 4.8 | 3.8 | 7.9 | 7.9 | 9.3 | 9.3 | 9.8 | 3.9 | 8.5 | 10.3 | 6.6 | 4.2 |
| | Steuerquote | .. | .. | .. | .. | .. | .. | .. | .. | .. | .. | .. | .. | .. |
| | Staatshaushalt/BIP | .. | .. | .. | .. | .. | -1.2 | -1.0 | -0.7 | -2.5 | -1.9 | -3.2 | -3.3 | -5.0 |
| | Verschuldung/BIP | 54.1 | 58.0 | 61.5 | 61.1 | 61.5 | 61.2 | 59.1 | 56.5 | 56.1 | 54.3 | 50.4 | 48.5 | .. |
| Japan | BIP/pro Person | 37,292 | 32,716 | 31,236 | 33,691 | 36,442 | 35,781 | 34,102 | 34,095 | 37,972 | 39,473 | 43,118 | 46,135 | 46,720 |
| | BIP-Wachstum% | 2.3 | 0.4 | 0.3 | 1.7 | 2.4 | 1.3 | 1.7 | 2.2 | -1.0 | -5.5 | 4.7 | -0.6 | 1.9 |
| | Steuerquote | .. | 27.3 | 26.2 | 25.7 | 26.3 | 27.4 | 28.0 | 28.3 | 28.5 | 27.0 | 27.6 | 28.6 | .. |
| | Staatshaushalt/BIP | .. | .. | .. | .. | .. | 3.6 | 3.9 | 4.9 | 3.3 | 2.9 | 3.7 | 2.0 | 1.0 |
| | Verschuldung/BIP | .. | .. | .. | .. | .. | 144.3 | 145.2 | 144.1 | 153.1 | 166.8 | 174.8 | 189.8 | .. |
| Kenia | BIP/pro Person | 406 | 404 | 398 | 440 | 462 | 524 | 612 | 721 | 786 | 768 | 787 | 800 | 943 |
| | BIP-Wachstum% | 0.6 | 3.8 | 0.5 | 2.9 | 5.1 | 5.9 | 6.3 | 7.0 | 1.5 | 2.7 | 5.8 | 4.4 | 4.6 |
| | Steuerquote | .. | .. | .. | .. | .. | .. | .. | .. | .. | .. | .. | .. | .. |
| | Staatshaushalt/BIP | .. | .. | .. | .. | .. | -1.3 | -2.3 | -3.8 | -6.5 | -5.5 | -7.4 | -11.4 | -10.4 |
| | Verschuldung/BIP | .. | .. | .. | .. | .. | .. | .. | .. | .. | .. | .. | .. | .. |

**Tab. 8:** Fortsetzung

| Jahr | | 2000 | 2001 | 2002 | 2003 | 2004 | 2005 | 2006 | 2007 | 2008 | 2009 | 2010 | 2011 | 2012 |
|---|---|---|---|---|---|---|---|---|---|---|---|---|---|---|
| **Norwegen** | BIP/pro Person | 37,473 | 37,867 | 42,292 | 49,264 | 56,628 | 65,767 | 72,960 | 83,556 | 95,190 | 78,457 | 86,156 | 99,143 | 99,558 |
| | BIP-Wachstum% | 3.3 | 2.0 | 1.5 | 1.0 | 4.0 | 2.6 | 2.3 | 2.7 | 0.1 | -1.6 | 0.5 | 1.3 | 2.9 |
| | Steuerquote | .. | 42.9 | 43.1 | 42.3 | 43.3 | 43.2 | 43.5 | 42.9 | 42.1 | 42.0 | 42.6 | 42.5 | 42.2 |
| | Staatshaushalt/BIP | . | .. | .. | .. | .. | 16.4 | 16.4 | 12.6 | 16.1 | 11.9 | 11.9 | 12.8 | 14.4 |
| | Verschuldung/BIP | 23.5 | 19.9 | 28.6 | 36.9 | 39.0 | 35.9 | 49.0 | 45.7 | 44.3 | 36.0 | 35.7 | 20.2 | .. |
| **Polen** | BIP/pro Person | 4,454 | 4,979 | 5,184 | 5,675 | 6,620 | 7,963 | 8,958 | 11,157 | 13,886 | 11,295 | 12,302 | 13,382 | 12,708 |
| | BIP-Wachstum% | 4.3 | 1.2 | 1.4 | 3.9 | 5.3 | 3.6 | 6.2 | 6.8 | 5.1 | 1.6 | 4.1 | 4.5 | 1.8 |
| | Steuerquote | .. | 32.6 | 33.1 | 32.6 | 31.7 | 33.0 | 34.0 | 34.8 | 34.2 | 31.7 | 31.7 | 32.3 | .. |
| | Staatshaushalt/BIP | .. | .. | .. | .. | .. | -2.4 | -3.9 | -6.2 | -6.6 | -4.0 | -5.1 | -5.0 | -3.7 |
| | Verschuldung/BIP | .. | 33.0 | 41.4 | .. | .. | .. | .. | .. | .. | .. | .. | .. | .. |
| **Portugal** | BIP/pro Person | 11,471 | 11,691 | 12,759 | 15,509 | 17,654 | 18,186 | 19,065 | 21,845 | 23,716 | 22,019 | 21,382 | 22,514 | 20,165 |
| | BIP-Wachstum% | 3.9 | 2.0 | 0.8 | -0.9 | 1.6 | 0.8 | 1.4 | 2.4 | -0.0 | -2.9 | 1.9 | -1.3 | -3.2 |
| | Steuerquote | .. | 33.8 | 34.5 | 34.7 | 33.9 | 31.1 | 31.8 | 32.5 | 32.5 | 30.7 | 31.2 | 33.0 | 32.5 |
| | Staatshaushalt/BIP | .. | .. | .. | .. | .. | -10.3 | -10.7 | -10.1 | -12.7 | -11.0 | -10.6 | -7.1 | -2.0 |
| | Verschuldung/BIP | 58.1 | 59.0 | 63.3 | 64.9 | 67.4 | 70.3 | 69.4 | 67.5 | 78.9 | 91.1 | 94.6 | 92.5 | .. |
| **Russland** | BIP pro Person | 1,775 | 2,101 | 2,375 | 2,976 | 4,109 | 5,337 | 6,947 | 9,146 | 11,700 | 8,616 | 10,710 | 13,284 | 14,037 |
| | BIP-Wachstum% | 10.0 | 5.1 | 4.7 | 7.3 | 7.2 | 6.4 | 8.2 | 8.5 | 5.2 | -7.8 | 4.5 | 4.3 | 3.4 |
| | Steuerquote | .. | .. | .. | .. | .. | .. | .. | .. | .. | .. | .. | .. | .. |
| | Staatshaushalt/BIP | .. | .. | .. | .. | .. | 11.0 | 9.3 | 5.6 | 6.3 | 4.1 | 4.4 | 5.1 | 3.5 |
| | Verschuldung/BIP | .. | 49.0 | 41.4 | .. | .. | 16.7 | 9.9 | 7.2 | 6.5 | 8.7 | 9.1 | 9.3 | .. |

**Tab. 8:** Fortsetzung

| Jahr | | 2000 | 2001 | 2002 | 2003 | 2004 | 2005 | 2006 | 2007 | 2008 | 2009 | 2010 | 2011 | 2012 |
|---|---|---|---|---|---|---|---|---|---|---|---|---|---|---|
| Spanien | BIP/pro Person | 14,414 | 14,952 | 16,612 | 21,042 | 24,469 | 26,056 | 28,025 | 32,118 | 34,977 | 31,679 | 29,863 | 31,473 | 28,624 |
| | BIP-Wachstum% | 5.0 | 3.7 | 2.7 | 3.1 | 3.3 | 3.6 | 4.1 | 3.5 | 0.9 | -3.8 | -0.2 | 0.1 | -1.6 |
| | Steuerquote | .. | 33.8 | 34.2 | 34.2 | 34.6 | 36.0 | 36.9 | 37.3 | 33.1 | 30.9 | 32.5 | 32.2 | 32.9 |
| | Staatshaushalt/BIP | .. | .. | .. | .. | .. | -7.4 | -9.0 | -10.0 | -9.7 | -4.8 | -4.5 | -3.8 | -1.1 |
| | Verschuldung/BIP | 59.0 | 54.5 | 53.0 | 48.3 | 47.3 | 38.5 | 34.0 | 30.1 | 34.2 | 46.7 | 48.7 | 56.1 | .. |
| Schweden | BIP/pro Person | 27,869 | 25,558 | 28,119 | 35,131 | 40,261 | 41,041 | 43,949 | 50,558 | 52,731 | 43,640 | 49,360 | 56,755 | 55,041 |
| | BIP-Wachstum% | 4.5 | 1.3 | 2.5 | 2.3 | 4.2 | 3.2 | 4.3 | 3.3 | -0.6 | -5.0 | 6.6 | 2.9 | 1.0 |
| | Steuerquote | .. | 49.8 | 47.9 | 48.3 | 48.7 | 48.9 | 48.3 | 47.4 | 46.4 | 46.6 | 45.4 | 44.2 | 44.3 |
| | Staatshaushalt/BIP | .. | .. | .. | .. | .. | 7.1 | 8.7 | 9.4 | 9.2 | 6.2 | 6.4 | 6.4 | 6.0 |
| | Verschuldung/BIP | 68.2 | 57.2 | 54.7 | 53.2 | 52.7 | 53.1 | 46.6 | 40.8 | 42.0 | 42.1 | 38.7 | 38.5 | .. |
| Türkei | BIP/pro Person | 4,220 | 3,058 | 3,576 | 4,595 | 5,867 | 7,130 | 7,736 | 9,312 | 10,379 | 8,626 | 10,135 | 10,605 | 10,666 |
| | BIP-Wachstum% | 6.8 | -5.7 | 6.2 | 5.3 | 9.4 | 8.4 | 6.9 | 4.7 | 0.7 | -4.8 | 9,626 | 8.8 | 2.2 |
| | Steuerquote | .. | 26.1 | 24.6 | 25.9 | 24.1 | 24.3 | 24.5 | 23.7 | 23.5 | 24.6 | 26.2 | 27.8 | 27.7 |
| | Staatshaushalt/BIP | .. | .. | .. | .. | .. | -4.4 | -6.0 | -5.8 | -5.5 | -2.0 | -6.2 | -9.7 | -6.0 |
| | Verschuldung/BIP | .. | .. | .. | .. | .. | .. | 51.5 | 44.4 | 44.7 | 53.6 | 50.9 | 45.9 | .. |
| USA | BIP pro Person | 36,467 | 37,286 | 38,175 | 39,682 | 41,929 | 44,314 | 46,444 | 48,070 | 48,407 | 46,999 | 48,358 | 49,854 | 51,749 |
| | BIP-Wachstum% | 4.1 | 0.9 | 1.8 | 2.8 | 3.8 | 3.4 | 2.7 | 1.8 | -0.3 | -2.8 | 2.5 | 1.8 | 2.8 |
| | Steuerquote | .. | 28.8 | 26.5 | 25.9 | 26.1 | 26.0 | 26.8 | 26.9 | 25.4 | 23.3 | 23.8 | 24.0 | 24.3 |
| | Staatshaushalt/BIP | .. | .. | .. | .. | .. | -5.6 | -5.8 | -4.9 | -4.6 | -2.6 | -3.0 | -2.9 | -2.7 |
| | Verschuldung/BIP | .. | 31.3 | 41.9 | 44.5 | 45.3 | 45.4 | 44.7 | 45.1 | 53.6 | 65.2 | 74.1 | 78.9 | .. |

Legende: Daten der Weltbank und der OECD; BIP; BIP-Wachstum, Steuerquote, Staatshaushalt/BIP und Verschuldung/BIP in %; Steuerquote in % des BIP; BIP per capita in (US)$; Staatshaushalt/BIP gibt die Bilanz des Haushaltssaldos in Relation zum BIP in % an.
Quelle: OECD http://www.oecd.org/statistics/datalab; Weltbank http://data.worldbank.org/.

# Zu den Autoren

Dr. Björn Alpermann, Professor für Contemporary Chinese Studies, Institut für Kulturwissenschaften Ost- und Südasiens Sinologie an der Universität Würzburg

Dr. Stephan Bröchler, PD am Institut für Politikwissenschaft an der FernUniversität zu Hagen

Dr. Sebastian Elischer, Jun.-Professor für Vergleichende Politikwissenschaft, Institut für Politikwissenschaft an der Universität Leuphana Lüneburg und am GIGA Institut für Afrika-Studien im Projekt „Systematischer Vergleich der Ursachen hybrider Regime in Afrika", Hamburg

Dr. Sven Jochem, apl. Professor für Empirische und normative Demokratietheorien, Fachbereich Politik- und Verwaltungswissenschaft der Universität Konstanz

Dr. Thomas Kestler, Mitarbeiter am Lehrstuhl für Vergleichende Politikwissenschaft und Systemlehre, Institut für Politikwissenschaft und Soziologie an der Universität Würzburg

Dr. Axel Klein, Professor für moderne sozialwissenschaftliche Ostasienstudien, Institut für Politikwissenschaft an der Universität Duisburg-Essen

Dr. Marianne Kneuer, Professorin für Politikwissenschaft, Institut für Sozialwissenschaft an der Universität Hildesheim

Dr. Silvana Krause, Professorin an der Universidade Federal do Rio Grande so Dul in Porto Alegre

Dr. Hans-Joachim Lauth, Professor für Vergleichende Politikwissenschaft und Systemlehre, Institut für Politikwissenschaft und Soziologie an der Universität Würzburg

Dr. Birgit Oldopp, PD am Institut für Politikwissenschaft an der Helmut-Schmidt-Universität Hamburg, Universität der Bundeswehr

Dr. Sabine Ruß, Professorin für Vergleichende Politikwissenschaft, Institut für Politikwissenschaft und Soziologie an der Universität Kassel

Dr. Petra Stykow, Professorin für Vergleich politischer Systeme, Geschwister-Scholl-Institut für Politikwissenschaft an der Ludwig-Maximilians-Universität München

Dr. Christian Wagner, PD und Forschungsgruppenleiter Asien, SWP Stiftung Wissenschaft und Politik, Deutsches Institut für Internationale Politik und Sicherheit, Berlin

Dr. Taylan Yildiz, Mitarbeiter am Institut für Politikwissenschaft an der Universität Duisburg-Essen

Dr. Klaus Ziemer, emerit. Professor für Politikwissenschaft, Fachbereich III an der Universität Trier und Professor für Polltikwissenschaft an der Kardinal-Stefan-Wyszyński-Universität in Warschau

# Stichwortverzeichnis

# Personenverzeichnis